陕西统计年鉴

2011

（总第26期）

SHAANXI STATISTICAL YEARBOOK

陕 西 省 统 计 局
国家统计局陕西调查总队 编

(京)新登字041号

图书在版编目(CIP)数据

陕西统计年鉴. 2011：汉英对照 / 陕西省统计局，国家统计局陕西调查总队编. -- 北京：中国统计出版社，2011.7

ISBN 978-7-5037-6275-8

Ⅰ. ①陕… Ⅱ. ①陕… ②国… Ⅲ. ①统计资料－陕西省－2011－年鉴－汉、英 Ⅳ. ① C832.41-54

中国版本图书馆CIP数据核字(2011)第142095号

陕西统计年鉴－2011

作　　者／ 陕西省统计局　国家统计局陕西调查总队
责任编辑／ 郭　栋
E-mail: yearbook@gj.stats.cn
Address: No.57 Yuetan Nanjie, Sanlihe, Beijing 100826
封面设计／ 杨　超
出版发行／ 中国统计出版社
通信地址／ 北京市西城区月坛南街57号　　邮政编码 / 100826
办公地址／ 北京市丰台区西三环南路甲6号
电　　话／ (010)63376898、63376907（发行部）、63376877（编辑部）
印　　刷／ 河北天普润印刷厂
经　　销／ 新华书店
开　　本／ 880 × 1230 毫米　1/16
字　　数／ 1190千字
印　　张／ 38.75
版　　别／ 2011年7月第1版
版　　次／ 2011年7月第1次印刷
书　　号／ ISBN 978-7-5037-6275-8/C · 2499
定　　价／ 398.00元

本书附同版本CD-ROM一张，光盘内容以书面文字为准。
中国统计版图书，如有印装错误，本社发行部负责调换。

《陕西统计年鉴－2011》

编委会和编辑工作人员名单

Shaanxi Statistical Yearbook - 2011

EDITORIAL BOARD AND EDITORIAL STAFF

编 者 说 明

一、《陕西统计年鉴－2011》是一部全面系统反映陕西省经济、社会、科技发展状况的资料性年刊。书中资料根据全省各专业统计年报加工而成，并收录了各市、县及省级有关部门的统计数据。

二、全书内容分为22部分：1．行政区划和自然资源；2．综合；3．国民经济核算；4．人口；5．从业人员和职工工资；6．固定资产投资；7．能源：8．财政；9．价格指数；10．人民生活；11．环境和城市；12．农业；13．工业；14．建筑业；15．运输和邮电；16．国内贸易；17．对外经济贸易和旅游；18．金融和保险；19．教育、科技和文化；20．体育、卫生和其他；21．水利；22．全国各省、市、自治区主要指标。附录为2010年陕西统计大事记。为便于使用，各篇前面列示主要统计指标提要和统计图，后面附主要统计指标解释。

三、本年鉴数据以2010年为主，主要指标列示改革开放以来重点年份的资料。

四、本年鉴依据第六次人口普查结果对2001-2009年人口及相关数据进行了调整，凡与本年鉴有出入的，均以本年鉴为准。

五、本年鉴全国及各省、市、自治区主要指标资料来源于《中国统计摘要－2011》，部分数据为初步统计数，正式数据以《中国统计年鉴－2011》为准。

六、本年鉴第14篇中的勘察设计企业情况资料由省住房和城乡建设厅提供，第21篇水利资料由省水利厅提供。

七、本年鉴表中的符号使用说明："..."表示数据不足本表最小单位；"空格"表示该项统计指标数据不详或无该项数据；"#"表示其中项。

EDITOR'S NOTES

Ⅰ. *Shaanxi Statistical Yearbook-2011* is an annual statistical publication, which reflects various aspects of province's economic, social science and technology development.

The major data sources of the publication are statistical annual report of different sectors. Also some other statistical data of city, county, and relevant departments are filled.

Ⅱ. The yearbook contains the following twenty-two chapters:

1. Divisions of Administrative Areas and Natural Resources;
2. General Survey;
3. National Accounts;
4. Population;
5. Employment and Wages;
6. Investment in Fixed Assets;
7. Energy;
8. Government Finance;
9. Price Indices;
10. People's Livelihood;
11. Environment and Cities;
12. Agriculture;
13. Industry;
14. Construction;
15. Transport, Post and Telecommunication Services;
16. Domestic Trade;
17. Foreign Trade and Tourism;
18. Banking and Insurance;
19. Education, Science, Technology and Culture;
20. Sports, Public Health and Others;
21. Irrigation;
22. Main Indicators of National Economy by Countrywide, Province, Municipality and Autonomous Region.

An appendix is about Statistical Events of Shaanxi Province in 2010.

As a matter of convenience for readers, We make abstract of major indicators and statistical charts at the beginning of each chapter and explanatory notes on main statistical indicators at the end of each chapter.

Ⅲ. The yearbook is based on data of 2010. Each part includes statistical materials for historically important years, especially from 1978.Since then we have been implementing the reform and opening policy.

Ⅳ. The yearbook is based on data of the 6th national population census results, Population and some relevant data has been adjusted previously published from 2001 to 2009. If there are some differences between this yearbook with others, refer to this yearbook please.

Ⅴ. The rough data of the nation and other provinces are taken from *China Statistical Digest-2011*. The official data should refer to *China Statistical Yearbook-2011* later.

Ⅵ. The basic statistics on prospecting and designing enterprises in 14 chapter supplied by bureau of housing and urban-rural development of Shaanxi province; the irrigation in 21 chapter supplied by bureau of irrigation of Shaanxi province.

Ⅶ. Explanatory symbol for notations used in this yearbook:

"..." indicates that the figure is not large enough to be measured with the smallest unit in the table;

" " (blank) indicates that the data not available;

"#" indicates that the major items of the total.

目　　录

CONTENTS

一、行政区划和自然资源

Divisions of Administrative Areas and Natural Resources

二、综 合
General Survey

三、国民经济核算
National Accounts

四、人 口
Population

五、从业人员和职工工资

Employment and Wages

六、固定资产投资

Investment in Fixed Assets

七、能源
Energy

八、财政
Government Finance

九、价格指数
Price Indices

十、人民生活
People's Livelihood

十一、环境和城市
Environment and Cities

十二、农业
Agriculture

十三、工业
Industry

十四、建筑业
Construction

十五、运输和邮电

Transport, Post and Telecommunication Services

十六、国内贸易
Domestic Trade

十七、对外经济贸易和旅游
Foreign Trade and Tourism

十八、金融和保险
Banking and Insurance

十九、教育、科技和文化
Education, Science, Technology and Culture

二十、体育、卫生和其他
Sports, Public Health and Others

二十一、水利

Irrigation

二十二、全国各省、市、自治区主要指标

Main Indicators of National Economy by Countrywide, Province, Municipality and Autonomous Region

一、行政区划和自然资源

资料整理：李 斌　潘英杰

1.行政区划和自然资源

陕西位于东经105° 29′ －111° 15′ 和北纬31° 42′ －39° 35′ 之间，东隔黄河与山西相望，西连甘肃、宁夏，北临内蒙古，南连四川、重庆，东南与河南、湖北接壤。2010年全省设西安、铜川、宝鸡、咸阳、渭南、延安、汉中、榆林、安康、商洛10个省辖市和杨凌农业高新技术产业示范区，有 3 个县级市，80个县和24个市辖区，1570个乡镇，175个街道办事处。

全省面积为20.58万平方公里。地势南北高、中间低，西部高、东部低，地形复杂多样，北部为陕北黄土高原，中部为号称“八百里秦川”的关中平原，南部为陕南秦巴山地。

全省以秦岭为界南北河流分属长江水系和黄河水系。主要有渭河、泾河、洛河、无定河和汉江、丹江、嘉陵江等。陕西属大陆性季风气候，年平均气温13.3摄氏度，年平均降水量670毫米，南北差异明显。

全省自然资源丰富，矿产多，储量大，探明矿产居全国前十位的矿种60多种。

主要城市平均气温（摄氏度）

（2010年）

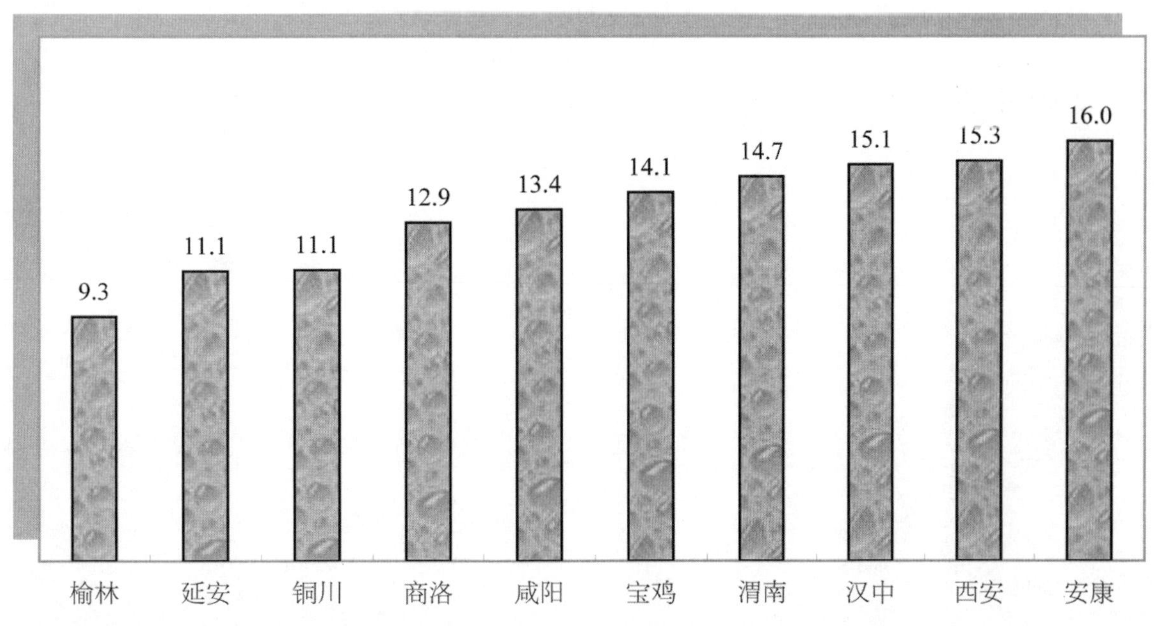

1-1 陕西省行政区划(2010年)
Divisions of Administrative Areas in Shaanxi(2010)

单位：个 (unit)

地区 Region	地级市 Cities at Prefecture Level	县级市 Cities at County Level	县 Counties	市辖区 Districts under the Jurisdiction of Cities	镇 Towns	乡 Townships	街道办事处 Street Communities
全省 Shaanxi	**11**	**3**	**80**	**24**	**922**	**648**	**175**
西安市 Xi'an	1		4	9	36	42	98
铜川市 Tongchuan	1		1	3	24	10	10
宝鸡市 Baoji	1		9	3	102	35	12
咸阳市 Xianyang	1	1	10	2	106	60	16
渭南市 Weinan	1	2	8	1	111	72	13
延安市 Yan'an	1		12	1	85	78	3
汉中市 Hanzhong	1		10	1	136	90	8
榆林市 Yulin	1		11	1	117	105	7
安康市 Ankang	1		9	1	112	85	3
商洛市 Shangluo	1		6	1	92	67	4
杨凌示范区 Yangling	1			1	1	4	1

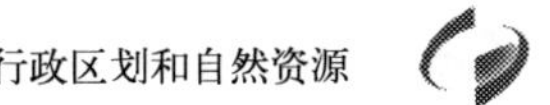

1-2 陕西省行政区划一览(2010年)
Divisions List of Administrative Areas in Shaanxi(2010)

单位：个 (unit)

地 区	Region	镇 Towns	乡 Townships	街道办事处 Street Communities	村民委员会 Village Committees	居民委员会 Neighbourhood Committees
全 省	**Shaanxi**	**922**	**648**	**175**	**27310**	**1695**
西安市	**Xi'an**	**36**	**42**	**98**	**3096**	**619**
新城区	Xincheng			9	13	86
碑林区	Beilin			8		103
莲湖区	Lianhu			9	10	124
灞桥区	Baqiao			9	226	34
未央区	Weiyang			10	194	67
雁塔区	Yanta			8	115	91
阎良区	Yanliang	2		5	80	23
临潼区	Lintong		3	20	285	29
长安区	Chang'an		5	20	671	23
蓝田县	Lantian	10	12		520	
周至县	Zhouzhi	9	13		376	14
户县	Huxian	11	5		518	21
高陵县	Gaoling	4	4		88	4
铜川市	**Tongchuan**	**24**	**10**	**10**	**543**	**62**
王益区	Wangyi	2	1	4	39	20
印台区	Yintai	7	2	2	107	24
耀州区	Yaozhou	10	2	4	219	16
宜君县	Yijun	5	5		178	2
宝鸡市	**Baoji**	**102**	**35**	**12**	**1729**	**163**
渭滨区	Weibin	5	1	5	104	55
金台区	Jintai	2	3	7	102	52
陈仓区	Chencang	17	1		332	13
凤翔县	Fengxiang	12	5		233	4
岐山县	Qishan	11	3		144	14
扶风县	Fufeng	9	2		169	5
眉县	Meixian	9	1		123	7
陇县	Longxian	11	4		158	3
千阳县	Qianyang	6	5		98	2
麟游县	Linyou	5	5		100	2
凤县	Fengxian	10	2		100	4
太白县	Taibai	5	3		66	2
咸阳市	**Xianyang**	**106**	**60**	**16**	**2764**	**149**
秦都区	Qindu	3		9	146	48
渭城区	Weicheng	6		4	130	38
三原县	Sanyuan	10	4		208	9
泾阳县	Jingyang	13	3		231	8
乾县	Qianxian	12	8		256	8

1-2 续表 1 continued

单位：个 (unit)

地　区	Region	镇 Towns	乡 Townships	街道办事处 Street Communities	村民委员会 Village Committees	居民委员会 Neighbourhood Committees
礼泉县	Liquan	11	4		317	5
永寿县	Yongshou	7	6		249	3
彬　县	Binxian	8	8		247	4
长武县	Changwu	6	5		160	1
旬邑县	Xunyi	10	4		187	2
淳化县	Chunhua	5	10		204	2
武功县	Wugong	8	4		212	6
兴平市	Xingping	7	4	3	217	15
渭南市	**Weinan**	**111**	**72**	**13**	**3222**	**171**
临渭区	Linwei	15	7	8	511	51
华　县	Huaxian	10	4		242	15
潼关县	Tongguan	5	3		84	9
大荔县	Dali	13	13		415	10
合阳县	Heyang	12	4		353	5
澄城县	Chengcheng	8	6		266	14
蒲城县	Pucheng	14	10		359	7
白水县	Baishui	7	7		194	11
富平县	Fuping	16	8		337	9
韩城市	Hancheng	7	7	2	275	24
华阴市	Huayin	4	3	3	186	16
延安市	**Yan'an**	**85**	**78**	**3**	**3386**	**92**
宝塔区	Baota	11	9	3	611	31
延长县	Yanchang	6	6		288	6
延川县	Yanchuan	8	6		346	7
子长县	Zichang	8	5		358	8
安塞县	Ansai	7	5		211	6
志丹县	Zhidan	6	5		200	5
吴起县	Wuqi	6	6		164	3
甘泉县	Ganquan	3	5		117	4
富　县	Fuxian	9	4		240	5
洛川县	Luochuan	7	9		371	2
宜川县	Yichuan	5	7		202	4
黄龙县	Huanglong	3	7		87	3
黄陵县	Huangling	6	4		191	8
汉中市	**Hanzhong**	**136**	**90**	**8**	**2798**	**120**
汉台区	Hantai	7	2	8	210	44
南郑县	Nanzheng	18	12		500	15
城固县	Chenggu	18	6		392	9
洋　县	Yangxian	16	10		362	6
西乡县	Xixiang	17	6		267	10
勉　县	Mianxian	17	8		237	6

1-2 续表 2 continued

单位：个 (unit)

地 区	Region	镇 Towns	乡 Townships	街道办事处 Street Communities	村民委员会 Village Committees	居民委员会 Neighbourhood Committees
宁 强 县	Ningqiang	12	14		269	8
略 阳 县	Lueyang	11	10		183	16
镇 巴 县	Zhenba	11	13		221	4
留 坝 县	Liuba	5	4		98	1
佛 坪 县	Foping	4	5		59	1
榆 林 市	**Yulin**	**117**	**105**	**7**	**5478**	**120**
榆 阳 区	Yuyang	12	12	7	487	45
神 木 县	Shenmu	15	4		631	8
府 谷 县	Fugu	12	8		331	10
横 山 县	Hengshan	10	8		361	6
靖 边 县	Jingbian	9	13		213	6
定 边 县	Dingbian	11	14		335	6
绥 德 县	Suide	11	9		661	8
米 脂 县	Mizhi	7	6		396	4
佳 县	Jiaxian	8	12		653	7
吴 堡 县	Wubu	4	4		221	5
清 涧 县	Qingjian	8	7		639	4
子 洲 县	Zizhou	10	8		550	11
安 康 市	**Ankang**	**112**	**85**	**3**	**2434**	**134**
汉 滨 区	Hanbin	20	23	3	871	47
汉 阴 县	Hanyin	12	6		179	8
石 泉 县	Shiquan	8	7		202	10
宁 陕 县	Ningshan	10	4		98	9
紫 阳 县	Ziyang	15	10		212	20
岚 皋 县	Langao	8	9		188	6
平 利 县	Pingli	9	3		190	4
镇 坪 县	Zhenping	4	6		78	1
旬 阳 县	Xunyang	17	11		292	26
白 河 县	Baihe	9	6		124	3
商 洛 市	**Shangluo**	**92**	**67**	**4**	**1774**	**55**
商 州 区	Shangzhou	16	10	4	405	13
洛 南 县	Luonan	15	10		359	22
丹 凤 县	Danfeng	11	10		202	6
商 南 县	Shangnan	11	5		164	3
山 阳 县	Shanyang	15	15		320	6
镇 安 县	Zhen'an	14	11		204	4
柞 水 县	Zhashui	10	6		120	1
杨凌示范区	**Yangling**	**1**	**4**	**1**	**86**	**10**
杨 陵 区	Yangling	1	4	1	86	10

1-3 自然状况及资源

Natural Conditions and Resources

指　　标		Item		2010
一、自然状况		**Natural Conditions**		
1.土　地		Land		
土地总面积	(万平方公里)	Land Area	(10 000 sq.km)	20.58
2.气　候		Climate		
全省年平均降水量	(毫米)	Annual Average Precipitation in the Whole Province	(mm)	669.6
全省年平均气温	(摄氏度)	Annual Average Temperature in the Whole Province	(℃)	13.3
全省年平均日照时数	(小时)	Annual Average Sunshine Hours in the Whole Province	(hour)	1917.1
全省年平均风速	(米/秒)	Annual Average Wind Speed in the Whole Province	(m/s)	1.7
全省年平均无霜期	(天)	Annual Average Frost-free Period in the Whole Province	(day)	220.5
气候带面积比例 (土地面积＝100)		Percentage of Climatic Zones to Total Area of Territory(Land Area=100)		
湿润地区(干燥度＜1.0)	(%)	Humid Zone(aridity<1.0)	(%)	39.2
半湿润地区(干燥度1.0-1.5)	(%)	Semi-Humid Zone (aridity 1.0-1.5)	(%)	26.7
半干旱地区(干燥度1.5-2.0)	(%)	Semi-Arid Zone(aridity 1.5-2.0)	(%)	34.1
二、自然资源		**Natural Resources**		
1.土地资源		Land Resources		
耕地面积	(万公顷)	Area of Cultivated Land	(10 000 hectares)	405.0
园地面积	(万公顷)	Area of Plantation Land	(10 000 hectares)	70.6
林地面积	(万公顷)	Area of Forestland	(10 000 hectares)	1035.4
草地面积	(万公顷)	Area of Grassland	(10 000 hectares)	306.4
其它农用地	(万公顷)	Other Agriculture Land	(10 000 hectares)	30.2
居民点及工矿用地	(万公顷)	Residential Purpose, Manufacturing and Mining Land	(10 000 hectares)	71.0
交通运输用地	(万公顷)	Transportation Land	(10 000 hectares)	6.6
水利设施用地	(万公顷)	Water-conservancy Projects Land	(10 000 hectares)	4.0
未利用土地面积	(万公顷)	Area of Unused Land	(10 000 hectares)	99.7
2.林木资源		Forest Resources		
森林面积	(万公顷)	Forest Area	(10 000 hectares)	853.24
森林覆盖率	(%)	Forest-coverage Rate	(%)	41.42
林木蓄积量	(亿立方米)	Stock Volume of the Forest	(100 million cu.m)	4.24
3.水利资源		Water Resources		
全年自产河川年径流总量	(亿立方米)	Natural Annual Flow	(100 million cu.m)	393.66
黄河流域		Yellow River (Huanghe River) Drainage Area		74.53
长江流域		Yangtze River (Changjiang River)Drainage Area		319.13
平原区地下水资源总量	(亿立方米)	Total Ground Water Volume of Plain	(100 million cu.m)	47.20
水力资源理论蕴藏量	(万千瓦)	Theoretical Hydropower Resources	(10 000 kw)	1438.46
黄河流域		Yellow River (Huanghe River)Drainage Area		580.37
长江流域		Yangtze River(Changjiang River)Drainage Area		858.09
水力资源的可开发量	(万千瓦)	Developable Hydropower Resources	(10 000 kw)	666.66
黄河流域		Yellow River (Huanghe River) Drainage Area		234.06
长江流域		Yangtze River (Changjiang River)Drainage Area		432.60

注：本表土地资源和水利资源数据为2009年数。

a) The data of water resources and land resources in this table are 2009.

1-4 土 地 状 况
Land Characteristics

指 标	Item	面 积 (万公顷) Area (10 000 sq.km)	占总面积(%) Percentage to Total Area(%)
总 面 积	**Total Land Area**	**2058.0**	**100.0**
1.按地形分	**By Topographic Feature**		
山 地	Mountains	741.0	36.0
高 原	Plateaus	926.0	45.0
平 原	Plains	391.0	19.0
2.按特征分	**By Land Use**		
耕 地	Cultivated Land	405.0	19.7
# 水 田	Irrigated Land	19.5	0.9
旱 地	Dry Land	298.1	14.5
水浇地	Manual-watered Land	85.7	4.2
林 地	Forest-covered Land	1035.4	50.3
# 灌木林地	Bush-covered Land	236.4	11.5
疏林地	Sparse Forest Land	32.5	1.6
未造成林林地	Planned for Afforestation Land	99.7	4.8
草 地	Grassland	306.4	14.9
# 人工改良草地	Cultivated and Improved Grassland	22.9	1.1
园 地	Plantation Land	70.6	3.4
其 他	Others	240.6	11.7

1-5 主要山脉
Main Mountain Ranges

名 称	Mountain Range	海拔高度(米) Altitude above Sea Level (m)
太白山	Taibai Mountains	3767
化龙山	Hualong Mountains	2917
首阳山	Shouyang Mountains	2719
终南山	Zhongnan Mountains	2604
华 山	Huashan Mountains	2160
白于山	Baiyu Mountains	1823
巴 山	Bashan Mountains	1500～2000
子午岭	Ziwuling Mountains	1400～1600

1-6 主要河流
Major Rivers

名 称	River	流域面积 (平方公里) Drainage Area (sq.km)	河 长 (公里) Length (km)
无定河	Wudinghe River	30261	491.2
延 河	Yanhe River	7687	284.3
泾 河	Jinghe River	45421	455.1
渭 河	Weihe River	62440	818.0
北洛河	Beiluohe River	26905	680.3
嘉陵江	Jialingjiang River	9930	244.0
汉 江	Hanjiang River	61959	652.0
丹 江	Danjiang River	7551	244.0

1-7 主要矿产保有储量(2010年)
Ensured Reserves of Major Mineral (2010)

矿种	Item	保有储量 Ensured Reserves
钠盐 (亿吨)	Sodium Salt NaCl (100 million tons)	8857.43
煤 (亿吨)	Coal (100 million tons)	1654.23
石油(剩余可采储量) (万吨)	Petroleum(Surplus Developable Resources) (10 000 tons)	24947.67
天然气(剩余可采储量) (亿立方米)	Natural Gas(Surplus Developable Resources) (100 million cu.m)	5628.11
金 (金属吨)	Gold (Metal,ton)	286.67
钼 (金属万吨)	Molybdenum (Metal, 10 000 tons)	93.00
铅锌 (金属万吨)	Lead and Zinc (Metal, 10 000 tons)	596.58
汞锑 (金属万吨)	Mercury and Antimony (Metal, 10 000 tons)	10.18
水泥用石灰岩 (矿石亿吨)	Cement Limestone (Ore, 100 million tons)	69.20
玻璃用石英岩 (矿石亿吨)	Glass Quartzite (Ore, 100 million tons)	1.87
铁 (矿石亿吨)	Iron (Ore, 100 million tons)	7.56

1-8 陕西重要矿产保有储量在全国和西部的位次(2010年)
Precedence of Shaanxi Major Mineral Ensured Reserves in China and Western China(2010)

矿种	Item	位次 Precedence		矿种	Item	位次 Precedence	
		全国 National Total	西部 West			全国 National Total	西部 West
煤	Coal	4	3	钼矿	Molybdenum	4	2
石油	Petroleum	6	2	金矿	Gold	10	5
天然气	Natural Gas	4	4	银矿	Silver	20	8
铁矿	Iron	17	7	硫铁矿	Pyrite Ore	21	7
铜矿	Copper	17	8	磷矿	Phosphorus Ore	6	4
铅矿	Lead	11	7	盐矿	Sodium Salt NaCl	1	1
锌矿	Zinc	11	6	水泥用灰岩	Cement Limestone	3	1
铝土矿	Bauxite	11	6				

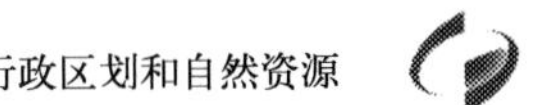

1-9 陕西矿产保有储量居全国前十位的矿种(2010年)

Mineral Kinds of Shaanxi Mineral Ensured Reserves Within the Top Ten Places in China (2010)

位次 Precedence	矿种 Item	矿种数 Types
1	盐矿(NaCl亿吨)、水泥配料用黄土、饰面用板岩、片麻岩、透辉石 Salt (NaCl million tons), Cement batching with loess, Finishes with slate, Gneiss, Diopside	5
2	锶矿、铼矿、毒重石、海泡石粘土、陶粒用粘土、透闪石、制碱用灰岩、镁盐(MgSO4)、煤层气 Strontium, Rhenium ore, Witherite, Limestone, Sepiolite clay, Tremolite, Soda limestone, Magnesium(MgSO4)，CBM	9
3	矾矿、汞矿、镁盐(MgCl2)、石榴子石(矿物)、高岭土、蓝石棉、蛭石、水泥用灰岩、电石用灰岩、砂金 Vanadium, Mercury, Magnesium(MgCl2), Garnet(mineral), Kaolin Ore, Blue asbestos, Vermiculite, Cement with limestone, Calcium carbide with limestone, Gold dust	10
4	煤炭、天然气、钛矿(金红石Ti02)、碲矿、矽线石、长石、钼矿、玻璃用石英岩 Coal, Natural Gas, Titanium ores(rutile Ti02), Tellurium ore, Sillmanite, Feldspar, Molybdenum ore, Quartz	8
5	铌矿、铍矿、重晶石、化肥用蛇纹岩、石墨(隐晶质)、石棉、饰面用大理岩 Niobium, Beryllium, Barite, Fertilizer with serpentinite, Graphite(aphanitic), Asbestine, Marble	7
6	石油、油页岩、磷矿、石榴子石(矿石)、石墨(晶质)、镍矿 Petroleum, Oil shale, Phosphate, Garnet (mineral), Graphite (crystalline), Nickel	6
7	冶金用白云岩、钛矿(原生钛[磁]铁矿)、伴生硫、石煤、富铬矿(Cr2O3>32%)、岩金 Metallurgical dolomite, Titanium (Ti-native [magnetic] iron ore), Associated with sulfur, Stone coal, Chromium ore (Cr2O3> 32%), Rock gold	6
8	钛矿(钛铁砂矿矿物)、锑矿、冶金用石英岩、云母(片云母) Titanium (ilmenite placer minerals), Antimony ore, Metallurgical quartzite, Mica (mica)	4
9	冶金用脉石英 Metallurgical vein quartz	1
10	锰矿、铬矿、红柱石、金矿、硒矿、玻璃用白云岩 Manganese ore, Chrome ore, Andalusite, Gold, Selenium ore, Glass dolomite	6

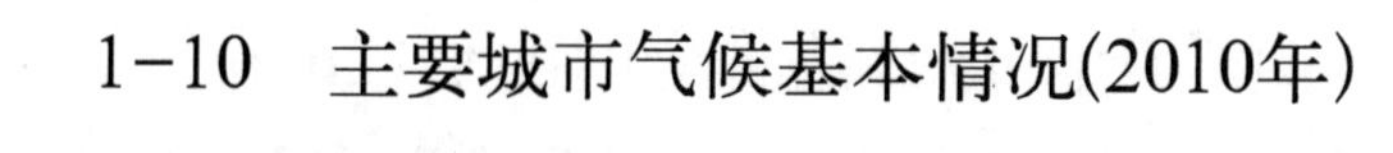

1-10 主要城市气候基本情况(2010年)

Basic Statistics on Climate of Major Cities (2010)

城市 City	平均气温(摄氏度) Average Temperature (℃)	日照时数(小时) Sunshine Hours (hour)	平均风速(米/秒) Average Wind Speed (m/s)	相对湿度(%) Relative Humidity (%)	无霜期(天) Frost-free Period (day)	气压(百帕) Pressure (hPa)	降水量(毫米) Precipitation (mm)
西安市 Xi'an	15.3	1847.6	1.4	67	240	969.4	504.4
铜川市 Tongchuan	11.1	1892.6	2.4	66	197	904.9	683.5
宝鸡市 Baoji	14.1	1671.0	1.3	64	244	945.3	693.2
咸阳市 Xianyang	13.4	1835.7	2.0	70	210	960.9	515.1
渭南市 Weinan	14.7	1855.4	1.4	69	230	974.5	626.4
延安市 Yan'an	11.1	2414.4	1.4	57	195	907.0	465.8
汉中市 Hanzhong	15.1	1355.9	1.1	82	250	956.6	901.6
榆林市 Yulin	9.3	2606.3	2.8	53	170	884.9	363.9
安康市 Ankang	16.0	1749.6	1.3	73	255	653.1	1231.9
商洛市 Shangluo	12.9	1942.1	2.1	68	214	930.9	709.8

1-11 主要城市平均气温(2010年)

Monthly Average Temperature of Major Cities(2010)

单位:摄氏度 (℃)

月份 Month	西安市 Xi'an	铜川市 Tongchuan	宝鸡市 Baoji	咸阳市 Xianyang	渭南市 Weinan	延安市 Yan'an	汉中市 Hanzhong	榆林市 Yulin	安康市 Ankang	商洛市 Shangluo
一月 Jan.	1.7	-1.9	1.6	-0.5	0.6	-2.7	4.8	-6.6	5.0	1.6
二月 Feb.	4.6	0.8	4.4	2.9	4.3	0.6	6.3	-2.5	6.9	3.7
三月 Mar.	10.0	5.7	9.1	8.0	9.4	5.8	10.2	2.0	10.7	7.2
四月 Apr.	14.7	10.0	13.7	12.7	14.0	10.2	14.8	7.9	15.6	12.6
五月 May	21.6	17.0	19.8	19.4	20.9	17.7	19.7	17.0	20.2	17.6
六月 June	26.7	21.5	23.6	25.0	26.3	22.2	23.4	22.7	24.7	21.7
七月 July	28.1	23.7	25.8	26.8	27.6	24.8	25.8	25.3	27.5	24.4
八月 Aug.	26.0	21.5	23.9	24.4	25.4	22.3	25.7	21.3	27.0	23.3
九月 Sept.	22.3	18.4	20.6	20.9	21.5	18.9	22.3	17.2	23.3	19.3
十月 Oct.	14.7	11.0	13.6	13.1	14.4	11.0	15.2	10.1	16.2	12.9
十一月 Nov.	8.8	5.4	8.6	6.7	8.3	4.4	8.9	2.8	10.2	7.7
十二月 Dec.	3.8	0.1	3.9	1.4	3.2	-2.4	4.3	-5.5	5.0	2.8
极端最高 Highest	39.5	35.4	37.5	38.9	39.0	36.5	36.3	36.9	39.5	35.7
极端最低 Lowest	-6.7	-14.6	-7.1	-11.1	-9.0	-17.0	-4.7	-23.0	-4.0	-9.1
年平均 Annual Average	15.3	11.1	14.1	13.4	14.7	11.1	15.1	9.3	16.0	12.9

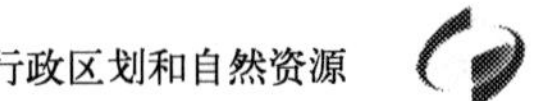

1-12 主要城市降水量(2010年)
Monthly Precipitation of Major Cities(2010)

单位:毫米 (millimeters)

月份 Month	西安市 Xi'an	铜川市 Tongchuan	宝鸡市 Baoji	咸阳市 Xianyang	渭南市 Weinan	延安市 Yan'an	汉中市 Hanzhong	榆林市 Yulin	安康市 Ankang	商洛市 Shangluo
一月 Jan.										
二月 Feb.	14.6	14.2	6.1	12.5	13.0	14.2	8.3	9.0	4.5	8.0
三月 Mar.	25.3	14.8	37.5	24.0	20.6	9.1	43.0	13.3	57.2	43.8
四月 Apr.	52.5	41.5	55.7	51.1	50.3	49.5	54.4	24.0	70.0	41.6
五月 May	43.9	37.1	66.8	43.0	37.5	68.4	88.2	39.0	99.6	90.6
六月 June	18.5	52.6	50.5	20.4	22.5	31.8	87.4	48.3	89.6	68.9
七月 July	93.8	198.7	158.6	80.3	117.0	51.4	249.9	17.7	455.0	163.6
八月 Aug.	100.2	196.6	153.0	165.7	170.9	185.9	180.2	116.5	284.0	152.0
九月 Sept.	97.9	95.4	117.4	72.6	124.5	32.0	106.6	63.5	113.2	99.6
十月 Oct.	47.3	29.6	41.8	33.6	56.0	22.0	66.3	32.5	43.7	30.1
十一月 Nov.	7.9	0.9	2.0	9.7	12.0	1.5	11.9		6.7	6.5
十二月 Dec.	2.5	2.1	3.8	2.2	2.1		5.4	0.1	8.4	5.1
全年 Annual Total	504.4	683.5	693.2	515.1	626.4	465.8	901.6	363.9	1231.9	709.8

1-13 主要城市日照时数(2010年)
Monthly Sunshine Hours of Major Cities(2010)

单位:小时 (hours)

月份 Month	西安市 Xi'an	铜川市 Tongchuan	宝鸡市 Baoji	咸阳市 Xianyang	渭南市 Weinan	延安市 Yan'an	汉中市 Hanzhong	榆林市 Yulin	安康市 Ankang	商洛市 Shangluo
一月 Jan.	167.7	201.8	168.2	157.6	159.1	218.6	82.0	203.3	124.4	177.7
二月 Feb.	139.2	115.6	141.3	119.1	143.5	179.2	73.8	167.6	86.2	99.9
三月 Mar.	142.2	125.1	141.6	140.4	142.7	187.1	113.0	165.3	148.3	132.9
四月 Apr.	165.6	171.9	170.0	174.1	169.4	228.2	129.4	221.9	175.4	179.3
五月 May	158.1	142.4	140.1	157.7	159.6	223.9	129.7	241.5	131.2	131.8
六月 June	169.2	214.5	137.8	206.9	213.7	244.7	139.8	313.0	186.8	196.0
七月 July	121.1	98.8	103.4	116.4	152.1	185.4	112.5	269.7	156.7	140.2
八月 Aug.	123.0	87.5	98.3	123.0	137.0	168.8	168.5	170.7	220.8	169.1
九月 Sept.	147.4	121.5	63.1	70.3	121.3	159.8	116.4	156.8	127.5	118.4
十月 Oct.	144.6	167.1	130.1	139.3	111.0	180.9	92.3	211.0	100.4	153.5
十一月 Nov.	168.0	216.5	173.3	210.5	154.2	216.0	88.9	238.8	140.7	231.5
十二月 Dec.	201.5	229.9	203.8	220.4	191.8	221.8	109.6	246.7	151.2	211.8
全年 Annual Total	1847.6	1892.6	1671.0	1835.7	1855.4	2414.4	1355.9	2606.3	1749.6	1942.1

1-14 历届陕西省人民代表大会代表人数
Number of Deputies to All the Previous Shaanxi Province People's Congresses

单位：人 (person)

届 次	Congress	年 份 Year	代表人数 Number of Deputies	#女代表 Female Deputies 人 数 Number	#女代表 Female Deputies 占代表总数% As Percentage to Total Deputies (%)	#少数民族代表 Ethnic Minority Deputies 人 数 Number	#少数民族代表 Ethnic Minority Deputies 占代表总数% As Percentage to Total Deputies (%)
第一届	First Congress	1954	386	51	13.2	9	2.3
第二届	Second Congress	1959	400	67	16.8	12	3.0
第三届	Third Congress	1964	520	84	16.0	15	2.9
第四届	Fourth Congress	1975					
第五届	Fifth Congress	1978	1186	234	19.7	26	2.2
第六届	Sixth Congress	1983	727	168	23.1	29	4.0
第七届	Seventh Congress	1988	600	117	19.3	19	3.2
第八届	Eighth Congress	1993	602	118	19.6	22	3.7
第九届	Ninth Congress	1998	566	129	22.8	19	3.4
第十届	Tenth Congress	2003	565	117	20.7	18	3.2
第十一届	Eleventh Congress	2008	574	142	24.9	19	3.3

1-15 历届陕西省政治协商会议委员人数
Number of Deputies to All the Previous Shaanxi Province People's Political Consultative Conferences

单位：人 (person)

届 次	Congress	年 份 Year	委员人数 Number of Deputies	中国共产党员代表 Deputies from the Communist Party of China 人 数 Number	中国共产党员代表 Deputies from the Communist Party of China 占代表总数% As Percentage to Total Deputies (%)	民主党派和无党派爱国人士代表 Deputies from Democratic Parties and Non-partisan Patriot 人 数 Number	民主党派和无党派爱国人士代表 Deputies from Democratic Parties and Non-partisan Patriot 占代表总数% As Percentage to Total Deputies (%)
第一届	First Congress	1955	165	42	25.5	123	74.5
第二届	Second Congress	1958	262	85	32.4	177	67.6
第三届	Third Congress	1963	275	91	33.1	184	66.9
第四届	Fourth Congress	1977	420	205	48.8	215	51.2
第五届	Fifth Congress	1983	428	162	37.9	266	62.1
第六届	Sixth Congress	1988	502	191	38.0	311	62.0
第七届	Seventh Congress	1993	506	244	48.2	262	51.8
第八届	Eighth Congress	1998	539	216	40.1	323	59.9
第九届	Ninth Congress	2003	590	235	39.8	355	60.2
第十届	Tenth Congress	2008	624	248	39.6	379	60.4

主要统计指标解释

行政区划 指国家对行政区域的划分。根据有关法规规定，我国的行政区域划分如下：(1)全国分为省、自治区、直辖市；(2)省、自治区分为自治州、县、自治县、市；(3)自治州分为县、自治县、市；(4)县、自治县分为乡、民族乡、镇；(5)直辖市和较大的市分为区、县；(6)国家在必要时设立的特别行政区。

气候 指地球与大气之间长期能量交换与质量交换所形成的一种自然环境状态，它是多种因素综合作用的结果。气候既是人类生活和生产的环境要素之一，又是供给人类生活和生产的重要资源。气温、降水、湿度等气象要素的多年平均值是用来描述一个地区气候状况的主要参数，而各种气象要素某年、某月的平均值(或总量)则可以反映出该时期天气气候状况的重要特征。

自然资源 指人类可以直接从自然界获得，并用于生产和生活的物质资源。自然资源一般可以分成可再生资源和非再生资源两大类。可再生资源指在较短时间内可以再生、可以循环利用的资源，包括土地资源、水资源、气候资源、生物资源和海洋资源等。非再生资源指在使用后不能再生的资源，包括矿产资源和地热能源。

土地资源 土地指陆地的表层部分，它主要由岩石、岩石的风化物和土壤构成。土地资源按利用类型可以分为农用地、建筑用地和未利用地。农用地包括耕地、园地、林地、牧草地和水面。建筑用地包括居民点及工矿用地、交通用地和水利设施用地。未利用地指农用地和建筑用地以外的土地，包括滩涂、荒漠、戈壁、冰川和石山等。

森林面积 指由乔木树种构成，郁闭度0.2以上(含0.2)的林地或冠幅宽度10米以上的林带的面积，即有林地面积。森林面积包括天然起源和人工起源的针叶林面积、阔叶林面积、针阔混交林面积和竹林面积，不包括灌木林地面积和疏林地面积。

森林蓄积量 指一定森林面积上存在着的林木树干部分的总材积。它是反映一个国家或地区森林资源总规模和水平的基本指标之一，也是反映森林资源的丰富程度、衡量森林生态环境优劣的重要依据。

森林覆盖率 指一个国家或地区森林面积占土地总面积的百分比。森林覆盖率是反映森林资源的丰富程度和生态平衡状况的重要指标。在计算森林覆盖率时，森林面积包括郁闭度0.2以上的乔木林地面积和竹林地面积，国家特别规定的灌木林地面积、农田林网以及四旁(村旁、路旁、水旁、宅旁)林木的覆盖面积。计算公式为：

$$森林覆盖率(\%)=\frac{森林面积}{土地总面积}\times 100\%$$

径流 指陆地上接受降水后扣除损耗外，从地表和地下向流域出口断面汇集的水流。径流可分为地表径流、地下径流和壤中流。地表径流指沿地表向河流、湖泊、沼泽、海洋等汇集的水流；地下径流指沿潜水层或隔水层间的含水层，向河流、湖泊、沼泽、海洋等汇集的地下水水流。

径流量 指在一定时段内通过河流某一过水断面的水量，用以反映一个国家或地区水资源的丰歉程度。计算公式为：

径流量=降水量-蒸发量

矿产资源 矿产资源指由地质作用形成的，具有利用价值的，呈固态、液态、气态的自然资源，是社会生产发展的重要物质基础。目前我国已发现矿种有170多种，按其特点和用途，可分为能源矿产(如煤炭、石油、天然气、地热)、金属矿产(如铁矿、锰矿、铜矿、铅矿、铝土矿)、非金属矿产(如金刚石、石灰岩、粘土)和水气矿产(如地下水、矿泉水、二氧化碳气)四大类。其中：金属矿产按其物质成份和性质又可分为：黑色金属矿产、有色金属矿产、贵金属矿产、稀有金属矿产、稀土金属矿产、分散元素金属矿产六类。

气温 指空气的温度，我国一般以摄氏度(℃)为单位表示。气象观测的温度表是放在离地面约1.5米处通风良好的百叶箱里测量的，因此，通常说的气温指的是离地面1.5米处百叶箱中的温度。其统计计算方法为：

月平均气温是将全月各日的平均气温相加，除以该月的天数而得。

年平均气温是将12个月的月平均气温累加后除以12而得。

降水量 指从天空降落到地面的液态或固态(经融化后)水，未经蒸发、渗透、流失而在地面上积聚的深度。其统计计算方法为：

月降水量是将全月各日的降水量累加而得。

年降水量是将12个月的月降水量累加而得。

日照时数 指太阳实际照射地面的时间。其统计方法与降水量相同。

Explanatory Notes on Main Statistical Indicators

Divisions of Administrative Areas refers to the division of administrative areas by the State. The relative laws stipulate that 1) the whole country is divided into provinces, autonomous regions and municipalities directly under the Central Government; 2) provinces and autonomous regions are further divided into autonomous prefectures, counties, autonomous counties and cities; 3) autonomous prefectures are further divided into counties, autonomous counties and cities; 4) counties and autonomous counties are further divided into townships, ethnic townships and towns; 5) municipalities directly under the Central Government and large cities are divided into districts and counties, 6) the State shall, when necessary, establish special administrative regions.

Climate refers to the natural environmental status formed by the long-term exchange of energy and mass between the earth and the atmosphere, and is the result of interaction of many factors. Climate is both one of the environment factors and also the important resources for living and production activities of the human being. The average values across several years of meteorological factors such as temperature, rainfall and humidity are used as important parameters to describe the climate of a region, while the average values (or total values) of a given year or month of meteorological factors reflect the key characteristics of climate for that period of time.

Natural Resources refer to material resources that could be obtained from the nature by human being and used for production and living. Natural resources in general can be classified as renewable resources and non-renewable resources. Renewable resources refer to resources that could be renewed and recycled during a relatively short period of time, including land resource, water resource, climate resource, biology resource and marine resource. Non-renewable resources include resources that could not be renewed, such as minerals and geothermal resource.

Land Resource Land refers to the surface of the earth, consisting of mainly rocks and its weathering and earth. Land resource can be classified, by its utilization, as land for agriculture, land for construction and unused land. Land for agriculture includes cultivated land, plantation land, forestland, grassland and waters. Land for construction includes land for residential purpose, for manufacturing and mining, for transportation and for water-conservancy projects. Unused land refers to land other than land for agriculture and construction, including beaches, deserts, Gobi, glaciers and rock mountains

Forest Area refers to the area of forest where trees and bamboo grow with canopy density above 0.2, including land of natural woods and planted woods, but excluding bush land and thin forest land. It reflects the total areas of afforestation.

Stock Volume of Forest refers to total stock volume of wood growing in forest area, which shows the total size and level of forest resources of a country or a region. It is also an important indicator illustrating the richness of forest resource and the status of forest ecological environment.

Forest Coverage Rate refers to the ratio of area of afforested land to total land area. It is a very important indicator that reflects the status of abundance of forest resource and balance of the ecosystem. Forest area includes the area of trees and bamboo grow with canopy density above 0.2, the area of shrubby tree according to regulations of the government, the area of forest land inside farm land and the area of trees planted by the side of villages, farm houses and along roads and rivers. The formula for calculating forest coverage rate is as follows:

$$\text{Forestry coverage rate (\%)} = \frac{\text{Area of Afforested Land}}{\text{Area of Total Land}} \times 100\%$$

Runoff refers to the water gathered at the way out of the cross section of drainage area either from the surface or underground after deducting the wastage of the precipitation on the land. Runoff can be divided into surface runoff, underground runoff and within soil runoff. Surface runoff refers to water flowing to the rivers, lakes, swamps, and seas on the surface of the earth. Underground runoff refers to water flow to rivers, lakes, swamps, and seas through the water-bearing stratum of confined layer or unconfined layer.

Volume of Runoff refers to the total volume of water running through a certain cross section of a river during a certain period of time, reflecting the water resource condition in a country or a region. The formula for calculating volume of runoff is as follows:

Runoff =Precipitation-Evaporation

Mineral Resources refer to useful minerals, with solid state, liquid state, gaseity, due to the geological process. Minerals are important natural resources, and important material base for social development. At present, there are more than 170 types of minerals discovered in China. They can be categorized into four groups: energy producing minerals (including coal, petroleum, natural gas and terrestrial heat), metallic minerals (including iron, manganese, copper, lead and bauxite), non metallic minerals (including diamond, limestone and clay), and water/gas related minerals (including ground water, mineral water and carbon dioxide). Metallic minerals can be further classified as ferrous, non-ferrous, noble metal, rare metal, rare earth metal and dispersed metals.

Temperature refers to the air temperature. China uses centigrade as the unit. The thermometry used for weather observation is put in a breezy shutter, which is 1.5 meters high from the ground. Therefore, the commonly used temperature refers to the temperature in the breezy shutter 1.5 meters away from the ground. The calculation method is as follows:

Monthly average temperature is the summation of average daily temperature of one month divided by the actual days of that particular month.

Annual average temperature is the summation of monthly average of a year divided by 12 months.

Volume of Precipitation refers to the deepness of liquid state or solid state (thawed) water falling from the sky to the ground that has not been evaporated, infiltrated or run off. The calculation method is as follows:

Monthly precipitation is the summation of daily precipitation of a month.

Annual precipitation is the summation of 12 months precipitation of a year.

Sunshine Hours refer to the actual hours of sun irradiating the earth. The calculation method is the same as that of the precipitation.

二、综　合

资料整理：马　靖　吴小龙

2. 综　合

2010 年全省				
生产总值	10123.48	亿元	比 2005 年增长	1.0 倍
全社会固定资产投资	8561.24	亿元	比 2005 年增长	3.3 倍
财政收入	1801.11	亿元	比 2005 年增长	2.4 倍
社会消费品零售总额	3195.67	亿元	比 2005 年增长	1.4 倍
出口总额	62.08	亿美元	比 2005 年增长	1.0 倍
城镇居民人均可支配收入	15695	元	比 2005 年增长	60.5 %
农民人均纯收入	4105	元	比 2005 年增长	60.5 %

生产总值增长速度

（比上年增长%）

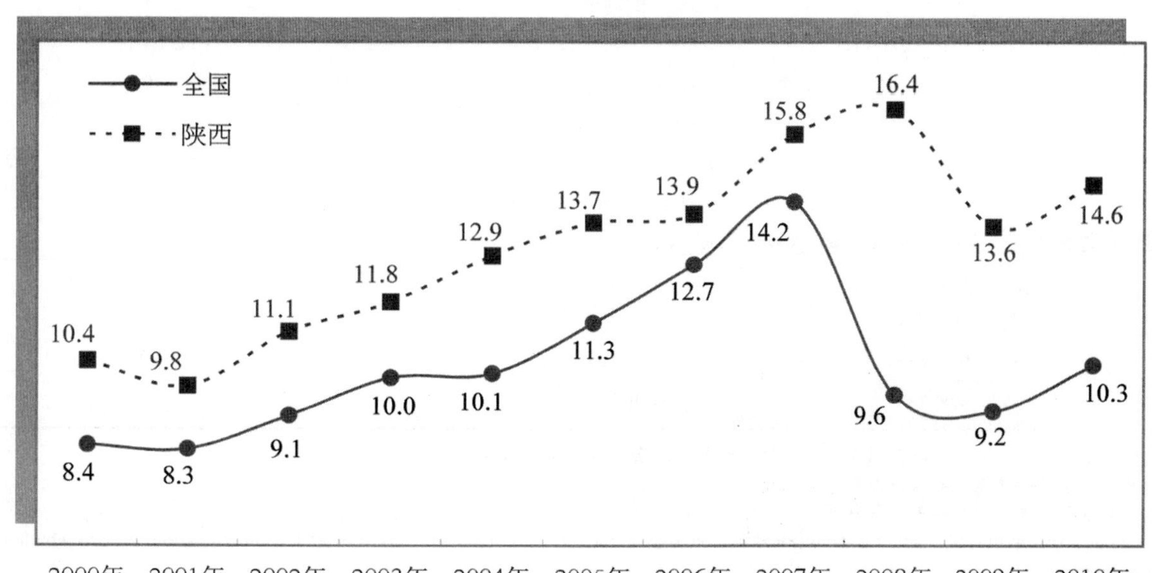

2-1 陕 西 一 日

Selected Indicators on Average Daily Social and Economic Activities

指 标	Item	2005	2009	2010
每天创造的财富	**Daily Production**			
生产总值 (万元)	Gross Domestic Product (10 000 yuan)	107773	223830	277356
第一产业	Primary Industry	11939	21634	27081
第二产业	Secondary Industry	53462	116066	149208
第三产业	Tertiary Industry	42372	86130	101067
财政收入 (万元)	Government Revenue (10 000 yuan)	14494	38113	49345
粮 食 (万吨)	Grain (10 000 tons)	3.12	3.10	3.19
棉 花 (吨)	Cotton (ton)	213	235	190
油 料 (吨)	Oil-bearing Crops (ton)	1242	1490	1536
肉 类 (吨)	Meat (ton)	3674	2704	2812
布 (万米)	Cloth (10 000 m)	217.26	204.25	206.16
原 煤 (万吨)	Coal (10 000 tons)	29.62	81.13	98.95
发 电 量 (万千瓦小时)	Electricity (10 000 kwh)	13834	24636	30189
原 油 (吨)	Crude Oil (ton)	48717	73860	82665
粗 钢 (吨)	Crude Steel (ton)	8419	14315	16570
每天消费量	**Daily National Consumption**			
居民总消费 (万元)	Household Consumption (10 000 yuan)	42543	72959	85091
能源消费量 (万吨标煤)	Energy Consumption (10 000 tons of SCE)	15.26	22.04	24.33
社会消费品零售额(万元)	Total Retail Sales of Consumer Goods (10 000 yuan)	36475	73964	87553
每天其他经济活动	**Other Daily Economic Activities**			
货 运 量 (万吨)	Freight Traffic (10 000 tons)	125.27	236.02	267.90
客 运 量 (万人次)	Passenger Traffic (10 000 persons)	107.16	233.21	257.87
邮电业务总量 (万元)	Business Volume of Postal and Telecommunication Services(10 000 yuan)	9072.12	20427.29	24735.62
进出口总额 (万美元)	Total Value of Imports and Exports (USD 10 000)	1253.93	2302.85	3310.36
# 出口总额	Total Exports	842.69	1092.64	1700.75
入境旅游人数 (万人)	Number of Overseas Visitor Arrivals (10 000 person-times)	0.25	0.40	0.58
居民储蓄额 (万元)	Outstanding Amount of Savings Deposit (10 000 yuan)	96821	184439	217584
每天人口变动和婚姻	**Daily Population Changes and Marriages**			
出 生 (人)	Births (person)	1013	1046	994
死 亡 (人)	Deaths (person)	608	637	613
结 婚 (对)	Marriages (couples)	571	875	950
离 婚 (对)	Divorces (couples)	64	95	122

注：1.本表价值量指标中，除邮电业务总量按不变价格计算，其余均按当年价格计算。
2.工业产品产量2000年及以后为规模以上企业数。
3.能源消费量2005年及以后按等价值计算。

a) Figures in value terms in this table are at current prices, except that on the business volume of postal and telecommunication services which is at constant prices.
b) Since 2000, Output of industrial products are obtained from above designated size enterprises.
c) Energy consumption are calculated at equivalent value since 2005.

2-2 陕西省主要国民经济指标占全国比重（2010年）

Percentage of Shaanxi Main Indicators on National Economic to National Total(2010)

指 标	Item	陕 西 Shaanxi	全 国 National Total	陕西占全国% Shaanxi as Percentage of National Total (%)
年底总人口 (万人)	Population at Year-end (10 000 persons)	3735	133972	2.8
生产总值 (亿元)	Gross Domestic Product (100 million yuan)	10123.48	397983	2.5
第一产业	Primary Industry	988.45	40497	2.4
第二产业	Secondary Industry	5446.10	186481	2.9
# 工 业	Industry	4558.97	160030	2.8
第三产业	Tertiary Industry	3688.93	171005	2.2
全社会固定资产投资总额(亿元)	Total Investment in Fixed Assets (100 million yuan)	8561.24	278140	3.1
地方一般预算收入 (亿元)	Local General Bugetary Revenue (100 million yuan)	958.21	40610	2.4
主要产品产量	Output of Major Products			
粮 食 (万吨)	Grain (10 000 tons)	1165	54648	2.1
棉 花 (万吨)	Cotton (10 000 tons)	6.92	596.1	1.2
油 料 (万吨)	Oil-bearing Crops (10 000 tons)	56.08	3230.1	1.7
水 果 (万吨)	Fruits (10 000 tons)	1238.50	21401.4	5.8
原 煤 (万吨)	Coal (10 000 tons)	36116	324000	11.1
原 油 (万吨)	Crude Oil (10 000 tons)	3017.28	20301	14.9
天 然 气 (亿立方米)	Natural Gas (100 million cu.m)	223.47	967.6	23.1
发 电 量 (亿千瓦小时)	Electricity (100 million kwh)	1101.91	42065	2.6
粗 钢 (万吨)	Crude Steel (10 000 tons)	604.82	62696	1.0
水 泥 (万吨)	Cement (10 000 tons)	5463.79	188000	2.9
化 肥 (万吨)	Fertilizers (10 000 tons)	82.74	6740.6	1.2
纱 (万吨)	Yarn (10 000 tons)	27.12	2717	1.0
布 (亿米)	Cloth (100 million m)	7.52	800	0.9
家用电冰箱 (万台)	Household Refrigerators (10 000 units)	35.68	7300.8	0.5
汽 车 (万辆)	Motor Vehicles (10 000 units)	65.21	1827.0	3.6
货物周转量 (亿吨公里)	Total Freight Ton-kilometers (100 million ton-km)	2527.23	141838	1.8
邮电业务总量 (亿元)	Business Volume of Postal and Telecommunication Services (100 million yuan)	902.85	32940.2	2.7
社会消费品零售总额 (亿元)	Total Retail Sales of Consumer Goods(100 million yuan)	3195.67	156998	2.0
进出口总额 (亿美元)	Total Value of Imports and Exports (USD 100 million)	120.83	29727.6	0.4
# 出口额	Exports	62.08	15779.3	0.4
入境旅游人数 (万人次)	Number of Overseas Visitor Arrivals (10 000 person-times)	212.17	13376.2	1.6
大学生在校学生数 (万人)	Students Enrollment of College and University (10 000 persons)	92.78	2231.8	4.2
图书出版量 (亿册)	Number of Books Published (100 million copies)	1.98	74.0	2.7
杂志出版量 (亿册)	Number of Magazines Published (100 million copies)	0.75	32.0	2.4
报纸出版量 (亿份)	Number of Newspapers Published (100 million copies)	6.22	448.0	1.4

注：本表全国年底总人口为第六次全国人口普查初步汇总数。

a) Data in the table are obtained from preliminary measurements and tabulated data by the 6th national population census .

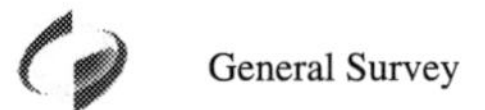

2-3 国民经济和社会发展总量与速度指标

指　　标	Item	1978	2000
人口与就业	**Population and Employment**		
人　口	Population		
年底总人口　(万人)	Population at Year-end　(10 000 persons)	2779	3644
城镇人口	Urban	454	1176
乡村人口	Rural	2325	2468
男性人口	Male	1444	1896
女性人口	Female	1335	1748
就　业	Employment		
就业人员　(万人)	Number of Employed Persons　(10 000 persons)	1078	1813
# 职工人数	Number of Staff and Workers	257	328
城镇登记失业人数　(万人)	Registered Unemployment in Urban Areas　(10 000 persons)		11.4
宏观经济	**Macro Economy**		
国民经济核算	National Accounting		
生产总值　(亿元)	Gross Domestic Product　(100 million yuan)	81.07	1804.00
第一产业	Primary Industry	24.70	258.22
第二产业	Secondary Industry	42.13	782.58
第三产业	Tertiary Industry	14.24	763.20
支出法生产总值　(亿元)	GDP by Expenditure Approach　(100 million yuan)	81.07	1804.00
# 最终消费	Final Consumption Expenditures	52.74	1042.94
居民消费	Household Consumption	48.24	802.54
政府消费	Government Consumption	4.50	240.40
资本形成总额	Gross Capital Formation	30.45	856.60
固定资本形成总额	Gross Fixed Capital Formation	23.18	796.20
存货增加	Change in Inventories	7.27	60.40
固定资产投资	Investment in Fixed Assets		
全社会固定资产投资总额　(亿元)	Total Investment in Fixed Assets　(100 million yuan)	20.35	745.85
# 城镇固定资产投资	Investment in Fixed Assets of Urban	17.36	644.39
# 房地产开发投资	Investment in Real Estate Development		78.89
财　政	Government Finance		
财政收入　(亿元)	Government Revenue　(100 million yuan)	19.76	187.00
财政支出　(亿元)	Government Expenditures　(100 million yuan)	18.30	271.76
物价指数　(上年=100)	Price Indices　(preceding year=100)		
商品零售价格指数	Retail Price Index	100.5	98.3
居民消费价格指数	Consumer Price Index	100.6	99.5
利用外资	Utilization of Foreign Capital		
签订利用客商直接投资协议额　(万美元)	Contracted Value of Direct Investments　(USD 10 000)		49931
实际利用客商直接投资额　(万美元)	Actually Utilized Value of Direct Investments　(USD 10 000)		28842
能源生产与消费	Production and Consumption of Energy		
能源生产总量　(万吨标准煤)	Total Energy Production　(10 000 tons of SCE)		
能源消费总量　(万吨标准煤)	Total Energy Consumption　(10 000 tons of SCE)		

注：1.本表价值量指标中，除邮电业务总量按不变价格计算，其余指标均按当年价格计算。

2.2000年及以后工业产品产量、财务指标为规模以上企业数据。
3.1998年及以后职工人数、职工工资总额、职工平均工资为在岗职工数据。
4.本表速度指标中，生产总值及三次产业增加值、物价指数、农林牧渔业增加值、工业增加值、城乡居民收入和平均工资指标均按可比价格计算。固定资产投资平均增长速度按累计法计算。

Principal Aggregate Indicators on National Economic and Social Development and Growth Rates

2005	2009	2010	2010年为下列年份% 2010 as Percentage of the Following Years(%)				1979-2010 平均增长% Average Annual Growth Rate(%)
			1978	2000	2005	2009	
3690	3727	3735	134.4	102.5	101.2	100.2	0.9
1374	1621	1707	376.0	145.2	124.2	105.3	4.2
2316	2106	2028	87.2	82.2	87.6	96.3	-0.4
1899	1916	1930	133.7	101.8	101.6	100.7	0.9
1791	1811	1805	135.2	103.3	100.8	99.7	0.9
1976	2060	2074	192.4	114.4	104.9	100.7	2.1
323	335	343	133.4	104.5	106.1	102.2	0.9
21.5	21.5	21.4		188.1	99.4	99.7	
3933.72	8169.80	10123.48	2724.7	349.9	199.9	114.6	10.9
435.77	789.64	988.45	507.9	172.9	134.7	105.8	5.2
1951.36	4236.42	5446.10	3849.4	423.9	214.3	118.0	12.1
1546.59	3143.74	3688.93	5166.4	335.1	200.4	112.1	13.1
3933.72	8169.80	10123.48					
2112.91	3897.21	4584.46					
1552.81	2663.00	3105.83					
560.10	1234.21	1478.63					
2026.38	5447.19	6834.25					
1936.45	5270.28	6851.53					
89.93	176.91	-17.28					
1982.04	6553.39	8561.24	42070.0	1147.9	431.9	130.6	19.5
1840.72	6194.86	8167.48	47034.7	1267.5	443.7	131.8	19.8
298.95	943.73	1159.47		1469.7	387.8	122.9	
529.02	1391.13	1801.11	9115.5	963.1	340.5	129.5	15.1
638.96	1841.64	2218.83	12123.0	816.5	347.3	120.5	16.2
100.1	99.9	103.6	469.8	119.2	118.3	103.6	5.0
101.2	100.5	104.0	561.7	125.7	118.6	104.0	5.5
158237	140117	221030		442.7	139.7	157.7	
62839	151053	182006		631.0	289.6	120.5	
14576	27701	32332			221.8	116.7	
5571	8044	8882			159.4	110.4	

a) Figures in value terms in this table are at current prices, except that on the business volume of postal and telecommunication services which is at constant prices.

b) Since 2000, Output of industrial products and financial indicators are obtained from above designated size enterprises.

c) Figures on number of staff and workers ,total wage bill and average wage refer to fully employed staff and workers since 1998 .

d) The indices and growth rates of the follow indicators are calculated at comparable prices: gross domestic product, value-added of the three strata of industry,price indices,value-added of agriculture, forestry, animal Husbandry and fishery ,value-a

2-3 续表 1

指 标	Item	1978	2000
产 业	**Industry**		
农 业	Agriculture		
常用耕地面积 (千公顷)	Cultivated Land (1 000 hectares)	3854	3114
农林牧渔业就业人员 (万人)	Employed Persons of Agriculture, Forestry, Animal Husbandry and Fishery (10 000 persons)	780	1002
农林牧渔业增加值 (亿元)	Value-added of Agriculture, Forestry, Animal Husbandry and Fishery (100 million yuan)	24.70	258.22
主要农产品产量	Output of Major Farm Products		
粮 食 (万吨)	Grain (10 000 tons)	800	1089
棉 花 (万吨)	Cotton (10 000 tons)	10.54	2.74
油 料 (万吨)	Oil-bearing Crops (10 000 tons)	5.65	38.76
烤 烟 (万吨)	Flue-Cured Tobacco (10 000 tons)	1.38	7.36
茶 叶 (吨)	Tea (ton)	1408	6126
水 果 (万吨)	Fruits (10 000 tons)	33.41	493.79
蔬 菜 (万吨)	Vegetables (10 000 tons)		556.53
肉 类 (万吨)	Meat (10 000 tons)	14.20	92.12
工 业	Industry		
工业增加值 (亿元)	Value-added of Industry (100 million yuan)	36.52	629.88
主要工业产品产量	Output of Major Industrial Products		
纱 (万吨)	Yarn (10 000 tons)	13.85	15.68
布 (亿米)	Cloth (100 million m)	5.81	7.18
家用电冰箱 (万台)	Household Refrigerators (10 000 units)		37.56
彩色显象管 (万只)	Color CRT (10 000 units)		846.98
原 煤 (万吨)	Coal (10 000 tons)	1666	3493
原 油 (万吨)	Crude Oil (10 000 tons)	6.03	746.44
天然气 (亿立方米)	Natural Gas (100 million cu.m)		21.10
发电量 (亿千瓦小时)	Electricity (100 million kwh)	66.10	272.28
粗 钢 (万吨)	Crude Steel (10 000 tons)	24.29	53.65
钢 材 (万吨)	Rolled Steel (10 000 tons)	17.38	57.70
水 泥 (万吨)	Cement (10 000 tons)	210.66	989.44
化 肥 (万吨)	Fertilizers (10 000 tons)	13.69	93.90
汽 车 (万辆)	Motor Vehicles (10 000 units)		1.93
规模以上工业企业	Industrial Enterprises above Designated Size		
资产总计 (亿元)	Original Value of Fixed Assets (100 million yuan)		2683.07
主营业务收入 (亿元)	Revenue from Principal Business (100 million yuan)		1133.82
利润和税金总额 (亿元)	Total Profits and Tax (100 million yuan)		155.51
交通运输	Transportation		
货物运输量 (万吨)	Freight Traffic (10 000 tons)	7160	29973
# 铁 路	Railways	2400	4697
公 路	Highways	4733	25200
货物周转量 (亿吨公里)	Freight Ton-kilometers (100 million ton-km)	176.11	593.24
# 铁 路	Railways	165.58	448.15
公 路	Highways	10.39	143.64
旅客运输量 (万人)	Passenger Traffic (10 000 persons)	5628	28693
# 铁 路	Railways	2009	2661
公 路	Highways	3605	25600
旅客周转量 (亿人公里)	Passenger-Kilometers (100 million passenger-km)	60.73	376.99
# 铁 路	Railways	47.56	178.89
公 路	Highways	12.95	151.04

continued

2005	2009	2010	2010年为下列年份% 2010 as Percentage of the Following Years(%)				1979-2010 平均增长% Average Annual Growth Rate(%)
			1978	2000	2005	2009	
2788	2860	2861	74.2	91.9	102.6	100.0	-0.9
949	871	849	108.8	84.7	89.4	97.4	0.3
435.77	789.64	988.45	507.9	172.9	134.7	105.8	5.2
1140	1131	1165	145.6	107.0	102.2	103.0	1.2
7.78	8.58	6.92	65.7	252.7	89.0	80.7	-1.3
45.35	54.38	56.08	992.5	144.7	123.6	103.1	7.4
5.88	7.31	6.73	487.7	91.4	114.4	92.1	5.1
11382	20153	25052	1779.3	408.9	220.1	124.3	9.4
765.74	1150.45	1238.50	3707.0	250.8	161.7	107.7	12.0
869.93	1257.59	1384.02		248.7	159.1	110.1	
134.11	98.71	102.64	722.8	111.4	76.5	104.0	6.4
1650.63	3501.25	4558.97	4233.8	439.6	212.6	118.7	12.4
19.43	24.67	27.12	195.8	173.0	139.6	109.9	2.1
7.93	7.46	7.52	129.5	104.8	94.9	100.9	0.8
8.08	27.05	35.68		95.0	441.5	131.9	
1678.96	763.26	704.08		83.1	41.9	92.2	
10811	29611	36116	2167.8	1033.9	334.1	122.0	10.1
1778.16	2695.89	3017.28	50037.8	404.2	169.7	111.9	21.4
80.59	189.52	223.47		1059.1	277.3	117.9	
504.94	899.22	1101.91	1667.0	404.7	218.2	122.5	9.2
307.28	522.50	604.82	2490.0	1127.3	196.8	115.8	10.6
337.10	887.34	994.89	5724.3	1724.2	295.1	112.1	13.5
1972.13	4464.66	5463.79	2593.7	552.2	277.1	122.4	10.7
122.86	86.82	82.74	604.4	88.1	67.3	95.3	5.8
4.26	50.68	65.21		3376.9	1530.0	128.7	
5085.90	12119.26	14688.70		547.5	288.8	121.2	
3302.50	8188.52	10888.80		960.4	329.7	133.0	
676.50	1553.94	2401.96		1544.6	355.1	154.6	
45724	86147	97782	1365.7	326.2	213.9	113.5	8.5
12123	18020	20480	853.3	436.0	168.9	113.7	6.9
33483	67963	77123	1629.5	306.0	230.3	113.5	9.1
1115.31	2347.83	2527.23	1435.0	426.0	226.6	107.6	8.7
905.76	1313.78	1329.14	802.7	296.6	146.7	101.2	6.7
207.85	1032.37	1195.91	11510.2	832.6	575.4	115.8	16.0
39137	85122	94122	1672.4	328.0	240.5	110.6	9.2
3600	5182	5579	277.7	209.7	155.0	107.7	3.2
34780	79033	87457	2426.0	341.6	251.5	110.7	10.5
571.60	816.05	908.13	1495.4	240.9	158.9	111.3	8.8
279.08	395.64	419.28	881.6	234.4	150.2	106.0	7.0
206.54	337.66	383.99	2965.2	254.2	185.9	113.7	11.2

2-3 续表 2

指 标		Item	1978	2000
邮电通信业		Postal and Telecommunication Services		
邮电业务总量	(亿元)	Business Volume of Postal and Telecommunication Services (100 million yuan)	0.50	85.04
函 件	(万件)	Number of Letters Delivered (10 000 pieces)	9188	17444
报刊期发数	(万份)	Number of Newspapers and Magazines Distributed (10 000 copies)	319	454
固定电话	(万户)	Number of Fixed Telephone Subscribers (10 000 subscribers)	4.65	345.25
城 市		Urban Telephone Subscribers	3.24	252.86
农 村		Rural Telephone Subscribers	1.41	92.39
移动电话	(万户)	Number of Mobile Telephone Subscribers (10 000 subscribers)		151.67
互联网宽带用户	(万户)	Number of Internet Subscribers (10 000 subscribers)		19.87
国内商业		Domestic Trade		
社会消费品零售总额	(亿元)	Total Retail Sales of Consumer Goods (100 million yuan)	33.37	725.64
对外贸易和旅游		Foreign Trade and Tourism		
进出口总额	(万美元)	Total Value of Imports and Exports (USD 10 000)		214009
进口额		Imports		83006
出口额		Exports	1190	131003
国际旅游		International Tourism		
入境旅游人数	(万人次)	Number of Overseas Visitor Arrivals (10 000 persons)	1.37	71.28
旅游外汇收入	(万美元)	Foreign Exchange Earnings from Tourism (USD 10 000)	177	28025
金 融		Financial Intermediation		
金融机构各项存款	(亿元)	Deposits of National Banking System (100 million yuan)	35.33	2663.00
金融机构各项贷款	(亿元)	Loans of National Banking System (100 million yuan)	51.74	2193.12
教育·科技·文化		**Education, Science and Technology and Culture**		
教 育		Education		
专任教师数	(万人)	Full-time Teachers (10 000 persons)		
普通高等学校		Regular Institutions of Higher Education	1.07	2.07
中等职业学校		Vocational Secondary Schools	0.33	2.17
普通中学		Secondary Schools	9.17	12.23
小 学		Primary Schools	17.30	18.23
在校学生数	(万人)	Students Enrollment (10 000 persons)		
普通高等学校		Regular Institutions of Higher Education	3.44	24.17
中等职业学校		Vocational Secondary Schools	2.93	36.37
普通中学		Secondary Schools	193.47	230.52
小 学		Primary Schools	450.51	480.93
科 技		Science and Technology		
地方国有企事业单位专业技术人员	(万人)	Technical Personnel in Local State-Owned Enterprises and Institutions (10 000 persons)		63.76
全省从事科技活动人员数	(万人)	Personnel Engaged in S&T Activities in the Whole Province (10 000 persons)		15.51
R&D经费内部支出	(亿元)	Internal Expenditure on Research and Development (100 million yuan)		
文 化		Culture		
出版数量		Number of Publication		
图 书	(万册)	Books (10 000 copies)	7661	15958
杂 志	(万册)	Magazines (10 000 copies)	1423	4944
报 纸	(万份)	Newspapers (10 000 copies)		70389
制作电视节目	(小时)	Time for TV Programs Production (hour)		16174

continued

2005	2009	2010	2010年为下列年份% 2010 as Percentage of the Following Years(%)				1979-2010 平均增长% Average Annual Growth Rate(%)
			1978	2000	2005	2009	
331.13	745.60	902.85	179671.6	1061.7	272.7	121.1	26.4
15119	8690	9734	105.9	55.8	64.4	112.0	0.2
286	365	517	162.1	113.9	180.8	141.6	1.5
859.32	814.97	781.89	16830.7	226.5	91.0	95.9	17.4
561.84	525.73	519.55	16057.3	205.5	92.5	98.8	17.2
297.47	289.25	262.34	18605.3	284.0	88.2	90.7	17.7
938.10	2337.37	2518.23		1660.3	268.4	107.7	
236.90	255.05	368.83		1855.8	155.7	144.6	
1331.35	2699.67	3195.67	9576.5	440.4	240.0	118.4	15.3
457684	840539	1208283		564.6	264.0	143.8	
150103	441724	587510		707.8	391.4	133.0	
307581	398815	620773	52165.8	473.9	201.8	155.7	21.6
92.84	145.08	212.17	15487.0	297.7	228.5	146.2	17.1
44625	77107	101596	57398.9	362.5	227.7	131.8	22.0
6446.48	13860.43	16386.18	46379.4	615.3	254.2	118.2	21.1
3983.19	8276.64	9971.56	19271.9	454.7	250.3	120.5	17.9
4.29	5.62	5.83	544.8	281.3	136.0	103.8	5.4
2.85	3.68	3.46	1050.0	159.6	121.4	94.0	7.6
15.91	17.02	17.05	185.9	139.4	107.1	100.2	2.0
18.66	17.83	17.52	101.3	96.1	93.9	98.2	…
66.69	89.37	92.78	2697.0	383.9	139.1	103.8	10.8
55.84	89.91	89.93	3069.4	247.3	161.1	100.0	11.3
304.56	274.68	259.91	134.3	112.7	85.3	94.6	0.9
340.09	271.44	261.04	57.9	54.3	76.8	96.2	-1.7
69.80	74.07	73.29		114.9	105.0	98.9	
13.49	19.21	20.69		133.4	153.4	107.7	
92.15	189.51	217.50			236.0	114.8	
17628	19801	19830	258.8	124.3	112.5	100.1	3.0
6450	6192	7522	528.6	152.1	116.6	121.5	5.3
68219	65556	62239		88.4	91.2	94.9	
71983	79415	83275		514.9	115.7	104.9	

2-3 续表 3

指　　标	Item	1978	2000
家庭·生活·环境	**Family, People's Living Conditions and Environment**		
家　庭	Family		
家庭总户数 (万户)	Total Number of Households (10 000 households)	560.82	948.06
城镇居民平均每户家庭人口 (人)	Average Household Size in Urban Areas (person)		3.08
农村居民平均每户家庭人口 (人)	Average Household Size in Rural Areas (person)		4.43
婚　姻	Marriages and Divorces		
结婚数 (对)	Number of Marriages (couples)	136230	203598
离婚数 (对)	Number of Divorces (couples)		26031
居　住	Housing		
城镇居民人均住房使用面积(平方米)	Per Capita Gross Living Space in Cities (sq.m)		16.08
农村居民人均住房面积 (平方米)	Per Capita Net Floor Space of Rural Residents (sq.m)		22.87
生　活	People's Living Conditions		
城镇居民人均可支配收入 (元)	Per Capita Annual Disposable Income of Urban Households (yuan)	310	5124
农民人均纯收入 (元)	Per Capita Net Income of Rural Residents (yuan)	134	1470
城乡居民储蓄存款余额 (亿元)	Outstanding Amount of Saving Deposits in Urban and Rural Areas (100 million yuan)	7.79	1522.53
工　资	Wages		
职工工资总额 (亿元)	Total Wages of Staff and Workers (100 million yuan)	16.44	257.28
职工平均工资 (元)	Average Wage of Staff and Workers (yuan)	654	7804
卫　生	Health Care		
医院数 (个)	Number of Hospitals (unit)	3064	2779
医生数 (万人)	Number of Doctors (10 000 persons)	3.43	6.43
医院床位数 (万张)	Number of Hospital Beds (10 000 units)	4.99	9.26
市政建设	Municipal Works		
自来水供应量 (万立方米)	Volume of Tap Water Supply (10 000 cu.m)	21119	67062
排水管道长度 (公里)	Length of Sewer Pipelines (km)	431	1856
城市天然气供应量 (万立方米)	Volume of Natural Gas Supply in Urban Areas (10 000 cu.m)		17770
道路长度 (公里)	Length of Paved Roads (km)	639	2537
园林绿地面积 (公顷)	Area of Green Land (hectare)	488	9079
环境、灾害	Environment and Disaster		
环境污染治理投资总额 (万元)	Total Investment in the Treatment of Environmental Pollution (10 000 yuan)		
突发环境事件次数 (次)	Number of Emergency Environmental Accidents (unit)		
突发环境事件直接经济损失 (万元)	Direct Economic Losses of Emergency Environmental Accidents (10 000 yuan)		
火灾发生数 (起)	Number of Fire Disasters (unit)		3818
火灾损失 (万元)	Loss of Fire Disasters (10 000 yuan)		2613
交通事故发生数 (件)	Number of Traffic Accidents (unit)	3979	11846
交通事故损失 (万元)	Loss of Traffic Accidents (10 000 yuan)	165	3978

continued

2005	2009	2010	2010年为下列年份% 2010 as Percentage of the Following Years(%)				1979-2010 平均增长% Average Annual Growth Rate(%)
			1978	2000	2005	2009	
1055.74	1173.74	1198.37	213.7	126.4	113.5	102.1	2.4
2.96	2.89	2.84		92.2	95.9	98.3	
4.36	4.17	4.10		92.6	94.0	98.4	
208421	319406	346645	254.5	170.3	166.3	108.5	3.0
23447	34519	44402		170.6	189.4	128.6	
18.54	20.95	21.04		130.8	113.5	100.4	
26.01	30.38	31.70		138.6	121.9	104.3	
8272	14129	15695	858.8	251.7	160.5	107.1	7.0
2052	3438	4105	515.5	197.5	160.5	112.0	5.3
3533.97	6732.03	7941.81	101948.8	521.6	224.7	118.0	24.2
477.97	1010.50	1176.33	7155.3	457.2	246.1	116.4	14.3
14796	30185	34299	888.8	360.8	196.0	112.4	7.1
2674	2660	2639	86.1	95.0	98.7	99.2	-0.5
6.03	6.13	6.28	183.0	97.6	104.1	102.4	1.9
10.34	13.05	13.72	274.9	148.2	132.7	105.1	3.2
71170	83059	81335	385.1	121.3	114.3	97.9	4.3
3250	4894	5666	1314.6	305.3	174.3	115.8	8.4
76285	144275	164654		926.6	215.8	114.1	
3191	4604	4810	752.7	189.6	150.7	104.5	6.5
15003	23426	26063	5340.8	287.1	173.7	111.3	13.2
	1190551	1816939				152.6	
	8	9				112.5	
	3.79						
7490	4696	4620		121.0	61.7	98.4	
4683	6808	8354		319.7	178.4	122.7	
12011	5501	6004	150.9	50.7	50.0	109.1	1.3
6242	2899	3311	2006.7	83.2	53.0	114.2	9.8

2-4 国民经济主要结构指标

Main Composition Indicators on National Economy

单位：% (%)

指　　标	Item	1978	2000	2005	2009	2010
人口与就业	**Population and Employment**					
人　口	Population					
城乡结构	Urban and Rural Composition					
城　镇	Urban	16.3	32.3	37.2	43.5	45.7
乡　村	Rural	83.7	67.7	62.8	56.5	54.3
性别结构	Sexual Composition					
男	Male	52.0	52.0	51.5	51.4	51.7
女	Female	48.0	48.0	48.5	48.6	48.3
就　业	Employment					
产业结构	Industrial Composition					
第一产业	Primary Industry	71.1	55.7	48.4	42.5	41.3
第二产业	Secondary Industry	17.9	16.5	18.6	23.9	27.0
第三产业	Tertiary Industry	11.0	27.8	32.9	33.6	31.7
宏观经济	**Macro Economy**					
国民经济核算	National Accounting					
生产总值产业结构	Industrial Composition					
第一产业	Primary Industry	30.5	14.3	11.1	9.7	9.8
第二产业	Secondary Industry	52.0	43.4	49.6	51.8	53.8
第三产业	Tertiary Industry	17.6	42.3	39.3	38.5	36.4
生产总值地区结构	by Region					
关　中	Guanzhong	71.2	72.5	66.2	64.0	62.8
陕　南	Southern Shaanxi	8.5	14.2	12.2	11.2	11.1
陕　北	Northern Shaanxi	20.3	13.3	21.6	24.8	26.1
投　资	Investment					
固定资产投资结构	Composition of Investment in Fixed Assets					
第一产业	Primary Industry		2.7	2.7	3.4	5.7
第二产业	Secondary Industry		36.2	34.1	36.4	35.1
第三产业	Tertiary Industry		61.1	63.2	60.1	59.2
固定资产投资经济类型结构	Compositione of Investment in Fixed Assets by Registration Status					
国有经济	State-Owned Units	84.5	63.5	51.3	46.0	49.3
集体经济	Collective-Owned Units	9.4	5.6	3.9	6.0	4.8
其他经济	Others		18.4	38.1	44.4	42.8
个　　体	Individuals	6.1	12.5	6.7	3.5	3.0

2-4 续表 1 continued

单位：% (%)

指 标	Item	1978	2000	2005	2009	2010
能 源	Energy					
能源生产总量结构	Composition of Total Energy Production					
原 煤	Coal			74.7	76.2	76.9
原 油	Crude Oil			17.4	13.9	13.3
天然气	Natural Gas			6.7	9.1	8.9
水 电	Hydro-power			1.1	0.8	0.9
能源消费总量结构	Composition of Total Energy Consumption					
煤 炭	Coal			75.6	71.6	70.6
石 油	Petroleum			17.4	17.5	17.6
天然气	Natural Gas			4.1	8.3	8.6
水 电	Hydro-power			3.0	2.7	3.1
产 业	**Industry**					
农 业	Agriculture					
农林牧渔业产值结构	Composition of Gross Output Value of Agriculture,Forestry, Animal Husbandry and Fishery					
农 业	Farming	85.2	70.5	64.7	61.6	66.5
林 业	Forestry	3.2	5.9	3.4	3.4	2.1
牧 业	Animal Husbandry	11.5	22.9	27.2	29.0	26.1
渔 业	Fishery	…	0.8	0.8	0.5	0.5
农林牧渔服务业	Services in Support of Agriculture,Forestry,Animal Husbandry and Fishery			3.9	5.5	4.8
工 业	Industry					
轻重工业产值结构	Composition of Gross Output Value of Light and Heavy Industry					
轻 工 业	Light Industry	44.6	35.1	24.0	20.1	18.9
重 工 业	Heavy Industry	55.4	64.9	76.0	79.9	81.1
交通运输业	Transportation					
客运量结构	Composition of Passenger Traffic					
铁 路	Railways	35.7	9.3	9.2	6.1	5.9
公 路	Highways	64.1	89.2	88.9	92.9	92.9
水 运	Waterways	…	0.8	0.9	0.3	0.3
民用航空	Civil Aviation	0.2	0.8	1.1	0.8	0.8
货运量结构	Composition of Freight Traffic					
铁 路	Railways	33.5	15.7	26.5	20.9	20.9
公 路	Highways	66.1	84.1	73.2	78.9	78.9
水 运	Waterways	0.4	0.2	0.3	0.2	0.2
民用航空	Civil Aviation	…	…	…	…	…

2-4 续表 2 continued

单位：% (%)

指 标	Item	1978	2000	2005	2009	2010
国内商业	Domestic Trade					
社会消费品零售总额构成	Composition of Total Retail Sales of Consumer Goods					
城 镇	Urban				86.9	86.9
乡 村	Rural				13.1	13.1
国际旅游	International Tourism					
入境旅游人数结构	Composition of Overseas Visitor Arrivals					
外国人	Foreigners	83.9	82.0	80.3	78.9	73.2
港澳台同胞	Hong Kong, Macao and Taiwan Compatriots	16.1	18.0	19.7	21.1	26.8
生活·环境	**People's Living Conditions and Environment**					
生 活	People's Living Conditions					
城镇居民消费结构						
食 品	Food		35.8	36.1	37.3	37.1
衣 着	Clothing		9.4	10.1	11.3	12.1
居 住	Residence		11.0	9.8	9.5	9.5
家庭设备用品及服务	Household Facilities,Articles and Services		11.1	5.6	6.4	6.1
医疗保健	Medicine and Medical Services		7.9	9.1	8.1	7.9
交通和通讯	Transportation and Communications		7.0	9.5	10.0	10.1
教育文化娱乐服务	Recreation, Education and Culture Services		12.8	16.3	13.4	13.5
杂项商品和服务	Miscellaneous Commodities and Services		5.1	3.6	4.1	3.7
农村居民消费结构						
食 品	Food		43.5	42.9	35.1	34.2
衣 着	Clothing		6.6	6.6	6.2	6.3
居 住	Residence		16.0	11.2	20.8	22.1
家庭设备用品及服务	Household Facilities, Articles and Services		4.6	4.4	5.8	6.2
交通和通讯	Transport and Communications		4.7	8.6	9.0	8.9
文化教育娱乐用品及服务	Cultural, Educational and Recreational Articles and Services		14.5	15.7	11.4	10.5
医疗保健	Health Care and Medical Services		7.3	8.7	9.8	9.9
其他商品及服务	Miscellaneous Goods and Services		2.8	2.0	1.9	2.0
环 境	Environment					
治理污染资金使用结构	Consumption of Investment in the Treatment of Pollution					
治理废水	Waste Water Treatment			75.9	36.5	21.2
治理废气	Waste Gas Treatment			12.6	51.7	53.1
治理固体废物	Solid Wastes Treatment			5.8	3.2	0.6
治理噪音	Noise Abatement			0.2	0.5	0.4
其 他	Others			5.5	8.1	24.7

2-5 国民经济和社会发展比例与效益指标
Indicators on Proportions and Efficiency in National Economic and Social Development

指 标	Item	1978	2000	2005	2009	2010
人 口	Population					
出生率 (‰)	Birth Rate (‰)	17.24		10.02	10.24	9.73
死亡率 (‰)	Death Rate (‰)	6.92		6.01	6.24	6.01
自然增长率 (‰)	Natural Growth Rate (‰)	10.32		4.01	4.00	3.72
就 业	Employment					
就业者负担人口 (人)	Dependency Ratio (person)	1.58	1.01	0.87	0.81	0.80
三次产业就业者比例 (%) (第一产业=100)	Employment Ratio by Type of Industry (%) (Employment in Primary Industry=100)					
第一产业	Primary Industry	100.0	100.0	100.0	100.0	100.0
第二产业	Secondary Industry	25.2	29.6	38.5	56.2	65.6
第三产业	Tertiary Industry	15.5	49.9	68.0	78.9	76.8
城镇登记失业率 (%)	Registered Unemployment Rate in Urban Areas(%)		2.7	4.2	3.9	3.9
国民经济核算	National Accounting					
一、二、三产业增加值比例 (%) (第一产业=100)	Ratio of Value-added by Type of Industry(%) (Value added in Primary Industry=100)					
第一产业	Primary Industry	100.0	100.0	100.0	100.0	100.0
第二产业	Secondary Industry	170.6	303.1	447.8	536.5	551.0
第三产业	Tertiary Industry	57.7	295.6	354.9	398.1	373.2
人均生产总值 (元)	Per Capita GDP(yuan)	291	4968	10674	21947	27133
固定资产投资	Investment in Fixed Assets					
全社会固定资产投资相当于生产总值比例 (%)	Proportion of Investment in Fixed Assets to GDP (%)	25.1	41.3	50.4	80.2	84.6
全社会房屋建筑面积竣工率 (%)	Rate of Total Floor Space of Buildings Completed (%)	46.4	75.5	49.2	24.6	22.9
财 政	Government Finance					
财政收入相当于生产总值比例 (%)	Proportion of Government Revenue to GDP (%)	24.4	10.4	13.4	17.0	17.8
财政支出相当于生产总值比例 (%)	Proportion of Government Expenditures to GDP (%)	22.6	15.1	16.2	22.5	21.9
利用外资	Utilization of Foreign Capital					
实际利用外资额相当于签订利用外资额比例 (%)	Proportion of Actually Utilization of Foreign Capital to Signed Utilization of Foreign Capital (%)		57.8	39.7	107.8	82.3
能 源	Energy					
能源生产弹性系数	Elasticity Ratio of Energy Production (%)			1.14	1.53	1.15
能源消费弹性系数	Elasticity Ratio of Energy Consumption(%)			0.99	0.62	0.72
每万元生产总值消耗的能源(吨标煤)	Energy Consumption Per 10 000 yuan of GDP (ton of SCE)			1.416	1.172	1.129
农 业	Agriculture					
人均耕地面积 (公顷)	Per Capita Cultivated Land (hectare)	0.14	0.09	0.08	0.08	0.08
农业从业者人均耕地面积 (公顷)	Cultivated Land per Agricultural Laborer (hectare)	0.49	0.31	0.29	0.33	0.33
每公顷耕地农业机械总动力 (千瓦)	Total Power of Agricultural Machinery per Hectare of Cultivated Land (kw)	1.01	3.36	5.04	6.22	6.60

2-5 续表 1 continued

指　　标	Item	1978	2000	2005	2009	2010
每公顷耕地化肥施用量 (公斤)	Chemical Fertilizer Consumption per Hectare of Cultivated Land (kg)	62	421	527	634	688
每公顷耕地生产的农业产值 (元)	Agricultural Output Value per Hectare of Cultivated Land (yuan)	941	14929	26205	46755	58243
农业从业者人均农产品产量(公斤)	Output of Farm products per Agricultural Laborer (kg)					
粮　食	Grain	1032	1056	1186	1268	1345
棉　花	Cotton	14	3	8	10	8
油　料	Oil-bearing Crops	7	38	47	61	65
水　果	Fruits	43	479	797	1289	1430
肉　类	Meat	18	89	140	111	119
水产品	Aquatic Products	0.3	5.9	7.7	6.3	7.0
每公顷播种面积农产品产量(公斤)	Output of Farm Crops per Hectare of Sown Area (kg)					
粮　食	Grain	1785	2850	3300	3610	3687
棉　花	Cotton	420	911	1107	1395	1361
油　料	Oil-bearing Crops	435	1277	1638	1840	1861
工　业	Industry					
总资产贡献率 (%)	Ratio of Total Assets to Industrial Output Value (%)		7.8	15.4	13.6	17.1
资产负债率 (%)	Assets-Liability Ratio (%)		68.2	62.2	56.0	56.8
流动资产周转次数 (次/年)	Number of Times of Annual of Turnover Circulating Funds (times/year)		1.1	1.7	1.6	1.7
成本费用利润率 (%)	Ratio of Profits to Industrial Cost (%)		6.1	14.5	12.3	16.1
产品销售率 (%)	Proportion of Products Sold (%)		96.7	97.7	95.9	96.9
建筑业	Construction					
技术装备率 (元/人)	Value of Machinery per Laborer (yuan/person)		6108	9505	11089	9227
产值利润率 (%)	Ratio of Per-tax Profits to Gross Output Value (%)		0.6	1.5	3.2	1.9
全员劳动生产率 (元/人)	Overall Labor Productivity (yuan/person)		59672	135356	238743	269553
运输邮电通信业	Transportation, Postal and Telecommunication Services					
铁路网密度 (公里/平方公里)	Railway Density (km/sq.km)	0.009	0.011	0.016	0.016	0.019
公路网密度 (公里/平方公里)	Highway Density (km/sq.km)	0.187	0.214	0.265	0.700	0.717
铁路货运密度 (万吨公里/公里)	Railway Freight Traffic Density (10 000 ton/km)		1634.6	2686.1	3561.9	2863.5
电话普及率 (部/百人)	Access to Telephones (set/100 persons)	0.17	9.47	23.28	21.87	20.93
城市电话普及率 (部/百人)	Access to Urban Telephones(set/100 persons)	0.71	21.50	40.89	32.43	30.44
移动电话普及率 (部/百人)	Access to Mobile Telephones (set/100 persons)		4.16	25.42	62.71	67.42
国内商业	Domestic Trade					
人均消费品零售额 (元)	Per Capita Retail Sales of Consumer Goods (yuan)	121	1998	3612	7252	8565

2-5 续表 2 continued

指 标	Item	1978	2000	2005	2009	2010
对外贸易	Foreign Trade					
进出口额相当于生产总值比例(%)	Proportion of Total Value of Imports and Exports to GDP(%)		9.8	9.5	7.0	8.1
金 融	Financial Intermediation					
金融机构存款相当于生产总值比例(%)	Deposits of Financial Institutions as Percentage of GDP(%)		147.6	163.9	169.7	161.9
金融机构贷款相当于生产总值比例(%)	Loans of Financial Institutions as Percentage of GDP(%)		121.6	101.3	101.3	98.5
科 技	Science and Technology					
R&D经费内部支出相当于生产总值比例(%)	Internal Expenditure on Research and Development as Percentage of GDP(%)			2.3	2.3	2.1
文 化	Culture					
每万人有艺术表演团体(个)	Number of Troupesper 10 000 Population(unit)	0.05	0.03	0.03	0.03	0.03
每万人有公共图书馆(个)	Number of Public Libraries per 10 000 Population(unit)	0.02	0.03	0.03	0.03	0.03
每万人有博物馆(个)	Number of Museums per 10 000 Population(unit)	0.01	0.02	0.02	0.03	0.03
生 活	People's Living Conditions					
城镇与农村居民收入增长率比例(%)	Proportion of Growth Rate of Annual Income of Urban Residents to the Growth Rate of Annual Net Income of Rural Residents(%)		1.50	1.97	1.95	1.83
(以农村居民收入指数为1, 1978年=100)	(Index of Annual Net Income of Rural Residents is 1,1978=100)					
卫 生	Health Care					
每万人医院数(个)	Number of Hospitals per 10 000 Population(unit)	1.1	0.8	0.7	0.7	0.7
每万人医生数(人)	Number of Doctors per 10 000 Population(unit)	12	18	16	16	17
每万人医院病床数(张)	Number of Hospital Beds per 10 000 Population(unit)	18	25	28	35	37
市政建设	Municipal Works					
城市用水普及率(%)	Coverage Rate of Urban Population with Access to Tap Water(%)		96.5	93.2	98.1	99.4
城市燃气普及率(%)	Coverage Rate of Urban Population with Access to Gas(%)		74.5	79.8	89.6	90.4
人均公园绿地面积(平方米)	Per Capita Public Green Area(hectare)				9.34	10.67
环境、灾害	Environment and Disasters					
平均每起突发环境事件直接经济损失(元)	Average Direct Economic Losses of Emergency Environmental Accidents(yuan)				4738	
平均每起火灾损失(元)	Average Loss of per Fire Disaster(yuan)		7028	6253	14497	18082
平均每起交通事故损失(元)	Average Loss of per Traffic Accident(yuan)	415	3358	5197	5270	5515

注：1.本表价值量指标均按当年价格计算。
2.2000年以后市政建设指标按新口径计算，与以前年份不可比。
a) Figures in value terms in this table are at current prices.
b) Municipal Works are collected by the new standard since 2001,the figures are not comparable with the previous years.

2-6 社会经济主要指标平均每人水平
Per Capita Main Indicators on Society and Economy

单位：元 (yuan)

年份 Year	生产总值 Gross Domestic Product	工农业总产值 Gross Industrial and Agricultural Output Value	工业总产值 Gross Industrial Output Value	农林牧渔业总产值 Gross Output Value of Agriculture, Forestry, Animal Husbandry and Fishery	社会消费品零售总额 Total Retail Sales of Consumer Goods	职工平均工资 Average Wage of Staff and Workers	城镇居民人均可支配收入 Per Capita Annual Disposable Income of Urban Households
1978	291	480	349	131	121	654	310
1980	334	539	390	149	154	785	407
1985	604	910	644	267	268	1122	650
1990	1241	1881	1359	522	490	2042	1369
1995	2965	4147	3056	1091	1141	4396	3310
1996	3446	4583	3312	1271	1346	4882	3810
1997	3834	4892	3611	1281	1553	5184	4001
1998	4070	5019	3681	1338	1680	6029	4220
1999	4415	5416	4162	1254	1824	6931	4654
2000	4968	6001	4721	1280	1998	7804	5124
2001	5511	6649	5336	1312	2218	9120	5484
2002	6161	7423	6031	1392	2482	10351	6331
2003	7057	8781	7387	1394	2757	11461	6806
2004	8638	10992	9220	1771	3163	13024	7492
2005	10674	13133	11150	1983	3612	14796	8272
2006	12840	16430	14206	2224	4175	16918	9268
2007	15546	20495	17787	2708	4961	21296	10763
2008	19700	25954	22512	3442	6241	25942	12858
2009	21947	29257	25665	3592	7252	30185	14129
2010	27133	37759	33293	4465	8565	34299	15695

2-6 续表 continued

单位：元 (yuan)

年份 Year	城镇居民人均生活消费支出 Annual Per Capita Consumption Expenditure of Urban Households	农民人均纯收入 Per Capita Net Income of Rural Residents	农民人均生活消费支出 Annual Per Capita Living Expenditure of Rural Households	城乡居民年末储蓄存款余额 Outstanding Amount of Saving Deposits in Urban and Rural Areas	每万人有 Per 10 000 Population		
					大学生(人) College and University Students (person)	医院床位(张) Hospital Beds (unit)	医生数(人) Doctors (unit)
1978	268	134	134	28	12	18	12
1980	371	142	139	48	19	19	13
1985	585	295	233	149	27	22	17
1990	1117	530	477	617	29	24	18
1995	2838	963	914	2089	37	26	18
1996	3211	1165	1097	2659	38	26	18
1997	3462	1285	1215	3054	39	25	17
1998	3539	1406	1181	3453	42	25	17
1999	3953	1456	1162	3792	50	25	18
2000	4277	1470	1251	4178	66	25	18
2001	4638	1520	1331	4841	87	26	18
2002	5378	1596	1491	5756	112	26	16
2003	5667	1676	1455	6863	136	27	16
2004	6233	1867	1618	8010	159	27	16
2005	6656	2052	1896	9577	181	28	16
2006	7553	2260	2181	10996	196	29	16
2007	8427	2645	2560	11525	209	31	16
2008	9772	3136	2979	14753	226	33	16
2009	10706	3438	3349	18063	240	35	16
2010	11822	4105	3794	21263	248	37	17

2-7 人均工农业主要产品产量
Per Capita Output of Major Industrial and Agricultural Products

年 份 Year	粮 食 (公斤) Grain (kg)	棉 花 (公斤) Cotton (kg)	油 料 (公斤) Oil-bearing Crops (kg)	蔬 菜 (公斤) Vegetables (kg)	水 果 (公斤) Fruits (kg)	肉 类 (公斤) Meat (kg)	禽 蛋 (公斤) Poultry Eggs (kg)	水产品 (公斤) Aquatic Products (kg)
1978	289.3	3.8	2.0		12.1	5.1	0.9	0.1
1980	268.5	2.9	3.9		9.9	8.2	1.1	0.1
1985	319.0	1.4	10.0	99.6	11.2	10.1	3.8	0.2
1990	328.7	2.4	10.3	112.8	19.0	14.4	5.7	0.6
1995	261.2	1.1	10.9	103.8	81.2	22.7	11.5	1.1
1996	345.0	0.9	10.6	122.1	102.7	19.3	10.2	1.2
1997	293.7	0.6	10.3	110.0	91.8	20.8	11.2	1.3
1998	363.7	0.6	9.9	128.3	120.2	23.8	11.1	1.4
1999	299.9	0.5	8.8	138.6	136.8	23.8	11.1	1.6
2000	299.9	0.8	10.7	153.3	136.0	25.4	11.7	1.7
2001	267.7	1.4	10.3	144.0	146.4	26.4	11.6	1.7
2002	274.9	1.2	11.2	180.6	157.9	28.9	12.7	1.8
2003	264.1	1.4	11.3	193.3	169.4	31.1	13.4	1.8
2004	315.6	2.2	12.5	213.6	200.1	33.3	13.2	1.9
2005	309.2	2.1	12.3	236.0	207.8	36.4	13.2	2.0
2006	282.0	2.4	11.2	229.7	238.7	27.5	11.1	1.3
2007	288.4	2.4	10.6	250.6	253.9	25.9	11.7	1.4
2008	310.0	2.7	13.3	287.4	287.5	30.0	12.9	1.4
2009	303.9	2.3	14.6	337.8	309.1	26.5	12.9	1.5
2010	312.2	1.9	15.0	371.0	331.9	27.5	12.6	1.6

2-7 续表 continued

年 份 Year	纱 (公斤) Yarn (kg)	布 (米) Cloth (m)	机制纸及纸板 (公斤) Machine-made Paper and Paperboard (kg)	原 煤 (公斤) Coal (kg)	原 油 (公斤) Crude Oil (kg)	发电量 (千瓦小时) Electricity (kwh)	粗 钢 (公斤) Crude Steel (kg)	水 泥 (公斤) Cement (kg)
1978	5.0	21.0	2.4	602.4	2.2	239.1	8.8	76.2
1980	5.3	23.4	3.2	635.7	3.0	280.7	8.7	81.4
1985	5.3	21.5	6.3	902.5	7.4	364.5	11.6	128.6
1990	4.6	22.4	12.9	1021.5	21.5	459.7	15.0	162.7
1995	4.0	22.6	24.6	1214.8	47.8	677.1	15.4	243.6
1996	3.6	20.8	24.2	1307.8	62.6	761.6	15.3	259.6
1997	3.9	22.2	25.5	1391.5	80.4	758.6	13.5	327.8
1998	3.9	17.9	6.3	635.8	89.6	686.5	14.7	239.7
1999	4.0	19.1	6.5	674.1	178.3	707.1	14.0	274.4
2000	4.3	19.8	6.6	962.0	205.6	749.9	14.8	272.5
2001	4.3	18.9	7.8	1242.1	251.0	831.8	19.0	304.3
2002	4.8	19.9	6.6	1602.0	290.8	939.2	24.0	363.2
2003	4.9	20.2	8.7	2016.0	345.6	1121.4	47.4	418.4
2004	5.1	20.3	14.2	2291.9	415.6	1308.2	60.0	489.7
2005	5.3	21.5	10.9	2933.3	482.5	1370.1	83.4	535.1
2006	5.1	21.1	13.8	4184.0	538.3	1562.6	105.2	643.0
2007	5.8	22.2	19.2	4944.9	611.8	1886.8	107.0	817.1
2008	5.9	19.9	19.8	6458.8	663.5	2264.3	82.1	965.0
2009	6.6	20.0	20.0	7954.6	724.2	2415.6	140.4	1199.4
2010	7.3	20.2	23.2	9679.8	808.7	2953.4	162.1	1464.4

2-8 “十五”、“十一五”时期国民经济主要指标

指　　标		Item		2000	2005
国民经济核算		National Accounting			
生产总值	(亿元)	Gross Domestic Product	(100 million yuan)	1804.00	3933.72
第一产业		Primary Industry		258.22	435.77
第二产业		Secondary Industry		782.58	1951.36
# 工业		Industry		629.88	1650.63
第三产业		Tertiary Industry		763.20	1546.59
人均生产总值	(元)	Per Capita GDP	(yuan)	4968	10674
固定资产投资		Investment in Fixed Assets			
全社会固定资产投资总额	(亿元)	Total Investment in Fixed Assets	(100 million yuan)	745.85	1982.04
# 城镇固定资产投资		Investment in Fixed Assets of Urban		644.39	1840.72
# 房地产开放投资		Investment in Real Estate Development		78.89	298.95
财政和金融		Government Finance and Financial Intermediation			
财政收入	(亿元)	Government Revenue	(100 million yuan)	187.00	529.02
# 地方一般预算收入		Local General Bugetary Revenue		114.97	275.32
财政支出	(亿元)	Government Expenditures	(100 million yuan)	271.76	638.96
金融机构各项存款	(亿元)	Deposits of National Banking System	(100 million yuan)	2663.00	6446.48
金融机构各项贷款	(亿元)	Loans of National Banking System	(100 million yuan)	2193.12	3983.19
人民生活		People's Living Conditions			
城镇居民人均可支配收入	(元)	Per Capita Annual Disposable Income of Urban Households	(yuan)	5124	8272
城镇居民人均消费支出	(元)	Annual Per Capita Consumption Expenditure of Urban Households	(yuan)	4277	6656
农民人均纯收入	(元)	Per Capita Net Income of Rural Residents	(100 million yuan)	1470	2052
农村居民人均生活消费支出	(元)	Annual Per Capita Living Expenditure of Rural Households	(100 million yuan)	1251	1896
主要产品产量		Output of Major Products			
粮　食	(万吨)	Grain	(10 000 tons)	1089	1140
水　果	(万吨)	Fruits	(10 000 tons)	493.79	765.74
蔬　菜	(万吨)	Vegetables	(10 000 tons)	556.53	869.93
肉　类	(万吨)	Meat	(10 000 tons)	92.12	134.11
汽　车	(万辆)	Motor Vehicles	(10 000 units)	1.93	4.26
原　煤	(万吨)	Coal	(10 000 tons)	3493.00	10810.72
原　油	(万吨)	Crude Oil	(10 000 tons)	746.44	1778.16
天然气	(亿立方米)	Natural Gas	(100 million cu.m)	21.10	80.59
发电量	(亿千瓦小时)	Electricity	(100 million kwh)	272.28	504.94
国内商业和对外贸易		Domestic Trade and Foreign Trade			
社会消费品零售总额	(亿元)	Total Retail Sales of Consumer Goods	(100 million yuan)	725.64	1331.35
进出口总额	(亿美元)	Total Value of Imports and Exports	(USD 100 million)	21.40	45.77
进口额		Imports		8.30	15.01
出口额		Exports		13.10	30.76
实际利用外商直接投资额	(亿美元)	Actually Utilized Value of Direct Investments	(USD 100 million)	2.88	6.28
国际旅游		International Tourism			
入境旅游人数	(万人次)	Number of Overseas Visitor Arrivals	(10 000 persons)	71.28	92.84
旅游外汇收入	(万美元)	Foreign Exchange Earnings from Tourism	(USD 10 000)	28025	44625

注：本表除生产总值及三次产业增加值、人均生产总值增长速度按不变价格计算,其他指标均按当年价格计算。

Main Indicators on National Economic in 10th Five-year Plan Period and 11th Five-year Plan Period

2006	2007	2008	2009	2010	"十五" 时期平均增长% (2001-2005) Average Annual Growth Rate in 10th Five-year Plan Period (%)	"十一五" 时期平均增长% (2006-2010) Average Annual Growth Rate in 11th Five-year Plan Period (%)
4743.61	5757.29	7314.58	8169.80	10123.48	11.9	14.9
484.81	592.63	753.72	789.64	988.45	5.1	6.1
2452.44	2986.46	3861.12	4236.42	5446.10	14.6	16.5
2094.02	2544.42	3274.57	3501.25	4558.97	15.6	16.3
1806.36	2178.20	2699.74	3143.74	3688.93	10.8	14.9
12840	15546	19700	21947	27133	11.3	14.6
2610.22	3642.13	4851.41	6553.39	8561.24	19.8	34.4
2415.24	3395.93	4523.41	6194.86	8167.48	21.5	34.9
394.86	535.32	762.23	943.73	1159.47	30.6	32.9
696.77	893.02	1104.36	1391.13	1801.11	23.1	27.8
362.13	475.24	591.48	735.27	958.21	19.1	28.3
821.55	1053.97	1428.52	1841.64	2218.83	18.6	28.3
7452.53	8501.39	10790.87	13860.43	16386.18	19.3	20.5
4463.21	5121.16	6056.82	8276.64	9971.56	12.7	20.1
9268	10763	12858	14129	15695	10.1	13.7
7553	8427	9772	10706	11822	9.2	12.2
2260	2645	3136	3438	4105	6.9	14.9
2181	2560	2979	3349	3794	8.7	14.9
1042	1068	1151	1131	1165	0.9	0.4
881.95	940.23	1067.67	1150.45	1238.50	9.2	10.1
848.48	928.10	1067.12	1257.59	1384.02	9.3	9.7
101.72	96.07	111.52	98.71	102.64	7.8	-5.2
10.81	17.06	26.82	50.68	65.21	17.2	72.6
15457.62	18313.26	23981.47	29611.13	36115.50	25.4	27.3
1988.89	2265.87	2463.60	2695.89	3017.28	19.0	11.2
80.47	110.10	143.79	189.52	223.47	30.7	22.6
577.31	698.76	840.74	899.22	1101.91	13.1	16.9
1542.37	1837.25	2317.11	2699.67	3195.67	12.9	19.1
53.60	68.88	83.29	84.05	120.83	16.4	21.4
17.31	22.16	29.48	44.17	58.75	12.6	31.4
36.30	46.72	53.81	39.88	62.08	18.6	15.1
9.25	11.95	13.70	15.11	18.20	16.9	23.7
106.11	123.13	125.73	145.08	212.17	5.4	18.0
51000	61200	66011	77107	101596	9.8	17.9

a) Figures in this table are at current prices, except that gross domestic product, value-added of the three strata of industry, Per Capita GDP which are at constant prices.

2-9 各市(区)国民经济主要指标(2010年)

指标		Item	关中 Guanzhong	西安市 Xi'an
年底常住人口	(万人)	Number of Usual Residents in the Households Surveyed at Year-end (10 000 persons)	2341.81	847.41
在岗职工人数	(万人)	Number of Fully Employed Staff and Workers (10 000 persons)	243.92	130.70
生产总值	(亿元)	Gross Domestic Product (100 million yuan)	6352.70	3241.49
全社会固定资产投资总额	(亿元)	Total Investment in Fixed Assets (100 million yuan)	6032.13	3250.56
# 城镇固定资产投资		Investment in Fixed Assets of Urban	5225.63	2909.74
# 房地产开发投资		Investment in Real Estate Development	1059.91	842.34
地方一般预算收入	(亿元)	Local General Bugetary Revenue (100 million yuan)	374.38	241.86
财政支出	(亿元)	Government Expenditures (100 million yuan)	875.46	371.62
在岗职工工资总额	(亿元)	Total Wages of Fully Employed Staff and Workers(100 million yuan)	830.61	501.76
在岗职工平均工资	(元)	Average Wage of Fully Employed Staff and Workers (yuan)		37870
城镇居民人均可支配收入	(元)	Per Capita Annual Disposable Income of Urban Households (yuan)		22244
农民人均纯收入	(元)	Per Capita Net Income of Rural Residents (yuan)		7750
农林牧渔业总产值	(亿元)	Gross Output Value of Agriculture, Forestry, Animal Husbandry and Fishery (100 million yuan)	996.61	227.10
粮食产量	(万吨)	Grain (10 000 tons)	911.70	221.65
棉花产量	(吨)	Cotton (ton)	67853	5861
油料产量	(吨)	Oil-bearing Crops (ton)	160379	11217
规模以上工业总产值	(亿元)	Gross Industrial Output Value above Designated Size(100 million yuan)	7201.50	3130.15
邮电业务总量	(亿元)	Business Volume of Postal and Telecommunication Services (100 million yuan)	173.88	102.51
固定电话	(万户)	Number of Fixed Telephone Subscribers (10 000 subscribers)	542.45	297.99
移动电话	(万户)	Number of Mobile Telephone Subscribers (10 000 subscribers)	1727.85	986.56
社会消费品零售总额	(亿元)	Total Retail Sales of Consumer Goods (100 million yuan)	2532.87	1637.04
进出口总额	(万美元)	Total Value of Imports and Exports (USD 10 000)	1161206	1038293
# 出口		Exports	601277	531713
实际利用外商直接投资额	(万美元)	Actually Utilized Value of Direct Investments (USD 10 000)	170967	156665
卫生机构数	(个)	Health Care Institutions (unit)	2779	1117
卫生机构床位数	(张)	Number of Beds (unit)	92677	39407
卫生技术人员	(人)	Medical Technical Personnel (person)	120963	56579

注：本表价值量指标中，除邮电业务总量按不变价格计算，其余均按当年价格计算。

Main Indicators on National Economic by City(District)(2010)

					陕　南				陕　北		
铜川市 Tongchuan	宝鸡市 Baoji	咸阳市 Xianyang	渭南市 Weinan	杨凌示范区 Yangling	Southern Shaanxi	汉中市 Hanzhong	安康市 Ankang	商洛市 Shangluo	Northern Shaanxi	延安市 Yan'an	榆林市 Yulin
83.50	371.93	489.84	528.99	20.13	839.13	341.76	263.08	234.29	554.29	218.87	335.42
9.43	28.83	36.30	35.47	3.19	46.06	22.15	11.95	11.96	45.73	21.48	24.25
187.73	976.09	1098.68	801.42	47.29	1122.66	509.70	327.06	285.90	2642.09	885.42	1756.67
117.23	835.22	1050.54	742.25	36.33	962.92	312.80	360.05	290.07	1829.99	724.53	1105.46
104.23	664.45	888.06	631.45	27.70	752.45	278.53	233.09	240.83	1351.51	529.23	822.28
14.68	63.70	93.84	42.08	3.25	63.10	38.22	16.65	8.22	36.46	8.13	28.33
13.75	38.78	43.48	34.00	2.51	43.87	18.62	13.23	12.01	230.73	105.19	125.54
53.96	133.06	151.40	154.30	11.12	327.23	126.79	110.25	90.20	429.89	192.71	237.19
29.23	88.73	100.47	99.99	10.42	136.65	66.11	39.40	31.14	178.90	81.20	97.70
31046	30943	27786	28628	32900		30148	32903	26171		38313	40629
15884	18978	18914	15918	22297		14509	14642	14811		17880	17545
4789	5040	5056	4372	7128		4183	3976	3605		5173	5113
25.15	174.65	336.11	227.61	5.99	406.38	190.34	115.69	100.35	278.04	125.16	152.88
26.63	171.47	222.52	264.19	5.24	278.27	114.13	93.09	71.05	247.17	82.04	165.13
	151	340	61501		58	2	44	12	561	484	77
9706	22552	51166	65647	91	286353	159260	108611	18482	87963	23042	64921
249.05	1340.45	1401.92	1039.83	40.09	773.56	404.41	192.15	176.99	3145.01	1227.31	1917.70
4.69	19.61	22.62	24.46		36.43	16.77	11.89	7.77	44.99	17.26	27.73
15.21	77.24	61.93	90.08		141.66	62.68	43.31	35.67	97.77	41.12	56.65
48.06	194.61	252.54	246.08		356.26	151.10	119.85	85.32	434.12	173.71	260.42
46.58	307.52	296.35	237.87	7.51	347.48	157.50	110.78	79.19	315.32	111.81	203.51
490	59925	34045	16927	11527	36827	4422	1651	30754	10250	2247	8003
391	26444	23849	10110	8770	9869	3032	1651	5186	9627	2241	7386
520	2127	5188	3051	3416	8026	1595	564	5867	2977	1027	1950
146	571	571	358	16	1059	412	386	261	800	333	467
4658	15913	18082	13950	667	28069	13309	8059	6701	21625	8519	13106
5161	16159	26271	15943	850	32908	15833	9142	7933	23813	10252	13561

a) Figures in value terms in this table are at current prices, except that on the business volume of postal and telecommunication services which is at constant prices.

2-10 按国民经济行业分的法人单位数

单位：个

项　　目	Item	法人 Corporation 2009
总　　计	**Total**	**204953**
农、林、牧、渔业	**Agriculture, Forestry, Animal Husbandry and Fishery**	**5539**
农　业	Farming	900
林　业	Forestry	837
畜牧业	Animal Husbandry	1921
渔　业	Fishery	69
农、林、牧、渔服务业	Services in Support of Agriculture	1812
采矿业	**Mining**	**4186**
煤炭开采和洗选业	Mining and Washing of Coal	962
石油和天然气开采业	Extraction of Petroleum and Natural Gas	616
黑色金属矿采选业	Mining and Processing of Ferrous Metal Ores	275
有色金属矿采选业	Mining and Processing of Non-Ferrous Metal Ores	620
非金属矿采选业	Mining and Processing of Nonmetal Ores	1671
其他采矿业	Mining of Other Ores	42
制造业	**Manufacturing**	**30390**
农副食品加工业	Processing of Food from Agricultural Products	2015
食品制造业	Manufacture of Foods	1187
饮料制造业	Manufacture of Beverages	804
烟草制品业	Manufacture of Tobacco	14
纺织业	Manufacture of Textile	669
纺织服装、鞋、帽制造业	Manufacture of Textile Wearing Apparel, Footware and Caps	399
皮革、毛皮、羽毛(绒)及其制品业	Manufacture of Leather, Fur, Feather and Related Products	72
木材加工及木、竹、藤、棕、草制品业	Processing of Timber, Manufacture of Wood, Bamboo, Rattan,Palm and Straw Products	570
家具制造业	Manufacture of Furniture	692
造纸及纸制品业	Manufacture of Paper and Paper Products	919
印刷业和记录媒介的复制	Printing, Reproduction of Recording Media	981
文教体育用品制造业	Manufacture of Articles For Culture, Education and Sport Activities	54
石油加工、炼焦及核燃料加工业	Processing of Petroleum, Coking, Processing of Nuclear Fuel	309
化学原料及化学制品制造业	Manufacture of Raw Chemical Materials and Chemical Products	1436
医药制造业	Manufacture of Medicines	565
化学纤维制造业	Manufacture of Chemical Fibers	28
橡胶制品业	Manufacture of Rubber	283
塑料制品业	Manufacture of Plastics	851
非金属矿物制品业	Manufacture of Non-metallic Mineral Products	7357
黑色金属冶炼及压延加工业	Smelting and Pressing of Ferrous Metals	274
有色金属冶炼及压延加工业	Smelting and Pressing of Non-ferrous Metals	651
金属制品业	Manufacture of Metal Products	1621
通用设备制造业	Manufacture of General Purpose Machinery	2952

Number of Corporation Units by Sector

(unit)

单位数 Units	单产业法人单位 Single Industry		多产业法人单位 Multi-industry	
2010	2009	2010	2009	2010
206587	**192722**	**194388**	**12231**	**12199**
6236	**5521**	**6206**	**18**	**32**
1462	898	1456	2	8
730	831	721	6	9
2171	1921	2170		1
88	69	88		
1785	1802	1771	10	14
3639	**4149**	**3600**	**37**	**39**
932	947	917	15	15
643	613	638	3	5
256	272	253	3	3
541	609	532	11	9
1195	1666	1189	5	6
72	42	71		1
27626	**30111**	**27327**	**279**	**298**
1793	1997	1772	18	20
1156	1172	1141	15	15
680	780	657	24	23
15	13	15	1	
578	657	565	12	13
357	394	352	5	5
59	72	59		
435	566	433	4	2
485	687	480	5	5
864	915	859	4	5
942	971	930	10	12
48	54	47		1
312	306	310	3	2
1490	1424	1476	12	14
609	549	597	16	12
29	27	28	1	1
299	281	296	2	3
771	850	771	1	
5009	7332	4977	25	32
297	273	294	1	3
781	648	777	3	4
1627	1608	1614	13	13
2940	2931	2916	21	24

2-10 续表 1

单位：个

项　　目	Item	法人 Corporation 2009
专用设备制造业	Manufacture of Special Purpose Machinery	1600
交通运输设备制造业	Manufacture of Transport Equipment	1040
电气机械及器材制造业	Manufacture of Electrical Machinery and Equipment	1288
通信设备、计算机及其他电子设备制造业	Manufacture of Communication Equipment, Computers and Other Electronic Equipment	520
仪器仪表及文化、办公用机械制造业	Manufacture of Measuring Instruments and Machinery for Cultural Activity and Office Work	424
工艺品及其他制造业	Manufacture of Artwork and Other Manufacturing	682
废弃资源和废旧材料回收加工业	Recycling and Disposal of Waste	133
电力、燃气及水的生产和供应业	**Production and Supply of Electricity, Gas and Water**	**1261**
电力、热力的生产和供应业	Production and Supply of Electric Power and Heat Power	633
燃气生产和供应业	Production and Supply of Gas	136
水的生产和供应业	Production and Supply of Water	492
建筑业	**Construction**	**6934**
房屋和土木工程建筑业	Construction of Buildings and Civil Engineering	3624
建筑安装业	Building Installation	1005
建筑装饰业	Building Decoration	1660
其他建筑业	Other Construction	645
交通运输、仓储和邮政业	**Transport, Storage and Post**	**3635**
铁路运输业	Railway Transport	47
道路运输业	Road Transport	1984
城市公共交通业	Urban Public Transport	373
水上运输业	Water Transport	27
航空运输业	Air Transport	24
管道运输业	Transport Via Pipelines	9
装卸搬运和其他运输服务业	Loading, Unloading and Other Transport Services	462
仓储业	Storage	636
邮政业	Post	73
信息传输、计算机服务和软件业	**Information Transmission, Computer Services and Software**	**3601**
电信和其他信息传输服务业	Telecommunications and Other Information Transmission Services	717
计算机服务业	Computer Services	2138
软件业	Software	746
批发和零售业	**Wholesale and Retail Trades**	**35661**
批发业	Wholesale Trade	16807
零售业	Retail Trade	18854
住宿和餐饮业	**Hotels and Catering Services**	**5490**
住宿业	Hotels	2020
餐饮业	Catering Services	3470
金融业	**Financial Intermediation**	**1018**
银行业	Bank	324

continued

(unit)

单位数 Units	单产业法人单位 Single Industry		多产业法人单位 Multi-industry	
2010	2009	2010	2009	2010
1840	1580	1817	20	23
991	1011	964	29	27
1411	1282	1402	6	9
653	503	636	17	17
463	415	453	9	10
564	680	561	2	3
128	133	128		
1225	**1211**	**1168**	**50**	**57**
664	606	631	27	33
148	130	142	6	6
413	475	395	17	18
7655	**6790**	**7494**	**144**	**161**
3117	3505	2991	119	126
1281	989	1264	16	17
2270	1655	2260	5	10
987	641	979	4	8
3755	**3473**	**3588**	**162**	**167**
48	46	46	1	2
2131	1861	2004	123	127
361	368	356	5	5
23	27	23		
33	23	33	1	
11	7	9	2	2
486	453	476	9	10
575	628	568	8	7
87	60	73	13	14
3273	**3530**	**3209**	**71**	**64**
711	663	659	54	52
1666	2127	1661	11	5
896	740	889	6	7
40541	**34893**	**39706**	**768**	**835**
19460	16493	19128	314	332
21081	18400	20578	454	503
4904	**5396**	**4812**	**94**	**92**
1930	1985	1895	35	35
2974	3411	2917	59	57
1106	**666**	**761**	**352**	**345**
318	130	125	194	193

2-10 续表 2

单位：个

项　　目	Item	法人 Corporation 2009
证券业	Security Activities	48
保险业	Insurance	329
其他金融活动	Other Financial Activities	317
房地产业	**Real Estate**	**5113**
房地产业	Real Estate	5113
租赁和商务服务业	**Leasing and Business Services**	**7455**
租赁业	Leasing	719
商务服务业	Business Services	6736
科学研究、技术服务和地质勘查业	**Scientific Research, Technical Service and Geologic Prospecting**	**5056**
研究与试验发展	Research and Experimental Development	442
专业技术服务业	Professional Technical Services	2127
科技交流和推广服务业	Services of Science and Technology Exchanges and Promotion	2333
地质勘查业	Geologic Prospecting	154
水利、环境和公共设施管理业	**Management of Water Conservancy, Environment and Public Facilities**	**1989**
水利管理业	Management of Water Conservancy	943
环境管理业	Environmental Management	395
公共设施管理业	Management of Public Facilities	651
居民服务和其他服务业	**Services to Households and Other Services**	**3229**
居民服务业	Services to Households	1562
其他服务业	Other Services	1667
教　育	**Education**	**15030**
教　育	Education	15030
卫生、社会保障和社会福利业	**Health, Social Security and Social Welfare**	**14267**
卫　生	Health	13234
社会保障业	Social Security	449
社会福利业	Social Welfare	584
文化、体育和娱乐业	**Culture, Sports and Entertainment**	**2542**
新闻出版业	Journalism and Publishing Activities	150
广播、电视、电影和音像业	Broadcasting, Movies, Television and Audiovisual Activities	458
文化艺术业	Cultural and Art Activities	1227
体　育	Sports Activities	185
娱乐业	Entertainment	522
公共管理和社会组织	**Public Management and Social Organization**	**52557**
中国共产党机关	Organs of Communist Party of China	2265
国家机构	Government Agencies	15545
人民政协和民主党派	People's Political Consultative Conference and Democratic Parties	271
群众团体、社会团体和宗教组织	Non-Governmental Organizations, Social Organizations and Religion Organizations	5454
基层群众自治组织	Grass Roots Self-governing Organizations	29022

continued

(unit)

单位数 Units	单产业法人单位 Single Industry		多产业法人单位 Multi-industry	
2010	2009	2010	2009	2010
56	45	55	3	1
330	181	186	148	144
402	310	395	7	7
6335	**5040**	**6247**	**73**	**88**
6335	5040	6247	73	88
9133	**7362**	**9023**	**93**	**109**
896	713	888	6	8
8237	6649	8135	87	101
5437	**4953**	**5330**	**103**	**107**
515	428	500	14	15
2348	2089	2311	38	37
2404	2289	2357	44	47
170	147	162	7	8
2038	**1940**	**1991**	**49**	**47**
889	917	865	26	24
413	387	405	8	8
736	636	721	15	15
3366	**3197**	**3332**	**32**	**34**
1420	1539	1394	23	26
1946	1658	1938	9	8
13872	**14086**	**12985**	**944**	**887**
13872	14086	12985	944	887
12415	**14027**	**12183**	**240**	**232**
11405	12999	11179	235	226
440	449	440		
570	579	564	5	6
2553	**2503**	**2517**	**39**	**36**
163	142	155	8	8
492	448	482	10	10
1273	1219	1264	8	9
175	182	172	3	3
450	512	444	10	6
51478	**43874**	**42909**	**8683**	**8569**
2193	2079	1999	186	194
15013	12645	12096	2900	2917
270	262	260	9	10
5224	5344	5114	110	110
28778	23544	23440	5478	5338

2-11 按国民经济行业分的法人单位数及从业人数(2010年)

项　目	Item	全部法人 Total 单位数(个) Number of Units (unit)	从业人员(人) Employed Persons (person)
总　计	**Total**	**206587**	**6643360**
农、林、牧、渔业	**Agriculture, Forestry, Animal Husbandry and Fishery**	**6236**	**87623**
农　业	Farming	1462	24836
林　业	Forestry	730	13834
畜牧业	Animal Husbandry	2171	24207
渔　业	Fishery	88	739
农、林、牧、渔服务业	Services in Support of Agriculture	1785	24007
采矿业	**Mining**	**3639**	**308769**
煤炭开采和洗选业	Mining and Washing of Coal	932	174223
石油和天然气开采业	Extraction of Petroleum and Natural Gas	643	54547
黑色金属矿采选业	Mining and Processing of Ferrous Metal Ores	256	13540
有色金属矿采选业	Mining and Processing of Non-Ferrous Metal Ores	541	38848
非金属矿采选业	Mining and Processing of Nonmetal Ores	1195	26403
其他采矿业	Mining of Other Ores	72	1208
制造业	**Manufacturing**	**27626**	**1701222**
农副食品加工业	Processing of Food from Agricultural Products	1793	74628
食品制造业	Manufacture of Foods	1156	60197
饮料制造业	Manufacture of Beverages	680	39435
烟草制品业	Manufacture of Tobacco	15	13042
纺织业	Manufacture of Textile	578	97842
纺织服装、鞋、帽制造业	Manufacture of Textile Wearing Apparel, Footware and Caps	357	14731
皮革、毛皮、羽毛(绒)及其制品业	Manufacture of Leather, Fur, Feather and Related Products	59	2740
木材加工及木、竹、藤、棕、草制品业	Processing of Timber, Manufacture of Wood, Bamboo, Rattan, Palm and Straw Products	435	11529
家具制造业	Manufacture of Furniture	485	12559
造纸及纸制品业	Manufacture of Paper and Paper Products	864	47849
印刷业和记录媒介的复制	Printing, Reproduction of Recording Media	942	28559
文教体育用品制造业	Manufacture of Articles For Culture, Education and Sport Activities	48	1522
石油加工、炼焦及核燃料加工业	Processing of Petroleum, Coking, Processing of Nuclear Fuel	312	34691
化学原料及化学制品制造业	Manufacture of Raw Chemical Materials and Chemical Products	1490	101401
医药制造业	Manufacture of Medicines	609	56165
化学纤维制造业	Manufacture of Chemical Fibers	29	1076
橡胶制品业	Manufacture of Rubber	299	13475
塑料制品业	Manufacture of Plastics	771	28248
非金属矿物制品业	Manufacture of Non-metallic Mineral Products	5009	212064
黑色金属冶炼及压延加工业	Smelting and Pressing of Ferrous Metals	297	35579
有色金属冶炼及压延加工业	Smelting and Pressing of Non-ferrous Metals	781	74584
金属制品业	Manufacture of Metal Products	1627	49786
通用设备制造业	Manufacture of General Purpose Machinery	2940	141023

Number of Corporation Units and Employed Persons by Sector (2010)

企业法人 Enterprises		事业单位法人 Institutions		机关法人 Agencies		社会团体法人 Social Organizations		其他法人 Others	
单位数(个) Number of Units (unit)	从业人员(人) Employed Persons (person)	单位数(个) Number of Units (unit)	从业人员(人) Employed Persons (person)	单位数(个) Number of Units (unit)	从业人员(人) Employed Persons (person)	单位数(个) Number of Units (unit)	从业人员(人) Employed Persons (person)	单位数(个) Number of Units (unit)	从业人员(人) Employed Persons (person)
119956	**4917145**	**30847**	**1040517**	**9838**	**369164**	**4762**	**52946**	**41184**	**263588**
4190	**58500**	**1221**	**17859**					**726**	**11264**
1179	19691	39	721					145	4424
437	6683	226	6754					67	397
1817	20280	35	491					319	3436
78	625	3	49					7	65
679	11221	918	9844					188	2942
3645	**308769**								
932	174223								
643	54547								
256	13540								
543	38848								
1199	26403								
72	1208								
27628	**1701222**								
1793	74628								
1156	60197								
680	39435								
15	13042								
578	97842								
357	14731								
59	2740								
435	11529								
485	12559								
864	47849								
942	28559								
48	1522								
312	34691								
1490	101401								
609	56165								
29	1076								
299	13475								
771	28248								
5011	212064								
297	35579								
781	74584								
1627	49786								
2940	141023								

2-11 续表 1

项　目	Item	全部法人 Total	
		单位数(个) Number of Units (unit)	从业人员(人) Employed Persons (person)
专用设备制造业	Manufacture of Special Purpose Machinery	1840	122284
交通运输设备制造业	Manufacture of Transport Equipment	991	220018
电气机械及器材制造业	Manufacture of Electrical Machinery and Equipment	1411	97703
通信设备、计算机及其他电子设备制造业	Manufacture of Communication Equipment, Computers and Other Electronic Equipment	653	61370
仪器仪表及文化、办公用机械制造业	Manufacture of Measuring Instruments and Machinery for Cultural Activity and Office Work	463	31917
工艺品及其他制造业	Manufacture of Artwork and Other Manufacturing	564	13272
废弃资源和废旧材料回收加工业	Recycling and Disposal of Waste	128	1933
电力、燃气及水的生产和供应业	**Production and Supply of Electricity, Gas and Water**	**1225**	**97547**
电力、热力的生产和供应业	Production and Supply of Electric Power and Heat Power	664	72730
燃气生产和供应业	Production and Supply of Gas	148	7450
水的生产和供应业	Production and Supply of Water	413	17367
建筑业	**Construction**	**7655**	**1095114**
房屋和土木工程建筑业	Construction of Buildings and Civil Engineering	3117	920401
建筑安装业	Building Installation	1281	72444
建筑装饰业	Building Decoration	2270	44395
其他建筑业	Other Construction	987	57874
交通运输、仓储和邮政业	**Transport, Storage and Post**	**3755**	**197947**
铁路运输业	Railway Transport	48	4164
道路运输业	Road Transport	2131	90667
城市公共交通业	Urban Public Transport	361	51500
水上运输业	Water Transport	23	537
航空运输业	Air Transport	33	9403
管道运输业	Transport Via Pipelines	11	2404
装卸搬运和其他运输服务业	Loading, Unloading and Other Transport Services	486	10367
仓储业	Storage	575	12740
邮政业	Post	87	16165
信息传输、计算机服务和软件业	**Information Transmission, Computer Services and Software**	**3273**	**92272**
电信和其他信息传输服务业	Telecommunications and Other Information Transmission Services	711	53504
计算机服务业	Computer Services	1666	16334
软件业	Software	896	22434
批发和零售业	**Wholesale and Retail Trades**	**40541**	**575583**
批发业	Wholesale Trade	19460	254278
零售业	Retail Trade	21081	321305
住宿和餐饮业	**Hotels and Catering Services**	**4904**	**228934**
住宿业	Hotels	1930	103914
餐饮业	Catering Services	2974	125020
金融业	**Financial Intermediation**	**1106**	**145851**
银行业	Bank	318	92570

continued

企业法人 Enterprises		事业单位法人 Institutions		机关法人 Agencies		社会团体法人 Social Organizations		其他法人 Others	
单位数(个) Number of Units (unit)	从业人员(人) Employed Persons (person)	单位数(个) Number of Units (unit)	从业人员(人) Employed Persons (person)	单位数(个) Number of Units (unit)	从业人员(人) Employed Persons (person)	单位数(个) Number of Units (unit)	从业人员(人) Employed Persons (person)	单位数(个) Number of Units (unit)	从业人员(人) Employed Persons (person)
1840	122284								
991	220018								
1411	97703								
653	61370								
463	31917								
564	13272								
128	1933								
1192	**95856**	**26**	**1655**					**7**	**36**
660	72664	2	53					2	13
147	7446	1	4						
385	15746	23	1598					5	23
7664	**1095114**								
3122	920401								
1281	72444								
2274	44395								
987	57874								
3395	**179207**	**293**	**16783**					**71**	**1957**
44	4069	2	65					2	30
1837	74557	252	14634					46	1476
355	51186	5	199					1	115
15	438	7	63					1	36
31	8474	1	920					1	9
11	2404								
471	10135	3	48					12	184
550	11875	18	773					7	92
81	16069	5	81					1	15
3084	**90061**	**97**	**1545**					**94**	**666**
608	51852	93	1531					12	121
1585	15806	4	14					77	514
891	22403							5	31
40580	**575583**							**1**	
19470	254278								
21110	321305							1	
4727	**223655**	**28**	**1175**					**153**	**4104**
1866	102071	21	801					43	1042
2861	121584	7	374					110	3062
1030	**141406**	**26**	**633**	**11**	**3238**			**39**	**574**
296	88490	10	479	11	3238			1	363

2-11 续表 2

项 目	Item	全部法人 Total 单位数(个) Number of Units (unit)	从业人员(人) Employed Persons (person)
证券业	Security Activities	56	1141
保险业	Insurance	330	46491
其他金融活动	Other Financial Activities	402	5649
房地产业	**Real Estate**	**6335**	**156308**
房地产业	Real Estate	6335	156308
租赁和商务服务业	**Leasing and Business Services**	**9133**	**121970**
租赁业	Leasing	896	9116
商务服务业	Business Services	8237	112854
科学研究、技术服务和地质勘查业	**Scientific Research, Technical Service and Geologic Prospecting**	**5437**	**177571**
研究与试验发展	Research and Experimental Development	515	52821
专业技术服务业	Professional Technical Services	2348	64860
科技交流和推广服务业	Services of Science and Technology Exchanges and Promotion	2404	38369
地质勘查业	Geologic Prospecting	170	21521
水利、环境和公共设施管理业	**Management of Water Conservancy, Environment and Public Facilities**	**2038**	**65850**
水利管理业	Management of Water Conservancy	889	24858
环境管理业	Environmental Management	413	16967
公共设施管理业	Management of Public Facilities	736	24025
居民服务和其他服务业	**Services to Households and Other Services**	**3366**	**48114**
居民服务业	Services to Households	1420	23451
其他服务业	Other Services	1946	24663
教 育	**Education**	**13872**	**575437**
教 育	Education	13872	575437
卫生、社会保障和社会福利业	**Health, Social Security and Social Welfare**	**12415**	**197483**
卫 生	Health	11405	186945
社会保障业	Social Security	440	4473
社会福利业	Social Welfare	570	6065
文化、体育和娱乐业	**Culture, Sports and Entertainment**	**2553**	**63871**
新闻出版业	Journalism and Publishing Activities	163	8151
广播、电视、电影和音像业	Broadcasting, Movies, Television and Audiovisual Activities	492	17849
文化艺术业	Cultural and Art Activities	1273	24564
体 育	Sports Activities	175	3004
娱乐业	Entertainment	450	10303
公共管理和社会组织	**Public Management and Social Organization**	**51478**	**705894**
中国共产党机关	Organs of Communist Party of China	2193	28085
国家机构	Government Agencies	15013	483500
人民政协和民主党派	People's Political Consultative Conference and Democratic Parties	270	3876
群众团体、社会团体和宗教组织	Non-Governmental Organizations, Social Organizations and Religion Organiza	5224	56953
基层群众自治组织	Grass Roots Self-governing Organizations	28778	133480

continued

企业法人 Enterprises		事业单位法人 Institutions		机关法人 Agencies		社会团体法人 Social Organizations		其他法人 Others	
单位数(个) Number of Units (unit)	从业人员(人) Employed Persons (person)	单位数(个) Number of Units (unit)	从业人员(人) Employed Persons (person)	单位数(个) Number of Units (unit)	从业人员(人) Employed Persons (person)	单位数(个) Number of Units (unit)	从业人员(人) Employed Persons (person)	单位数(个) Number of Units (unit)	从业人员(人) Employed Persons (person)
55	1140	1	1						
327	46453	1	15					2	23
352	5323	14	138					36	188
6172	**153419**	**92**	**1879**					**76**	**1010**
6172	153419	92	1879					76	1010
8033	**107658**	**795**	**11014**					**323**	**3298**
891	9063							8	53
7142	98595	795	11014					315	3245
3139	**80427**	**2053**	**94083**					**247**	**3061**
296	10859	164	41464					55	498
1568	43338	738	21029					42	493
1166	19063	1094	17299					146	2007
109	7167	57	14291					4	63
662	**13899**	**1333**	**51597**					**43**	**354**
61	1245	808	23431					20	182
157	2696	253	14258					3	13
444	9958	272	13908					20	159
3126	**44778**	**76**	**1561**					**168**	**1775**
1232	20595	67	1485					121	1371
1894	24183	9	76					47	404
508	**10015**	**10661**	**497378**					**2703**	**68044**
508	10015	10661	497378					2703	68044
219	**9733**	**5094**	**161147**			**31**	**147**	**7071**	**26456**
197	9312	4332	152676					6876	24957
5	31	431	4416					4	26
17	390	331	4055			31	147	191	1473
962	**27843**	**1402**	**32673**			**37**	**601**	**154**	**2754**
82	3882	70	3882					11	387
222	9218	268	8584					3	47
241	4804	942	18124					90	1636
23	315	101	1811			37	601	14	277
394	9624	21	272					36	407
		7650	**149535**	**9827**	**365926**	**4694**	**52198**	**29308**	**138235**
		199	1410	1994	26675				
		7428	147994	7586	335506				
		23	131	247	3745				
						4694	52198	530	4755
								28778	133480

2-12 按国民经济行业分的产业活动单位数
Number of Active Units by Sector

单位：个 (unit)

项目	Item	产业活动单位数 Active Units		# 多产业法人所属单位 Units Belong to Multi-industry Corporation	
		2009	2010	2009	2010
总计	**Total**	**255283**	**256459**	**62561**	**62071**
农、林、牧、渔业	**Agriculture, Forestry, Animal Husbandry and Fishery**	**6063**	**6816**	**542**	**610**
农业	Farming	908	1466	10	10
林业	Forestry	888	783	57	62
畜牧业	Animal Husbandry	1926	2182	5	12
渔业	Fishery	71	89	2	1
农、林、牧、渔服务业	Services in Support of Agriculture	2270	2296	468	525
采矿业	**Mining**	**4306**	**3750**	**157**	**150**
煤炭开采和洗选业	Mining and Washing of Coal	1013	972	66	55
石油和天然气开采业	Extraction of Petroleum and Natural Gas	655	684	42	46
黑色金属矿采选业	Mining and Processing of Ferrous Metal Ores	282	266	10	13
有色金属矿采选业	Mining and Processing of Non-Ferrous Metal Ores	626	546	17	14
非金属矿采选业	Mining and Processing of Nonmetal Ores	1688	1210	22	21
其他采矿业	Mining of Other Ores	42	72		1
制造业	**Manufacturing**	**31179**	**28399**	**1068**	**1072**
农副食品加工业	Processing of Food from Agricultural Products	2063	1836	66	64
食品制造业	Manufacture of Foods	1199	1169	27	28
饮料制造业	Manufacture of Beverages	829	705	49	48
烟草制品业	Manufacture of Tobacco	15	15	2	
纺织业	Manufacture of Textile	791	699	134	134
纺织服装、鞋、帽制造业	Manufacture of Textile Wearing Apparel, Footware and Caps	407	366	13	14
皮革、毛皮、羽毛(绒)及其制品业	Manufacture of Leather, Fur, Feather and Related Products	72	59		
木材加工及木、竹、藤、棕、草制品业	Processing of Timber, Manufacture of Wood, Bamboo, Rattan, Palm and Straw Products	571	438	5	5
家具制造业	Manufacture of Furniture	703	495	16	15
造纸及纸制品业	Manufacture of Paper and Paper Products	931	874	16	15
印刷业和记录媒介的复制	Printing, Reproduction of Recording Media	1010	970	39	40
文教体育用品制造业	Manufacture of Articles For Culture, Education and Sport Activities	55	51	1	4
石油加工、炼焦及核燃料加工业	Processing of Petroleum, Coking, Processing of Nuclear Fuel	313	317	7	7
化学原料及化学制品制造业	Manufacture of Raw Chemical Materials and Chemical Products	1469	1521	45	45
医药制造业	Manufacture of Medicines	577	619	28	22
化学纤维制造业	Manufacture of Chemical Fibers	29	30	2	2
橡胶制品业	Manufacture of Rubber	303	310	22	14
塑料制品业	Manufacture of Plastics	864	783	14	12
非金属矿物制品业	Manufacture of Non-metallic Mineral Products	7451	5127	119	150
黑色金属冶炼及压延加工业	Smelting and Pressing of Ferrous Metals	278	301	5	7
有色金属冶炼及压延加工业	Smelting and Pressing of Non-ferrous Metals	661	791	13	14
金属制品业	Manufacture of Metal Products	1644	1647	36	33
通用设备制造业	Manufacture of General Purpose Machinery	3017	3004	86	88

2-12 续表 1 continued

单位：个 (unit)

项 目	Item	产业活动单位数 Active Units		# 多产业法人所属单位 Units Belong to Multi-industry Corporation	
		2009	2010	2009	2010
专用设备制造业	Manufacture of Special Purpose Machinery	1660	1889	80	72
交通运输设备制造业	Manufacture of Transport Equipment	1104	1054	93	90
电气机械及器材制造业	Manufacture of Electrical Machinery and Equipment	1329	1449	47	47
通信设备、计算机及其他电子设备制造业	Manufacture of Communication Equipment, Computers and Other Electronic Equipment	556	689	53	53
仪器仪表及文化、办公用机械制造业	Manufacture of Measuring Instruments and Machinery for Cultural Activity and Office Work	448	486	33	33
工艺品及其他制造业	Manufacture of Artwork and Other Manufacturing	693	574	13	13
废弃资源和废旧材料回收加工业	Recycling and Disposal of Waste	137	131	4	3
电力、燃气及水的生产和供应业	**Production and Supply of Electricity, Gas and Water**	**1658**	**1577**	**447**	**409**
电力、热力的生产和供应业	Production and Supply of Electric Power and Heat Power	724	756	118	125
燃气生产和供应业	Production and Supply of Gas	144	158	14	16
水的生产和供应业	Production and Supply of Water	790	663	315	268
建筑业	**Construction**	**7628**	**8332**	**838**	**838**
房屋和土木工程建筑业	Construction of Buildings and Civil Engineering	4219	3678	714	687
建筑安装业	Building Installation	1054	1339	65	75
建筑装饰业	Building Decoration	1688	2302	33	42
其他建筑业	Other Construction	667	1013	26	34
交通运输、仓储和邮政业	**Transport, Storage and Post**	**5441**	**5589**	**1968**	**2001**
铁路运输业	Railway Transport	53	57	7	11
道路运输业	Road Transport	2652	2822	791	818
城市公共交通业	Urban Public Transport	401	388	33	32
水上运输业	Water Transport	33	29	6	6
航空运输业	Air Transport	27	36	4	3
管道运输业	Transport Via Pipelines	10	12	3	3
装卸搬运和其他运输服务业	Loading, Unloading and Other Transport Services	511	541	58	65
仓储业	Storage	667	608	39	40
邮政业	Post	1087	1096	1027	1023
信息传输、计算机服务和软件业	**Information Transmission, Computer Services and Software**	**5104**	**4786**	**1574**	**1577**
电信和其他信息传输服务业	Telecommunications and Other Information Transmission Services	2159	2150	1496	1491
计算机服务业	Computer Services	2166	1700	39	39
软件业	Software	779	936	39	47
批发和零售业	**Wholesale and Retail Trades**	**40159**	**45258**	**5266**	**5552**
批发业	Wholesale Trade	17767	20488	1274	1360
零售业	Retail Trade	22392	24770	3992	4192
住宿和餐饮业	**Hotels and Catering Services**	**6019**	**5473**	**623**	**661**
住宿业	Hotels	2207	2124	222	229
餐饮业	Catering Services	3812	3349	401	432
金融业	**Financial Intermediation**	**8239**	**8213**	**7573**	**7452**
银行业	Bank	5574	5487	5444	5362

2-12 续表 2 continued

单位：个 (unit)

项 目	Item	产业活动单位数 Active Units 2009	2010	# 多产业法人所属单位 Units Belong to Multi-industry Corporation 2009	2010
证券业	Security Activities	114	118	69	63
保险业	Insurance	2043	2006	1862	1820
其他金融活动	Other Financial Activities	508	602	198	207
房地产业	**Real Estate**	**5304**	**6540**	**264**	**293**
房地产业	Real Estate	5304	6540	264	293
租赁和商务服务业	**Leasing and Business Services**	**8455**	**10153**	**1093**	**1130**
租赁业	Leasing	734	915	21	27
商务服务业	Business Services	7721	9238	1072	1103
科学研究、技术服务和地质勘查业	**Scientific Research, Technical Service and Geologic Prospecting**	**6349**	**6715**	**1396**	**1385**
研究与试验发展	Research and Experimental Development	456	527	28	27
专业技术服务业	Professional Technical Services	2354	2584	265	273
科技交流和推广服务业	Services of Science and Technology Exchanges and Promotion	3376	3425	1087	1068
地质勘查业	Geologic Prospecting	163	179	16	17
水利、环境和公共设施管理业	**Management of Water Conservancy, Environment and Public Facilities**	**2559**	**2603**	**619**	**612**
水利管理业	Management of Water Conservancy	1276	1217	359	352
环境管理业	Environmental Management	569	585	182	180
公共设施管理业	Management of Public Facilities	714	801	78	80
居民服务和其他服务业	**Services to Households and Other Services**	**3823**	**3937**	**626**	**605**
居民服务业	Services to Households	2084	1912	545	518
其他服务业	Other Services	1739	2025	81	87
教 育	**Education**	**20996**	**19502**	**6910**	**6517**
教 育	Education	20996	19502	6910	6517
卫生、社会保障和社会福利业	**Health, Social Security and Social Welfare**	**23225**	**21074**	**9198**	**8891**
卫 生	Health	21658	19552	8659	8373
社会保障业	Social Security	827	791	378	351
社会福利业	Social Welfare	740	731	161	167
文化、体育和娱乐业	**Culture, Sports and Entertainment**	**3344**	**3349**	**841**	**832**
新闻出版业	Journalism and Publishing Activities	168	183	26	28
广播、电视、电影和音像业	Broadcasting, Movies, Television and Audiovisual Activities	644	680	196	198
文化艺术业	Cultural and Art Activities	1782	1816	563	552
体 育	Sports Activities	202	193	20	21
娱乐业	Entertainment	548	477	36	33
公共管理和社会组织	**Public Management and Social Organization**	**65432**	**64393**	**21558**	**21484**
中国共产党机关	Organs of Communist Party of China	2574	2515	495	516
国家机构	Government Agencies	27265	26749	14620	14653
人民政协和民主党派	People's Political Consultative Conference and Democratic Parties	308	306	46	46
群众团体、社会团体和宗教组织	Non-Governmental Organizations, Social Organizations and Religion Organizations	6232	6014	888	900
基层群众自治组织	Grass Roots Self-governing Organizations	29053	28809	5509	5369

2-13 各市、县(市、区)法人单位数及从业人员
Number of Corporation Units and Employed Persons by City and County (City and District)

地 区	Region	法人单位数(个) Corporation Units (unit)		单产业法人 Single Industry		多产业法人 Multi-industry		年末从业人员(人) Employed Persons at Year-end (person)
		2009	2010	2009	2010	2009	2010	2010
全 省	**Shaanxi**	**204953**	**206587**	**192722**	**194388**	**12231**	**12199**	**6643360**
西安市	**Xi'an**	**63069**	**70383**	**61611**	**68924**	**1458**	**1459**	**2685399**
新城区	Xincheng	4736	5102	4559	4913	177	189	238597
碑林区	Beilin	6551	8874	6348	8644	203	230	394840
莲湖区	Lianhu	7447	7979	7244	7823	203	156	337389
灞桥区	Baqiao	3656	3294	3626	3256	30	38	118706
未央区	Weiyang	9676	11397	9481	11226	195	171	420003
雁塔区	Yanta	12237	15782	11970	15497	267	285	550318
阎良区	Yanliang	1265	1163	1220	1118	45	45	60852
临潼区	Lintong	2303	2238	2222	2156	81	82	76974
长安区	Chang'an	4757	4078	4739	4058	18	20	181769
蓝田县	Lantian	2944	2794	2901	2749	43	45	48233
周至县	Zhouzhi	2348	2454	2271	2378	77	76	53577
户 县	Huxian	3800	3845	3729	3772	71	73	107259
高陵县	Gaoling	1349	1383	1301	1334	48	49	96882
铜川市	**Tongchuan**	**5507**	**5032**	**5224**	**4739**	**283**	**293**	**148659**
王益区	Wangyi	1476	1261	1392	1180	84	81	53833
印台区	Yintai	1280	1150	1262	1121	18	29	22617
耀州区	Yaozhou	2000	2068	1895	1960	105	108	63240
宜君县	Yijun	751	553	675	478	76	75	8969
宝鸡市	**Baoji**	**20351**	**18871**	**19619**	**18101**	**732**	**770**	**679151**
渭滨区	Weibin	3602	4484	3535	4407	67	77	224717
金台区	Jintai	2856	2853	2833	2830	23	23	115138
陈仓区	Chencang	2894	2751	2792	2651	102	100	80206
凤翔县	Fengxiang	2341	1739	2258	1659	83	80	47951
岐山县	Qishan	2262	1600	2206	1545	56	55	75217
扶风县	Fufeng	1266	1128	1134	997	132	131	32714
眉 县	Meixian	1408	1141	1378	1111	30	30	32993
陇 县	Longxian	899	776	810	669	89	107	15944
千阳县	Qianyang	693	652	632	592	61	60	13281
麟游县	Linyou	596	586	545	536	51	50	7775
凤 县	Fengxian	955	701	931	674	24	27	23211
太白县	Taibai	579	460	565	430	14	30	10004
咸阳市	**Xianyang**	**22905**	**21075**	**22091**	**20325**	**814**	**750**	**720950**
秦都区	Qindu	2729	2994	2665	2928	64	66	204688
渭城区	Weicheng	2749	2624	2706	2583	43	41	85454
三原县	Sanyuan	2077	2000	2052	1975	25	25	56704
泾阳县	Jingyang	2166	2052	2134	2021	32	31	47450
乾 县	Qianxian	2270	1994	2234	1965	36	29	54134

2-13 续表 1 continued

地　区	Region	法人单位数 (个) Corporation Units (unit)		单产业法人 Single Industry		多产业法人 Multi-industry		年末从业人员 (人) Employed Persons at Year-end (person)
		2009	2010	2009	2010	2009	2010	2010
礼泉县	Liquan	1608	1659	1569	1632	39	27	42398
永寿县	Yongshou	884	839	779	732	105	107	17727
彬　县	Binxian	1016	945	710	642	306	303	29377
长武县	Changwu	1405	1101	1402	1098	3	3	22506
旬邑县	Xunyi	1057	813	1034	787	23	26	19281
淳化县	Chunhua	754	840	667	799	87	41	14077
武功县	Wugong	1698	1373	1679	1354	19	19	43586
兴平市	Xingping	2492	1841	2460	1809	32	32	83568
渭南市	**Weinan**	**22137**	**21005**	**20896**	**19749**	**1241**	**1256**	**664452**
临渭区	Linwei	4995	4642	4928	4566	67	76	188074
华　县	Huaxian	1433	1395	1175	1132	258	263	38831
潼关县	Tongguan	706	715	589	598	117	117	17751
大荔县	Dali	2911	2382	2828	2308	83	74	51730
合阳县	Heyang	1578	1578	1517	1512	61	66	34658
澄城县	Chengcheng	1735	1705	1668	1635	67	70	62644
蒲城县	Pucheng	2580	2648	2504	2572	76	76	77587
白水县	Baishui	1121	1102	1050	1031	71	71	26712
富平县	Fuping	2321	2028	2262	1968	59	60	51081
韩城市	Hancheng	1580	1590	1241	1250	339	340	78895
华阴市	Huayin	1177	1220	1134	1177	43	43	36489
延安市	**Yan'an**	**12849**	**12655**	**11303**	**11149**	**1546**	**1506**	**291479**
宝塔区	Baota	3458	3375	3266	3179	192	196	117966
延长县	Yanchang	647	641	605	610	42	31	8226
延川县	Yanchuan	824	819	656	655	168	164	14119
子长县	Zichang	1051	1066	1003	1021	48	45	19168
安塞县	Ansai	795	813	703	720	92	93	15121
志丹县	Zhidan	804	749	681	626	123	123	14958
吴起县	Wuqi	724	751	525	552	199	199	14007
甘泉县	Ganquan	591	597	480	492	111	105	10774
富　县	Fuxian	766	719	532	485	234	234	12036
洛川县	Luochuan	1142	1129	1103	1092	39	37	15909
宜川县	Yichuan	715	682	651	632	64	50	8663
黄龙县	Huanglong	470	474	397	402	73	72	6277
黄陵县	Huangling	862	840	701	683	161	157	34255
汉中市	**Hanzhong**	**14947**	**14529**	**12087**	**11678**	**2860**	**2851**	**434205**
汉台区	Hantai	3620	3769	3483	3623	137	146	145363
南郑县	Nanzheng	1755	1738	1312	1286	443	452	42238
城固县	Chenggu	1695	1464	1277	1052	418	412	36831
洋　县	Yangxian	1066	1115	669	719	397	396	49347
西乡县	Xixiang	1262	1125	1123	1031	139	94	26820

2-13　续表 2　continued

地　区	Region	法人单位数 (个) Corporation Units (unit)		单产业法人 Single Industry		多产业法人 Multi-industry		年末从业人员 (人) Employed Persons at Year-end (person)
		2009	2010	2009	2010	2009	2010	2010
勉　县	Mianxian	1610	1467	1342	1186	268	281	45292
宁强县	Ningqiang	1183	1081	810	711	373	370	22068
略阳县	Lueyang	1252	1396	991	1133	261	263	31903
镇巴县	Zhenba	759	745	481	467	278	278	25191
留坝县	Liuba	481	365	422	294	59	71	5512
佛坪县	Foping	264	264	177	176	87	88	3640
榆林市	**Yulin**	**20045**	**20404**	**19026**	**19388**	**1019**	**1016**	**526031**
榆阳区	Yuyang	4376	4950	4278	4856	98	94	131723
神木县	Shenmu	3020	2975	2964	2918	56	57	92787
府谷县	Fugu	1911	1836	1829	1754	82	82	76744
横山县	Hengshan	937	907	874	843	63	64	25958
靖边县	Jingbian	1484	1466	1257	1239	227	227	42723
定边县	Dingbian	1379	1388	1180	1189	199	199	30794
绥德县	Suide	1434	1401	1385	1352	49	49	35472
米脂县	Mizhi	1056	1082	1019	1045	37	37	21492
佳　县	Jiaxian	1423	1435	1394	1406	29	29	17875
吴堡县	Wubu	711	735	673	697	38	38	10788
清涧县	Qingjian	1280	1212	1253	1185	27	27	16591
子洲县	Zizhou	1034	1017	920	904	114	113	23084
安康市	**Ankang**	**11595**	**11382**	**11007**	**10781**	**588**	**601**	**240470**
汉滨区	Hanbin	4862	4979	4730	4835	132	144	109159
汉阴县	Hanyin	1066	943	1009	879	57	64	17395
石泉县	Shiquan	850	775	811	739	39	36	17689
宁陕县	Ningshan	362	361	324	323	38	38	6777
紫阳县	Ziyang	899	830	838	766	61	64	17364
岚皋县	Langao	583	584	543	547	40	37	10040
平利县	Pingli	700	686	632	619	68	67	14284
镇坪县	Zhenping	371	356	351	336	20	20	4993
旬阳县	Xunyang	1276	1245	1198	1168	78	77	30448
白河县	Baihe	626	623	571	569	55	54	12321
商洛市	**Shangluo**	**10539**	**9909**	**8893**	**8270**	**1646**	**1639**	**211599**
商州区	Shangzhou	2044	1806	1535	1297	509	509	65578
洛南县	Luonan	2395	2411	2356	2379	39	32	32814
丹凤县	Danfeng	1206	1111	1118	1022	88	89	16321
商南县	Shangnan	1055	1033	844	822	211	211	25007
山阳县	Shanyang	1560	1475	1156	1072	404	403	30684
镇安县	Zhen'an	1530	1310	1202	982	328	328	20830
柞水县	Zhashui	749	763	682	696	67	67	20365
杨凌示范区	**Yangling**	**1009**	**1342**	**965**	**1284**	**44**	**58**	**40965**

2-14 各市、县(市、区)产业活动单位数及从业人员

Number of Active Units and Employed Persons by City and County (City and District)

地　区	Region	产业活动单位数(个) Active Units (unit)		# 多产业法人所属单位 Units Belong to Multi-industry Corporation		年末从业人员(人) Employed Persons at Year-end (person)	# 多产业法人所属单位 Units Belong to Multi-industry Corporation
		2009	2010	2009	2010	2010	2010
全　省	**Shaanxi**	**255283**	**256459**	**62561**	**62071**	**6643360**	**1839246**
西安市	**Xi'an**	**71783**	**79198**	**10172**	**10272**	**2685399**	**857340**
新城区	Xincheng	5751	6120	1192	1205	238597	111742
碑林区	Beilin	7626	10059	1278	1415	394840	154675
莲湖区	Lianhu	8540	8918	1296	1095	337389	120988
灞桥区	Baqiao	3969	3625	343	369	118706	33611
未央区	Weiyang	10349	12084	868	858	420003	163415
雁塔区	Yanta	13388	17046	1418	1549	550318	125859
阎良区	Yanliang	1598	1484	378	366	60852	35604
临潼区	Lintong	2904	2818	682	662	76974	18096
长安区	Chang'an	5117	4450	378	392	181769	14124
蓝田县	Lantian	3347	3190	446	441	48233	6925
周至县	Zhouzhi	3180	3298	909	920	53577	8825
户　县	Huxian	4330	4387	601	615	107259	26857
高陵县	Gaoling	1684	1719	383	385	96882	36619
铜川市	**Tongchuan**	**6969**	**6517**	**1745**	**1778**	**148659**	**41018**
王益区	Wangyi	1888	1658	496	478	53833	14498
印台区	Yintai	1457	1377	195	256	22617	10586
耀州区	Yaozhou	2437	2505	542	545	63240	12854
宜君县	Yijun	1187	977	512	499	8969	3080
宝鸡市	**Baoji**	**24426**	**23096**	**4807**	**4995**	**679151**	**175247**
渭滨区	Weibin	4186	5068	651	661	224717	80583
金台区	Jintai	3026	3036	193	206	115138	9487
陈仓区	Chencang	3298	3152	506	501	80206	17364
凤翔县	Fengxiang	2735	2128	477	469	47951	12855
岐山县	Qishan	2719	2056	513	511	75217	22441
扶风县	Fufeng	1700	1560	566	563	32714	6606
眉　县	Meixian	1685	1417	307	306	32993	3659
陇　县	Longxian	1579	1495	769	826	15944	10011
千阳县	Qianyang	999	955	367	363	13281	3226
麟游县	Linyou	770	760	225	224	7775	2282
凤　县	Fengxian	1069	820	138	146	23211	2127
太白县	Taibai	660	649	95	219	10004	4606
咸阳市	**Xianyang**	**27350**	**25057**	**5259**	**4732**	**720950**	**159139**
秦都区	Qindu	3621	3881	956	953	204688	55355
渭城区	Weicheng	3004	2861	298	278	85454	18680
三原县	Sanyuan	2227	2145	175	170	56704	7525
泾阳县	Jingyang	2420	2297	286	276	47450	3483
乾　县	Qianxian	2517	2199	283	234	54134	3586

2-14　续表 1　continued

地　区	Region	产业活动单位数（个）Active Units (unit)		# 多产业法人所属单位 Units Belong to Multi-industry Corporation		年末从业人员（人）Employed Persons at Year-end (person)	# 多产业法人所属单位 Units Belong to Multi-industry Corporation
		2009	2010	2009	2010	2010	2010
礼泉县	Liquan	2080	1855	511	223	42398	5848
永寿县	Yongshou	1237	1197	458	465	17727	3649
彬　县	Binxian	1631	1552	921	910	29377	10794
长武县	Changwu	1443	1139	41	41	22506	384
旬邑县	Xunyi	1309	1086	275	299	19281	3200
淳化县	Chunhua	1078	1049	411	250	14077	2546
武功县	Wugong	1850	1524	171	170	43586	12507
兴平市	Xingping	2933	2272	473	463	83568	31582
渭南市	**Weinan**	**27697**	**26588**	**6801**	**6839**	**664452**	**138258**
临渭区	Linwei	5445	5150	517	584	188074	20095
华　县	Huaxian	1911	1888	736	756	38831	12335
潼关县	Tongguan	1008	1017	419	419	17751	5067
大荔县	Dali	3565	2976	737	668	51730	10421
合阳县	Heyang	2067	2067	550	555	34658	7255
澄城县	Chengcheng	2156	2129	488	494	62644	16557
蒲城县	Pucheng	3358	3429	854	857	77587	11471
白水县	Baishui	1544	1525	494	494	26712	7862
富平县	Fuping	2842	2554	580	586	51081	9926
韩城市	Hancheng	2331	2339	1090	1089	78895	30328
华阴市	Huayin	1470	1514	336	337	36489	6941
延安市	**Yan'an**	**17640**	**17096**	**6337**	**5947**	**291479**	**132740**
宝塔区	Baota	4536	4386	1270	1207	117966	58734
延长县	Yanchang	958	812	353	202	8226	1755
延川县	Yanchuan	1121	1087	465	432	14119	5239
子长县	Zichang	1309	1243	306	222	19168	8314
安塞县	Ansai	1199	1222	496	502	15121	7149
志丹县	Zhidan	1254	1206	573	580	14958	10704
吴起县	Wuqi	1054	1086	529	534	14007	7787
甘泉县	Ganquan	825	829	345	337	10774	3451
富　县	Fuxian	1279	1235	747	750	12036	4761
洛川县	Luochuan	1378	1342	275	250	15909	3507
宜川县	Yichuan	928	867	277	235	8663	2654
黄龙县	Huanglong	632	639	235	237	6277	2761
黄陵县	Huangling	1167	1142	466	459	34255	15924
汉中市	**Hanzhong**	**22383**	**22055**	**10296**	**10377**	**434205**	**115375**
汉台区	Hantai	4241	4402	758	779	145363	28540
南郑县	Nanzheng	2602	2607	1290	1321	42238	9604
城固县	Chenggu	2552	2323	1275	1271	36831	11849
洋　县	Yangxian	2016	2067	1347	1348	49347	7674
西乡县	Xixiang	1816	1636	693	605	26820	8880

2-14 续表 2 continued

地 区	Region	产业活动单位数（个）Active Units (unit) 2009	2010	# 多产业法人所属单位 Units Belong to Multi-industry Corporation 2009	2010	年末从业人员（人）Employed Persons at Year-end (person) 2010	# 多产业法人所属单位 Units Belong to Multi-industry Corporation 2010
勉 县	Mianxian	2434	2309	1092	1123	45292	18608
宁强县	Ningqiang	2006	1896	1196	1185	22068	8491
略阳县	Lueyang	1947	2091	956	958	31903	8912
镇巴县	Zhenba	1489	1479	1008	1012	25191	8082
留坝县	Liuba	668	637	246	343	5512	2479
佛坪县	Foping	612	608	435	432	3640	2256
榆林市	**Yulin**	**24948**	**25294**	**5922**	**5906**	**526031**	**86657**
榆阳区	Yuyang	4840	5401	562	545	131723	13584
神木县	Shenmu	3333	3291	369	373	92787	19814
府谷县	Fugu	2628	2554	799	800	76744	8223
横山县	Hengshan	1353	1325	479	482	25958	5750
靖边县	Jingbian	2273	2256	1016	1017	42723	9049
定边县	Dingbian	1867	1877	687	688	30794	6326
绥德县	Suide	1803	1771	418	419	35472	5294
米脂县	Mizhi	1348	1374	329	329	21492	4224
佳 县	Jiaxian	1674	1687	280	281	17875	3246
吴堡县	Wubu	903	928	230	231	10788	3139
清涧县	Qingjian	1497	1426	244	241	16591	2747
子洲县	Zizhou	1429	1404	509	500	23084	5261
安康市	**Ankang**	**15171**	**14965**	**4164**	**4184**	**240470**	**57785**
汉滨区	Hanbin	5687	5829	957	994	109159	19876
汉阴县	Hanyin	1384	1291	375	412	17395	3503
石泉县	Shiquan	1135	1054	324	315	17689	3903
宁陕县	Ningshan	585	584	261	261	6777	1706
紫阳县	Ziyang	1328	1269	490	503	17364	6889
岚皋县	Langao	826	824	283	277	10040	2592
平利县	Pingli	1062	1044	430	425	14284	4972
镇坪县	Zhenping	466	450	115	114	4993	1083
旬阳县	Xunyang	1744	1693	546	525	30448	8603
白河县	Baihe	954	927	383	358	12321	4658
商洛市	**Shangluo**	**15765**	**15124**	**6872**	**6855**	**211599**	**66704**
商州区	Shangzhou	3389	3150	1854	1854	65578	18318
洛南县	Luonan	2645	2641	289	262	32814	3918
丹凤县	Danfeng	1845	1760	727	738	16321	6187
商南县	Shangnan	1654	1631	810	809	25007	6460
山阳县	Shanyang	2687	2603	1531	1531	30684	20129
镇安县	Zhen'an	2296	2076	1094	1094	20830	7917
柞水县	Zhashui	1249	1263	567	567	20365	3775
杨凌示范区	**Yangling**	**1151**	**1469**	**186**	**186**	**40965**	**8983**

主要统计指标解释

平均增长速度 平均增长速度表明社会经济现象在一个较长的时期内逐期平均增长变化的程度，它不能根据各个环比增长速度直接求得，但与平均发展速度之间存在着一定的数量关系：平均增长速度＝平均发展速度－1。

平均发展速度是一种根据环比发展速度计算的序时平均数,由于各时期对比的基础不同,所以计算平均发展速度不能采用一般的序时平均数的计算方法，计算方法分为水平法和累计法。水平法，又称几何平均法，即将环比发展速度按连乘法用几何平均数公式计算。累计法，也称方程法，根据一段时期内各年发展水平总和与基期水平的关系，列出方程式计算平均发展速度。水平法着重考虑最后一年所达到的发展水平；累计法着重考虑整个时期累计发展水平的总量。

本《年鉴》内所列的平均增长速度，除固定资产投资用“累计法”计算外，其余均用“水平法”计算。从某年到某年平均增长速度的年份，均不包括基期年在内。如建国六十年以来的平均增长速度是以 1949 年为基期计算的，则写为 1950-2009 年平均增长速度，其余类推。

企业(单位)登记注册类型 是以在工商行政管理机关登记注册的各类企业为划分对象，以工商行政管理部门对企业登记注册的类型为依据，将企业登记注册类型分为内资企业、港澳台商投资企业和外商投资企业三大类。内资企业包括国有企业、集体企业、股份合作企业、联营企业、有限责任公司、股份有限公司、私营公司和其他企业；港澳台商投资企业和外商投资企业分别包括合资经营企业、合作经营企业、独资经营企业和股份有限公司。对不在工商行政管理部门进行登记注册的行政机关、事业单位和社会团体，主要按其经费来源和管理方式进行划分。

国有企业 指企业全部资产归国家所有，并按《中华人民共和国企业法人登记管理条例》规定登记注册的非公司制的经济组织。不包括有限责任公司中的国有独资公司。

集体企业 指企业资产归集体所有，并按《中华人民共和国企业法人登记管理条例》规定登记注册的经济组织。

股份合作企业 指以合作制为基础，由企业职工共同出资入股，吸收一定比例的社会资产投资组建，实行自主经营，自负盈亏，共同劳动，民主管理，按劳分配与按股分红相结合的一种集体经济组织。

联营企业 指两个及两个以上相同或不同所有制性质的企业法人或事业单位法人，按自愿、平等、互利的原则，共同投资组成的经济组织。联营企业包括国有联营企业、集体联营企业、国有与集体联营企业和其他联营企业。

有限责任公司 指根据《中华人民共和国公司登记管理条例》规定登记注册，由两个以上、五十个以下的股东共同出资，每个股东以其所认缴的出资额对公司承担有限责任，公司以其全部资产对其债务承担责任的经济组织。有限责任公司包括国有独资公司以及其他有限责任公司。

股份有限公司 指根据《中华人民共和国公司登记管理条例》规定登记注册，其全部注册资本由等额股份构成并通过发行股票筹集资本，股东以其认购的股份对公司承担有限责任，公司以其全部资产对其债务承担责任的经济组织。

私营企业 指由自然人投资设立或由自然人控股，以雇佣劳动为基础的营利性经济组织。包括按照《公司法》、《合伙企业法》、《私营企业暂行条例》规定登记注册的私营有限责任公司、私营股份有限公司、私营合伙企业和私营独资企业。

其他企业 指上述企业之外的其他内资经济组织。

与港澳台商合资经营企业 指港澳台地区投资者与内地企业依照《中华人民共和国中外合资经营企业法》及有关法律的规定，按合同规定的比例投资设立、分享利润和分担风险的企业。

与港澳台商合作经营企业 指港澳台地区投资者与内地企业依照《中华人民共和国中外合作经营企业法》及有关法律的规定，依照合作合同的约定进行投资或提供条件设立、分配利润和分担风险的企业。

港澳台商独资经营企业 指依照《中华人民共和国外资企业法》及有关法律的规定，在内地由港澳台地区投资者全额投资设立的企业。

港澳台商投资股份有限公司 指根据国家有关规定，经原外经贸部依法批准设立，其中港、澳、台商的股本占公司注册资本的比例达 25% 以上的股份有限公司。凡其中港、澳、台商的股本占公司注册资本的比例小于 25%的，属于内资企业中的股份有限公司。

中外合资经营企业 指外国企业或外国人与中国内地企业依照《中华人民共和国中外合资经营企业法》及有关法律的规定，按合同规定的比例投资设立、分享利润和分担风险的企业。

中外合作经营企业 指外国企业或外国人与中国内地企业依照《中华人民共和国中外合作经营企业法》及有关法律的规定，依照合作合同的约定进行投资或提供条件设立、分配利润和分担风险的企业。

外资企业 指依照《中华人民共和国外资企业法》及有关法律的规定，在中国内地由外国投资者全额投资设立的企业。

外商投资股份有限公司 指根据国家有关规定，经原外经贸部依法批准设立，其中外资的股本占公司注册资本的比例达 25% 以上的股份有限公司。凡其中外资股本占公司注册资本的比例小于 25%的，属于内资企业中的股份有限公司。

行政机关、事业单位和社会团体 参照企业登记注册类型，主要按其经费来源和管理方式划分。具体规定如下：

⑴行政机关：包括国家机关和政党机关，原则上均列为

"国有"。但有特殊规定的，如供销社等，则列为"集体"。

⑵事业单位：包括经国家机构编制部门和有关业务主管部门批准成立的各类事业单位，不包括实行企业化管理的事业单位。事业单位的划分办法如下:

①由国家财政预算拨款或列入财政预算外资金管理以及经费主要来源于国有主管部门或国有上级单位的事业单位，列为"国有"。

②经费主要来源于集体单位的事业单位，列为"集体"。

③公民个人(或个人合伙)开办的事业单位，列为"私营"。

④上述以外的其他事业单位，如果其经费来源不明确，按管理方式进行归类。

⑶社会团体：包括经民政部门批准成立以及未纳入社会团体管理条例范围的工会、妇联等各类社会团体。社会团体的划分办法如下:

①未纳入民政部社会团体管理条例范围的工会、妇联、共青团、青联、工商联、科协、侨联等社会团体，国家拨款设立的基金会或基金管理组织以及经费主要来源于国有业务主管部门或国有上级单位的社会团体，列为"国有"。

②经费主要来源于集体单位的社会团体，列为"集体"。

③公民个人(或个人合伙)开办的社会团体，划为"私营"。

④上述以外的其他社会团体，如果其经费来源不明确，改按管理方式进行归类。

Explanatory Notes on Main Statistical Indicators

Average Annual Growth Rate shows the average growth rate of social and economic development during a longer period. It can not be directly calculated by chain based growth rate. The relation is:

Average Annual Growth Rate = Average Speed of Development – 1

Average speed of development is the time series average of speed which calculated by chain based. Because the reference bases during the different periods are not same, average speed of development can not be calculated by the general method. Level approach and accumulative approach for calculating average speed of development rate are applied. The "level approach", or the method of calculating the geometric average, is derived by the formula of geometric average of the chain-based speeds of development, or comparing the level of the last year of the interval with that of the beginning year; the other is called the "accumulative approach" or the "algebraic average", "equation" method, which is derived by the summation of the actual figure of each year in the interval divided by the figure in the base year. The level approach focuses on the level of the last year, while the accumulative approach emphasizes the aggregate development in the duration.

The average annual growth rates listed in the Yearbook are calculated by the level approach except for the growth rate of investment in fixed assets. The base year is not listed in the duration for which average annual growth rates are computed. For instance, the average annual growth rate of the 60 years since 1949 is shown as the average annual growth rate of 1950-2009 without showing the base year 1949.

Registration Status of Enterprises Enterprises are classified into 3 categories, namely domestic-funded enterprises, enterprises with investment from Hong Kong, Macau and Taiwan, and enterprises with foreign investment, according to the registration status of an enterprise in industrial and commercial administration agencies. Domestic-funded enterprises include State-owned enterprises, collective-owned enterprises, cooperative enterprises, joint ownership enterprises, limited liability corporations, share-holding corporations Ltd., private enterprises and other enterprises. Included in the enterprises with investment from Hong Kong, Macau and Taiwan and enterprises with foreign investment are joint-venture enterprises, cooperative enterprises, sole investment enterprises and share-holding corporations Ltd. For government agencies, institutions and social organizations which are not registered in industrial and commercial administration agencies, they are classified mainly by their sources of funding and manner of management.

State-owned Enterprises refer to non-corporation economic units where the entire assets are owned by the State and which have been registered in accordance with the *Regulation of the People's Republic of China on the Management of Registration of Corporate Enterprises.* Not included from this category are solely State-funded corporations in the limited liability corporations.

Collective-owned Enterprises refer to economic units where the assets are owned collectively and which have been registered in accordance with the *Regulation of the People's Republic of China on the Management of Registration of Corporate Enterprises.*

Cooperative Enterprises refer to a form of collective economic units (enterprises) where capitals come mainly from employees as their shares, with certain proportion of capital from the outside, where production is organized on the basis of independent operation, independent accounting for profits and losses, joint work, democratic management, and a distribution system that integrates remuneration according to work with dividend according to capital share.

Joint Ownership Enterprises refer to economic units established by two or more corporate enterprises or corporate institutions of the same or different ownership, through joint investment on the basis of voluntary participation, equality, and mutual benefits. They include State joint ownership enterprises; collective joint ownership enterprises; joint State-collective enterprises; and other joint ownership enterprises.

Limited Liability Corporations refer to economic units established with investment from 2-50 investors and registered in accordance with the *Regulation of the People's Republic of China on the Management of Registration of Corporations*, each investor bearing limited liability to the corporation depending on its share of investment, and the corporation bearing liability to its debt to the maximum of its total assets. Limited liability corporations include solely State-funded limited liability corporations and other limited liability corporations.

Share-holding Corporations Ltd. refer to economic units registered in accordance with the *Regulation of the People's Republic of China on the Management of Registration of Corporations*, with total registered capital divided into equal shares and raised through issuing stocks. Each investor bears limited liability to the corporation depending on the holding of shares, and the corporation bears liability to its debt to the maximum of its total assets.

Private Enterprises refer to profit-making economic units invested and established by natural persons, or controlled by natural persons using employed labour. Included in this category are private limited liability corporations, private share-holding corporations Ltd., private partnership enterprises and private-funded enterprises registered in accordance with the *Company Law, the Law on Partnership Business* and *Interim Regulations on Private Enterprises* .

Other Domestic-funded Enterprises refer to

domestic-funded economic units other than those mentioned above.

Joint Venture Enterprises with Funds from Hong Kong, Macau and Taiwan are enterprises established by investors from Hong Kong, Macau and Taiwan with enterprises in the mainland of China in accordance with the *Law of the People's Republic of China on Sino-foreign Equity Joint Ventures* and other relevant laws, where the establishment of the investment and the sharing of profits and risks are stipulated under joint venture contracts.

Cooperative Enterprises with Funds from Hong Kong, Macau and Taiwan established by investors from Hong Kong, Macau and Taiwan with enterprises in the mainland of China in accordance with the *Law of the People's Republic of China on Sino-foreign Contractual Joint Venture* and other relevant laws, where the investment or provision of facilities and the sharing of profits and risks are stipulated under cooperative contracts.

Enterprises with Sole (exclusive) Investment from Hong Kong, Macau and Taiwan refer to enterprises established in the mainland of China with exclusive investment from investors from Hong Kong, Macau and Taiwan in accordance with the *Law of the People's Republic of China on Wholly Foreign-owned Enterprises* and other relevant laws.

Share-holding Corporations Ltd. with Investment from Hong Kong, Macau and Taiwan refer to share-holding corporations Ltd. established with the approval from the former Ministry of Foreign Trade and Economic Relations in line with relevant State regulations, where the share of investment from Hong Kong, Macau or Taiwan businessmen exceeds 25% of the total registered capital of the corporation. In case the share of investment from Hong Kong, Macau or Taiwan is less than 25% of the total registered capital, the enterprise is to be classified as domestic-funded share-holding corporation Ltd.

Joint Venture Enterprises with Foreign Investment refer to enterprises jointly established by foreign enterprises or foreigners with enterprises in the mainland of China in accordance with the *Law of the People's Republic of China on Sino-foreign Equity Joint Ventures* and other relevant laws, where the sharing of investment, profits and risks is stipulated under contract.

Cooperative Enterprises with Foreign Investment refer to enterprises jointly established by foreign enterprises or foreigners with enterprises in the mainland of China in accordance with the *Law of the People's Republic of China on Sino-foreign Contractual Joint Venture* and other relevant laws, where the investment or provision of facilities and the sharing of profits and risks are stipulated under cooperative contracts.

Enterprises with Sole (exclusive) Foreign Investment refer to enterprises established in the mainland of China with exclusive investment from foreign investors in accordance with the *Law of the People's Republic of China on Wholly Foreign-owned Enterprises* and other relevant laws.

Share-holding Corporations Ltd. with Foreign Investment refer to share-holding corporations Ltd. established with the approval from the former Ministry of Foreign Trade and Economic Relations in line with relevant State regulations, where the share of investment from foreign investors exceeds 25% of the total registered capital of the corporation. In case the share of foreign investment is less than 25% of the total registered capital, the enterprise is to be classified as domestic-funded share-holding corporation Ltd.

Government Agencies, Institutions and Social Organizations are classified into the following categories by source of funds and manner of management taking reference of the registration status of enterprises:

(1) Government agencies: include State and party agencies, classified in principle as State-owned. There are exceptions, such as supply and marketing cooperatives which are classified as collective-owned.

(2) Institutions: include institutions of various types established with the approval by organization and staffing departments of the government, but exclude institutions where enterprise management system is introduced. Institutions are further classified as follows:

(a) Institutions for which their main budgets are from government budget appropriations or extra-budget funds, or allocated from the budget of their competent government agencies. Such institutions are classified as state-owned.

(b) Institutions for which their budget mainly come from collective units. Such institutions are classified as collective-owned.

(c) Social institutions established by individual or a group of citizens, which are classified as private.

(d) Institutions other than those mentioned above for which their sources of budget are not clear. Such institutions are classified by the manner of management.

(3) Social organizations: include social organizations established with the approval from the Ministry of Civil Affairs, and organizations that are not covered by social organization management regulations such as trade unions, women's federations etc.. Social organizations are further classified as follows:

(a) Social organizations that are not covered by social organization management regulations of the Ministry of Civil Affairs such as trade unions, women federations, communist youth leagues, youth associations, industrial and commerce associations, scientist associations, overseas Chinese associations, etc., foundations and fund management organizations established with funds from the state, and social organizations whose funds mainly come from the budget of their competent government agencies. Such institutions are classified as State-owned.

(b) Social organizations for which their budget mainly come from collective units. Such institutions are classified as collective-owned.

(c) Social organizations established by individual or a group of citizens, which are classified as private.

(d) Social organizations other than those mentioned above for which their sources of budget are not clear. Such organizations are classified by the manner of management.

三、国民经济核算

National Accounts

资料整理：杨遐龄　杨　磊　何晓红　萨　慧　李　艳
孙小芳　张应剑　王阿耕　张　巧

3.国民经济核算

2010年全省		
生产总值	10123.48亿元	比上年增长 14.6%
第一产业	988.45亿元	比上年增长 5.8%
第二产业	5446.10亿元	比上年增长 18.0%
第三产业	3688.93亿元	比上年增长 12.1%
人均生产总值	27133 元	比上年增长 14.4%

生产总值构成

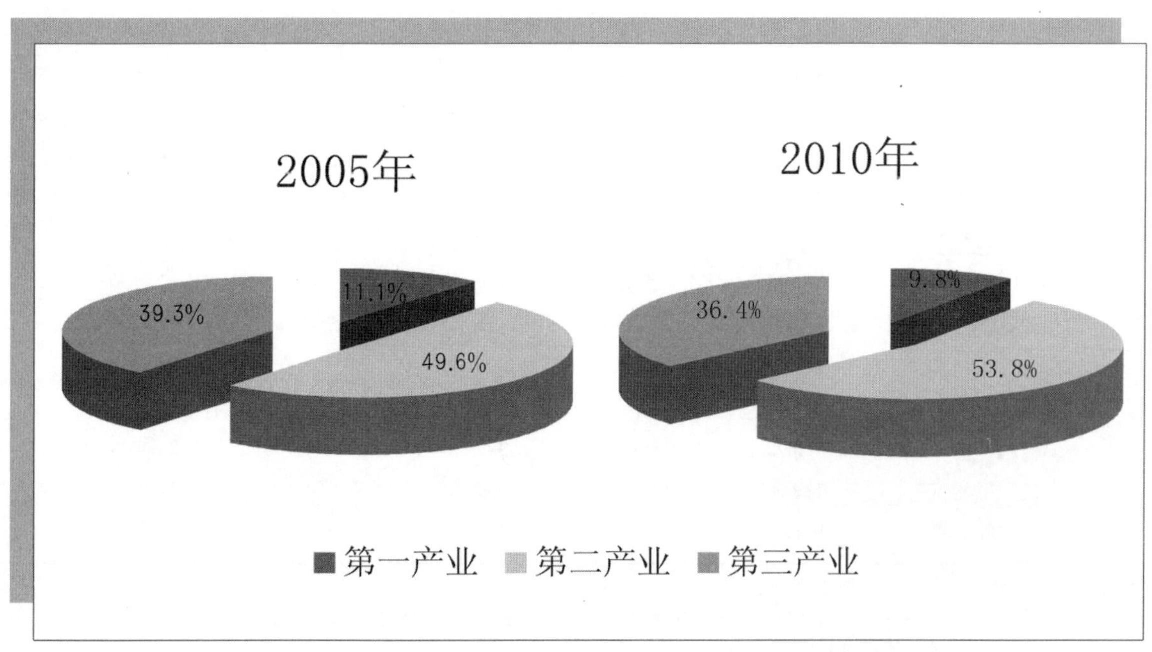

3-1 生产总值
Gross Domestic Product

年份 Year	生产总值 (亿元) Gross Domestic Product (100 million yuan)	第一产业 Primary Industry	第二产业 Secondary Industry	工业 Industry	建筑业 Construction	第三产业 Tertiary Industry	人均生产总值 (元) Per Capita GDP (yuan)
1978	81.07	24.70	42.13	36.52	5.61	14.24	291
1979	94.52	32.52	44.67	39.38	5.29	17.33	336
1980	94.91	28.47	47.74	42.22	5.52	18.70	334
1981	102.09	35.40	46.25	40.08	6.17	20.44	356
1982	111.95	37.02	50.36	43.31	7.05	24.57	385
1983	123.39	40.00	55.15	47.48	7.67	28.24	420
1984	149.35	51.05	63.12	53.82	9.30	35.18	504
1985	180.87	53.39	81.96	68.81	13.15	45.52	604
1986	208.31	58.00	93.48	78.81	14.67	56.83	688
1987	244.96	67.84	108.20	90.47	17.73	68.92	794
1988	314.48	82.69	138.58	117.77	20.81	93.21	1004
1989	358.37	91.28	158.50	136.40	22.10	108.59	1124
1990	404.30	105.56	166.95	143.28	23.67	131.79	1241
1991	468.37	116.88	197.54	168.28	29.26	153.95	1402
1992	531.63	116.71	232.07	198.93	33.14	182.85	1571
1993	678.20	148.24	297.49	250.07	47.42	232.47	1981
1994	839.03	171.81	364.40	307.46	56.94	302.82	2424
1995	1036.85	217.27	441.67	377.91	63.76	377.91	2965
1996	1215.84	250.58	514.27	439.66	74.61	450.99	3446
1997	1363.60	255.42	567.25	477.35	89.90	540.93	3834
1998	1458.40	266.92	607.82	500.26	107.56	583.66	4070
1999	1592.64	254.57	681.43	549.01	132.42	656.64	4415
2000	1804.00	258.22	782.58	629.88	152.70	763.20	4968
2001	2010.62	263.63	878.82	706.62	172.20	868.17	5511
2002	2253.39	282.21	1007.56	819.51	188.05	963.62	6161
2003	2587.72	302.66	1221.17	1006.92	214.25	1063.89	7057
2004	3175.58	372.28	1553.10	1306.50	246.60	1250.20	8638
2005	3933.72	435.77	1951.36	1650.63	300.73	1546.59	10674
2006	4743.61	484.81	2452.44	2094.02	358.42	1806.36	12840
2007	5757.29	592.63	2986.46	2544.42	442.04	2178.20	15546
2008	7314.58	753.72	3861.12	3274.57	586.55	2699.74	19700
2009	8169.80	789.64	4236.42	3501.25	735.17	3143.74	21947
2010	10123.48	988.45	5446.10	4558.97	887.13	3688.93	27133

注：1.本表按当年价格计算。

2.人均生产总值1991年及以后按常住人口计算,2001-2009年按2010年人口普查修正的常住人口计算。

a) Data in this table are calculated at current prices.

b) Per Capita GDP are calculated at usual residents since 1991.Per Capita GDP were calculated at usual residents which adjusted according to the national population census in 2010 from 2001-2009.

3-2 生产总值指数
Indices of Gross Domestic Product

(上年=100) (preceding year=100)

年 份 Year	生产总值 Gross Domestic Product	第一产业 Primary Industry	第二产业 Secondary Industry	工 业 Industry	建筑业 Construction	第三产业 Tertiary Industry	人均生产总值 Per Capita GDP
1978	111.0	98.4	114.7	114.7	114.7	122.2	115.5
1979	107.5	109.1	102.7	102.7	102.7	123.7	110.0
1980	107.3	109.0	106.4	106.4	106.4	107.9	98.0
1981	104.5	113.7	96.3	96.2	96.3	108.1	103.5
1982	109.1	106.5	108.5	108.5	108.4	115.3	107.6
1983	107.3	101.5	109.5	109.5	109.6	112.7	106.3
1984	117.8	112.5	120.0	120.0	119.9	121.9	116.9
1985	116.5	99.3	121.9	121.9	122.0	131.0	115.1
1986	108.7	104.6	105.9	105.9	105.0	118.2	107.7
1987	110.0	101.8	110.8	110.8	110.2	116.6	107.8
1988	121.0	105.3	125.0	125.0	121.0	127.9	119.2
1989	103.3	106.5	102.8	104.0	95.4	101.6	101.4
1990	103.4	105.3	101.8	102.2	96.1	104.5	101.3
1991	107.2	106.8	105.2	105.3	104.6	110.2	105.7
1992	108.3	103.0	110.4	111.2	105.7	109.9	106.9
1993	112.1	108.1	115.0	116.1	107.8	111.5	110.8
1994	108.6	97.0	116.4	118.1	104.9	106.9	107.4
1995	110.4	104.0	115.2	116.4	106.2	108.0	109.3
1996	110.9	109.6	112.8	113.8	104.5	108.9	109.9
1997	110.7	99.7	112.6	112.7	111.5	114.8	109.8
1998	111.6	107.3	113.8	113.6	115.4	110.7	110.8
1999	110.3	97.7	112.4	111.6	119.7	113.7	109.6
2000	110.4	104.0	111.1	111.3	109.3	112.1	109.6
2001	109.8	101.9	111.2	111.8	108.6	111.2	109.3
2002	111.1	103.5	113.4	115.2	106.0	111.0	110.9
2003	111.8	104.1	115.8	116.8	111.2	109.8	111.5
2004	112.9	108.6	116.7	118.6	107.7	109.7	112.6
2005	113.7	107.7	116.1	115.9	117.6	112.5	113.5
2006	113.9	107.4	114.6	114.5	115.2	114.9	113.7
2007	115.8	105.0	117.5	118.1	114.0	116.5	115.6
2008	116.4	107.6	118.5	118.7	117.1	115.8	116.1
2009	113.6	104.9	113.8	111.6	126.5	115.3	113.3
2010	114.6	105.8	118.0	118.7	114.6	112.1	114.4

注：本表按不变价格计算。

a) Data in this table are calculated at constant prices.

3-3 生产总值指数
Indices of Gross Domestic Product

(1978年=100) (year of 1978=100)

年 份 Year	生产总值 Gross Domestic Product	第一产业 Primary Industry	第二产业 Secondary Industry	工 业 Industry	建筑业 Construction	第三产业 Tertiary Industry	人 均 生产总值 Per Capita GDP
1979	107.5	109.1	102.7	102.7	102.7	123.7	110.0
1980	115.3	118.9	109.3	109.3	109.3	133.5	107.8
1981	120.5	135.2	105.3	105.1	105.3	144.3	111.6
1982	131.5	144.0	114.3	114.0	114.1	166.4	120.1
1983	141.1	146.2	125.2	124.8	125.1	187.5	127.7
1984	166.2	164.5	150.2	149.8	150.0	228.6	149.3
1985	193.6	163.3	183.1	182.6	183.0	299.5	171.8
1986	210.4	170.8	193.9	193.4	192.2	354.0	185.0
1987	231.4	173.9	214.8	214.3	211.8	412.8	199.4
1988	280.0	183.1	268.5	267.9	256.3	528.0	237.7
1989	289.2	195.0	276.0	278.6	244.5	536.4	241.0
1990	299.0	205.3	281.0	284.7	235.0	560.5	244.1
1991	320.5	219.3	295.6	299.8	245.8	617.7	258.0
1992	347.1	225.9	326.3	333.4	259.8	678.9	275.8
1993	389.1	244.2	375.2	387.1	280.1	757.0	305.6
1994	422.6	236.9	436.7	457.2	293.8	809.2	328.2
1995	466.6	246.4	503.1	532.2	312.0	873.9	358.7
1996	517.5	270.1	567.5	605.6	326.0	951.7	394.2
1997	572.9	269.3	639.0	682.5	363.5	1092.6	432.8
1998	639.4	289.0	727.2	775.3	419.5	1209.5	479.5
1999	705.3	282.4	817.4	865.2	502.1	1375.2	525.5
2000	778.7	293.7	908.1	963.0	548.8	1541.6	575.9
2001	855.0	299.3	1009.8	1076.6	596.0	1714.3	629.5
2002	949.9	309.8	1145.1	1240.2	631.8	1902.9	698.1
2003	1062.0	322.5	1326.0	1448.6	702.6	2089.4	778.4
2004	1199.0	350.2	1547.4	1718.0	756.7	2292.1	876.5
2005	1363.3	377.2	1796.5	1991.2	889.9	2578.6	994.8
2006	1552.8	405.1	2058.8	2279.9	1025.2	2962.8	1131.1
2007	1798.1	425.4	2419.1	2692.6	1168.7	3451.7	1307.6
2008	2093.0	457.7	2866.6	3196.1	1368.5	3997.1	1518.1
2009	2377.6	480.1	3262.2	3566.8	1731.2	4608.7	1720.0
2010	2724.7	507.9	3849.4	4233.8	1984.0	5166.4	1967.7

注：本表按不变价格计算。
a) Data in this table are calculated at constant prices.

3-4 第三产业增加值
Value-added of the Tertiary Industry

单位：亿元 (100 million yuan)

年 份 Year	第三产业 Tertiary Industry	交通运输、仓储和邮政业 Transport, Storage and Post	批发和零售业 Wholesale and Retail Trades	住宿和餐饮业 Hotels and Catering Services	金融业 Financial Intermediation	房地产业 Real Estate	其 他 Others
1978	14.24	3.15	5.46		1.72	0.99	2.92
1979	17.33	3.83	6.00		2.01	1.21	4.28
1980	18.70	3.91	6.52		2.31	1.22	4.74
1981	20.44	3.65	7.02		2.67	1.37	5.73
1982	24.57	4.69	7.91		4.13	1.47	6.37
1983	28.24	5.48	8.53		4.45	1.62	8.16
1984	35.18	7.79	9.33		4.87	1.72	11.47
1985	45.52	9.95	10.58		5.63	2.28	17.08
1986	56.83	11.57	13.26		6.52	3.15	22.33
1987	68.92	15.60	15.03		7.54	4.11	26.64
1988	93.21	21.17	17.46		8.73	5.99	39.86
1989	108.59	25.45	21.83		10.10	5.86	45.35
1990	131.79	33.79	25.50		11.69	6.78	54.03
1991	153.95	35.36	35.70		13.52	6.81	62.56
1992	182.85	42.32	41.79		15.65	8.22	74.87
1993	232.47	59.59	48.30		18.10	11.30	95.18
1994	302.82	77.31	59.90		20.95	16.87	127.79
1995	377.91	90.60	86.71		24.24	19.06	157.30
1996	450.99	99.56	111.91		28.04	22.56	188.92
1997	540.93	111.71	130.64		32.45	33.62	232.51
1998	583.66	115.32	138.05		37.55	41.36	251.38
1999	656.64	127.03	152.28		43.44	47.18	286.71
2000	763.20	151.75	175.62		50.27	59.42	326.14
2001	868.17	182.96	202.17		58.16	68.11	356.77
2002	963.62	203.15	228.35		67.30	77.68	387.14
2003	1063.89	217.50	256.16		77.87	83.90	428.46
2004	1250.20	267.10	311.00		90.10	95.90	486.10
2005	1546.59	246.48	322.13	88.23	127.58	108.62	653.55
2006	1806.36	291.76	391.68	107.03	152.25	125.20	738.44
2007	2178.20	326.99	449.39	132.66	231.03	153.98	884.15
2008	2699.74	378.63	568.68	165.35	287.16	193.27	1106.65
2009	3143.74	423.24	707.39	175.01	336.21	239.92	1261.97
2010	3688.93	474.60	856.65	218.16	384.75	315.95	1438.82

注：本表按当年价格计算。

a) Data in this table are calculated at current prices.

3-5 第三产业增加值指数
Indices of Value-added of the Tertiary Industry

(上年＝100) (preceding year=100)

年 份 Year	第三产业 Tertiary Industry	交通运输、仓储和邮政业 Transport, Storage and Post	批发和零售业 Wholesale and Retail Trades	住宿和餐饮业 Hotels and Catering Services	金融业 Financial Intermediation	房地产业 Real Estate	其 他 Others
1978	122.2	122.2	122.2				
1979	123.7	121.6	121.7		121.3	122.2	119.7
1980	107.9	102.1	77.9		156.1	100.8	122.9
1981	108.1	92.3	113.0		114.3	111.5	107.2
1982	115.3	123.3	92.9		152.3	102.2	109.6
1983	112.7	114.6	100.2		106.4	108.6	110.5
1984	121.9	139.0	125.1		106.2	104.0	106.8
1985	131.0	101.0	140.1		108.1	122.3	111.6
1986	118.2	138.1	119.3		109.2	131.3	108.9
1987	116.6	128.8	103.6		106.5	118.3	112.1
1988	127.9	132.3	138.1		97.1	132.6	114.1
1989	101.6	102.9	68.2		97.8	93.2	109.3
1990	104.5	112.2	116.9		114.3	105.2	101.8
1991	110.2	102.5	119.8		109.1	112.4	110.4
1992	109.9	105.9	116.1		105.6	116.3	109.1
1993	111.5	117.2	115.9		103.4	115.6	107.1
1994	106.9	115.2	99.5		97.1	113.4	107.1
1995	108.0	110.4	107.0		105.2	110.3	107.1
1996	108.9	109.5	107.6		106.3	111.2	109.2
1997	114.8	112.5	117.1		110.2	112.6	116.3
1998	110.7	111.2	110.1		115.8	118.1	108.7
1999	113.7	111.6	110.8		116.4	113.9	116.1
2000	112.1	112.5	113.4		114.1	116.6	110.2
2001	111.2	114.9	113.6		113.8	114.2	107.2
2002	111.0	113.9	111.4		115.6	114.0	107.9
2003	109.8	110.6	112.0		113.8	107.1	108.0
2004	109.7	110.4	112.1		110.2	102.0	109.4
2005	112.5	110.5	111.4	116.8	109.9	108.1	114.5
2006	114.9	110.7	116.7	119.7	117.6	112.5	139.9
2007	116.5	111.2	114.4	117.3	119.6	116.9	118.8
2008	115.8	109.3	115.8	111.7	112.5	110.4	120.2
2009	115.3	109.3	122.0	109.0	117.3	120.3	113.8
2010	112.1	108.5	113.5	115.8	110.3	121.3	111.0

注：本表按不变价计算。

a) Data in this table are calculated at constant prices.

3-6 第三产业增加值指数
Indices of Value-added of the Tertiary Industry

(1978年＝100) (year of 1978=100)

年份 Year	第三产业 Tertiary Industry	交通运输、仓储和邮政业 Transport, Storage and Post	批发和零售业 Wholesale and Retail Trades	住宿和餐饮业 Hotels and Catering Services	金融业 Financial Intermediation	房地产业 Real Estate	其他 Others
1978	100.0	100.0	100.0		100.0	100.0	100.0
1979	123.7	121.6	121.7		121.3	122.2	119.7
1980	133.5	124.2	94.8		189.3	123.2	147.1
1981	144.3	114.6	107.1		216.4	137.3	157.7
1982	166.4	141.3	99.5		329.6	140.4	172.8
1983	187.5	161.9	99.7		350.7	152.4	191.0
1984	228.6	225.1	124.8		372.5	158.5	204.0
1985	299.5	227.3	174.8		402.6	193.9	227.6
1986	354.0	313.9	208.5		439.7	254.6	247.9
1987	412.8	404.3	216.0		468.2	301.2	277.9
1988	528.0	535.0	298.3		454.7	399.3	317.1
1989	536.4	550.5	203.5		444.7	372.2	346.6
1990	560.5	617.6	237.8		508.3	391.5	352.8
1991	617.7	633.1	284.9		554.5	440.1	389.5
1992	678.9	670.4	330.8		585.6	511.8	424.9
1993	757.0	785.7	383.4		605.5	591.7	455.1
1994	809.2	905.2	381.5		587.9	670.9	487.4
1995	873.9	999.3	408.2		618.5	740.1	522.0
1996	951.7	1094.2	439.2		657.4	822.9	570.1
1997	1092.6	1231.0	514.3		724.5	926.6	663.0
1998	1209.5	1368.9	566.3		839.0	1094.4	720.7
1999	1375.2	1527.7	627.4		976.6	1246.5	836.7
2000	1541.6	1718.6	711.5		1114.3	1453.4	922.0
2001	1714.3	1974.7	808.2		1268.0	1659.8	988.4
2002	1902.9	2249.2	900.4		1465.8	1892.1	1066.5
2003	2089.4	2487.6	1008.4		1668.1	2026.5	1151.8
2004	2292.1	2746.3	1130.5		1838.3	2067.0	1260.1
2005	2578.6	3034.7	1259.3		2020.3	2234.4	1442.8
2006	2962.8	3359.4	1469.6		2375.8	2513.7	2018.5
2007	3451.7	3735.6	1681.3		2841.5	2938.5	2398.0
2008	3997.1	4083.0	1946.9		3196.7	3244.2	2882.3
2009	4608.7	4462.8	2375.2		3749.7	3902.7	3280.1
2010	5166.4	4842.1	2695.9		4135.9	4734.0	3640.9

注：本表按不变价计算。
a) Data in this table are calculated at constant prices.

3-7 支出法生产总值
Gross Domestic Product by Expenditure Approach

单位：亿元 (100 million yuan)

年 份 Year	生产总值 Gross Domestic Product	最终消费支出 Final Consumption Expenditures	居民消费支出 Household Consumption Expenditures	政府消费支出 Government Consumption Expenditures	资本形成总额 Gross Capital Formation	固定资本形成 Gross Fixed Capital Formation	存货增加 Change in Inventories	货物和服务净出口 Net Exports of Goods and Services
1978	81.07	52.74	48.24	4.50	30.45	23.18	7.27	-2.12
1979	94.52	64.78	58.98	5.80	35.78	26.00	9.78	-6.04
1980	94.91	72.32	65.21	7.11	27.68	26.35	1.33	-5.09
1981	102.09	80.87	72.23	8.64	32.12	27.38	4.74	-10.90
1982	111.95	88.71	78.45	10.26	40.65	33.49	7.16	-17.41
1983	123.39	95.71	84.11	11.60	40.95	39.90	1.05	-13.27
1984	149.35	112.81	98.57	14.24	54.45	46.17	8.28	-17.91
1985	180.87	134.05	115.82	18.23	88.88	63.86	25.02	-42.06
1986	208.31	151.34	127.72	23.62	98.42	72.01	26.41	-41.45
1987	244.96	176.90	145.09	31.81	116.44	89.63	26.81	-48.38
1988	314.48	233.37	192.97	40.40	142.59	102.74	39.85	-61.48
1989	358.37	269.26	202.54	66.72	182.48	106.64	75.84	-93.37
1990	404.30	300.64	220.39	80.25	169.37	120.84	48.53	-65.71
1991	468.37	330.08	238.04	92.04	193.45	140.56	52.89	-55.16
1992	531.63	372.42	270.51	101.91	196.80	165.22	31.58	-37.59
1993	678.20	444.50	324.71	119.79	327.81	247.41	80.40	-94.11
1994	839.03	543.86	389.88	153.98	401.67	300.27	101.40	-106.50
1995	1036.85	627.02	449.07	177.95	483.75	358.75	125.00	-73.92
1996	1215.84	741.73	528.24	213.49	544.64	406.94	137.70	-70.53
1997	1363.60	844.62	598.73	245.89	548.30	464.80	83.50	-29.32
1998	1458.40	920.67	666.39	254.28	645.60	573.50	72.10	-107.87
1999	1592.64	983.93	739.37	244.56	680.80	646.30	34.50	-72.09
2000	1804.00	1042.94	802.54	240.40	856.60	796.20	60.40	-95.54
2001	2010.62	1337.30	1043.40	293.90	980.60	887.20	93.40	-307.28
2002	2253.39	1475.50	1134.30	341.20	1117.40	1016.90	100.50	-339.51
2003	2587.72	1619.30	1228.10	391.20	1317.20	1231.90	85.30	-348.78
2004	3175.58	1827.70	1380.50	447.20	1596.21	1471.31	124.90	-248.33
2005	3933.72	2112.91	1552.81	560.10	2026.38	1936.45	89.93	-205.57
2006	4743.61	2404.71	1767.48	637.23	2569.52	2430.22	139.30	-230.62
2007	5757.29	2854.68	2041.96	812.72	3466.61	3289.10	177.51	-564.00
2008	7314.58	3468.01	2414.30	1053.71	4598.06	4400.56	197.50	-751.49
2009	8169.80	3897.21	2663.00	1234.21	5447.19	5270.28	176.91	-1174.60
2010	10123.48	4584.46	3105.83	1478.63	6834.25	6851.53	-17.28	-1295.23

注：本表按当年价格计算。

a) Data in this table are calculated at current prices.

3-8 三次产业贡献率

Share of the Contributions of the Three Strata of Industry to the Increase of the GDP

单位：% (%)

年 份 Year	生产总值 Gross Domestic Product	第一产业 Primary Industry	第二产业 Secondary Industry	# 工 业 Industry	第三产业 Tertiary Industry
2000	100.0	5.9	54.5	49.7	39.6
2001	100.0	2.8	49.1	41.7	48.1
2002	100.0	4.2	53.4	48.8	42.4
2003	100.0	4.3	60.1	52.5	35.6
2004	100.0	7.7	60.4	55.7	31.9
2005	100.0	6.5	56.7	46.9	36.8
2006	100.0	9.1	51.8	44.4	39.1
2007	100.0	3.3	55.2	48.4	41.5
2008	100.0	4.4	57.0	49.1	38.6
2009	100.0	3.1	52.1	37.2	44.8
2010	100.0	3.2	63.4	54.9	33.4

注：三次产业贡献率指各产业增加值增量与GDP增量之比。

a) Share of the contributions of the three strata of industry to the increase of the GDP refers to the proportion of the increment of the value-added of each industry to the increment of GDP.

3-9 三次产业拉动率

Contribution of the Three Strata of Industry to GDP Growth

单位：% (%)

年 份 Year	生产总值 Gross Domestic Product	第一产业 Primary Industry	第二产业 Secondary Industry	# 工 业 Industry	第三产业 Tertiary Industry
2000	10.4	0.6	5.7	5.2	4.1
2001	9.8	0.3	4.8	4.1	4.7
2002	11.1	0.5	5.9	5.4	4.7
2003	11.8	0.5	7.1	6.2	4.2
2004	12.9	1.0	7.8	7.2	4.1
2005	13.7	0.9	7.8	6.4	5.0
2006	13.9	1.3	7.2	6.2	5.4
2007	15.8	0.5	8.7	7.6	6.6
2008	16.4	0.7	9.4	8.1	6.3
2009	13.6	0.4	7.1	5.1	6.1
2010	14.6	0.5	9.2	8.0	4.9

注：三次产业拉动指GDP增长速度与各产业贡献率之乘积。

a) Contribution of the three strata of industry to GDP growth refers to the growth rate of GDP multiplied by the contribution share of every industry.

3-10 分行业增加值
Value-added by Sector

行 业	Sector	增加值(亿元) Value Added (100 million yuan) 2009	2010	构 成(%) Composition (%) 2009	2010	2010年比2009年增长% Growth Rate in 2010 over 2009(%)
总 计	**Total**	**8169.80**	**10123.48**	**100.0**	**100.0**	**14.6**
第一产业(农业)	**Primary Industry(Farming)**	**789.64**	**988.45**	**9.7**	**9.8**	**5.8**
第二产业	**Secondary Industry**	**4236.42**	**5446.10**	**51.8**	**53.8**	**18.0**
工 业	Industry	3501.25	4558.97	42.8	45.0	18.7
建筑业	Construction	735.17	887.13	9.0	8.8	14.6
第三产业	**Tertiary Industry**	**3143.74**	**3688.93**	**38.5**	**36.4**	**12.1**
交通运输、仓储和邮政业	Traffic, Transport, Storage and Post	423.24	474.60	5.2	4.7	8.5
批发和零售业	Wholesale and Retail Trades	707.39	856.65	8.7	8.5	13.5
住宿和餐饮业	Hotels and Catering Services	175.01	218.16	2.1	2.2	15.8
金融业	Financial Intermediation	336.21	384.75	4.1	3.8	10.3
房地产业	Real Estate	239.92	315.95	2.9	3.1	21.3
其他服务业	Other Services	1261.97	1438.82	15.5	14.1	11.0
营利性服务业	Profit Services	364.83	405.40	4.5	4.0	10.1
非营利性服务业	Non-profit Services	897.14	1033.42	11.0	10.1	11.4

注：本表增加值及构成按当年价格计算,增长速度按不变价格计算。

a) Value added and Compositionin in this table are calculated at current prices.The growth rates are calculated at constant prices.

3-11 非公有制经济增加值
Value-added of Non-public Economy

年 份 Year	非公有制经济增加值(亿元) Value-added of Non-public Economy (100 million yuan)	第一产业 Primary Industry	第二产业 Secondary Industry	第三产业 Tertiary Industry	非公有制经济增加值占生产总值比重(%) Value-added of Non-public Economy as Percentage of GDP(%)	第一产业 Primary Industry	第二产业 Secondary Industry	第三产业 Tertiary Industry
2005	1651.14	129.53	728.34	793.27	43.3	29.7	37.6	54.4
2006	2059.16	144.64	991.70	922.82	44.4	29.8	40.9	53.1
2007	2599.06	177.49	1313.63	1107.94	45.6	30.0	44.3	51.6
2008	3462.21	245.79	1817.01	1399.41	47.3	32.6	47.1	51.8
2009	3971.78	248.74	1998.65	1724.39	48.6	31.5	47.2	54.9
2010	5011.39	294.56	2583.52	2133.31	49.5	29.8	47.4	57.8

注：本表按当年价格计算。

a) Data in this table are calculated at current prices.

3-12 各市(区)生产总值
Gross Domestic Product by City(District)

地区 年份 Region Year	生产总值 (亿元) Gross Domestic Product (100 million yuan)	第一产业 Primary Industry	第二产业 Secondary Industry	工业 Industry	建筑业 Construction	第三产业 Tertiary Industry	人均生产总值 (元) Per Capita GDP (yuan)
西安市 Xi'an							
2000	646.13	44.65	277.13	218.44	58.69	324.35	9484
2001	734.86	45.87	312.90	246.90	66.00	376.09	10628
2002	826.68	47.77	353.58	280.20	73.38	425.33	11831
2003	946.66	50.72	407.38	324.88	82.50	488.56	13341
2004	1102.39	60.21	476.92	383.46	93.46	565.26	15294
2005	1313.93	66.01	540.50	420.00	120.50	707.42	16406
2006	1538.94	70.44	645.65	494.22	151.43	822.85	18890
2007	1856.63	82.51	781.94	594.95	186.99	992.18	22463
2008	2318.14	103.45	981.58	721.40	260.18	1233.11	27794
2009	2724.08	110.38	1144.75	816.92	327.83	1468.95	32411
2010	3241.69	140.06	1406.72	1003.57	403.15	1694.91	38343
铜川市 Tongchuan							
2000	34.55	4.02	15.53	12.96	2.57	15.00	4171
2001	37.08	3.85	16.42	13.86	2.56	16.81	4448
2002	40.90	4.12	18.50	15.58	2.92	18.28	4889
2003	48.69	4.10	23.26	19.89	3.37	21.33	5804
2004	59.49	5.02	30.56	26.54	4.02	23.91	7069
2005	71.84	5.87	38.67	33.66	5.01	27.30	8582
2006	86.41	6.33	49.08	43.29	5.79	31.00	10993
2007	102.81	7.84	58.81	51.99	6.82	36.16	12331
2008	129.87	9.68	77.94	68.91	9.03	42.25	15508
2009	154.40	10.81	93.73	82.94	10.79	49.86	18375
2010	187.73	14.18	116.50	103.99	12.51	57.05	22317
宝鸡市 Baoji							
2000	195.34	25.18	98.32	78.89	19.43	71.84	5425
2001	221.88	25.59	114.88	91.60	23.28	81.41	6097
2002	250.37	27.07	132.18	105.22	26.96	91.12	6863
2003	287.35	30.66	154.30	121.56	32.74	102.39	7847
2004	353.24	40.06	196.67	157.47	39.20	116.51	9594
2005	414.52	44.30	240.13	194.72	45.41	130.09	11103
2006	490.31	49.70	293.45	240.15	53.30	147.16	13082
2007	578.78	60.86	345.91	281.43	64.48	172.01	15402
2008	714.07	78.30	434.70	351.59	83.11	201.07	19071
2009	806.54	85.182	491.08	391.92	99.16	230.28	21525
2010	976.09	104.20	614.42	497.40	117.02	257.47	26201
咸阳市 Xianyang							
2000	234.46	52.45	102.33	86.10	16.23	79.68	4980
2001	257.08	53.62	109.26	90.61	18.65	94.20	5402
2002	281.89	55.36	122.17	100.93	21.24	104.36	5879
2003	316.77	60.43	140.82	116.39	24.44	115.52	6564
2004	374.77	74.82	169.77	140.15	29.62	130.18	7698
2005	432.49	89.1	191.99	157.31	34.68	151.4	8683
2006	483.87	98.34	220.41	179.68	40.73	165.12	9721
2007	588.48	120.39	271.39	223.25	48.14	196.70	11804
2008	764.55	148.97	382.65	321.50	61.15	232.93	15285
2009	873.20	157.41	434.02	356.42	77.60	281.77	17434
2010	1098.68	203.29	573.27	480.70	92.57	322.12	22469

注：1.本表按当年价格计算。

2.人均生产总值2005年及以后按常住人口计算，2004年以前按户籍人口计算。

a) Data in this table are calculated at current prices.

b) Per Capita GDP are calculated at usual residents since 2005，while were were taken from the statistics of household registration before 2004.

3-12 续表 1 continued

地 区 年 份 Region Year	生产总值 (亿元) Gross Domestic Product (100 million yuan)	第一产业 Primary Industry	第二产业 Secondary Industry	工 业 Industry	建筑业 Construction	第三产业 Tertiary Industry	人 均 生产总值 (元) Per Capita GDP (yuan)
渭南市 Weinan							
2000	165.47	37.43	60.42	51.82	8.60	67.62	3149
2001	181.44	39.45	64.56	55.80	8.76	77.43	3424
2002	201.53	41.55	73.93	62.61	11.32	86.05	3790
2003	230.39	44.34	91.08	77.45	13.63	94.97	4320
2004	280.71	52.96	119.81	104.40	15.41	107.94	5267
2005	330.17	58.66	148.71	131.28	17.43	122.80	6052
2006	377.40	63.13	171.83	151.31	20.52	142.44	6907
2007	456.95	80.19	206.06	181.10	24.96	170.70	8402
2008	563.09	96.26	256.22	222.49	33.73	210.61	10378
2009	636.96	100.55	294.44	248.78	45.66	241.97	11728
2010	801.42	128.94	394.55	339.71	54.84	277.93	15149
延安市 Yan'an							
2000	130.63	19.13	78.69	74.65	4.04	32.81	6690
2001	158.33	22.68	98.38	93.30	5.08	37.27	8021
2002	179.71	24.94	113.35	107.50	5.85	41.42	9010
2003	218.33	23.03	151.00	143.37	7.63	44.30	10746
2004	275.36	25.86	188.99	180.55	8.44	60.51	13289
2005	394.65	29.47	286.90	277.60	9.30	78.28	18815
2006	541.86	34.52	415.77	404.15	11.62	91.57	25567
2007	647.46	41.32	498.40	484.02	14.38	107.74	30432
2008	760.84	52.15	578.20	562.11	16.09	130.49	35555
2009	728.26	55.07	515.89	497.21	18.68	157.3	33898
2010	885.42	71.19	635.49	614.45	21.04	178.74	40621
汉中市 Hanzhong							
2000	119.23	31.41	38.41	26.77	11.64	49.41	3250
2001	129.32	31.55	42.28	28.79	13.49	55.49	3503
2002	141.31	32.91	47.45	32.48	14.97	60.95	3819
2003	163.44	36.79	56.57	39.02	17.55	70.08	4402
2004	192.94	43.01	75.49	56.45	19.04	74.44	5172
2005	217.72	48.07	85.38	64.72	20.66	84.27	6255
2006	249.83	55.64	99.01	75.67	23.34	95.18	7158
2007	299.71	66.77	115.39	87.82	27.57	117.55	8562
2008	366.19	87.64	135.03	99.22	35.81	143.52	10435
2009	415.64	91.71	152.48	108.58	43.9	171.45	11819
2010	509.70	110.39	199.50	146.32	53.18	199.81	14907
榆林市 Yulin							
2000	105.05	13.98	46.60	40.25	6.35	44.47	3264
2001	129.31	13.03	62.10	56.45	5.65	54.18	3942
2002	162.83	17.68	83.37	77.67	5.70	61.78	4953
2003	204.76	19.31	113.30	106.73	6.57	72.15	6176
2004	278.53	26.24	171.05	164.00	7.05	81.24	8310
2005	447.63	28.34	260.06	249.71	10.35	159.23	13602

3-12 续表 2 continued

地 区 年 份 Region Year	生产总值 (亿元) Gross Domestic Product (100 million yuan)	第一产业 Primary Industry	第二产业 Secondary Industry	工 业 Industry	建筑业 Construction	第三产业 Tertiary Industry	人 均 生产总值 (元) Per Capita GDP (yuan)
2006	592.34	35.33	358.05	345.87	12.18	198.96	17943
2007	795.98	47.47	503.92	489.77	14.15	244.59	24007
2008	1172.76	66.11	796.10	777.58	18.52	310.55	35177
2009	1302.31	70.09	860.78	837.34	23.44	371.44	38950
2010	1756.67	92.16	1205.77	1178.34	27.43	458.74	52437
安康市 Ankang							
2000	74.80	22.76	20.29	12.41	7.88	31.75	2561
2001	80.74	23.50	21.33	12.72	8.61	35.91	2758
2002	91.08	24.59	24.42	14.97	9.45	42.07	3107
2003	105.03	26.61	28.72	18.25	10.47	49.70	3577
2004	121.97	31.50	35.18	23.14	12.04	55.29	4141
2005	143.76	36.71	42.83	28.23	14.60	64.22	5413
2006	163.57	42.44	49.05	32.26	16.79	72.08	6175
2007	191.37	48.69	60.71	40.03	20.68	81.97	7218
2008	241.24	63.79	79.42	50.40	29.02	98.03	9087
2009	274.95	65.59	96.83	60.36	36.47	112.53	10341
2010	327.06	67.07	130.95	86.15	44.80	129.04	12428
商洛市 Shangluo							
2000	56.35	16.66	20.08	8.22	11.86	19.61	2382
2001	59.52	17.29	17.88	6.94	10.94	24.35	2529
2002	67.10	17.29	21.74	9.36	12.39	28.07	2842
2003	92.43	18.71	32.43	15.13	17.30	41.29	3902
2004	105.03	22.92	35.47	17.15	18.32	46.64	4393
2005	114.43	25.43	37.25	17.87	19.38	51.75	4800
2006	137.77	28.31	46.64	20.98	25.66	62.82	5787
2007	160.40	33.87	55.19	26.69	28.50	71.34	6737
2008	197.45	44.57	71.18	35.58	35.60	81.70	8272
2009	224.47	46.65	83.75	40.09	43.66	94.07	9383
2010	285.90	58.05	117.82	64.49	53.33	110.03	12197
杨凌示范区 Yangling							
2000	6.20	0.83	2.06	0.61	1.45	3.31	4941
2001	7.71	0.89	2.63	1.03	1.59	4.19	5887
2002	9.29	0.94	3.47	1.34	2.13	4.88	6796
2003	12.33	1.06	5.23	3.47	1.76	6.04	8805
2004	15.39	1.31	7.19	5.36	1.83	6.89	10125
2005	17.36	1.42	8.05	5.75	2.30	7.89	11193
2006	20.75	1.83	9.46	7.00	2.46	9.46	13233
2007	26.66	2.21	12.73	9.53	3.20	11.72	16642
2008	33.67	2.78	16.51	12.20	4.31	14.38	20952
2009	40.68	3.01	20.61	14.66	5.95	17.06	20392
2010	47.29	3.75	23.50	16.24	7.26	20.04	23524

3-13 各市(区)生产总值指数
Indices of Gross Domestic Product by City(District)

(上年=100) (preceding year=100)

地区 年份 Region Year	生产总值 Gross Domestic Product	第一产业 Primary Industry	第二产业 Secondary Industry	工业 Industry	建筑业 Construction	第三产业 Tertiary Industry	人均生产总值 Per Capita GDP
西安市 Xi'an							
2000	113.0	103.5	115.1	113.8	120.1	111.5	111.4
2001	113.1	102.5	115.3	116.3	111.8	112.6	111.4
2002	113.3	103.1	115.0	116.4	109.3	113.0	112.1
2003	113.5	101.8	117.5	115.7	125.0	111.2	111.7
2004	113.5	106.7	115.9	115.5	117.3	112.0	111.7
2005	114.0	107.5	112.3	110.3	120.0	116.3	112.2
2006	114.0	107.1	113.7	112.3	118.7	114.9	112.9
2007	115.6	104.5	115.7	114.9	118.4	116.4	113.9
2008	116.3	107.6	116.4	115.7	118.9	116.9	115.3
2009	114.5	106.3	114.0	111.7	121.2	115.5	113.7
2010	114.5	106.9	118.0	118.1	117.6	112.5	113.8
铜川市 Tongchuan							
2000	108.3	108.1	108.5	108.8	107.3	108.1	107.7
2001	107.2	98.5	105.8	107.8	99.2	110.9	106.5
2002	110.0	104.8	111.8	111.0	114.6	109.5	109.6
2003	111.5	105.8	113.2	113.5	112.3	111.3	111.2
2004	112.4	116.1	113.9	113.8	114.3	110.3	112.0
2005	112.7	106.9	113.2	112.5	117.5	113.2	113.3
2006	115.0	108.0	119.5	120.4	113.6	110.2	115.8
2007	115.3	104.9	118.5	119.9	108.6	112.7	115.0
2008	117.1	107.8	119.9	121.1	110.8	114.3	116.6
2009	115.2	106.3	114.0	113.1	122.6	118.9	114.9
2010	115.6	107.7	118.1	119.0	111.2	112.8	115.3
宝鸡市 Baoji							
2000	110.5	100.6	112.4	112.2	114.1	111.1	109.1
2001	109.7	101.9	110.2	109.4	113.6	111.3	107.0
2002	110.5	103.8	113.0	112.9	113.5	109.0	110.2
2003	112.9	107.2	116.3	115.6	119.3	109.7	112.5
2004	115.1	112.0	119.2	120.6	113.8	109.7	114.4
2005	113.0	110.2	116.1	117.2	111.5	108.9	113.1
2006	113.1	108.0	116.4	117.2	113.0	108.8	112.7
2007	114.8	104.4	117.9	118.7	114.2	112.2	114.5
2008	115.5	107.4	118.3	119.2	114.1	112.3	115.9
2009	115.0	106.2	116.7	116.0	119.8	113.9	115.4
2010	114.4	106.9	117.5	118.6	112.7	109.4	114.0
咸阳市 Xianyang							
2000	111.7	106.5	111.3	110.6	117.6	115.4	107.8
2001	109.0	104.3	105.7	104.8	110.7	116.2	107.8
2002	112.0	102.5	117.9	119.2	111.7	110.6	111.3
2003	113.2	107.6	117.5	117.9	115.0	110.8	112.0
2004	114.9	110.6	119.3	119.5	118.1	111.2	113.5
2005	112.6	108.1	114.1	114.3	113.1	113.2	110.1
2006	111.5	107.1	114.7	114.6	115.1	110.1	111.6
2007	112.3	104.5	115.5	115.6	115.0	112.4	112.1
2008	116.0	107.5	119.3	121.3	110.2	116.1	115.6
2009	114.2	106.3	115.1	112.1	129.9	117.0	114.1
2010	114.5	107.8	118.7	119.9	113.7	111.7	114.3

注：本表按不变价格计算。
a) Data in this table are calculated at constant prices.

3-13 续表 1 continued

(上年=100) (preceding year=100)

地 区 年 份 Region Year	生产总值 Gross Domestic Product	第一产业 Primary Industry	第二产业 Secondary Industry	工业 Industry	建筑业 Construction	第三产业 Tertiary Industry	人均生产总值 Per Capita GDP
渭南市 Weinan							
2000	108.2	104.3	107.5	107.6	105.9	112.0	107.2
2001	108.3	104.4	107.2	107.5	105.0	111.4	107.4
2002	110.4	104.1	113.9	113.1	118.6	110.7	110.0
2003	109.5	101.5	116.4	117.1	112.0	107.3	109.2
2004	112.6	106.3	119.1	121.4	105.2	109.2	112.2
2005	112.4	105.5	117.7	119.1	107.1	110.6	111.2
2006	112.9	107.3	114.8	115.0	113.2	113.3	112.7
2007	114.2	104.9	115.5	115.6	115.1	116.8	114.7
2008	116.3	107.6	117.3	117.1	119.3	118.7	116.6
2009	114.3	106.5	116.3	113.7	136.3	114.7	114.2
2010	115.0	107.3	120.7	121.8	114.2	110.6	115.1
延安市 Yan'an							
2000	109.8	103.1	114.9	115.4	109.0	109.5	108.7
2001	112.4	101.0	116.4	116.2	121.0	109.5	111.2
2002	112.3	104.0	114.9	115.1	111.2	109.9	111.2
2003	115.5	102.0	121.5	121.1	127.9	106.6	113.3
2004	119.8	105.7	126.0	127.4	101.9	107.7	117.5
2005	116.2	110.2	118.8	119.6	101.8	110.0	114.8
2006	116.5	110.6	118.3	118.4	113.2	112.2	115.3
2007	115.1	104.5	115.4	115.5	112.2	117.6	114.6
2008	116.3	107.1	117.0	117.2	108.8	116.6	115.6
2009	112.2	106.3	110.5	110.4	116.7	120.2	111.7
2010	113.6	107.0	114.8	115.0	107.2	111.0	112.7
汉中市 Hanzhong							
2000	108.2	103.8	109.3	106.0	113.8	110.2	107.5
2001	106.6	102.5	108.0	107.6	110.4	109.0	105.9
2002	107.2	101.7	108.7	109.5	107.0	109.2	107.0
2003	109.1	105.9	111.8	113.3	108.4	108.4	108.7
2004	110.9	109.1	115.9	123.0	99.8	107.8	110.4
2005	111.9	109.2	112.0	114.1	105.4	113.0	111.2
2006	112.1	108.1	115.6	118.1	108.0	110.8	111.8
2007	113.9	106.0	114.9	116.3	110.0	117.3	113.6
2008	113.8	107.9	113.8	113.8	113.7	116.8	113.5
2009	114.5	106.4	113.6	111.0	123.0	119.3	114.3
2010	115.1	106.6	119.6	120.6	116.0	114.3	115.2
榆林市 Yulin							
2000	114.3	128.0	113.3	113.8	108.1	109.1	112.5
2001	114.2	92.4	116.3	120.8	87.6	118.9	112.4
2002	112.7	115.9	116.2	117.9	101.1	108.3	112.1
2003	117.5	120.3	121.9	122.6	114.8	112.0	116.6
2004	117.9	104.2	125.3	126.8	107.9	112.9	116.6
2005	120.0	103.1	124.7	124.9	120.2	115.8	119.4

3-13 续表 2 continued

(上年=100) (preceding year=100)

地 区 年 份 Region Year	生产总值 Gross Domestic Product	第一产业 Primary Industry	第二产业 Secondary Industry	工业 Industry	建筑业 Construction	第三产业 Tertiary Industry	人 均 生产总值 Per Capita GDP
2006	119.3	108.7	122.6	123.1	110.0	115.9	119.0
2007	121.4	106.4	124.3	124.9	108.2	118.9	120.9
2008	125.3	108.3	125.7	125.9	119.4	127.1	124.6
2009	113.3	106.6	111.6	111.2	125.8	117.2	113.0
2010	118.3	107.8	119.1	119.4	109.7	118.2	118.3
安康市 **Ankang**							
2000	105.8	106.0	102.8	101.4	110.0	108.9	105.6
2001	106.4	104.6	102.9	102.0	104.4	109.9	106.1
2002	108.6	101.3	110.9	114.9	104.9	112.1	108.5
2003	108.6	98.8	113.1	117.9	104.9	112.1	108.4
2004	109.2	109.2	113.2	116.8	106.4	106.7	108.9
2005	109.8	110.4	109.1	108.0	111.3	109.9	109.6
2006	110.4	108.0	112.5	111.1	115.1	110.4	110.7
2007	112.8	106.3	116.5	118.0	113.6	113.9	112.7
2008	115.4	107.7	121.6	119.4	125.8	115.2	115.3
2009	115.0	106.2	120.2	116.4	127.2	115.5	114.8
2010	115.0	106.4	121.5	123.3	118.6	113.9	115.0
商洛市 **Shangluo**							
2000	111.2	104.5	118.5	115.0	121.0	110.8	110.9
2001	110.5	102.3	114.6	108.9	118.6	113.3	110.4
2002	111.0	104.0	113.6	126.1	105.7	113.6	110.6
2003	109.8	105.4	114.0	115.4	112.9	108.5	109.4
2004	109.4	107.7	108.0	110.2	106.2	111.4	109.2
2005	109.9	107.7	110.4	110.3	110.5	110.6	109.6
2006	110.8	106.5	111.2	112.7	109.8	112.6	110.5
2007	112.8	106.3	114.6	116.3	113.0	114.5	112.5
2008	115.8	107.2	119.9	118.7	121.0	116.6	115.5
2009	114.1	106.4	115.8	107.6	123.6	115.8	113.8
2010	114.9	106.5	119.5	122.6	116.9	114.7	115.3
杨凌示范区 **Yangling**							
2000	117.7	105.3	110.9	135.8	99.9	125.0	113.4
2001	123.8	105.9	127.3	166.4	110.8	126.2	118.5
2002	117.5	104.2	127.8	128.9	127.0	113.8	112.6
2003	121.0	106.7	131.8	211.0	80.7	116.1	118.1
2004	116.7	115.5	127.0	143.9	98.6	108.6	115.9
2005	115.1	114.2	117.6	116.3	120.9	112.9	112.8
2006	113.4	114.8	108.2	110.3	103.0	118.4	112.1
2007	119.4	106.7	117.9	115.9	123.2	122.9	116.8
2008	117.2	106.9	115.4	114.0	118.8	120.3	116.5
2009	115.0	106.7	118.0	109.1	139.3	113.5	92.6
2010	115.5	108.0	119.1	121.6	115.9	114.0	114.6

3-14 各市(区)非公有制经济增加值
Value-added of Non-public Economy by City(District)

地　区	Region	非公有制经济增加值(亿元) Value-added of Non-public Economy (100 million yuan)					
		2005	2006	2007	2008	2009	2010
全　省	**Shaanxi**	**1651.14**	**2059.16**	**2599.06**	**3462.21**	**3971.78**	**5011.39**
西安市	Xi'an	568.45	684.66	854.26	1103.95	1327.49	1611.28
铜川市	Tongchuan	30.27	33.77	39.40	48.60	63.40	82.13
宝鸡市	Baoji	183.72	218.68	262.90	332.43	384.28	471.30
咸阳市	Xianyang	191.52	219.17	268.14	360.98	419.87	532.92
渭南市	Weinan	127.68	150.27	182.89	235.24	279.58	350.19
延安市	Yan'an	55.91	65.28	74.56	104.61	118.71	151.47
汉中市	Hanzhong	91.83	111.62	140.86	175.89	203.14	252.35
榆林市	Yulin	134.13	172.52	204.28	390.18	467.57	632.37
安康市	Ankang	60.58	72.06	85.58	110.62	128.81	156.53
商洛市	Shangluo	44.28	62.00	75.15	93.05	107.56	138.93
杨凌示范区	Yangling	7.61	9.33	12.20	16.01	18.72	23.05

3-14 续表 continued

地　区	Region	非公有制经济增加值占生产总值比重(%) Value-added of Non-public Economy as Percentage of GDP(%)					
		2005	2006	2007	2008	2009	2010
全　省	**Shaanxi**	**43.3**	**44.4**	**45.6**	**47.3**	**48.6**	**49.5**
西安市	Xi'an	43.3	44.5	46.0	47.6	48.7	49.7
铜川市	Tongchuan	42.1	39.1	38.3	37.4	41.1	43.8
宝鸡市	Baoji	44.3	44.6	45.4	46.6	47.6	48.3
咸阳市	Xianyang	44.6	45.8	46.0	47.4	48.1	48.5
渭南市	Weinan	38.7	39.8	40.0	41.8	42.7	43.7
延安市	Yan'an	14.2	12.1	11.5	13.8	16.3	17.1
汉中市	Hanzhong	42.2	44.7	47.0	48.0	48.8	49.5
榆林市	Yulin	30.0	29.1	25.7	33.3	35.9	36.0
安康市	Ankang	42.1	44.1	44.7	45.9	46.9	47.9
商洛市	Shangluo	44.2	45.0	46.9	47.1	47.8	48.6
杨凌示范区	Yangling	43.6	45.0	46.4	47.6	48.3	48.7

3-15 各县(市、区)生产总值(2010年)
Gross Domestic Product by County (City and District)(2010)

地　区	Region	生产总值(亿元) Gross Domestic Product (100 million yuan)	生产总值比上年增长(%) Growth Rate of GDP over Preceding Year(%)	地　区	Region	生产总值(亿元) Gross Domestic Product (100 million yuan)	生产总值比上年增长(%) Growth Rate of GDP over Preceding Year(%)
西安市	**Xi'an**			麟游县	Linyou	13.29	20.4
新城区	Xincheng	326.02	14.3	凤　县	Fengxian	66.54	23.2
碑林区	Beilin	358.90	14.5	太白县	Taibai	9.10	13.8
莲湖区	Lianhu	376.99	14.5	**咸阳市**	**Xianyang**		
灞桥区	Baqiao	170.94	16.1	秦都区	Qindu	207.81	14.3
未央区	Weiyang	403.89	15.0	渭城区	Weicheng	195.14	14.3
雁塔区	Yanta	601.01	14.3	三原县	Sanyuan	90.28	15.1
阎良区	Yanliang	100.15	15.8	泾阳县	Jingyang	87.40	14.4
临潼区	Lintong	150.61	14.5	乾　县	Qianxian	73.47	15.9
长安区	Chang'an	274.41	16.1	礼泉县	Liquan	72.57	15.0
蓝田县	Lantian	70.18	12.8	永寿县	Yongshou	23.07	17.4
周至县	Zhouzhi	53.16	10.3	彬　县	Binxian	80.17	21.3
户　县	Huxian	105.78	12.5	长武县	Changwu	24.95	23.5
高陵县	Gaoling	150.11	25.1	旬邑县	Xunyi	49.32	21.0
铜川市	**Tongchuan**			淳化县	Chunhua	32.22	14.0
王益区	Wangyi	44.21	15.7	武功县	Wugong	55.52	13.8
印台区	Yintai	47.24	16.3	兴平市	Xingping	107.15	13.3
耀州区	Yaozhou	82.72	16.6	**渭南市**	**Weinan**		
宜君县	Yijun	13.58	15.5	临渭区	Linwei	173.53	18.4
宝鸡市	**Baoji**			华　县	Huaxian	77.01	15.7
渭滨区	Weibin	253.90	14.5	潼关县	Tongguan	20.30	15.1
金台区	Jintai	174.16	14.6	大荔县	Dali	63.79	14.5
陈仓区	Chencang	114.83	14.8	合阳县	Heyang	40.27	14.3
凤翔县	Fengxiang	102.80	16.5	澄城县	Chengcheng	50.16	16.8
岐山县	Qishan	96.74	16.2	蒲城县	Pucheng	83.86	16.5
扶风县	Fufeng	57.35	14.5	白水县	Baishui	37.85	15.0
眉　县	Meixian	53.30	14.6	富平县	Fuping	60.43	14.4
陇　县	Longxian	29.38	14.3	韩城市	Hancheng	145.22	18.2
千阳县	Qianyang	15.61	14.7	华阴市	Huayin	48.75	15.2

3-15 续表 continued

地 区	Region	生产总值(亿元) Gross Domestic Product (100 million yuan)	生产总值比上年增长(%) Growth Rate of GDP over Preceding Year(%)	地 区	Region	生产总值(亿元) Gross Domestic Product (100 million yuan)	生产总值比上年增长(%) Growth Rate of GDP over Preceding Year(%)
延安市	**Yan'an**			横山县	Hengshan	83.00	22.6
宝塔区	Baota	146.38	13.2	靖边县	Jingbian	240.39	19.0
延长县	Yanchang	25.48	13.3	定边县	Dingbian	172.72	17.5
延川县	Yanchuan	65.05	6.0	绥德县	Suide	33.05	20.1
子长县	Zichang	59.44	13.2	米脂县	Mizhi	27.13	11.3
安塞县	Ansai	72.24	14.2	佳 县	Jiaxian	22.73	20.0
志丹县	Zhidan	138.63	14.0	吴堡县	Wubu	9.64	18.8
吴起县	Wuqi	120.93	18.1	清涧县	Qingjian	20.34	12.5
甘泉县	Ganquan	20.60	13.4	子洲县	Zizhou	27.75	7.9
富 县	Fuxian	19.39	25.5	**安康市**	**Ankang**		
洛川县	Luochuan	128.15	13.0	汉滨区	Hanbin	114.20	14.7
宜川县	Yichuan	13.24	12.3	汉阴县	Hanyin	28.45	14.9
黄龙县	Huanglong	6.35	11.2	石泉县	Shiquan	27.00	16.1
黄陵县	Huangling	69.90	14.1	宁陕县	Ningshan	11.61	14.9
汉中市	**Hanzhong**			紫阳县	Ziyang	28.11	16.3
汉台区	Hantai	111.01	16.1	岚皋县	Langao	16.31	16.7
南郑县	Nanzheng	73.72	15.4	平利县	Pingli	23.90	16.1
城固县	Chenggu	77.53	15.3	镇坪县	Zhenping	6.81	14.4
洋 县	Yangxian	49.23	16.0	旬阳县	Xunyang	55.44	13.6
西乡县	Xixiang	36.08	15.5	白河县	Baihe	20.04	14.1
勉 县	Mianxian	59.77	15.7	**商洛市**	**Shangluo**		
宁强县	Ningqiang	32.05	15.6	商州区	Shangzhou	67.59	15.1
略阳县	Lueyang	38.74	14.7	洛南县	Luonan	47.61	14.7
镇巴县	Zhenba	24.87	15.1	丹凤县	Danfeng	33.33	14.9
留坝县	Liuba	5.78	15.0	商南县	Shangnan	29.61	14.7
佛坪县	Foping	3.23	14.9	山阳县	Shanyang	40.38	14.8
榆林市	**Yulin**			镇安县	Zhen'an	37.37	15.4
榆阳区	Yuyang	249.00	19.6	柞水县	Zhashui	29.97	15.5
神木县	Shenmu	604.94	16.3	**杨凌示范区**	**Yangling**		
府谷县	Fugu	265.97	22.6	杨陵区	Yangling	47.29	15.5

注：本表数据为快报数。
a) Data in this table are from annual statistical reporting forms.

主要统计指标解释

三次产业 三产业的划分是世界上较为常用的产业结构分类，但各国的划分不尽一致。我国的三次产业划分是：

第一产业是指农业、林业、畜牧业、渔业和农林牧渔服务业。

第二产业是指采矿业，制造业，电力、煤气及水的生产和供应业，建筑业。

第三产业是指除第一、二产业以外的其他行业。

国内生产总值(GDP) 指按市场价格计算的一个国家(或地区)所有常住单位在一定时期内生产活动的最终成果。国内生产总值有三种表现形态，即价值形态、收入形态和产品形态。从价值形态看，它是所有常住单位在一定时期内生产的全部货物和服务价值超过同期投入的全部非固定资产货物和服务价值的差额，即所有常住单位的增加值之和；从收入形态看，它是所有常住单位在一定时期内创造并分配给常住单位和非常住单位的初次收入之和；从产品形态看，它是所有常住单位在一定时期内最终使用的货物和服务价值与货物和服务净出口价值之和。在实际核算中，国内生产总值有三种计算方法，即生产法、收入法和支出法。三种方法分别从不同的方面反映国内生产总值及其构成。

对于一个地区来说，称为地区生产总值或地区 GDP。

劳动者报酬 指劳动者因从事生产活动所获得的全部报酬。包括劳动者获得的各种形式的工资、奖金和津贴，既包括货币形式的，也包括实物形式的，还包括劳动者所享受的公费医疗和医药卫生费、上下班交通补贴、单位支付的社会保险费、住房公积金等。

生产税净额 指生产税减生产补贴后的余额。生产税指政府对生产单位从事生产、销售和经营活动以及因从事生产活动使用某些生产要素(如固定资产、土地、劳动力)所征收的各种税、附加费和规费。生产补贴与生产税相反，指政府对生产单位的单方面转移支出，因此视为负生产税，包括政策亏损补贴、价格补贴等。

固定资产折旧 指一定时期内为弥补固定资产损耗按照规定的固定资产折旧率提取的固定资产折旧，或按国民经济核算统一规定的折旧率虚拟计算的固定资产折旧。它反映了固定资产在当期生产中的转移价值。各类企业和企业化管理的事业单位的固定资产折旧是指实际计提的折旧费；不计提折旧的政府机关、非企业化管理的事业单位和居民住房的固定资产折旧是按照统一规定的折旧率和固定资产原值计算的虚拟折旧。原则上，固定资产折旧应按固定资产当期的重置价值计算，但是目前我国尚不具备对全社会固定资产进行重估价的基础，所以暂时只能采用上述办法。

营业盈余 指常住单位创造的增加值扣除劳动者报酬、生产税净额和固定资产折旧后的余额。它相当于企业的营业利润加上生产补贴，但要扣除从利润中开支的工资和福利等。

支出法国内生产总值 是从最终使用的角度反映一个国家(或地区)一定时期内生产活动最终成果的一种方法，包括最终消费支出、资本形成总额及货物和服务净出口三部分。计算公式为：

支出法国内生产总值=最终消费支出+资本形成总额+货物和服务净出口

最终消费支出 指常住单位为满足物质、文化和精神生活的需要，从本国经济领土和国外购买的货物和服务的支出。它不包括非常住单位在本国经济领土内的消费支出。最终消费支出分为居民消费支出和政府消费支出。

居民消费支出 指常住住户在一定时期内对于货物和服务的全部最终消费支出。居民消费支出除了直接以货币形式购买的货物和服务的消费支出外，还包括以其他方式获得的货物和服务的消费支出，即所谓的虚拟消费支出。居民虚拟消费支出包括如下几种类型：单位以实物报酬及实物转移的形式提供给劳动者的货物和服务；住户生产并由本住户消费了的货物和服务，其中的服务仅指住户的自有住房服务和付酬的家庭雇员提供的家庭和个人服务；金融机构提供的金融媒介服务。

政府消费支出 指政府部门为全社会提供的公共服务的消费支出和免费或以较低的价格向居民住户提供的货物和服务的净支出，前者等于政府服务的产出价值减去政府单位所获得的经营收入的价值，后者等于政府部门免费或以较低价格向居民住户提供的货物和服务的市场价值减去向住户收取的价值。

资本形成总额 指常住单位在一定时期内获得减去处置的固定资产和存货的净额，包括固定资本形成总额和存货增加两部分。

固定资本形成总额 指常住单位在一定时期内获得的固定资产减处置的固定资产的价值总额。固定资产是通过生产活动生产出来的，且其使用年限在一年以上、单位价值在规定标准以上的资产，不包括自然资产。可分为有形固定资本形成总额和无形固定资本形成总额。有形固定资本形成总额包括一定时期内完成的建筑工程、安装工程和设备工器具购置(减处置)价值，以及土地改良、新增役、种、奶、毛、娱乐用牲畜和新增经济林木价值。无形固定资本形成总额包括矿藏的勘探、计算机软件等获得减处置。

存货增加 指常住单位在一定时期内存货实物量变动的市场价值，即期末价值减期初价值的差额，再扣除当期由于价格变动而产生的持有收益。存货增加可以是正值，也可以是负值，正值表示存货上升，负值表示存货下降。存货包括生产单位购进的原材料、燃料和储备物资等存货，以及生产单位生产的产成品、在制品和半成品等存货。

货物和服务净出口 指货物和服务出口减货物和服务进口的差额。出口包括常住单位向非常住单位出售或无偿转让的各种货物和服务的价值；进口包括常住单位从非常住单位购买或无偿得到的各种货物和服务的价值。由于服务活动的提供与使用同时发生，一般把常住单位从非常住单位得到的服务作为进口，非常住单位从常住单位得到的服务作为出口。货物的出口和进口都按离岸价格计算。

Explanatory Notes on Main Statistical Indicators

Three Strata of Industry Classification of economic activities into three strata of industry is a common practice in the world, although the grouping varies to some extent from country to country. In China economic activities are categorized into the following three strata of industry:

Primary industry refers to agriculture, forestry, animal husbandry and fishery and services in support of these industries.

Secondary industry refers to mining and quarrying, manufacturing, production and supply of electricity, water and gas, and construction.

Tertiary industry refers to all other economic activities not included in the primary or secondary industries.

Gross Domestic Product (GDP) refers to the final products at market prices produced by all resident units in a country (or a region) during a certain period of time. Gross domestic product is expressed in three different perspectives, namely value, income, and products respectively. GDP in its value perspective refers to the total value of all goods and services produced by all resident units during a certain period of time, minus the total value of input of goods and services of the nature of non-fixed assets; in other words, it is the sum of the value-added of all resident units. GDP from the perspective of income includes the primary income created by all resident units and distributed to resident and non-resident units. GDP from the perspective of products refers to the value of all goods and services for final demand by all resident units plus the net exports of goods and services during a given period of time. In the practice of national accounting, gross domestic product is calculated from three approaches, namely production approach, income approach and expenditure approach, which reflect gross domestic product and its composition from different angles.

For a region, it is called as Gross Regional Product(GRP) or regional GDP.

Compensation of Employees refers to the total payment of various forms to employees for the productive activities they are engaged in. It includes wages, bonuses and allowances, which the employees earn in cash or in kind. It also includes the free medical services provided to the employees and the medicine expenses, transport subsidies and social insurance, and housing fund paid by the employers.

Net Taxes on Production refers to taxes on production less subsidies on production. The taxes on production refers to the various taxes, extra charges and fees levied on the production units on their production, sale and business activities as well as on the use of some factors of production, such as fixed assets, land and labour in the production activities they are engaged in. In contrast to taxes on production, subsidies on production refer to the unilateral government transfer to the production units and are therefore regarded as negative taxes on production. They include subsidies on the loss due to implementation of government policies, price subsidies, etc.

Depreciation of Fixed Assets refers to the depreciation of fixed assets in a given period, drawn in accordance with the stipulated depreciation rate for the purpose of compensating the wear-and-tear loss of the fixed assets or the depreciation of fixed assets imputed in accordance with the stipulated unified depreciation rate in the national economic accounting system. It reflects the value of transfer of the fixed assets in the production of the current period. The depreciation of fixed assets in various enterprises and institutions managed as enterprises refers to the depreciation expenses actually drawn. In government agencies and institutions not managed as enterprises which do not draw the depreciation expenses, as well as for the houses of residents, the depreciation of fixed assets is the imputed depreciation, which is calculated in accordance with the stipulated unified depreciation rate. In principle, the depreciation of fixed assets should be calculated on the basis of the re-purchased value of the fixed assets. However, currently the conditions in China do not facilitate the revaluation of all the fixed assets. Therefore, only the above-mentioned methods can be adopted at present.

Operating Surplus refers to the balance of the value added created by the resident units after deducting the labourers remuneration, net taxes on production and the depreciation of fixed assets. It is equivalent to the business profit of the enterprises plus subsidies to production, but the wages and welfare expenses paid from the profits should be deducted.

GDP by Expenditure Approach refers to the method of measuring the final results of production activities of a country (region) during a given period from the perspective of final uses. It includes final consumption expenditure, gross capital formation and net export of goods and services. The formula for computation is.:

GDP by expenditure approach = final consumption expenditure + gross capital formation + net export of goods and services

Final Consumption Expenditure refers to the total expenditure of resident units for purchases of goods and services from both the domestic economic territory and abroad to meet the needs of material, cultural and spiritual life. It does not include the expenditure of non-resident units on consumption in the economic territory of the country. The final consumption expenditure is broken down into household consumption expenditure and government consumption expenditure.

Household Consumption Expenditure refers to the total expenditure of resident households on the final consumption of goods and services. In addition to the consumption of goods and services bought by the households directly with money, the household consumption expenditure also includes expenditure on goods and services obtained by the households in other ways, i.e. the so-called imputed consumption expenditure, which includes the following: (a) the goods and services provided to households by employers in the form of payment in kind and transfer in kind; (b) goods and services produced and consumed by the households themselves, in which the services refer to the owner-occupied housing and services offered by payed family employees; (c) financial intermediate services provided by financial institution.

Government Consumption Expenditure refers to the consumption expenditure spent for the provision of public services provided by the government to the whole country and the net expenditure on the goods and services provided by the government to households free of charge or at reduced prices. The former equals to the output value of the government services minus the value of operating income obtained by the government departments. The latter equals to the market value of the goods and services provided by the government free of charge or at reduced prices to the households minus the value received by the government from the households.

Gross Capital Formation refers to the fixed assets acquired less disposals and the net value of inventory, thus including gross fixed capital formation and changes in inventories.

Gross Fixed Capital Formation refers to the value of acquisitions less those disposals of fixed assets during a given period. Fixed assets are the assets produced through production activities with unit value above a specified amount and which could be used for over one year. Natural assets are not included. Gross fixed capital formation can be categorized into total tangible fixed capital formation and total intangible fixed capital formation. Total tangible fixed capital formation includes the value of the construction projects and installation projects completed and the equipment, apparatus and instruments purchased (less those disposed) as well as the value of land improved, the value of draught animals, breeding stock and animals for milk, for wool and for recreational purposes and the newly increased forest with economic value. Total intangible fixed capital formation includes the prospecting of minerals and the acquisition of computer software minus the disposal of them.

Changes in Inventories refers to the market value of the change in the physical volume of inventory of resident units during a given period, i.e. the difference between the values at the beginning and at the end of the period minus the gains due to the change in prices. The changes in inventories can have a positive or a negative value. A positive value indicates an increase in inventory while a negative value indicates a decrease in inventory. The inventory includes raw materials, fuels and reserve materials purchased by the production units as well as the inventory of finished products, semi-finished products and work-in-progress.

Net Export of Goods and Services refers to the exports of goods and services subtracting the imports of goods and services. Exports include the value of various goods and services sold or gratuitously transferred by resident units to non-resident units. Imports include the value of various goods and services purchased or gratuitously acquired resident units from non-resident units. Because the provision of services and the use of them happen simultaneously, the acquisition of services by resident units from abroad is usually treated as import while the acquisition of services by non-resident units in this country is usually treated as export. The exports and imports of goods are calculated at FOB.

四、人　口

Population

资料整理：马　瑜

4.人 口

2010 年全省			
年底常住人口	3735	万人	比上年增长0.2%
人口自然增长率	3.72	‰	比上年下降0.28个千分点
男女性别比(以女性为100)	106.93		
人口密度	181	人/平方公里	

人口年龄构成

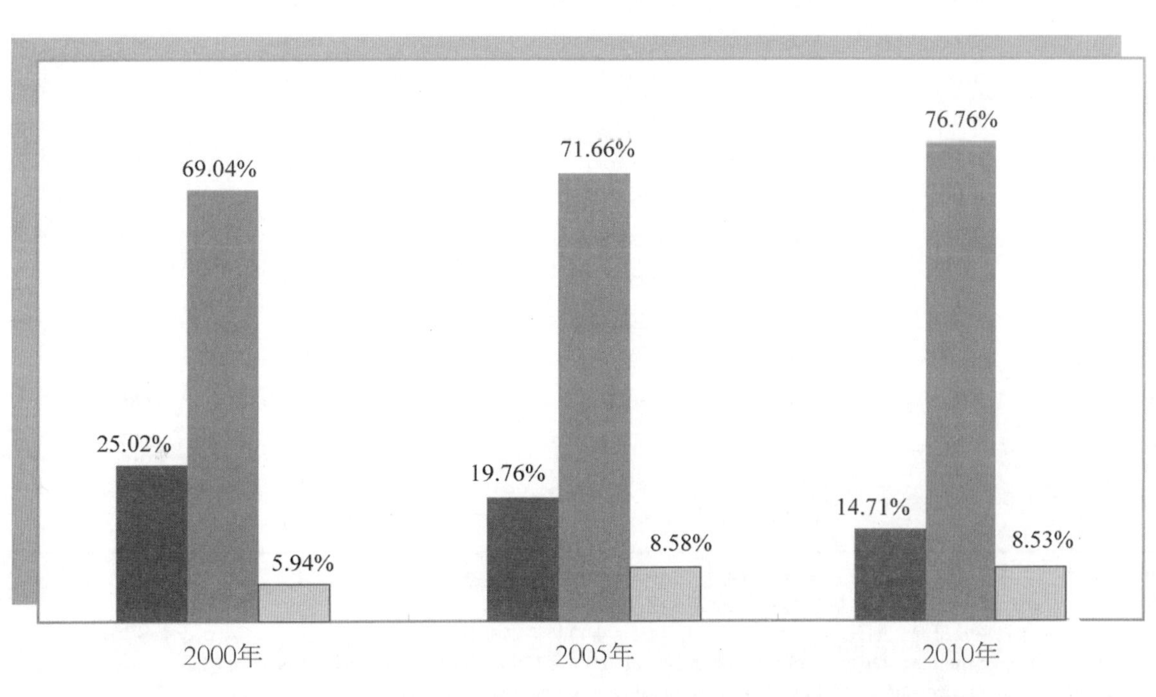

4-1 人口数和构成

Population and Its Composition

单位：万人 (10 000 persons)

年 份 Year	年底总人口 Total Population at Year-end	按性别分 By Sex		按城乡分 By Residence		按农业、非农业分 By Agriculture and Non-agriculture	
		男 Male	女 Female	城 镇 Urban	乡 村 Rural	农 业 Agriculture	非农业 Non-agriculture
1978	2779	1444	1335	454	2325	2371	408
1979	2807	1456	1351	469	2339	2381	426
1980	2831	1468	1363	522	2309	2390	441
1981	2865	1486	1379	535	2329	2405	459
1982	2904	1507	1397	548	2356	2433	471
1983	2931	1525	1406	577	2354	2446	484
1984	2966	1546	1420	1111	1865	2457	509
1985	3002	1566	1436	1167	1834	2462	540
1986	3042	1588	1454	1203	1839	2501	541
1987	3088	1613	1476	1244	1844	2530	558
1988	3140	1640	1500	1405	1735	2565	574
1989	3198	1671	1527	1438	1759	2604	594
1990	3316	1727	1589	1501	1815	2699	617
1991	3363	1754	1609	1539	1824	2730	633
1992	3405	1777	1628	1576	1829	2748	657
1993	3443	1799	1644	1654	1789	2769	674
1994	3481	1819	1662	1668	1813	2784	697
1995	3513	1836	1677	1738	1775	2791	722
1996	3543	1842	1701	1939	1604	2799	744
1997	3570	1866	1704	2279	1291	2803	767
1998	3596	1879	1717	2547	1049	2812	784
1999	3618	1892	1726	2593	1025	2816	802
2000	3644	1896	1748	1176	2468	2812	832
2001	3653	1879	1774	1228	2425	2802	851
2002	3662	1882	1780	1268	2394	2787	875
2003	3672	1883	1789	1305	2367	2772	900
2004	3681	1893	1788	1338	2343	2765	916
2005	3690	1899	1791	1374	2316	2755	935
2006	3699	1902	1797	1447	2252	2699	1000
2007	3708	1906	1802	1506	2202	2686	1022
2008	3718	1911	1807	1565	2153	2677	1041
2009	3727	1916	1811	1621	2106	2603	1124
2010	3735	1930	1805	1707	2028	2460	1275

注：1.1990年以前为公安年报数，1990年及以后为人口普查及人口变动情况抽样调查推算的常住人口数。
2.2001-2009年人口数根据2010年人口普查进行了修正。
3.城乡人口2000年及以前按行政区划统计，2001年及以后为人口变动抽样调查推算数，2010年为第六次人口普查推算数。

a) Data before 1990 were taken from the statistics of household registration.Since 1990, data have been estimated on the basis of the national population census or usual residents of the annual national sample surveys on population changes.

b) Data of population from 2001 to 2009 were adjusted according to the national population census in 2010.

c) Data by residence before 2001 were from the divisions of administrative areas. Since 2001, data have been estimated on the basis of the annual national sample surveys on population changes.Data in 2010 are estimated from the 6th national population census.

4-2　人口自然变动情况
Population Natural Changes

年　份 Year	出生人口 (万人) Births (10 000 persons)	死亡人口 (万人) Deaths (10 000 persons)	出生率 (‰) Birth Rate (‰)	死亡率 (‰) Death Rate (‰)	自然增长率 (‰) Natural Growth Rate (‰)
1953	53.4	18.0	34.00		
1964	83.1	33.3	40.00	16.00	24.00
1982	54.9	19.3	19.02	6.70	12.30
1990	77.2	21.4	23.48	6.52	16.96
1991	66.2	21.7	19.82	6.51	13.31
1992	63.8	22.2	18.85	6.57	12.28
1993	60.4	22.4	17.63	6.55	11.08
1994	60.9	22.9	17.59	6.60	10.99
1995	55.7	23.0	15.93	6.57	9.36
1996	52.9	23.0	14.99	6.51	8.48
1997	49.5	22.4	13.91	6.29	7.62
1998	48.6	23.0	13.56	6.43	7.13
1999	45.1	23.0	12.51	6.38	6.13
2000	45.4				
2001	38.4	23.2	10.50	6.34	4.16
2002	38.4	23.3	10.48	6.36	4.12
2003	39.2	23.4	10.67	6.38	4.29
2004	39.0	23.3	10.59	6.33	4.26
2005	37.0	22.2	10.02	6.01	4.01
2006	37.7	22.8	10.19	6.15	4.04
2007	37.9	22.8	10.21	6.16	4.05
2008	38.3	23.1	10.29	6.21	4.08
2009	38.2	23.3	10.24	6.24	4.00
2010	36.3	22.4	9.73	6.01	3.72

注：1.本表为人口普查、人口变动情况抽样调查数。
2.2001-2009年数据根据2010年人口普查进行了修正。

a) Data in this table are obtained from the national population census and the annual national sample surveys on population changes.

b) Data of population from 2001 to 2009 were adjusted according to the national population census in 2010.

4-3　各市(区)常住人口和自然增长率
Usual Residents and Natural Growth Rate by City(District)

地　区	Region	2009				2010			
		常住人口 (万人) Usual Residents (10 000 persons)	出生率 (‰) Birth Rate (‰)	死亡率 (‰) Death Rate (‰)	自然增长率 (‰) Natural Growth (‰)	常住人口 (万人) Usual Residents (10 000 persons)	出生率 (‰) Birth Rate (‰)	死亡率 (‰) Death Rate (‰)	自然增长率 (‰) Natural Growth (‰)
全　　省	**Shaanxi**	**3726.67**	**10.24**	**6.24**	**4.00**	**3735.23**	**9.73**	**6.01**	**3.72**
西安市	Xi'an	843.46	10.08	5.63	4.45	847.41	9.73	5.34	4.39
铜川市	Tongchuan	83.31	9.96	5.62	4.34	83.50	9.48	5.97	3.51
宝鸡市	Baoji	371.07	10.01	5.84	4.17	371.93	9.22	5.88	3.34
咸阳市	Xianyang	488.11	10.43	6.03	4.40	489.84	9.83	5.89	3.94
渭南市	Weinan	529.03	10.42	6.03	4.39	528.99	9.19	5.93	3.26
延安市	Yan'an	217.07	10.44	5.80	4.64	218.87	10.22	5.95	4.27
汉中市	Hanzhong	342.09	10.33	7.95	2.38	341.76	9.47	7.00	2.47
榆林市	Yulin	334.60	10.70	5.81	4.89	335.42	10.98	5.98	5.00
安康市	Ankang	263.24	10.01	7.91	2.10	263.08	9.63	6.85	2.78
商洛市	Shangluo	234.61	10.00	7.01	2.99	234.29	10.14	6.96	3.18
杨凌示范区	Yangling	20.08	8.26	4.04	4.22	20.13	7.84	4.15	3.69

注：本表根据第六次人口普查数据评估结果推算。

a) Data in the table are estimated from the 6th national population census.

4-4 人口年龄构成和抚养比
Age Composition and Dependency Ration of Population

单位：% (%)

年份 Year	各年龄段人口比重 Percentage to Tatal Population By Age			总抚养比 Gross Dependency Ratio	少年儿童 Children Dependency Ratio	老年人口 Old Dependency Ratio
	0-14岁 Aged 0-14	15-64岁 Aged 15-64	65岁以上 Aged 65 and Over			
1953	36.71	59.25	4.04	68.78	61.96	6.82
1964	41.26	55.23	3.51	81.06	74.71	6.35
1982	33.06	62.40	4.57	60.30	52.98	7.32
1990	28.88	65.98	5.15	51.57	43.77	7.80
1991	30.21	64.07	5.72	56.08	47.15	8.93
1992	30.15	64.19	5.66	55.78	46.96	8.82
1993	29.30	65.09	5.61	53.64	45.02	8.62
1994	28.31	66.43	5.26	50.53	42.62	7.91
1995	28.88	65.40	5.72	52.90	44.16	8.74
1996	28.90	65.11	6.00	53.59	44.38	9.21
1997	27.63	66.52	5.85	50.33	41.54	8.79
1998	27.15	66.15	6.70	51.16	41.04	10.12
1999	26.28	66.58	7.14	50.21	39.48	10.73
2000	25.02	69.04	5.94	44.84	36.24	8.60
2001	24.49	68.78	6.73	45.39	35.61	9.78
2002	22.35	69.64	8.01	43.60	32.09	11.51
2003	20.90	71.35	7.75	40.15	29.29	10.86
2004	19.81	72.54	7.65	37.86	27.31	10.55
2005	19.76	71.66	8.58	39.55	27.57	11.97
2006	18.70	72.70	8.60	37.55	25.72	11.83
2007	18.13	72.91	8.96	37.16	24.87	12.29
2008	17.75	73.28	8.97	36.46	24.22	12.24
2009	17.05	73.84	9.11	35.43	23.09	12.34
2010	14.71	76.76	8.53	30.27	19.16	11.11

注：本表为人口普查、人口变动情况抽样调查数。抚养比指0-14岁、65岁以上人口占15-64岁人口的比重。

a) Data in this table are obtained from the national population census and the annual national sample surveys on population changes.Dependency ratio refers to the population aged 0-14,65 and over as percentage of the population aged 15-64.

4-5 各市(区)计划生育情况(2010年)
Family Planning by City(District)(2010)

地区	Region	已婚育龄妇女人数(人) Number of Women of Childbearing Age (person)	早婚率(%) Early Marriage Rate (%)	晚婚率(%) Later Marriage Rate (%)	领取独生子女证人数(人) Number of Acceptance of One_child Certificate (person)	节育率(%) Birth Control Rate (%)	绝育率(%) Sterilization Rate (%)	上环率(%) Sheung Wan Rate (%)
全 省	**Shaanxi**	**6894616**	**0.47**	**56.8**	**1241413**	**91.32**	**44.01**	**41.17**
西安市	Xi'an	1217705	0.01	68.53	327972	91.73	35.80	43.96
铜川市	Tongchuan	146049	0.09	55.82	31568	92.68	34.89	47.56
宝鸡市	Baoji	708151		72.33	120846	90.59	47.02	38.08
咸阳市	Xianyang	971944	0.25	71.19	122411	89.64	49.83	36.05
渭南市	Weinan	1110174	0.36	49.49	190271	89.81	43.86	39.50
延安市	Yan'an	429538	1.65	46.42	63227	90.67	46.96	40.11
汉中市	Hanzhong	691019	0.37	54.13	154945	93.83	31.72	59.32
榆林市	Yulin	657095	1.25	42.35	133405	90.26	46.65	35.47
安康市	Ankang	508803	0.92	55.27	59571	93.74	51.49	40.56
商洛市	Shangluo	424219	0.46	34.76	32330	94.16	56.38	34.15
杨凌示范区	Yangling	29919	0.42	88.95	4867	88.68	48.77	29.84

注：本表为计生年报数据。

a) Data in this table are obtained from the annual reports of family planning.

4-6 各市、县(市、区)常住人口

Usual Residents by City and County (City and District)

单位：万人 (10 000 persons)

地 区	Region	2009	2010	地 区	Region	2009	2010
全 省	**Shaanxi**	**3726.67**	**3735.23**	千阳县	Qianyang	12.38	12.40
西安市	**Xi'an**	**843.46**	**847.41**	麟游县	Linyou	9.06	9.08
新城区	Xincheng	62.80	59.01	凤 县	Fengxian	10.53	10.56
碑林区	Beilin	78.52	61.62	太白县	Taibai	5.08	5.10
莲湖区	Lianhu	73.82	69.86	**咸阳市**	**Xianyang**	**488.11**	**489.84**
灞桥区	Baqiao	57.25	59.56	秦都区	Qindu	50.59	50.74
未央区	Weiyang	62.96	80.72	渭城区	Weicheng	43.73	43.86
雁塔区	Yanta	113.67	117.98	三原县	Sanyuan	40.25	40.38
阎良区	Yanliang	26.27	27.87	泾阳县	Jingyang	48.63	48.81
临潼区	Lintong	68.62	65.60	乾 县	Qianxian	52.56	52.75
长安区	Chang'an	103.37	108.48	礼泉县	Liquan	44.64	44.81
蓝田县	Lantian	52.89	51.42	永寿县	Yongshou	18.41	18.48
周至县	Zhouzhi	55.72	56.29	彬 县	Binxian	32.23	32.35
户 县	Huxian	56.77	55.65	长武县	Changwu	16.70	16.77
高陵县	Gaoling	30.80	33.35	旬邑县	Xunyi	26.08	26.18
铜川市	**Tongchuan**	**83.31**	**83.50**	淳化县	Chunhua	19.29	19.35
王益区	Wangyi	20.00	20.04	武功县	Wugong	41.01	41.16
印台区	Yintai	21.72	21.77	兴平市	Xingping	54.00	54.20
耀州区	Yaozhou	25.15	25.20	**渭南市**	**Weinan**	**529.03**	**528.99**
新 区	Xinqu	7.34	7.38	临渭区	Linwei	87.78	87.78
宜君县	Yijun	9.10	9.12	华 县	Huaxian	32.24	32.24
宝鸡市	**Baoji**	**371.07**	**371.93**	潼关县	Tongguan	15.56	15.56
渭滨区	Weibin	44.75	44.85	大荔县	Dali	69.39	69.39
金台区	Jintai	39.39	39.48	合阳县	Heyang	43.68	43.68
陈仓区	Chencang	59.41	59.55	澄城县	Chengcheng	38.65	38.64
凤翔县	Fengxiang	48.27	48.38	蒲城县	Pucheng	74.36	74.35
岐山县	Qishan	45.83	45.94	白水县	Baishui	27.99	27.99
扶风县	Fufeng	41.57	41.67	富平县	Fuping	74.40	74.39
眉 县	Meixian	29.95	30.02	韩城市	Hancheng	39.15	39.15
陇 县	Longxian	24.85	24.91	华阴市	Huayin	25.83	25.83

4-6 续表 continued

单位：万人 (10 000 persons)

地 区	Region	2009	2010	地 区	Region	2009	2010
延安市	**Yan'an**	**217.07**	**218.87**	横山县	Hengshan	28.74	28.83
宝塔区	Baota	46.44	47.57	靖边县	Jingbian	35.53	35.62
延长县	Yanchang	12.60	12.55	定边县	Dingbian	31.89	31.96
延川县	Yanchuan	16.85	16.85	绥德县	Suide	29.55	29.64
子长县	Zichang	21.66	21.71	米脂县	Mizhi	15.46	15.51
安塞县	Ansai	17.09	17.17	佳 县	Jiaxian	20.44	20.48
志丹县	Zhidan	13.92	14.06	吴堡县	Wubu	7.56	7.58
吴起县	Wuqi	14.21	14.52	清涧县	Qingjian	12.88	12.90
甘泉县	Ganquan	7.74	7.73	子洲县	Zizhou	17.37	17.41
富 县	Fuxian	14.93	14.98	**安康市**	**Ankang**	**263.24**	**263.08**
洛川县	Luochuan	21.92	22.08	汉滨区	Hanbin	86.91	87.04
宜川县	Yichuan	11.69	11.73	汉阴县	Hanyin	24.60	24.62
黄龙县	Huanglong	4.95	4.94	石泉县	Shiquan	17.04	17.12
黄陵县	Huangling	13.06	12.99	宁陕县	Ningshan	7.10	7.05
汉中市	**Hanzhong**	**342.09**	**341.76**	紫阳县	Ziyang	28.45	28.41
汉台区	Hantai	53.26	53.52	岚皋县	Langao	15.39	15.42
南郑县	Nanzheng	47.31	47.19	平利县	Pingli	19.40	19.30
城固县	Chenggu	46.47	46.51	镇坪县	Zhenping	5.13	5.10
洋 县	Yangxian	38.46	38.42	旬阳县	Xunyang	42.73	42.68
西乡县	Xixiang	34.27	34.20	白河县	Baihe	16.51	16.35
勉 县	Mianxian	38.96	38.83	**商洛市**	**Shangluo**	**234.61**	**234.29**
宁强县	Ningqiang	30.98	30.89	商州区	Shangzhou	53.92	53.19
略阳县	Lueyang	20.19	20.17	洛南县	Luonan	44.69	44.18
镇巴县	Zhenba	24.77	24.69	丹凤县	Danfeng	29.72	29.55
留坝县	Liuba	4.37	4.34	商南县	Shangnan	21.65	22.17
佛坪县	Foping	3.05	3.01	山阳县	Shanyang	42.19	42.25
榆林市	**Yulin**	**334.60**	**335.42**	镇安县	Zhen'an	27.26	27.60
榆阳区	Yuyang	63.68	63.82	柞水县	Zhashui	15.18	15.35
神木县	Shenmu	45.47	45.58	**杨凌示范区**	**Yangling**	**20.08**	**20.13**
府谷县	Fugu	26.03	26.08				

注：本表各市、县(市、区)数据根据人口变动抽样调查结果评估推算。

a) Data of City and County (City and District) in the table are estimated from the annual national sample surveys on population changes.

4-7 各市、县(市、区)总户数和户籍人口数(2010年)

Total Households and Population by City and County (City and District)(2010)

单位：人 (person)

地 区	Region	总户数(户) Total Households (household)	总人口 Total Population 合计 Total	男 Male	女 Female	总人口中 in Total Population #非农业人口 Non-agriculture	#城镇人口 Urban
全 省	**Shaanxi**	**11983659**	**38738725**	**20079608**	**18659117**	**13222691**	**31664010**
西安市	**Xi'an**	**2267133**	**7827260**	**3987934**	**3839326**	**3746439**	**7129684**
新城区	Xincheng	166054	503641	256119	247522	503641	503641
碑林区	Beilin	203098	732494	381272	351222	732494	732494
莲湖区	Lianhu	214148	640911	324928	315983	640911	640911
灞桥区	Baqiao	162095	508535	252854	255681	232373	508535
未央区	Weiyang	158234	516968	258368	258600	338414	516968
雁塔区	Yanta	215492	793103	398410	394693	634340	793103
阎良区	Yanliang	72093	252449	127604	124845	88175	252449
临潼区	Lintong	189242	697586	352902	344684	116395	697586
长安区	Chang'an	268173	980803	492566	488237	137549	980803
蓝田县	Lantian	178762	643605	333735	309870	58614	408223
周至县	Zhouzhi	171429	665587	351246	314341	62513	413852
户 县	Huxian	180728	597071	310295	286776	114623	479356
高陵县	Gaoling	87585	294507	147635	146872	86397	201763
铜川市	**Tongchuan**	**273345**	**854388**	**446729**	**407659**	**415360**	**818913**
王益区	Wangyi	71077	208839	107149	101690	170413	208839
印台区	Yintai	70837	230125	123558	106567	142425	230125
耀州区	Yaozhou	100186	320863	166240	154623	87452	320863
宜君县	Yijun	31245	94561	49782	44779	15070	59086
宝鸡市	**Baoji**	**1120235**	**3810910**	**1974717**	**1836193**	**1820093**	**3486253**
渭滨区	Weibin	140265	442553	231189	211364	354790	442553
金台区	Jintai	124792	384119	195324	188795	297525	384119
陈仓区	Chencang	160773	601281	311634	289647	174873	601281
凤翔县	Fengxiang	153815	517236	265229	252007	241489	420114
岐山县	Qishan	137784	469203	243260	225943	229523	420461
扶风县	Fufeng	118185	442852	230805	212047	182272	391951
眉 县	Meixian	92270	317713	164162	153551	128396	317713
陇 县	Longxian	75827	263077	138481	124596	78573	221413
千阳县	Qianyang	39860	132806	69466	63340	38266	92640
麟游县	Linyou	25457	88183	45840	42343	22231	55475
凤 县	Fengxian	33235	100258	51819	48439	51743	92575
太白县	Taibai	17972	51629	27508	24121	20412	45958
咸阳市	**Xianyang**	**1520430**	**5200899**	**2691513**	**2509386**	**1669045**	**3944369**
秦都区	Qindu	146006	490925	247777	243148	307654	490925
渭城区	Weicheng	120905	410929	209320	201609	250464	410929
三原县	Sanyuan	141196	420316	212156	208160	86879	334099
泾阳县	Jingyang	143587	514845	269654	245191	220120	450601
乾 县	Qianxian	168810	591842	308822	283020	56112	418346
礼泉县	Liquan	158044	496973	257568	239405	75300	414374

4-7 续表 1 continued

单位：人 (person)

地区	Region	总户数(户) Total Households (household)	总人口 Total Population 合计 Total	男 Male	女 Female	总人口中 in Total Population # 非农业人口 Non-agriculture	# 城镇人口 Urban
永寿县	Yongshou	58744	206473	108081	98392	25049	154709
彬县	Binxian	95443	348463	182888	165575	137154	244373
长武县	Changwu	50351	182395	94716	87679	20243	92363
旬邑县	Xunyi	81751	284748	150563	134185	80923	230349
淳化县	Chunhua	67297	203845	106491	97354	25860	105791
武功县	Wugong	129207	450738	233157	217581	62122	331978
兴平市	Xingping	159089	598407	310320	288087	321165	265532
渭南市	**Weinan**	**1713462**	**5600599**	**2847926**	**2752673**	**1699242**	**4058824**
临渭区	Linwei	312134	976822	494642	482180	395292	976822
华县	Huaxian	105618	347913	177654	170259	98328	269586
潼关县	Tongguan	50488	165860	83563	82297	63950	108132
大荔县	Dali	199062	718340	362945	355395	151849	438813
合阳县	Heyang	139236	451983	228852	223131	117102	388006
澄城县	Chengcheng	131711	404663	205547	199116	94514	281854
蒲城县	Pucheng	227739	782571	394294	388277	148971	510414
白水县	Baishui	99353	294823	151401	143422	101508	196318
富平县	Fuping	243443	791246	404809	386437	176693	591751
韩城市	Hancheng	122115	399696	208388	191308	204157	190036
华阴市	Huayin	82563	266682	135831	130851	146878	107092
延安市	**Yan'an**	**808048**	**2302242**	**1190603**	**1111639**	**744523**	**1731666**
宝塔区	Baota	173385	458166	231137	227029	230038	458166
延长县	Yanchang	58128	155487	81441	74046	40395	110917
延川县	Yanchuan	67284	192201	100179	92022	41226	131789
子长县	Zichang	86024	270794	139613	131181	65431	211087
安塞县	Ansai	61514	184550	95988	88562	27526	137302
志丹县	Zhidan	58099	152547	80655	71892	73700	110070
吴起县	Wuqi	43601	136488	70818	65670	34932	69386
甘泉县	Ganquan	36720	86571	44907	41664	24670	54303
富县	Fuxian	50702	152194	79508	72686	37753	116505
洛川县	Luochuan	70114	215285	112594	102691	60997	128979
宜川县	Yichuan	39694	118620	60973	57647	38139	74638
黄龙县	Huanglong	18444	51291	26957	24334	17468	27464
黄陵县	Huangling	44339	128048	65833	62215	52248	101060
汉中市	**Hanzhong**	**1259734**	**3815255**	**2007719**	**1807536**	**769021**	**3164225**
汉台区	Hantai	199768	551739	283328	268411	256798	551739
南郑县	Nanzheng	182506	553880	289969	263911	81429	448405
城固县	Chenggu	175917	529172	274036	255136	92150	449179
洋县	Yangxian	139845	444558	236524	208034	73757	371341
西乡县	Xixiang	140478	413428	220055	193373	56753	359504
勉县	Mianxian	140723	423222	221795	201427	74419	365754
宁强县	Ningqiang	107335	334043	177761	156282	34225	246749

4-7 续表 2 continued

单位：人 (person)

地 区	Region	总户数(户) Total Households (household)	总人口 Total Population 合计 Total	男 Male	女 Female	总人口中 in Total Population # 非农业人口 Non-agriculture	# 城镇人口 Urban
略阳县	Lueyang	65016	199594	106626	92968	56548	147282
镇巴县	Zhenba	82150	288521	156186	132335	28710	178643
留坝县	Liuba	14678	44099	23397	20702	7771	31542
佛坪县	Foping	11318	32999	18042	14957	6461	14087
榆林市	**Yulin**	**1253830**	**3644971**	**1900294**	**1744677**	**977991**	**2550379**
榆阳区	Yuyang	197452	521425	267033	254392	189566	521425
神木县	Shenmu	159243	410697	215879	194818	409972	339496
府谷县	Fugu	86266	238828	126087	112741	41062	128694
横山县	Hengshan	101865	360437	188358	172079	36552	247178
靖边县	Jingbian	100344	328561	169588	158973	47442	208517
定边县	Dingbian	97189	330494	171319	159175	48303	202378
绥德县	Suide	125363	358549	186417	172132	63558	216581
米脂县	Mizhi	76626	219830	114538	105292	37355	150732
佳 县	Jiaxian	89582	263207	138710	124497	29497	144555
吴堡县	Wubu	34256	86532	44921	41611	13862	56977
清涧县	Qingjian	76312	217405	115311	102094	29626	121202
子洲县	Zizhou	109332	309006	162133	146873	31196	212644
安康市	**Ankang**	**989551**	**3043490**	**1636005**	**1407485**	**487875**	**2597476**
汉滨区	Hanbin	319430	1008622	537256	471366	220974	1008622
汉阴县	Hanyin	101854	305687	164933	140754	33605	262884
石泉县	Shiquan	63692	182262	98188	84074	29469	133300
宁陕县	Ningshan	25250	74268	39981	34287	14784	68960
紫阳县	Ziyang	106292	341787	185849	155938	40706	262072
岚皋县	Langao	61174	172019	93628	78391	24449	107494
平利县	Pingli	87009	236106	127847	108259	34196	206025
镇坪县	Zhenping	20062	59598	31811	27787	9070	35054
旬阳县	Xunyang	142906	452553	242441	210112	57445	356245
白河县	Baihe	61882	210588	114071	96517	23177	156820
商洛市	**Shangluo**	**730279**	**2448348**	**1298008**	**1150340**	**811204**	**1991858**
商州区	Shangzhou	152007	550093	289153	260940	188694	550093
洛南县	Luonan	138864	453324	235573	217751	171202	356617
丹凤县	Danfeng	93675	304448	160081	144367	109151	233872
商南县	Shangnan	80127	239461	125622	113839	95632	193747
山阳县	Shanyang	130360	449658	243760	205898	132109	306629
镇安县	Zhen'an	85881	296170	159697	136473	71948	224797
柞水县	Zhashui	49365	155194	84122	71072	42468	126103
杨凌示范区	**Yangling**	**47612**	**190363**	**98160**	**92203**	**81898**	**190363**

注：本表为公安年报统计数。城镇人口为市辖区、县级市和镇所辖行政区域的所有人口。

a) Data in this table are obtained from the annual reports of the bureau of public secruity.Urban population refer to all people of administrative areas in districts under the jurisdiction of cities,cities at county level and towns.

4-8 第六次人口普查常住人口数和户数

Usual Residents and Households of the Sixth National Population Census

地 区	Region	常住人口(人) Usual Residents (person)	家庭户 Family Household 户数(户) Household (household)	人口(人) Population (person)	集体户人口(人) Collective Household Population (person)	家庭户人口占常住人口比重(%) Family Household Population as Percentage to Usual Residents(%)	平均家庭户规模(人/户) Average Family Size (person/household)
全 省	**Shaanxi**	**37327378**	**10718565**	**34462114**	**2865264**	**92.32**	**3.22**
西安市	Xi'an	8467837	2504155	7396064	1071773	87.34	2.95
铜川市	Tongchuan	834437	253315	782855	51582	93.82	3.09
宝鸡市	Baoji	3716731	1028579	3475578	241153	93.51	3.38
咸阳市	Xianyang	4894834	1311025	4585246	309588	93.68	3.50
渭南市	Weinan	5286077	1445151	4979970	306107	94.21	3.45
延安市	Yan'an	2187009	646054	2030604	156405	92.85	3.14
汉中市	Hanzhong	3416196	1093481	3247029	169167	95.05	2.97
榆林市	Yulin	3351437	988769	3064142	287295	91.43	3.10
安康市	Ankang	2629906	773547	2548802	81104	96.92	3.29
商洛市	Shangluo	2341742	631571	2204171	137571	94.13	3.49
杨凌示范区	Yangling	201172	42918	147653	53519	73.40	3.44

注：本表各市(区)数据是2010年11月1日0时进行人口普查的初步数据汇总数.

a) Data of City (District) in the table are obtained from preliminary measurements of the 6th national population census with zero hour of November 1, 2010.

4-9 第六次人口普查受教育程度人口情况

Population with Various Education Attainments of the 6th National Population Census

单位：人 (person)

地 区	Region	常住人口 Number of Usual Residents in the Households Surveyed	小学 Primary Schools	初中 Junior Secondary Schools	高中 Senior Secondary School	大专及以上 College and Higher Level	15岁以上文盲人口 Illiterate Population Aged 15 and Over
全 省	**Shaanxi**	**37327378**	**8740956**	**14981471**	**5887717**	**3940303**	**1397847**
西安市	Xi'an	8467837	1239380	3020395	1749630	1863345	135851
铜川市	Tongchuan	834437	168219	361182	161241	67456	32772
宝鸡市	Baoji	3716731	877344	1566543	627288	298728	117059
咸阳市	Xianyang	4894834	1015544	2174989	805775	418682	169937
渭南市	Weinan	5286077	1107817	2587861	813207	317459	144497
延安市	Yan'an	2187009	638304	796468	322753	187960	60232
汉中市	Hanzhong	3416196	1034422	1313598	437105	214520	196334
榆林市	Yulin	3351437	956728	1197020	445706	256297	249114
安康市	Ankang	2629906	988103	916152	254303	126211	145473
商洛市	Shangluo	2341742	684668	982964	241167	129451	141586
杨凌示范区	Yangling	201172	30427	64299	29542	60194	4992

注：本表各市(区)数据是2010年11月1日0时进行人口普查的初步数据汇总数.

a) Data of City (District) in the table are obtained from preliminary measurements of the 6th national population census with zero hour of November 1, 2010.

主要统计指标解释

人口数　指一定时点、一定地区范围内有生命的个人总和。

年度统计的年末人口数指每年 12 月 31 日 24 时的人口数。年度统计的全国人口总数内未包括香港、澳门特别行政区和台湾省以及海外华侨人数。

城镇人口和乡村人口　城镇人口是指居住在城镇范围内的全部常住人口；乡村人口是除上述人口以外的全部人口。

出生率（又称粗出生率）　指在一定时期内(通常为一年)一定地区的出生人数与同期内平均人数(或期中人数)之比，用千分率表示。本资料中的出生率指年出生率，其计算公式为：

$$出生率=\frac{年出生人数}{年平均人数}\times1000‰$$

式中：出生人数指活产婴儿，即胎儿脱离母体时(不管怀孕月数)，有过呼吸或其他生命现象。年平均人数指年初、年底人口数的平均数，也可用年中人口数代替。

死亡率（又称粗死亡率）　指在一定时期内(通常为一年)一定地区的死亡人数与同期内平均人数(或期中人数)之比，用千分率表示。本资料中的死亡率指年死亡率，其计算公式为：

$$死亡率=\frac{年死亡人数}{年平均人数}\times1000‰$$

人口自然增长率　指在一定时期内(通常为一年)人口自然增加数(出生人数减死亡人数)与该时期内平均人数(或期中人数)之比，用千分率表示。计算公式为：

$$人口自然增长率=\frac{本年出生人数-本年死亡人数}{年平均人数}\times1000‰$$

$$=人口出生率-人口死亡率$$

总抚养比　也称总负担系数。指人口总体中非劳动年龄人口数与劳动年龄人口数之比。通常用百分比表示。说明每 100 名劳动年龄人口大致要负担多少名非劳动年龄人口。用于从人口角度反映人口与经济发展的基本关系。计算公式为：

$$GDR=\frac{P_{0\sim14}+P_{65^+}}{P_{15\sim64}}\times100\%$$

其中：*GDR* 为总抚养比；

$P_{0\sim14}$ 为 0～14 岁少年儿童人口数；

P_{65^+} 为 65 岁及 65 岁以上的老年人口数；

$P_{15\sim64}$ 为 15～64 岁劳动年龄人口数。

老年人口抚养比　也称老年人口抚养系数。指某一人口中老年人口数与劳动年龄人口数之比。通常用百分比表示。用以表明每 100 名劳动年龄人口要负担多少名老年人。老年人口抚养比是从经济角度反映人口老化社会后果的指标之一。计算公式为：

$$ODR=\frac{P_{65^+}}{P_{15\sim64}}\times100\%$$

其中：*ODR* 为老年人口抚养比；

P_{65^+} 为 65 岁及 65 岁以上的老年人口数；

$P_{15\sim64}$ 为 15～64 岁的劳动年龄人口数。

少年儿童抚养比　也称少年儿童抚养系数。指某一人口中少年儿童人口数与劳动年龄人口数之比。通常用百分比表示。以反映每 100 名劳动年龄人口要负担多少名少年儿童。计算公式为：

$$CDR=\frac{P_{0\sim14}}{P_{15\sim64}}\times100\%$$

其中：*CDR* 为少年儿童抚养比；

$P_{0\sim14}$ 为 0～14 岁少年儿童人口数；

$P_{15\sim64}$ 为 15～64 岁劳动年龄人口数。

Explanatory Notes on Main Statistical Indicators

Total Population refers to the total number of people alive at a certain point of time within a given area.

The annual statistics on total population is taken at midnight, the 31st of December, not including residents in Taiwan province, Hong Kong SAR and Macao SAR and Chinese national residing abroad.

Urban Population and Rural Population Urban population refers to all people residing in cities and towns, while rural population refers to population other than urban population.

Birth Rate (or Crude Birth Rate) refers to the ratio of the number of births to the average population (or mid-period population) during a certain period of time (usually a year), expressed in ‰. Birth rate in the chapter refers to annual birth rate. The following formula is used:

$$\text{Birth Rate} = \frac{\text{Number of Births}}{\text{Annual Average Population}} \times 1000‰$$

Number of births in the formula refers to live births, i.e. when a baby has breathed or showed any vital phenomena regardless of the length of pregnancy.

Annual average population is the average of the number of population at the beginning of the year and that at the end of the year. Sometimes it is substituted by the mid-year population.

Death Rate (or Crude Death Rate) refers to the ratio of the number of deaths to the average population (or mid-period population) during a certain period of time (usually a year), expressed in ‰. Death rate in the chapter refers to annual death rate. The following formula is used:

$$\text{Death Rate} = \frac{\text{Number of Deaths}}{\text{Annual Average Population}} \times 1000‰$$

Natural Growth Rate of Population refers to the ratio of natural increase in population (number of births minus number of deaths) in a certain period of time (usually a year) to the average population (or mid-period population) of the same period, expressed in ‰. The following formula is applied:

$$\text{Natural Growth Rate of Population} = \frac{\text{Number of Births - Number of Deaths}}{\text{Annual Average Population}} \times 1000‰$$

Natural Growth Rate of Population = Birth Rate-Death Rate

Gross Dependency Ratio also called gross dependency coefficient, refers to the ratio of non-working-age population to the working-age population, express in %. Describing in general the number of non-working-age population that every 100 people at working ages will take care of, this indicator reflects the basic relation between population and economic development from the demographic perspective. The gross dependency ratio is calculated with the following formula:

$$GDR = \frac{P_{0\sim14} + P_{65^+}}{P_{15\sim64}} \times 100\%$$

Where: GDR is the gross dependency ratio,

$P_{0\text{-}14}$ is the population of children aged 0-14,

P_{65+} is the elderly population aged 65 and over, and

$P_{15\text{-}64}$ is the working-age population aged 15-64.

Old Dependency Ratio also called old dependency coefficient, refers to the ratio of the elderly population to the working-age population, express in %. It describes the number of the elderly population that every 100 people at working ages will take care of. Old dependency ratio is one of the indicators reflecting the social implication of population aging from the economic perspective. The old dependency ratio is calculated with the following formula:

$$ODR = \frac{P_{65^+}}{P_{15\sim64}} \times 100\%$$

Where: ODR is the old dependency ratio,

P_{65+} is the elderly population aged 65 and over, and

$P_{15\text{-}64}$ is the working-age population aged 15-64.

Children Dependency Ratio also called children dependency coefficient, refers to the ratio of the children population to the working-age population, express in %. It describes the number of children population that every 100 people at working ages will take care of. The children dependency ratio is calculated with the following formula:

$$CDR = \frac{P_{0\sim14}}{P_{15\sim64}} \times 100\%$$

Where: CDR is the children dependency ratio,

$P_{0\text{-}14}$ is the children population aged 0-14, and

$P_{15\text{-}64}$ is the working-age population aged 15-64.

五、从业人员和职工工资

Employment and Wages

资料整理：方　志　张维维

5.从业人员和职工工资

2010 年全省

年底从业人员	2074	万人	比上年增长 0.7%
#城镇单位在岗职工人数	343	万人	比上年增长 2.4%
城镇单位在岗职工工资总额	1176.33	亿元	比上年增长 16.4%
城镇登记失业率	3.85	%	

城镇单位在岗职工年末人数

（万人）

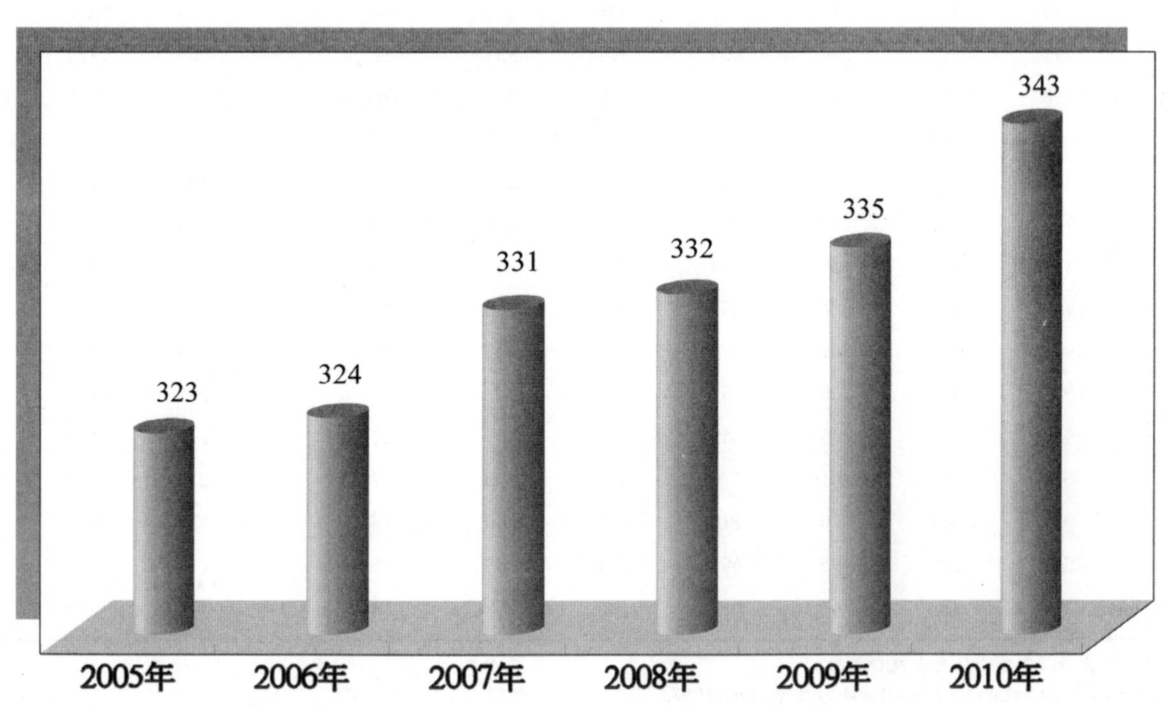

5-1 就业人员人数
Number of Employed Persons

单位：万人 (10 000 persons)

年份 Year	就业人员 人数 Number of Employed Persons	第一产业 Primary Industry	第二产业 Secondary Industry	第三产业 Tertiary Industry	年末职工 人数 Number of Staff & Workers at Year-end	#国有单位 State-owned Units	#城镇集体单位 Urban Collective-owned Units	城镇私营及个体就业人员 Employed Persons in Private Enterprises, Self-employed Individuals in Urban Areas	乡村就业人员 Rural Employed Persons	其他就业人员 Others
1978	1078	766	193	119	257	222	35	…	821	
1979	1105	794	191	120	264	225	40		840	
1980	1158	831	199	128	282	239	43	1	875	
1981	1202	874	188	140	297	250	47	2	903	
1982	1250	904	198	148	309	258	50	3	939	
1983	1285	925	199	161	312	261	51	4	969	
1984	1337	936	217	184	324	260	63	7	1007	
1985	1375	888	287	200	337	271	65	9	1029	
1986	1409	874	303	232	350	282	67	10	1049	
1987	1449	905	311	233	358	289	68	14	1077	
1988	1494	950	299	245	366	298	68	15	1112	
1989	1529	973	298	258	374	304	68	17	1138	
1990	1576	1010	302	264	379	311	67	17	1180	
1991	1640	1054	314	272	390	321	68	18	1232	
1992	1672	1069	321	283	395	326	67	19	1258	
1993	1708	1061	335	312	398	326	66	24	1272	14
1994	1720	1055	333	332	392	327	60	32	1283	13
1995	1748	1056	341	351	395	333	56	42	1298	13
1996	1776	1053	341	382	398	336	54	59	1308	11
1997	1792	1053	339	400	396	335	52	63	1322	11
1998	1788	1055	300	433	335	270	36	99	1342	12
1999	1808	1052	304	452	335	271	32	109	1353	11
2000	1813	1010	299	504	328	265	29	133	1343	9
2001	1785	994	297	494	324	258	27	118	1333	9
2002	1874	1003	308	563	322	253	25	179	1363	10
2003	1912	997	364	551	319	246	23	185	1397	11
2004	1941	965	361	615	319	243	22	184	1425	13
2005	1976	957	368	651	323	242	21	205	1437	11
2006	1986	956	375	655	324	247	21	227	1425	11
2007	2013	933	401	679	331	240	19	257	1414	11
2008	2039	909	420	710	332	240	19	275	1420	12
2009	2060	876	493	691	335	233	16	282	1425	17
2010	2074	856	561	657	343	239	14	333	1376	22

注：本表职工人数1998年及以后为在岗职工数。

a) Data in this table refer to number of staff and workers since 1998.

5-2 企业、事业、机关人数和工资总额(2010年)
Total Persons and Wages of Enterprises, Institutions and State Organs(2010)

指标	Item	合计 Total	企业 Enterprises	事业 Institutions	机关 Agencies & Organizations	民间非盈利组织 Civil Non-profit Organization	其他 Others
一、城镇单位就业人员年末人数 (人)	Employed Persons in Urban Units at Year-end (person)	3648056	2216751	955174	472801	2639	691
# 女 性	Female	1304075	727442	448591	126526	1196	320
# 在岗职工人数	Number of Staff and Workers	3427709	2070796	905919	447755	2548	691
1.国有单位	State-owned Units	2393640	1057777	888108	447755		
2.城镇集体单位	Urban Collective-owned Units	139888	126950	12878		21	39
3.其他单位	Units of Other Types of Ownership	894181	886069	4933		2527	652
二、城镇单位就业人员劳动报酬 (万元)	Earning of Employed Persons in Urban Units (10 000 yuan)	12150012	7183723	3394559	1561441	8481	1809
# 在岗职工工资总额	Number of Staff and Workers	11763328	6896980	3331386	1524821	8332.7	1809
三、城镇单位就业人员平均劳动报酬 (元)	Average Earning of Employed Persons in Urban Units (yuan)	33384	32399	35753	33270	30741	26295
四、在岗职工平均工资(元)	Average Wage of Staff and Workers(yuan)	34299	33186	36878	34294	31361	26295
1.国有单位	State-owned Units	35495	34758	37000	34294		
2.城镇集体单位	Urban Collective-owned Units	20650	20280	24392		17619	22000
3.其他单位	Units of Other Types of Ownership	33292	33217	48811		31471	26553

注：本表不含城镇私营单位和个体。
a) Data in this table do not include urban private enterprises and self-employed individuals.

5-3 分行业就业人员人数(2010年)
Number of Employed Persons by Sector (2010)

单位：万人 (10 000 persons)

行业	Sector	合计 Total	国有单位 State-owned Units	城镇集体单位 Urban Collective-owned Units	其他单位 Units of Other Types of Ownership	城镇私营单位 Urban Private Units	城镇个体 Urban Self-employed Individuals	乡村就业人员 Rural Employed Persons
总 计	**Total**	**2073.6**	**253.2**	**15.0**	**96.6**	**190.3**	**142.5**	**1376.0**
第一产业	Primary Industry	855.5	4.2	0.1	0.1	1.7	0.8	848.7
农、林、牧、渔业	Agriculture, Forestry, Animal Husbandry and Fishery	855.5	4.2	0.1	0.1	1.7	0.8	848.7
第二产业	Secondary Industry	560.8	71.2	7.7	63.0	102.4	26.9	289.6
采矿业	Mining	34.4	18.4	0.6	5.7	8.9	0.9	
制造业	Manufacturing	293.0	32.9	2.3	45.8	65.6	13.0	133.4
电力、燃气及水生产和供应业	Production and Distribution of Electricity,Gas and Water	11.9	8.9	0.1	2.0	0.9	0.0	
建筑业	Construction	221.4	11.0	4.7	9.5	27.0	13.0	156.2
第三产业	Tertiary Industry	657.2	177.8	7.2	33.5	86.2	114.8	237.6
交通运输、仓储和邮政业	Traffic, Transport, Storage and Post	103.9	15.3	0.4	3.4	7.1	20.4	57.2
信息传输、计算机服务和软件业	Information Transmission, Computer Servicesand Software	18.5	4.0	0.0	3.1	2.3	0.9	8.2
批发和零售业	Wholesale and Retail Trades	149.5	4.9	1.6	6.0	23.5	53.7	59.9
住宿和餐饮业	Hotels and Catering Services	84.1	1.9	0.3	4.1	12.8	19.1	45.8
金融业	Financial Intermediation	14.3	4.2	1.9	8.0	0.2	0.0	
房地产业	Real Estate	10.3	1.4	0.4	3.3	5.0	0.1	
租赁和商务服务业	Leasing and Business Services	10.1	2.1	0.7	0.7	5.1	1.5	
科学研究、技术服务和地质勘查业	Scientific Research, Technical Service and Geologic Prospecting	15.7	11.6	0.1	1.1	2.7	0.1	
水利、环境和公共设施管理业	Management of Water Conservancy, Environment and Public Facilities	8.4	7.6	0.1	0.2	0.5	0.0	
居民服务和其他服务业	Services to Households and Other Services	17.5	0.5	0.4	0.8	2.8	12.9	
教 育	Education	64.4	53.4	0.4	1.3	8.6	0.7	
卫生、社会保障和社会福利业	Health, Social Security and Social Welfare	24.6	18.0	0.9	0.3	3.2	2.2	
文化、体育和娱乐业	Culture, Sports and Entertainment	7.1	3.5	0.1	1.1	1.2	1.3	
公共管理和社会组织	Public Management and Social Organization	60.4	49.4	0.0	0.0	11.1		
其他行业	Others	68.4					1.9	66.5

5-4 分行业在岗职工年末人数(2010年)
Number of Fully Employed Staff and Workers at Year-end by Sector(2010)

单位：人 (person)

行　业	Sector	年末人数 Number at Year-end	国有单位 State-owned Units	城镇集体单位 Urban Collective-owned Units	其他单位 Units of Other Types of Ownership
总　计	**Total**	**3427709**	**2393640**	**139888**	**894181**
农、林、牧、渔业	Agriculture, Forestry, Animal Husbandry and Fishery	42446	41364	526	556
采矿业	Mining	236740	176244	5766	54730
制造业	Manufacturing	787105	319327	22247	445531
电力、燃气及水生产和供应业	Production and Distribution of Electricity, Gas and Water	106391	85843	882	19666
建筑业	Construction	227296	99575	43152	84569
交通运输、仓储和邮政业	Traffic, Transport, Storage and Post	174273	138884	3723	31666
信息传输、计算机服务和软件业	Information Transmission, Computer Services and Software	60012	34573	380	25059
批发和零售业	Wholesale and Retail Trades	116892	46226	14435	56231
住宿和餐饮业	Hotels and Catering Services	61015	18241	2443	40331
金融业	Financial Intermediation	106671	37670	17748	51253
房地产业	Real Estate	48722	12542	3674	32506
租赁和商务服务业	Leasing and Business Services	32349	19049	6227	7073
科学研究、技术服务和地质勘查业	Scientific Research, Technical Service and Geologic Prospecting	121718	110722	787	10209
水利、环境和公共设施管理业	Management of Water Conservancy, Environment and Public Facilities	67539	65342	541	1656
居民服务和其他服务业	Services to Households and Other Services	16924	4983	3710	8231
教　育	Education	533044	517055	3776	12213
卫生、社会保障和社会福利业	Health, Social Security and Social Welfare	177463	166108	8848	2507
文化、体育和娱乐业	Culture, Sports and Entertainment	44490	33326	998	10166
公共管理和社会组织	Public Management and Social Organization	466619	466566	25	28

5-5 在岗职工中分行业专业技术人员数(2010年)
Number of Professional Personnel in Fully Employed Staff and Workers by Sector(2010)

单位：人 (person)

行　业	Sector	专业技术人员 Total	# 女性 Female	国有单位 State-owned Units	城镇集体单位 Urban Collective-owned Units	其他单位 Units of Other Types of Ownership
总　计	**Total**	**1146107**	**486240**	**910170**	**32016**	**203921**
农、林、牧、渔业	Agriculture, Forestry, Animal Husbandry and Fishery	12920	4549	12668	101	151
采矿业	Mining	29826	6895	23695	342	5789
制造业	Manufacturing	195116	52927	95527	2266	97323
电力、燃气及水生产和供应业	Production and Distribution of Electricity, Gas and Water	25813	7140	19523	250	6040
建筑业	Construction	58988	13974	31657	6910	20421
交通运输、仓储和邮政业	Traffic, Transport, Storage and Post	19075	6633	15183	335	3557
信息传输、计算机服务和软件业	Information Transmission, Computer Services and Software	31504	8150	17589	24	13891
批发和零售业	Wholesale and Retail Trades	14401	5742	6703	1112	6586
住宿和餐饮业	Hotels and Catering Services	7067	2990	1523	357	5187
金融业	Financial Intermediation	45178	20793	17038	9075	19065
房地产业	Real Estate	11442	3756	3114	554	7774
租赁和商务服务业	Leasing and Business Services	7351	1993	4289	1747	1315
科学研究、技术服务和地质勘查业	Scientific Research, Technical Service and Geologic Prospecting	66384	21565	59332	397	6655
水利、环境和公共设施管理业	Management of Water Conservancy, Environment and Public Facilities	12520	5322	12250	52	218
居民服务和其他服务业	Services to Households and Other Services	2091	934	459	20	1612
教　育	Education	414214	214361	406085	2562	5567
卫生、社会保障和社会福利业	Health, Social Security and Social Welfare	123153	79598	115865	5611	1677
文化、体育和娱乐业	Culture, Sports and Entertainment	15203	6945	13809	301	1093
公共管理和社会组织	Public Management and Social Organization	53861	21973	53861		

5-6 各市(区)在岗职工年末人数(2010年)

Number of Fully Employed Staff and Workers at Year-end by City(District)(2010)

单位：人 (person)

地区	Region	总计 Total	国有单位 State-owned Units	城镇集体单位 Urban Collective-owned Units	其他单位 Others	#港澳台投资 Funds from Hong Kong, Macao & Taiwan	#外商投资 Foreign Funded
全省	**Shaanxi**	**3427709**	**2393640**	**139888**	**894181**	**32066**	**90105**
西安市	Xi'an	1306962	830940	46485	429537	18636	71111
铜川市	Tongchuan	94310	77130	2045	15135	11	473
宝鸡市	Baoji	288301	174016	12758	101527	448	2849
咸阳市	Xianyang	363019	243680	13581	105758	10065	5712
渭南市	Weinan	354687	260430	18070	76187	453	5905
延安市	Yan'an	214846	194443	10701	9702		240
汉中市	Hanzhong	221482	143568	11224	66690	797	981
榆林市	Yulin	242496	203088	9436	29972	210	569
安康市	Ankang	119467	93984	6787	18696	1276	637
商洛市	Shangluo	119621	87980	8412	23229		
杨凌示范区	Yangling	31942	13805	389	17748	170	1628
其他单位	Others	70576	70576				

5-7 在岗职工人数和工资总额

Total Persons and Wages of Fully Employed Staff and Workers

指标	Item	在岗职工人数(人) Number of Staff and Workers (person)		工资总额(万元) Total Wages Bill (10 000 yuan)		平均工资(元) Average Wage (yuan)	
		2009	2010	2009	2010	2009	2010
总计	**Total**	**3352810**	**3427709**	**10105046**	**11763328**	**30185**	**34299**
国有单位	State-owned Units	2328830	2393640	7438163	8563164	31537	35495
城镇集体单位	Urban Collective-owned Units	157152	139888	281686	304099	16415	20650
其他单位	Units of Other Types of Ownership	866828	894181	2385198	2896065	29176	33292
(一)内资	Domestic Funds	758169	772010	2115398	2451318	28865	32550
1.股份合作制	Cooperative	23951	20747	49222	54560	21239	26631
2.联营	Joint Ownership	7532	11227	24449	47847	33405	43596
3.有限责任公司	Limited Liability Corporations	539861	569428	1416201	1686307	27046	30336
4.股份有限公司	Share-holding Corporations Ltd.	176982	166875	584092	646412	34743	39863
5.其它	Others	9843	3733	41434	16193	39059	45092
(二)港、澳、台投资	Funds from Hong Kong, Macao & Taiwan	30312	32066	79605	113435	27371	35566
(三)外商投资	Foreign Funded	78347	90105	190195	331312	34208	39024

5-8 职工平均工资和指数

Average Wage of Staff and Workers and Related Indices

年份 Year	职工平均工资(元) Average Wage of Staff and Workers (yuan)	指数(1978年=100) Indices (1978 year=100)		国有单位职工平均工资(元) Average Wage of Staff and Workers in State-owned Units (yuan)	指数(1978年=100) Indices (1978 year=100)		城镇集体单位职工平均工资(元) Average Wage of Staff and Workers in Urban Collective-owned Units (yuan)	指数(1978年=100) Indices (1978 year=100)	
		货币工资 Money Wage	实际工资 Real Wage		货币工资 Money Wage	实际工资 Real Wage		货币工资 Money Wage	实际工资 Real Wage
1978	654	100.0	100.0	669	100.0	100.0	558	100.0	100.0
1979	705	107.8	106.3	728	108.8	107.3	570	102.2	100.7
1980	785	120.0	112.3	811	121.2	113.4	636	114.0	106.6
1981	780	119.3	107.7	812	121.4	109.6	609	109.1	98.6
1982	797	121.9	109.1	831	124.2	111.2	619	110.9	99.3
1983	824	126.0	111.0	857	128.1	112.9	652	116.8	102.9
1984	973	148.8	126.7	1024	153.1	130.4	757	135.7	115.6
1985	1122	171.6	135.8	1182	176.7	139.9	869	155.7	123.3
1986	1291	197.4	146.7	1363	203.7	151.4	987	176.9	131.4
1987	1409	215.4	146.6	1493	223.2	151.8	1054	188.9	128.5
1988	1680	256.9	145.5	1788	267.3	151.4	1206	216.2	122.5
1989	1856	283.8	136.7	1975	295.2	142.2	1319	236.4	113.9
1990	2042	312.2	146.6	2174	325.0	152.6	1425	255.4	119.9
1991	2198	336.1	147.1	2332	348.6	152.6	1554	278.5	121.9
1992	2434	372.2	146.5	2594	387.7	152.6	1634	292.8	115.2
1993	2890	441.9	152.5	3077	459.9	158.8	1918	343.7	118.6
1994	3803	581.5	156.6	4050	605.4	163.0	2299	412.0	110.9
1995	4396	672.2	153.4	4639	693.4	158.2	2795	500.9	114.3
1996	4882	746.5	154.4	5142	768.6	159.0	3082	552.3	114.3
1997	5184	792.7	155.9	5452	814.9	160.2	3177	569.4	111.9
1998	6029	921.9	185.5	6257	935.3	188.2	3823	685.1	137.9
1999	6931	1059.8	219.4	7162	1070.6	221.6	4318	773.8	160.2
2000	7804	1193.3	246.3	8043	1202.2	248.2	4920	881.7	182.0
2001	9120	1394.5	287.6	9440	1411.1	291.0	5293	948.6	195.6
2002	10351	1582.7	332.4	10700	1599.4	335.9	6080	1089.6	228.8
2003	11461	1752.4	365.1	11833	1768.8	368.5	6858	1229.0	256.0
2004	13024	1991.4	402.8	13333	1992.9	403.1	7373	1321.3	267.2
2005	14796	2262.3	453.5	15223	2275.5	456.1	7926	1420.4	284.7
2006	16918	2586.8	507.9	17139	2561.9	501.5	9086	1628.3	318.6
2007	21296	3256.3	607.7	21653	3236.6	604.1	11289	2023.1	377.6
2008	25942	3966.7	697.1	26516	3963.5	696.6	13523	2423.5	425.9
2009	30185	4615.4	790.6	31537	4710.1	807.5	16415	2941.8	503.9
2010	34299	5244.5	888.8	35495	5305.7	899.1	20650	3700.7	627.1

注：本表不含城镇私营单位和个体，1998年及以后数据为在岗职工平均工资，指数据此推算。

a) Data in this table do not include urban private enterprises and self-employed individuals. The data refer to average wage of fully employed staff and workers since 1998 and the indices was calculated on it.

5-9 城镇单位就业人员分行业劳动报酬(2010年)
Earnings of Employed Persons by Sector in Urban Units(2010)

单位：万元 (10 000 yuan)

行业	Sector	劳动报酬 Earnings	国有单位 State-owned Units	城镇集体单位 Urban Collective-owned Units	其他单位 Others
总计	**Total**	**12150012**	**8787807**	**318973**	**3043233**
农、林、牧、渔业	Agriculture, Forestry, Animal Husbandry and Fishery	103120	100891	1058	1172
采矿业	Mining	1025539	792101	15272	218166
制造业	Manufacturing	2127391	847501	39851	1240039
电力、燃气及水生产和供应业	Production and Distribution of Electricity, Gas and Water	437392	359388	2340	75664
建筑业	Construction	662210	324816	87896	249498
交通运输、仓储和邮政业	Traffic, Transport, Storage and Post	676581	531705	8848	136029
信息传输、计算机服务和软件业	Information Transmission, Computer Services and Software	307814	150935	1076	155803
批发和零售业	Wholesale and Retail Trades	292326	131932	22718	137676
住宿和餐饮业	Hotels and Catering Services	110421	35690	3755	70976
金融业	Financial Intermediation	644314	173141	81330	389843
房地产业	Real Estate	194455	35475	5237	153743
租赁和商务服务业	Leasing and Business Services	101225	71461	6113	23651
科学研究、技术服务和地质勘查业	Scientific Research, Technical Service and Geologic Prospecting	622313	562994	1620	57699
水利、环境和公共设施管理业	Management of Water Conservancy, Environment and Public Facilities	183859	177375	715	5770
居民服务和其他服务业	Services to Households and Other Services	46306	15856	5009	25441
教育	Education	2184641	2109101	10675	64865
卫生、社会保障和社会福利业	Health, Social Security and Social Welfare	663394	634081	23277	6037
文化、体育和娱乐业	Culture, Sports and Entertainment	137303	104103	2101	31099
公共管理和社会组织	Public Management and Social Organization	1629411	1629265	82	64

注：本表不含城镇私营单位和个体。
a) Data in this table do not include urban private enterprises and self-employed individuals.

5-10 城镇单位就业人员分行业平均劳动报酬(2010年)
Average Earnings of Employed Persons by Sector in Urban Units(2010)

单位：元 (yuan)

行业	Sector	劳动报酬 Earnings	国有单位 State-owned Units	城镇集体单位 Urban Collective-owned Units	其他单位 Others
总计	**Total**	**33384**	**34528**	**20400**	**32445**
农、林、牧、渔业	Agriculture, Forestry, Animal Husbandry and Fishery	23934	24074	16421	22024
采矿业	Mining	42417	43950	26458	39116
制造业	Manufacturing	26015	24639	16166	27610
电力、燃气及水生产和供应业	Production and Distribution of Electricity, Gas and Water	39677	40347	24144	37469
建筑业	Construction	25357	27572	18377	26121
交通运输、仓储和邮政业	Traffic, Transport, Storage and Post	35846	34595	20775	44174
信息传输、计算机服务和软件业	Information Transmission, Computer Services and Software	42498	35768	27103	52221
批发和零售业	Wholesale and Retail Trades	23836	26497	14193	24222
住宿和餐饮业	Hotels and Catering Services	18171	18367	14590	18310
金融业	Financial Intermediation	48138	41541	42599	53347
房地产业	Real Estate	37842	25785	10291	47249
租赁和商务服务业	Leasing and Business Services	28327	35068	7710	31844
科学研究、技术服务和地质勘查业	Scientific Research, Technical Service and Geologic Prospecting	48734	48583	19192	52597
水利、环境和公共设施管理业	Management of Water Conservancy, Environment and Public Facilities	23514	23494	10358	28790
居民服务和其他服务业	Services to Households and Other Services	26147	30300	11553	31250
教育	Education	39785	39657	26999	48727
卫生、社会保障和社会福利业	Health, Social Security and Social Welfare	34809	35693	23629	19594
文化、体育和娱乐业	Culture, Sports and Entertainment	29724	29962	14561	31083
公共管理和社会组织	Public Management and Social Organization	33224	33224	32800	22821

5-11 在岗职工分行业工资总额(2010年)
Total Wages Bill of Fully Employed Staff and Workers by Sector(2010)

单位：万元 (10 000 yuan)

行业	Sector	工资总额 Total Wages Bill	国有单位 State-owned Units	城镇集体单位 Urban Collective-owned Units	其他单位 Others
总计	**Total**	**11763328**	**8563164**	**304099**	**2896065**
农、林、牧、渔业	Agriculture, Forestry, Animal Husbandry and Fishery	102247	100109	967	1172
采矿业	Mining	1003645	774497	15253	213895
制造业	Manufacturing	2086402	831391	39229	1215782
电力、燃气及水生产和供应业	Production and Distribution of Electricity, Gas and Water	430042	354306	2270	73466
建筑业	Construction	612573	304261	80300	228013
交通运输、仓储和邮政业	Traffic, Transport, Storage and Post	644581	506202	8514	129866
信息传输、计算机服务和软件业	Information Transmission, Computer Services and Software	279195	139946	1076	138172
批发和零售业	Wholesale and Retail Trades	281896	127824	21061	133011
住宿和餐饮业	Hotels and Catering Services	107632	34171	3625	69836
金融业	Financial Intermediation	576597	164961	78812	332825
房地产业	Real Estate	190045	33139	5012	151895
租赁和商务服务业	Leasing and Business Services	97370	68948	5516	22906
科学研究、技术服务和地质勘查业	Scientific Research, Technical Service and Geologic Prospecting	609005	551461	1538	56006
水利、环境和公共设施管理业	Management of Water Conservancy, Environment and Public Facilities	172982	166921	666	5395
居民服务和其他服务业	Services to Households and Other Services	46053	15736	4926	25391
教育	Education	2158848	2085644	10551	62653
卫生、社会保障和社会福利业	Health, Social Security and Social Welfare	640342	612619	22680	5044
文化、体育和娱乐业	Culture, Sports and Entertainment	134508	101810	2023	30675
公共管理和社会组织	Public Management and Social Organization	1589366	1589221	82	64

注：本表不含城镇私营单位和个体。
a) Data in this table do not include urban private enterprises and self-employed individuals.

5-12 在岗职工分行业平均工资(2010年)
Average Wage of Fully Employed Staff and Workers by Sector(2010)

单位：元 (yuan)

行业	Sector	平均工资 Average Wage	国有单位 State-owned Units	城镇集体单位 Urban Collective-owned Units	其他单位 Others
总计	**Total**	**34299**	**35495**	**20650**	**33292**
农、林、牧、渔业	Agriculture, Forestry, Animal Husbandry and Fishery	24402	24532	17232	22024
采矿业	Mining	43304	44996	26490	39696
制造业	Manufacturing	26139	24710	16252	27783
电力、燃气及水生产和供应业	Production and Distribution of Electricity, Gas and Water	40398	41184	25681	37604
建筑业	Construction	26183	28823	18336	26951
交通运输、仓储和邮政业	Traffic, Transport, Storage and Post	37415	36215	20995	45652
信息传输、计算机服务和软件业	Information Transmission, Computer Services and Software	44792	36577	27103	58365
批发和零售业	Wholesale and Retail Trades	24261	27103	14362	24467
住宿和餐饮业	Hotels and Catering Services	18313	18702	14874	18346
金融业	Financial Intermediation	56848	44388	43301	72253
房地产业	Real Estate	38876	26673	10137	48195
租赁和商务服务业	Leasing and Business Services	29206	36421	7595	32058
科学研究、技术服务和地质勘查业	Scientific Research, Technical Service and Geologic Prospecting	49946	49757	19567	54290
水利、环境和公共设施管理业	Management of Water Conservancy, Environment and Public Facilities	25795	25777	10207	32656
居民服务和其他服务业	Services to Households and Other Services	26379	30710	11670	31297
教育	Education	40543	40382	27906	51258
卫生、社会保障和社会福利业	Health, Social Security and Social Welfare	36124	37013	24254	21033
文化、体育和娱乐业	Culture, Sports and Entertainment	30292	30546	14984	31545
公共管理和社会组织	Public Management and Social Organization	34290	34290	32800	22821

注：本表不含城镇私营单位和个体。
a) Data in this table do not include urban private enterprises and self-employed individuals.

5-13 各市(区)城镇单位就业人员劳动报酬和在岗职工工资总额(2010年)
Earnings of Employed Persons and Total Wages Bill of Fully Employed Staff and Workers in Urban Units by City(District)(2010)

单位：万元 (10 000 yuan)

地　区	Region	就业人员劳动报酬 Earning of Employed Persons	在岗职工工资总额 Total Wages Bill of Fully Employed Staff and Workers	国有单位 State-owned Units	城镇集体单位 Urban Collective-owned Units	其他单位 Others	# 港澳台投资 Funds from Hong Kong, Macao & Taiwan	# 外商投资 Foreign Funded
全　省	**Shaanxi**	**12150013**	**11763328**	**8563164**	**304099**	**2896065**	**113435**	**331312**
西安市	Xi'an	5208781	5017637	3277041	68357	1672239	77069	283487
铜川市	Tongchuan	296920	292320	244862	3688	43770	27	3862
宝鸡市	Baoji	902960	887347	596119	31451	259777	2860	8605
咸阳市	Xianyang	1015816	1004658	698469	27135	279054	27520	13765
渭南市	Weinan	1025402	999934	771317	37021	191596	679	13034
延安市	Yan'an	841560	812000	732294	30811	48896		627
汉中市	Hanzhong	706731	661141	475219	31655	154268	1390	1970
榆林市	Yulin	1009218	977005	821174	36679	119152	757	2615
安康市	Ankang	407928	393979	336276	19121	38582	2622	1235
商洛市	Shangluo	322935	311367	252780	17085	41502		
杨凌示范区	Yangling	105004	104162	55835	1097	47230	510	2113
其他单位	Other	306759	301779	301779				

注：本表不含城镇私营单位和个体。
a) Data in this table do not include urban private enterprises and self-employed individuals.

5-14 各市(区)城镇单位就业人员平均劳动报酬和在岗职工平均工资(2010年)
Average Earnings of Employed Persons and Average Wage of Fully Employed Staff and Workers in Urban Units by City(District)(2010)

单位：元 (yuan)

地　区	Region	就业人员平均劳动报酬 Average Earning of Employed Persons	在岗职工平均工资 Average Wages Bill of Fully Employed Staff and Workers	国有单位 State-owned Units	城镇集体单位 Urban Collective-owned Units	其他单位 Others	# 港澳台投资 Funds from Hong Kong, Macao & Taiwan	# 外商投资 Foreign Funded
全　省	**Shaanxi**	**33384**	**34299**	**35495**	**20650**	**33292**	**35566**	**39024**
西安市	Xi'an	36869	37870	38122	12505	40721	41736	42633
铜川市	Tongchuan	30331	31046	31993	18429	28023	24545	80969
宝鸡市	Baoji	30469	30943	34347	24621	25864	64274	31278
咸阳市	Xianyang	27493	27786	28767	19970	26531	27367	23923
渭南市	Weinan	28084	28628	29879	20678	26161	14996	23797
延安市	Yan'an	36659	38313	38183	29313	50685		26104
汉中市	Hanzhong	28501	30148	33247	29886	23456	17701	20461
榆林市	Yulin	39137	40629	40918	38419	39411	36067	45795
安康市	Ankang	31598	32903	35622	27878	20879	20344	21151
商洛市	Shangluo	25086	26171	28861	20241	18084		
杨凌示范区	Yangling	32717	32900	41049	28717	26720	28475	13313
其他单位	Other	42300	42622	42622				

注：本表不含城镇私营单位和个体。
a) Data in this table do not include urban private enterprises and self-employed individuals.

5-15 新增就业人员来源和安置去向

Newly Increased Employed Persons by Source and Arrange for Direction

单位：万人　(10 000 persons)

指　标	Item	2005	2009	2010
总　计	**Total**	**16.96**	**23.90**	**26.91**
1.按来源分	Grouped by Sources of People			
城镇劳动力	Number of Persons in Urban Areas	8.96	2.81	8.33
农村劳动力	Number of Persons in Rural Areas	2.72	6.13	5.26
大学、中专、技校毕业生	Number of Persons of Universities,Vocational Secondary Schools and Technical Training Schools	4.18	9.28	9.00
复员转业军人	Demobilized Serviceman	0.76	0.82	0.84
其　他	Others	4.52	4.86	3.48
2.按安置去向分	by Assignment			
国有单位	State-owned Units	11.35	11.07	13.81
城镇集体单位	Collective-owned Units	0.56	0.80	0.75
其　他	Others	5.05	12.03	12.35

5-16 城镇登记失业人数及失业率

Registered Urban Unemployment Persons and Unemployment Rate

年　份 Year	年末城镇登记实有失业人数（人） Registered Unemployed Persons in Urban Areas (person)	城镇登记失业率（%） Registered Unemployment Rate in Urban Areas (%)	年　份 Year	年末城镇登记实有失业人数（人） Registered Unemployed Persons in Urban Areas (person)	城镇登记失业率（%） Registered Unemployment Rate in Urban Areas (%)
1980	216209	7.1	2000	113861	2.7
1985	67044	1.9	2001	140082	3.2
1990	112345	3.0	2002	135094	3.3
1991	100790	3.0	2003	139490	3.7
1992	90844	3.0	2004	184617	3.8
1993	108306	3.0	2005	215414	4.2
1994	99800	3.3	2006	215432	4.0
1995	85700	3.2	2007	209546	4.0
1996	125700	3.3	2008	208337	3.9
1997	151600	3.4	2009	214757	3.94
1998	122100	3.1	2010	214206	3.85
1999	107000	2.6			

5-17 社会保障基本情况
Basic Statistics on Social Security

指　标	Item	2005	2009	2010
城镇居民最低生活保障户数（万户）	Number of Families Receiving Minimum Living Allowance in Urban Areas (10 000 households)	33.26	38.31	38.50
城镇居民最低生活保障人数（万人）	Number of Persons Receiving Minimum Living Allowance in Urban Areas (10 000 persons)	79.80	86.44	86.00
参加失业保险职工人数(万人)	Unemployment Insurance Contributors (10 000 persons)	326.66	331.85	335.97
参加养老保险职工人数(万人)	Pension Insurance Contributors (10 000 persons)	268.36	458.84	492.62
参加医疗保险职工人数(万人)	Medical Care Insurancce Contributors (10 000 persons)	348.77	463.28	474.16
城镇居民基本医疗保险参保人数（万人）	Basic Medical Care Insurancce Contributors in Urban Areas (10 000 persons)		426.76	473.05
参加工伤保险职工人数(万人)	Work Injury Insurance Contributors (10 000 persons)	145.00	264.86	278.59
参加生育保险职工人数(万人)	Maternity Insurance Contributors (10 000 persons)	41.60	164.38	180.08

5-18 养老基金缴拨情况(2010年)
Render and Allocation of Pension Funds(2010)

单位：万元 (10 000 yuan)

指　标	Item	缴　纳 Render	单　位 Unit	个　人 Person	拨　付 Allocation
总　计	**Total**	**1874243**	**1180752**	**693491**	**2343118**
企　业	Enterprises	1639633	1180752	458881	2260827
其　他	Others	234610		234610	82291

5-19 参加基本养老保险的职工及离退休人员(2010年)

Staff and Workers, Retired and VCSR Joined Basic Pension Insurance(2010)

单位：人 (person)

指 标	Item	职工人数 Number of Employees	离退休职工 Number of Retirees
总 计	**Total**	**3573754**	**1352432**
一、企 业	Enterprises	2871998	1293314
(一)内资企业	Domestic Units	2771624	1290485
1.国有企业	State-owned Units	1704429	998027
2.集体企业	Collective-owned Units	159323	158401
3.其 他	Others	907872	134057
(二)港澳台及外资企业	Funds from Hong Kong,Macao,Taiwan and Foreign	100374	2829
二、其 他	Others	701756	59118

5-20 失业保险基本情况

Basic Statistics on Unemployment Insurance

单位：人 (person)

指 标	Item	2005	2009	2010
参加失业保险人数	Unemployment Insurance Contributors	3266621	3318538	3359732
一、企 业	Enterprises	2519112	2538581	2567256
(一)内资企业	Domestic Units	2486560	2493504	2516854
1.国有企业	State-owned Units	1969238	1861647	1839317
2.集体企业	Collective-owned Units	286062	275954	279998
3.其 他	Others	231260	355903	397539
(二)港澳台及外资企业	Funds from Hong Kong,Macao,Taiwan and Foreign	32552	45077	50402
二、事业单位	Institutions	724160	769990	780064
三、其他单位	Others	23349	9967	12412
领取失业保险金人数	Beneficiaries of Unemployment Insurance Fund	140500	139100	121900

5-21 各市、县(市、区)城镇单位就业人员、职工人数及工资(2010年)

Number and Wage of Employed Persons, Staff and Workers in Urban Units by City and County (City and District)(2010)

地　区	Region	就业人员 (人) Number of Employed Persons (person)	# 在岗职工 Number of staff andWorks	在岗职工工资总额 (万元) Total Wages of Staff and Workers (10 000 yuan)	在岗职工平均工资 (元) Average Wage of Staff and Workers (yuan)
全　省	**Shaanxi**	**3648056**	**3427709**	**11763328**	**34299**
西安市	**Xi'an**	**1403797**	**1306962**	**5017637**	**37870**
新城区	Xincheng	138199	130299	555333	41502
碑林区	Beilin	188031	176322	787193	44768
莲湖区	Lianhu	161909	151311	540580	34977
灞桥区	Baqiao	67701	62084	180194	27386
未央区	Weiyang	121225	114822	424108	35540
雁塔区	Yanta	398538	368448	1526190	41335
阎良区	Yanliang	44599	43105	160745	36143
临潼区	Lintong	43462	38771	106254	26603
长安区	Chang'an	104831	101013	398573	39197
蓝田县	Lantian	21607	21449	56687	26439
周至县	Zhouzhi	21612	21203	51288	24174
户　县	Huxian	32796	29170	73393	24350
高陵县	Gaoling	59287	48965	157099	33077
铜川市	**Tongchuan**	**98346**	**94310**	**292320**	**31046**
王益区	Wangyi	46268	43922	142603	32673
印台区	Yintai	12958	12682	35712	28222
耀州区	Yaozhou	33427	32013	96893	30121
宜君县	Yijun	5693	5693	17113	30075
宝鸡市	**Baoji**	**298311**	**288301**	**887347**	**30943**
渭滨区	Weibin	74696	72045	249591	34798
金台区	Jintai	58527	56989	185908	32784
陈仓区	Chencang	36097	35822	106123	30048
凤翔县	Fengxiang	20798	19591	57246	29262
岐山县	Qishan	26313	25879	69770	27100
扶风县	Fufeng	21721	19987	48549	24431
眉　县	Meixian	15829	14936	39181	26450
陇　县	Longxian	11449	11126	35632	31840
千阳县	Qianyang	7566	7166	20211	28906
麟游县	Linyou	5425	5422	18638	34566
凤　县	Fengxian	12086	11612	35872	30600
太白县	Taibai	7804	7726	20626	26680
咸阳市	**Xianyang**	**371014**	**363019**	**1004658**	**27786**
秦都区	Qindu	95350	93906	259519	27785
渭城区	Weicheng	53213	50635	137975	27447
三原县	Sanyuan	22619	22478	58117	26031
泾阳县	Jingyang	20521	20140	54467	26904
乾　县	Qianxian	21030	20917	50781	24926
礼泉县	Liquan	20217	20166	48195	23972
永寿县	Yongshou	10049	9934	25828	26007

5-21 续表 1 continued

地 区	Region	就业人员(人) Number of Employed Persons (person)	# 在岗职工 Number of staff andWorks	在岗职工工资总额(万元) Total Wages of Staff and Workers (10 000 yuan)	在岗职工平均工资(元) Average Wage of Staff and Workers (yuan)
彬 县	Binxian	20948	20447	75423	37751
长武县	Changwu	10626	10614	30735	28107
旬邑县	Xunyi	16651	16545	49470	30362
淳化县	Chunhua	9349	9272	25289	27289
武功县	Wugong	28029	27312	72447	26521
兴平市	Xingping	42412	40653	116411	28303
渭南市	**Weinan**	**373487**	**354687**	**999934**	**28628**
临渭区	Linwei	106808	99767	290065	30013
华 县	Huaxian	25122	23649	81139	34422
潼关县	Tongguan	13534	12823	26260	20552
大荔县	Dali	27227	25672	62827	24423
合阳县	Heyang	18277	16945	42068	24810
澄城县	Chengcheng	27322	26259	68513	26254
蒲城县	Pucheng	35906	35300	97671	27913
白水县	Baishui	15716	14663	37416	27156
富平县	Fuping	30282	29457	81682	27731
韩城市	Hancheng	49983	47391	149660	32161
华阴市	Huayin	23310	22761	62633	27519
延安市	**Yan'an**	**231079**	**214846**	**812000**	**38313**
宝塔区	Baota	81079	77298	258991	34040
延长县	Yanchang	9226	8598	34881	40749
延川县	Yanchuan	10956	9885	32900	33391
子长县	Zichang	15513	12114	44332	36260
安塞县	Ansai	12310	11213	41357	36956
志丹县	Zhidan	15078	12044	60582	50747
吴起县	Wuqi	15791	15152	67267	48578
甘泉县	Ganquan	9468	9243	33603	36089
富 县	Fuxian	10519	8655	31775	36764
洛川县	Luochuan	15883	15877	63913	40673
宜川县	Yichuan	6814	6739	24997	37054
黄龙县	Huanglong	5277	5211	17843	34525
黄陵县	Huangling	23165	22817	99560	43939
汉中市	**Hanzhong**	**250079**	**221482**	**661141**	**30148**
汉台区	Hantai	79716	63758	201710	31780
南郑县	Nanzheng	25720	24653	76045	31642
城固县	Chenggu	29733	28553	76751	27069
洋 县	Yangxian	19642	18754	57282	31576
西乡县	Xixiang	13136	12432	40205	32387
勉 县	Mianxian	30927	27282	69716	25564
宁强县	Ningqiang	15373	13897	43571	31573
略阳县	Lueyang	18436	17685	51226	29403
镇巴县	Zhenba	10942	8995	27541	30755
留坝县	Liuba	3667	2995	9349	31340
佛坪县	Foping	2787	2478	7747	31594

5-21 续表 2 continued

地 区	Region	就业人员（人）Number of Employed Persons (person)	# 在岗职工 Number of staff andWorks	在岗职工工资总额（万元）Total Wages of Staff and Workers (10 000 yuan)	在岗职工平均工资（元）Average Wage of Staff and Workers (yuan)
榆 林 市	**Yulin**	**259110**	**242496**	**977005**	**40629**
榆 阳 区	Yuyang	61062	57927	234732	39975
神 木 县	Shenmu	55507	52358	238249	47037
府 谷 县	Fugu	16776	15248	63428	42243
横 山 县	Hengshan	16600	13877	50422	36353
靖 边 县	Jingbian	24382	24229	92365	39302
定 边 县	Dingbian	19748	18191	74228	40999
绥 德 县	Suide	16805	15714	59750	37829
米 脂 县	Mizhi	10418	9829	36082	36676
佳 县	Jiaxian	9928	9017	33687	37745
吴 堡 县	Wubu	6287	5672	19699	34951
清 涧 县	Qingjian	11458	10582	35942	34020
子 洲 县	Zizhou	10139	9852	38423	39012
安 康 市	**Ankang**	**128757**	**119467**	**393979**	**32903**
汉 滨 区	Hanbin	53062	47249	150317	31321
汉 阴 县	Hanyin	9478	9461	30631	33273
石 泉 县	Shiquan	8104	7387	27343	37287
宁 陕 县	Ningshan	4023	3644	12391	34173
紫 阳 县	Ziyang	10077	9809	32242	32434
岚 皋 县	Langao	7431	7253	19560	27216
平 利 县	Pingli	8743	8420	28439	33948
镇 坪 县	Zhenping	3678	3474	13522	38991
旬 阳 县	Xunyang	16378	16247	55281	34372
白 河 县	Baihe	7783	6523	24253	37164
商 洛 市	**Shangluo**	**129373**	**119621**	**311367**	**26171**
商 州 区	Shangzhou	40400	37362	104123	27824
洛 南 县	Luonan	18901	18090	43366	23979
丹 凤 县	Danfeng	10488	9581	25094	26208
商 南 县	Shangnan	11164	10175	25481	25109
山 阳 县	Shanyang	20703	19574	50909	26570
镇 安 县	Zhen'an	14939	12871	32109	25194
柞 水 县	Zhashui	12778	11968	30285	25578
杨凌示范区	**Yangling**	**32312**	**31942**	**104162**	**32900**
其他单位	Others	72391	70576	301779	42622

注：本表不含城镇私营单位和个体。

a) Data in this table do not include urban private enterprises and self-employed individuals.

主要统计指标解释

就业人员 指在16周岁及以上，从事一定社会劳动并取得劳动报酬或经营收入的人员。这一指标反映了一定时期内全部劳动力资源的实际利用情况，是研究我国基本国情国力的重要指标。

单位就业人员 指在各级国家机关、政党机关、社会团体及企业、事业单位中工作，取得工资或其他形式的劳动报酬的全部人员。包括在岗职工、再就业的离退休人员、民办教师以及在各单位中工作的外方人员和港澳台方人员、兼职人员、借用的外单位人员和第二职业者。不包括离开本单位仍保留劳动关系的职工。各单位的就业人员反映了各单位实际参加生产或工作的全部劳动力。

城镇私营和个体就业人员 城镇私营就业人员指在工商管理部门注册登记，其经营地址设在县城关镇(含县城关镇)以上的私营企业就业人员，包括私营企业投资者和雇工。城镇个体就业人员指在工商管理部门注册登记，并持有城镇户口或在城镇长期居住，经批准从事个体工商经营的就业人员，包括个体经营者和在个体工商户劳动的家庭帮工和雇工。

国有单位 指资产归国家所有的经济组织。包括按《中华人民共和国企业法人登记管理条例》规定登记注册的非公司制的经济组织，以及中央、地方各级国家机关、事业单位和社会团体。

集体单位 指生产资料归集体所有，并按《中华人民共和国企业法人登记管理条例》规定登记注册的经济组织。

其他单位 包括股份合作单位、联营单位、有限责任公司、股份有限公司、港澳台商投资单位以及外商投资单位等其他登记注册类型单位。

在岗职工 指在本单位工作并由单位支付工资的人员，以及有工作岗位，但由于学习、病伤产假等原因暂未工作，仍由单位支付工资的人员。

工资总额 指各单位在一定时期内直接支付给本单位全部就业人员的劳动报酬总额。工资总额的计算原则应以直接支付给就业人员的全部劳动报酬为根据。各单位支付给就业人员的劳动报酬以及其他根据有关规定支付的工资，不论是计入成本的还是不计入成本的，不论是按国家规定列入计征奖金税项目的，还是未列入计征奖金税项目的，不论是以货币形式支付的还是以实物形式支付的，均包括在工资总额内。

平均工资 指企业、事业、机关单位的就业人员在一定时期内平均每人所得的货币工资额。它表明一定时期职工工资收入的高低程度，是反映就业人员工资水平的主要指标。计算公式为:

$$平均工资=\frac{报告期实际支付的全部就业人员工资总额}{报告期全部就业人员平均人数}$$

平均工资指数 指报告期就业人员平均工资与基期就业人员平均工资的比率，是反映不同时期就业人员货币工资水平变动情况的相对数。计算公式为:

$$平均工资指数=\frac{报告期就业人员平均工资}{基期就业人员平均工资}\times 100\%$$

平均实际工资指数 就业人员平均实际工资指扣除物价变动因素后的就业人员平均工资。就业人员平均实际工资指数是反映实际工资变动情况的相对数，表明就业人员实际工资水平提高或降低的程度。计算公式为:

$$平均实际工资指数=\frac{报告期就业人员平均工资指数}{报告期城镇居民消费价格指数}\times 100\%$$

城镇登记失业人员 指有非农业户口，在一定的劳动年龄内(16周岁至退休年龄)，有劳动能力，无业而要求就业，并在当地就业服务机构进行求职登记的人员。

城镇登记失业率 城镇登记失业人员与城镇单位就业人员(扣除使用的农村劳动力、聘用的离退休人员、港澳台及外方人员)、城镇单位中的不在岗职工、城镇私营业主、个体户主、城镇私营企业和个体就业人员、城镇登记失业人员之和的比。计算公式为:

$$城镇登记失业率=\frac{城镇登记失业人数}{(城镇单位就业人员-使用的农村劳动力-聘用的离退休人员-聘用的港澳台及外方人员)+不在岗职工+城镇私营业主+城镇个体户主+城镇私营企业及个体就业人员+城镇登记失业人数}\times 100\%$$

Explanatory Notes on Main Statistical Indicators

Employed Persons refer to persons aged 16 and over who are engaged in gainful employment and thus receive remuneration payment or earn business income. This indicator reflects the actual utilization of total labour force during a certain period of time and is often used for the research on China's economic situation and national power.

Persons Employed in Various Units refer to all the persons working in government agencies of various levels, political and party organizations, social organizations, enterprises and institutions, and receiving wages or other forms of payment. They include fully-employed staff and workers, re-employed retirees, teachers in the schools run by the local people, foreigners and Chinese compatriots from Hong Kong, Macao, and Taiwan working in various units, part-time employees, employees of other units working temporarily at current posts, and employees holding the second job, but do not include persons who have left their working units while keeping their labour contract (employment relation) unchanged. This indicator reflects the total number of laborers actually engaged in production or other operations in various units.

Persons Employed in Private Enterprises and Self-Employed Individuals in Urban Areas Persons employed in private enterprises refer to the persons employed in the private enterprises which have been registered at the departments of industrial and commercial administration for which the business operation are situated at a county town (i.e. a town where the county government is located), or at urban areas with administrative hierarchy higher than a county town. The self-employed individuals in urban areas refer to persons who hold the certificates of residence in urban areas or have resided in the urban areas for a long time and have been registered at the departments of industrial and commercial administration and approved to be engaged in individual industrial or commercial business, including self-employed persons as well as helpers and hired labourers who work in individual households.

State-owned Units refer to economic units whose assets are owned by the state, including non-corporation units registered according to *Regulation of the People's Republic of China on the Registration of Enterprises and Corporations*, state organs, institutions and social organizations at the central-level and local levels.

Collective-owned Units refer to economic units registered according to *Regulation of the People's Republic of China on the Registration of Enterprises and Corporations* where the means of production are collectively owned.

Units of Other Types of Ownership refer to units registered with other types of ownership, including cooperative units, joint ownership units, limited liability corporations, share holding corporations, units funded by entrepreneurs from Hong Kong, Macao, and Taiwan, and foreign- funded units.

Employed Staff and Workers refer to persons who work in, and receive wages from their working units, including persons who have their work posts but are temporarily absent from work for reasons of study or on sick, injury or maternal leave and still receive wages from their working units.

Total Wage Bill refers to the total remuneration payment to employed persons in various units during a certain period of time. The calculation of total wage bill is based on the total remuneration payment to employed persons . Therefore, all the wages and salaries and other payments to employed persons are included in the total wage bill regardless of sources, reckoning the cost of production or not, category, listing as items of premium taxation or not, and forms, paying in cash or in kind.

Average Wage refers to the average wage in money terms per person during a certain period of time for employed persons in enterprises, institutions, and government agencies, which reflects the general level of wage income during a certain period of time and is calculated as follows:

$$\text{Average Wage} = \frac{\text{Total Wage Bill of Employed Persons at Reference Time}}{\text{Average Number of Persons Employed at Reference Time}}$$

Average Wage Indices refers to the ratio of average wage of employed persons the reference period to that at the base period, which reflects the change of wage of employed persons at the different period. It is calculated as follows:

$$\text{Average Wage Indices} = \frac{\text{Average Wage of Employed Persons at Reference Time}}{\text{Average Wage of Persons Employeds at Base Period}} \times 100\%$$

Average Real Wage Indices average real wage of employed persons refers to the average wage of employed persons after removing the effects of the price changes and average real wage indices of employed persons refers to the change of real wage, which reflects the relative increasing or decreasing level of real wage of employed persons ,which is calculated as follows:

$$\text{Average Real Wage Indices} = \frac{\text{Average Wage Indices of Employed Persons at the Reference Time}}{\text{Urban Consumer Price Indices at Reference Time}} \times 100\%$$

Registered Unemployed Persons in Urban Areas refer to the persons with non-agricultural household registration at certain working ages (16 years old to retirement age), who are capable of working, unemployed and willing to work, and have been registered at the local employment service agencies to apply for a job.

Registered Unemployment Rate in Urban Areas refers to the ratio of the number of the registered unemployed persons to the sum of the number of persons employed in various units (minus the employed rural labour force, re-employed retirees, and Hong Kong, Macao, Taiwan or foreign employees), laid-off staff and workers in urban units, owners of private enterprises in urban areas, owners of self-employed individuals in urban areas, employees of private enterprises in urban areas, employee of self-employed individuals in urban areas, and the registered unemployed persons in urban areas. The formula is as follows:

$$\text{Registered unemployment rate in urban areas} = \frac{\text{number of registered urban unemployed persons}}{\begin{array}{c}\text{number of persons employed in urban units - employed rural labour force}\\ \text{re - employed retirees - Hong Kong, Macao, Taiwan or foreign employees}\\ \text{+ laid - off staff and workers + owners of urban private enterprises + owners of}\\ \text{urban self - employed individuals + employees of urban private enterprises + employees of}\\ \text{urban self - employed individuals + registered unemployed persons in urban areas}\end{array}} \times 100\%$$

六、固定资产投资

资料整理：张　虹　袁军会　赵　翔　陈晓峰　郑　娟　拓丽丽

6.固定资产投资

2010 年全省

全社会固定资产投资	8561.24	亿元	比上年增长	30.6%
#城镇固定资产投资	8167.48	亿元	比上年增长	31.8%
#房地产开发	1159.47	亿元	比上年增长	22.9%
全社会新增固定资产	3655.85	亿元	比上年增长	14.2%
全社会竣工住宅建筑面积	3451.16	万平方米	比上年增长	-6.6%

全社会固定资产投资

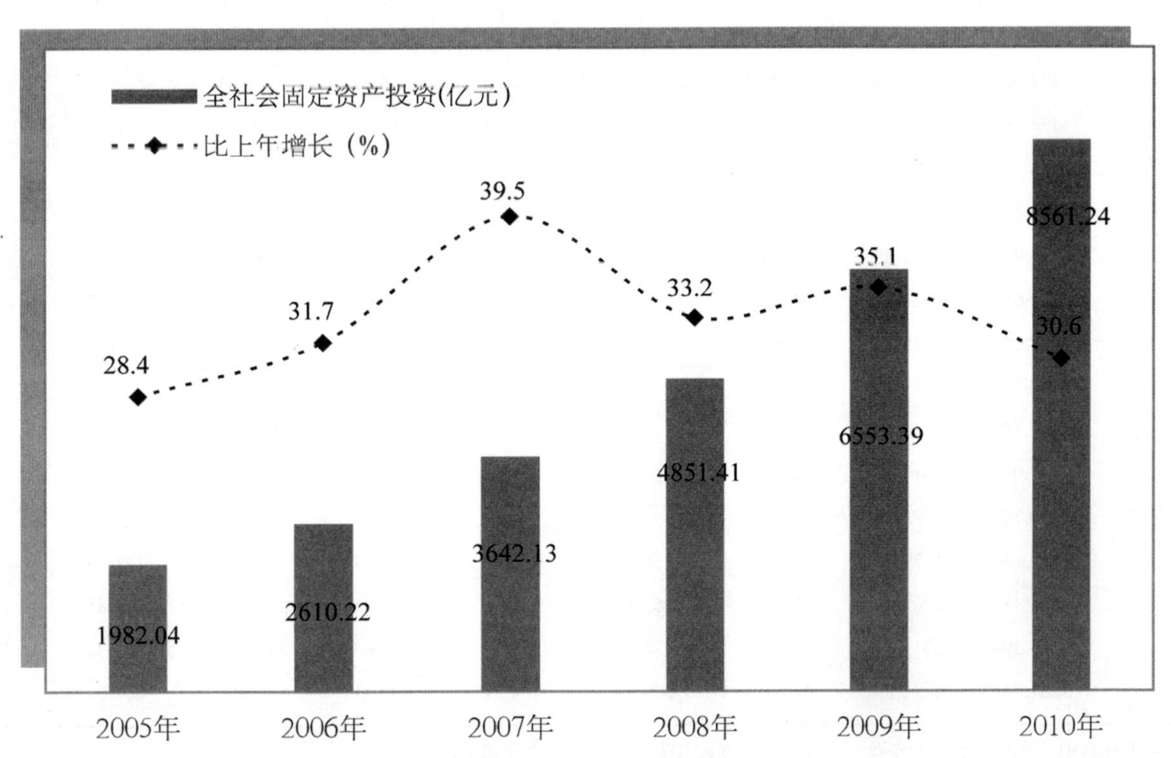

6-1 全社会固定资产投资
Total Investment in Fixed Assets of the Whole Province

单位：亿元 (100 million yuan)

年 份 Year	合 计 Total	国有经济 单 位 State-owned Units	城镇固定资产投资 Urban Investment in Fixed Assets	房地产开发 Real Estate Development	集体经济 单 位 Collective-owned Units	# 农 村 Rural	其他经济 单 位 Others	城乡个人 Urban and Rural Individuals	# 农 村 Rural
1978	20.35	17.20	17.20		1.91	1.75		1.24	1.23
1979	21.16	17.47	17.47		2.02	1.82		1.68	1.66
1980	27.80	23.25	23.25		2.27	1.89		2.29	2.25
1981	22.92	17.47	17.47		2.34	1.97		3.11	3.05
1982	29.48	23.32	23.32		2.80	2.09		3.36	3.22
1983	30.83	24.99	24.99		1.10	0.59		4.74	4.53
1984	40.39	28.07	28.07		3.24	2.68		9.08	8.76
1985	57.99	39.81	39.81		4.27	2.96		13.91	13.35
1986	63.53	47.25	47.25		4.24	2.75		12.04	11.19
1987	80.89	58.11	58.11		7.41	5.63		15.37	14.34
1988	94.72	67.08	67.08		8.18	6.26		19.46	18.15
1989	95.18	67.13	67.13		6.08	4.55		21.97	20.41
1990	103.72	73.85	73.85		6.96	5.38		22.90	21.51
1991	124.93	85.36	85.36		9.39	7.27		30.18	28.89
1992	142.47	108.71	108.71		7.56	5.06		26.20	24.09
1993	228.21	171.86	162.05	9.81	14.01	9.72	11.60	30.74	26.93
1994	283.29	202.92	190.31	12.61	17.89	13.50	14.66	47.82	43.20
1995	324.33	226.61	211.95	14.67	21.53	12.63	20.64	55.54	51.32
1996	372.00	256.48	239.52	16.96	22.00	15.62	26.68	66.84	61.89
1997	424.10	287.64	271.06	16.57	24.74	17.69	40.98	70.74	67.40
1998	544.89	382.89	350.63	32.26	27.07	21.01	63.83	71.11	55.70
1999	619.27	407.76	367.89	39.87	38.96	30.22	89.99	82.55	63.74
2000	745.85	473.53	426.88	46.65	41.66	31.14	137.11	93.54	70.32
2001	850.66	523.92	484.95	38.97	46.41	34.05	169.14	111.19	76.54
2002	974.63	555.41	506.60	48.80	54.52	33.48	212.91	151.79	86.43
2003	1278.72	713.37	664.71	48.66	62.78	30.91	373.28	129.29	98.73
2004	1544.19	814.51	784.47	30.04	71.15	28.52	515.34	143.20	101.91
2005	1982.04	1017.13	985.00	32.13	77.63	31.34	754.18	133.11	109.98
2006	2610.22	1295.31	1258.48	36.84	132.32	75.50	1059.67	122.92	119.48
2007	3642.13	1779.70	1715.68	50.21	227.13	47.51	1494.01	141.29	135.01
2008	4851.41	2208.95	2155.79	53.16	398.62	144.71	2041.99	201.85	183.29
2009	6553.39	3015.64	2941.63	74.00	392.96	158.65	2912.48	232.32	199.88
2010	8561.24	4223.83	4101.13	122.70	412.17	173.51	3664.17	261.07	220.25

注：按照国家统计制度规定，自1999年起，全社会固定资产投资包括私营、个体固定资产投资。

a) Since 1999, total investment in fixed assets in the whole country include private and self-employed individual by national statistical system.

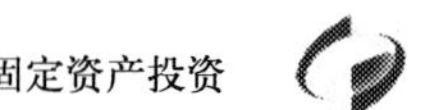

6-2 按城乡分全社会固定资产投资

Total Investment in Fixed Assets of the Whole Province by Urban and Rural Areas

单位：亿元 (100 million yuan)

年 份 Year	全社会固定资产投资 Total Investment	城镇固定资产投资 Urban Investment in Fixed Assets	# 房地产开发 Real Estate Development	农村固定资产投资 Rural Investment in Fixed Assets	# 非农户投资 Non-farm Households
1978	20.35	17.36		2.99	1.75
1979	21.16	17.66		3.50	1.82
1980	27.80	23.62		4.18	1.89
1981	22.92	17.84		5.08	1.97
1982	29.48	24.03		5.46	2.09
1983	30.83	25.49		5.34	0.59
1984	40.39	28.63		11.75	2.68
1985	57.99	41.12		16.87	2.96
1986	63.53	48.74		14.79	2.75
1987	80.89	59.89		21.00	5.63
1988	94.72	69.00		25.72	6.26
1989	95.18	68.66		26.52	4.55
1990	103.72	75.44		28.28	5.38
1991	124.93	87.48		37.45	7.27
1992	142.47	111.21		31.26	5.06
1993	228.21	187.74		40.46	9.72
1994	283.29	221.97	18.19	61.32	13.50
1995	324.33	256.15	28.28	68.17	12.63
1996	372.00	289.54	30.13	82.45	15.62
1997	424.10	335.67	29.53	88.43	17.69
1998	544.89	452.77	51.35	92.12	21.01
1999	619.27	506.50	68.33	112.78	30.22
2000	745.85	644.39	78.89	101.46	31.14
2001	850.66	740.07	99.79	110.59	34.05
2002	974.63	854.71	123.57	119.92	33.48
2003	1278.72	1149.08	188.56	129.64	30.91
2004	1544.19	1413.76	231.17	130.43	28.52
2005	1982.04	1840.72	298.95	141.32	31.34
2006	2610.22	2415.24	394.86	194.98	75.50
2007	3642.13	3395.93	535.32	246.20	111.19
2008	4851.41	4523.41	762.23	328.00	144.71
2009	6553.39	6194.86	943.73	358.53	158.65
2010	8561.24	8167.48	1159.47	393.76	173.51

6-3 全社会新增固定资产

Total Newly Increased Fixed Assets of the Whole Province

单位：亿元 (100 million yuan)

年 份	合 计	国有经济			集体经济		其他经济	城乡个人	
		单 位	城镇固定资产投资	房地产开发	单 位	# 农 村	单 位		# 农 村
Year	Total	State-owned Units	Urban Investment in Fixed Assets	Real Estate Development	Collective-owned Units	Rural	Others	Urban and Rural Individuals	Rural
1978	30.66	27.97	27.97		1.45	1.33		1.24	1.23
1979	16.66	13.45	13.45		1.53	1.38		1.68	1.66
1980	18.39	14.37	14.37		1.73	1.44		2.29	2.25
1981	18.69	13.77	13.77		1.80	1.50		3.11	3.05
1982	27.82	22.31	22.31		2.15	1.57		3.36	3.22
1983	26.51	20.72	20.72		1.04	0.59		4.74	4.53
1984	34.05	21.77	21.77		3.20	2.68		9.08	8.76
1985	41.35	23.67	23.67		3.78	2.96		13.91	13.35
1986	48.32	32.50	32.50		3.78	2.75		12.04	11.19
1987	62.71	40.25	40.25		7.09	5.63		15.37	14.34
1988	72.09	44.89	44.89		7.74	6.26		19.46	18.15
1989	70.96	43.21	43.21		5.78	4.55		21.97	20.41
1990	97.20	67.42	67.42		6.88	5.38		22.90	21.51
1991	102.48	63.82	63.82		8.49	7.25		30.18	28.89
1992	129.09	96.58	96.58		6.31	4.61		26.20	24.09
1993	144.64	98.85	95.21	3.64	11.80	8.96	3.24	30.74	26.93
1994	201.82	134.43	125.05	9.39	11.30	7.75	8.27	47.82	43.20
1995	247.96	161.77	152.39	9.38	16.79	11.24	13.86	55.54	51.32
1996	278.20	189.25	179.65	9.61	17.29	12.79	7.47	64.19	59.24
1997	288.92	189.49	174.92	14.57	21.42	16.06	7.27	70.74	67.40
1998	374.98	255.96	240.03	15.93	23.16	17.70	30.46	65.40	49.99
1999	520.87	349.21	309.81	39.40	37.41	30.35	58.39	75.86	57.05
2000	607.27	403.96	365.37	38.59	37.96	28.48	79.22	86.13	62.91
2001	683.46	430.00	393.43	36.56	40.01	28.16	116.19	97.26	68.35
2002	717.17	341.10	311.12	29.98	45.06	31.15	189.83	141.19	85.35
2003	851.54	447.63	412.17	35.46	46.26	28.39	230.31	127.33	97.20
2004	883.55	448.02	424.67	23.35	50.68	26.34	243.34	141.51	101.05
2005	1258.49	612.05	594.89	17.15	50.75	23.39	453.40	142.29	118.94
2006	1579.34	844.35	831.14	13.21	88.82	59.25	511.79	134.38	131.71
2007	2144.45	1176.79	1141.89	23.01	138.38	40.19	673.19	156.09	151.83
2008	2545.29	1155.80	1138.63	17.17	292.87	75.11	899.77	196.85	183.29
2009	3202.24	1462.70	1433.33	29.37	334.55	133.95	1175.23	229.77	199.88
2010	3655.85	1649.70	1622.98	26.72	175.73	108.02	1589.13	241.29	220.25

6-4 全社会竣工住宅建筑面积

Total Floor Space of Residential Buildings Completed of the Whole Province

单位：万平方米 (10 000 sq.m)

年份 Year	合计 Total	国有经济 单位 State-owned Units	城镇固定资产投资 Urban Investment in Fixed Assets	房地产开发 Real Estate Development	集体经济 单位 Collective-owned Units	#农村 Rural	其他经济 单位 Others	城乡个人 Urban and Rural Individuals	#农村 Rural
1978	706.09	135.61	135.61		32.61	30.33		537.87	535.55
1979	951.05	187.73	187.73		35.90	31.47		727.42	722.78
1980	1277.11	249.08	249.08		39.08	32.84		988.95	979.67
1981	1627.18	250.48	250.48		39.13	34.10		1337.57	1322.56
1982	1598.73	289.49	289.49		32.65	21.77		1276.59	1242.54
1983	2400.03	304.84	304.84		17.81	9.31		2077.38	2032.45
1984	1930.28	290.78	290.78		70.40	63.07		1569.10	1521.75
1985	2622.98	339.80	339.80		84.86	77.06		2198.32	2136.94
1986	2336.38	350.84	350.84		110.02	97.91		1875.52	1801.08
1987	2295.25	305.51	305.51		110.66	103.67		1879.08	1796.30
1988	2943.49	263.75	263.75		65.49	56.85		2614.25	2534.19
1989	1630.46	224.30	224.30		48.26	37.48		1357.90	1290.77
1990	2257.86	250.12	250.12		94.12	85.82		1913.62	1850.44
1991	2583.58	267.14	267.14		60.15	54.00		2256.29	2202.00
1992	1943.91	309.04	309.04		5.32			1629.55	1566.80
1993	2072.95	372.39	308.06	64.33	25.93	10.90	2.97	1671.66	1561.00
1994	2613.12	434.00	334.67	99.33	29.61	11.35	14.09	2135.42	2009.83
1995	3111.15	485.16	375.18	109.98	45.28	10.56	29.86	2550.85	2470.00
1996	2814.39	462.62	349.19	113.43	51.86	15.44	29.97	2269.94	2198.42
1997	2581.69	529.29	393.80	135.49	39.67	9.29	40.19	1972.54	1899.26
1998	2645.52	549.82	402.82	147.00	52.54	20.90	71.73	1971.43	1641.62
1999	3133.31	961.31	549.36	411.95	79.30	42.00	120.57	1972.13	1531.00
2000	4947.36	942.36	566.19	376.17	88.87	44.85	157.30	3758.83	3246.86
2001	4990.18	813.17	543.47	269.70	75.31	18.45	233.44	3868.26	3311.05
2002	4317.24	712.33	470.77	241.56	87.16	10.99	241.10	3276.65	2649.75
2003	4269.44	805.99	581.35	224.64	104.63	17.88	466.63	2892.19	2379.92
2004	3301.31	507.95	384.34	123.61	76.78	28.35	406.56	2310.02	1625.09
2005	3292.40	544.63	440.67	103.96	78.65	6.29	662.86	2006.26	1451.64
2006	2764.55	553.46	455.91	97.55	136.29	54.30	697.17	1377.63	1366.27
2007	3469.95	646.99	546.89	96.99	213.97	25.78	927.84	1681.15	1668.69
2008	4190.59	668.92	575.41	93.51	243.83	92.48	1020.74	2257.10	2242.44
2009	3696.33	694.14	597.95	96.19	177.70	36.85	871.84	1952.65	1880.73
2010	3451.16	401.50	299.83	101.67	74.98	19.79	804.17	2170.51	2155.24

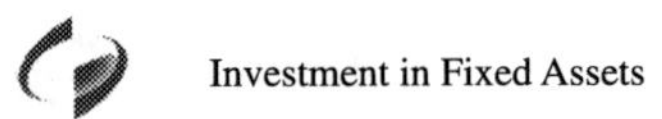

6-5 全社会固定资产投资主要指标及构成(2010年)
Main Indicators and Composition of Total Investment in Fixed Asset of the Whole Province (2010)

单位：万元 (10 000 yuan)

指标	Item	合计 Total	内资 Domestic	国有 State-owned	集体 Collective-owned
一、投资总额	Total Investment	85612372	81118055	42238310	4121705
1.按隶属关系分	By Jurisdiction of Management				
中　央	Central Investment	9071341	9054336	6907979	
地　方	Local Investment	76541031	72063719	35330331	4121705
2.按构成分	By Use of Funds				
建筑工程	Construction	54802379	52148602	27830424	3104020
安装工程	Installation	5707351	5487379	2428378	207552
设备工器具购置	Purchase of Equipment and Instruments	12511163	11228264	5093033	222821
其他费用	Others	12591479	12253810	6886475	587312
# 土地购置费	Purchase of Land	3512435	3355684	1223307	119386
3.按建设性质分	By Type of Construction				
# 新　建	New Construction	47579828	46159015	27747019	1964971
扩　建	Expansion	11906793	11775462	6240114	669198
改　建	Reconstruction	8318679	8252927	4690464	334912
4.按产业构成分	By Type of Industry				
第一产业	Primary Industry	4873795	2563261	1242626	381105
第二产业	Secondary Industry	30091997	28995772	13300642	405150
第三产业	Tertiary Industry	50646580	49559022	27695042	3335450
二、本年新增固定资产	Newly Increased Fixed Assets This Year	36603821	33223431	16497076	1802538
三、房屋建筑面积及竣工价值	Floor Space and Value of Buildings				
本年施工房屋面积(万平方米)	Floor Space of Buildings under Construction This Year (10 000 sq.m)	23657.37	20348.48	6572.61	1700.33
# 住　宅	Residential Buildings	15394.12	12511.73	3326.20	1128.41
本年竣工房屋面积(万平方米)	Floor Space of Buildings Completed This Year (10 000 sq.m)	5423.11	3110.28	1644.60	154.26
# 住　宅	Residential Buildings	3451.16	1221.99	401.50	74.98
本年竣工房屋价值	Value of Buildings Completed This Year	4627148	4089662	1379229	190126
# 住　宅	Residential Buildings	2690974	2242607	592302	94975

6-5 续表 continued

单位：万元 (10 000 yuan)

指 标	Item	其 他 Others	港澳台商投资 Funds from Hong Kong, Macao & Taiwan	外商投资 Foreign Funded	个体经济 Self-employed Individual
一、投资总额	Total Investment	34758040	921652	962013	2610652
1.按隶属关系分	By Jurisdiction of Management				
中 央	Central Investment	2146357	17005		
地 方	Local Investment	32611683	904647	962013	2610652
2.按构成分	By Use of Funds				
建筑工程	Construction	21214158	536824	365658	1751295
安装工程	Installation	2851449	34027	170216	15729
设备工器具购置	Purchase of Equipment and Instruments	5912410	283475	282763	716661
其他费用	Others	4780023	67326	143376	126967
# 土地购置费	Purchase of Land	2012991	34056	105389	17306
3.按建设性质分	By Type of Construction				
# 新 建	New Construction	16447025	638517	475853	306443
扩 建	Expansion	4866150	27586	61813	41932
改 建	Reconstruction	3227551	16259	14112	35381
4.按产业构成分	By Type of Industry				
第一产业	Primary Industry	939530	500	150	2309884
第二产业	Secondary Industry	15289980	507382	481254	107589
第三产业	Tertiary Industry	18528530	413770	480609	193179
二、本年新增固定资产	Newly Increased Fixed Assets This Year	14923817	636519	330964	2412907
三、房屋建筑面积及竣工价值	Floor Space and Value of Buildings				
本年施工房屋面积(万平方米)	Floor Space of Buildings under Construction This Year (10 000 sq.m)	12075.55	424.34	399.55	2485.00
# 住 宅	Residential Buildings	8057.13	303.24	320.79	2258.36
本年竣工房屋面积(万平方米)	Floor Space of Buildings Completed This Year (10 000 sq.m)	1311.42	64.02	1.69	2247.12
# 住 宅	Residential Buildings	745.51	58.66		2170.51
本年竣工房屋价值	Value of Buildings Completed This Year	2520307	454259	6900	76327
# 住 宅	Residential Buildings	1555330	431902		16465

6-6 各市(区)全社会固定资产投资

Total Investment in Fixed Assets of the Whole Province by City(District)

地 区	Region	投资额(亿元) Total Investment(100 million yuan)					比上年增长(%) Growth Rate(%)			
		2006	2007	2008	2009	2010	2007	2008	2009	2010
西 安 市	Xi'an	1046.69	1435.33	1906.19	2500.13	3250.56	37.1	32.8	31.2	30.0
铜 川 市	Tongchuan	43.04	57.03	63.40	88.12	117.23	32.5	11.2	39.0	33.0
宝 鸡 市	Baoji	224.38	316.21	451.03	639.14	835.22	40.9	42.6	41.7	30.7
咸 阳 市	Xianyang	274.24	394.17	569.75	801.53	1050.54	43.7	44.5	40.7	31.2
渭 南 市	Weinan	159.69	215.99	333.59	509.39	742.25	35.3	54.5	52.7	45.7
延 安 市	Yan'an	231.67	315.33	406.35	557.48	724.53	36.1	28.9	37.2	30.0
汉 中 市	Hanzhong	90.88	120.05	163.63	238.43	312.80	32.1	36.3	45.7	31.2
榆 林 市	Yulin	312.75	452.79	600.52	850.33	1105.46	44.8	32.6	41.6	30.0
安 康 市	Ankang	108.28	147.74	200.69	272.77	360.05	36.5	35.8	35.9	32.0
商 洛 市	Shangluo	99.97	133.19	164.65	220.34	290.07	33.2	23.6	33.8	31.6
杨凌示范区	Yangling	8.61	11.46	16.05	22.26	36.33	33.0	40.1	38.7	63.2

6-7 全省按国民经济行业及构成分的城镇投资(2010年)

Investment in Urban Area by Sector and Use of Funds in the Whole Province(2010)

单位: 万元 (10 000 yuan)

行业	Sector	投资额 Invest-ment	建筑工程 Construc-tion	安装工程 Install-ation	设备工器具购置 Purchase of Equipment and Instruments	其他费用 Other Expenses
全省总计	**Total**	**70080040**	**43543019**	**4651387**	**11474531**	**10411103**
农、林、牧、渔业	Agriculture, Forestry, Animal Husbandry and Fishery	2128357	1242019	77694	215609	593035
农业	Farming	594511	315925	34571	30973	213042
林业	Forestry	298083	139471	2535	41715	114362
畜牧业	Animal Husbandry	577964	360029	17323	88543	112069
渔业	Fishery	36108	16975	2480	2643	14010
农、林、牧、渔服务业	Services in Support of Agriculture	621691	409619	20785	51735	139552
采矿业	Mining	8754662	4655667	754246	1828299	1516450
煤炭开采和洗选业	Mining and Washing of Coal	3442365	1050130	200190	1121195	1070850
石油和天然气开采业	Extraction of Petroleum and Natural Gas	4198676	3068964	516263	323256	290193
黑色金属矿采选业	Mining and Processing of Ferrous Metal Ores	126952	60388	6546	27566	32452
有色金属矿采选业	Mining and Processing of Non-Ferrous Metal Ores	760041	346489	17804	298968	96780
非金属矿采选业	Mining and Processing of Nonmetal Ores	226628	129696	13443	57314	26175
制造业	Manufacturing	15289412	6737879	1063906	6026065	1461562
农副食品加工业	Processing of Food from Agricultural Products	836118	504247	37590	203753	90528
食品制造业	Manufacture of Foods	361499	217600	13580	94061	36258
饮料制造业	Manufacture of Beverages	258202	144528	12076	75003	26595
烟草制品业	Manufacture of Tobacco	88695	36105	4522	47274	794
纺织业	Manufacture of Textile	315867	128765	11179	157475	18448
纺织服装、鞋、帽制造业	Manufacture of Textile Wearing Apparel, Footware and Caps	88166	67068	490	12657	7951
皮革、毛皮、羽毛(绒)及其制品业	Manufacture of Leather, Fur, Feather and Related Products	33860	19975	9349	1100	3436
木材加工及木、竹、藤、棕、草制品业	Processing of Timbers, Manufacture of Wood, Bamboo, Rattan, Palm, and Straw Products	127948	41585	3804	75539	7020
家具制造业	Manufacture of Furniture	159730	111887	12224	18906	16713
造纸及纸制品业	Manufacture of Paper and Paper Products	150797	72090	9037	52432	17238
印刷业和记录媒介的复制	Printing, Reproduction of Recording Media	125156	75818	2377	41594	5367
文教体育用品制造业	Manufacture of Articles for Culture, Education of and Sport Activities	4700	150	130	4300	120
石油加工、炼焦及核燃料加工业	Processing of Petroleum, Coking, Processing Nuclear Fuel	1375849	433896	199556	524375	218022
化学原料及化学制品制造业	Manufacture of Chemical Raw Material and Chemical Products	2006672	782341	106041	949307	168983
医药制造业	Manufacture of Medicines	340938	180914	21739	94027	44258
化学纤维制造业	Manufacture of Chemical Fibers					
橡胶制品业	Manufacture of Rubber	268438	257325	3993	6409	711
塑料制品业	Manufacture of Plastics	192239	94912	15791	60067	21469
非金属矿物制品业	Manufacture of Non-metallic Mineral Products	1766596	809675	166430	677652	112839
黑色金属冶炼及压延加工业	Smelting and Pressing of Ferrous Metals	369734	132563	43583	143444	50144
有色金属冶炼及压延加工业	Smelting and Pressing of Non-ferrous Metals	1087000	476600	53699	435068	121633
金属制品业	Manufacture of Metal Products	297630	157442	13870	92307	34011
通用设备制造业	Manufacture of General Purpose Machinery	750295	365856	33386	275851	75202

6-7 续表 1 continued

单位：万元 (10 000 yuan)

行业	Sector	投资额 Investment	建筑工程 Construction	安装工程 Installation	设备工器具购置 Purchase of Equipment and Instruments	其他费用 Other Expenses
专用设备制造业	Manufacture of Special Purpose Machinery	922235	432141	54244	294562	141288
交通运输设备制造业	Manufacture of Transport Equipment	1324077	441071	71613	699044	112349
电气机械及器材制造业	Manufacture of Electrical Machinery and Equipment	753405	299815	50902	336574	66114
通信设备、计算机及其他电子设备制造业	Manufacture of Communication Equipment, Computer and Other Electronic Equipment	1008663	341291	70987	561749	34636
仪器仪表及文化、办公用机械制造业	Manufacture of Measuring Instrument and Machinery for Cultural Activity and Office Work	140497	49905	33275	37937	19380
工艺品及其他制造业	Manufacture of Artwork and Other Manufacturing	113576	51962	8173	44313	9128
废弃资源和废旧材料回收加工业	Recycling and Disposal of Waste	20830	10352	266	9285	927
电力、燃气及水的生产和供应业	Production and Distribution of Electricity, Gas and Water	3834453	1441417	796175	1271265	325596
电力、热力的生产和供应业	Production and Supply of Electric Power and Heat Power	3104626	982861	717823	1145928	258014
燃气生产和供应业	Production and Supply of Gas	338651	218753	58473	53453	7972
水的生产和供应业	Production and Supply of Water	391176	239803	19879	71884	59610
建筑业	Construction	1918194	1375554	62214	159275	321151
房屋和土木工程建筑业	Construction of Buildings and Civil Engineering	1736297	1252213	53773	133234	297077
建筑安装业	Building Installation	48310	19283	4431	14947	9649
建筑装饰业	Building Decoration	9315	5200	870	2885	360
其他建筑业	Other Construction	124272	98858	3140	8209	14065
交通运输、仓储和邮政业	Transport, Storage and Post	10044909	8648861	133294	380942	881812
铁路运输业	Railway Transport	3391902	2692933	42844	192901	463224
道路运输业	Road Transport	5391524	5058288	31604	40734	260898
城市公共交通业	Urban Public Transport	485834	390305	3864	36785	54880
水上运输业	Water Transport	2285	2285			
航空运输业	Air Transport	120970	98348	172	6940	15510
管道运输业	Transport Via Pipelines	104495	47057	23062	18623	15753
装卸搬运和其他运输服务业	Loading, Unloading and Other Transport Services	106122	77250	7415	18503	2954
仓储业	Storage	439853	280521	24333	66456	68543
邮政业	Post	1924	1874			50
信息传输、计算机服务和软件业	Information Transmission, Computer Services and Software	777975	182349	179915	359214	56497
电信和其他信息传输服务业	Telecommunications and Other Information Transmission Services	712517	132055	178619	356083	45760
计算机服务业	Computer Services	22035	17501	896	1881	1757
软件业	Software	43423	32793	400	1250	8980
批发和零售业	Wholesale and Retail Trades	1345190	987754	74594	132252	150590
批发业	Wholesale Trade	545491	374996	31051	76974	62470
零售业	Retail Trade	799699	612758	43543	55278	88120
住宿和餐饮业	Hotels and Catering Services	844793	630152	55932	51670	107039
住宿业	Hotels	640035	488356	39727	31499	80453
餐饮业	Catering Services	204758	141796	16205	20171	26586
金融业	Financial Intermediation	33441	29665	830	1290	1656
银行业	Bank	21366	17590	830	1290	1656
保险业	Insurance	12000	12000			
其他金融活动	Other Financial Activities	75	75			

6-7 续表 2 continued

单位：万元 (10 000 yuan)

行业	Sector	投资额 Investment	建筑工程 Construction	安装工程 Installation	设备工器具购置 Purchase of Equipment and Instruments	其他费用 Other Expenses
房地产业	Real Estate	6057622	4464223	558775	56203	978421
房地产业	Real Estate	6057622	4464223	558775	56203	978421
租赁和商务服务业	Leasing and Business Services	671922	468591	66922	29001	107408
租赁业	Leasing	23981	3201		14941	5839
商务服务业	Business Services	647941	465390	66922	14060	101569
科学研究、技术服务和地质勘查业	Scientific Research, Technical Service and Geologic Prospecting	822785	454978	72145	201885	93777
研究与试验发展	Research and Experimental Development	230745	154328	3376	48513	24528
专业技术服务业	Professional Technical Services	237895	185835	18366	23544	10150
科技交流和推广服务业	Services of Science and Technology Exchangesand Promotion	45718	30590	2878	2556	9694
地质勘查业	Geologic Prospecting	308427	84225	47525	127272	49405
水利、环境和公共设施管理业	Management of Water Conservancy, Environment and Public Facilities	9444181	6155101	344695	289113	2655272
水利管理业	Management of Water Conservancy	977705	821176	28986	29250	98293
环境管理业	Environmental Management	763790	602205	41279	22571	97735
公共设施管理业	Management of Public Facilities	7702686	4731720	274430	237292	2459244
居民服务和其他服务业	Services to Households and Other Services	216028	144505	13728	16923	40872
居民服务业	Services to Households	103480	76638	2038	4477	20327
其他服务业	Other Services	112548	67867	11690	12446	20545
教育	Education	1787418	1407402	75233	124303	180480
教育	Education	1787418	1407402	75233	124303	180480
卫生、社会保障和社会福利业	Health, Social Security and Social Welfare	821249	628503	18602	107068	67076
卫生	Health	599517	444749	7094	99972	47702
社会保障业	Social Security	90346	75023	3329	131	11863
社会福利业	Social Welfare	131386	108731	8179	6965	7511
文化、体育和娱乐业	Culture, Sports and Entertainment	400556	311133	15875	37098	36450
新闻出版业	Journalism and Publishing Activities	22094	11654		100	10340
广播、电视、电影和音像业	Broadcasting, Movies, Television and Audiovisual Activities	29317	26985	774	1367	191
文化艺术业	Cultural and Art Activities	178010	143851	7214	13773	13172
体育	Sports Activities	73312	61414	4512	1763	5623
娱乐业	Entertainment	97823	67229	3375	20095	7124
公共管理和社会组织	Public Management and Social Organization	4886893	3577266	286612	187056	835959
中国共产党机关	Organs of Communist Party of China	72189	61803		2593	7793
国家机构	Government Agencies	4142152	3014887	279749	178407	669109
人民政协和民主党派	People's Political Consultative Conference and Democratic Parties	460	374			86
群众团体、社会团体和宗教组织	Non-Governmental Organizations, Social Organizations and Religion Organizations	26424	24579	200	225	1420
基层群众自治组织	Grass Roots Self-governing Organizations	645668	475623	6663	5831	157551

6-8 全省国民经济各行业城镇投资施工、投产项目个数及新增固定资产(2010年)

Number of Urban Investment Projects under Construction and Put into Use and Newly Increased Fixed Assets by Sector in the Whole Province(2010)

行业	Sector	施工项目(个) Number of Projects under Construction (unit)	全部建成投产项目(个) Number of Projects Completed and Put into Use (unit)	施工项目计划总投资(万元) Total Planned Investment of Projects under Construction (10 000 yuan)	本年完成投资额(万元) Investment Completed This Year (10 000 yuan)	本年新增固定资产(万元) Newly Increased Fixed Assets This Year (10 000 yuan)
全省总计	**Total**	**13126**	**6519**	**191538147**	**70080040**	**30626483**
农、林、牧、渔业	Agriculture, Forestry, Animal Husbandry and Fishery	1242	749	4939617	2128357	1167761
农业	Farming	250	148	2017681	594511	260632
林业	Forestry	200	132	822377	298083	178760
畜牧业	Animal Husbandry	353	213	1159288	577964	343926
渔业	Fishery	25	16	56060	36108	29686
农、林、牧、渔服务业	Services in Support of Agriculture	414	240	884211	621691	354757
采矿业	Mining	623	193	19525758	8754662	1744193
煤炭开采和洗选业	Mining and Washing of Coal	281	69	12059121	3442365	489995
石油和天然气开采业	Extraction of Petroleum and Natural Gas	64	11	5054722	4198676	851553
黑色金属矿采选业	Mining and Processing of Ferrous Metal Ores	48	25	540634	126952	75869
有色金属矿采选业	Mining and Processing of Non-Ferrous Metal Ores	133	41	1476897	760041	200150
非金属矿采选业	Mining and Processing of Nonmetal Ores	97	47	394384	226628	126626
制造业	Manufacturing	2397	1137	45258874	15289412	8537521
农副食品加工业	Processing of Food from Agricultural Products	271	127	1638682	836118	422597
食品制造业	Manufacture of Foods	105	45	734410	361499	139311
饮料制造业	Manufacture of Beverages	66	30	592044	258202	104153
烟草制品业	Manufacture of Tobacco	16	5	386261	88695	127841
纺织业	Manufacture of Textile	73	31	568489	315867	148324
纺织服装、鞋、帽制造业	Manufacture of Textile Wearing Apparel, Footware, and Caps	13	5	463457	88166	71246
皮革、毛皮、羽毛(绒)及其制品业	Manufacture of Leather, Fur, Feather and Related Products	6	4	102000	33860	80800
木材加工及木、竹、藤、棕、草制品业	Processing of Timbers, Manufacture of Wood, Bamboo, Rattan, Palm, and Straw Products	29	18	382018	127948	37065
家具制造业	Manufacture of Furniture	22	9	353455	159730	22036
造纸及纸制品业	Manufacture of Paper and Paper Products	47	23	318327	150797	51598
印刷业和记录媒介的复制	Printing, Reproduction of Recording Media	28	14	303421	125156	94241
文教体育用品制造业	Manufacture of Articles for Culture, Education and Sport Activities	1		5414	4700	2414
石油加工、炼焦及核燃料加工业	Processing of Petroleum, Coking, Processing Nuclear Fuel	94	21	6383903	1375849	425097
化学原料及化学制品制造业	Manufacture of Chemical Raw Material and Chemical Products	166	85	9281081	2006672	788301
医药制造业	Manufacture of Medicines	95	48	569020	340938	189217
化学纤维制造业	Manufacture of Chemical Fibers					
橡胶制品业	Manufacture of Rubber	18	12	583364	268438	69697
塑料制品业	Manufacture of Plastics	50	29	341759	192239	99930
非金属矿物制品业	Manufacture of Non-metallic Mineral Products	345	196	4390118	1766596	866840
黑色金属冶炼及压延加工业	Smelting and Pressing of Ferrous Metals	45	14	875383	369734	73698
有色金属冶炼及压延加工业	Smelting and Pressing of Non-ferrous Metals	80	31	4447910	1087000	348825
金属制品业	Manufacture of Metal Products	86	55	587371	297630	259377
通用设备制造业	Manufacture of General Purpose Machinery	165	83	1480002	750295	375269

6-8 续表 1 continued

行 业	Sector	施工项目 (个) Number of Projects under Construction (unit)	全部建成投产项目 (个) Number of Projects Completed and Put into Use (unit)	施工项目计划总投资 (万元) Total Planned Investment of Projects under Construction (10 000 yuan)	本年完成投资额 (万元) Investment Completed This Year (10 000 yuan)	本年新增固定资产 (万元) Newly Increased Fixed Assets This Year (10 000 yuan)
专用设备制造业	Manufacture of Special Purpose Machinery	172	79	2440796	922235	462899
交通运输设备制造业	Manufacture of Transport Equipment	133	50	3616516	1324077	359695
电气机械及器材制造业	Manufacture of Electrical Machinery and Equipment	114	41	1790772	753405	256475
通信设备、计算机及其他电子设备制造业	Manufacture of Communication Equipment, Computer and Other Electronic Equipment	60	31	2055526	1008663	2571195
仪器仪表及文化、办公用机械制造业	Manufacture of Measuring Instrument and Machinery for Cultural Activity and Office Work	14	5	287459	140497	29079
工艺品及其他制造业	Manufacture of Artwork and Other Manufacturing	74	41	241328	113576	51842
废弃资源和废旧材料回收加工业	Recycling and Disposal of Waste	9	5	38588	20830	8459
电力、燃气及水的生产和供应业	Production and Distribution of Electricity, Gas and Water	656	373	13820923	3834453	2613696
电力、热力的生产和供应业	Production and Supply of Electric Power and Heat Power	441	267	12250527	3104626	2180694
燃气生产和供应业	Production and Supply of Gas	84	43	623023	338651	254267
水的生产和供应业	Production and Supply of Water	131	63	947373	391176	178735
建筑业	Construction	504	197	4076546	1918194	679704
房屋和土木工程建筑业	Construction of Buildings and Civil Engineering	461	177	3763300	1736297	648295
建筑安装业	Building Installation	8	2	70036	48310	3408
建筑装饰业	Building Decoration	6	4	10570	9315	6210
其他建筑业	Other Construction	29	14	232640	124272	21791
交通运输、仓储和邮政业	Transport, Storage and Post	910	447	33527127	10044909	3535336
铁路运输业	Railway Transport	30	8	12278183	3391902	1454921
道路运输业	Road Transport	700	355	15227898	5391524	1748532
城市公共交通业	Urban Public Transport	20	13	3211517	485834	33802
水上运输业	Water Transport	2	1	2401	2285	1901
航空运输业	Air Transport	9	3	1125804	120970	20170
管道运输业	Transport Via Pipelines	9	3	162542	104495	6605
装卸搬运和其他运输服务业	Loading, Unloading and Other Transport Services	15	10	167805	106122	85710
仓储业	Storage	123	53	1348832	439853	181895
邮政业	Post	2	1	2145	1924	1800
信息传输、计算机服务和软件业	Information Transmission, Computer Services and Software	125	78	1617624	777975	550596
电信和其他信息传输服务业	Telecommunications and Other Information Transmission Services	110	73	1398733	712517	548886
计算机服务业	Computer Services	9	5	42072	22035	1710
软件业	Software	6		176819	43423	
批发和零售业	Wholesale and Retail Trades	424	244	2878527	1345190	716766
批发业	Wholesale Trade	165	84	1127486	545491	260370
零售业	Retail Trade	259	160	1751041	799699	456396
住宿和餐饮业	Hotels and Catering Services	223	125	2094128	844793	587215
住宿业	Hotels	130	67	1743097	640035	434167
餐饮业	Catering Services	93	58	351031	204758	153048
金融业	Financial Intermediation	28	15	84483	33441	20530
银行业	Bank	26	14	64408	21366	20455
保险业	Insurance	1		20000	12000	
其他金融活动	Other Financial Activities	1	1	75	75	75

6-8 续表 2 continued

行业	Sector	施工项目（个）Number of Projects under Construction (unit)	全部建成投产项目（个）Number of Projects Completed and Put into Use (unit)	施工项目计划总投资（万元）Total Planned Investment of Projects under Construction (10 000 yuan)	本年完成投资额（万元）Investment Completed This Year (10 000 yuan)	本年新增固定资产（万元）Newly Increased Fixed Assets This Year (10 000 yuan)
房地产业	Real Estate	795	209	15536993	6057622	2211623
房地产业	Real Estate	795	209	15536993	6057622	2211623
租赁和商务服务业	Leasing and Business Services	98	36	2820218	671922	216913
租赁业	Leasing	5	2	25257	23981	2707
商务服务业	Business Services	93	34	2794961	647941	214206
科学研究、技术服务和地质勘查业	Scientific Research, Technical Service and Geologic Prospecting	127	47	2160852	822785	344617
研究与试验发展	Research and Experimental Development	53	8	755045	230745	65762
专业技术服务业	Professional Technical Services	42	24	434532	237895	182786
科技交流和推广服务业	Services of Science and Technology Exchanges and Promotion	16	9	70272	45718	26551
地质勘查业	Geologic Prospecting	16	6	901003	308427	69518
水利、环境和公共设施管理业	Management of Water Conservancy, Environment and Public Facilities	2011	952	24693463	9444181	3439054
水利管理业	Management of Water Conservancy	406	195	2638895	977705	490599
环境管理业	Environmental Management	178	89	1496641	763790	198410
公共设施管理业	Management of Public Facilities	1427	668	20557927	7702686	2750045
居民服务和其他服务业	Services to Households and Other Services	78	39	329782	216028	85016
居民服务业	Services to Households	51	22	152275	103480	44583
其他服务业	Other Services	27	17	177507	112548	40433
教　育	Education	812	536	4038538	1787418	1084852
教　育	Education	812	536	4038538	1787418	1084852
卫生、社会保障和社会福利业	Health, Social Security and Social Welfare	523	291	1754093	821249	415229
卫　生	Health	361	203	1293148	599517	285382
社会保障业	Social Security	42	18	207228	90346	40787
社会福利业	Social Welfare	120	70	253717	131386	89060
文化、体育和娱乐业	Culture, Sports and Entertainment	232	133	1201640	400556	216545
新闻出版业	Journalism and Publishing Activities	8	1	191686	22094	150
广播、电视、电影和音像业	Broadcasting, Movies, Television and Audiovisual Activities	23	16	123127	29317	29709
文化艺术业	Cultural and Art Activities	137	80	394507	178010	104805
体　育	Sports Activities	28	11	199503	73312	17583
娱乐业	Entertainment	36	25	292817	97823	64298
公共管理和社会组织	Public Management and Social Organization	1318	718	11178961	4886893	2459316
中国共产党机关	Organs of Communist Party of China	16	9	272276	72189	34514
国家机构	Government Agencies	1117	592	9201361	4142152	2142339
人民政协和民主党派	People's Political Consultative Conference and Democratic Parties	2	1	1654	460	330
群众团体、社会团体和宗教组织	Non-Governmental Organizations, Social Organizations and Religion Organizations	18	12	32456	26424	19828
基层群众自治组织	Grass Roots Self-governing Organizations	165	104	1671214	645668	262305

6-9 城镇投资新增生产能力或效益(2010年)

Newly Increased Production Capacity or Project Efficiency through Urban Investment(2010)

名称		Item		能力或效益 Capacity or Efficiency
原煤开采	(万吨／年)	Coal Mining	(10 000 tons/year)	2290
洗　煤	(万吨／年)	Coal Washing	(10 000 tons/year)	3643.5
焦　炭	(万吨／年)	Coke	(10 000 tons/year)	307
天然原油开采	(万吨／年)	Petroleum Extraction	(10 000 tons/year)	737.42
天然气开采	(亿立方米／年)	Natural Gas Extraction	(100 million cu.m/year)	19.2
铁矿开采(原矿)	(万吨／年)	Iron-Ore Mining	(10 000 tons/year)	427.2
铁矿成品矿	(万吨／年)	Iron-Ore Mine Finished	(10 000 tons/year)	860
粗　钢	(万吨／年)	Crude Steel	(10 000 tons/year)	10
热轧钢材	(万吨／年)	Hot-rolled Steel	(10 000 tons/year)	18
冷轧钢材	(万吨／年)	Cold-rolled Steel	(10 000 tons/year)	80.01
锻压、挤压、旋压钢材	(万吨／年)	Forging, Extrusion, Spinning Steel	(10 000 tons/year)	0.07
铁合金	(折标吨／年)	Iron Alloy	(standard ton/year)	80000
铜采矿(原矿)	(万吨／年)	Copper Ore Mining	(10 000 tons/year)	131.02
锌冶炼	(吨／年)	Zinc Smelting	(ton/year)	284300
铝加工	(吨／年)	Aluminium fabrication	(ton/year)	1761.5
黄　金	(公斤／年)	Gold	(kilogram /year)	10358
银选矿：处理原矿	(吨／年)	Silver Ore Dressing	(ton/year)	4000
水力发电	(万千瓦)	Hydraulic Power	(10 000 kw)	2576.24
火力发电	(万千瓦)	Fire Power	(10 000 kw)	361.4
输电线路长度(11万伏及以上)	(公里)	Length of Transmission Lines (above 110 000 VA)	(km)	3297.85
水　泥	(万吨／年)	Cement	(10 000 tons/year)	2207.8
平板玻璃	(万重量箱／年)	Plate Glass	(10 000 Weight-boxs/year)	135
石墨及炭素制品	(吨／年)	Graphite and Carbon Products	(ton/year)	12400
氮　肥	(吨／年)	Nitrogen Fertilizers	(ton/year)	111000
磷　肥	(吨／年)	Phosphate Fertilizer	(ton/year)	41180
化学农药原药	(吨／年)	Chemical Fertilizers and Pesticides	(ton/year)	14380
精甲醇	(万吨／年)	Refined methanol	(10 000 tons/year)	180
棉纺锭	(万 锭)	Cotton Spirit	(10 000 unit)	25
其他酒	(万吨／年)	Other Alcohols	(10 000 tons/year)	0.7
合成橡胶	(吨／年)	Synthetic Rubber	(ton/year)	500
新建公路	(公里)	Newly Highways	(km)	2855
#高速公路	(公里)	Expressway	(km)	403
一级公路	(公里)	First Class	(km)	122
二级公路	(公里)	Second Class	(km)	177
改建公路	(公里)	Reconstructed Highways	(km)	4963
#高速公路	(公里)	Expressway	(km)	150
一级公路	(公里)	First Class	(km)	5
二级公路	(公里)	Second Class	(km)	540
新建独立公路桥梁	(延长米)	Bridge	(m)	4959
新建独立公路桥梁	(座)	Bridge	(unit)	60
新(扩)建客、货运站	(个)	New (expanded) Passenger and Freight Stations	(unit)	346
新(扩)建客、货运站	(平方米)	New (expanded) Passenger and Freight Stations	(sq.m)	63183
城市自来水供水能力	(万吨／日)	Tap Water Supply Capacity in City	(10 000 tons/day)	108.5
城市污水处理能力	(万吨／日)	Waste Water Treated Capacity in City	(10 000 tons/day)	62.12

6-10 八大工业支柱产业投资
Investment of Mainstay Property of 8 Large Industries

行业	Sector	2009		2010	
		投资额(万元) Investment (10 000 yuan)	占八大支柱产业投资比重(%) Rate (%)	投资额(万元) Investment (10 000 yuan)	占八大支柱产业投资比重(%) Rate (%)
八大工业支柱产业投资合计	**Total Investment of Mainstay Property of 8 Large Industries**	**18965156**	**100.0**	**23185267**	**100.0**
通信设备、计算机及其他电子设备制造业	Manufacture of Communication Equipment, Computer and Other Electronic Equipment	810650	4.3	1008663	4.4
能源化工工业	Energy and Chemical Industry	10834558	57.1	12851343	55.4
煤炭工业	Coal Industry	2434307	12.8	3442365	14.8
煤炭开采及洗选业	Mining and Washing of Coal	2434307	12.8	3442365	14.8
石油和天然气工业	Petroleum and Natural Gas Industry	4537343	23.9	5574525	24.0
石油和天然气开采业	Extraction of Petroleum and Natural Gas	2999056	15.8	4198676	18.1
石油加工、炼焦及核燃料加工业	Processing of Petroleum, Coking, Processing of Nuclear Fuel	1538287	8.1	1375849	5.9
电力、燃气及水的生产和供应业	Production and Supply of Electric Power and Gas and water	3862908	20.4	3834453	16.5
装备制造工业	Equipment Manufacturing Industry	3656633	19.3	4529077	19.5
金属制品业	Manufacture of Metal Products	381462	2.0	297630	1.3
通用设备制造业	Manufacture of General Purpose Machinery	702888	3.7	750295	3.2
专用设备制造业	Manufacture of Special Purpose Machinery	796305	4.2	922235	4.0
交通运输设备制造业	Manufacture of Transport Equipment	915807	4.8	1324077	5.7
电气机械及器材制造业	Manufacture of Electrical Machinery & Equipment	711541	3.8	753405	3.2
仪器仪表及文化办公用机械制造业	Manufacture of Measuring Instrument and Machinery for Cultural Activity & Office Work	148630	0.8	140497	0.6
医药制造工业	Manufacture of Medicines Industry	224317	1.2	340938	1.5
食品工业	Foods Industry	833951	4.4	1197617	5.2
农副食品加工业	Processing of Food from Agricultural Products	580443	3.1	836118	3.6
食品制造业	Manufacture of Foods	253508	1.3	361499	1.6
纺织服装工业	Textile Wearing Apparel Industry	268563	1.4	404033	1.7
纺织业	Manufacture of Textile	221555	1.2	315867	1.4
纺织服装、鞋、帽制造业	Manufacture of Textile Wearing Apparel, Footware, and Caps	47008	0.2	88166	0.4
非金属矿物制品业	Manufacture of Non-metallic Mineral Products	1654240	8.7	1766596	7.6
有色冶金工业	Nonferrous Metallurgy Industry	682244	3.6	1087000	4.7

6-11 基础设施投资
Investment for Basic Infrastructure

行业	Sector	2009		2010	
		投资额（万元）Investment (10 000 yuan)	占基础设施投资比重(%) Rate (%)	投资额（万元）Investment (10 000 yuan)	占基础设施投资比重(%) Rate (%)
基础设施投资合计	**Total Investment of Infrastructure**	**15407273**	**100.0**	**20577715**	**100.0**
交通运输、仓储和邮政业	Transport,Storage and Post	7299730	47.4	10044909	48.8
铁路运输业	Railway Transport	2286595	14.8	3391902	16.5
道路运输业	Road Transport	3959566	25.7	5391524	26.2
城市公共交通业	Urban Public Transport	417373	2.7	485834	2.4
航空运输业	Air Transport	115129	0.7	120970	0.6
管道运输业	Transport Via Pipelines	97802	0.6	104495	0.5
装卸搬运和其他运输服务业	Loading,Unloading and Other Transport Services	51361	0.3	106122	0.5
仓储业	Storage	370473	2.4	439853	2.1
邮政业	Post	1431	…	1924	…
电信和其他信息传输服务业	Telecommunications and Other Information Transmission Services	520132	3.4	712517	3.5
电网建设	Grid Construction	371811	2.4	376108	1.8
水利、环境和公共设施管理业	Management of Water Conservancy, Environment and Public Facilities	7215600	46.8	9444181	45.9
水利管理业	Management of Water Conservancy	872695	5.7	977705	4.8
环境管理业	Environmental Management	299381	1.9	763790	3.7
公共设施管理业	Management of Public Facilities	6043524	39.2	7702686	37.4

6-12 全省固定资产投资财务拨款资金来源(2010年)
Source of Funds of Investment in Fixed Assets for Finance Allocation in the Whole Province(2010)

单位：万元 (10 000 yuan)

指标	Item	合计 Total	城镇投资 Urban Area	房地产开发 Real Estate Development	农村非农户 Non-farm households of Rural Area	农户投资 Farm Households
一、本年资金来源合计	Total of Sources of Funds This Year	104779893	80953627	19783068	1840657	2202541
1.上年末结余资金	Funds of Last Year-end	5401136	2453620	2945599	1917	
2.本年资金来源小计	Subtotal of Sources of Funds This Year	99378757	78500007	16837469	1838740	2202541
国家预算内资金	State Budget	8739717	8467708		272009	
国内贷款	Domestic Loans	14572867	12010703	2151693	75650	334821
债　券	Bond	5284	5284			
利用外资	Foreign Investment	323883	265981	56173	1729	
# 外商直接投资	Foreign Direct Investment	177304	120142	56162	1000	
自筹资金	Self-raising Fund	62968109	53289823	6428028	1404305	1845953
# 企事业单位自有资金	Enterprises and Institutions-owned Funds	15173420	12191282	2915011	67127	
其他资金来源	Others	12768896	4460508	8201575	85047	21766
二、本年各项应付款合计	Total Payment of this year	6943467	5582230	1254589	106648	
# 工程款	Project Payment	3521814	2781001	706006	34807	

6-13 城镇投资财务拨款资金来源(2010年)

Source of Funds of Investment in Urban Area for Finance Allocation(2010)

单位：万元 (10 000 yuan)

指标	Item	总计 Total	按经济类型分 By Owership 国有经济单位 State-owned	其他经济单位 Others	按隶属关系分 By Jurisdiction of Management 中央单位 Central	地方单位 Local
一、本年资金来源合计	Total of Sources of Funds This Year	80953627	46366970	34586657	8808307	72145320
1.上年末结余资金	Funds of Last Year-end	2453620	1338102	1115518	146967	2306653
2.本年资金来源小计	Subtotal of Sources of Funds This Year	78500007	45028868	33471139	8661340	69838667
国家预算内资金	State Budget	8467708	7476582	991126	741398	7726310
国内贷款	Domestic Loans	12010703	7282966	4727737	2930017	9080686
债　券	Bond	5284	1541	3743		5284
利用外资	Foreign Investment	265981	130248	135733	29067	236914
# 外商直接投资	Foreign Direct Investment	120142	5727	114415		120142
自筹资金	Self-raising Fund	53289823	27474598	25815225	4765352	48524471
# 企事业单位自有资金	Enterprises and Institutions-owned Funds	12191282	5735269	6456013	2828875	9362407
其他资金来源	Others	4460508	2662933	1797575	195506	4265002
二、本年各项应付款合计	Total Payment of this Year	5582230	3945256	1636974	1013917	4568313
# 工程款	Project Payment	2781001	2097047	683954	313864	2467137

6-14 国有经济单位投资资金来源(2010年)

Source of Funds of Investment in State-owned Units (2010)

单位：万元 (10 000 yuan)

指标	Item	合计 Total	城镇投资 Urban Area	房地产开发 Real Estate Development
一、本年资金来源合计	Total of Sources of Funds This Year	48415490	46366970	2048520
1.上年末结余资金	Funds of Last Year-end	1783721	1338102	445619
2.本年资金来源小计	Subtotal of Sources of Funds This Year	46631769	45028868	1602901
国家预算内资金	State Budget	7476582	7476582	
国内贷款	Domestic Loans	7589690	7282966	306724
债　券	Bond	1541	1541	
利用外资	Foreign Investment	130248	130248	
# 外商直接投资	Foreign Direct Investment	5727	5727	
自筹资金	Self-raising Fund	27896460	27474598	421862
# 企事业单位自有资金	Enterprises and Institutions-owned Funds	5915503	5735269	180234
其他资金来源	Others	3537248	2662933	874315
二、本年各项应付款合计	Total Payment of this year	4044758	3945256	99502
# 工程款	Project Payment	2163906	2097047	66859

6-15 各市(区)城镇投资资金来源(2010年)
Source of Funds of Investment in Urban Area by City(District)(2010)

单位：万元　　(10 000 yuan)

地区	Region	本年资金来源合计 Total of Sources of Funds This Year	上年末结余资金 Funds of Last Year-end	本年资金来源小计 Subtotal of Sources of Funds This Year	国家预算内资金 State Budget	国内贷款 Domestic Loans	债券 Bond
全省	**Shaanxi**	**80953627**	**2453620**	**78500007**	**8467708**	**12010703**	**5284**
西安市	Xi'an	24909605	1040794	23868811	1717206	1886698	
铜川市	Tongchuan	1085995	9834	1076161	100560	96953	650
宝鸡市	Baoji	8169852	347617	7822235	841640	927469	3935
咸阳市	Xianyang	8618563	186510	8432053	587303	363405	
渭南市	Weinan	7135498	123876	7011622	699617	1044308	43
延安市	Yan'an	5725317	43257	5682060	706834	298063	
汉中市	Hanzhong	2510702	179769	2330933	589632	196663	
榆林市	Yulin	8659011	272537	8386474	1237991	1426784	516
安康市	Ankang	2542721	56039	2486682	675243	68613	
商洛市	Shangluo	2436937	66502	2370435	642360	205468	140
杨凌示范区	Yangling	323627	12726	310901	18301	21290	
不分地区	Not Classified by Region	8835799	114159	8721640	651021	5474989	

6-15 续表 continued

单位：万元　　(10 000 yuan)

地区	Region	利用外资 Foreign Investment	#外商直接投资 Foreign Direct Investment	自筹资金 Self raising Fund	#企事业单位自有资金 Enterprises and Institutions-owned Funds	其他资金来源 Others	本年各项应付款合计 Total Payment of This Year	#工程款 Project Payment
全省	**Shaanxi**	**265981**	**120142**	**53289823**	**12191282**	**4460508**	**5582230**	**2781001**
西安市	Xi'an	103729	70285	18455938	3021566	1705240	1911016	835966
铜川市	Tongchuan			802164	48228	75834	13145	13017
宝鸡市	Baoji	12050	250	5835942	282194	201199	345556	70487
咸阳市	Xianyang	40232	346	6890868	3786348	550245	129111	25194
渭南市	Weinan	5308	1790	4914218	1432121	348128	97644	75541
延安市	Yan'an	5261	5261	4356306	1037431	315596	751377	634460
汉中市	Hanzhong	8824		1210727	238049	325087	353824	218812
榆林市	Yulin	2250	2000	5429256	35965	289677	1054952	338955
安康市	Ankang	5390	4890	1559586	165555	177850	355061	68590
商洛市	Shangluo	35050	16500	1259870	191347	227547	96763	47724
杨凌示范区	Yangling	18820	18820	222470	54867	30020	32581	12519
不分地区	Not Classified by Region	29067		2352478	1897611	214085	441200	439736

6-16 各市(区)国有经济单位投资资金来源(2010年)
Source of Funds of Investment in State-Owned Units by City(District)(2010)

单位：万元

地　区	Region	本年资金来源合计 Total of Sources of Funds This Year	上年末结余资金 Funds of Last Year-end	本年资金来源小计 Subtotal of Sources of Funds This Year	国家预算内资金 State Budget	国内贷款 Domestic Loans	债券 Bond
全　省	**Shaanxi**	**46366970**	**1338102**	**45028868**	**7476582**	**7282966**	**1541**
西安市	Xi'an	13325046	606788	12718258	1165961	1324392	
铜川市	Tongchuan	729579	5655	723924	96564	52868	650
宝鸡市	Baoji	5809529	334723	5474806	799980	695853	235
咸阳市	Xianyang	3688690	20889	3667801	565980	197588	
渭南市	Weinan	3451855	45046	3406809	569936	683172	
延安市	Yan'an	4556729	41044	4515685	699054	189554	
汉中市	Hanzhong	1333333	109680	1223653	559452	77754	
榆林市	Yulin	5145409	49417	5095992	1184607	595407	516
安康市	Ankang	1331455	31039	1300416	654458	26854	
商洛市	Shangluo	1468531	44696	1423835	628772	73045	140
杨凌示范区	Yangling	103184	7459	95725	18301	7697	
不分地区	Not Classified by Region	5423630	41666	5381964	533517	3358782	

6-16 续表 continued

单位：万元 (10 000 yuan)

地　区	Region	利用外资 Foreign Investment	# 外商直接投资 Foreign Direct Investment	自筹资金 Self-raising Fund	# 企事业单位自有资金 Enterprises and Institutions-owned Funds	其他资金来源 Others	本年各项应付款合计 Total Payment of This Year	# 工程款 Project Payment
全　省	**Shaanxi**	**130248**	**5727**	**27474598**	**5735269**	**2662933**	**3945256**	**2097047**
西安市	Xi'an	27884		9254385	1994114	945636	1423543	733348
铜川市	Tongchuan			521565	44701	52277	7436	7436
宝鸡市	Baoji	11250	250	3845503	111650	121985	210823	43897
咸阳市	Xianyang	40232	346	2647396	1056776	216605	36672	22831
渭南市	Weinan	3710	840	2021364	498023	128627	59380	52327
延安市	Yan'an	2201	2201	3377942	979292	246934	714944	626058
汉中市	Hanzhong	1714		359873	26963	224860	229240	180999
榆林市	Yulin	2250	2000	3086839	20525	226373	935299	281742
安康市	Ankang	390	90	491217	9115	127497	193353	33375
商洛市	Shangluo	11550		556669	55987	153659	38898	25313
杨凌示范区	Yangling			57486	5934	12241	9233	3755
不分地区	Not Classified by Region	29067		1254359	932189	206239	86435	85966

6-17 各市(区)按经济注册类型分的城镇投资(2010年)

Investment in Urban Area by Registration Status and City (District)(2010)

单位：万元 (10 000 yuan)

地区	Region	合计 Total	内资 Domestic	国有 State-owned	集体 Collective-owned	其他 Other	港澳台商投资 Funds from Hong Kong, Macao and Taiwan	外商投资 Foreign Investment	个体经济 Self-Employed Individual
全省	**Shaanxi**	**70080040**	**68496936**	**40729026**	**2817843**	**24950067**	**690244**	**573738**	**319122**
西安市	Xi'an	20673920	20105350	11141690	1838794	7124866	350562	175487	42521
铜川市	Tongchuan	895483	893113	579472	17247	296394	1870		500
宝鸡市	Baoji	6007469	5986189	4068318	179305	1738566	800	7613	12867
咸阳市	Xianyang	7942203	7610675	3221360	189679	4199636	281680	36395	13453
渭南市	Weinan	5893681	5650805	2579957	215927	2854921	5280	176607	60989
延安市	Yan'an	5210908	5209518	4467761	16700	725057		400	990
汉中市	Hanzhong	2403045	2377389	1289464	73483	1014442		17646	8010
榆林市	Yulin	7939537	7758607	5046367	188667	2523573	41398	7975	131557
安康市	Ankang	2164404	2121673	1161049	24072	936552	8654	2100	31977
商洛市	Shangluo	2326015	2223215	1406855	73969	742391		86542	16258
杨凌示范区	Yangling	244532	206861	68655		138206		37671	
不分地区	Not Classified by Region	8378843	8353541	5698078		2655463		25302	

6-18 各市(区)按隶属关系分的城镇投资(2010年)

Investment in Urban Area by Jurisdiction of Management and City (District)(2010)

单位：万元 (10 000 yuan)

地区	Region	总计 Total	#地方 Local	省 Province	市 City	县 County	其他 Others
全省	**Shaanxi**	**70080040**	**61098213**	**13170347**	**10356164**	**20382857**	**17188845**
西安市	Xi'an	20673920	19263142	1839181	6045303	4998726	6379932
铜川市	Tongchuan	895483	862061	159878	170625	290311	241247
宝鸡市	Baoji	6007469	5687426	713699	1094423	2257794	1621510
咸阳市	Xianyang	7942203	7692313	2181445	641366	2437134	2432368
渭南市	Weinan	5893681	5746931	951794	486228	2034548	2274361
延安市	Yan'an	5210908	4824219	2218879	453785	1680073	471482
汉中市	Hanzhong	2403045	2326133	164870	324833	1163002	673428
榆林市	Yulin	7939537	7269725	1828138	757492	2962911	1721184
安康市	Ankang	2164404	2047601	97297	90184	1034145	825975
商洛市	Shangluo	2326015	2320826	166472	173244	1508535	472575
杨凌示范区	Yangling	244532	239923	31856	117606	15678	74783
不分地区	Not Classified by Region	8378843	2817913	2816838	1075		

6-19 各市(区)按国民经济行业分的城镇投资(2010年)

Investment in Urban Area by Sector and City(District)(2010)

单位：万元 (10 000 yuan)

地区	Region	总计 Total	农、林、牧、渔业 Agriculture, Forestry, Animal Husbandry & Fishery Industry	采矿业 Mining	制造业 Manufacturing	电力燃气及水的生产和供应业 Production and Distribution of Electricity, Gas and Water	建筑业 Construction	交通运输仓储和邮政业 Transport, Storage and Post	信息传输计算机服务和软件业 Information Transmission, Computer Service and Software	批发和零售业 Wholesale and Retail Trades	住宿和餐饮业 Hotels and Catering Services
全　　省	**Shaanxi**	**70080040**	**2128357**	**8754662**	**15289412**	**3834453**	**1918194**	**10044909**	**777975**	**1345190**	**844793**
西安市	Xi'an	20673920	398240	290955	3597979	325986	324873	1267956	509902	517444	389667
铜川市	Tongchuan	895483	61667	124247	283856	43735	6132	22817	1214	28006	17938
宝鸡市	Baoji	6007469	214086	459649	2071705	393088	62117	1019625	27504	178268	68118
咸阳市	Xianyang	7942203	320012	757588	3047202	585278	140519	384141	29272	282180	166175
渭南市	Weinan	5893681	275150	769851	2339798	346403	200600	181869	37567	132709	41508
延安市	Yan'an	5210908	114170	2264373	569265	323839	215171	521944	22150	22467	3212
汉中市	Hanzhong	2403045	141100	149722	718513	194193	29499	235729	16956	58930	13179
榆林市	Yulin	7939537	172690	1473823	1798666	855743	782037	1152489	73914	45729	55760
安康市	Ankang	2164404	211228	150565	329344	218161	4000	211471	22021	53955	41170
商洛市	Shangluo	2326015	191414	287004	361280	167447	112338	160648	37475	10235	48066
杨凌示范区	Yangling	244532	28600		100624	4472	5385	19360		15267	
不分地区	Not Classified by Region	8378843		2026885	71180	376108	35523	4866860			

6-19 续表 continued

单位：万元 (10 000 yuan)

地区	Region	金融业 Financial Intermediation	房地产业 Real Estate	租赁和商务服务业 Leasing and Business Services	科学研究技术服务和地质勘查业 Scientific Research, Technical Services, and Geological Prospecting	水利环境和公共设施管理业 Management of Water Conservancy, Environment and Public Facilities	居民服务和其他服务业 Services Households and Other Services	教育 Education	卫生社会保障和社会福利业 Health, Social Securities and Social Welfare	文化体育和娱乐业 Culture, Sports and Entertainment	公共管理和社会组织 Public Management and Social Organization
全　　省	**Shaanxi**	**33441**	**6057622**	**671922**	**822785**	**9444181**	**216028**	**1787418**	**821249**	**400556**	**4886893**
西安市	Xi'an	12868	4029863	410042	270377	4965257	80836	759341	183111	156596	2182627
铜川市	Tongchuan		48888	625	244	167785	80	27216	11839	4608	44586
宝鸡市	Baoji	150	122370	10900	6877	701716	16600	136157	163520	16631	338388
咸阳市	Xianyang	4300	53162	122294	100297	825229	65427	292357	81945	61633	623192
渭南市	Weinan	1292	60505	21130	27480	909431	8795	105699	104038	60666	269190
延安市	Yan'an	789	47292	22510	6010	288580	4568	61228	22643	9280	691417
汉中市	Hanzhong	7786	12920	21670	803	397099	1570	148644	65375	16331	173026
榆林市	Yulin	716	487337	36904	280005	323104	33319	78905	52046	51666	184684
安康市	Ankang	4763	116615	15491	1793	434933	2375	76638	85503	6966	177412
商洛市	Shangluo	777	122567	10356	36045	426648	2458	81620	51087	16179	202371
杨凌示范区	Yangling		41435		10091	4399		14757	142		
不分地区	Not Classified by Region		914668		82763			4856			

6-20 各市(区)能源工业城镇投资(2010年)

Investment in Urban Area in Energy Industry by City(District)(2010)

单位：万元 (10 000 yuan)

地 区	Region	能源工业投资 Energy Industry	煤炭开采及洗选业 Mining and Washing of Coal	石油和天然气开采业 Extraction of Petroleum and Natural Gas	石油加工、炼焦及核燃料加工业 Processing of Petroleum,Coking, Processing of Nuclear Fuel	电力、燃气及水的生产和供应业 Production and Distribution of Electricity,Gas and Water
全 省	**Shaanxi**	**12851343**	**3442365**	**4198676**	**1375849**	**3834453**
西安市	Xi'an	389781		36630	27165	325986
铜川市	Tongchuan	163359	119624			43735
宝鸡市	Baoji	701568	304100	380	4000	393088
咸阳市	Xianyang	1463321	754876	1717	121450	585278
渭南市	Weinan	1241977	556118	101750	237706	346403
延安市	Yan'an	3047002	324570	1939803	458790	323839
汉中市	Hanzhong	235847	16744	21910	3000	194193
榆林市	Yulin	2789756	963238	458249	512526	855743
安康市	Ankang	237471	15100		4210	218161
商洛市	Shangluo	174449			7002	167447
杨凌示范区	Yangling	4472				4472
不分地区	Not Classified by Region	2402340	387995	1638237		376108

6-21 各市(区)按构成分的城镇投资 (2010年)

Investment in Urban Area by Use of Funds and City(District)(2010)

单位：万元 (10 000 yuan)

地 区	Region	总计 Total	建筑工程 Construction	安装工程 Installation	设备工具器具购置 Purchase of Equipment and Instruments	其他费用 Others	# 土地购置费 Total Value of Land Purchased
全 省	**Shaanxi**	**70080040**	**43543019**	**4651387**	**11474531**	**10411103**	**2421488**
西安市	Xi'an	20673920	12387367	952522	2640559	4693472	1222587
铜川市	Tongchuan	895483	448157	105819	210496	131011	11474
宝鸡市	Baoji	6007469	3470869	482810	1214786	839004	73205
咸阳市	Xianyang	7942203	4934579	376665	2044238	586721	165623
渭南市	Weinan	5893681	3221972	285254	1777288	609167	127173
延安市	Yan'an	5210908	3636328	496508	537339	540733	55754
汉中市	Hanzhong	2403045	1506677	139395	474177	282796	101368
榆林市	Yulin	7939537	4385725	535217	1533270	1485325	358617
安康市	Ankang	2164404	1642049	123069	117813	281473	75400
商洛市	Shangluo	2326015	1759492	113333	227943	225247	69918
杨凌示范区	Yangling	244532	148784	26285	52732	16731	12076
不分地区	Not Classified by Region	8378843	6001020	1014510	643890	719423	148293

6-22 各市(区)按建设性质分的城镇投资(2010年)

Investment in Urban Area by Type of Construction and City(District)(2010)

单位：万元 (10 000 yuan)

地区	Region	总计 Total	新建 New Construction	扩建 Expansion	改建和技术改造 Reconstruction and Technological Transformation	单纯建造生活设施 Construction of Living Facilities	迁建 Removal Construction	恢复 Reestablishment	单纯购置 Purchase of Equipment
全省	**Shaanxi**	**70080040**	**46580951**	**11540701**	**8059397**	**1769191**	**519745**	**169995**	**1440060**
西安市	Xi'an	20673920	12915262	2649749	2320997	1293284	249533	17342	1227753
铜川市	Tongchuan	895483	587486	55379	179971	39254	16930		16463
宝鸡市	Baoji	6007469	3703664	1464737	705924	77596	19669	2776	33103
咸阳市	Xianyang	7942203	5382977	1399754	751869	245030	57851	25102	79620
渭南市	Weinan	5893681	3719784	1215413	853466	31225	15901	46095	11797
延安市	Yan'an	5210908	3417527	959525	773716	34929	1628	4002	19581
汉中市	Hanzhong	2403045	779840	437311	1153940	11180	13533	3697	3544
榆林市	Yulin	7939537	6664658	733355	383055	28079	107879	4990	17521
安康市	Ankang	2164404	1933664	103212	102548	100	15611	9269	
商洛市	Shangluo	2326015	1531770	467001	247280	4220	20357	55387	
杨凌示范区	Yangling	244532	216034	300	22813				5385
不分地区	Not Classified by Region	8378843	5728285	2054965	563818	4294	853	1335	25293

6-23 各市(区)按建设阶段分的城镇投资(2010年)

Investment in Urban Area by Phase of Construction and City(District)(2010)

单位：万元 (10 000 yuan)

地区	Region	总计 Total	筹建 Prepare to Construction	本年正式施工 Started This Year	本年收尾 Projects Completed This Year	全部停缓建 Ceased and Deferred Projects	单纯购置 Purchase of Equipment
全省	**Shaanxi**	**70080040**	**1207896**	**66992200**	**416874**	**23010**	**1440060**
西安市	Xi'an	20673920	827563	18522240	82434	13930	1227753
铜川市	Tongchuan	895483		857760	21260		16463
宝鸡市	Baoji	6007469	329184	5522720	119662	2800	33103
咸阳市	Xianyang	7942203	26088	7741734	94761		79620
渭南市	Weinan	5893681		5834543	47341		11797
延安市	Yan'an	5210908		5176352	14975		19581
汉中市	Hanzhong	2403045		2395821		3680	3544
榆林市	Yulin	7939537	16233	7869792	35991		17521
安康市	Ankang	2164404		2161404	400	2600	
商洛市	Shangluo	2326015	8828	2317137	50		
杨凌示范区	Yangling	244532		239147			5385
不分地区	Not Classified by Region	8378843		8353550			25293

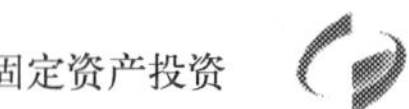

6-24 各市(区)城镇投资施工、投产项目个数及新增固定资产(2010年)

Number of Urban Investment Projects under Construction and Put into Use and Newly Increased Fixed Assets by City(District)(2010)

地区	Region	施工项目 (个) Number of Project under Construction (unit)	全部建成投产项目 (个) Number of Project Completed and Put into Use (unit)	施工项目计划总投资 (万元) Total Investment Planned under Construction (10 000 yuan)	本年完成投资额 (万元) Investment Completed This Year (10 000 yuan)	本年新增固定资产 (万元) Newly Increased Fixed Assets of This Year (10 000 yuan)	固定资产交付使用率 (%) Rate of Projects of Fixed Assets Completed and Put into Use (%)
全省	**Shaanxi**	**13126**	**6519**	**191538147**	**70080040**	**30626483**	**43.7**
西安市	Xi'an	2023	1139	58440332	20673920	10244434	49.6
铜川市	Tongchuan	461	248	2872011	895483	341536	38.1
宝鸡市	Baoji	1336	683	13608330	6007469	2553400	42.5
咸阳市	Xianyang	1529	955	18800695	7942203	4412104	55.6
渭南市	Weinan	1846	709	14295610	5893681	2355137	40.0
延安市	Yan'an	646	257	12910572	5210908	2108024	40.5
汉中市	Hanzhong	1489	854	4651777	2403045	1417997	59.0
榆林市	Yulin	1215	535	31971186	7939537	2821587	35.5
安康市	Ankang	1532	786	5229355	2164404	1560853	72.1
商洛市	Shangluo	827	304	6094598	2326015	1277041	54.9
杨凌示范区	Yangling	90	23	656809	244532	97459	39.9
不分地区	Not Classified by Region	132	26	22006872	8378843	1436911	17.1

6-25 各市(区)城镇投资房屋建筑面积及造价(2010年)

Floor Space and Cost of Buildings in Urban Investment by City(District)(2010)

地区	Region	本年施工房屋面积 (万平方米) Floor Space of Buildings under Construction This Year (10 000 sq.m)	#住宅 Residential Buildings	本年竣工房屋面积 (万平方米) Floor Space of Buildings Completed this Year (10 000 sq.m)	#住宅 Residential Buildings	本年竣工房屋价值 (万元) Value of Buildings Completed This Year (10 000 yuan)	竣工房屋造价 (元/平方米) Cost of Buildings Completed (yuan/sq.m)
全省	**Shaanxi**	**11133.11**	**4505.09**	**1463.00**	**476.98**	**2349983**	**1606**
西安市	Xi'an	4468.80	2282.16	311.51	108.65	683165	2193
铜川市	Tongchuan	78.54	27.31	6.41	1.81	6949	1084
宝鸡市	Baoji	918.25	423.52	176.63	59.71	245317	1389
咸阳市	Xianyang	1388.36	387.69	425.00	151.24	595796	1402
渭南市	Weinan	905.59	197.13	100.55	19.79	105243	1047
延安市	Yan'an	634.66	406.35	36.86	16.16	56491	1533
汉中市	Hanzhong	473.12	148.66	172.76	49.19	261562	1514
榆林市	Yulin	1041.79	142.63	65.67	5.20	172082	2620
安康市	Ankang	427.77	165.55	126.07	49.97	159058	1262
商洛市	Shangluo	599.46	286.02	17.40	11.71	23715	1363
杨凌示范区	Yangling	120.68	23.13	9.46		19092	2019
不分地区	Not Classified by Region	76.10	14.91	14.68	3.56	21513	1466

6-26 房地产开发投资主要指标及构成(2010年)

Main Indicators and Composition of Investment for Real Estate Development(2010)

单位：万元 (10 000 yuan)

指标	Item	房地产开发 Real Estate Development	#地方 Local	#省属 Province	按登记注册类型分 内资 Domestic Funds	国有 State-holding
一、企业(单位)个数(个)	Number of Enterprises(unit)	1274	1265	41	1243	100
二、本年完成投资	Investment Completed This Year	11594683	11512549	455425	10978850	1227017
# 配套工程投资	Investment of Related Project	245424	244303	10047	214486	16589
1.按隶属关系分	Group by Jurisdiction of Management					
地　方	Local	11512549	11512549	455425	10896716	1197087
# 市县属	City and County Level	11057124	11057124		10442619	1098405
2.按构成分	By Composition of Funds					
建筑工程	Construction	8517863	8469381	279093	8135434	822181
安装工程	Installation	981053	967727	59613	896991	141410
设备工器具购置	Purchase of Equipment and Instruments	241881	234179	14674	241270	26040
其他费用	Others	1853886	1841262	102045	1705155	237386
# 旧建筑物购置费	Purchase of Used Buildings	9068	9068	1900	7068	40
土地购置费	Total Value of Land Purchased	1074455	1074455	69759	952455	27090
3.按工程用途分	By Use of Projects					
住　宅	Residential Buildings	9381543	9307578	334268	8875135	1000918
# 经济适用房	Economically Affordable Housing	336796	336796		336796	66818
别墅、高档公寓	Villas,High-grade Apartments	231964	231864	6728	229857	27708
办公楼	Office Buildings	365708	363722	34282	340765	34596
商业营业用房	Houses for Business Use	1064058	1060981	37011	1003926	70826
其　他	Others	783374	780268	49864	759024	120677
三、本年新增固定资产	Newly Increased Fixed Assets of This Year	2694613	2636453	93913	2239868	267245
四、房屋建筑面积及竣工价值	Floor Space of Buildings Completed and Value of Buildings Completed					
施工面积(万平方米)	Floor Space of Buildings under Construction (10 000 sq.m)	9947.89	9837.83	462.01	9187.72	1211.13
# 住　宅	Residential Buildings	8580.55	8480.53	398.12	7961.79	1066.26
竣工面积(万平方米)	Floor Space of Buildings Completed (10 000 sq.m)	900.12	873.58	35.08	836.26	112.81
# 住　宅	Residential Buildings	799.15	777.21	32.92	740.49	101.67
竣工价值	Value of Buildings Completed	220.12	215.39	8.62	174.73	23.88
# 住　宅	Residential Buildings	191.24	187.49	7.78	148.05	19.41

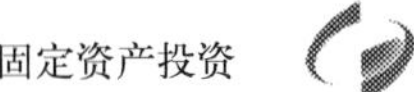

6-26 续表 continued

单位：万元 (10 000 yuan)

指　　标	Item	Status of Registration			
				港澳台投资 Funds from Hong Kong, Macao and Taiwan	外商投资 Foreign Investment
		集　体 Collective-holding	其　它 Others		
一、企业(单位)个数(个)	Number of Enterprises(unit)	33	1110	17	14
二、本年完成投资	Investment Completed This Year	440200	9311633	231408	384425
# 配套工程投资	Investment of Related Project	3942	193955	65	30873
1.按隶属关系分	Group by Jurisdiction of Management				
地　方	Local	440200	9259429	231408	384425
# 市县属	City and County Level	440200	8904014	230080	384425
2.按构成分	By Composition of Funds				
建筑工程	Construction	420832	6892421	169102	213327
安装工程	Installation	6946	748635	21231	62831
设备工器具购置	Purchase of Equipment and Instruments	1940	213290	611	
其他费用	Others	10482	1457287	40464	108267
# 旧建筑物购置费	Purchase of Used Buildings		7028		2000
土地购置费	Total Value of Land Purchased	7442	917923	25817	96183
3.按工程用途分	By Use of Projects				
住　宅	Residential Buildings	370204	7504013	167191	339217
# 经济适用房	Economically Affordable Housing		269978		
别墅、高档公寓	Villas,High-grade Apartments		202149	2107	
办公楼	Office Buildings	100	306069	24112	831
商业营业用房	Houses for Business Use	68364	864736	16284	43848
其　他	Others	1532	636815	23821	529
三、本年新增固定资产	Newly Increased Fixed Assets of This Year	45214	1927409	454745	
四、房屋建筑面积及竣工价值	Floor Space of Buildings Completed and Value of Buildings Completed				
施工面积(万平方米)	Floor Space of Buildings under Construction (10 000 sq.m)	272.69	7703.91	395.64	364.53
# 住　宅	Residential Buildings	236.87	6658.66	297.97	320.79
竣工面积(万平方米)	Floor Space of Buildings Completed (10 000 sq.m)	26.52	696.93	63.86	
# 住　宅	Residential Buildings	21.55	617.26	58.66	
竣工价值	Value of Buildings Completed	4.32	146.52	45.40	
# 住　宅	Residential Buildings	3.07	125.57	43.19	

6-27 房地产开发投资资金来源(2010年)
Sources of Funds of Investment for Real Estate Development (2010)

单位：万元　　　　(10 000 yuan)

指标	Item	总计 Total	内资 Domestic	国有 State-owned	集体 Collective-owned	其他 Others	港澳台投资 Funds from Hong Kong, Macao and Taiwan	外商投资 Foreign Investment
一、本年资金来源合计	Total of Sources of Funds This Year	19783068	18286090	2048520	531577	15705993	580683	916295
1.上年末结余资金	Funds of Last Year-end	2945599	2808888	445619	12326	2350943	43068	93643
2.本年资金来源小计	Subtotal of Sources of Funds This Year	16837469	15477202	1602901	519251	13355050	537615	822652
国内贷款	Domestic Loans	2151693	2002528	306724	31720	1664084	61165	88000
# 银行贷款	Loans from Bank	2026242	1877077	286749	31720	1558608	61165	88000
非银行金融机构贷款	Loans from Non-bank	125451	125451	19975		105476		
利用外资	Foreign Investment	56173	623			623		55550
# 外商直接投资	Foreign Direct Investment	56162	612			612		55550
自筹资金	Self-raising Funds	6428028	6279403	421862	436183	5421358	7020	141605
# 自有资金	Self-owned Funds	2915011	2788199	180234	83025	2524940	1630	125182
其他资金来源	Others	8201575	7194648	874315	51348	6268985	469430	537497
# 定金及预收款	Booked and Prepayed Money	5072836	4464937	560513	37793	3866631	314493	293406
个人按揭贷款	Individual Credit	2363698	1966550	121680	9210	1835660	153057	244091
二、本年各项应付款合计	Total Payment of this year	1254589	1194796	99502	14220	1081074	27755	32038
# 工程款	Project Payment	706006	663774	66859	11302	585613	17243	24989

6-28 各市(区)房地产开发投资和新增固定资产(2010年)
Investment for Real Estate Development and Newly Increased Fixed Assets by City(District)(2010)

单位：万元　　　　(10 000 yuan)

地区	Region	计划总投资 Total Investment Planed	自开始建设至本年底累计完成投资 Accumulative Investment Actually Completed Since Start of Construction up to the end of This Year	本年完成投资 Investment Completed This Year	# 配套工程投资 Investment of Related Project	本年新增固定资产 Newly Increased Fixed Assets of This Year
全省	**Shaanxi**	**47054035**	**28889069**	**11594683**	**245424**	**2694613**
西安市	Xi'an	36951039	22225902	8423447	203709	1682023
铜川市	Tongchuan	814357	305491	146845		16956
宝鸡市	Baoji	1913486	1391285	637019	6445	210778
咸阳市	Xianyang	2611448	1743749	938433	1158	78214
渭南市	Weinan	1318277	841194	420818	11163	189404
延安市	Yan'an	361619	294389	81349		10263
汉中市	Hanzhong	1295891	930130	382219	10478	183422
榆林市	Yulin	753351	556007	283279	8634	221875
安康市	Ankang	586344	360749	166544	1932	60839
商洛市	Shangluo	261964	185887	82242	1310	24733
杨凌示范区	Yangling	186259	54286	32488	595	16106

6-29 各市(区)按构成和工程用途分的房地产开发投资(2010年)

Investment for Real Estate Development by Use of Founds and Projects by City(District)(2010)

单位：万元 (10 000 yuan)

地区 Region	按构成分 by Use of Founds: 建筑安装工程 Construction and Installation Projects	设备工器具购置 Purchase of Equipment and Instruments	其他费用 Others	# 土地购置费 Total Value of Land Purchased	按工程用途分 by Use of Projects: 住宅 Residential Buildings	# 别墅、高档公寓 Villas, High-grade Apartments	# 经济适用房 Economically Affordable Housing	办公楼 Office Buildings	商业营业用房 Houses for Business Use	其他 Others
全省 Shaanxi	**9498916**	**241881**	**1853886**	**1074455**	**9381543**	**231964**	**336796**	**365708**	**1064058**	**783374**
西安市 Xi'an	6814079	174597	1434771	873909	6704066	215263	226086	337207	809745	572429
铜川市 Tongchuan	122087	660	24098	10051	107264	1070	25625		6939	32642
宝鸡市 Baoji	464696	41072	131251	21023	519234	2100	4665	3165	19656	94964
咸阳市 Xianyang	901475	3005	33953	24702	898112		5669	2778	33327	4216
渭南市 Weinan	326588	6240	87990	54133	342387		14332	6560	61871	10000
延安市 Yan'an	74260	351	6738	284	47314		21375	8332	24063	1640
汉中市 Hanzhong	337683	5204	39332	23658	336668	160	2746	1817	31583	12151
榆林市 Yulin	221102	7791	54386	34034	194977	569	26296	4175	53007	31120
安康市 Ankang	141425	580	24539	19139	139156	3202	6484	720	12021	14647
商洛市 Shangluo	66423	2296	13523	12922	61155	9600	1188	954	10568	9565
杨凌示范区 Yangling	29098	85	3305	600	31210		2330		1278	

6-30 房地产开发面积及造价(2010年)

Floor Space and Cost of Buildings in Real Estate Development(2010)

地区 Region	施工房屋面积(万平方米) Floor Space of Buildings Construction (10 000 sq.m)	# 住宅 Residential Buildings	竣工房屋面积(万平方米) Floor Space of Buildings Completed (10 000 sq.m)	# 住宅 Residential Buildings	竣工房屋价值(亿元) Value of Buildings Completed (100 million yuan)	# 住宅 Residential Buildings	竣工房屋造价(元/平方米) Cost of Buildings Completed (yuan/sq.m)	# 住宅 Residential Buildings
全省 Shaanxi	**9947.89**	**8580.55**	**900.12**	**799.15**	**220.12**	**191.24**	**2445**	**2393**
西安市 Xi'an	6697.39	5777.71	463.65	412.44	145.62	128.69	3141	3120
铜川市 Tongchuan	247.57	205.20	12.18	12.18	1.49	1.49	1222	1222
宝鸡市 Baoji	588.30	535.53	77.02	72.46	15.21	14.02	1975	1935
咸阳市 Xianyang	726.75	643.68	55.40	51.77	6.77	6.24	1223	1205
渭南市 Weinan	389.06	320.15	75.32	66.62	12.39	9.56	1644	1435
延安市 Yan'an	142.13	118.21	2.20	2.20	0.50	0.50	2270	2270
汉中市 Hanzhong	460.73	403.83	79.77	70.98	12.15	10.34	1524	1457
榆林市 Yulin	282.85	204.24	81.28	63.05	18.30	14.01	2251	2222
安康市 Ankang	242.99	214.80	29.71	25.11	4.22	3.25	1419	1293
商洛市 Shangluo	83.90	71.52	12.45	11.19	2.28	1.95	1834	1745
杨凌示范区 Yangling	86.21	85.67	11.15	11.15	1.19	1.19	1070	1070

6-31 商品房屋销售情况(2010年)
Seal of Commercialized Buildings(2010)

地区	Region	商品房销售面积(平方米) Floor Space of Commercialized Buildings Sold(sq.m)	住宅 Residential Buildings	#别墅、公寓 Villas, High-grade Apartments	#经济适用房 Economically Affordable Housing	办公楼 Office Buildings	商业营业用房 Houses for Business Use	其他 Others
全省	**Shaanxi**	**25901796**	**24719492**	**1290553**	**468627**	**400443**	**633601**	**148260**
西安市	Xi'an	15878076	15232412	798510	330782	354554	227959	63151
铜川市	Tongchuan	440166	439745	108051			421	
宝鸡市	Baoji	1983723	1933484	6831	56000		33732	16507
咸阳市	Xianyang	1645054	1593350	24300			51704	
渭南市	Weinan	1397240	1278653	135734		17844	97943	2800
延安市	Yan'an	202806	201943	42189		613	250	
汉中市	Hanzhong	1653422	1577766	15205	21855	5011	52328	18317
榆林市	Yulin	923176	846018	53225		3914	31044	42200
安康市	Ankang	1190488	1071878	68000	45990	18507	94818	5285
商洛市	Shangluo	345576	320239		14000		25337	
杨凌示范区	Yangling	242069	224004	38508			18065	

6-31 续表 continued

地区	Region	商品房销售额(万元) Total Sale of Commercialized Buildings (10 000 yuan)	住宅 Residential Buildings	#别墅、公寓 Villas, High-grade Apartments	#经济适用房 Economically Affordable Housing	办公楼 Office Buildings	商业营业用房 Houses for Business Use	其他 Others
全省	**Shaanxi**	**9736852**	**9066825**	**366069**	**289898**	**220904**	**396624**	**52499**
西安市	Xi'an	7070016	6612683	303092	203228	212919	214649	29765
铜川市	Tongchuan	100696	100461		19451		235	
宝鸡市	Baoji	539773	524099	23000	1076		10331	5343
咸阳市	Xianyang	505508	473948		4617		31560	
渭南市	Weinan	246952	209297		17320	2175	34300	1180
延安市	Yan'an	57788	56615		6702	943	230	
汉中市	Hanzhong	428945	394612	7847	3782	1480	28255	4598
榆林市	Yulin	342936	310087		14922	614	21382	10853
安康市	Ankang	313939	275847	29465	13600	2773	34559	760
商洛市	Shangluo	87924	74268	2665			13656	
杨凌示范区	Yangling	42375	34908		5200		7467	

6-32　房地产开发经营情况(2010年)

Operating Statistics on Enterprises for Real Estate Development(2010)

单位：万元　　　　　　　　　　　　　　　　　　　　　　　　(10 000 yuan)

地　　区	Region	土地转让收　　入 Land Transferred	商品房屋销售收入 Commercialized Building Sold	房屋出租收　　入 House Leased	房地产其它经营收入 Others	主营业务成　　本 Operating Costs of Main Business	主营业务税金及附加 Operating Tax and Extra Charge on Main Business	主营业务利　　润 Operating Profit of Main Business
全　　省	**Shaanxi**	**100999**	**8605496**	**26308**	**161718**	**6857827**	**574254**	**1397208**
西 安 市	Xi'an	68506	6676455	21087	88429	5281915	462937	1069311
铜 川 市	Tongchuan	370	57017	568	39227	68913	4424	21219
宝 鸡 市	Baoji	6405	348287	1463	6821	292092	18928	47362
咸 阳 市	Xianyang	8912	411605		16723	317234	16521	97719
渭 南 市	Weinan	5365	239615	112	2741	194624	15326	34982
延 安 市	Yan'an	737	31989		405	23603	2177	7204
汉 中 市	Hanzhong	3388	305828	449	706	236164	20898	49960
榆 林 市	Yulin	1000	317966	2262	2386	262976	19274	39224
安 康 市	Ankang	1459	144407	358	4281	120397	9052	17940
商 洛 市	Shangluo		56355			43435	3283	9356
杨凌示范区	Yangling	4856	15972	10		16473	1434	2931

6-33　房地产开发企业基本情况(2010年)

Basic Statistics on Real Estate Development Enterprises (2010)

地　　区	Region	开发公司个　数(个) Number of Enterprises for Real Estate Development (unit)	实收资本金总　计(万元) Total Capital Held (10 000 yuan)	资产总计(万元) Total Assets (10 000 yuan)	本年折旧(万元) Depreciation This Year (10 000 yuan)	负债总计(万元) Total Liabilities (10 000 yuan)	所 有 者权益合计(万元) Owners' Equity (10 000 yuan)	全部从业人员年平均人数(人) Average Number of Employed Persons (persons)	本年应付工资总额(万元) Total Wages This Year (10 000 yuan)
全　　省	**Shaanxi**	**1189**	**4561666**	**27991029**	**56354**	**21040486**	**6950544**	**45448**	**144844**
西 安 市	Xi'an	514	3465058	22619691	35278	17359705	5259987	25506	99056
铜 川 市	Tongchuan	43	77012	242676	558	158250	84426	1458	2237
宝 鸡 市	Baoji	120	167902	1110011	3350	859972	250039	3390	9290
咸 阳 市	Xianyang	75	94188	617379	3175	391616	225762	3470	8437
渭 南 市	Weinan	99	158466	581909	1723	381391	200518	3266	6096
延 安 市	Yan'an	17	28162	176144	1838	134381	41763	473	1150
汉 中 市	Hanzhong	138	180666	879567	2462	609524	270042	2848	7256
榆 林 市	Yulin	89	180297	817158	4348	547787	269371	1897	5121
安 康 市	Ankang	61	156746	649973	3018	400632	249342	1620	3869
商 洛 市	Shangluo	20	28996	158042	383	91654	66388	1155	1639
杨凌示范区	Yangling	13	24173	138481	220	105576	32906	365	693

主要统计指标解释

全社会固定资产投资 是以货币形式表现的在一定时期内全社会建造和购置固定资产的工作量以及与此有关的费用的总称。该指标是反映固定资产投资规模、结构和发展速度的综合性指标,又是观察工程进度和考核投资效果的重要依据。全社会固定资产投资按登记注册类型可分为国有、集体、个体、联营、股份制、外商、港澳台商、其他等。

城镇固定资产投资 指城镇各种登记注册类型的企业、事业、行政单位及个体户进行的计划总投资 50 万元及 50 万元以上的建设项目投资和房地产开发投资。县城及以上区域内发生的投资，县及县以上各级政府及主管部门直接领导、管理的建设项目和企业事业单位的投资均为城镇固定资产投资。

房地产开发投资 指各种登记注册类型的房地产开发公司、商品房建设公司及其他房地产开发法人单位和附属于其他法人单位实际从事房地产开发或经营活动的单位统一开发的包括统代建、拆迁还建的住宅、厂房、仓库、饭店、宾馆、度假村、写字楼、办公楼等房屋建筑物和配套的服务设施，土地开发工程（如道路、给水、排水、供电、供热、通讯、平整场地等基础设施工程）的投资；不包括单纯的土地交易活动。

农村投资 包括在农村区域范围内进行固定资产投资活动的企业、事业、行政单位及农户投资。

固定资产投资的资金来源 根据固定资产投资的资金来源不同，分为国家预算内资金、国内贷款、利用外资、自筹资金和其他资金。

(1)国家预算内资金：分为财政拨款和财政安排的贷款两部分。包括中央财政的基本建设基金(分经营性基金和非经营性基金两部分)、专项支出(如煤代油专项等)、收回再贷、贴息资金，财政安排的挖潜改造和新产品试制支出、城建支出、商业部门简易建筑支出、不发达地区发展基金等资金中用于固定资产投资的资金；地方财政中由国家统筹安排的资金等。

(2)国内贷款：指报告期固定资产投资单位向银行及非银行金融机构借入的用于固定资产投资的各种国内借款，包括银行利用自有资金及吸收的存款发放的贷款、上级主管部门拨入的国内贷款、国家专项贷款、地方财政专项资金安排的贷款、国内储备贷款、周转贷款等。

(3)利用外资：指报告期收到的用于固定资产建造和购置的国外资金(包括设备、材料、技术在内)。包括对外借款(外国政府、国际金融组织贷款、出口信贷、外国银行商业贷款、对外发行债券和股票)、外商直接投资及外商其他投资。不包括我国自有外汇资金(国家外汇、地方外汇、留成外汇、调剂外汇和中国银行自有资金发行的外汇贷款等)。计算利用外资时，需要折算成人民币，折算中所使用的外汇汇率按现汇计算，即按使用外汇时的汇率计算。

(4)自筹资金：指固定资产投资单位报告期收到的，由各地区、各部门及企、事业单位筹集用于固定资产投资的预算外资金，包括中央各部门、各级地方和企、事业单位的自筹资金。

(5)其他资金：指在报告期收到的除以上各种资金之外其他用于固定资产投资的资金，包括企业或金融机构通过发行各种债券筹集到的资金、群众集资、个人资金、无偿捐赠的资金及其他单位拨入的资金等。

固定资产投资按国民经济行业分 根据建设项目建成投产后的主要产品或主要用途及社会经济活动性质来确定国民经济行业。一般情况下，一个建设项目或一个企业、事业单位只能属于一种国民经济行业。

固定资产投资按隶属关系分 是按建设单位或企业、事业、行政单位的主管上级机关确定的。

（1）中央：是指中共中央、人大常委会和国务院各部、委、局、总公司以及直属机构直接领导的建设项目和企业、事业、行政单位。这些单位的固定资产投资计划由国务院各部门直接编制和下达，建设中所需物资、主要设备以及建设中的问题都由中央有关部门安排和解决。

（2）地方：是由省（自治区、直辖市）、地区（州、盟、省辖市）、县（旗、县级市）三级政府及业务主管部门直接领导和管理的建设项目、企业、事业、行政单位。地方项目还包括不隶属以上各级政府及主管部门的建设项目和企业、事业单位，如外商投资企业和无主管部门的企业等。

固定资产投资按建设性质分 根据整个建设项目情况来确定。建设项目的性质一般分为新建、扩建、改建和技术改造、迁建、恢复。房地产开发单位、农村投资、城镇工矿区私人建房投资不划分建设性质。

(1)新建：一般指从无到有开始建设的企业、事业和行政单位或建设项目。有的单位原有基础很小，经过建设后新增的固定资产价值超过该企、事业、行政单位原有固定资产价值(原值)三倍以上的也应作为新建。

(2)扩建：指在厂内或其他地点，为扩大原有产品的生产能力(或效益)或增加新的产品生产能力，而增建主要的生产车间(或主要工程)、分厂、独立的生产线。行政、事业单位在原单位增建业务用房(如学校增建教学用房、医院增建门诊部、病房等)也作为扩建。

现有企、事业单位为扩大原有主要产品生产能力或增加新的产品生产能力，增建一个或几个主要生产车间(或主要工程)、分厂，同时进行一些更新改造工程的，也应作为扩建。

(3)改建和技术改造：指现有企业、事业单位，对原有设施进行技术改造或更新(包括相应配套的辅助性生产、生活福利设施）的建设项目。现有企业、事业单位为适应市场变化的需要，而改变企业的主要产品种类(如军工企业转产民用品等）的建设项目，应作为改建。原有产品生产作业线由于各工序(车间)之间能力不平衡，为填平补齐充分发挥原有生产能力而增建不增加本企业主要产品设计能力的车间，也应作为改建。技术改造是指企业、事业单位在现有基础上，用先进的技术代替落后的技术，用先进的工艺和装备代替落后的工艺和装备，以改变企业落后的技术经济面貌，实现以内涵为主的扩大再生产，达到提高产品质量、促进产品更新换代、节约能源、降低消耗、扩大生产规模、全面提高社会经济效益的目的。技术改造具体包括以下内容：机器设备和工具的更新改造；生产工艺改革、节约能源和原材料的改造；厂房建筑和公共设施的改造；劳动条件和生产环境的改造等。

固定资产投资按构成分　固定资产投资活动按其工作内容和实现方式分为建筑安装工程，设备、工具、器具购置，其他费用三个部分。

(1)建筑安装工程(建筑安装工作量)：指各种房屋、建筑物的建造工程和各种设备、装置的安装工程。包括各种房屋建造工程；各种用途设备基础和各种工业窑炉的砌筑工程及金属结构工程；为施工而进行的各种准备工作和临时工程以及完工后的清理工作等；铁路、道路的铺设，矿井的开凿及石油管道的架设等；水利工程；防空地下建筑等特殊工程；列入房屋工程预算内的暖气、卫生、通风、照明、煤气等设备的价值及装设油饰工程；列入建筑工程预算内的各种管道(蒸汽、压缩空气、石油、给排水等管道)、电力、电讯电缆导线等的敷设工程；以及各种机械设备的安装工程；为测定安装工程质量，对设备进行的试运工作；房地产开发单位进行的商品房屋开发建设工程、土地开发工程。

在安装工程中，不包括被安装设备本身的价值。

(2)设备、工具、器具购置：指建设单位或企、事业单位购置或自制的，达到固定资产标准的设备、工具、器具的价值。新建单位及扩建单位的新建车间，按照设计或计划要求购置或自制的全部设备、工具、器具，不论是否达到固定资产标准均计入“设备、工具、器具购置”中。

(3)其他费用：指在固定资产建造和购置过程中发生的，除上述几项内容以外的各种应分摊计入固定资产的费用。

施工项目　指报告期内进行过建筑或安装施工活动的项目。凡是报告期内施过工的建设项目，不论施工时间长短，均作为施工项目统计。施工项目个数可以反映一定时期固定资产投资的实际规模，与同期全部建成投产项目个数相比，可以从建设速度的角度反映固定资产投资的效果。根据建设项目施工活动的不同性质，施工项目又分为：本年正式施工项目、本年收尾项目和以前年度全部停缓建项目。

全部建成投产项目　工业项目指设计文件规定形成生产能力的主体工程及其相应配套的辅助设施全部建成，经负荷试运转，证明具备生产设计规定合格产品的条件，并经过验收鉴定合格或达到竣工验收标准，与生产性工程配套的生活福利设施可以满足近期正常生产的需要，正式移交生产的建设项目。非工业项目指设计文件规定的主体工程和相应的配套工程全部建成，能够发挥设计规定的全部效益，经验收鉴定合格或达到竣工验收标准，正式移交使用的建设项目。

新增生产能力(或工程效益)　指通过固定资产投资活动而增加的设计能力(或工程效益)，该指标是以实物形态表现的反映固定资产投资成果的指标，也是考核投资经济效果的重要依据之一。

新增生产能力(或工程效益)一般有以下几种表现形式：

(1)用产品数量表示，以工程在单位时间内(一般是一年)所能生产的产品数量(即年产量)表示。如原煤开采用万吨／年表示，化学农药用吨／年表示，拖拉机制造用台／年表示等。某些化工产品由于含量差别较大，按其设计含量计算折合量表示，如硫酸、纯碱、烧碱等。

(2)用单位时间内所能处理的原料数量表示，以工程每天(或小时)所能处理原料的数量表示。如机制糖工程日处理原料吨，食用植物油日处理原料吨，城市污水处理能力用万吨／日表示等。

(3)用新增加的主要设备的数量或容量表示，如新增棉布织机、丝织机等台数，毛纺锭等锭数，发电厂新增发电机组容量用千瓦表示等。

(4)用建筑物容积、容量、面积、长度表示，是非工业项目或工程新增效益的一种表现形式。如铁路投产里程、新建公路、水库容量、粮食仓库、学校学生席位、医院病床、有效灌溉面积等。

根据工程的特点，有时需要用两种或两种以上的复合计量单位表示新增生产能力(或工程效益)，如新增内燃机生产能力同时用年产台数、千瓦数表示等。

为了规范新增生产能力(或工程效益)的名称和计算单位，国家统计局制订了《新增生产能力(或工程效益)目录及代码》。各固定资产投资单位在统计新增生产能力(或工程效益)时，必须按目录中规定的名称、计量单位和代码填报。

房屋建筑面积　指房屋建筑物勒脚以上外墙外围的水平截面面积，包括房屋建筑物的有效面积和结构面积。该指标是从实物形态上反映建设规模和建设成果的重要指标之一，也是检查工程形象进度、计算工程造价、分析投资效果、研究施工任务和建筑材料之间平衡情况的重要依据。

住宅建筑面积　指施工和竣工房屋建筑面积中供居住用的房屋建筑面积。

施工面积　指报告期内施工的全部房屋建筑面积。包括本期新开工的面积和上期开工跨入本期继续施工的房屋面积，以及上期已停建在本期恢复施工的房屋面积。本期竣工和本期施工后又停缓建的房屋，其建筑面积仍计入本期房屋施工面积中。

竣工面积　指在报告期内房屋建筑按照设计要求已经全部完工，达到住人和使用条件，经验收鉴定合格(或达到竣工验收标准)，正式移交使用单位的各栋房屋建筑面积的总和。

房屋建筑面积竣工率 指一定时期内房屋竣工面积占同期房屋施工面积的比率。

新增固定资产 指报告期内已经完成建造和购置过程，并已交付生产或使用单位的固定资产价值。该指标是表示固定资产投资成果的价值指标，也是反映建设进度，计算固定资产投资效果的重要指标。

项目建成投产率 指一定时期内全部建成投产项目个数与同期施工项目个数的比率。该指标是从建设单位建设速度的角度反映投资效果的指标。

固定资产交付使用率 指一定时期新增固定资产与同期完成投资额的比率。该指标是反映固定资产动用速度，衡量建设过程中宏观投资效果的综合指标。由于新增固定资产是较长时期内形成的结果，而投资额则是当年完成的，因此，该指标一般适宜于反映较长时期内固定资产的动用情况。

商品房销售面积 指报告期内出售商品房屋的合同总面积(即双方签署的正式买卖合同中所确定的建筑面积)。由现房销售建筑面积和期房销售建筑面积两部分组成。

商品房销售额 指报告期内出售商品房屋的合同总价款(即双方签署的正式买卖合同中所确定的合同总价)。该指标与商品房销售面积同口径，由现房销售额和期房销售额两部分组成。

经济适用房 指根据经济适用房计划安排建设的政策性住宅。经济是指房屋建筑造价和销售价格低于一般商品住宅；适用是指适合中低收入家庭购买使用。经济适用房主要是由国家统一下达投资计划，房地产公司开发，对外销售；用地一般采用行政划拨或招标投标方式，免收土地出让金；对各种经批准的收费减半征收，开发利润不超过3%；销售价格实行政府指导价。该指标可以分析房地产投资结构，反映中低收入家庭商品住宅的供求平衡情况。

Explanatory Notes on Main Statistical Indicators

Total Investment in Fixed Assets in the Whole Country refers to the volume of activities in construction and purchases of fixed assets of the whole country and related fees, expressed in monetary terms during the reference period. It is a comprehensive indicator which shows the size, structure and growth of the investment in fixed assets, providing a basis for observing the progress of construction projects and evaluating results of investment. Total investment in fixed assets in the whole country includes, by type of ownership, the investment by State-owned units, collective-owned units, individuals, joint ownership units, share-holding units, as well as investments by entrepreneurs from foreign countries and from Hong Kong, Macao and Taiwan, and by other units.

Urban Investment in Fixed Assets refers to construction projects involving a total planned investment of 500,000 yuan and over by enterprises of various types of ownership, institutions, administrative units and individuals in urban areas, investment in real estate development. In other words, all investments that take place in county towns and urban areas, investment in construction projects under the direct leadership and management of government agencies at and above county levels and investments by enterprises and institutions at and above county levels are covered in urban investment in fixed assets.

Investment in Real Estate Development refers to investment by real estate development companies, commercialized buildings construction companies and other real estate development units of various types of ownership in the construction of buildings, such as residential buildings, factory buildings, warehouses, hotels, guesthouses, holiday villages, office buildings, and the complementary service facilities and land development projects, such as roads, water supply, water drainage, power supply, heating supply, telecommunications, land leveling and other infrastructural projects. It does not include activities in pure land transactions.

Investment in Rural Areas refers to investment in fixed assets by enterprises, institutions, administrative units and households in rural areas.

Sources of Funds for Investment in Fixed Assets are categorized as funds from the State budget, domestic loans, foreign investment, self-raised funds, and others, depending on the sources of investment.

(1) Fund from the State budget consists of budgetary appropriation and loans from the State budget. More specifically, it includes, from the budget of the central government, capital construction fund (operation fund and non-operational fund), special expenses (e.g. expenses on substituting petroleum with coal), loans from repayment, discount fund, expenses on innovation and trial production of new products, expenses on urban construction, expenses on temporary construction from business departments, development fund for less developed areas, as well as local budgetary fund transferred from the central budget.

(2) Domestic loans refer to loans of various forms borrowed by investing units from banks and non-bank financial institutions during the reference period for the purpose of investment in fixed assets, including loans issued by banks from their self-owned funds and deposit, loans appropriated by higher authorities, special loans by government, loans arranged by local government from special funds, domestic reserve loan, and working loan.

(3) Foreign investment refers to foreign funds received during the reference period for the construction and purchase of investment in fixed assets (covering equipment, materials and technology), including foreign borrowings (loans from foreign governments and international financial institutions, export credit, commercial loans from foreign banks, issue of bonds and stocks overseas), foreign direct investment and other foreign investments. Excluded from this category is capital in foreign exchanges owned by China (foreign exchanges owned by the central and local governments, foreign exchanges retained by enterprises, foreign exchanges by enterprises through the regulating mechanism, loans in foreign exchanges issued by the Bank of China with its own fund, etc.). In calculating the utilization of foreign capital, foreign currencies are converted into Chinese Renminbi applying the current exchange rate when the foreign capitals are actually used.

(4) Self-raised funds refer to extra-budgetary funds for investment in fixed assets received during the reference period by investing units from central government ministries, local governments, enterprises and institutions, including their self-raised funds.

(5) Others refer to funds for investment in fixed assets received from sources other than those listed above, including capital raised through issuing bonds by enterprises or financial institutions, funds raised from individuals and through donations, and funds transferred from other units.

Investment in Fixed Assets by Sector The classification of construction projects by sector is determined by the major products or the purpose of the projects when they are put into production or use, and by the nature of their social economic activities. In general, one project or one enterprise or institution can only be classified into one sector.

Investment in Fixed Assets by Jurisdiction of Management refers to the classification of investment by the competent authorities under which investment is made by construction units, enterprises, institutions or administrative units.

(1) Central investment refers to the investment in projects or by enterprises, institutions or administrative units which are

under the direct leadership and management of the State Council and of the national commissions, ministries, agencies and State-owned large corporations. Various ministries and departments of the State Council prepare and implement plans for investment in fixed assets by those departments, and arrange and ensure the supply of materials and key equipment required for the projects.

(2) Local investment refers to the investment in projects or by enterprises, institutions or administrative units which are under the direct leadership and management of departments under the provincial, prefecture and county governments. Also included are projects by foreign-invested enterprises and enterprises without competent managing authorities.

Investment in Fixed Assets by Type of Construction Construction projects in general can be classified, by the type of construction, into new construction, expansion, reconstruction and technical transformation, moving and restoration. However, investment by type of construction is not applied to investment by real-estate development units, investment in rural areas and private investment in housing construction in urban areas and in industrial and mining areas.

(1) New construction in general refers to construction projects, which start from scratch, of enterprises, institutions, administrative agencies. In case the size of the existing unit is quite small, and the value of newly added fixed assets is more than three times of the original value, the expansion will be considered as new construction.

(2) Expansion refers to construction of new major production workshop, branch factory or independent production line within a factory or in other locations, for the purpose of increasing the production capacity (or improving efficiency) or adding new production capacity. Newly constructed accommodation for the operation of institutions and administrative organizations (such as newly constructed buildings for teaching in schools, buildings for clinics or wards in hospitals, etc.) are also classified as expansion.

Also included in expansion are investments by existing enterprises or institutions in building major production line(s) or branch factory(ies) along with some work on innovation, for the purpose of expanding the production capacity of original products or producing new products.

(3) Reconstruction and technical transformation refers to construction projects by existing enterprises or institutions in innovation or technical transformation of the old facilities (including auxiliary production equipment and welfare facilities). Also considered as reconstruction is the construction of new workshops by the existing enterprises or institutions to change the variety of products to meet the market demand (such as the production of civil products by defence industries), or to bring the designed production capacity into full play through a more balanced production process on production lines. Technical transformation refers to replacement of old technology or equipment by new technology or equipment, in order to expand the reproduction through improvement of technology contents in production, to improve product quality, to promote new products, to save energy, to reduce consumption, to expand the production scale and to improve overall social-economic efficiency. Contents of technical transformation include: updating of machinery, equipment and tools; reforming production process by using energy or materials saving technology; construction of factory workshops and transformation of public facilities; improvement of working conditions and environment, etc.

Investment in Fixed Assets by Structure By their contents and the mode of implementation, investment activities are classified into 3 categories, i.e. construction and installation, purchase of equipment and instrument, and other expenses.

(1) Construction and installation (work volume of construction and installation) refers to the construction of houses and buildings and the installation of various kinds of equipment and instruments. They include construction of houses; equipment foundations, industrial kilns and stoves, and metal structure work; preparation works and temporary works for project construction, and clearing up works post project construction; pavement of railways and roads, drilling of mines and putting up of oil pipes; construction of water conservancy; construction of underground air-raid shelters and construction of other special projects; value of equipment for heating, sanitation, ventilation, lighting, gas, painting, etc. that are covered by the budget of housing projects; laying out of various pipelines (for steam, compressed air, petroleum, tap water and sewage) and wiring and cabling for electric power and for communications; installation of various machinery and equipment; testing operation for pre-testing the quality of installation projects, and land and other development work conducted by real estate developers for commercialized housing. The value of equipment installed is itself not included in the value of installation projects.

(2) Purchase of equipment and instruments refers to the total value of equipment, tools, and instruments purchased or self-produced which come up to the cut-off point for fixed assets by the construction units or investing enterprises or institutions. Equipment, tools and instruments purchased or self-produced for new workshops by newly established or expanded units are categorized as "purchase of equipment and instruments" no matter whether they come up to the cut-off point for fixed assets.

(3) Other expenses refer to expenses arising during the construction or purchase of fixed assets other than those mentioned above.

Projects under Construction refer to projects with construction and installation activities undertaken in the reference period. All projects that have construction activities undertaken during the reference period are reported as projects under construction irrespective of the length of construction work. The number of projects under construction can reflect the actual size of investment in fixed assets during a given period, and when compared with the number of projects completed and put into use during the same period, it demonstrates the results of investment in fixed assets from the angle of the speed of the construction. Depending on the nature of construction activities, projects under construction can also be classified into projects beginning construction in current year, winding-up projects in current year and stopped or suspended projects in previous years (with resumption of work in current year).

Projects Completed and Put into Use Industrial projects refer to the major projects and anxilliary facilities having been completed in accordance with the design documents, resulting in forming production capacity and having checked and accepted after relevant tests, while the living and welfare facilities having been completed and being capable of ensuring normal production. Non-industrial projects refer to the major projects and anxilliary facilities which have been completed in accordance with the design documents ; have been checked, accepted after relevant examination; and have been formally delivered for use.

Newly Increased Production Capacity (or Project Efficiency) refers to the increase in design capacity (or project efficiency) through investment in fixed assets, which reflects the accomplishment of investment in fixed assets in physical form and serves as an important basis for evaluating the economic efficiency of investment.

The newly increased production capacity (project efficiency) are usually expressed in one of the following forms:

(1) volume of output of products, i.e. the volume of output that the project can produce during a given period (usually a year). For instance, the capacity in coal mining is expressed in 10,000 tons/year, the capacity in producing chemical pesticides expressed in ton/year, the capacity in producing tractors in tractor/year, etc. For some chemical products where the effective contents differ significantly, the production capacity is expressed as the designed effective content equivalent, such as in the case of sulphuric acid, soda ash, caustic soda, etc;

(2) volume of raw materials processed per unit of time, i.e. the volume of raw materials that could be processed by the project per day (or per hour), such as tons of materials processed per day by a sugar refining project or edible vegetable oil project, or tons of urban sewage processed per day;

(3) number or capacity of major equipment increased, such as number of cotton or silk looms increased, wool spindles increased, or capacity (in kilowatts) of power generators increased; and

(4) physical measures (volume, capacity, area, and length) of construction, which is typical for non-industrial projects, for instance, the length of railways put into operation, the length of highways, the capacity of reservoirs, the capacity of warehouses, the floor space of housing projects, capacity for new students in schools or beds in hospitals, areas under new irrigation project, etc.

The special features of projects may sometimes call for the combined use of two or more measurements to reflect the increase in production capacity (or project efficiency); for instance, the new capacity for the production of internal combustion engines is expressed in sets per year and kilowatts per year simultaneously.

To standardize the nomenclature and unit of measurement for newly increased production capacity (or project efficiency), the National Bureau of Statistics has developed the *Nomenclature and Codes for New Production Capacity (Project Efficiency).* All reporting units with investment activities are required to follow these two nomenclatures in reporting statistics on new production capacity (project efficiency).

Floor Space of Buildings under Construction refers to the total floor space of the horizontal section of outer walls above the plinth of the building, including the effective area and the area occupied by the structure. This indicator is one of the important indicators in physical terms to reflect the scale and accomplishment of the construction industry and also an important basis for monitoring the progress, calculating the cost, analyzing the efficiency and studying the supply of building materials in relation to the construction projects.

Floor Space of Residential Buildings refers to the floor space of the residential buildings among the total space of buildings under construction or completed.

Floor Space under Construction refers to total floor space of all buildings under construction during the reference period, including floor space of newly started buildings during the reference period, floor space of construction extended from the previous period to the current period, and floor space of construction suspended during the previous period and resumed in the current period. Floor space of construction completed in the current period, and floor space of construction started and then suspended in the current period are also included in the floor space under construction of the current year.

Floor Space Completed refers to the floor space of all buildings completed in the reference period, which have been appraised and accepted (or come up to the designed standards) and have been transferred to owner units.

Completion Rate of Floor Space of Buildings refers to the ratio of the floor space of buildings completed in a certain period of time to the floor space of buildings under construction in the same period.

Newly Increased Fixed Assets refer to the newly increased value of fixed assets, constructed or purchased, that have been transferred to the investors. This is an indicator that demonstrates the results of investment in fixed assets in monetary terms, and an important indicator to reflect the speed of construction and to calculate the efficiency of investment.

Rate of Construction Projects Completed and Put into Use refers to the ratio of the number of construction projects completed and put into use in a certain period of time to the number of projects under construction in the same period. This reflects the investment efficiency from the perspective of the speed of projects construction.

Rate of Projects of Fixed Assets Completed and Put into Operation refers to the ratio of the newly increased fixed assets to the total investment made in the same period. This is a comprehensive indicator reflecting the speed of the employment of fixed assets and the investment efficiency at the macro-level. As the newly increase fixed assets is the result of a long period while the investment is completed in the current year, this indicator is expected to be used to reflect the employment of fixed assets over a long period of time.

Area of Commercialized Housing Sold refers to total contracted area of commercialized housing (i.e. area of floor space as designated in the formal contracts signed by both sides) during the reference time. It constitutes floor space of completed housing and floor space of future housing.

Value of Commercialized Housing Sold refers to the total contracted value (i.e. value of sales/purchase for selling/purchase of commercialized housing as designated in the contract signed by both sides) during the reference time. This indicator has the same coverage as the area of commercialized housing sold, which constitutes floor space of completed housing and floor space of housing yet to be completed.

Economically Affordable Housing refers to housing constructed according to the State Plan for economically affordable housing. The features of houses of this category are low cost of construction and low prices, and therefore are affordable to mid-income and low income households. Economically affordable housing projects are developed by real estate companies under the State Investment Plan, with the land provided through government allocation or tendering procedures. Developers are exempted from land utilization fees and enjoy another 50% exemption of all other legitimate fees, while their profits are limited to less than 3%, and the completed houses are sold under government-guided prices. This indicator helps to analyze the investment structure of the real estate industry and the demand and supply of housing for mid-income and low income households.

七、能　源

资料整理：侯　磊

7. 能　源

2010 年全省			
能源生产总量	32331.97	万吨标准煤（等价值）	比上年增长 16.7%
能源消费总量	8882.11	万吨标准煤（等价值）	比上年增长 10.4%
平均每天消费能源	24.33	万吨标准煤	
#原　煤	33.11	万　　吨	
原　油	5.77	万　　吨	
天然气	1621.68	万立方米	
电　力	23540.23	万千瓦小时	

能源生产总量构成

（2010年）

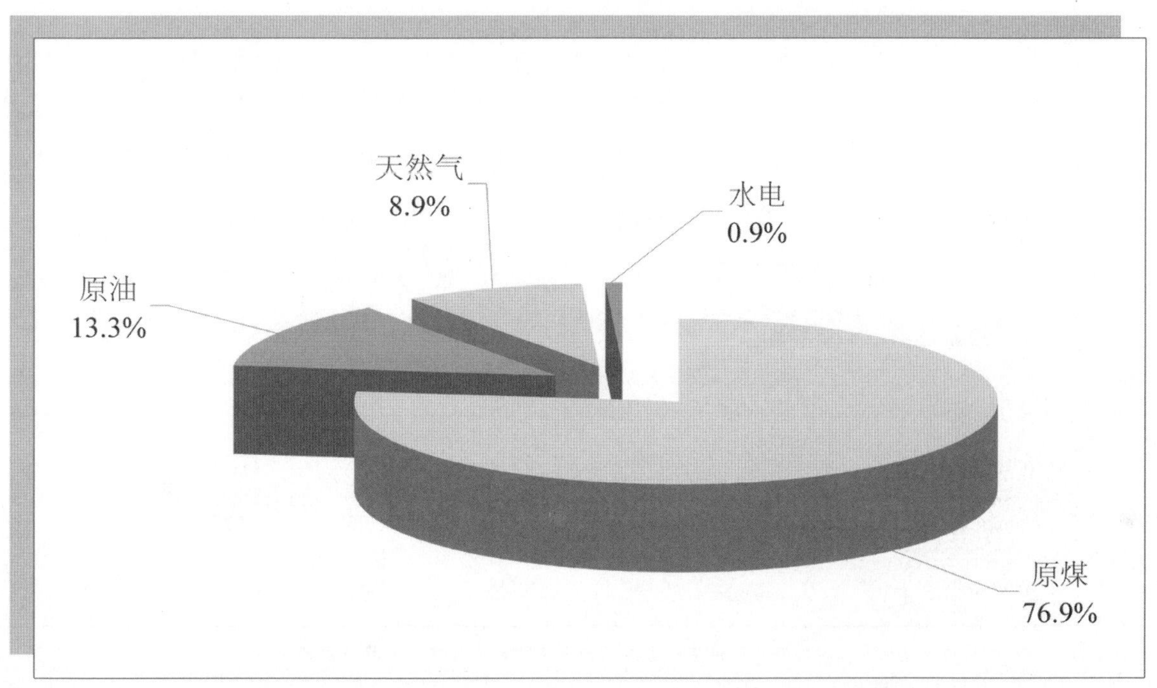

7-1 能源生产、消费总量及构成
Total Production and Consumption of Energy and Its Composition

指标	Item	2005		2009		2010	
		当量值 Equivalent Weight	等价值 Equivalent Value	当量值 Equivalent Weight	等价值 Equivalent Value	当量值 Equivalent Weight	等价值 Equivalent Value
能源生产总量	**Total Energy Production**	**14466.47**	**14576.36**	**27563.07**	**27700.64**	**32159.90**	**32331.97**
(万吨标准煤)	**(10 000 tons of SCE)**						
原 煤	Coal	10890.22	10890.22	21109.03	21109.03	24856.72	24856.72
原 油	Crude Oil	2540.28	2540.28	3851.35	3851.35	4310.49	4310.49
天然气	Natural Gas	978.60	978.60	2520.62	2520.62	2885.46	2885.46
水 电	Hydro-power	57.37	167.26	82.07	219.64	107.23	279.30
能源生产构成(%)	**Energy Production Composition (%)**	**100.00**	**100.00**	**100.00**	**100.00**	**100.00**	**100.00**
原 煤	Coal	75.28	74.71	76.58	76.20	77.26	76.85
原 油	Crude Oil	17.56	17.43	13.97	13.90	13.42	13.35
天然气	Natural Gas	6.76	6.71	9.14	9.10	8.98	8.94
水 电	Hydro-power	0.40	1.15	0.30	0.79	0.33	0.86
能源消费总量	**Total Energy Consumption**	**5557.77**	**5571.34**	**8254.59**	**8043.60**	**9238.11**	**8882.11**
(万吨标准煤)	**(10 000 tons of SCE)**						
煤 炭	Coal	4305.31	4208.99	6101.42	5752.86	6803.08	6275.01
石 油	Crude Oil	967.28	967.28	1405.97	1405.97	1563.51	1563.51
天然气	Natural Gas	227.80	227.80	665.12	665.12	764.30	764.30
水 电	Hydro-power	57.37	167.26	82.07	219.64	107.23	279.30
能源消费构成(%)	**Energy Consumption Composition (%)**	**100.00**	**100.00**	**100.00**	**100.00**	**100.00**	**100.00**
煤 炭	Coal	77.46	75.55	73.92	71.55	73.64	70.65
石 油	Crude Oil	17.40	17.36	17.03	17.48	16.92	17.60
天然气	Natural Gas	4.10	4.09	8.06	8.27	8.27	8.60
水 电	Hydro-power	1.03	3.00	0.99	2.70	1.16	3.14

注：当量值指电力按自身的热功当量换算成标准煤，等价值指电力按当年平均火力发电煤耗换算成标准煤。

a) The equivalent weight refers to the value that electric power converts to standard coal by its heat equivalent, equivalent value refers to the value of average standard coal consumption by thermal power in the current year.

7-2 主要能源平衡情况(2010年)
Main Energy Balance Sheet(2010)

指 标	Item	综合能源(万吨标准煤) Comprehensive Energy (10 000 tons of SCE)	原 煤(万吨) Coal (10 000 tons)	天然气(亿立方米) Natural Gas (100 million cu.m)	电 力(亿千瓦小时) Electricity (100 million kwh)
一、可供本地区消费能源	**Volume of total Energy Available for Consumption**	**9689.04**	**12558.49**	**57.48**	**81.79**
年初库存	Stock at the Beginning of the Year	1073.10	1126.13		
一次能源生产量	Primary Energy Output	32331.97	36164.15	223.47	87.25
外省(区、市)调入量	Inflow from Other Provinces (Regions, Cities)	1466.27	1240.69		164.68
本省(区、市)调出量(-)	Outflow from this Provinces (Regions, Cities)	-23450.13	-24050.62	-165.99	-260.00
出口量(-)	Exports	-425.46	-545.34		
年末库存(-)	Stock at Year-end	-1306.72	-1376.51		
二、加工转换投入(-)产出(+)量	**Input (—) or Output (+) of Processing and Transformation**	**-613.29**	**-8863.59**	**-1.41**	**1039.73**
火力发电	Thermal Power	0.00	-4850.49	-0.87	1039.73
供 热	Heating	-50.67	-307.86	-0.54	
煤炭洗选	Separation Coal	-112.00	-1691.81		
炼 焦	Coke Making	-369.76	-2008.02		
炼油及煤制油	Oil Refining and Coal to Make Oil	-170.53			
煤制品加工	Processing of Coal Products	-0.14	-5.41		
回收能	Recovery of Energy	94.72			
三、损失量	**Loss Volume**	**200.25**		**0.41**	**60.91**
四、终端消费	**Final Consumption**	**7973.85**	**3221.76**	**57.37**	**798.31**
第一产业	Primary Industry	209.44	23.00	0.04	39.13
农、林、牧、渔业	Agriculture, Forestry, Animal Husbandry and Fishery	209.44	23.00	0.04	39.13
第二产业	Secondary Industry	5003.61	2392.56	28.53	528.60
工 业	Industry	4844.81	2361.06	28.53	512.14
建筑业	Construction	158.80	31.50		16.46
第三产业	Tertiary Industry	1633.70	402.25	12.17	118.20
交通运输、仓储和邮政业	Transportation, Storage and Post Services	944.69	52.00	4.35	38.62
批发、零售业和住宿、餐饮业	Wholesale and Retail Trades, Hotels and Catering Services	308.48	91.00	7.52	27.11
其 他	Others	380.53	259.25	0.30	52.48
生活消费	Household Consumption	1127.11	403.95	16.64	112.38
城 镇	Urban Areas	730.12	140.00	16.00	67.24
乡 村	Rural Area	396.99	263.95	0.64	45.14

7-2 续表 continued

指 标	Item	原 油 (万吨) Crude Oil (10 000 tons)	汽 油 (万吨) Gasoline (10 000 tons)	煤 油 (万吨) Kerosene (10 000 tons)	柴 油 (万吨) Diesel Oil (10 000 tons)	燃料油 (万吨) Fuel Oil (10 000 tons)
一、可供本地区消费能源	**Volume of total Energy Available for Consumption**	**1977.74**	**-317.11**	**-15.26**	**-287.55**	**-85.01**
年初库存	Stock at the Beginning of the Year	69.52	40.44	2.96	32.16	1.02
一次能源生产量	Primary Energy Output	3017.28				
外省(区、市)调入量	Inflow from Other Provinces (Regions, Cities)		22.50		41.06	
本省(区、市)调出量(-)	Outflow from this Provinces (Regions, Cities)	-1032.19	-345.67		-328.57	-85.50
出口量(-)	Exports					
年末库存(-)	Stock at Year-end	-76.87	-34.38	-18.22	-32.19	-0.53
二、加工转换投入(-)产出(+)量	**Input (—) or Output (+) of Processing and Transformation**	**-1980.87**	**572.48**	**27.65**	**853.68**	**85.15**
火力发电	Thermal Power		-0.01		-0.67	
供 热	Heating				-0.09	
煤炭洗选	Separation Coal					
炼 焦	Coke Making					
炼油及煤制油	Oil Refining and Coal to Make Oil	-1980.87	572.49	27.65	854.44	85.15
煤制品加工	Processing of Coal Products					
回收能	Recovery of Energy					
三、损失量	**Loss Volume**					
四、终端消费	**Final Consumption**	**123.74**	**255.22**	**8.94**	**530.74**	**0.14**
第一产业	Primary Industry		7.02		39.50	
农、林、牧、渔业	Agriculture, Forestry, Animal Husbandry and Fishery		7.02		39.50	
第二产业	Secondary Industry	123.74	19.90	2.44	92.34	0.14
工 业	Industry	123.74	10.40	2.08	44.34	0.14
建筑业	Construction		9.50	0.36	48.00	
第三产业	Tertiary Industry		152.30	6.50	391.60	
交通运输、仓储和邮政业	Transportation, Storage and Post Services		136.50	6.50	356.00	
批发、零售业和住宿、餐饮业	Wholesale and Retail Trades, Hotels and Catering Services		11.50		25.60	
其 他	Others		4.30		10.00	
生活消费	Household Consumption		76.00		7.30	
城 镇	Urban Areas		60.00		2.30	
乡 村	Rural Area		16.00		5.00	

注：综合能源消费电力、热力按等价值折算。

a) Comprehensive energy consumption Electric power and heat are converted on the basis of equal value.

7-3　能源生产弹性系数
Elasticity Ratio of Energy Production

指　标	Item	2005	2006	2007	2008	2009	2010
能源生产增长速度(%)	Growth Rate of Energy Production over Preceding Year (%)	15.6	7.2	15.5	27.1	20.8	16.7
电力生产增长速度(%)	Growth Rate of Electricity Production over Preceding Year (%)	14.9	14.1	27.5	6.5	5.7	23.4
生产总值增长速度(%)	Rate of Gross Domestic Product (GDP) over Preceding Year (%)	13.7	13.9	15.8	16.4	13.6	14.6
能源生产弹性系数	Elasticity Ratio of Energy Production	1.14	0.52	0.98	1.65	1.53	1.15
电力生产弹性系数	Elasticity Ratio of Electricity Production	1.08	1.01	1.74	0.40	0.42	1.62

注：生产总值增长速度按不变价计算，能源生产用等价值折算。
a) The growth rates of GDP are calculated at constant prices. Energy production are converted on the basis of equal value.

7-4　平均每万人能源生产量
Energy Production Per 10 000 Population

品　种	Item	2005	2006	2007	2008	2009	2010
生产总量（吨标准煤）	**Total Production (ton of SCE)**	**39550.56**	**42276.55**	**48712.03**	**61771.16**	**74414.07**	**86657.65**
原　煤　(吨)	Coal(ton)	41855.92	43878.64	49448.52	65349.36	79546.36	96928.83
原　油　(吨)	Crude Oil(ton)	4824.75	5383.31	6118.18	6635.06	7242.15	8087.07
天然气　(万立方米)	Natural Gas(10 000 cu. m)	218.67	217.81	297.29	387.26	509.12	598.96
电　力(万千瓦小时)	Electricity(10 000 kwh)	1506.99	1715.12	2072.50	2317.20	2442.74	3020.58

注：能源生产总量用等价值折算。
a) Total energy production are converted on the basis of equal value.

7-5　能源加工转换效率
Efficiency of Energy Conversion

指　标	Item	2005	2006	2007	2008	2009	2010
总效率(%)	**Total Efficiency (%)**	**67.30**	**69.84**	**68.23**	**69.23**	**70.32**	**71.77**
火力发电	Thermal Power	34.36	35.23	35.88	36.69	37.57	38.41
供　热	Heating	74.46	80.76	74.23	74.17	71.67	78.12
洗　煤	Separation Coal	82.60	86.27	67.47	69.23	81.97	90.64
炼　焦	Coke Making	83.16	82.54	84.09	84.96	83.46	82.98
炼　油	Oil Refining	94.67	94.31	94.59	94.36	93.30	93.81

7-6 单位GDP能耗
Energy Consumption Per Unit of GDP by City (District)

单位：吨标准煤/万元 (ton of SCE/10 000 yuan)

地 区	Region	2005	2006	2007	2008	2009	2010
全 省	**Shaanxi**	**1.416**	**1.368**	**1.306**	**1.228**	**1.172**	**1.129**
西 安 市	Xi'an	1.030	0.987	0.930	0.869	0.820	0.803
铜 川 市	Tongchuan	2.160	2.123	2.017	1.917	1.798	1.720
宝 鸡 市	Baoji	1.460	1.399	1.328	1.249	1.186	1.162
咸 阳 市	Xianyang	1.380	1.330	1.264	1.201	1.143	1.102
渭 南 市	Weinan	3.510	3.429	3.263	3.085	2.946	2.807
延 安 市	Yan'an	0.980	0.952	0.907	0.865	0.826	0.782
汉 中 市	Hanzhong	1.800	1.739	1.655	1.563	1.494	1.440
榆 林 市	Yulin	2.510	2.426	2.343	2.195	2.072	2.000
安 康 市	Ankang	1.380	1.340	1.276	1.198	1.148	1.103
商 洛 市	Shangluo	1.080	1.066	1.024	0.975	0.926	0.896
杨凌示范区	Yangling	0.710	0.695	0.670	0.628	0.597	0.582

注：本表GDP按2005年价格计算，能源消耗按等价值计算。
a) GDP in this table are calculated at 2005 constant prices. The energy consumption are converted on the basis of equal value.

7-6 续表 continued

地 区	Region	比上年增长(%) Growth Rates over Preceding Year(%)				
		2006	2007	2008	2009	2010
全 省	**Shaanxi**	**-3.41**	**-4.55**	**-5.94**	**-4.56**	**-3.64**
西 安 市	Xi'an	-4.15	-5.75	-6.65	-5.56	-2.02
铜 川 市	Tongchuan	-1.70	-5.01	-4.95	-6.21	-4.31
宝 鸡 市	Baoji	-4.20	-5.05	-5.96	-5.06	-2.01
咸 阳 市	Xianyang	-3.63	-4.97	-4.97	-4.81	-3.59
渭 南 市	Weinan	-2.30	-4.85	-5.44	-4.51	-4.72
延 安 市	Yan'an	-2.85	-4.78	-4.56	-4.54	-5.38
汉 中 市	Hanzhong	-3.40	-4.80	-5.6	-4.38	-3.63
榆 林 市	Yulin	-3.35	-3.42	-6.3	-5.6	-3.46
安 康 市	Ankang	-2.90	-4.75	-6.15	-4.2	-3.89
商 洛 市	Shangluo	-1.30	-3.96	-4.78	-5.01	-3.20
杨凌示范区	Yangling	-2.10	-3.65	-6.22	-5	-2.48

7-7　单位工业增加值能耗

Energy Consumption Per Unit of Value Added of Industry

单位：吨标准煤/万元　　(ton of SCE/10 000 yuan)

地　区	Region	2005	2006	2007	2008	2009	2010
全　省	**Shaanxi**	**2.620**	**2.460**	**2.270**	**2.009**	**1.892**	**1.770**
西安市	Xi'an	1.220	1.100	1.092	0.915	0.800	0.703
铜川市	Tongchuan	4.100	4.150	3.455	4.739	4.142	3.955
宝鸡市	Baoji	3.010	2.840	2.101	1.712	1.434	1.374
咸阳市	Xianyang	3.090	2.730	2.505	2.158	1.896	1.933
渭南市	Weinan	7.760	8.040	7.153	5.742	4.801	4.116
延安市	Yan'an	0.640	0.560	0.746	0.737	0.611	0.567
汉中市	Hanzhong	4.720	4.210	3.490	2.803	2.563	2.388
榆林市	Yulin	3.650	3.800	2.987	2.805	2.464	2.312
安康市	Ankang	2.080	1.840	1.583	1.259	1.079	0.952
商洛市	Shangluo	2.050	2.410	2.400	2.071	2.015	1.729
杨凌示范区	Yangling	1.590	1.620	1.204	0.352	0.277	0.304

注：本表统计范围是年主营业务收入500万元及以上的法人工业企业。

a) Statistical scope in this table is industrial enterprises with annual principal business sales over 5 million yuan.

7-7　续表　continued

地　区	Region	比上年增长(%) Growth Rates over Preceding Year(%)				
		2006	2007	2008	2009	2010
全　省	**Shaanxi**	**-7.09**	**-7.81**	**-11.48**	**-5.82**	**-6.83**
西安市	Xi'an	-3.04	-12.56	-13.43	-10.48	-12.18
铜川市	Tongchuan	-1.09	-8.02	0.70	-15.46	-4.51
宝鸡市	Baoji	-11.41	-13.27	-14.07	-22.44	-4.18
咸阳市	Xianyang	-11.37	-10.85	-14.06	-11.46	1.92
渭南市	Weinan	-2.09	-10.51	-18.84	-3.41	-14.26
延安市	Yan'an	-2.61	-8.60	-3.28	-2.71	-7.22
汉中市	Hanzhong	-7.34	-11.32	-19.55	-6.57	-6.82
榆林市	Yulin	-10.22	1.38	-5.95	0.60	-6.14
安康市	Ankang	-9.25	-4.81	-14.97	11.93	-11.72
商洛市	Shangluo	19.32	-0.72	-17.14	-10.13	-14.23
杨凌示范区	Yangling	1.23	-11.79	-0.06	-41.93	9.95

7-8 单位GDP电耗
Electricity Consumption Per Unit of GDP

单位：千瓦时/万元 (kw.h/10 000 yuan)

地 区	Region	2005	2006	2007	2008	2009	2010
全 省	**Shaanxi**	**1312.83**	**1296.04**	**1259.79**	**1172.27**	**1078.51**	**1093.94**
西 安 市	Xi'an	963.34	920.19	856.29	796.92	754.45	761.98
铜 川 市	Tongchuan	3552.00	4625.68	4836.61	4737.56	4093.79	3884.47
宝 鸡 市	Baoji	1199.69	1087.22	1022.65	917.48	836.47	817.64
咸 阳 市	Xianyang	1045.24	1020.81	998.65	967.64	917.63	925.00
渭 南 市	Weinan	1996.34	1857.74	1662.79	1572.67	1454.96	1511.39
延 安 市	Yan'an	568.39	567.81	560.54	547.07	636.82	611.09
汉 中 市	Hanzhong	1592.44	1573.13	1490.40	1350.57	1335.07	1369.67
榆 林 市	Yulin	1570.62	1650.89	1730.61	1443.75	1172.12	1137.68
安 康 市	Ankang	1027.52	1177.00	1167.76	1034.32	1013.64	991.53
商 洛 市	Shangluo	1001.85	1171.75	1260.36	1198.15	1126.15	1301.61
杨凌示范区	Yangling	878.69	991.54	1097.50	866.06	917.96	925.34

注：本表GDP按2005年价格计算。
a) GDP in this table is at 2005 constant prices.

7-8 续表 continued

地 区	Region	比上年增长(%) Growth Rates over Preceding Year(%)				
		2006	2007	2008	2009	2010
全 省	**Shaanxi**	**-1.28**	**-2.80**	**-6.95**	**-7.98**	**1.43**
西 安 市	Xi'an	-4.48	-6.94	-6.93	-5.33	1.00
铜 川 市	Tongchuan	30.23	4.56	-2.05	-13.59	-5.11
宝 鸡 市	Baoji	-9.38	-5.94	-10.28	-8.83	-2.25
咸 阳 市	Xianyang	-2.34	-2.17	-3.11	-5.17	0.80
渭 南 市	Weinan	-6.94	-10.49	-5.42	-7.48	3.88
延 安 市	Yan'an	-0.10	-1.28	-2.40	3.06	-4.04
汉 中 市	Hanzhong	-1.21	-5.26	-9.38	-1.15	2.59
榆 林 市	Yulin	5.11	4.83	-16.58	-18.81	-2.94
安 康 市	Ankang	14.55	-0.79	-11.43	-2.00	-2.18
商 洛 市	Shangluo	16.96	7.56	-4.94	-6.01	15.58
杨凌示范区	Yangling	12.84	10.69	-21.09	5.99	0.80

7-9 能源消费弹性系数

Elasticity Ratio of Energy Consumption

指 标	Item	2005	2006	2007	2008	2009	2010
能源消费增长速度(%)	Growth Rate of Energy Consumption over Preceding Year (%)	13.56	10.02	10.53	9.49	8.44	10.43
电力消费增长速度(%)	Growth Rate of Electricity Consumption over Preceding Year (%)	8.17	12.54	12.56	8.31	4.53	16.09
生产总值增长速度(%)	Growth Rate of Gross Domestic Product (GDP) over Preceding Year (%)	13.7	13.9	15.8	16.4	13.6	14.6
能源消费弹性系数	Elasticity Ratio of Energy Consumption	0.99	0.72	0.67	0.58	0.62	0.72
电力消费弹性系数	Elasticity Ratio of Electricity Consumption	0.60	0.90	0.79	0.51	0.33	1.11

7-10 平均每天各种能源消费量

Average Daily Energy Consumption by Variety

品 种	Item	2005	2006	2007	2008	2009	2010
消费总量(万吨标煤)	**Total Consumption (10 000 tons of SCE)**	**15.26**	**16.79**	**18.56**	**20.32**	**22.04**	**24.33**
原 煤 (万吨)	Coal (10 000 tons)	15.12	19.67	21.72	24.46	26.85	33.11
焦 炭 (吨)	Coke (ton)	6879	7897	11151	10629	17945	20034
原 油 (吨)	Crude Oil (ton)	34039	40793	44078	48349	51236	57661
汽 油 (吨)	Gasoline (ton)	5389	5772	7857	5319	6808	6993
煤 油 (吨)	Kerosene (ton)	954	953	535	429	232	245
柴 油 (吨)	Diesel Oil (ton)	7770	8539	7668	12152	13515	14562
天然气 (万立方米)	Natural Gas (10 000 cu.m)	513.97	778.90	1132.60	1413.70	1370.14	1621.68
电 力(万千瓦小时)	Electricity (10 000 kwh)	14136.99	15910.41	17909.32	19397.80	20276.99	23540.23

7-11 平均每万元工业总产值能源消费量(2010年)
Energy Consumption Per 10 000 Yuan of Gross Industrial Output Value(2010)

行业	Sector	能源消费量(万吨标煤) Total Energy Consumption (10 000 tons of SCE)	产值能耗(吨标煤/万元) Output Energy Consumption (ton of SCE/10 000 yuan)
工业	**Industry**	**5773.69**	**0.52**
采矿业	**Mining**	**785.17**	**0.28**
煤炭开采和洗选业	Mining and Washing of Coal	189.60	0.13
石油和天然气开采业	Extraction of Petroleum and Natural Gas	570.12	0.48
黑色金属矿采选业	Mining and Processing of Ferrous Metal Ores	7.23	0.19
有色金属矿采选业	Mining and Processing of Non-Ferrous Metal Ores	14.09	0.10
非金属矿采选业	Mining and Processing of Non-metal Ores	4.12	0.19
其他采矿业	Mining of Other Ores		
制造业	**Manufacturing**	**2802.99**	**0.37**
农副食品加工业	Processing of Food from Agricultural Products	40.07	0.10
食品制造业	Manufacture of Foods	73.49	0.35
饮料制造业	Manufacture of Beverages	38.44	0.19
烟草制品业	Manufacture of Tobacco	4.17	0.03
纺织业	Manufacture of Textile	34.50	0.28
纺织服装、鞋、帽制造业	Manufacture of Textile Wearing Apparel, Footware and Caps	0.89	0.04
皮革、毛皮、羽毛(绒)及其制品业	Manufacture of Leather, Fur, Feather and Related Products	0.16	0.06
木材加工及木、竹、藤、棕、草制品业	Processing of Timber, Manufacture of Wood, Bamboo, Rattan, Palm,and Straw Products	2.87	0.14
家具制造业	Manufacture of Furniture	0.32	0.04
造纸及纸制品业	Manufacture of Paper and Paper Products	58.05	0.86
印刷业和记录媒介的复制	Printing, Reproduction of Recording Media	2.16	0.04
文教体育用品制造业	Manufacture of Articles For Culture, Education and Sport Activities	0.07	0.03
石油加工、炼焦及核燃料加工业	Processing of Petroleum, Coking, Processing of Nuclear Fuel	535.48	0.42
化学原料及化学制品制造业	Manufacture of Raw Chemical Materials and Chemical Products	614.24	1.83
医药制造业	Manufacture of Medicines	19.05	0.08
化学纤维制造业	Manufacture of Chemical Fibres	3.32	0.30
橡胶制品业	Manufacture of Rubber	5.67	0.18
塑料制品业	Manufacture of Plastics	4.36	0.04
非金属矿物制品业	Manufacture of Non-metallic Mineral Products	553.35	1.34
黑色金属冶炼及压延加工业	Smelting and Pressing of Ferrous Metals	390.46	0.90
有色金属冶炼及压延加工业	Smelting and Pressing of Non-ferrous Metals	265.72	0.41
金属制品业	Manufacture of Metal Products	6.63	0.09
通用设备制造业	Manufacture of General Purpose Machinery	19.81	0.05
专用设备制造业	Manufacture of Special Purpose Machinery	25.00	0.06
交通运输设备制造业	Manufacture of Transport Equipment	59.79	0.05
电气机械及器材制造业	Manufacture of Electrical Machinery and Equipment	16.19	0.04
通信设备、计算机及其他电子设备制造业	Manufacture of Communication Equipment, Computers and Other Electronic Equipment	20.01	0.09
仪器仪表及文化、办公用机械制造业	Manufacture of Measuring Instruments and Machinery for Cultural Activity and Office Work	3.06	0.04
工艺品及其他制造业	Manufacture of Artwork and Other Manufacturing	5.53	0.29
废旧资源和废旧材料回收加工业	Recycling and Disposal of Waste	0.11	0.08
电力、燃气及水的生产和供应业	**Electric Power, Gas and Water Production and Supply**	**2185.53**	**2.65**
电力、热力的生产和供应业	Production and Supply of Electric Power and Heat Power	2181.24	2.83
燃气生产和供应业	Production and Supply of Gas	1.21	0.03
水的生产和供应业	Production and Supply of Water	3.08	0.20

注：本表能源消费量为当量值，工业总产值为现价；统计范围是年主营业务收入500万元及以上的法人工业企业。

a) Energy consumption in this table is the equivalent weight, the gross industrial output value is at current prices.Statistical scope in this table is industrial enterprises with annual principal business sales over 5 million yuan.

7-12 全省用电总量

Total Electricity Consumption in the Whole Province

单位：亿千瓦时 (100 million kwh)

指 标	Item	2005	2006	2007	2008	2009	2010
全省用电量总计	**Total Electricity Consumption in the Whole Province**	**516.00**	**580.72**	**653.69**	**708.02**	**740.11**	**859.22**
农、林、牧、渔、水利用电	Electricity Consumption for Agriculture,Forestry, Animal Husbandry, Fishery and Water Conservancy	31.10	34.39	36.02	37.64	38.09	39.13
# 排灌用电	Electricity Consumption for drainage and irrigation	25.32	27.76	29.27	29.96	29.40	29.04
工业用电	Electricity Consumption for Industry	353.43	398.90	454.73	488.28	492.24	573.05
轻工业	Light Industry	42.76	51.52	58.31	56.89	53.46	55.58
重工业	Heavy Industry	311.10	347.38	396.42	431.39	438.77	517.47
# 自来水生产和供应业	Production and Supply of Water	2.86	3.10	3.14	3.19	3.43	4.04
# 电力、热力生产供应业	Production and Supply of Electric Power and Heat Power	91.18	83.99	92.69	102.15	109.14	129.28
# 厂用电量	Electricity Consumption for factory	54.47	43.86	50.91	54.41	53.86	67.16
# 线路损失电量	Loss of power lines	21.59	38.73	40.39	46.83	54.20	60.91
建筑业用电	Construction electricity	4.66	7.13	8.88	9.37	12.10	16.46
交通运输、仓储和邮政业用电	Electricity Consumption for Transport, Storage and Post	26.16	27.83	32.62	34.67	36.90	36.67
交通运输业	Transport	24.54	26.01	30.74	32.72	34.63	36.67
邮政业	Post	0.69	0.73	0.75	1.12	0.94	0.78
仓储业	Storage	0.94	1.09	1.13	0.83	1.33	1.16
信息传输、计算机服务和软件业用电	Electricity Consumption for Information Transmission, Computer Services and Software	2.57	3.32	3.97	4.82	5.40	5.48
商业、住宿和餐饮用电	Electricity Consumption for Commercial, Hotels and Catering Services	14.33	16.06	17.61	18.74	21.66	27.11
批发和零售业	Wholesale and Retail Trades	6.72	8.20	9.47	10.24	12.15	16.81
住宿和餐饮业	Hotels and Catering Services	6.72	7.86	8.14	8.50	9.51	10.29
金融、房地产、商务及其他服务业用电	Electricity Consumption for Financial Intermediation, Real Estate, Business and others Services	8.51	9.32	10.71	12.36	15.17	18.51
公共事业及其管理组织用电	Electricity Consumption for the Non-profit Organization and the Management Organization	19.89	21.72	23.81	26.74	29.17	28.48
城乡居民生活用电	Electricity Consumption for Cities and Rural Areas Residential	55.35	62.06	65.76	75.41	89.38	112.38
乡村用电	Electricity Consumption for Rural Areas	18.54	20.64	22.50	26.67	34.98	45.14
城市用电	Electricity Consumption for Cities	36.80	41.42	43.26	48.74	54.40	67.24

7-13 主要能源按行业分组消费量(2010年)
Consumption of Main Energy by Sector (2010)

行业	Sector	原煤(万吨) Coal (10 000 tons)	焦炭(万吨) Coke (10 000 tons)	汽油(万吨) Gasoline (10 000 tons)	柴油(万吨) Diesel Oil (10 000 tons)	电力(亿千瓦时) Electricity (100 million kwh)
采矿业	**Mining**	**1890.69**	**0.51**	**3.92**	**30.15**	**79.80**
煤炭开采和洗选业	Mining and Washing of Coal	1773.30		0.75	6.80	30.61
石油和天然气开采业	Extraction of Petroleum and Natural Gas	100.41		3.00	21.22	23.33
黑色金属矿采选业	Mining and Processing of Ferrous Metal Ores	4.67	0.51	0.04	0.62	7.64
有色金属矿采选业	Mining and Processing of Non-Ferrous Metal Ores	8.45	0.00	0.12	0.90	11.19
非金属矿采选业	Mining and Processing of Non-metal Ores	3.86		0.00	0.61	4.87
其他采矿业	Mining of Other Ores					2.17
制造业	**Manufacturing**	**4304.96**	**730.73**	**6.02**	**12.52**	**357.94**
农副食品加工业	Processing of Food from Agricultural Products	52.31		0.24	0.26	7.17
食品制造业	Manufacture of Foods	120.95		0.39	0.14	3.10
饮料制造业	Manufacture of Beverages	56.89	0.04	0.23	0.06	3.16
烟草制品业	Manufacture of Tobacco	9.33		0.03	0.04	0.54
纺织业	Manufacture of Textile	33.17	0.00	0.09	0.01	12.44
纺织服装、鞋、帽制造业	Manufacture of Textile Wearing Apparel, Footware and Caps	0.96	0.02	0.02	0.00	0.34
皮革、毛皮、羽毛(绒)及其制品业	Manufacture of Leather, Fur, Feather and Related Products	0.19		0.01		0.03
木材加工及木、竹、藤、棕、草制品业	Processing of Timber, Manufacture of Wood, Bamboo, Rattan, Palm,and Straw Products	2.46		0.01	0.00	2.52
家具制造业	Manufacture of Furniture	0.07		0.02	0.02	0.37
造纸及纸制品业	Manufacture of Paper and Paper Products	95.08		0.15	0.06	5.17
印刷业和记录媒介的复制	Printing, Reproduction of Recording Media	0.77		0.09	0.02	1.08
文教体育用品制造业	Manufacture of Articles For Culture, Education and Sport Activities	0.05		0.00	0.00	0.07
石油加工、炼焦及核燃料加工业	Processing of Petroleum, Coking, Processing of Nuclear Fuel	1492.25		0.04	1.16	21.25
化学原料及化学制品制造业	Manufacture of Raw Chemical Materials and Chemical Products	711.40	156.34	1.05	0.97	61.52
医药制造业	Manufacture of Medicines	25.35	0.00	0.36	0.05	2.24
化学纤维制造业	Manufacture of Chemical Fibres	0.81		0.00	0.00	0.66
橡胶制品业	Manufacture of Rubber	6.11	0.31	0.05	0.01	1.24
塑料制品业	Manufacture of Plastics	0.82		0.04	0.18	2.02
非金属矿物制品业	Manufacture of Non-metallic Mineral Products	861.15	3.30	0.31	4.30	60.14
黑色金属冶炼及压延加工业	Smelting and Pressing of Ferrous Metals	100.83	536.21	0.06	0.37	48.34
有色金属冶炼及压延加工业	Smelting and Pressing of Non-ferrous Metals	602.94	29.67	0.29	1.41	66.88

7-13 续表 continued

行 业	Sector	原煤 (万吨) Coal (10 000 tons)	焦炭 (万吨) Coke (10 000 tons)	汽油 (万吨) Gasoline (10 000 tons)	柴油 (万吨) Diesel Oil (10 000 tons)	电力 (亿千瓦时) Electricity (100 million kwh)
金属制品业	Manufacture of Metal Products	6.32	0.11	0.17	0.26	9.34
通用设备制造业	Manufacture of General Purpose Machinery	17.78	3.16	0.34	0.47	9.72
专用设备制造业	Manufacture of Special Purpose Machinery	24.50	1.21	0.47	0.44	9.57
交通运输设备制造业	Manufacture of Transport Equipment	62.19	0.13	0.95	1.71	12.94
电气机械及器材制造业	Manufacture of Electrical Machinery and Equipment	6.88	0.00	0.31	0.13	4.15
通信设备、计算机及其他电子设备制造业	Manufacture of Communication Equipment, Computers and Other Electronic Equipment	5.41		0.12	0.04	4.15
仪器仪表及文化、办公用机械制造业	Manufacture of Measuring Instruments and Machinery for Cultural Activity and Office Work	1.18		0.14	0.38	0.69
工艺品及其他制造业	Manufacture of Artwork and Other Manufacturing	6.74	0.22	0.04	0.00	6.64
废旧资源和废旧材料回收加工业	Recycling and Disposal of Waste	0.09			0.03	0.45
电力、燃气及水的生产和供应业	**Electric Power, Gas and Water Production and Supply**	**5029.00**	**0.01**	**0.47**	**2.43**	**135.31**
电力、热力的生产和供应业	Production and Supply of Electric Power and Heat Power	5028.73		0.32	2.40	129.28
燃气生产和供应业	Production and Supply of Gas	0.05		0.07	0.02	1.99
水的生产和供应业	Production and Supply of Water	0.22	0.01	0.07	0.01	4.04
建筑业	**Construction**	**31.50**		**9.50**	**48.00**	**16.46**
房屋和土木工程建筑业	Housing and Civil Engineering Construction	31.50		6.90	28.00	16.46
建筑安装业	Building Installation			1.20	15.00	
装修装饰业	Fiting and Decoration			0.40		
其他建筑业	Other Construction			1.00	5.00	
运输邮电业	**Transport and Posts**	**52.00**		**136.50**	**356.00**	**38.62**
铁路运输业	Railway Transport	52.00		10.00		25.72
道路运输业	Road Transport			94.80	310.00	
城市公共交通业	Urban Public Transport			31.70	46.00	0.32
水上运输业	Water Transport					
航空运输业	Air Transport					
管道运输业	Pipeline Transport					1.43
装卸搬运及其他运输服务业	Loading,Unloading and Other Transport Services					9.20
仓储业	Storage					1.16
邮政业	Posts					0.78

注：消费量包括中间消费和损失量。

a) Consumption includes middle expense and stock losses.

主要统计指标解释

能源生产总量　指一定时期内，全国一次能源生产量的总和。该指标是观察全国能源生产水平、规模、构成和发展速度的总量指标。一次能源生产量包括原煤、原油、天然气、水电、核能及其他动力能(如风能、地热能等)发电量，不包括低热值燃料生产量、生物质能、太阳能等的利用和由一次能源加工转换而成的二次能源产量。

能源消费总量　指一定时期内，全国各行业和居民生活消费的各种能源的总和。该指标是观察能源消费水平、构成和增长速度的总量指标。能源消费总量包括原煤和原油及其制品、天然气、电力，不包括低热值燃料、生物质能和太阳能等的利用。能源消费总量分为终端能源消费量、能源加工转换损失量和能源损失量三部分。

(1)终端能源消费量：指一定时期内，全国生产和生活消费的各种能源在扣除了用于加工转换二次能源消费量和损失量以后的数量。

(2)能源加工转换损失量：指一定时期内，全国投入加工转换的各种能源数量之和与产出各种能源产品之和的差额。该指标是观察能源在加工转换过程中损失量变化的指标。

(3)能源损失量：指一定时期内，能源在输送、分配、储存过程中发生的损失和由客观原因造成的各种损失量，不包括各种气体能源放空、放散量。

能源生产弹性系数　是研究能源生产增长速度与国民经济增长速度之间关系的指标。计算公式：

$$\text{能源生产弹性系数}=\frac{\text{能源生产总量年平均增长速度}}{\text{国民经济年平均增长速度}}$$

国民经济年平均增长速度，可根据不同的目的或需要，用国民生产总值、国内生产总值等指标来计算，本年鉴是采用国内生产总值指标计算的。

电力生产弹性系数　是研究电力生产增长速度与国民经济增长速度之间关系的指标。一般来说，电力的发展应当快于国民经济的发展，也就是说电力应超前发展。计算公式为：

$$\text{电力生产弹性系数}=\frac{\text{电力生产量年平均增长速度}}{\text{国民经济年平均增长速度}}$$

能源消费弹性系数　反映能源消费增长速度与国民经济增长速度之间比例关系的指标。计算公式为：

$$\text{能源消费弹性系数}=\frac{\text{能源消费量年平均增长速度}}{\text{国民经济年平均增长速度}}$$

电力消费弹性系数　反映电力消费增长速度与国民经济增长速度之间比例关系的指标。计算公式为：

$$\text{电力消费弹性系数}=\frac{\text{电力消费量年平均增长速度}}{\text{国民经济年平均增长速度}}$$

能源加工转换效率　指一定时期内，能源经过加工、转换后，产出的各种能源产品的数量与同期内投入加工转换的各种能源数量的比率。该指标是观察能源加工转换装置和生产工艺先进与落后、管理水平高低等的重要指标。计算公式为：

$$\text{能源加工转换效率}=\frac{\text{能源加工转换产出量}}{\text{能源加工转换投入量}}\times100\%$$

单位生产总值能耗　指一定时期内，一个国家或地区每生产一个单位的生产总值所消耗的能源。计算公式为：

$$\text{单位生产总值能耗}=\frac{\text{能源消费总量}}{\text{生产总值}}$$

单位生产总值电耗　指一定时期内，一个国家或地区每生产一个单位的生产总值所消耗的电力。计算公式为：

$$\text{单位生产总值电耗}=\frac{\text{全社会用电量}}{\text{生产总值}}$$

单位工业增加值能耗　指一定时期内，一个国家或地区每生产一个单位的工业增加值所消耗的能源。计算公式为：

$$\text{单位工业增加值能耗}=\frac{\text{工业能源消费量}}{\text{工业增加值}}$$

Explanatory Notes on Main Statistical Indicators

Total Energy Production refers to the total production of primary energy by all energy producing enterprises in the country in a given period of time. It is a comprehensive indicator to show the level, scale, composition and pace of development of energy production of the country. The production of primary energy includes that of coal, crude oil, natural gas, hydro-power and electricity generated by nuclear energy and other means such as wind power and geothermal power. However, it does not include the production of fuels of low calorific value, bio-energy, solar energy and secondary energy converted from primary energy.

Total Energy Consumption refers to the total consumption of energy of various kinds by the production sectors and the households in the country in a given period of time. It is a comprehensive indicator to show the scale, composition and pace of increase of energy consumption. Total energy consumption includes that of coal, crude oil and their products, natural gas and electricity. However, it does not include the consumption of fuel of low calorific value, bio-energy and solar energy. Total energy consumption can be divided into three parts: end-use energy consumption; loss during the process of energy conversion; and energy loss.

(1)End-use Energy Consumption: It refers to the total energy consumption by the production sectors and the households in the country (region) in a given period of time. It does not include the consumption during the conversion of primary energy into secondary energy and the loss in the process of energy conversion.

(2)Loss During the Process of Energy Conversion: It refers to the total input of various kinds of energy for conversion, minus the total output of various kinds of energy in the country in a given period of time. It is an indicator to show the loss that occurs during the process of energy conversion.

(3)Energy Loss: It refers to the total of the loss of energy during the course of energy transport, distribution and storage and the loss caused by any objective reason in a given period of time. The loss of various kinds of gas due to gas discharges and stocktaking is not included.

Elasticity Ratio of Energy Production is an indicator to show the relationship between the growth rate of energy production and the growth rate of the national economy. The formula is:

$$\text{Elasticity Ratio of Energy Production} = \frac{\text{Average Annual Growth Rate of Energy Production}}{\text{Average Annual Growth Rate of National Economy}}$$

The average annual growth rate of the national economy can be measured by indicators such as the Gross National Product and the Gross Domestic Product, depending on the purposes or needs. The Gross Domestic Product has been used in the calculation of the ratio in this Yearbook.

Elasticity Ratio of Electricity Production is an indicator to show the relationship between the growth rate of electricity production and the growth rate of the national economy. Generally speaking, the growth rate of electricity production should be higher than that of the national economy.

Its formula is:

$$\text{Elasticity Ratio of Electricity Production} = \frac{\text{Average Annual Growth Rate of Electricity Production}}{\text{Average Annual Growth Rate of National Economy}}$$

Elasticity Ratio of Energy Consumption is an indicator to show the relationship between the growth rate of energy consumption and the growth rate of the national economy. The formula is:

$$\text{Elasticity Ratio of Energy Consumption} = \frac{\text{Average Annual Growth Rate of Energy Consumption}}{\text{Average Annual Growth Rate of National Economy}}$$

Elasticity Ratio of Electricity Consumption is an indicator to show the relationship between the growth rate of electricity consumption and the growth rate of the national economy. The formula is:

$$\text{Elasticity Ratio of Electricity Consumption} = \frac{\text{Average Annual Growth Rate of Electricity Consumption}}{\text{Average Annual Growth Rate of National Economy}}$$

Efficiency of Energy Processing and Conversion refers to the ratio of the total output of energy products of various kinds after processing and conversion to the total input of energy of various kinds for processing and conversion in the same reference period. It is an important indicator to show the current conditions of energy processing and conversion equipment, production technique and management. The formula is:

$$\text{Efficiency of Energy Processing \& Conversion} = \frac{\text{Output of Energy After Processing \& Conversion}}{\text{Input of Energy for Processing \& Conversion}} \times 100\%$$

Energy Consumption per Unit of GDP refers to the energy consumption per unit of Gross Domestic Product in a country or the Gross Regional Product in a region in the same reference period. The formula is:

$$\text{Energy Consumption per Unit of GDP} = \frac{\text{Total Energy Consumption}}{\text{Gross Domestic Product}}$$

Electricity Consumption per Unit of GDP refers to the electricity consumption per unit of Gross Domestic Product in a country or the Gross Regional Product in a region in the same reference period. The formula is:

$$\text{Electricity Consumption per Unit of GDP} = \frac{\text{Total Electricity Consumption}}{\text{Gross Domestic Product}}$$

Energy Consumption per Unit of Industrial Value-added refers to the energy consumption per unit of industrial value-added in a country or region in the same reference period. The formula is:

$$\text{Energy Consumption per Unit of Industrial Value-added} = \frac{\text{Total Energy Consumption}}{\text{Industrial Value-added}}.$$

八、财　政

资料整理：郭秦川

8. 财　政

2010 年全省

财政收入	1801.11 亿元	比上年增长 29.5%
#地方财政收入	958.21 亿元	比上年增长 30.3%
财政支出	2218.83 亿元	比上年增长 20.5%

财政收支（亿元）

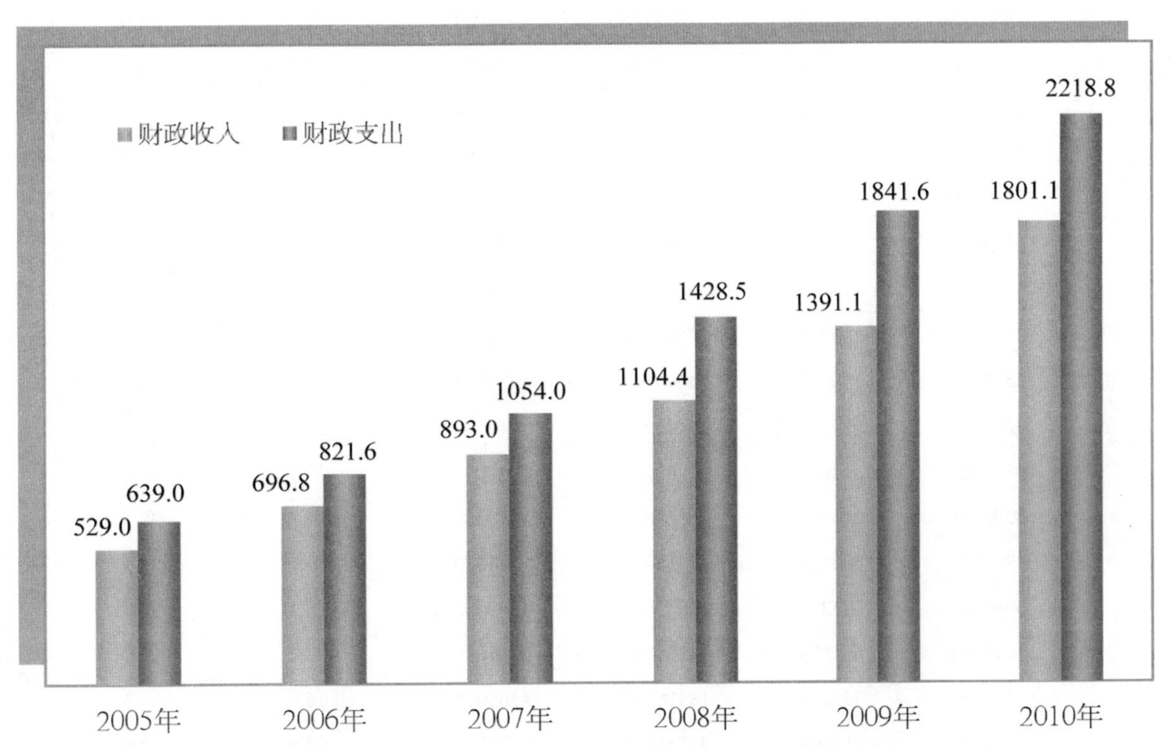

8-1 财政收支总额
Government Revenue and Expenditure

单位：万元 (10 000 yuan)

年 份 Year	财政收入 Government Revenue	# 地方一般预算收入 Local General Bugetary Revenue	财政支出 Government Expenditure	收支差额 Balance of Payment	比上年增长(%) Increase Rates(%) 财政收入 Government Revenue	地方一般预算收入 Local General Bugetary Revenue	财政支出 Government Expenditure
1978	197587		183026	14561	31.5		32.4
1979	168010		195617	-27607	-15.0		6.9
1980	158105		182837	-24732	-5.9		-6.5
1981	134538		163887	-29349	-14.9		-10.4
1982	135622		172993	-37371	0.8		5.6
1983	145407		188076	-42669	7.2		8.7
1984	153124		227471	-74347	5.3		20.9
1985	202967		275007	-72040	32.6		20.9
1986	240907		355931	-115024	18.7		29.4
1987	281805		378051	-96246	17.0		6.2
1988	338788		445835	-107047	20.2		17.9
1989	389603		507870	-118267	15.0		13.9
1990	411901		539062	-127161	5.7		6.1
1991	451391		582781	-131390	9.6		8.1
1992	509539		652654	-143115	12.9		12.0
1993	628982		753985	-125003	23.4		15.5
1994	833111	425886	855158	-22047	32.5	41.0	13.4
1995	951946	513011	1026917	-74971	14.3	20.5	20.1
1996	1172231	676022	1217909	-45678	23.1	31.8	18.6
1997	1400474	841178	1445338	-44864	19.5	24.4	18.7
1998	1569228	933309	1661955	-92727	12.0	11.0	15.0
1999	1729712	1064033	2065173	-335461	10.2	14.0	24.3
2000	1870019	1149711	2717597	-847578	8.1	8.1	31.6
2001	2259822	1358109	3500506	-1240684	20.8	18.1	28.8
2002	2522809	1502934	4049114	-1526305	11.6	10.7	15.7
2003	3269421	1773300	4182008	-912587	29.6	18.0	3.3
2004	4154957	2149586	5163052	-1008095	27.1	21.2	23.5
2005	5290241	2753183	6389627	-1099386	27.3	28.1	23.8
2006	6967712	3621295	8215522	-1247810	31.7	31.5	28.6
2007	8930217	4752398	10539665	-1609448	28.2	31.2	28.3
2008	11043550	5914750	14285208	-3241658	23.7	24.5	35.5
2009	13911343	7352704	18416388	-4505045	26.0	24.3	28.9
2010	18011071	9582065	22188283	-4177212	29.5	30.3	20.5

8-2 财政分项目收支
Government Revenue and Expenditure by Item

单位：万元 (10 000 yuan)

项 目	Item	2009	2010
地方一般预算收入	**Local General Bugetary Revenue**	**7352704**	**9582065**
税收收入	Total Tax Revenue	5327984	7105654
增值税	Value Added Tax	1112316	1402708
营业税	Business Tax	1944930	2659418
企业所得税	Corporate Income Tax	642021	848112
企业所得税退税	Corporate Income Tax Drawback	-1242	-301
个人所得税	Individual Income Tax	268744	355408
资源税	Resource Tax	178973	222972
固定资产投资方向调节税	Fixed Assets Investment Orientation Regulation Tax		
城市维护建设税	City Maintenance and Construction Tax	407403	502231
房产税	House Property Tax	136078	153521
印花税	Stamp Tax	80134	100111
城镇土地使用税	Urban Land Use Tax	154484	157314
土地增值税	Land Appreciation Tax	73220	154285
车船税	Tax on Vehicles and Boat Operation	51652	69318
耕地占用税	Farm Land Occupation Tax	124533	223211
契 税	Deed Tax	139382	241337
烟叶税	Tobacco Leaf Tax	15356	15913
其他税收收入	Other Tax Revenue		96
非税收入	Total Non-tax Revenue	2024720	2476411
专项收入	Special Program Receipts	704634	883976
行政事业性收费收入	Charge of Administrative and Institutional Units	245332	390206
罚没收入	Penalty Receipts	206764	220604
国有资本经营收入	Operation Income of State-owned Assets	620759	763473
国有资源(资产)有偿使用收入	Incomc from Use of State-owned Resources (Assets)	144136	149700
其他收入	Other Non-tax Receipts	103095	68452
一般预算支出	**General Bugetary Expenditure**	**18416388**	**22188283**
一般公共服务	Expenditure for General Public Services	2615479	2872897
外 交	Expenditure for Foreign Affairs		
国 防	Expenditure for National Defense	24236	28960
公共安全	Expenditure for Public Security	945271	1115019
教 育	Expenditure for Education	3109646	3777877
科学技术	Expenditure for Science and Technology	208371	252498
文化体育与传媒	Expenditure for Culture, Sport and Media	408872	478599
社会保障和就业	Expenditure for Social Safety Net and Employment Effort	2870973	3156139
医疗卫生	Expenditure for Medical and Health Care	1258329	1566560
环境保护	Expenditure for Environment Protection	795011	828806
城乡社区事务	Expenditure for Urban and Rural Community Affairs	970734	1268445
农林水事务	Expenditure for Agriculture, Forestry and Water Conservancy	2207212	2671563
交通运输	Expenditure for Transportation	1093997	1290573
工业商业金融等事务	Expenditure for Industry, Commerce and Banking	1600064	349628
其他支出	Other Expenditure	308193	2530719

8-3 各市、县(市、区)财政收支(2010年)
Government Revenue and Expenditure by City and County (City and District)(2010)

单位：万元 (10 000 yuan)

地　区	Region	地方一般预算收入 Local General Bugetary Revenue	一般预算支出 General Bugetary Expenditure	收支差额 Balance of Payment
西 安 市	**Xi'an**	**2418567**	**3716175**	**-1297608**
市 本 级	City level	1027110	1944220	-917110
新 城 区	Xincheng	163588	126076	37512
碑 林 区	Beilin	216601	133034	83567
莲 湖 区	Lianhu	223533	152009	71524
灞 桥 区	Baqiao	100245	104972	-4727
未 央 区	Weiyang	144600	128260	16340
雁 塔 区	Yanta	203716	130818	72898
阎 良 区	Yanliang	49530	90044	-40514
临 潼 区	Lintong	45908	154060	-108152
长 安 区	Chang'an	132207	244637	-112430
蓝 田 县	Lantian	15401	132634	-117233
周 至 县	Zhouzhi	10169	142652	-132483
户　县	Huxian	33948	132347	-98399
高 陵 县	Gaoling	52011	100412	-48401
铜 川 市	**Tongchuan**	**137534**	**539588**	**-402054**
市 本 级	City level	83036	251246	-168210
王 益 区	Wangyi	10585	53152	-42567
印 台 区	Yintai	7225	60497	-53272
耀 州 区	Yaozhou	29858	120347	-90489
宜 君 县	Yijun	6830	54346	-47516
宝 鸡 市	**Baoji**	**387779**	**1330648**	**-942869**
市 本 级	City level	206673	483573	-276900
渭 滨 区	Weibin	27628	72052	-44424
金 台 区	Jintai	22201	70063	-47862
陈 仓 区	Chencang	23066	122255	-99189
凤 翔 县	Fengxiang	24991	100050	-75059
岐 山 县	Qishan	16218	83087	-66869
扶 风 县	Fufeng	11524	96175	-84651
眉　县	Meixian	8006	63504	-55498
陇　县	Longxian	11014	73333	-62319
千 阳 县	Qianyang	4201	41476	-37275
麟 游 县	Linyou	4160	35759	-31599
凤　县	Fengxian	25442	53532	-28090
太 白 县	Taibai	2655	35789	-33134
咸 阳 市	**Xianyang**	**434802**	**1514014**	**-1079212**
市 本 级	City level	180489	298152	-117663
秦 都 区	Qindu	40613	79347	-38734
渭 城 区	Weicheng	32047	72377	-40330
三 原 县	Sanyuan	16896	99777	-82881
泾 阳 县	Jingyang	17360	110998	-93638
乾　县	Qianxian	10587	99716	-89129
礼 泉 县	Liquan	12170	99261	-87091

8-3 续表 1 continued

单位：万元 (10 000 yuan)

地 区	Region	地方一般预算收入 Local General Bugetary Revenue	一般预算支出 General Bugetary Expenditure	收支差额 Balance of Payment
永寿县	Yongshou	5738	65576	-59838
彬 县	Binxian	50871	138993	-88122
长武县	Changwu	20003	80024	-60021
旬邑县	Xunyi	15011	90062	-75051
淳化县	Chunhua	4285	76851	-72566
武功县	Wugong	6724	87894	-81170
兴平市	Xingping	22008	114986	-92978
渭南市	**Weinan**	**340047**	**1543008**	**-1202961**
市本级	City level	93040	219590	-126550
临渭区	Linwei	27666	176929	-149263
华 县	Huaxian	40000	115223	-75223
潼关县	Tongguan	10018	60068	-50050
大荔县	Dali	7239	131032	-123793
合阳县	Heyang	10009	109980	-99971
澄城县	Chengcheng	16320	102863	-86543
蒲城县	Pucheng	25601	151581	-125980
白水县	Baishui	10006	90582	-80576
富平县	Fuping	14491	159496	-145005
韩城市	Hancheng	69822	151609	-81787
华阴市	Huayin	15835	74055	-58220
延安市	**Yan'an**	**1051895**	**1927054**	**-875159**
市本级	City level	290788	560168	-269380
宝塔区	Baota	85312	121655	-36343
延长县	Yanchang	25677	79016	-53339
延川县	Yanchuan	18420	83300	-64880
子长县	Zichang	84193	136472	-52279
安塞县	Ansai	77830	121954	-44124
志丹县	Zhidan	154516	170746	-16230
吴起县	Wuqi	181108	210513	-29405
甘泉县	Ganquan	39456	57095	-17639
富 县	Fuxian	11793	78555	-66762
洛川县	Luochuan	14876	91704	-76828
宜川县	Yichuan	6173	63373	-57200
黄龙县	Huanglong	1295	49974	-48679
黄陵县	Huangling	60458	102529	-42071
汉中市	**Hanzhong**	**186246**	**1267868**	**-1081622**
市本级	City level	40105	255357	-215252
汉台区	Hantai	45069	109315	-64246
南郑县	Nanzheng	27005	127390	-100385
城固县	Chenggu	9271	112701	-103430
洋 县	Yangxian	10303	99150	-88847
西乡县	Xixiang	10061	91916	-81855
勉 县	Mianxian	17667	119508	-101841
宁强县	Ningqiang	7339	119583	-112244

8-3 续表 2 continued

单位：万元 (10 000 yuan)

地　区	Region	地方一般预算收入 Local General Bugetary Revenue	一般预算支出 General Bugetary Expenditure	收支差额 Balance of Payment
略阳县	Lueyang	12386	82946	-70560
镇巴县	Zhenba	4500	92928	-88428
留坝县	Liuba	1539	29867	-28328
佛坪县	Foping	1001	27207	-26206
榆林市	**Yulin**	**1255369**	**2371891**	**-1116522**
市本级	City level	451135	446960	4175
榆阳区	Yuyang	93249	184757	-91508
神木县	Shenmu	268558	392265	-123707
府谷县	Fugu	176022	254811	-78789
横山县	Hengshan	20992	125072	-104080
靖边县	Jingbian	120083	208167	-88084
定边县	Dingbian	107000	193990	-86990
绥德县	Suide	4018	122000	-117982
米脂县	Mizhi	4026	97852	-93826
佳县	Jiaxian	2833	96917	-94084
吴堡县	Wubu	1656	53703	-52047
清涧县	Qingjian	2662	93475	-90813
子洲县	Zizhou	3136	101922	-98786
安康市	**Ankang**	**132274**	**1102475**	**-970201**
市本级	City level	44334	160830	-116496
汉滨区	Hanbin	22152	225967	-203815
汉阴县	Hanyin	8047	82360	-74313
石泉县	Shiquan	5430	68310	-62880
宁陕县	Ningshan	3075	44886	-41811
紫阳县	Ziyang	10100	112511	-102411
岚皋县	Langao	4516	79278	-74762
平利县	Pingli	5450	82846	-77396
镇坪县	Zhenping	2640	34632	-31992
旬阳县	Xunyang	21102	133367	-112265
白河县	Baihe	5428	77488	-72060
商洛市	**Shangluo**	**120130**	**901970**	**-781840**
市本级	City level	20774	192004	-171230
商州区	Shangzhou	20271	108157	-87886
洛南县	Luonan	19341	109833	-90492
丹凤县	Danfeng	11457	101099	-89642
商南县	Shangnan	14058	84028	-69970
山阳县	Shanyang	13152	139204	-126052
镇安县	Zhen'an	10388	101415	-91027
柞水县	Zhashui	10689	66230	-55541
杨凌示范区	**Yangling**	**25073**	**111192**	**-86119**
市本级	City level	15773	72532	-56759
杨陵区	Yangling	9300	38660	-29360

主要统计指标解释

财政收入　指国家财政参与社会产品分配所取得的收入，是实现国家职能的财力保证。主要包括：

（1）各项税收：包括国内增值税、国内消费税、进口货物增值税和消费税、出口货物退增值税和消费税、营业税、企业所得税、个人所得税、资源税、城市维护建设税、房产税、印花税、城镇土地使用税、土地增值税、车船税、船舶吨税、车辆购置税、关税、耕地占用税、契税、烟叶税等。

（2）非税收入：包括专项收入、行政事业性收费、罚没收入和其他收入。

财政支出　指国家财政将筹集起来的资金进行分配使用，以满足经济建设和各项事业的需要。主要包括：

（1）一般公共服务：指政府提供基本公共管理与服务的支出，包括人大事务、政协事务、政府办公厅（室）及相关机构事务、发展与改革事务、统计信息事务、财政事务、税收事务、审计事务、海关事务、人力资源事务、纪检监察事务、人口与计划生育事务、商贸事务、知识产权事务、工商行政管理事务、国土资源事务、海洋管理事务、测绘事务、地震事务、气象事务、民族事务、宗教事务、港澳台侨事务、档案事务、共产党事务、民主党派事务及工商联事务、群众团体事务、彩票事务等。

（2）外交：指政府外交事务支出，包括外交行政管理、驻外机构、对外援助、国际组织、对外合作与交流、边界勘界联检等方面的支出。

（3）国防：指政府用于国防方面的支出，包括用于现役部队、预备役部队、民兵、国防科研事业、专项工程、国防动员等方面的支出。

（4）公共安全：指政府维护社会公共安全方面的支出，包括武装警察、公安、国家安全、检察、法院、司法行政、监狱、劳教、国家保密、缉私警察等。

（5）教育：指政府教育事务支出，包括教育行政管理、学前教育、小学教育、初中教育、普通高中教育、普通高等教育、初等职业教育、中专教育、技校教育、职业高中教育、高等职业教育、广播电视教育、留学生教育、特殊教育、干部继续教育、教育机关服务等。

（6）科学技术：指用于科学技术方面的支出，包括科学技术管理事务、基础研究、应用研究、技术研究与开发、科技条件与服务、社会科学、科学技术普及、科技交流与合作等。

（7）文化教育与传媒：指政府在文化、文物、体育、广播影视、新闻出版等方面的支出。

（8）社会保障和就业：指政府在社会保障与就业方面的支出，包括社会保障和就业管理事务、民政管理事务、财政对社会保险基金的补助、补充全国社会保障基金、行政事业单位离退休、企业改革补助、就业补助、抚恤、退役安置、社会福利、残疾人事业、城市居民最低生活保障、其他城镇社会救济、农村社会救济、自然灾害生活救助、红十字事务等。

（9）医疗卫生：指政府医疗卫生方面的支出，包括医疗卫生管理事务支出、医疗服务支出、医疗保障支出、疾病预防控制支出、卫生监督支出、妇幼保健支出、农村卫生支出等。

（10）环境保护：指政府环境保护支出，包括环境保护管理事务支出、环境监测与监察支出、污染治理支出、自然生态保护支出、天然林保护工程支出、退耕还林支出、风沙荒漠治理支出、退牧还草支出、已垦草原退耕还草、能源节约利用、污染减排、可再生能源和资源综合利用等支出。

（11）城乡社区事务：指政府城乡社区事务支出，包括城乡社区管理事务支出、城乡社区规划与管理支出、城乡社区公共设施支出、城乡社区住宅支出、城乡社区环境卫生支出、建设市场管理与监督支出等。

（12）农林水事务：指政府农林水事务支出，包括农业支出、林业支出、水利支出、扶贫支出、农业综合开发支出等。

（13）交通运输：指政府交通运输和邮政业方面的支出，包括公路运输支出、水路运输支出、铁路运输支出、民用航空运输支出、邮政业支出等。

（14）工业商业金融等事务：指政府对工业、商业及金融等方面的支出，包括采掘业支出、制造业支出、建筑业支出、工业和信息产业监管支出、国有资产监管支出、商业流通事务支出、金融业监管支出、旅游业管理与服务支出等。

中央财政收入和地方财政收入　指按现行分税制财政体制划分的中央本级收入和地方本级收入。属于中央财政的收入包括关税，进口货物增值税和消费税，出口货物退增值税和消费税，消费税，铁道部门、各银行总行、各保险公司总公司等集中交纳的营业税和城市维护建设税，增值税75%部分，纳入共享范围的企业所得税60%部分，未纳入共享范围的中央企业所得税、中央企业上交的利润，个人所得税60%部分，车辆购置税，船舶吨税，证券交易印花税97%部分，海洋石油资源税，中央非税收入等。属于地方财政的收入包括营业税（不含铁道部门、各银行总行、各保险公司总公司集中交纳的营业税），地方企业上交利润，城市维护建设税（不含铁道部门、各银行总行、各保险公司总公司集中交纳的部分），房产税，城镇土地使用税，土地增值税，车船税，耕地占用税，契税，烟叶税，印花税，增值税25%部分，纳入共享范围的企业所得税40%部分，个人所得税40%部分，证券交易印花税3%部分，海洋石油资源税以外的其他资源税，地方非税收入等。

Explanatory Notes on Main Statistical Indicators

Government Revenue refers to income for the government finance through participating in the distribution of social products. It is the financial guarantee to ensure government functioning. The contents of government revenue include the following main items:

(1) Various tax revenues, including domestic value added tax (VAT), domestic consumption tax, VAT and consumption tax from imports, VAT and consumption tax rebate for exports, business tax, corporate income tax, individual income tax, resource tax, city maintenance and construct tax, house property tax, stamp tax, urban land use tax, land appreciation tax, tax on vehicles and boat operation, ship tonnage tax, vehicle purchase tax, tariffs, farm land occupation tax, deed tax, and tobacco leaf tax, etc.

(2) Non-tax revenue, including special program receipts, charge of administrative and institutional units, penalty receipts and others non-tax receipts.

Government Expenditure refers to the distribution and use of the funds which the government finance has raised, so as to meet the needs of economic construction and various causes. It includes the following main items:

(1) Expenditure for general public services: It refers to the spending on the basic public management and services which provided by governments, including the expense on affairs of People's Congress, affairs of People's Political Consultative Conference, affairs of government general office and relative institutions, affairs of development and reform, affairs of statistics, affairs of finance, affairs of taxation, affairs of audit, affairs of customs, affairs of human resources and social security, affairs of discipline inspection and supervision, affairs of population and family planning, affairs of commerce and trade, affairs of intellectual property, affairs of administration for industry and commerce, affairs of land and resources, affairs of oceanic administration, affairs of surveying and mapping, affairs of earthquake, ethnic affairs, religious affairs, affairs of Hong Kong, Macao, Taiwan, and Overseas Chinese, affairs of archives administration, affairs of Chinese Communist Party, affairs of democratic parties and federation of industry and commerce, affairs of mass organization, and affairs of lottery, etc.

(2) Expenditure for foreign affairs: It refers to the spending of government on foreign affairs, including the expense on administration of foreign affairs, missions overseas, external assistance, international organizations, foreign cooperation and communication, surveying and joint inspection on borderline, etc.

(3) Expenditure for national defence: It refers to the spending of government on national defence, including the expense on active force, reserve force, militia, scientific research on national defence, special projects, mobilization of national defence, etc.

(4) Expenditure for public security: It refers to the spending of government on maintaining social and public security, including the expense on armed police force, public security, state security, prosecution, courts, justice, prison, labour education and rehabilitation, protection of state secrecy, anti-smuggling police, etc.

(5) Expenditure for education: It refers to the spending of government on education, including the expense on the administration of education, pre-primary education, primary education, secondary education, high school education, regular higher education, primary vocational education, secondary vocational education, technical school education, vocational high school education and higher vocational education, radio and television education, student abroad education, special education, on the job training of cadres, education authorities services, etc.

(6) Expenditure for science and technology: It refers to the spending of government on science and technology (S&T), including the expense on the administration of S&T, basic research, applied research, research and development, conditions and services of S&T, popularization of social science, science and technology, exchanges and cooperation of S&T, etc.

(7) Expenditure for culture, sport and media: It refers to the spending of government on culture, cultural heritage, sports, radio, film, television, press and publication, etc.

(8) Expenditure for social safety net and employment effort: It refers to the spending of government on social safety net and employment, including the expense on administration of social safety net and employment, civil affairs, budgetary subsidy on the social insurance funds, subsidy on National Social Security Fund, retirees of administrative units and institutions, subsidy on enterprise reform, subsidy on employment effort, pension, placement of ex-serviceman, social welfare, the handicapped undertakings, the system of cost of living allowances for urban residents, other urban social relief, rural social relief, living relief of natural disasters, affairs of Red Cross Society, etc.

(9) Expenditure for medical and health care: It refers to the spending of government on medical and health care, including the expense on administration of medical and health care, medical services, health care, disease prevention and control, health inspection and supervision, women and children's health, rural health care, etc.

(10) Expenditure for environment protection: It refers to the spending of government on environment protection, including the expense on administration of environment protection, environment monitoring and supervision, pollution control, natural ecology protection, project of virgin forests

protection, reforesting farmland, controlling the sources of dust storms, returning pastureland to grassland, returning pastureland to grassland, returning cultivated land to grassland, energy conservation, emissions reduction, comprehensive utilization of renewable energy and resources, etc.

(11) Expenditure for urban and rural community affairs: It refers to the spending of government on urban and rural community affairs, including the expense on administration of urban and rural community, planning and management of urban and rural community, public facilities of urban and rural community, housing of urban and rural community, sanitation of urban and rural community, management and supervision on the construction market, etc.

(12) Expenditure for agriculture, forestry and water conservancy: It refers to the spending of government on agriculture, forestry and water conservancy, including the expense on agriculture, forestry, water conservancy, poverty alleviation, comprehensive agricultural development, etc.

(13) Expenditure for transportation: It refers to the spending of government on transportation and postal services, including the expense on road transportation, waterway transportation, railway transportation, civil aviation transportation, and postal services.

(14) Expenditure for industry, commerce and banking: It refers to the spending of government on industry, commerce and banking, including the expense on mining, manufacturing, construction, industry and information technology supervision and administration, State-owned assets supervision and administration, commerce and circulation affairs, financial intermediation supervision and administration, tourism administration and service, etc.

Revenue of the Central Government and Revenue of the Local Governments refers to the revenue collected by the Central Government and that by the local governments as defined by the decentralized taxation system. In accordance with this system, the revenue of the Central Government includes tariff, VAT and consumption tax from imports, VAT and consumption tax rebate for exports, consumption tax, business tax and city maintenance and construct tax from the Ministry of Railways, head offices of banks, head offices of insurance company, which are handed over to the government in a centralized way, 75% of the value added tax, 60% the share part of the corporate income tax, unshared part of corporate income tax of the central enterprises, profit handed in by the central enterprises, 60% of individual income tax, vehicle purchase tax, ship tonnage tax, 97% of stamp tax on securities transactions, resource tax on the offshore petroleum resources. The revenue of the local governments includes business tax (excluding the part of the Ministry of Railways, head offices of banks, head offices of insurance company, which are handed over to the government in a centralized way), profit handed in by the local enterprises, city maintenance and construct tax (excluding the part of the Ministry of Railways, head offices of banks, head offices of insurance company, which are handed over to the government in a centralized way), house property tax, urban land use tax, land appreciation tax, tax on vehicles and boat operation, farm land occupation tax, deed tax, and tobacco leaf tax, stamp tax, 25% of the value added tax, 40% the share part of the corporate income tax, 40% of individual income tax, 3% of stamp tax on securities transactions, resource tax other than the tax on offshore petroleum resources, local non-tax revenue, etc.

九、价格指数

Price Indices

资料整理：王　波　张　斌

9.价格指数

2010 年全省	
商品零售价格指数(上年=100)	103.6
#城　市	103.1
居民消费价格指数(上年=100)	104.0
#城　市	103.7

居民消费价格指数

(上年=100)

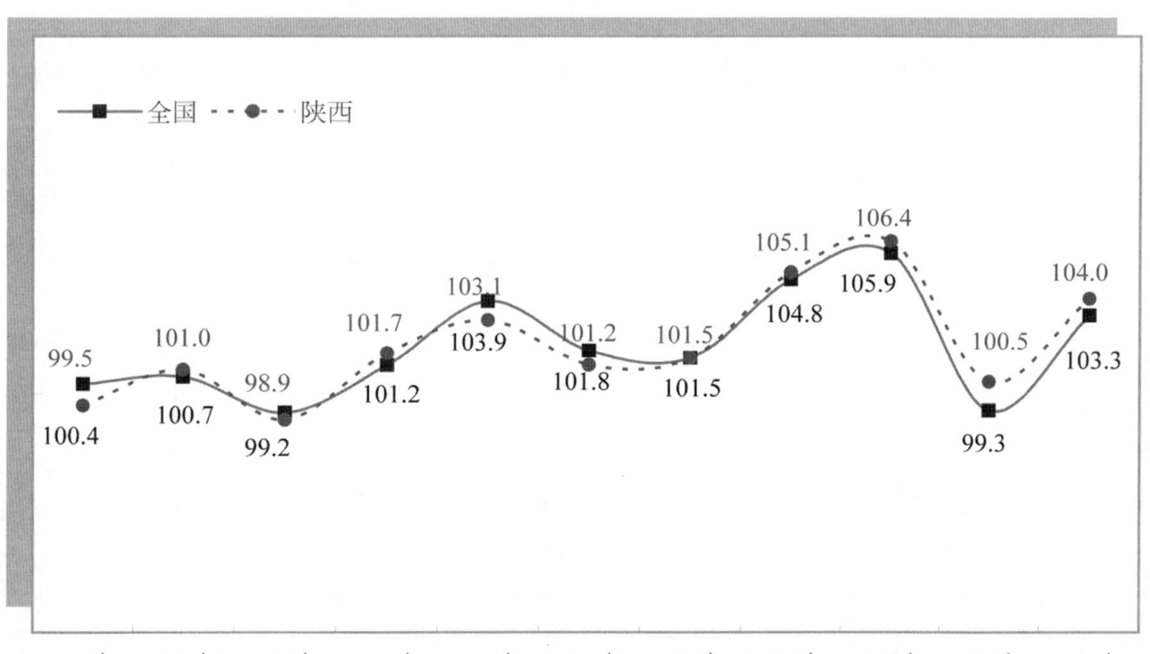

9-1 商品零售价格和居民消费价格指数
Retail Price Indices and Consumer Price Indices

年 份 Year	上年价格=100 preceding year=100			1978年价格=100 1978=100		
	商品零售价格指数 Retail Price Index	居民消费价格指数 Consumer Price Index	# 城市居民 Urban Household	商品零售价格指数 Retail Price Index	居民消费价格指数 Consumer Price Index	# 城市居民 Urban Household
1979	101.6	101.7	101.4	101.6	101.7	101.4
1980	104.7	105.3	105.4	106.4	107.1	106.9
1981	103.0	103.6	103.6	109.6	111.0	110.7
1982	101.0	101.4	100.4	110.7	112.6	111.7
1983	101.5	101.5	102.2	112.4	114.3	113.5
1984	103.9	103.0	103.4	116.8	117.7	117.4
1985	106.5	107.0	107.6	124.4	125.9	126.3
1986	105.2	106.0	106.6	130.9	133.5	134.6
1987	108.6	108.6	109.2	142.2	145.0	147.0
1988	119.0	119.1	120.1	169.2	172.7	176.5
1989	118.8	118.3	117.6	201.0	204.3	207.6
1990	101.6	101.3	102.6	204.2	207.0	213.0
1991	105.8	106.0	107.3	216.0	219.4	228.5
1992	109.5	109.7	111.2	236.5	240.7	254.1
1993	111.8	111.8	114.0	264.4	269.1	289.7
1994	125.9	126.7	128.2	332.9	340.9	371.4
1995	117.0	119.0	118.0	389.5	405.7	438.3
1996	108.1	109.7	110.3	421.0	445.1	483.4
1997	101.6	104.8	105.2	427.7	466.5	508.6
1998	96.2	98.4	97.7	411.4	459.0	496.9
1999	97.5	97.8	97.2	401.1	448.9	483.0
2000	98.3	99.5	100.3	394.3	446.7	484.4
2001	99.1	101.0	100.1	390.8	451.2	484.9
2002	98.6	98.9	98.2	385.3	446.2	476.2
2003	100.5	101.7	100.8	387.2	453.8	480.0
2004	102.5	103.1	103.0	396.9	467.9	494.4
2005	100.1	101.2	100.9	397.3	473.5	498.8
2006	101.8	101.5	102.1	404.5	480.6	509.3
2007	105.0	105.1	105.2	424.7	505.1	535.8
2008	106.9	106.4	106.2	454.0	537.4	569.0
2009	99.9	100.5	100.0	453.5	540.1	569.0
2010	103.6	104.0	103.7	469.8	561.7	590.1

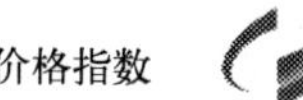

9-2 商品零售价格分类指数(2010年)
Retail Price Indices by Category (2010)

(上年价格=100) (preceding year=100)

项　目	Item	全省 Provincial Indices	城市 Urban Indices	农村 Rural Indices
商品零售价格总指数	**Retail Price Index**	**103.6**	**103.1**	**104.5**
一、食　品	**Food**	**108.9**	**107.9**	**110.9**
1.粮　食	Grain	114.1	115.3	112.3
2.淀　粉	Starches	116.2	108.8	122.7
3.干豆类及豆制品	Bean and Its Products	105.3	101.9	109.7
4.油　脂	Oil or Fat	104.2	103.7	105.1
5.肉禽及其制品	Meat, Poultry and Processed Products	105.5	105.7	104.9
(1)食用畜肉及副产品	Starches	106.5	108.4	103.4
(2)禽	Bean and Its Products	106.4	104.8	110.1
(3)肉禽加工制品	Poultry Product	101.1	100.8	101.6
6.蛋	Eggs	107.2	105.7	110.2
7.水产品	Aquatic Products	107.7	107.5	108.2
(1)鱼	Fish	107.4	106.6	110.1
(2)其它水产品	Others	108.5	110.3	102.0
8.菜	Vegetables	121.5	116.2	131.5
9.调味品	Flavoring	109.2	110.5	107.1
10.糖	Sugar	111.4	109.6	113.4
11.干鲜瓜果	Dried and Fresh Melons and Fruits	112.7	112.8	113.3
12.糕点饼干面包	Cake, Biscuit and Bread	103.0	102.2	104.4
13.液体乳及乳制品	Milk and Its Products	101.8	101.2	103.1
14.在外用膳食品	Outward Dinner Food	102.8	102.2	104.3
15.其它食品	Other Foods	103.9	102.7	105.4
二、饮料、烟酒	**Beverages, Tobacco and Liquor**	**101.9**	**101.8**	**102.0**
1.茶及饮料	Tea and Beverages	102.7	102.5	103.1
(1)茶　叶	Tea	104.5	104.7	103.9
(2)饮　料	Beverages	101.8	101.5	102.5
2.烟　草	Tobacco	100.5	99.9	101.2
3.酒	Liquor	102.7	102.8	102.5
三、服装、鞋帽	**Garments, Shoes and Hats**	**99.5**	**99.1**	**100.6**
1.服　装	Garments	97.9	96.9	100.6
(1)男式服装	Man's Garments	98.1	97.3	100.5
(2)女式服装	Woman's Garments	97.1	96.0	100.2
(3)儿童服装	Children's Garments	100.2	99.2	101.9
2.鞋袜帽	Footgear and Hats	102.3	102.8	100.6
(1)鞋	Shoes	102.2	102.8	100.3
(2)袜　子	Socks and Stockings	103.1	103.7	102.3
(3)帽　子	Hats	100.9	99.5	102.1
3.其　它	Others	100.0	99.7	100.3

9-2 续表 continued

(上年价格=100) (preceding year=100)

项 目	Item	全 省 Provincial Indices	城 市 Urban Indices	农 村 Rural Indices
四、纺织品	**Textiles**	**99.8**	**97.4**	**104.7**
1.衣着材料	Clothing	105.2	102.2	108.3
2.床上用品	Bedding	96.9	95.7	100.7
五、家用电器及音像器材	**Household Appliances, Music and Video Equipment**	**95.0**	**93.9**	**97.5**
1.家庭设备	Household Facilities	97.1	95.8	100.3
2.文娱用耐用消费品	Durable Consumer Goods for Recreation	91.5	89.7	94.2
3.音像器材	Audiovisual Articles	96.1	95.8	99.1
六、文化办公用品	**Cultural and Office Appliances**	**98.3**	**98.3**	**98.2**
七、日用品	**Articles for Daily Use**	**101.7**	**102.0**	**101.3**
1.日用百货	General Merchandise for Daily Use	102.0	102.4	101.4
2.日用杂品	Miscellaneous for Daily Use	100.9	100.3	101.7
3.洗涤用品	Washing Goods	102.1	101.8	102.4
4.其它日用品	Others	101.5	102.4	99.7
八、体育娱乐用品	**Sports and Recreation Articles**	**98.1**	**97.8**	**99.0**
1.体育用品	Sports Articles	100.1	100.3	99.7
2.娱乐用品	Recreational Articles	96.7	96.2	98.3
九、交通、通信用品	**Transportation and Communication Appliances**	**96.6**	**97.1**	**95.5**
1.交通运输机械	Means of Transportation	98.6	98.4	99.4
2.通讯器材	Means of Communication	91.6	91.0	92.0
十、家 具	**Furniture**	**105.0**	**107.3**	**101.0**
十一、化妆品	**Cosmetics**	**101.7**	**101.8**	**101.4**
十二、金银珠宝	**Gold, Silver and Jewelry**	**113.8**	**112.4**	**116.5**
十三、中西药品及医疗保健用品	**Traditional Chinese and Western Medicines and Health Care Articles Care Articles**	**107.0**	**107.8**	**105.5**
1.医疗器具及用品	Medical Apparatus and Article	107.5	104.7	109.5
2.中药材及中成药	Traditional Chinese Medicinal Materials and Medicines	116.0	118.1	112.1
3.西 药	Western Medicines	101.7	101.8	101.4
4.保健器具及用品	Health Care Equipment and Articles	101.5	101.8	101.0
十四、书报杂志及电子出版物	**Books, Newspapers, Magazines and Electronic Publications**	**100.4**	**100.6**	**100.2**
1.教材及参考书	Teaching Materials and Reference Books	101.0	101.5	100.0
2.书报杂志	Newspapers and Magazines	100.1	99.7	100.9
3.电子音像制品	Electronic Audiovisual Products	99.8	100.1	99.3
十五、燃 料	**Fuels**	**108.5**	**108.0**	**109.5**
1.煤炭及制品	Coal and Coal Products	103.6	103.9	103.4
2.石油及制品	Petroleum and its Products	109.8	108.7	112.3
十六、建筑材料及五金电料	**Building Materials and Hardware**	**103.1**	**102.6**	**103.9**
1.建筑装璜材料	Building Decoration Materials	103.3	102.3	105.1
2.五金电料	Hardware	102.4	103.8	101.0

9-3 居民消费价格分类指数(2010年)
Consumer Price Indices by Category (2010)

(上年价格=100) (preceding year=100)

项目	Item	全省 Provincial Indices	城市 Urban Indices	农村 Rural Indices
居民消费价格总指数	**Consumer Price Index**	**104.0**	**103.7**	**104.7**
非食品价格指数	Non-food Price Index	101.8	101.7	102.1
服务项目价格指数	Services Price Index	103.0	103.2	102.2
扣除鲜菜鲜果总指数	Index net of Fresh Vegetables and Fruit	103.2	103.0	103.7
消费品价格指数	Consumer Price Index	104.3	103.9	105.4
一、食品	**Food**	**108.5**	**107.9**	**110.4**
1.粮食	Grain	114.8	116.1	112.4
2.淀粉	Starches and Tubers	115.2	109.7	123.6
3.干豆类及豆制品	Beans and Bean Products	104.3	102.7	109.0
4.油脂	Oil or Fat	104.1	104.1	103.8
5.肉禽及其制品	Meat, Poultry and Processed Products	105.5	106.0	104.0
(1)食用畜肉及副产品	Poultry Meat and By-product	106.7	107.2	104.0
(2)禽	Poultry	106.5	105.3	109.4
(3)加工肉禽	Poultry Product	101.3	101.1	101.5
6.蛋	Eggs	107.6	106.3	110.1
7.水产品	Aquatic Products	108.0	107.7	109.5
(1)鱼	Fish	107.6	106.5	111.7
(2)其它水产品	Others	108.7	109.8	100.9
8.菜	Vegetables	117.9	114.4	129.2
9.调味品	Flavoring	109.6	110.8	107.5
10.糖	Carbohydrate	112.0	111.8	112.7
11.茶及饮料	Tea and Beverages	101.9	101.8	102.9
(1)茶叶	Tea	104.8	105.1	103.7
(2)饮料	Beverages	100.7	100.5	102.3
12.干鲜瓜果	Dried and Fresh Melons and Fruits	114.4	114.6	112.7
13.糕点饼干面包	Cake, Biscuit and Bread	102.7	102.3	104.4
14.液体乳及乳制品	Milk and Its Products	101.3	101.3	101.7
15.在外用膳食品	Dining Out	102.9	102.4	104.9
16.其它食品	Other Foods	103.7	102.3	106.3
二、烟酒及用品	**Tobacco, Liquor and Articles**	**101.0**	**100.7**	**101.6**
1.烟草	Tobacco	100.3	99.6	101.3
2.酒	Liquor	103.3	103.5	102.8
3.吸烟饮酒用品	Articles for Smoking and Drinking	100.3	100.3	100.5
三、衣着	**Clothing**	**99.1**	**98.4**	**101.2**
1.服装	Garments	97.4	96.4	100.2
(1)男式服装	Man's Garments	97.5	96.9	99.8
(2)女式服装	Woman's Garments	96.5	95.7	99.6
(3)儿童服装	Children's Garments	100.6	99.6	101.5
2.衣着材料	Clothing Material	103.9	101.8	109.6
3.鞋袜帽	Footgear and Hats	101.8	102.1	100.9
(1)鞋	Shoes	101.8	102.1	100.8
(2)袜子	Socks and Stockings	101.9	102.5	101.3
(3)帽子	Hats	101.5	101.5	101.4
4.衣着加工服务	Clothing Manufacturing Services	102.8	102.1	106.8

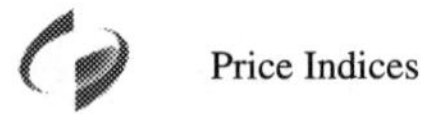

9-3 续表 continued

(上年价格=100) (preceding year=100)

项 目	Item	全 省 Provincial Indices	城 市 Urban Indices	农 村 Rural Indices
四、家庭设备用品及维修服务	**Household Facilities, Articles and Services**	**100.0**	**99.5**	**101.7**
1.耐用消费品	Durable Consumer Goods	98.9	98.4	100.9
(1)家 具	Furniture	102.8	103.6	101.4
(2)家庭设备	Household Facilities	96.2	95.5	100.3
2.室内装饰品	Interior Decorations	99.6	98.8	102.6
3.床上用品	Bed Articles	98.5	96.6	100.4
4.家庭日用杂品	Daily Use Household Articles	100.6	100.1	101.8
5.家庭服务及加工维修服务	Household Services and Maintenance and Renovation	104.7	104.2	107.4
五、医疗保健和个人用品	**Health Care and Personal Articles**	**105.8**	**106.3**	**104.2**
1.医疗保健	Health Care	106.5	107.1	104.6
(1)医疗器具及用品	Medical Instrument and Articles	111.2	108.3	111.3
(2)中药材及中成药	Traditional Chinese Medicine	117.7	118.6	113.9
(3)西 药	Western Medicine	101.7	101.8	101.2
(4)保健器具及用品	Health Care Appliances and Articles	101.5	101.8	100.8
(5)医疗保健服务	Health Care Services	101.3	101.4	101.1
2.个人用品及服务	Personal Articles and Services	104.1	104.3	103.4
(1)化妆美容用品	Cosmetics	101.1	101.1	101.8
(2)清洁化妆用品	Sanitation Articles	100.2	99.8	102.2
(3)个人饰品	Personal Ornaments	106.6	106.8	105.8
(4)个人服务	Personal Services	107.4	110.8	102.5
六、交通和通信	**Transportation and Communication**	**99.8**	**99.4**	**100.8**
1.交 通	Transportation	101.5	101.0	102.3
(1)交通工具	Transportation Facility	100.2	99.0	101.0
(2)车用燃料及零配件	Fuels and Parts	107.4	105.9	109.1
(3)车辆使用及维修费	Fees for Vehicles Use and Maintenance	101.5	101.2	102.2
(4)市区公共交通费	Incity Traffic Fare	101.4	100.7	105.5
(5)城市间交通费	Intercity Traffic Fare	102.1	102.5	101.6
2.通 信	Communication	98.1	98.2	97.5
(1)通信工具	Communication Facility	89.0	88.5	90.5
(2)通信服务	Communication Service	99.8	100.0	99.2
七、娱乐教育文化用品及服务	**Recreation, Education and Culture Articles**	**101.0**	**101.1**	**100.9**
1.文娱用耐用消费品及服务	Durable Consumer Goods for Cultural and Recreational Use and Services	92.7	92.3	94.1
2.教 育	Education	101.3	101.3	101.2
(1)教材及参考书	Teaching Materials and Reference Books	100.5	100.5	100.4
(2)学杂托幼费	Tuition and Child Care	101.4	101.5	101.3
3.文化娱乐	Cultural and Recreational Articles	100.4	100.2	101.0
(1)文化娱乐用品	Cultural Articles	100.0	100.0	99.9
(2)书报杂志	Newspapers and Magazines	99.7	99.3	100.6
(3)文娱费	Expenditure on Culture and Recreation	101.1	100.8	104.6
4.旅 游	Touring and Outing	108.9	109.3	106.5
八、居 住	**Residence**	**104.0**	**104.3**	**103.4**
1.建房及装修材料	Building and Building Decoration Materials	102.6	101.2	104.1
2.租 房	Renting	110.3	111.0	106.7
3.自有住房	Private Housing	104.4	104.4	103.9
4.水、电、燃料	Water, Electricity and Fuels	102.7	103.0	101.9

9-4 十九个市、县商品零售价格分类指数(2010年)
Retail Price Indices by Category of 19 Cities and Counties(2010)

(上年价格=100) (preceding year=100)

地 区	Region	总指数 General Index	一、食品 Food	二、饮料烟酒 Beverages, Tobacco and Liquor	三、服装鞋帽 Garments, Shoes and Hats	四、纺织品 Textiles	五、家用电器及音像器材 Household Appliances, Music and Video Equipment	六、文化办公用品 Cultural and Office Appliances	七、日用品 Articles for Daily Use	八、体育娱乐用品 Sports and Recreation Articles
全 省	**Shaanxi**	**103.6**	**108.9**	**101.9**	**99.5**	**99.8**	**95.0**	**98.3**	**101.7**	**98.1**
国家调查点	**National Survey Points**									
西安市	Xi'an	102.7	107.1	101.2	99.0	93.7	92.9	97.5	101.7	96.0
宝鸡市	Baoji	103.9	110.3	102.0	96.4	101.4	96.5	97.4	102.3	98.2
汉台区	Hantai	103.5	106.7	104.1	106.2	100.2	97.5	100.5	99.9	100.0
咸阳市	Xianyan	104.3	109.0	101.7	96.6	98.0	101.4	104.0	102.0	106.0
榆阳区	Yuyang	105.6	112.2	102.0	101.5	101.9	99.3	97.2	105.4	101.0
汉滨区	Hanbin	103.3	111.1	102.2	98.2	100.3	94.0	97.5	101.2	96.8
三原县	Sanyuan	103.6	109.8	105.2	97.5	117.3	90.9	98.9	102.5	95.7
商州区	Shangzhou	103.3	107.5	101.4	103.3	104.6	95.1	98.2	98.5	102.1
省级调查点	**Provincial Survey Points**									
铜川市	Tongchuan	100.4	105.9	102.8	97.7	97.4	80.6	85.3	103.8	86.2
宝塔区	Baota	104.1	109.4	103.0	100.5	106.9	97.5	100.1	102.8	97.0
临渭区	Linwei	103.5	108.9	100.6	100.2	103.0	94.2	94.6	98.7	101.8
西乡县	Xixiang	103.8	106.9	102.1	105.9	103.9	94.9	99.5	103.6	99.0
陇 县	Longxian	105.4	110.9	104.7	98.1	105.2	97.1	99.8	106.0	102.4
洛南县	Luonan	104.0	110.4	101.4	101.7	103.8	99.8	97.3	99.7	96.8
蒲城县	Puchneng	105.0	112.2	101.0	99.7	104.2	100.0	97.1	100.3	100.0
户 县	Huxian	104.5	109.5	102.0	100.4	101.1	98.7	97.7	100.3	98.5
绥德县	Suide	105.9	113.2	100.2	99.7	105.1	100.1	102.2	100.5	100.3
华阴市	Huayin	103.3	108.7	102.5	103.3	100.5	98.9	96.8	100.0	99.4
略阳县	Lueyang	103.4	108.1	105.5	101.9	102.6	95.5	98.2	102.4	98.1

9-4 续表 continued

(上年价格=100) (preceding year=100)

地 区	Region	九、交通通信用品 Transportation and Communication Appliances	十、家具 Furniture	十一、化妆品 Cosmetics	十二、金银珠宝 Gold, Silver and Jewelry	十三、中西药品及医疗保健用品 Traditional Chinese and Western Medicines and Health	十四、书报杂志及电子出版物 Books, Newspapers, Magazines and Electronic Publications	十五、燃料 Fuels	十六、建筑材料及五金电料 Building Materials and Hardware
全 省	**Shaanxi**	**96.6**	**105.0**	**101.7**	**113.8**	**107.0**	**100.4**	**108.5**	**103.1**
国家调查点	**National Survey Points**								
西安市	Xi'an	96.0	109.7	102.3	113.5	104.6	101.3	109.3	103.4
宝鸡市	Baoji	96.7	101.2	101.4	118.5	110.6	98.3	107.5	103.3
汉台区	Hantai	96.2	99.5	99.8	115.2	106.5	101.5	110.9	99.4
咸阳市	Xianyan	98.2	86.8	101.6	104.2	110.7	101.6	111.7	105.1
榆阳区	Yuyang	98.8	100.5	108.3	114.8	106.0	101.0	112.3	102.7
汉滨区	Hanbin	94.8	96.3	101.9	117.2	102.0	100.0	110.6	103.1
三原县	Sanyuan	89.2	102.6	100.7	111.3	103.0	99.0	111.3	101.3
商州区	Shangzhou	95.1	101.9	104.9	109.3	109.3	100.0	109.1	102.4
省级调查点	**Provincial Survey Points**								
铜川市	Tongchuan	90.0	102.6	99.9	123.4	104.4	100.1	107.5	104.8
宝塔区	Baota	96.8	98.9	100.8	110.9	107.8	98.5	104.3	101.9
临渭区	Linwei	100.3	100.7	99.9	105.3	103.2	103.1	110.5	104.9
西乡县	Xixiang	94.2	108.3	99.4	120.2	107.5	102.4	109.1	101.0
陇 县	Longxian	91.9	98.6	101.6	118.1	102.1	102.3	118.4	110.4
洛南县	Luonan	94.6	103.4	100.7	108.7	104.4	100.0	107.9	103.3
蒲城县	Puchneng	98.8	100.0	100.0	114.4	102.4	100.0	109.7	103.7
户 县	Huxian	95.6	101.4	100.2	116.3	107.3	100.0	108.2	106.5
绥德县	Suide	99.2	97.0	100.0	120.6	107.9	101.7	106.5	108.2
华阴市	Huayin	92.1	99.2	100.0	113.2	101.5	99.7	109.9	101.6
略阳县	Lueyang	90.1	98.8	100.0	119.0	105.6	100.9	108.2	102.8

9-5 十九个市、县居民消费价格分类指数(2010年)
Consumer Price Indices by Category and Region of 19 Cities and Counties(2010)

(上年价格=100) (preceding year=100)

地　区	Region	总指数 General Index	一、食品 Food	二、烟酒及用品 Tobacco, Liquor and Articles	三、衣着 Clothing	四、家庭设备用品及维修服务 Household Facilities, Articles and Services	五、医疗保健和个人用品 Health Care and Personal Articles	六、交通和通讯 Transportation and Communication	七、娱乐教育文化用品及服务 Recreation, Education and Culture Articles	八、居住 Residence
全　省	**Shaanxi**	**104.0**	**108.5**	**101.0**	**99.1**	**100.0**	**105.8**	**99.8**	**101.0**	**104.0**
国家调查点	**National Survey Points**									
西安市	Xi'an	103.5	107.0	100.7	98.9	104.8	104.0	99.7	101.0	102.7
宝鸡市	Baoji	103.6	109.0	99.2	97.6	99.1	107.6	98.6	98.9	103.6
汉台区	Hantai	104.4	106.4	105.2	105.7	99.2	103.5	99.1	101.6	108.4
咸阳市	Xianyan	103.6	109.3	101.7	96.8	96.9	105.8	100.0	101.9	101.9
榆阳区	Yuyang	105.5	112.7	100.9	102.1	103.3	105.1	100.1	100.9	103.1
汉滨区	Hanbin	103.9	110.4	102.5	97.3	99.6	102.1	99.6	100.2	103.0
三原县	Sanyuan	104.9	109.6	105.1	98.4	100.8	104.6	106.0	102.3	102.7
商州区	Shangzhou	103.9	108.0	101.0	104.0	99.9	105.7	98.0	101.2	102.4
省级调查点	**Provincial Survey Points**									
铜川市	Tongchuan	103.0	106.1	102.0	97.3	95.9	104.4	98.5	103.7	104.2
宝塔区	Baota	104.3	109.1	103.5	100.5	99.8	105.1	99.1	104.8	101.4
临渭区	Linwei	103.7	109.2	100.8	100.1	100.9	102.2	101.7	99.8	102.1
西乡县	Xixiang	104.1	106.1	102.4	106.0	105.3	106.1	99.8	101.9	101.6
陇　县	Longxian	105.7	110.3	103.3	98.4	103.5	102.7	99.0	103.0	111.5
洛南县	Luonan	104.0	110.8	100.7	102.1	103.1	102.5	98.1	97.9	102.1
蒲城县	Puchneng	104.6	112.0	101.0	101.3	99.5	101.9	100.1	99.4	102.4
户　县	Huxian	104.7	109.2	102.0	100.7	99.9	104.1	101.5	99.5	107.2
绥德县	Suide	106.0	113.8	100.3	100.2	101.5	106.2	100.5	100.7	105.5
华阴市	Huayin	103.5	108.5	100.8	103.0	103.1	100.9	97.9	100.3	102.0
略阳县	Lueyang	104.0	107.9	105.2	101.7	101.8	104.7	99.9	101.4	101.9

9-6 农业生产资料价格指数
Price Indices for Means of Agricultural Production

(上年价格=100) (preceding year=100)

类　别	Item	2009	2010
总指数	**General Index**	**95.8**	**105.3**
一、农用手工工具	Farm Handtools	105.0	103.1
二、饲　料	Forage	103.8	108.9
混合饲料	Mixed Forage	102.4	106.4
其　他	Others	105.6	112.2
三、产品畜	Commodity Animals	81.2	100.4
幼禽家畜	Poultry and Livestock	81.2	100.4
四、半机械化农具	Semi-mechanized Farm Tools	100.5	98.9
五、机械化农具	Mechanized Farm Machinery	97.1	100.0
农用机械	Farm Machinery	97.1	100.0
六、化学肥料	Chemical Fertilizer	92.3	108.2
氮　肥	Nitrogenous Fertilizer	93.5	114.9
磷　肥	Phosphate Fertilizer	88.0	99.7
钾　肥	Potash Fertilizer	96.7	95.9
复合肥料	Compound Fertilizer	90.8	94.6
七、农药及农药械	Pesticide and Its Appliances	102.4	100.7
化学农药	Chemical Pesticide	102.8	100.5
杀虫剂	Insecticide	101.8	100.1
杀菌剂	Bactericide	104.6	101.1
除草剂	Herbicide	103.6	101.0
农药器械	Appliances for Pesticide	98.9	102.3
八、农用机油	Oil for Farm Machinery	95.9	107.8
九、其他农业生产资料	Other Means of Agricultural Production	105.9	105.8
农用种子	Seeds for Farming	116.3	108.9
其　他	Others	93.7	102.0
农用薄膜	Pellicle for Farming	92.9	103.3
其　他	Others	95.4	99.1
十、农业生产服务	Service for Agricultural Production	103.0	104.6
排灌费	Expenditure of Irrigation and Drainage	104.9	102.6
机械作业费	Expenditure of Mechanical Operations	100.1	108.1
其　他	Others	102.9	103.1

9-7 工业产品出厂价格指数
Producer Price Indices for Manufactured Goods

(上年价格=100) (preceding year=100)

类　别	Item	2009	2010
总指数	**General Index**	**96.1**	**108.7**
按轻重工业分	Grouped by Light & Heavy Industries		
轻工业	Light Industry	100.2	102.2
以农产品为原料	Agricultural Products as Raw Materials	97.9	103.5
以非农产品为原料	Non-agricultural Products as Raw Materials	103.0	100.2
重工业	Heavy Industry	95.0	109.9
采掘工业	Mining & Quarrying Industry	90.0	111.1
原料工业	Raw Materials Industry	97.8	114.0
加工工业	Processing Industry	98.0	101.9
按用途分	Grouped by Use		
生产资料	Means of Production	95.4	109.5
采掘工业	Mining & Quarrying Industry	90.5	111.2
原料工业	Raw Materials Industry	97.7	114.0
加工工业	Processing Industry	98.2	101.9
生活资料	Consumer Goods	100.5	102.2
食　品	Food	99.1	102.4
衣　着	Clothing	104.7	102.6
一般工业品	Articles for Daily Use	102.7	100.8
耐用消费品	Durable Consumer Goods	104.5	101.9
按工业部门分	By Department of Industry		
1.冶金工业	Metallurgical Industry	92.3	116.1
2.电力工业	Power Industry	102.7	103.0
3.煤炭及炼焦工业	Coal and Coking Industry	111.2	111.6
4.石油工业	Petroleum Industry	85.8	114.6
5.化学工业	Chemical Industry	99.1	104.0
6.机械工业	Machine Industry	99.5	101.3
7.建筑材料工业	Building Materials Industry	107.3	98.4
8.森林工业	Forestry Industry	101.0	101.8
9.食品工业	Food Industry	97.7	102.5
10.纺织工业	Textile Industry	97.7	114.0
11.缝纫工业	Tailoring Industry	104.3	102.6
12.皮革工业	Leather Industry	99.6	99.7
13.造纸工业	Paper Making Industry	96.1	100.6
14.文教艺术用品工业	Cultural, Education & Handicrafts Article	104.1	100.8
15.其它工业	Other Industry	100.0	99.8

9-8 主要原材料、燃料、动力购进价格指数
Index of Raw Materials and Fuels Purchasing Price

(上年价格=100) (preceding year=100)

类　别	Item	2009	2010
总指数	**General Index**	**98.4**	**109.7**
一、燃料、动力类	Fuels	100.4	111.9
二、黑色金属材料类	Ferrous Metal Materials	93.2	105.5
钢　材	Steel	95.1	104.6
其　它	Others	88.5	107.2
三、有色金属材料类和电线类	Non-ferrous Metals	90.3	117.3
四、化工原材料类	Chemical Raw Materials	97.7	107.8
五、木材及纸浆类	Timber and Paper Pulp	98.2	103.4
六、建筑材料类及非金属矿类	Building Materials and Non-metal Mineral	102.9	95.3
七、其它工业原材料及半成品	Other Industrial Raw Materials and Half-products	100.7	103.6
八、农副产品类	Farm Products	99.3	109.4
九、纺织原材料类	Textile Raw Materials	98.2	109.9

9-9 固定资产投资价格指数
Price Index of Investment in Fixed Assets

(上年价格=100) (preceding year=100)

类　别	Item	2009	2010
总指数	**General Index**	**99.3**	**103.6**
一、建筑安装工程	Construction and Installation	99.1	105.3
1.材料费	Material	93.8	104.6
钢　材	Steel	89.1	105.4
木　材	Timber	102.9	103.7
水　泥	Cement	108.2	102.4
地方材料	Local Construction Material	103.2	104.5
化工材料	Chemical Material	96.0	107.4
电　料	Electric Material	101.8	103.6
其它材料	Others	102.4	103.9
2.人工费	Labour	110.1	111.2
3.机械使用费	Machinery	100.5	102.3
二、设备工器具购置	Purchase of Equipment,Tools and Instruments	98.7	100.4
三、其它费用	Others	101.0	100.8

9-10 农产品生产价格指数
Producers' Price Indices for Farm Products

(上年价格=100) (preceding year=100)

类　别	Item	2009	2010
总指数	**General Index**	**95.8**	**121.7**
一、农业产品	Planting Products	96.4	126.1
#小　麦	Wheat	107.9	111.1
玉　米	Corn	93.8	126.9
油　料	Oil-bearing Crops	80.5	107.7
水　果	Fruit	90.6	129.8
二、林业产品	Forestry Products	92.0	133.8
三、牧业产品	Animal Husbandry Products	94.8	110.4
#活　猪	Live pigs	79.1	96.6
猪　肉	Pork	84.7	89.5
鸡　蛋	Eggs	104.1	108.4
四、渔业产品	Fishery Products	98.4	121.2

9-11 房地产价格指数
Price Index of Real Estate

(上年价格=100) (preceding year=100)

类　别	Item	2009	2010
土地交易价格指数	**Price Index of Land Deal**	**100.1**	**107.7**
居住用地	Land of Residential Buildings	99.8	110.0
工业用地	Land of Industry	101.0	106.5
商业营业用地	Land of Commerce	99.4	104.0
其他用地	Other Land	100.9	100.6
房屋租赁价格指数	**Price Index of Renting Houses**	**100.0**	**105.7**
一、住　宅	Residential Buildings	100.5	105.4
1.经济适用房	Economical Houses	100.0	100.0
2.廉租房	Lower-rent Houses	135.4	102.5
3.商品住宅	Commercial Residential Buildings	100.3	105.5
普通住宅	Ordinary Residential Building	100.2	105.4
高档住宅	Magnificent Residential Buildings	101.0	106.5
二、非住宅	Non-Residential Buildings	99.6	105.9
1.办公楼	Building of Office	100.0	102.5
2.商业营业用房	Houses for Business And Entertainment	99.4	107.2
3.其　他	Others	101.8	101.1
物业管理指数	**Price Index of Estate Management Fee**	**100.1**	**101.6**
房屋销售价格指数	**Selling Price Index of Houses**	**102.4**	**111.1**
一、新建房	New Houses	102.7	111.5
(一)住　宅	Residential Buildings	102.7	111.1
1.经济适用房	Economical Houses	100.4	102.2
2.商品住宅	Commercial Residential Buildings	102.9	112.0
普通住宅	Ordinary Residential Buildings	103.1	111.7
多层住宅	Residential Building with Many Floors	104.5	110.0
高层住宅	Residential Building with High Floors	102.6	112.3
高档住宅	Magnificent Residential Buildings	100.9	113.9
(二)非住宅	Non-Residential Buildings	103.0	115.0
1.办公楼	Building of Office	102.3	111.9
2.商业营业用房	Houses for Business And Entertainment	103.8	119.5
3.其他用房	Others	101.2	111.4
二、二手房	Secondhand Houses	101.0	109.6
1.住　宅	Residential Buildings	101.4	110.4
2.非住宅	Non-Residential Buildings	99.4	105.4

主要统计指标解释

居民消费价格指数 是反映一定时期内城乡居民所购买的生活消费品价格和服务项目价格变动趋势和程度的相对数，是对城市居民消费价格指数和农村居民消费价格指数进行综合汇总计算的结果。该指数可以观察和分析消费品的零售价格和服务项目价格变动对城乡居民实际生活费支出的影响程度。

城市居民消费价格指数 是反映一定时期内城市居民家庭所购买的生活消费品价格和服务项目价格变动趋势和程度的相对数。该指数可以观察和分析消费品的零售价格和服务项目价格变动对城镇职工货币工资的影响，作为研究职工生活和确定工资政策的依据。

农村居民消费价格指数 是反映一定时期内农村居民家庭所购买的生活消费品价格和服务项目价格变动趋势和程度的相对数。该指数可以观察农村消费品的零售价格和服务项目价格变动对农村居民生活消费支出的影响，直接反映农村居民生活水平的实际变化情况，为分析和研究农村居民生活问题提供依据。

商品零售价格指数 是反映一定时期内城乡商品零售价格变动趋势和程度的相对数。商品零售价格的变动直接影响到城乡居民的生活支出和国家的财政收入，影响居民购买力和市场供需的平衡，影响到消费与积累的比例关系。因此，该指数可以从一个侧面对上述经济活动进行观察和分析。

农业生产资料价格指数 指反映一定时期内农业生产资料价格变动趋势和程度的相对数。其编制目的是了解农业生产中物质资料投入价格的变动状况，服务于国民经济核算。1994 年以前，农业生产资料价格指数仅仅是商品零售价格指数的一个类别，此后，从商品零售价格指数中分离出来，单独编制。

农产品生产价格指数 是反映一定时期内，农产品生产者出售农产品价格水平变动趋势及幅度的相对数。该指数可以客观反映全国农产品生产价格水平和结构变动情况，满足农业与国民经济核算需要。其中某代表品生产价格指数是通过对全部有出售该产品行为的调查单位的个体指数进行几何平均求得的，类价格指数是通过对其所属的类(或代表品)的价格指数进行加权平均求得的。季度累计价格指数的计算方法与分季指数的计算方法相同。

工业品出厂价格指数 是反映一定时期内全部工业产品出厂价格总水平的变动趋势和程度的相对数，包括工业企业售给本企业以外所有单位的各种产品和直接售给居民用于生活消费的产品。该指数可以观察出厂价格变动对工业总产值及增加值的影响。

原材料、燃料和动力购进价格指数 是反映工业企业作为生产投入，而从物资交易市场和能源、原材料生产企业购买原材料、燃料和动力产品时，所支付的价格水平变动趋势和程度的统计指标，是扣除工业企业物质消耗成本中的价格变动影响的重要依据。

目前，我国编制的原材料、燃料和动力购进价格指数所调查的产品包括燃料动力、黑色金属、有色金属、化工、建材等九大类的近 1800 种产品。

固定资产投资价格指数 是反映一定时期内固定资产投资品及取费项目的价格变动趋势和程度的相对数。固定资产投资额是由建筑安装工程投资完成额、设备工器具购置投资完成额和其他费用投资完成额三部分组成的。编制固定资产投资价格指数应首先分别编制上述三部分投资的价格指数，然后采用加权算术平均法求出固定资产投资价格总指数。

该指数可以准确地反映固定资产投资中涉及的各类投资品和取费项目价格变动趋势和变动幅度，消除按现价计算的固定资产投资指标中的价格变动因素，真实地反映固定资产投资的规模、速度、结构和效益，为国家科学地制定、检查固定资产投资计划并提高宏观调控水平，为完善国民经济核算体系提供科学的、可靠的依据。

房地产价格指数 是反映一定时期内房地产价格变动趋势和程度的相对数，包括房屋销售价格指数、房屋租赁价格指数、土地交易价格指数和物业管理价格指数。这四套指数的计算方法相似，均采用超级汇总的方法。

Explanatory Notes on Main Statistical Indicators

Consumer Price Indices reflect the trend and degree of changes in prices of consumer goods and services purchased by urban and rural households during a given period. They are obtained by combining Consumer Price Indices of Urban Household and Consumer Price Indices of Rural Household. The Indices enable the observation and analysis of the degree of impact of the changes in the prices of retailed goods and services on the actual living expenses of urban and rural residents.

Consumer Price Indices of Urban Household reflect the trend and degree of changes in prices of consumer goods and services purchased by urban households during a given period. It can be used to observe and analyze the impact of price changes in consumer goods and services on wages (in monetary terms) of urban staff and workers, and provide a basis for research on the livelihood of staff and workers and policy-making concerning wages.

Consumer Price Indices of Rural Household reflect the trend and degree of changes in prices of consumer goods and services purchased by rural households during a given period. It can be used to observe the impact of change in retail prices of consumer goods and service prices in rural areas on living expenditure of rural households, and to show the changes in the living standard of rural households. It provides a basis for analysis and research on the condition of life in rural areas.

Retail Price Indices reflect the trend and degree of change in retail prices of commodities during a given period. The change in retail prices of commodities directly affect the living expenses of urban and rural residents, government revenue, purchasing power of residents and the equilibrium of market supply and demand, and the ratio of consumption to accumulation. Therefore, the retail price indices are useful from an oblique perspective for observing and analyzing the changes of the above economic activities.

Price Indices for Means of Agricultural Production reflect the trend and degree of changes in the prices of the means of agricultural production during a given period. Compilation of these indices helps to understand the changes in prices of input into agricultural production and facilitate the compilation of national accounts statistics. Before 1994, price indices for means of agricultural production were a sub-category in the retail price indices for commodities, and it has been compiled separately since 1994.

Producer Prices Indices for Farm Products reflect the trend and degree of changes in producers' prices received by farmers when they sell farm products during a given period. These indices depict the change in the level and structure of producer prices for farm products of the country and meet the needs of agricultural statistics and national accounts statistics. The producer price index for a given product is calculated as the geometrical mean of individual indices for all surveyed units which sell such product, and the indices for a product category is obtained as the weighted mean of price indices for all products in the category. Method for calculating accumulative quarterly indices is the same as for calculating the individual quarterly indices.

Producer Price Indices for Manufactured Goods reflect the trend and degree of changes in general ex-factory prices of all manufactured goods during a given period, including sales of manufactured goods by an industrial enterprise to all units outside the enterprise, as well as sales of consumer goods to residents. It can be used to analyze the impact of ex-factory prices on gross output value and value-added of the industrial sector.

Purchasing Price Indices for Raw Materials, Fuels and Power reflect changes in the level and degree of prices paid by industrial enterprises when they purchase production input such as raw materials, fuels and power from the market or from other energy or raw materials producing enterprises. These indices provide an important basis for measuring the material consumption of industrial enterprises after removing the influence of price changes.

At present, close to 1,800 products in 9 categories, including fuels and power, ferrous metals, non-ferrous metals, chemicals, building materials, are covered in China for the survey to produce indices for purchasing prices of raw materials, fuels and power.

Price Indices for Investment in Fixed Assets reflect the trend and degree of changes in prices of investment goods and projects in fixed assets during a given period. The investment in fixed assets consists of three components, namely the investment in construction and installation, the investment in purchases of equipment and instrument, and the investment in other items. Price indices for investment in fixed assets are calculated as the weighted arithmetic mean of the price indices for the three components of investment in fixed assets.

Removing the factor of price change in the aggregates of investment at current prices, this indicator shows the changes in the prices of commodities and fees involved in the investment of fixed assets, and can be used to observe the actual size, growth, structure, and efficiency of investment in fixed assets and provides reliable and scientific data for government planning, management, decision-making, and further improving the current national accounting system.

Price Indices for Real Estate reflect the trend and degree of changes in prices of real estate during a given period, including sale price indices for houses, price indices for renting houses, price indices for land transactions and price indices for management of properties. The methods for the compilation of these four sets of indices are similar in that they all use the super-collecting approach .

十、人民生活

People's Livelihood

资料整理：李晓利　高　宇　何晓红　董文佳　孙士梅

10.人民生活

2010 年全省				
农民人均纯收入	4105	元	比上年增长	19.4%
农民人均生活消费支出	3794	元	比上年增长	13.3%
城镇居民人均可支配收入	15695	元	比上年增长	11.1%
城镇居民人均消费支出	11822	元	比上年增长	10.4%
城乡居民年末人均储蓄存款	21263	元	比上年增长	17.7%

城乡居民收入(元)

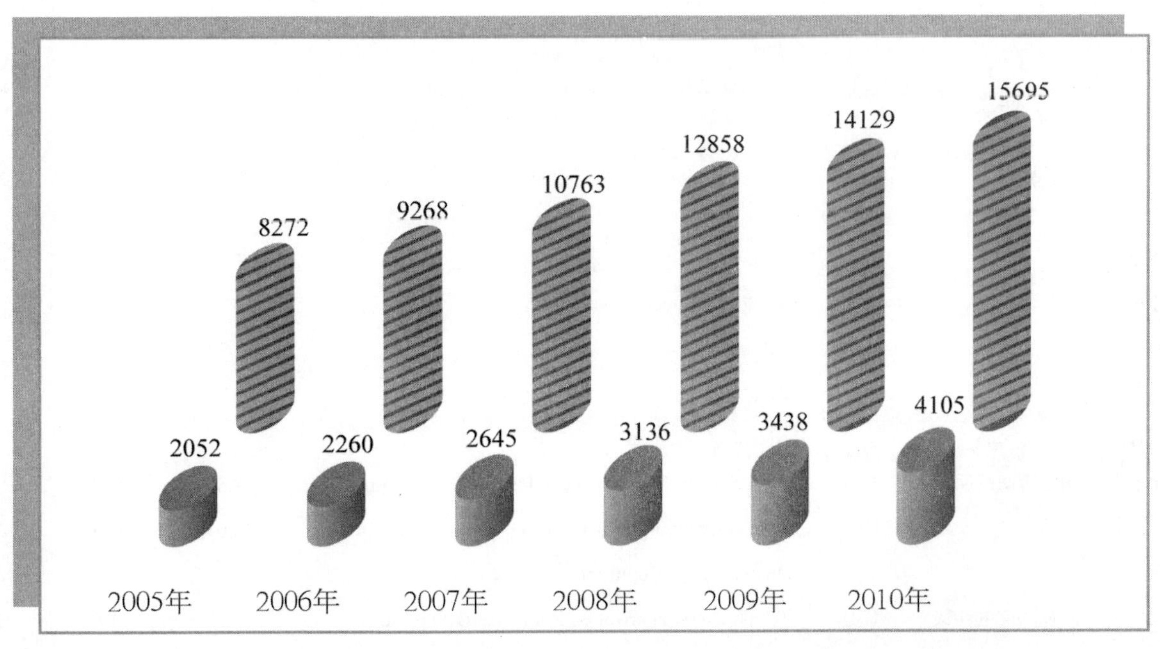

10-1 人民生活基本情况
Basic Statistics on People's Living Conditions

指　　标	Item	2005	2009	2010
一、就　业	**Employment**			
城镇居民家庭每户就业人口　(人)	Average Number of Employed Persons per Urban Household (person)	1.46	1.44	1.46
农村居民家庭每户整、半劳动力　(人)	Average Number of Full/Semi Laborer per Rural Household (person)	2.78	2.86	2.90
每一农村劳动力负担人数　(人)	Number of Dependents per Laborer of Rural Household (person)	1.57	1.45	1.40
每一城镇就业者负担人数　(人)	Number of Dependents per Employee of Urban Household (person)	2.02	2.01	1.95
城镇登记失业率　(%)	Registered Urban Unemployment Rate (%)	4.2	3.9	3.9
二、收入与支出	**Income and Expenditure**			
城镇居民人均可支配收入　(元)	Annual Per Capita Disposable Income of Urban Households (yuan)	8272	14129	15695
农民人均纯收入　(元)	Annual Per Capita Net Income of Rural Households (yuan)	2052	3438	4105
城镇居民人均消费支出　(元)	Annual Per Capita Consumption Expenditure of Urban Households (yuan)	6656	10706	11822
农民人均生活消费支出　(元)	Annual Per Capita Living Expenditure of Rural Households (yuan)	1896	3349	3794
三、储　蓄	**Savings**			
年末储蓄存款余额　(亿元)	Urban and Rural Household Saving Deposit (100 million yuan)	3533.97	6732.03	7941.81
平均每人储蓄存款余额　(元)	Per Capita Balance of Saving Deposit (yuan)	9577	18063	21263
四、生活质量	**Life Quality**			
居民家庭恩格尔系数　(%)	Household's Engel's Coefficient (%)			
城　镇	Urban	36.1	37.3	37.1
农　村	Rural	42.9	35.1	34.2
居住条件	Residence Condition			
城镇居民人均住房使用面积　(平方米)	Per Capita Building Space in Urban Areas (sq.m)	18.54	20.95	21.04
农村人均住房面积　(平方米)	Per Capita Living Space in Rural Areas (sq.m)	26.01	30.38	31.70
通讯条件	Communication Condition			
平均每百人拥有固定电话数　(部)	Telephone Popularization Rate (set/100 persons)	23.28	21.87	20.93
平均每百人拥有移动电话数　(部)	Popularization Rate of Mobile Telephone (set/100 persons)	25.42	62.71	67.42

10-1 续表 continued

指　　标	Item	2005	2009	2010
交通状况	Traffic Condition			
城市人均拥有道路面积 (平方米)	Per Capita Area of Paved Roads in City (sq.m)	8.19	12.86	13.38
城镇每百户拥有汽车 (辆)	Number of Automobile Per 100 Urban Households (unit)	0.44	5.72	7.07
农村每百户拥有摩托车 (辆)	Number of Motor Cycles Per 100 Rural Households (unit)	35.81	47.34	49.68
城市公用设施普及占有率	City Public Utility Rate			
城市平均每人每天生活用水量(升)	Urban Domestic Water Consumption per Person per Day (liter)	145.14	164.65	165.70
用水普及率 (%)	Coverage Rate of Population with Access to Tap Water(%)	93.24	98.06	99.39
燃气普及率 (%)	Coverage Rate of Population with Access to Gas (%)	79.82	89.64	90.39
人均公园绿地面积 (平方米)	Per Capita Area of Parks and Green Land (sq.m)		9.34	10.67
五、文　化	**Culture**			
广播人口覆盖率 (%)	Radio Coverage Rate of the Population (%)	93.2	96.3	96.7
电视人口覆盖率 (%)	TV Coverage Rate of the Population (%)	94.4	97.5	97.7
每百户彩色电视机拥有量 (台)	Number of Color TV per 100 Households (set)			
城　镇	Urban	129	125	124
农　村	Rural	88	104	109
每百户家用电脑拥有量 (台)	Number of Computer per 100 Households (set)			
城　镇	Urban	27.9	62.3	68.1
农　村	Rural		4.6	6.7
每百人每天拥有报纸 (份)	Every hundred People a Day with Newspapers (copy)	5.1	4.8	4.6
每人每年拥有图书杂志 (册)	Everyone has Books and Magazines Each Year (cpoy)	6.5	7.0	7.3
居民家庭文教娱乐支出比重 (%)	Percentage of Household Expenditure on Education, Culture and Entertainment (%)			
城　镇	Urban	16.3	13.4	13.5
农　村	Rural	15.7	11.4	10.5
六、教　育	**Education**			
每万人口在校大学生数 (人)	Number of University Students per 10 000 People (person)	181	240	248
七、卫　生	**Health Care**			
每万人口医院床位数 (张)	Number of Beds of Hospitals per 10 000 Population (bed)	28	35	37
每万人口医生数 (人)	Number of Doctors per 10 000 Population (person)	16	16	17
居民家庭医疗保健支出比重 (%)	Percentage of Resident Expenditure on Health Care (%)			
城　镇	Urban	9.1	8.1	7.9
农　村	Rural	8.7	9.8	9.9

10-2 城乡居民人均收入及恩格尔系数
Per Capita Annual Income and Engel's Coefficient of Urban and Rural Households

年份 Year	农村居民家庭人均纯收入 Per Capita Annual Net Income of Rural Households		城镇居民家庭人均可支配收入 Per Capita Annual Disposable Income of Urban Households		农村居民家庭恩格尔系数(%) Engel's Coefficient of Rural Households (%)	城镇居民家庭恩格尔系数(%) Engel's Coefficient of Urban Households (%)
	绝对数(元) Value (yuan)	指数(1978年=100) Index	绝对数(元) Value (yuan)	指数(1978年=100) Index		
1978	134	100.0	310	100.0	59.0	
1979	150	111.0			59.8	
1980	142	102.8	407	122.8	59.8	
1981	177	126.1	427	124.4	62.0	53.0
1982	218	153.4	452	130.5	62.8	54.8
1983	236	164.8	488	138.7	60.1	55.0
1984	263	179.5	552	151.7	60.4	54.5
1985	295	191.4	650	166.0	57.4	48.9
1986	299	185.3	814	195.1	55.8	49.6
1987	329	192.5	905	198.6	55.4	51.0
1988	404	205.3	1040	190.1	52.3	46.7
1989	434	184.1	1239	192.5	51.9	50.5
1990	530	191.9	1369	207.3	58.5	51.9
1991	534	184.7	1498	211.5	55.8	50.9
1992	559	181.4	1705	216.5	58.4	51.6
1993	653	192.6	2102	234.1	57.1	47.9
1994	805	187.4	2684	233.1	60.1	47.5
1995	963	186.2	3310	243.6	59.3	47.2
1996	1165	204.8	3810	254.2	56.8	45.5
1997	1285	209.6	4001	253.8	52.8	43.0
1998	1406	237.1	4220	274.0	50.0	41.1
1999	1456	252.7	4654	310.8	47.6	37.3
2000	1470	261.0	5124	341.2	43.5	35.8
2001	1520	264.3	5484	364.8	41.9	34.3
2002	1596	276.5	6331	428.9	37.9	34.1
2003	1676	282.6	6806	457.4	39.3	34.6
2004	1867	300.4	7492	488.9	42.4	35.9
2005	2052	321.1	8272	534.9	42.9	36.1
2006	2260	346.5	9268	586.9	39.0	34.3
2007	2645	381.1	10763	648.5	36.8	36.4
2008	3136	421.5	12858	729.6	37.4	36.7
2009	3438	460.3	14129	801.8	35.1	37.3
2010	4105	515.5	15695	858.7	34.2	37.1

注：本表绝对数按当年价格计算，指数按可比价格计算。
a) Level data in this table are calculated at current prices while indices at constant prices.

10-3 各市(区)城乡居民人均收入
Per Capita Income in Urban and Rural Households by City(District)

单位：元 (yuan)

地 区	Region	城镇居民人均可支配收入 Per Capita Annual Disposable Income of Urban Households			农民人均纯收入 Per Capita Annual Net Income of Rural Households		
		2009	2010	2010年比2009年增长% Increase of 2010 over 2009 (%)	2009	2010	2010年比2009年增长% Increase of 2010 over 2009 (%)
西安市	Xi'an	18963	22244	17.3	6275	7750	23.5
铜川市	Tongchuan	13717	15884	15.8	3968	4789	20.7
宝鸡市	Baoji	16346	18978	16.1	4186	5040	20.4
咸阳市	Xianyang	16404	18914	15.3	4206	5056	20.2
渭南市	Weinan	13652	15918	16.6	3584	4372	22.0
延安市	Yan'an	15217	17880	17.5	4258	5173	21.5
汉中市	Hanzhong	12562	14509	15.5	3446	4183	21.4
榆林市	Yulin	14856	17545	18.1	4127	5113	23.9
安康市	Ankang	12525	14642	16.9	3313	3976	20.0
商洛市	Shangluo	12857	14811	15.2	3002	3605	20.1
杨凌示范区	Yangling	19372	22297	15.1	5744	7128	24.1

10-4 城乡居民储蓄存款余额
Savings Deposit of Urban and Rural Households at Year-end

年 份 Year	城乡居民年末储蓄存款余额(亿元) Savings Deposit of Urban and Rural Households (100 million yuan)	定 期 Time Deposits	活 期 Demand Deposits	城乡居民年末人均储蓄存款余额(元) Per Capita Balance of Saving Deposit (yuan)
1978	7.79			28
1980	13.51			48
1985	44.77	35.45	9.32	149
1990	204.57	170.02	34.55	617
1995	734.04	590.11	143.93	2089
1996	942.21	751.85	190.36	2659
1997	1090.43	250.70	839.73	3054
1998	1241.63	320.46	921.17	3453
1999	1371.88	344.92	1026.96	3792
2000	1522.53	1101.50	421.03	4178
2001	1768.47	1254.87	513.60	4841
2002	2107.83	1460.26	647.57	5756
2003	2519.93	1749.76	770.17	6863
2004	2948.34	2070.47	877.87	8010
2005	3533.97	2434.18	1099.79	9577
2006	4067.57	2695.41	1372.16	10996
2007	4273.59	2649.94	1623.65	11525
2008	5485.24	3380.08	2105.16	14753
2009	6732.03	4011.40	2720.63	18063
2010	7941.81	4475.28	3466.53	21263

10-5 城镇居民家庭基本情况
Basic Conditions of Urban Households

指　　标	Item	2005	2009	2010
一、调查户数 (户)	Number of Households Surveyed (household)	1450	1500	1500
二、平均每户家庭人口数 (人)	Average Household Size (person)	2.96	2.89	2.84
三、平均每户就业人口数 (人)	Average Number of Employed Persons Per Household (person)	1.46	1.44	1.46
四、平均每一就业者负担人数 (人)	Number of Dependents per Employee (person)	2.02	2.01	1.95
五、平均每户就业面 (%)	Proportion of Employment per Household (%)	49.32	49.83	51.41
六、平均每人每月可支配收入 (元)	Per Capita Per Month Annual Disposable Income (yuan)	689.34	1177.40	1307.93
七、按每人每月可支配收入分组户数占总户数的比例 (%)	Percentage of Households Grouped by Per Capita Annual Per Month Disposable Income (%)	100	100	100
200元及以下	Less Than 200 Yuan	2.33	1.58	1.15
200—400元	200-400 Yuan	19.16	6.38	4.58
400—600元	400-600 yuan	30.68	12.62	9.66
600—800元	600-800 yuan	23.15	15.37	10.87
800—1000元	800-1000 yuan	11.23	14.81	13.39
1000—1500元	1000-1500 yuan	9.97	25.53	29.14
1500—2000元	1500-2000 yuan	2.45	12.04	14.26
2000—2500元	2000-3000 yuan	0.48	5.26	6.00
2500—3000元	2500-3000 yuan	0.41	2.80	3.58
3000—4000元	3000-4000 yuan	0.14	2.06	2.23
4000—5000元	4000-5000 yuan		0.85	1.02
5000元以上	5000 yuan and over		0.70	0.69
八、平均每人每月消费性支出 (元)	Per Capita Per Month Annual Consumption Expenditure (yuan)	554.71	892.14	985.16
九、平均每人住房使用面积(平方米)	Per Capita Annual Housing Area (sq.m)	18.54	20.95	21.04

10-6 城镇居民家庭人均现金收入
Per Capita Cash Income of Urban Households

单位：元 (yuan)

指　标	Item	2005	2009	2010
现金收入	**Cash Income**	**10649.37**	**18868.15**	**21019.95**
一、家庭总收入	Total Income	8902.26	15311.29	17064.71
# 可支配收入	Disposable Income	8272.02	14128.76	15695.21
(一)工资性收入	Wages Income	6347.81	10775.37	12078.35
1.工资及补贴收入	Wage and Subsidy Income	6191.58	10636.88	11947.14
2.其它劳动收入	Other Labor Income	156.23	138.49	131.21
(二)经营净收入	Net Income from Business	179.34	544.30	573.19
(三)财产性收入	Property Income	135.15	152.30	187.39
1.利息收入	Interest	21.09	33.88	32.46
2.股息与红利收入	Dividend and Bonus	18.38	7.13	20.07
3.保险收益	Insurance Profits	1.32	3.09	5.03
4.其它投资收入	Other Investment Income	0.08	0.16	0.34
5.出租房屋收入	Income from Renting House	94.25	107.24	128.90
6.知识产权收入	Income From Intellectual Property Right			
7.其它财产性收入	Other Property Income	0.03	0.81	0.59
(四)转移性收入	Transfer Income	2239.96	3839.30	4225.78
1.养老金或离退休金	Pension for Old-age for Retired Persons	1732.94	3235.77	3615.37
2.社会救济收入	Social Relief	26.91	58.41	61.52
3.辞退金	Dismissal Income	5.84	10.77	4.69
4.赔偿收入	Income from Compensation	0.84	1.27	0.01
5.保险收入	Income from Insurance	32.39	14.07	9.95
6.赡养收入	Supporting Income	153.98	167.96	175.62
7.捐赠收入	Giving Income	185.42	217.88	181.11
8.提取住房公积金	Withdraw Housing Collective Accumulation Fund	13.27	18.98	21.88
9.记帐补贴	Account Subsidy	36.79	90.92	107.91
10.其它转移性收入	Other Transfer Income	43.88	23.27	47.73
二、出售财物收入	Income from Selling Belongings	23.23	4.47	140.01
1.出售住房收入	Income from Selling House	18.85		135.60
2.出售其它物品收入	Income from Selling Other Goods	4.38	4.47	4.41
三、借贷收入	Loan Income	1723.88	3552.39	3815.23
1.提取储蓄存款	Withdraw Saving Deposit	1354.34	2927.34	3453.99
2.借入款	Cash Borrowed	247.21	416.70	235.35
3.收回借出款	Paid-back Loan	17.08	91.35	34.88
4.收回储蓄性保险本	Withdraw Saving Premium	0.25	9.76	0.35
5.兑售有价证券	Securities Cashed and Sold	0.28	0.68	5.24
6.收回投资本金	Withdraw Investment Principal	5.47	6.45	
7.住房贷款	Housing Loan	70.26	72.78	46.30
8.汽车贷款	Personal Auto Loan			10.66
9.教育贷款	Education Loan	2.32	0.75	3.93
10.其它贷款	Other Loans	9.01	9.72	4.20
11.其它借贷收入	Other Loan Income	17.66	16.88	20.33

10-7 城镇居民家庭人均消费支出
Per Capita Consumption Expenditure of Urban Households

单位：元 (yuan)

指 标	Item	2005	2009	2010
消费支出	**Total Living Expenditure**	**6656.46**	**10705.67**	**11821.88**
# 服务性消费支出	Service Consumption Expenditure	2062.73	2957.73	3278.70
一、食　品	**Food**	**2401.52**	**3988.57**	**4381.40**
# 粮　食	Grain	240.33	325.45	390.19
淀粉和薯类	Starch and Potato	28.15	39.60	53.95
干豆类及制品	Dry Beans and Products	39.12	61.18	69.59
油脂类	Oil and Fats	75.23	109.60	110.86
肉禽及制品	Meat,Poultry and Related Products	325.32	503.12	533.01
蛋　类	Eggs	59.35	72.60	79.56
水产品类	Aquatic Products	57.49	84.59	86.70
蔬菜类	Vegetables	207.95	391.78	443.78
二、衣　着	**Clothing**	**673.07**	**1209.96**	**1428.20**
# 服　装	Garments	474.25	872.29	1035.04
鞋　类	Footwear	152.31	278.66	335.04
三、居　住	**Residence**	**653.40**	**1018.23**	**1126.92**
# 住　房	Housing	166.50	243.32	271.64
水电燃料及其它	Water, Electricity, Fuels and Others	458.45	703.08	782.49
四、家庭设备用品及服务	**Household Facilities,Articles and Services**	**371.81**	**683.51**	**723.73**
# 耐用消费品	Durable Consumer Goods	177.65	319.11	288.92
家庭日用杂品	Household Articles of Daily Use	126.64	250.74	329.15
家庭服务	Household Services	20.80	31.18	25.94
五、医疗保健	**Medicine and Medical Services**	**605.31**	**863.36**	**935.38**
# 药品费	Drugs Fee	380.67	488.64	520.36
医疗费	Medical Expenses	188.36	295.01	323.55
六、交通和通讯	**Transportation and Communications**	**630.16**	**1071.48**	**1194.77**
交　通	Transportation	217.62	517.58	571.79
通　信	Communications	412.54	553.89	622.98
七、教育文化娱乐服务	**Recreation, Education and Culture Services**	**1081.92**	**1430.22**	**1595.80**
文化娱乐用品	Recreation Articles	210.97	345.85	378.36
文化娱乐服务	Recreation Services	169.13	404.45	465.40
# 健身活动	Fitness Activities	3.74	11.53	10.99
教　育	Education	701.82	679.91	752.05
八、杂项商品和服务	**Miscellaneous Commodities and Services**	**239.26**	**440.35**	**435.67**

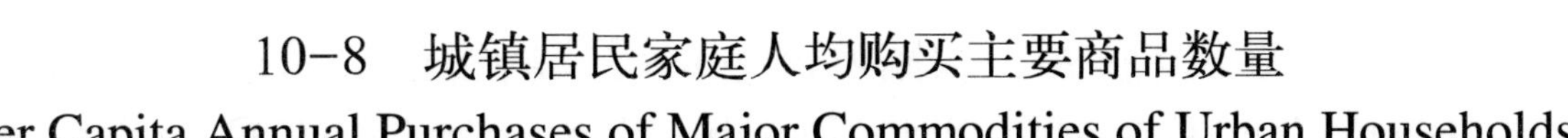

10-8 城镇居民家庭人均购买主要商品数量
Per Capita Annual Purchases of Major Commodities of Urban Households

品 名	Item	2005	2009	2010
大 米 (公斤)	Rice (kg)	24.48	21.94	20.26
面 粉 (公斤)	Flour (kg)	26.85	22.12	21.17
食用植物油 (公斤)	Edible Vegetable Oil (kg)	10.41	8.99	8.70
猪 肉 (公斤)	Pork (kg)	13.51	12.77	13.08
牛 肉 (公斤)	Beef (kg)	1.48	1.18	1.29
羊 肉 (公斤)	Mutton (kg)	1.11	1.04	0.98
鸡 肉 (公斤)	Chicken (kg)	3.72	3.37	3.40
鸭 肉 (公斤)	Duck (kg)	0.13	0.24	0.22
鲜 蛋 (公斤)	Fresh Eggs (kg)	11.34	9.51	9.34
鱼 (公斤)	Fish (kg)	3.94	3.79	3.56
虾 (公斤)	Shrimp (kg)	0.48	0.54	0.47
鲜 菜 (公斤)	Fresh Vegetables (kg)	114.66	112.21	113.46
白 酒 (公斤)	Liquor (kg)	1.28	1.07	1.08
果 酒 (公斤)	Wine (kg)	0.19	0.19	0.40
啤 酒 (公斤)	Beer (kg)	4.10	3.42	3.65
碳酸饮料 (公斤)	Carbonated beverages(kg)	2.97	2.22	1.99
茶 叶 (公斤)	Tea (kg)	0.22	0.26	0.27
鲜 果 (公斤)	Fresh Fruit (kg)	41.24	44.76	43.75
鲜 瓜 (公斤)	Fresh melon (kg)	22.58	19.48	21.54
糕 点 (公斤)	Cake (kg)	5.22	5.67	5.90
鲜乳品 (公斤)	Fresh Dairy Products (kg)	23.07	17.95	19.41
奶 粉 (公斤)	Milk Powder (kg)	0.60	0.71	0.57
酸 奶 (公斤)	Yogurt (kg)	3.24	4.77	5.04
服 装 (件)	Clothing (piece)	7.23	9.10	9.33
鞋 类 (双)	Footwear (pair)	2.75	3.17	3.18
煤 炭 (公斤)	Coal (kg)	122.44	70.88	62.25
罐装液化石油气(公斤)	Bottled LPG (kg)	9.41	5.29	4.58
管道燃气 (立方米)	Gas pipeline (cu.m)	40.20	43.28	56.00

10-9 城镇居民不同收入层次家庭基本情况及耐用消费品拥有量（2010年）
Basic Conditions and Major Durable Consumer Goods Owned of Urban Households by Revenue (2010)

指标	Item	总平均 Average	低收入户 Low Income Households	中等偏下户 Lower Middle Income Households	中等收入户 Middle Income Households	中等偏上户 Upper Middle Income Households	高收入户 High Income Households
一、调查户数 (户)	Number of Households Surveyed (household)	1500	298	301	302	300	300
各组户数所占比重 (%)	Proportion (%)	100	20	20	20	20	20
二、户均家庭人数 (人)	Average Household Size (person)	2.84	3.29	3.02	2.88	2.74	2.44
三、户均有收入者人数 (人)	Number of Households Had Incomes (person)	1.99	1.70	1.97	2.00	2.09	2.09
1.户均就业人口数 (人)	Average Number of Employed Persons per Household (person)	1.46	1.32	1.48	1.44	1.53	1.49
2.户均离退休人数 (人)	Number of Retirees per Household(person)	0.47	0.22	0.42	0.54	0.53	0.57
3.户均其它有收入者人数(人)	Number of Other Income per Household (person)	0.06	0.17	0.07	0.03	0.04	0.03
四、家庭人口在外用餐 (人次)	Dining Out Household (Person / times)	25.98	17.21	22.84	26.73	29.75	30.27
五、就业者负担系数 (人)	Employee Factor (person)	1.95	2.49	2.04	2.00	1.79	1.64
六、消费品年末百户拥有量	Consumption Goods Owned per 100 Households at Year-end						
1.摩托车 (辆)	Motorcycle (unit)	15.17	15.59	16.99	18.76	13.19	11.99
2.助力车 (辆)	Strength-aid Cycle (unit)	16.63	13.13	18.82	18.01	17.37	15.06
3.家用汽车 (辆)	Automobile (unit)	7.07	2.55	1.44	4.12	5.33	19.22
4.洗衣机 (台)	Washing Machine (unit)	97.42	88.75	95.39	99.32	98.32	102.38
5.电冰箱 (台)	Refrigerator (unit)	89.94	68.84	89.57	89.99	96.43	97.91
6.彩色电视机 (台)	Color TV Set (unit)	123.76	108.46	116.08	125.09	123.78	139.38
7.家用电脑 (台)	Computer (unit)	68.06	34.28	57.06	66.82	73.06	96.23
8.组合音响 (套)	Music Center (set)	24.85	15.32	19.71	24.09	26.96	34.32
9.摄像机 (架)	Pickup Camera (unit)	6.82	3.42	1.90	4.73	8.07	14.07
10.照相机 (架)	Camera (unit)	46.67	15.31	35.28	44.78	57.36	68.88
11.钢琴 (架)	Piano (unit)	2.26	0.72	0.26	1.22	3.69	4.62
12.其它中高档乐器 (件)	Other High-end Instruments (unit)	6.19	1.14	5.93	6.68	4.19	11.16
13.微波炉 (台)	Microwave Oven (unit)	49.80	20.54	45.08	49.91	54.56	68.53
14.空调器 (台)	Air Conditioner (unit)	100.90	49.28	85.87	91.59	112.74	145.00
15.淋浴热水器 (台)	Warmer (unit)	80.54	54.07	73.36	81.74	90.11	94.17
16.消毒碗柜 (台)	Sterilizing Cupboard (unit)	6.22	1.57	2.59	3.81	7.42	13.48
17.洗碗机 (台)	Dish Washer (unit)	0.16				0.22	0.47
18.健身器材 (套)	Setting-up Apparatus (set)	3.43	0.54	0.22	2.88	3.44	8.65
19.固定电话 (部)	Ordinary Telephone (unit)	66.69	56.26	62.54	66.59	67.82	76.21
20.移动电话 (部)	Mobile Telephone (unit)	202.82	164.23	196.76	204.17	213.17	222.50
七、信息化调查 (每百户)	Information Survey (per hundred)						
1.接入互联网的移动电话(部)	Mobile Internet Access (unit)	3.79	2.22	1.27	2.56	4.05	7.88
2.接入有线电视网络的电视机 (台)	Number of Cable TV Network Access (unit)	106.11	93.23	100.25	106.95	109.38	115.93
3.接入互联网的计算机 (台)	Computer Connected to the Internet (unit)	53.21	29.04	42.94	50.50	56.92	76.99

10-10　城镇居民不同收入层次家庭人均现金收入（2010年）
Per Capita Cash Income of Urban Households by Revenue(2010)

单位：元　　(yuan)

指　　标	Item	总平均 Average	低收入户 Low Income Households	中等偏下户 Lower Middle Income Households	中等收入户 Middle Income Households	中等偏上户 Upper Middle Income Households	高收入户 High Income Households
现金收入	**Cash Income**	**21019.95**	**8742.49**	**14092.20**	**18585.39**	**23361.25**	**39491.82**
一、总收入	Total Income	17064.71	7092.66	11609.92	14930.60	19573.76	31405.14
# 可支配收入	Disposable Income	15695.21	6263.44	10521.33	13853.45	17934.97	29230.00
(一)工资性收入	Wages Income	12078.35	5008.45	8300.49	10426.99	14616.27	21496.09
1.工资及补贴收入	Wage and Subsidy Income	11947.14	4869.36	8200.15	10256.88	14535.98	21324.88
2.其它劳动收入	Other Labor Income	131.21	139.09	100.34	170.11	80.29	171.22
(二)经营净收入	Net Income from Business	573.19	397.93	253.25	354.61	445.50	1442.33
(三)财产性收入	Property Income	187.39	56.54	159.20	137.65	143.53	430.57
1.利息收入	Interest	32.46	3.06	9.77	18.53	32.14	98.12
2.股息与红利收入	Dividend and Bonus	20.07	3.23	28.23	3.23	3.03	61.11
3.保险收益	Insurance Profits	5.03		7.16		2.24	15.24
4.其它投资收入	Other Investment Income	0.34					1.71
5.出租房屋收入	Income from Renting House	128.90	50.13	114.01	115.80	103.54	254.30
6.知识产权收入	Income from Intellectual Property Right						
7.其它财产收入	Other Property Income	0.59	0.12	0.01	0.09	2.58	0.08
(四)转移性收入	Transfer Income	4225.78	1629.74	2896.98	4011.35	4368.46	8036.16
1.养老金或离退休金	Pension for Old-age for Retired Persons	3615.37	1028.96	2390.63	3532.65	3881.39	7035.44
2.社会救济收入	Social Relief	61.52	262.54	53.95	12.21	5.17	5.07
# 最低生活保障收入	Minimum Living Guarantee Income	55.42	245.69	47.25	9.96	0.52	3.47
3.辞退金	Dismissal Income	4.69				22.70	
4.赔偿收入	Income from Compensation	0.01		0.05			
5.保险收入	Income from Insurance	9.95	6.94	18.24	11.13	12.03	
# 失业保险金	Unemployment Insurance	9.19	6.94	18.24	11.13	8.32	
6.赡养收入	Supporting Income	175.62	94.54	117.25	181.05	148.23	333.98
7.捐赠收入	Giving Income	181.11	125.65	154.19	143.00	139.82	342.30
8.提取住房公积金	Withdraw Housing Collective Accumulation Fund	21.88		1.11	1.04	2.07	106.47
9.记帐补贴	Account Subsidy	107.91	87.12	100.98	105.67	114.51	129.12
10.其它转移性收入	Other Transfer Income	47.73	23.97	60.58	24.60	42.53	83.78
二、出售财物收入	Income from Selling Belongings	140.01	4.31	2.33	77.58	2.22	620.27
1.出售住房收入	Income from Selling House	135.60			71.63	0.09	612.69
2.出售其他物品收入	Income from Selling Other Goods	4.41	4.31	2.33	5.95	2.13	7.58
三、储蓄借贷收入	Loan Income	3815.23	1645.52	2479.95	3577.21	3785.27	7466.41
1.提取储蓄存款	Withdraw Saving Deposit	3453.99	1280.99	2314.85	2817.39	3637.31	7083.59
2.借入款	Cash Borrowed	235.35	243.68	108.19	488.53	100.72	245.60
3.收回借出款	Paid-back Loan	34.88	17.72	19.77	46.52	17.23	72.89
4.收回储蓄性保险本	Withdraw Saving Premium	0.35					1.75
5.兑售有价证券	Securities Cashed and Sold	5.24		6.21	7.25	11.60	
6.收回投资本金	Withdraw Investment Principal						
7.住房贷款	Housing Loan	46.30			167.69	0.34	59.35
8.汽车贷款	Personal Auto Loan	10.66	61.99				
9.教育贷款	Education Loan	3.93	22.88				
10.其它贷款	Other Loans	4.20	6.10	13.16	0.01		1.39
11.其它借贷收入	Other Loan Income	20.33	12.17	17.78	49.83	18.07	1.84

10-11　城镇居民不同收入层次家庭人均现金支出（2010年）
Per Capita Cash Expenditure of Urban Households by Revenue(2010)

单位：元　　(yuan)

指　标	Item	总平均 Average	低收入户 Low Income Households	中等偏下户 Lower Middle Income Households	中等收入户 Middle Income Households	中等偏上户 Upper Middle Income Households	高收入户 High Income Households
一、消费支出	Total Living Expenditure	11821.88	6063.24	9152.77	10983.34	13100.30	19337.63
# 服务性消费支出	Service Consumption Expenditure	3278.70	1450.29	2418.56	2896.70	3790.17	5689.40
1.食　品	Food	4381.40	2672.48	3647.54	4162.26	4844.03	6429.10
2.衣　着	Clothing	1428.20	612.98	1074.74	1333.51	1612.33	2436.79
3.居　住	Residence	1126.92	644.24	856.41	1001.16	1080.63	2027.27
4.家庭设备用品及服务	Household Facilities,Articles and Services	723.73	321.10	526.65	712.78	755.04	1271.80
5.医疗保健	Medicine and Medical Services	935.38	372.81	786.29	780.90	1212.29	1462.54
6.交通和通信	Transportation and Communications	1194.77	530.17	764.46	1064.75	1277.39	2300.30
7.教育文化娱乐服务	Recreation, Education and Culture Services	1595.80	753.10	1237.16	1560.50	1855.84	2492.63
8.杂项商品和服务	Miscellaneous Commodities and Services	435.67	156.37	259.51	367.49	462.75	917.20
二、购房与建房支出	Expenditure from Buying and Constructing House	624.07	132.08	106.13	828.42	618.49	1419.40
# 购　房	Buying House	616.60	132.08	87.87	822.72	618.49	1407.73
三、财产性支出	Property Expenditure	32.60	4.50	8.33	8.13	57.39	83.59
四、转移性支出	Transfer Expenditure	1885.42	714.56	1242.89	1534.98	1978.84	3886.33
1.交纳的个人所得税	Paid Taxes	65.96	3.61	21.45	21.24	74.67	207.20
2.捐赠支出	Expenditure Presented	1083.50	359.26	704.58	954.59	1140.63	2209.61
3.购买彩票	Buying Lottery Tickets	10.23	4.13	6.51	3.75	14.66	21.79
4.赡养支出	Expenditure of Alimony	630.89	317.65	455.79	498.25	655.88	1210.34
# 在外就学子女费用	Cost of Schooling Children Outside	373.20	256.07	272.60	284.77	347.08	706.44
5.各种非储蓄性保险支出	Non-saving Premium	52.70	15.40	19.86	25.13	62.14	140.49
# 车辆保险支出	Vehicle Insurance Expenses	31.79	3.27	9.80	7.60	30.03	108.14
6.其他转移性支出	Other Transfer Expenditure	42.15	14.51	34.70	32.02	30.86	96.88
五、社会保障支出	Social Protection Expenditure	1195.63	738.49	966.16	950.24	1449.61	1838.82
1.个人交纳的养老基金	Personal Contribution to Pension Funds	571.09	490.77	548.14	446.63	665.47	697.70
2.个人交纳的住房公积金	Individual Housing Provident Fund Paid	398.38	120.73	228.15	315.33	508.94	800.08
3.个人交纳的医疗基金	Personal Contribution to the Health Funds	175.81	101.55	148.50	148.01	220.09	253.50
4.个人交纳的失业基金	Personal Contribution to the Unemployment Fund	39.84	18.50	29.96	32.70	46.27	70.13
5.其他社会保障支出	Other Social Protection Expenditure	10.50	6.94	11.40	7.57	8.85	17.42
六、借贷支出	Loan Expenditure	5227.27	1018.60	2578.65	4053.89	5901.60	12350.74
1.存入储蓄款	Depositing Money	4733.80	919.95	2368.43	3663.59	5360.76	11141.06
2.借出款	Cash Lent	32.72	11.48	9.71	57.42	25.42	58.62
3.归还借款	Returning Borrowed Cash	134.71	43.18	31.17	99.29	120.15	381.46
4.储蓄性保险支出	Saving Premium Expenditure	166.08	19.29	113.38	162.21	198.65	322.41
5.购买有价证券	Buying Securities	7.79		0.27	7.32	21.42	9.14
6.其它投资支出	Other Investment Expenditure	1.61		0.40		2.05	5.56
7.归还住房贷款	Returning Housing Loan	126.05	10.42	55.30	61.86	137.58	360.23
8.归还汽车贷款	Returning Automobile Loan	2.15				10.40	
9.归还教育贷款	Returning Education Loan						
10.归还其他贷款	Returning Other Loans	0.93					4.69
11.其他借贷支出	Other Loan Expenditure	21.43	14.27		2.19	25.17	67.58

10-12 城镇居民不同收入层次家庭人均消费支出(2010年)
Per Capita Consumption Expenditure of Urban Households by Revenue (2010)

单位：元 (yuan)

指标	Item	总平均 Average	低收入户 Low Income Households	中等偏下户 Lower Middle Insome Households	中等收入户 Middle Insome Households	中等偏上户 Upper Middle Insome Households	高收入户 High Insome Households
消费支出	**Total Living Expenditure**	**11821.88**	**6063.24**	**9152.77**	**10983.34**	**13100.30**	**19337.63**
# 服务性消费支出	Service Consumption Expenditure	3278.70	1450.29	2418.56	2896.70	3790.17	5689.40
一、食　品	**Food**	**4381.40**	**2672.48**	**3647.54**	**4162.26**	**4844.03**	**6429.10**
(一) 粮油类	Grain and Oil	624.60	511.58	583.56	605.18	652.63	759.52
1.粮　食	Grain	390.19	313.92	360.55	368.84	417.75	483.01
2.淀粉及薯类	Starch and Potato	53.95	48.01	50.70	51.51	56.64	62.47
3.干豆类及豆制品	Dry Beans and Products	69.59	52.86	66.74	70.72	72.32	83.28
4.油脂类	Oil and Fats	110.86	96.79	105.58	114.11	105.93	130.77
(二)肉禽蛋水产品类	Meat, Poultry, Eggs, Aquatic Products	699.27	473.82	633.71	681.89	771.52	911.01
1.肉　类	Meat	435.38	301.82	389.70	425.69	480.55	565.26
2.禽　类	Poultry	97.63	65.98	95.92	96.93	106.86	118.20
3.蛋　类	Eggs	79.56	57.97	70.03	80.72	84.39	102.68
4.水产品类	Aquatic Products	86.70	48.05	78.07	78.55	99.71	124.87
(三)蔬菜类	Vegetables	443.78	335.37	420.13	437.36	467.76	546.13
# 鲜　菜	Fresh Vegetables	408.45	311.78	389.22	403.83	430.40	495.89
(四)调味品	Condiment	64.86	49.58	59.48	65.06	68.83	79.81
(五)糖烟酒饮料类	Sugar, Tobacco and Alcohol Beverages	548.65	325.29	430.10	504.41	602.91	864.15
(六)干鲜瓜果类	Fresh and Dried Fruit Category	393.86	227.49	332.83	373.05	443.28	576.54
二、衣　着	**Clothing**	**1428.20**	**612.98**	**1074.74**	**1333.51**	**1612.33**	**2436.79**
# 服　装	Garments	1035.04	426.67	771.05	963.90	1170.39	1790.59
三、居　住	**Residence**	**1126.92**	**644.24**	**856.41**	**1001.16**	**1080.63**	**2027.27**
# 1.住　房	Housing	271.64	65.94	139.83	186.48	190.88	770.49
2.水电燃料其它	Water,Electricity,Fuels and Others	782.49	551.41	671.17	757.59	816.27	1097.95
四、设备用品及服务	**Household Facilities,Articles and Services**	**723.73**	**321.10**	**526.65**	**712.78**	**755.04**	**1271.80**
# 1.耐用消费品	Durable Consumer Goods	288.92	107.38	189.78	293.02	269.15	573.50
2.家庭日用杂品	Household Articles of Daily Use	329.15	179.61	266.29	312.91	362.87	510.85
3.家庭服务	Household Services	25.94	10.21	22.37	20.10	25.76	49.87
五、医疗保健	**Medicine and Medical Services**	**935.38**	**372.81**	**786.29**	**780.90**	**1212.29**	**1462.54**
# 药品费	Drugs Fee	520.36	247.82	423.17	512.58	621.14	768.30
六、交通和通讯	**Transportation and Communications**	**1194.77**	**530.17**	**764.46**	**1064.75**	**1277.39**	**2300.30**
1.交　通	Transportation	571.79	190.14	280.67	469.80	571.16	1334.24
2.通　信	Communications	622.98	340.03	483.80	594.95	706.22	966.06
七、教育文化娱乐服务	**Recreation, Education and Culture Services**	**1595.80**	**753.10**	**1237.16**	**1560.50**	**1855.84**	**2492.63**
1.文化娱乐用品	Recreation Articles	378.36	128.86	279.11	364.21	415.37	681.91
2.文化娱乐服务	Recreation Services	465.40	133.45	232.08	423.45	544.49	974.35
3.教　育	Education	752.05	490.79	725.96	772.85	895.98	836.37
八、其他商品和服务	**Miscellaneous Goods and Services**	**435.67**	**156.37**	**259.51**	**367.49**	**462.75**	**917.20**
# 其他商品	Miscellaneous Goods	279.98	85.03	154.52	233.77	289.66	627.07

10-13 城镇居民不同收入层次家庭主要商品人均购买数量(2010年)

Per Capita Purchase of the Number of Major Commodities by Families of Different Income Levels of Urban Residents (2010)

品名	Item	总平均 Average	低收入户 Low Income Households	中等偏下户 Lower Middle Income Households	中等收入户 Middle Income Households	中等偏上户 Upper Middle Income Households	高收入户 High Income Households
大米 (公斤)	Rice (kg)	20.26	19.79	17.98	18.95	20.65	24.16
面粉 (公斤)	Flour (kg)	21.17	19.95	20.05	20.83	22.70	22.22
食用植物油(公斤)	Edible Vegetable Oil (kg)	8.70	7.98	8.52	8.85	8.26	9.81
猪肉 (公斤)	Pork (kg)	13.08	10.36	12.13	12.76	14.13	15.75
牛肉 (公斤)	Beef (kg)	1.29	0.77	1.09	1.22	1.55	1.74
羊肉 (公斤)	Mutton (kg)	0.98	0.75	0.77	0.93	1.06	1.36
鸡 (公斤)	Chicken (kg)	3.40	2.77	3.47	3.30	3.57	3.82
鸭 (公斤)	Duck (kg)	0.22	0.23	0.24	0.17	0.25	0.24
蛋类 (公斤)	Fresh Eggs (kg)	9.34	7.00	8.37	9.37	9.81	11.93
鱼 (公斤)	Fish (kg)	3.56	2.30	3.57	3.30	3.91	4.57
虾 (公斤)	Shrimp (kg)	0.47	0.21	0.40	0.41	0.57	0.74
鲜菜 (公斤)	Fresh Vegetables (kg)	113.46	90.96	108.30	111.98	120.38	133.08
白酒 (公斤)	Liquor (kg)	1.08	0.89	0.96	1.06	1.03	1.47
果酒 (公斤)	Wine (kg)	0.40	0.21	0.42	0.35	0.35	0.68
啤酒 (公斤)	Beer (kg)	3.65	2.24	3.35	3.88	4.57	4.00
碳酸饮料 (公斤)	Carbonated Beverages(kg)	1.99	1.32	1.90	1.58	2.04	3.08
茶叶 (公斤)	Tea (kg)	0.27	0.23	0.25	0.25	0.26	0.36
鲜果 (公斤)	Fresh Fruit (kg)	43.75	28.32	39.01	41.32	49.12	59.35
鲜瓜 (公斤)	Fresh melon (kg)	21.54	11.92	19.68	21.40	24.04	29.50
糕点 (公斤)	Cake (kg)	5.90	3.94	5.56	5.64	6.61	7.52
鲜乳品 (公斤)	Fresh Dairy Products (kg)	19.41	11.74	17.29	18.86	21.98	26.33
奶粉 (公斤)	Milk Powder (kg)	0.57	0.46	0.53	0.53	0.61	0.69
酸奶 (公斤)	Yogurt (kg)	5.04	4.10	5.39	4.30	4.86	6.41
服装 (件)	Clothing (piece)	9.33	4.47	7.78	8.96	10.87	14.06
鞋类 (双)	Footwear (pair)	3.18	1.95	2.77	3.24	3.51	4.33
水 (吨)	Water (ton)	26.92	21.85	21.96	26.60	27.88	36.19
电 (度)	Electricity (kwh)	545.54	388.90	493.33	539.79	555.09	735.97
煤炭 (公斤)	Coal (kg)	62.25	113.47	65.40	81.39	29.72	28.17
液化石油气(公斤)	LPG (kg)	4.59	5.43	4.32	5.97	3.90	3.47
管道燃气(立方米)	Piped Gas (cu.m)	56.00	34.79	51.75	51.79	60.93	78.48

10-14 城镇居民家庭居住情况(2010年末)
Housing Conditions of Urban Households (2010)

指 标		Item		2010
调查户数	(户)	Number of Households Surveyed	(household)	1500
平均每户居住人口	(人)	Average Number of Resident Population	(person)	2.83
平均每人建筑面积	(平方米)	The Average Floor Area Per Person	(sq.m)	28.04
平均每人使用面积	(平方米)	The average area per person	(sq.m)	21.04
一、按房屋产权分)	(%)	By Household Property Right	(%)	100
租赁公房		Rent Public Houses		6.26
租赁私房		Rent Private Houses		3.61
原有私房		Private Houses		8.16
房改私房		Reform Private Houses		52.18
商品房		Commercial Houses		19.02
其 他		Others		10.78
二、按住宅建筑式样分	(%)	By Style of Resident Building	(%)	100
单栋住宅		Dependent Resident		2.06
四居室		Four Bedrooms		1.63
三居室		Three Bedrooms		26.98
二居室		Two Beedrooms		56.33
一居室		One Beedroom		3.32
普通楼房		Ordinary Building		4.08
平房及其他		Single Storey Houses and Others		5.61
三、按装修状况分	(%)	Decoration Condition	(%)	100
有装修		Decoration		65.66
未装修		No Decoration		34.34
如果装修过最近一次,装修花费	(元/户)	If Renovated, the Most Recent Improvements HaveTaken	(yuan/household)	15797.21
四、现有住房按市场价估计值	(元/户)	Estimated Market Price of Existing Homes	(yuan/household)	168425.10
五、按饮水情况分	(%)	Water Drinking	(%)	100
自来水		Tap Water		88.98
矿泉水		Mineral Water		1.25
纯净水		Pure Water		9.38
井、河水		Well or River Water		0.38
六、按用水情况分	(%)	Water Usage	(%)	100
独用自来水		Tap Water Owned Per Household		97.27
公用自来水		Public Tap Water		2.28
井、河水		Well or River Water		0.44
七、按卫生设备分	(%)	Health Facilities	(%)	100
无卫生设备		Without Toilet Room		2.82
有厕所浴室		Bathroom and Toilet Room Owned Per Household		79.71
有厕所无浴室		Toilet Room Owned Per Household and Without Bath Room		14.03
公 用		Public Toilet Room		3.45
八、按取暖设备分	(%)	Heating Facilities	(%)	100
无取暖设备		Without Heating Equipment		6.80
空调设备		Air Coditioner Owned		4.60
暖 气		Central Heating		59.56
其 他		Others		29.04
九、按炊用燃料使用情况分	(%)	Cooking Fuel	(%)	100
管道燃气		Pipeline Gas		57.10
罐装液化石油气		Natural Gas		27.24
煤		Coal		7.76
其 他		Others		7.90
十、通信设备使用情况		The Use of Communications Equipment		
百户固定电话拥有量	(部)	One Hundred Fixed-line Ownership	(unit)	66.69
百户移动电话拥有量	(部)	One Hundred Mobile Phone Ownership	(unit)	202.82
百户使用互联网计算机	(台)	One Hundred Computers Using the Internet	(unit)	53.21
十一、户均现住房房租折算	(元)	Discounted Housing Rent Per Household	(yuan)	2943.81
十二、除了现住房,户均还有几处其他住房	(套)	In Addition to Existing Homes, the Average Household There are Several Other Housing	(unit)	0.13

10-15 调查市县(区)城镇住户调查主要指标(2010年)

Main Indicators of Urban Household Survey by Survey Cities and Counties (2010)

地区	Region	调查户数 (户) Number of Households Surveyed (household)	户均家庭人口 (人) Average Household Size (person)	户均就业人口 (人) Average Number of Employees Per Household (person)	人均总收入 (元) Per Capita Total Income (yuan)	人均可支配收入 (元) Per Capita Disposable Income (yuan)	人均消费支出 (元) Per Capita Consumption Expenditure (yuan)	人均食品支出 (元) Per Capita Food Expenditure (yuan)
全　省	**Shaanxi**	**1500**	**2.84**	**1.46**	**17065**	**15695**	**11822**	**4381**
西　安	Xi'an	350	2.86	1.57	19864	18404	14160	5206
户　县	Huxian	50	2.79	1.32	16083	14114	10137	3761
铜　川	Tongchuan	100	2.79	1.24	12144	11606	8958	3779
宝　鸡	Baoji	150	2.78	1.30	18092	15986	11507	4123
陇　县	Longxian	50	3.16	1.45	12279	11752	8008	2718
咸　阳	Xianyang	100	2.71	1.43	17707	15929	12019	4604
三　原	Sanyuan	50	2.85	1.33	13724	12989	8673	3478
临　渭	Linwei	50	2.73	1.30	14408	13782	9494	3511
蒲　城	Pucheng	50	3.08	1.77	14141	13452	9242	2909
华　阴	Huayin	50	2.86	1.50	13674	13097	9643	3547
宝　塔	Baota	50	2.92	1.19	16005	14585	11525	4006
汉　台	Hantai	100	2.84	1.31	14284	13073	9679	4162
西　乡	Xixiang	50	2.78	1.46	12835	11384	9048	3789
略　阳	Lueyang	50	2.98	1.62	12291	11121	8500	3551
榆　阳	Yuyang	50	3.18	1.54	15573	14710	12426	3661
绥　德	Suide	50	3.02	0.93	11384	11156	7784	2534
汉　滨	Hanbin	50	2.82	1.36	13763	12486	9573	3892
商　州	Shangzhou	50	2.88	1.40	15465	14054	9358	3389
洛　南	Luonan	50	2.90	1.73	13672	13226	9941	3212

10-16 农村居民家庭基本情况
Basic Conditions of Rural Households

指标	Item	2005	2009	2010
调查户数 (户)	Number of Households Surveyed (household)	2220	2220	2220
调查户人口 (人)	Number of Residents in the Household Surveyed (person)			
1.常住人口	Permanent Residents	9693	9247	9163
2.平均每户常住人口	Average Household Size	4.4	4.2	4.1
3.平均每户整、半劳动力	Ablebodied and Semiablebodied Labours Per Households	2.8	2.9	2.9
4.平均每劳动力负担人口	Average Number of Persons Supported by a Laborer	1.6	1.5	1.4
平均每人全年的收入 (元)	Annual Income Per Capita (yuan)			
1.总收入	Total Revenue	3036.8	4830.7	5793.6
2.现金收入	Cash Income	2575.8	4270.4	5032.7
3.纯收入	Net Income	2052.0	3437.5	4105.0
平均每人全年的支出 (元)	Annual Expenditure Per Capita (Yuan)			
1.总支出	Total Expenditure	3111.3	5245.7	5998.1
# 家庭经营费用支出	Expenditure of Household Business	858.5	1210.7	1489.4
生活消费支出	Expenditure of Living Consumption	1896.5	3349.2	3793.8
2.现金支出	Cash Expenditure	2769.3	4847.6	5562.3
# 生产费用支出	Expenditure of Production	911.7	1384.4	1629.0
生活消费支出	Expenditure of Living Consumption	1642.8	3088.3	3506.2
平均每人年末住房面积(平方米)	Housing Area per Capita at Year-end (sq.m)	26.0	30.4	31.7
# 砖瓦结构面积	Brick Cottage Area	12.6	15.0	15.8
钢筋混凝土结构面积	Building Area	7.2	9.8	10.5
年末住房价值 (元/平方米)	Housing Value at Year-end (yuan/sq.m)	216.1	274.3	295.2

10-17 农村居民家庭人均总收入和纯收入
Rural Households Per Capita Total Income and Net Income

单位：元 (yuan)

指　　标	Item	2005	2009	2010
一、全年总收入	**Total Annual Income**	**3036.7**	**4830.7**	**5793.6**
1.工资性收入	Wages Income	756.5	1428.5	1734.5
2.家庭经营收入	Household Business Income	2071.1	2921.6	3533.7
3.财产性收入	Property Income	56.9	92.6	428.4
4.转移性收入	Transfer Income	152.2	388.0	97.0
二、全年纯收入	**Annual net income**	**2052.4**	**3437.5**	**4105.0**
1.工资性收入	Wages Income	756.5	1428.5	1734.5
2.家庭经营纯收入	Household Business Income	1118.9	1570.2	1882.2
(1)第一产业收入	Primary Industry	920.2	1264.5	1537.2
农业收入	Farming	752.2	1050.0	1318.0
林业收入	Forestry	23.9	36.7	29.3
牧业收入	Animal Husbandary	144.2	175.9	186.7
渔业收入	Fishing income	-0.2	1.9	3.1
(2)第二产业收入	Secondary Industry	35.9	56.7	56.4
工业收入	Industry	25.5	23.1	27.8
建筑业收入	Construction	10.4	33.6	28.6
(3)第三产业收入	Tertiary Industry	162.8	249.0	288.6
交通、运输和邮电业收入	Traffic,Transportation and Post	56.1	86.5	93.2
批发和零售贸易、餐饮业收入	Wholesale and Retail Trade ,Catering Trade	71.5	99.1	117.0
社会服务业收入	Social Service	12.8	23.8	39.0
文教卫生业收入	Culture,Education and Public Health	8.3	15.5	16.0
其他家庭经营收入	Others	14.1	24.1	23.4
3.财产性收入	Property Income	56.9	92.6	97.0
4.转移性收入	Transfer Income	120.1	346.3	391.3

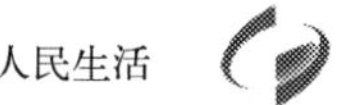

10-18 农村居民家庭按人均纯收入分组基本情况(2010年)
Rural Households Grouped by per Capita Annual Net Income (2010)

指标	Item	总计 Total	200-300元 200-300 yuan	300-400元 300-400 yuan	400-500元 400-500 yuan	500-600元 500-600 yuan	600-800元 600-800 yuan	800-1000元 800-1000 yuan
调查户数 (户)	Number of Households Surveyed (household)	2220	3	7	8	5	20	15
比重 (%)	Percentage (%)		0.1	0.3	0.4	0.2	0.9	0.7
常住人口 (人)	Permanent Residents (person)	9163	12	32	31	22	94	79
比重 (%)	Percentage (%)		0.1	0.3	0.3	0.2	1.0	0.9
平均每户常住人口 (人)	Average Number of Permanent Residents per Household (person)	4.1	4.0	4.6	3.9	4.4	4.7	5.3
户均整、半劳动力 (人)	Average Number of Able-bodied and Semi-able-bodied Laborers per Household(person)	2.9	2.3	3.0	2.8	2.4	3.3	3.7
劳动力负担人口 (人)	Average Number of Persons Supported by a Laborer (person)	1.4	1.7	1.5	1.4	1.8	1.4	1.4
平均每人全年收入 (元)	Per Capita Annual Income (yuan)							
总收入	Total Revenue	5793.6	1056.6	2105.0	1762.3	3282.2	1855.1	1966.0
现金收入	Cash Income	5032.7	325.7	1785.1	1446.7	2333.9	1599.5	1607.3
纯收入	Net Income	4105.0	241.9	354.1	419.5	534.1	709.5	896.6
(1)工资性收入	Wages Income	1734.5	41.7	60.0	250.7	142.7	333.6	233.1
(2)家庭经营收入	Household Business Income	1882.2	141.9	149.3	45.7	238.7	136.1	454.8
(3)财产性收入	Property Income	97.0	58.3	117.8	-10.0	0.0	63.9	126.9
(4)转移性收入	Transfer Income	391.3		27.0	133.0	152.7	175.9	81.9
平均每人全年支出 (元)	Per Capita Annual Expenditures (yuan)							
总支出	Total Expenditure	5998.1	6103.2	5318.5	3719.1	10368.1	4331.7	4484.1
现金支出	Cash Expenditure	5562.3	5437.6	4667.7	3522.1	8635.8	3944.6	4241.2
生活支出	Expendititure for Consumption	3793.8	4238.0	3585.8	1897.2	7077.6	2096.5	2608.3
人均年末住房面积(平方米)	Housing Area per Capita at Year-end (sq.m)	31.7	33.7	22.5	30.3	17.5	28.6	27.0
# 砖瓦平房面积	Brick Cottage Area	15.8	2.0	12.5	16.8	12.0	14.3	13.5
楼房面积	Building Area	10.5	31.7	5.6	10.6	5.5	9.2	7.3
年末住房价值 (元/平方米)	Housing Value at Year-end (yuan/sq.m)	295.2	581.7	237.2	395.7	301.3	209.1	289.5

10-18 续表 1 continued

指　　标	Item	1000-1200元 1000-1200yuan	1200-1300元 1200-1300yuan	1300-1500元 1300-1500yuan	1500-1700元 1500-1700yuan	1700-2000元 1700-2000yuan	2000-2500元 2000-2500yuan
调查户数 (户)	Number of Households Surveyed (household)	36	27	48	51	94	209
比重 (%)	Percentage (%)	1.6	1.2	2.2	2.3	4.2	9.4
常住人口 (人)	Permanent Residents (person)	163	119	231	238	449	940
比重 (%)	Percentage (%)	1.8	1.3	2.5	2.6	4.9	10.3
平均每户常住人口 (人)	Average Number of Permanent Residents per Household (person)	4.5	4.4	4.8	4.7	4.8	4.5
户均整、半劳动力 (人)	Average Number of Able-bodied and Semi-able-bodied Laborers per Household(person)	3.0	3.1	3.0	3.2	3.2	3.1
劳动力负担人口 (人)	Average Number of Persons Supported by a Laborer (person)	1.5	1.4	1.6	1.5	1.5	1.5
平均每人全年收入 (元)	Per Capita Annual Income (yuan)						
总收入	Total Revenue	1903.5	1952.1	2606.5	2720.9	3016.1	3322.5
现金收入	Cash Income	1386.0	1426.0	2053.2	2025.1	2402.2	2659.7
纯收入	Net Income	1102.4	1256.5	1401.6	1601.4	1838.6	2245.8
(1)工资性收入	Wages Income	500.9	386.5	419.9	698.3	678.1	940.2
(2)家庭经营收入	Household Business Income	438.7	642.5	753.4	653.9	918.1	1072.1
(3)财产性收入	Property Income	28.6	64.1	38.9	91.3	15.1	52.6
(4)转移性收入	Transfer Income	134.2	163.4	189.5	157.9	227.3	180.9
平均每人全年支出 (元)	Per Capita Annual Expenditures (yuan)						
总支出	Total Expenditure	3521.4	3506.8	4218.7	3934.1	3664.9	4018.9
现金支出	Cash Expenditure	3208.9	3257.9	3852.3	3317.0	3291.0	3620.4
生活支出	Expendititure for Consumption	2331.2	2431.5	2626.4	2397.6	2292.0	2662.3
人均年末住房面积(平方米)	Housing Area per Capita at Year-end (sq.m)	28.6	25.6	20.6	28.0	25.2	27.2
# 砖瓦平房面积	Brick Cottage Area	11.2	15.7	9.9	13.9	11.8	12.2
楼房面积	Building Area	10.3	2.7	3.7	7.6	5.8	7.8
年末住房价值 (元/平方米)	Housing Value at Year-end (yuan/sq.m)	305.5	263.6	254.5	269.6	259.8	275.9

10-18　续表 2　continued

指　标	Item	2500-3000元 2500-3000yuan	3000-3500元 3000-3500yuan	3500-4000元 3500-4000yuan	4000-4500元 4000-4500yuan	4500-5000元 4500-5000yuan	5000元以上 5000Yuan and over
调查户数　(户)	Number of Households Surveyed　(household)	217	221	194	202	151	694
比重　(%)	Percentage　(%)	9.8	10.0	8.7	9.1	6.8	31.3
常住人口　(人)	Permanent Residents　(person)	976	966	828	789	622	2489
比重　(%)	Percentage　(%)	10.7	10.5	9.0	8.6	6.8	27.2
平均每户常住人口　(人)	Average Number of Permanent Residents per Household　(person)	4.5	4.4	4.3	3.9	4.1	3.6
户均整、半劳动力　(人)	Average Number of Able-bodied and Semi-able-bodied Laborers per Household(person)	3.0	3.0	2.9	2.7	2.8	2.6
劳动力负担人口　(人)	Average Number of Persons Supported by a Laborer　(person)	1.5	1.4	1.5	1.4	1.5	1.4
平均每人全年收入　(元)	Per Capita Annual Income　(yuan)						
总收入	Total Revenue	3870.7	4590.4	5298.6	5461.4	6412.3	9962.5
现金收入	Cash Income	3177.6	3911.7	4563.3	4613.1	5594.3	9007.5
纯收入	Net Income	2756.3	3246.0	3737.6	4247.4	4748.4	7418.8
(1)工资性收入	Wages Income	1184.5	1422.7	1617.6	1938.9	2033.1	3038.7
(2)家庭经营收入	Household Business Income	1283.1	1501.9	1634.2	1850.9	2175.9	3459.2
(3)财产性收入	Property Income	44.0	45.9	93.5	102.9	109.0	213.5
(4)转移性收入	Transfer Income	244.7	275.5	392.4	354.7	430.5	707.4
平均每人全年支出　(元)	Per Capita Annual Expenditures　(yuan)						
总支出	Total Expenditure	4423.8	4991.4	5408.9	5782.9	6171.6	8747.9
现金支出	Cash Expenditure	4022.4	4607.1	4982.7	5360.9	5719.9	8247.9
生活支出	Expendititure for Consumption	2913.8	3272.1	3492.1	4257.4	3854.3	5380.1
人均年末住房面积(平方米)	Housing Area per Capita at Year-end　(sq.m)	29.0	28.3	28.5	33.0	32.6	39.9
# 砖瓦平房面积	Brick Cottage Area	14.1	13.6	15.6	15.5	17.9	20.5
楼房面积	Building Area	9.0	10.1	7.6	11.7	9.5	15.2
年末住房价值（元/平方米）	Housing Value at Year-end　(yuan/sq.m)	280.6	289.1	282.5	278.0	295.7	321.1

10-19 农村居民家庭人均生活消费支出
Per Capita Living Expenditure of Rural Households

单位：元 (yuan)

指　标	Item	2005	2009	2010
生活消费性总支出	**Consumption Expenditure**	**1896.48**	**3349.17**	**3793.80**
# 生活消费现金支出	Cash Consumption Expenditure	1642.78	3088.32	3506.16
1.食　品	Food	812.93	1175.29	1299.22
# 在外饮食	Dining Out	136.17	252.48	255.15
2.衣　着	Clothing	124.36	208.00	237.87
# 服　装	Clothing	84.45	147.93	170.32
3.居　住	Residence	211.71	697.37	837.54
# 电　费	Electricity	26.85	89.87	64.89
4.家庭设备用品及服务	Household Facilities, Articles and Services	83.61	195.92	233.37
# 床上用品	Bedding	9.18	16.16	16.88
家庭日用杂品	Daily Use Household Articles	32.28	53.53	55.72
5.交通和通讯	Transport and Communications	163.17	300.32	336.22
# 交通工具	Transport	38.59	76.28	86.57
交通费	Transportation Fees	42.83		
通讯工具	Communication Tools	23.70	29.20	29.31
邮电费	Postal Fees	58.05		
6.文化教育娱乐用品及服务	Cultural, Educational and Recreational Articles and Services	297.33	380.38	397.61
# 文化教育娱乐用品	Cultural, Educational and Recreational Articles	68.13	82.06	81.72
文化教育娱乐服务	Cultural, Educational and Recreational Services	224.89	278.30	295.36
7.医疗保健	Health Care and Medical Services	165.82	329.26	376.20
# 医疗卫生保健用品	Medical and Health Care Supplies	104.99	142.64	134.56
医疗保健服务费	Health Care Costs	60.83	186.63	241.64
8.其他商品及服务	Miscellaneous Goods and Services	37.55	62.63	75.77
商品性支出	Commodity Expenditures	17.79	35.82	41.91
服务性支出	Service Expenditure	19.76	26.81	33.86

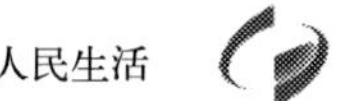

10-20 农村居民家庭人均生活消费支出(2010年，按纯收入分组)

Per Capita Living Expenditure of Rural Households(2010，Group by Net Income)

单位：元 (yuan)

指　　标	Item	总计 Total	200-300元 200-300 yuan	300-400元 300-400 yuan	400-500元 400-500 yuan	500-600元 500-600 yuan	600-800元 600-800 yuan	800-1000元 800-1000 yuan
生活消费总支出	**Consumption Expenditure**	**3793.8**	**4238.0**	**3585.8**	**1897.2**	**7077.6**	**2096.5**	**2608.3**
1.食　品	Food	1299.2	1489.6	1346.7	705.1	1030.1	970.8	813.5
2.衣　着	Clothing	237.9	246.4	406.1	90.0	225.7	202.6	111.3
3.居　住	Residence	837.5	740.1	275.2	217.8	307.6	272.5	420.7
4.家庭设备用品及服务	Household Facilities, Articles and Services	233.4	188.6	316.4	93.0	82.9	67.5	108.9
5.交通和通讯	Transport and Communications	336.2	313.1	497.0	136.1	1558.7	145.1	223.5
6.文化教育娱乐用品及服务	Education, Cultural and Recreation and Services	397.6	1030.2	350.0	212.8	207.0	234.0	192.7
7.医疗保健	Health Care and Medical Services	376.2	142.2	308.1	301.8	3461.3	175.7	685.4
8.其他商品和服务	Miscellaneous Goods and Services	75.8	87.8	86.3	140.6	204.3	28.3	52.3
生活消费现金性支出	**Cash Consumption Expenditure**	**3506.2**	**4079.1**	**3363.8**	**1719.4**	**6716.7**	**1827.0**	**2424.6**
1.食　品	Food	1025.2	1330.8	1130.2	533.2	683.4	712.3	634.3
2.衣　着	Clothing	237.9	246.4	406.1	90.0	225.7	202.6	111.3
3.居　住	Residence	824.0	740.1	269.7	211.8	293.4	261.6	416.2
4.家庭设备用品及服务	Household Facilities, Articles and Services	233.3	188.6	316.4	93.0	82.9	67.5	108.9
5.交通和通讯	Transport and Communications	336.2	313.1	497.0	136.1	1558.7	145.1	223.5
6.文化教育娱乐用品及服务	Education, Cultural and Recreation and Services	397.6	1030.2	350.0	212.8	207.0	234.0	192.7
7.医疗保健	Health Care and Medical Services	376.2	142.2	308.1	301.8	3461.3	175.7	685.4
8.其他商品及服务	Miscellaneous Goods and Services	75.8	87.8	86.3	140.6	204.3	28.3	52.3

10-20 续表 1 continued

单位：元 (yuan)

指　　标	Item	1000-1200元 1000-1200 yuan	1200-1300元 1200-1300 yuan	1300-1500元 1300-1500 yuan	1500-1700元 1500-1700 yuan	1700-2000元 1700-2000 yuan	2000-2500元 2000-2500 yuan
生活消费总支出	**Consumption Expenditure**	**2331.2**	**2431.5**	**2626.4**	**2397.6**	**2292.0**	**2662.3**
1.食　品	Food	1025.5	904.1	891.1	1060.8	928.5	1069.5
2.衣　着	Clothing	150.6	118.2	157.9	154.2	144.7	196.9
3.居　住	Residence	271.7	603.7	823.8	563.5	434.4	495.7
4.家庭设备用品及服务	Household Facilities, Articles and Services	104.7	205.1	95.4	102.0	106.2	149.5
5.交通和通讯	Transport and Communications	211.3	178.5	221.5	209.6	210.6	206.6
6.文化教育娱乐用品及服务	Education, Cultural and Recreation and Services	338.5	199.8	196.5	147.5	208.0	248.7
7.医疗保健	Health Care and Medical Services	181.1	200.8	199.2	115.3	212.8	248.1
8.其他商品和服务	Miscellaneous Goods and Services	47.8	21.4	41.1	44.6	46.7	47.3
生活消费现金性支出	**Cash Consumption Expenditure**	**2100.0**	**2201.9**	**2366.0**	**1892.6**	**2023.0**	**2375.4**
1.食　品	Food	805.2	681.3	636.2	811.8	666.9	789.2
2.衣　着	Clothing	150.6	118.2	157.9	154.2	144.7	196.9
3.居　住	Residence	260.8	596.9	818.3	307.5	427.1	489.1
4.家庭设备用品及服务	Household Facilities, Articles and Services	104.7	205.1	95.4	102.0	106.2	149.5
5.交通和通讯	Transport and Communications	211.3	178.5	221.5	209.6	210.6	206.6
6.文化教育娱乐用品及服务	Education, Cultural and Recreation and Services	338.5	199.8	196.5	147.5	208.0	248.7
7.医疗保健	Health Care and Medical Services	181.1	200.8	199.2	115.3	212.8	248.1
8.其他商品及服务	Miscellaneous Goods and Services	47.8	21.4	41.1	44.6	46.7	47.3

10-20 续表 2 continued

单位：元 (yuan)

指 标	Item	2500-3000元 2500-3000 yuan	3000-3500元 3000-3500 yuan	3500-4000元 3500-4000 yuan	4000-4500元 4000-4500 yuan	4500-5000元 4500-5000 yuan	5000元以上 5000 Yuan and over
生活消费总支出	**Consumption Expenditure**	**2913.8**	**3272.1**	**3492.1**	**4257.4**	**3854.3**	**5380.1**
1.食 品	Food	1121.3	1158.1	1313.5	1300.3	1354.5	1683.2
2.衣 着	Clothing	198.7	181.8	196.5	255.4	256.3	339.0
3.居 住	Residence	594.2	798.5	569.4	1326.3	775.3	1174.7
4.家庭设备用品及服务	Household Facilities, Articles and Services	198.3	150.5	235.4	208.8	203.8	394.2
5.交通和通讯	Transport and Communications	215.8	255.3	290.8	308.0	343.5	527.9
6.文化教育娱乐用品及服务	Education, Cultural and Recreation and Services	259.8	316.4	430.3	455.0	470.2	592.0
7.医疗保健	Health Care and Medical Services	267.0	344.9	400.2	305.4	377.0	554.9
8.其他商品和服务	Miscellaneous Goods and Services	58.7	66.6	56.1	98.2	73.7	114.1
生活消费现金性支出	**Cash Consumption Expenditure**	**2621.8**	**2991.5**	**3206.7**	**3966.3**	**3561.0**	**5091.4**
1.食 品	Food	836.7	885.2	1034.9	1016.5	1067.9	1401.6
2.衣 着	Clothing	198.7	181.8	196.5	255.4	256.3	339.0
3.居 住	Residence	586.8	790.8	562.5	1319.4	768.6	1167.6
4.家庭设备用品及服务	Household Facilities, Articles and Services	198.3	150.5	235.4	208.5	203.8	394.2
5.交通和通讯	Transport and Communications	215.8	255.3	290.8	308.0	343.5	527.9
6.文化教育娱乐用品及服务	Education, Cultural and Recreation and Services	259.8	316.4	430.3	455.0	470.2	592.0
7.医疗保健	Health Care and Medical Services	267.0	344.9	400.2	305.4	377.0	554.9
8.其他商品及服务	Miscellaneous Goods and Services	58.7	66.6	56.1	98.2	73.7	114.1

10-21 农村居民家庭平均每人主要实物消费量和每百户耐用物品拥有量

Rural Households Per Capita Consumption of the Main Physical and Possession of Durable Goods for Every One Hundred

指 标		Item		2005	2009	2010
实物消费量	**(公斤)**	**Consumption in Kind**	**(kg)**			
粮 食		Food		206.0	169.6	149.6
油脂类		Fats and Oils		6.5	6.5	6.6
蔬菜及菜制品		Vegetables and Vegetable Products		54.0	107.6	52.6
水果及水果制品		Fruits		10.2	11.6	10.0
肉禽及其制品		Meat and Poultry		8.9	8.4	9.0
蛋类及蛋制品		Eggs and Egg Products		2.2	2.5	2.6
奶和奶制品		Milk and Milk Products		2.2	3.9	4.1
食 糖		Sugar		0.7	0.7	0.6
酒		Wine		3.6	4.5	4.3
耐用物品每百户拥有量		**Possession of Durable Goods per One Hundred**				
大型家具	(件)	Large Furniture	(unit)	245.9		
洗衣机	(台)	Washing Machine	(unit)	53.4	69.0	74.1
电风扇	(台)	Fan	(unit)	88.7		
电冰箱	(台)	Refrigerator	(unit)	8.0	19.2	27.0
空调机	(台)	Air Conditioner	(unit)	1.3	4.4	6.0
抽油烟机	(台)	Hood	(unit)	0.6	2.0	1.8
自行车	(辆)	Bicycle	(unit)	110.0	112.3	114.0
摩托车	(辆)	Motorcycle	(unit)	35.8	47.3	49.7
电话机	(部)	Ordinary Telephone	(unit)	60.0	57.5	55.4
移动电话	(部)	Mobile Telephone	(unit)	67.6	140.8	160.6
彩色电视机	(台)	Color TV Set	(unit)	88.2	104.4	109.0
黑白电视机	(台)	Black and White TV	(unit)	22.5	9.8	8.3
组合音响	(台)	Music Center	(set)	9.6		
照相机	(架)	Camera	(unit)	2.0	2.3	2.4
家用计算机	(台)	Computer	(unit)		4.6	6.7

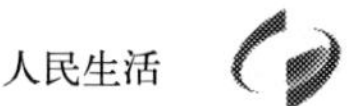

10-22 农村居民家庭平均每人主要实物消费量和每百户耐用物品拥有量(2010年，按纯收入分组)

Rural Households Per Capita Consumption of the Main Physical and Possession of Durable Goods for Every One Hundred(2010,Group by Net Income)

单位：元 (yuan)

指标	Item	总计 Total	200-300元 200-300 yuan	300-400元 300-400 yuan	400-500元 400-500 yuan	500-600元 500-600 yuan	600-800元 600-800 yuan	800-1000元 800-1000 yuan
实物消费量 （公斤）	**Consumption in Kind (kg)**							
粮 食	Food	149.6	117.7	103.0	131.2	144.5	135.9	141.3
油脂类	Fats and Oils	6.6	5.9	5.0	5.6	7.6	4.9	4.2
蔬菜及菜制品	Vegetables and Vegetable Products	52.6	63.0	35.3	27.9	56.3	50.3	36.8
水果类	Fruits	10.0	4.1	5.6	2.9	2.0	3.3	6.8
肉禽及其制品	Meat and Poultry	9.0	5.0	14.0	2.4	9.2	6.0	5.9
蛋类及蛋制品	Eggs and Egg Products	2.6	0.9	2.0	2.0	3.3	3.0	2.4
奶和奶制品	Milk and Milk Product	4.1	2.1	5.8	1.2	2.5	2.5	5.0
食 糖	Sugar	0.6	0.2	0.9	0.8	1.0	0.7	0.5
酒	Wine	4.3	3.3	5.6	2.2	1.5	4.2	2.6
耐用物品每百户拥有量	**Possession of Durable Goods Per One Hundred**							
洗衣机 （台）	Washing Machine (unit)	74.1	66.7	100.0	75.0	20.0	45.0	80.0
电冰箱 （台）	Refrigerator (unit)	27.0	66.7	14.3	12.5	40.0	15.0	26.7
空调机 （台）	Air Conditioner (unit)	6.0					5.0	
抽油烟机 （台）	Hood (unit)	1.8						
微波炉 （台）	Microwave Oven (unit)	3.2						
热水器 （台）	Warmer (unit)	13.0	33.3	28.6			5.0	
自行车 （辆）	Bicycle (unit)	114.0	100.0	100.0	112.5	60.0	110.0	126.7
摩托车 （辆）	Motorcycle (unit)	49.7	33.3	71.4	50.0	60.0	40.0	46.7
固定电话机 （辆）	Ordinary Telephone (unit)	55.4	33.3	42.9	50.0	20.0	35.0	73.3
移动电话 （部）	Mobile Telephone (unit)	160.6	266.7	242.9	100.0	100.0	140.0	173.3
彩色电视机 （部）	Color TV Set (unit)	109.0	66.7	114.3	100.0	80.0	100.0	126.7
黑白电视机 （台）	Black and White TV (unit)	8.3	33.3			20.0	15.0	20.0
照相机 （台）	Camera (unit)	2.4						

10-22 续表 1 continued

单位：元 (yuan)

指 标	Item	1000–1200元 1000-1200 yuan	1200–1300元 1200-1300 yuan	1300–1500元 1300-1500 yuan	1500–1700元 1500-1700 yuan	1700–2000元 1700-2000 yuan	2000–2500元 2000-2500 yuan
实物消费量 （公斤）	**Consumption in Kind (kg)**						
粮 食	Food	131.5	124.6	132.6	136.1	146.3	141.1
油脂类	Fats and Oils	7.6	7.0	4.7	7.1	5.5	6.1
蔬菜及菜制品	Vegetables and Vegetable Products	51.4	43.0	43.4	42.3	43.5	48.5
水果类	Fruits	3.7	11.2	6.7	7.6	6.8	8.2
肉禽及其制品	Meat and Poultry	5.8	5.7	5.7	6.0	5.9	7.4
蛋类及蛋制品	Eggs and Egg Products	1.6	2.3	2.3	2.1	1.7	2.2
奶和奶制品	Milk and Milk Product	3.1	2.1	2.6	3.8	5.1	3.2
食 糖	Sugar	0.6	0.5	0.6	0.6	0.6	0.6
酒	Wine	3.1	2.2	3.3	3.2	3.0	4.1
耐用物品每百户拥有量	**Possession of Durable Goods Per One Hundred**						
洗衣机 （台）	Washing Machine (unit)	80.6	66.7	60.4	60.8	68.1	69.4
电冰箱 （台）	Refrigerator (unit)	22.2	29.6	31.3	29.4	11.7	24.4
空调机 （台）	Air Conditioner (unit)	2.8		6.3	3.9	3.2	4.8
抽油烟机 （台）	Hood (unit)			4.2	2.0		0.5
微波炉 （台）	Microwave Oven (unit)	2.8		8.3	7.8	1.1	3.3
热水器 （台）	Warmer (unit)	5.6	7.4	20.8	9.8	8.5	10.0
自行车 （辆）	Bicycle (unit)	136.1	111.1	112.5	125.5	118.1	93.8
摩托车 （辆）	Motorcycle (unit)	63.9	33.3	35.4	45.1	45.7	46.4
固定电话机 （辆）	Ordinary Telephone (unit)	44.4	59.3	54.2	58.8	43.6	55.0
移动电话 （部）	Mobile Telephone (unit)	122.2	122.2	145.8	158.8	156.4	141.6
彩色电视机 （部）	Color TV Set (unit)	108.3	100.0	104.2	111.8	102.1	105.3
黑白电视机 （台）	Black and White TV (unit)	19.4	7.4	8.3	13.7	11.7	6.7
照相机 （台）	Camera (unit)	5.6		4.2	2.0	1.1	1.4

10-22 续表 2 continued

单位：元 (yuan)

指 标	Item	2500-3000元 2500-3000 yuan	3000-3500元 3000-3500yuan	3500-4000元 3500-4000 yuan	4000-4500元 4000-4500 yuan	4500-5000元 4500-5000 yuan	5000元以上 5000 Yuan and over
实物消费量 （公斤）	**Consumption in Kind (kg)**						
粮 食	Food	146.9	148.5	155.4	156.1	154.4	157.7
油脂类	Fats and Oils	5.6	6.1	6.3	7.5	7.2	7.5
蔬菜及菜制品	Vegetables and Vegetable Products	49.2	50.9	54.8	54.6	52.7	59.9
水果类	Fruits	8.0	9.7	9.2	10.4	12.2	13.2
肉禽及其制品	Meat and Poultry	8.6	7.7	8.0	9.0	9.5	12.0
蛋类及蛋制品	Eggs and Egg Products	2.1	2.5	2.5	2.8	2.8	3.3
奶和奶制品	Milk and Milk Product	4.3	3.0	4.2	4.5	3.3	5.1
食 糖	Sugar	0.5	0.6	0.7	0.6	0.6	0.6
酒	Wine	3.9	3.2	4.5	4.7	4.1	5.7
耐用物品每百户拥有量	**Possession of Durable Goods Per One Hundred**						
洗衣机 （台）	Washing Machine (unit)	70.0	69.2	70.6	75.2	79.5	81.4
电冰箱 （台）	Refrigerator (unit)	21.2	23.5	24.7	25.7	22.5	33.9
空调机 （台）	Air Conditioner (unit)	2.3	3.6	4.6	3.0	6.6	9.7
抽油烟机 （台）	Hood (unit)	1.8	0.9	0.5	1.5	1.3	3.0
微波炉 （台）	Microwave Oven (unit)	2.3	1.8	3.6	3.5	2.0	3.7
热水器 （台）	Warmer (unit)	6.9	11.3	10.3	13.4	13.9	17.4
自行车 （辆）	Bicycle (unit)	111.1	109.0	101.5	118.8	116.6	121.2
摩托车 （辆）	Motorcycle (unit)	47.0	48.4	51.5	52.0	48.3	52.3
固定电话机 （辆）	Ordinary Telephone (unit)	53.5	57.9	55.7	53.5	57.6	57.9
移动电话 （部）	Mobile Telephone (unit)	151.2	163.3	154.1	158.4	160.3	174.8
彩色电视机 （部）	Color TV Set (unit)	107.8	105.0	103.6	107.9	110.6	114.3
黑白电视机 （台）	Black and White TV (unit)	7.4	11.8	8.8	5.4	11.3	6.5
照相机 （台）	Camera (unit)	1.4	1.8	1.0	2.5	2.6	3.5

10-23 各县(市、区)城乡居民人均收入(2010年)
Per Capita Income in Urban and Rural Households by County (City and District)(2010)

单位：元 (yuan)

地 区	Region	城镇居民人均可支配收入 Per Capita Annual Disposable Income of Urban Households	农民人均纯收入 Per Capita Annual Net Income of Rural Households
西安市	**Xi'an**		
新城区	Xincheng	22554	
碑林区	Beilin	22998	
莲湖区	Lianhu	22940	
灞桥区	Baqiao	21162	8849
未央区	Weiyang	22184	9712
雁塔区	Yanta	23517	9863
阎良区	Yanliang	22927	8969
临潼区	Lintong	18213	7156
长安区	Chang'an	19557	7389
蓝田县	Lantian	14874	5316
周至县	Zhouzhi	14877	5238
户 县	Huxian	16761	6549
高陵县	Gaoling	17377	7106
铜川市	**Tongchuan**		
王益区	Wangyi	15809	5437
印台区	Yintai	15473	4597
耀州区	Yaozhou	17847	5358
宜君县	Yijun	15140	4290
宝鸡市	**Baoji**		
渭滨区	Weibin	19203	6928
金台区	Jintai	18835	6186
陈仓区	Chencang	19121	5880
凤翔县	Fengxiang	19656	6342
岐山县	Qishan	19303	6267
扶风县	Fufeng	17774	5159
眉 县	Meixian	19325	5528
陇 县	Longxian	14995	4570
千阳县	Qianyang	16669	4766
麟游县	Linyou	15619	4529
凤 县	Fengxian	19736	5949
太白县	Taibai	14964	4479
咸阳市	**Xianyang**		
秦都区	Qindu	20648	6234
渭城区	Weicheng	20608	6152
三原县	Sanyuan	19501	5670
泾阳县	Jingyang	19529	5691
乾 县	Qianxian	18274	5665
礼泉县	Liquan	18258	5695
永寿县	Yongshou	15671	4352
彬 县	Binxian	18151	5121
长武县	Changwu	15991	4407
旬邑县	Xunyi	15516	4368
淳化县	Chunhua	14911	4476
武功县	Wugong	17666	5592
兴平市	Xingping	19846	5768
渭南市	**Weinan**		
临渭区	Linwei	16495	4565
华 县	Huaxian	16364	4288
潼关县	Tongguan	15394	4302
大荔县	Dali	15431	4660
合阳县	Heyang	15380	3761
澄城县	Chengcheng	15751	3936
蒲城县	Pucheng	16033	4388
白水县	Baishui	15389	4070
富平县	Fuping	15718	4329
韩城市	Hancheng	18042	5854
华阴市	Huayin	15871	4287

10-23 续表 continued

单位：元 (yuan)

地 区	Region	城镇居民人均可支配收入 Per Capita Annual Disposable Income of Urban Households	农民人均纯收入 Per Capita Annual Net Income of Rural Households	地 区	Region	城镇居民人均可支配收入 Per Capita Annual Disposable Income of Urban Households	农民人均纯收入 Per Capita Annual Net Income of Rural Households
延安市	**Yan'an**			横山县	Hengshan	17400	5264
宝塔区	Baota	18486	5051	靖边县	Jingbian	21132	7599
延长县	Yanchang	16333	4258	定边县	Dingbian	18336	6233
延川县	Yanchuan	15183	4002	绥德县	Suide	16617	4564
子长县	Zichang	18988	5050	米脂县	Mizhi	17063	5209
安塞县	Ansai	19208	5562	佳 县	Jiaxian	15545	4301
志丹县	Zhidan	18978	5116	吴堡县	Wubu	16135	4403
吴起县	Wuqi	19322	5298	清涧县	Qingjian	15890	4386
甘泉县	Ganquan	16778	5301	子洲县	Zizhou	16103	4570
富 县	Fuxian	15498	5497	**安康市**	**Ankang**		
洛川县	Luochuan	16660	6352	汉滨区	Hanbin	15683	4020
宜川县	Yichuan	16653	5104	汉阴县	Hanyin	14590	4053
黄龙县	Huanglong	12779	4570	石泉县	Shiquan	14794	4026
黄陵县	Huangling	17578	6130	宁陕县	Ningshan	14196	3812
汉中市	**Hanzhong**			紫阳县	Ziyang	14311	4031
汉台区	Hantai	15109	5522	岚皋县	Langao	14783	3936
南郑县	Nanzheng	14718	4848	平利县	Pingli	14487	4272
城固县	Chenggu	14725	4898	镇坪县	Zhenping	14395	3835
洋 县	Yangxian	14116	3790	旬阳县	Xunyang	14809	4017
西乡县	Xixiang	14536	3802	白河县	Baihe	14410	3980
勉 县	Mianxian	14715	4440	**商洛市**	**Shangluo**		
宁强县	Ningqiang	14562	3899	商州区	Shangzhou	15539	3594
略阳县	Lueyang	14534	3804	洛南县	Luonan	15065	3710
镇巴县	Zhenba	13850	3715	丹凤县	Danfeng	15204	3661
留坝县	Liuba	13696	3728	商南县	Shangnan	14653	3681
佛坪县	Foping	13691	3716	山阳县	Shanyang	14624	3693
榆林市	**Yulin**			镇安县	Zhen'an	14831	3718
榆阳区	Yuyang	18868	6605	柞水县	Zhashui	14898	3597
神木县	Shenmu	22301	8672	**杨凌示范区**	**Yangling**		
府谷县	Fugu	21415	7786	杨陵区	Yangling	22297	7128

主要统计指标解释

一、城镇住户

城镇家庭人口 指居住在一起，经济上合在一起共同生活的家庭成员。凡计算为家庭人口的成员其全部收支都包括在本家庭中。

城镇就业面 指就业人口占家庭人口的百分比。

城镇就业者负担人数 指家庭人口与就业人口之比。

城镇家庭总收入 指家庭成员得到的工薪收入、经营净收入、财产性收入、转移性收入之和，不包括出售财物收入和借贷收入。

城镇家庭可支配收入 指家庭成员得到可用于最终消费支出和其它非义务性支出以及储蓄的总和，即居民家庭可以用来自由支配的收入。它是家庭总收入扣除交纳的个人所得税、个人交纳的社会保障支出以及记账补贴后的收入。计算公式为:

可支配收入=家庭总收入-交纳个人所得税-个人交纳的社会保障支出-记账补贴

城镇家庭总支出 指除借贷支出以外的全部家庭支出。包括消费性支出、购房建房支出、转移性支出、财产性支出、社会保障支出。

城镇家庭消费性支出 指家庭用于日常生活的支出，包括食品、衣着、居住、家庭设备用品及服务、医疗保健、交通和通信、娱乐教育文化服务、其他商品和服务等八大类支出。

恩格尔系数 指食物支出金额在消费性总支出金额中所占的比例。计算公式为:

$$恩格尔系数=\frac{食品支出金额}{消费性总支出金额}\times100\%$$

二、农村住户

农村住户 指农村常住户。农村常住户指长期(一年以上)居住在乡镇(不包括城关镇)行政管理区域内的住户，以及长期居住在城关镇所辖行政村范围内的农村住户。户口不在本地而在本地居住一年及以上的住户也包括在本地农村常住户范围内；有本地户口，但举家外出谋生一年以上的住户，无论是否保留承包耕地都不包括在本地农村住户范围内。

常住人口 指全年经常在家或在家居住6个月以上，而且经济和生活与本户连成一体的人口。外出从业人员在外居住时间虽然在6个月以上，但收入主要带回家中，经济与本户连为一体，仍视为家庭常住人口；在家居住，生活和本户连成一体的国家职工、退休人员也为家庭常住人口。但是现役军人、中专及以上(走读生除外)的在校学生、以及常年在外(不包括探亲、看病等)且已有稳定的职业与居住场所的外出从业人员，不算家庭常住人口。家庭常住人口主要作为计算农村住户平均每人收入、消费和积累水平及分析家庭人口状况的依据。

整、半劳动力 整劳动力指男子18周岁到50周岁，女子18周岁到45周岁；半劳动力指男子16周岁到17周岁，51周岁到60周岁；女子16周岁到17周岁，46周岁到55周岁，同时具有劳动能力的人。虽然在劳动年龄之内，但已丧失劳动能力的人，不应算为劳动力；超过劳动年龄，但能经常参加劳动，计入半劳动力数内。常住人口中的职工，若这些职工为劳动力，就包括在本户的整半劳动力中。

总收入 指调查期内农村住户和住户成员从各种来源渠道得到的收入总和。按收入的性质划分为工资性收入、家庭经营收入、财产性收入和转移性收入。

工资性收入 指农村住户成员受雇于单位或个人，靠出卖劳动而获得的收入。

家庭经营收入 指农村住户以家庭为生产经营单位进行生产筹划和管理而获得的收入。农村住户家庭经营活动按行业划分为农业、林业、牧业、渔业、工业、建筑业、交通运输业邮电业、批发和零售贸易餐饮业、社会服务业、文教卫生业和其他家庭经营。

财产性收入 指金融资产或有形非生产性资产的所有者向其他机构单位提供资金或将有形非生产性资产供其支配，作为回报而从中获得的收入。

转移性收入 指农村住户和住户成员无须付出任何对应物而获得的货物、服务、资金或资产所有权等，不包括无偿提供的用于固定资本形成的资金。一般情况下，是指农村住户在二次分配中的所有收入。

现金收入 指农村住户和住户成员在调查期内得到以现金形态表现的收入。按来源分成工资性收入、家庭经营现金收入、财产性收入、转移性收入。

纯收入 指农村住户当年从各个来源得到的总收入相应地扣除所发生的费用后的收入总和。计算方法:

纯收入=总收入-税费支出-家庭经营费用支出-生产性固定资产折旧-赠送农村内部亲友支出

纯收入主要用于再生产投入和当年生活消费支出，也可用于储蓄和各种非义务性支出。“农民人均纯收入”是按人口平均的纯收入水平，反映的是一个地区农村居民的平均收入水平。

总支出 指农村住户用于生产、生活和再分配的全部支出。包括家庭经营费用支出、购置生产性固定资产支出、税费支出、生活消费支出、财产性支出和转移性支出。

Explanatory Notes on Main Statistical Indicators

I. Urban Households

Population of Urban Households refer to members of households living and sharing economically together in the urban areas. All the income and expenditure of all the members of such households are included in the income and expenditure of the household.

Proportion of Urban Employment refers to the proportion of employed population to the population of urban households.

Number of Dependents per Urban Employee refers to the ratio between number of persons in an urban household and the number of employed persons.

Total Income of Urban Households refers to the sum of wage and salary; net business income; income from properties; and income from transfers of members of the households. Income from selling of properties and income from borrowing are not included..

Disposable Income of Urban Households refers to the actual income at the disposal of members of the households which can be used for final consumption, other non-compulsory expenditure and savings. This equals to total income minus income tax, personal contribution to social security and subsidy for keeping diaries in being a sample household. The following formula is used:

Disposable income = total household income - income tax - personal contribution to social security - subsidy for keeping diaries for a sampled household

Total Expenditure of Urban Households refers to all expenditure of households except expenditure on lending. It includes expenditure on consumption; on purchasing or building houses; on transfers; on properties; and on social security.

Consumption Expenditure of Urban Households refers to total expenditure of households for consumption in daily life, including expenditure on the eight categories of food; clothing; housing; household appliances and services; health care and medical services; transport and communications; recreation, education and cultural services; and miscellaneous goods and services.

Expenditure of Urban Households on Consumption of Services refers to expenditure of households on various kinds of non-commercial services provided by society.

Engel's Coefficient refers to the percentage of expenditure on food in the total consumption expenditure, using the following formula:

$$\text{Engel's Coefficient}=\frac{\text{expenditure on food}}{\text{total consumption expenditure}}\times 100\%$$

II. Rural Household

Rural Households refer to usual resident households in rural areas. Usual resident households in rural areas are households residing on a long term basis(for more than one year) in the areas under the administration of township governments (not including county towns), and in the areas under the administration of villages in county towns. Households residing in the current addresses for over one year with their household registration in other places are still considered as resident households of the locality. For households with their household registration in one place but all members of the households having moved away to make a living in another place for over one year, they will not be included in the rural households of the area where they are registered, irrespective of whether they still keep their contracted land.

Usual Resident Population refers to persons staying at home regularly or for over 6 months during a year and integrated with the household economically and in terms of living.. Members of the household staying away from the household for over 6 months but keeping a close economic relation with the household by sending the majority of income to the household are regarded as usual resident of the household. Government staff and workers or retirees living as close members of the household are also considered as usual resident. However, servicemen, students of secondary technical schools or schools of higher education and persons with stable jobs and residence outside the household (excluding those visiting relatives or seeking medical service) are not included as resident population of the household. Resident population is used in calculating income, consumption, accumulation on per capita basis of rural households and in analyzing composition of rural households.

Full/Semi Labour Force Full labour force refers to persons capable of work, aged 18-50 for males and 18-45 for females. Semi labour force refers to persons capable of work, aged 16-17 and 51-60 for males and 16-17 and 46-55 for females. Persons at their working ages but not capable of work are not to be included as labour force. Persons not at working ages but participating regularly in work are included in semi labour force. For staff and workers who are usual residents, are included as full or semi labour force of the household if they are in the labour force.

Total Income refers to the sum of income earned from various sources by the rural households and their members during the reference period, and is classified as income from wages and salaries, income from household operations, income from properties and income from transfers.

Income from Wages and Salaries refers to income from labour earned by the members of rural households employed by other units or individuals.

Income from Household Operations refers to income by the rural households as units of production and operation.

Operations by rural households are classified according to their economic activities namely agriculture, forestry, animal husbandry, fishery, manufacturing, construction, transportation, post and telecommunications, wholesale, retail and catering, social service, culture, education, health, and other household operations.

Income from Properties refers to the income received as returns by owners of financial assets or tangible non-productive assets by providing capitals or tangible non-productive assets to other institutional units.

Income from Transfers refers to the receipt by rural households and their members of goods, services, capital or rights of assets without giving or repaying accordingly, excluding capital provided to them for the formation of fixed assets. In general, it refers to all income received by rural households through redistribution.

Cash Income refers to income received by rural households and their members in the form of cash during the reference period. It is classified, by source of income, into income from wages and salaries, cash income from household operations, income from properties and income from transfers.

Net Income refers to the total income of rural households from all sources minus all corresponding expenses. The formula for calculation is as follows:

Net income = total income - taxes and fees paid - household operation expenses - taxes and fees depreciation of fixed assets for production - gifts to non-rural relatives

Net income is mainly used as input for reinvestment in production and as consumption expenditure of the year, and also used for savings and non-compulsory expenses of various forms. "Per capita net income of farmers" is the level of net income averaged by population, reflecting the average income level of rural households in a given area.

Total Expenditure refers to total expenses of rural households on production, consumption and redistribution, including expenditure on household operations; purchase of productive fixed assets; taxes and fees; expenses on household consumption; expenses on properties; and expenses on transfers.

十一、环境和城市

资料整理：张红霞　梁珠荣

11.环境和城市

2010 年全省 13 个城市(不包括市辖县)		
人均公园绿地面积	10.67	平方米
人均拥有道路面积	13.38	平方米
人均日生活用水量	165.70	升
用水普及率	99.39	%
用气普及率	90.39	%

城市人均公园绿地面积(平方米)
(2010年)

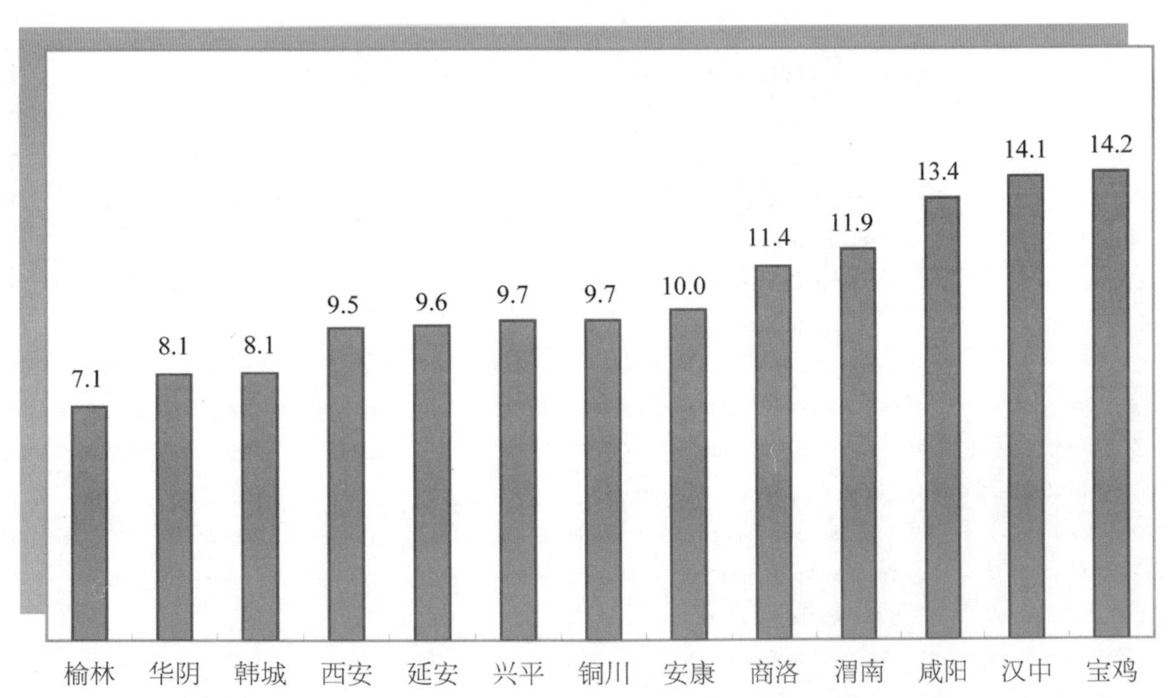

11-1 环境保护基本情况
Basic Statistics on Environmental Protection

指标	Item	2008	2009	2010
水环境	**Water Environment Conditions**			
水资源总量 (亿立方米)	Total Amount of Water Resources (100 million cu. m)	303.96	416.49	507.49
地表水	Surface Water	284.95	393.66	482.54
地下水	Ground-Water	107.60	132.39	142.84
地表水与地下水资源重复量	Duplicated Measurement between Surface and Underground	88.59	109.56	117.89
人均水资源量 (立方米/人)	Per Capita Water Resources (cu.m/person)	818.64	1118.84	1360.20
用水总量 (亿立方米)	Water Consumption (100 million cu. m)	85.46	84.34	83.40
# 农业用水	Water Consumption of Agriculture	59.51	59.01	57.42
工业用水	Water Consumption of Industry	12.87	11.4	11.76
生活用水	Water Consumption of Consumption	12.18	11.49	11.02
生态用水	Water Consumption of Ecological Protection	0.90	2.44	1.03
废水排放总量 (万吨)	Total Volume of Waste Water Discharged (10 000 tons)	104329.30	112161.74	119095.54
# 工业废水排放量	Volume of Industrial Waste Water Discharged	48119.39	49899.67	48049.52
生活污水排放量	Volume of Consumption Waste Water Discharged	56209.91	62262.07	71046.02
工业废水排放达标量 (万吨)	Industrial Waste Water Meeting Discharge Standards(10 000 tons)	46823.9	48146.03	45969.42
工业废水排放达标率 (%)	Industrial Waste Water Meeting Discharge Quality Rate (%)	97.31	96.49	95.67
化学需氧量(COD)排放量 (吨)	COD Discharge (ton)	332106	318071	307745
# 工业废水中COD排放量	COD Discharge from Industrial Waste Water	132903	116416	106073
生活污水中COD排放量	COD Discharge from Consumption Waste Water	199203	201655	201673
氨氮排放量 (吨)	Ammonia Nitrogen Discharge (ton)	31689	32069	32937
# 工业废水中氨氮排放量	Ammonia Nitrogen Discharge from Industrial Waste Water	6425	7171	7983
生活污水中氨氮排放量	Ammonia Nitrogen Discharge from Consumption Waste Water	25264	24898	24953
大气环境	**Atmospheric Environment Conditions**			
二氧化硫(SO_2)排放量 (吨)	Sulphur Dioxide (SO2) Emission (ton)	889376	804408	778649
# 工业SO_2排放量	Volume of Sulphur Dioxide Emission by Industry	806560	741873	706960
生活SO_2排放量	Volume of Sulphur Dioxide Emission by Consumption	82816	62535	71689
烟尘排放量 (吨)	Volume of Soot Emission (ton)	259411	202393	171468
# 工业烟尘排放量	Volume of Industrial Soot Emission	146813	150865	119091
生活烟尘排放量	Volume of Consumption Soot Emission	112598	51528	52377
工业粉尘排放量 (吨)	Volume of Industrial Dust Emission (ton)	209082	147901	185356
工业SO_2排放达标量 (吨)	Total Meeting Standard Volume of Industrial SO2 (ton)	705961	664667	687327
工业SO_2排放达标率 (%)	Total Meeting Quality Rate of Industrial SO2	87.53	89.59	97.22
工业烟尘排放达标量 (吨)	Volume of Industrial Dust (ton)	142298	147234	115987
工业烟尘排放达标率 (%)	Quality Rate of Industrial Dust (%)	96.92	97.59	97.39
工业粉尘排放达标量 (吨)	Total Standard Volume of Industrial Dust Emissionton (ton)	202865	143677	182446
工业粉尘排放达标率 (%)	Total Quality Rate of Industrial Dust Emission (%)	97.03	97.14	98.43
固体废物	**Solid Wastes**			
工业固体废物产生量 (万吨)	Volume of Industrial Solid Wastes Produced (10 000 tons)	6136.86	5546.62	6986.08
# 危险废物产生量 (吨)	Hazardous Wastes Produced (ton)	89188	129841	255554

11-1 续表 1 continued

指 标	Item	2008	2009	2010
工业固体废物排放量 (万吨)	Volume of Industrial Solid Wastes Discharged(10 000 tons)	26.00	17.00	17.10
工业固体废物综合利用量 (万吨)	Volume of Industrial Solid Wastes Utilized (10 000 tons)	2472.11	2997.55	3824.92
# 危险废物综合利用量 (吨)	Volume of Hazardous Wastes Utilized (ton)	37268	76724	147886
# 综合利用往年贮存量 (万吨)	the Comprehensive Utilization Stored Quantity in Early Years (10 000 tons)	7.52	7.39	10.94
工业固体废物综合利用率 (%)	Ratio of Industrial Solid Wastes Utilized (%)	40.28	53.97	54.66
工业固体废物处置量 (万吨)	Volume of Industrial Solid Wastes Treated (10 000 tons)	2616.77	1445.14	2194.20
# 危险废物处置量 (吨)	Volume of Hazardous Wastes (ton)	27927	48735	107851.02
# 处置往年贮存量 (万吨)	Stored Quantity Treated in Early Years (10 000 tons)	1.20	5.36	0.02
工业固体废物处置率 (%)	Ratio of Industrial Solid Wastes Treated (%)	15.26	26.03	31.41
"三废"综合利用产品产值 (万元)	Output Value of Products Made from Utilization of Waste Gas, Water & Solid Wastes (10 000 yuan)	125403	222059	390656
生态环境	**Ecological Environment Conditions**			
森林面积 (千公顷)	Area of Forest (10 000 hectares)	767.56	767.56	853.24
森林覆盖率 (%)	Forest Coverage Rate (%)	37.26	37.26	41.42
人均森林面积 (公顷)	Per Capita Area of Forest (hectares)	0.20	0.20	0.23
活立木蓄积量 (万立方米)	Standing Forest Stock (10 000 cu.m)	36144.16	36144.16	42416.05
森林蓄积量 (万立方米)	Stock Volume of Forest (10 000 cu.m)	33820.54	33820.54	39592.52
当年造林面积 (公顷)	The Area of Afforestation (hectares)	296084	326867	364312
自然保护区数 (个)	Number of Nature Reserves (unit)	51	55	56
# 国家级	Nation Level	10	13	15
自然保护区面积 (万公顷)	Area of Nature Reserves (10 000 hectares)	104.6	113.6	114.5
湿地面积 (千公顷)	Area of Wetlands (1 000 hectares)	294.6	292.9	293.0
自然灾害	**Natural Disasters**			
农作物受灾面积 (千公顷)	Areas Covered (1 000 hectares)	667.8	1551.4	1449.2
# 旱 灾	Drought	325.2	122.7	346.5
洪涝灾	Floods	84.3	92.8	391.1
风雹灾	Hail	129.4	129.5	111.5
雪灾低温冷冻	Snow Temperatures Frozen	129.0	101.9	595.9
山体滑坡和泥石流	Landslide and Mud-rock Flow		0.6	4.3
受灾人次 (万人次)	People Affected by the Disaster (10 000 person-times)	1210	1362	1368
直接经济损失 (亿元)	Direct Economic Losses (100 million yuan)	267.53	72.82	302.16
环境污染与治理	**Investment in the Treatment of Environmental Pollution**			
突发环境事件次数 (次)	Environmental Disasters (time)		8	9
突发环境事件直接经济损失 (万元)	Direct Economic Losses of Environmental Disasters (10 000 yuan)		3.79	

11-1 续表 2 continued

指 标	Item	2008	2009	2010
环境污染治理投资总额 (万元)	Total Investment in the Treatment of Environmental Pollution (10 000 yuan)	753501	1190551	1816939
城市环境基础设施投资	Investment in Urban Environmental Infrastructure	431517	610463	1090668
燃 气	Gas	28630	30822	34435
集中供热	Centralized Heating	31583	54332	79313
排 水	Drainage Works	133474	159818	150391
园林绿化	Gardening and Greening	210098	337178	758271
市容环境卫生	Environmental Sanitation	27732	28313	68258
工业污染源治理投资	Investment in the Treatment of Industrial Pollution	105540	205999	336520
治理废水	Treatment of Waste Water	60663	75181	71479
治理废气	Treatment of Waste Gas	27752	106440	178851
治理固体废物	Treatment of Solid Waste	2899	6676	1950
治理噪声	Treatment of Noise Pollution	715	1004	1259
治理其他	Treatment of Other Pollution	13511	16699	82982
"三同时"项目环保投资	"Three Simultaneities" Environmental Investment for New Project	216444	374089	389751
环境污染治理投资占GDP比重 (%)	Total Investment in the Treatment of Environmental Pollution as Percent of GDP (%)	1.10	1.50	1.79
排污费收入总额 (万元)	Total Pollution Charges (10 000 yuan)	44714	42602	47818
本年完成营林投资额 (万元)	Investment Completed This Year for Afforestation (10 000 yuan)	314811	401695	400155
城市环境	**Urban Environmental**			
城区面积 (平方公里)	Total Urban Area (sq.km)	1379.20	1405.56	1430.60
# 建成区面积	Developed Areas	659.74	685.62	758.48
城市建设用地面积 (平方公里)	City Areas and Floor Space of Buildings (sq.km)	739.63	739.63	704.86
城市供水总量 (万立方米)	Total Water Supply (10 000 cu.m)	79498	83059	81335
# 生活用水量	Consumption of Tap Water for Residential Use	44160	31592	33803
城市用水普及率 (%)	Coverage Rate of Urban Population with Access to Tap Water (%)	96.65	98.06	99.39
城市污水排放量 (万吨)	Volume of City Sewage (10 000 tons)	54556	66881	68104
城市污水处理量 (万吨)	Disposal of City Sewage (10 000 tons)	25106	44400	50522
城市污水处理率 (%)	Treatment Rate of City Sewage (%)	46.01	56.32	67.65
城市生活垃圾清运量 (万吨)	Urban Consumption Wastes Collected and Transported (10 000 tons)	320	356	388
城市生活垃圾无害化处理量 (万吨)	Volume of City Consumption Wastes (10 000 tons)	219	246	310
城市生活垃圾无害化处理率 (%)	Treatment Rate of City Consumption Wastes (%)	68.52	69.16	79.84
城市燃气普及率 (%)	Coverage Rate of Urban Population with Access to Gas(%)	89.55	89.64	90.39
城市集中供热面积 (万平方米)	Area of Centralized Heating in Urban (10 000 sq.m)	6546.90	8719.00	9263.40
每万人拥有公共交通车辆 (标台)	Number of Public Transport Vehicles Per 10 000 Population (unit)	12.13	13.00	14.54
人均公园绿地面积 (平方米)	Per Capita Public Green Area (sq.m)	8.71	9.34	10.67
建成区绿化覆盖率 (%)	Green Covered Area as % of Completed Area (%)	38.12	38.76	38.29

11-2 各市(区)工业固体废物排放及处理情况(2010年)
Production and Treatment of Industrial Solid Wastes by City(District)(2010)

地　区	Region	工业固体废物产生量(万吨) Volume of Industrial Solid Wastes Produced (10 000 tons)	工业固体废物排放量(万吨) Volume of Industrial Solid Wastes Discharged (10 000 tons)	#危险废物排放量(吨) Volume of Hazardous Wastes (ton)	工业固体废物贮存量(万吨) Volume of Industrial Solid Wastes in Stocks (10 000 tons)	#危险废物贮存量(吨) Volume of Hazardous Wastes in Stocks (ton)	工业固体废物处置量(万吨) Volume of Industrial Solid Wastes Disposed (10 000 tons)	#危险废物处置量(吨) Volume of Hazardous Wastes Disposed (ton)	#处置往年贮存量(万吨) stored quantity Treated in early years (10 000 tons)	工业固体废物综合利用量(万吨) Volume of Industrial Solid Wastes Utilized (10 000 tons)	"三废"综合利用产品产值(万元) Output Value of Products Made from Utilization of Waste Gas, Water and Solid Wastes (10 000 yuan)
全　省	**Shaanxi**	**6986.08**	**17.10**		**1030.97**	**211.49**	**2194.20**	**107851.02**	**27264.44**	**3824.92**	**390656**
西安市	Xi'an	267.29	2.80		1.52	20.79	5.44	5216.35	3079.64	257.62	108226
铜川市	Tongchuan	195.78	0.62		18.06		15.96			161.14	11595
宝鸡市	Baoji	544.82	0.04		0.46		398.04			146.33	24061
咸阳市	Xianyang	506.96			0.05		4.70	3452.29	125.66	502.20	61076
渭南市	Weinan	2646.79			0.00	3.00	1395.54	38712.15	156.64	1262.15	89948
延安市	Yan'an	62.66	0.09				7.58	32489.99	11269.86	54.98	18669
汉中市	Hanzhong	404.67	0.07		94.51	107.70	131.38	15211.95	206.35	178.76	27440
榆林市	Yulin	1338.26	12.74		21.96	80.00	233.94	12024.29	12024.29	1069.62	30462
安康市	Ankang	84.37	0.67		3.55		1.44	333.00	21.00	78.72	3890
商洛市	Shangluo	934.07	0.05		890.86		0.14	381.00	381.00	113.04	15279
杨凌示范区	Yangling	0.42	0.02				0.04	30.00		0.36	13

11-3 各市(区)工业废水排放及处理量(2010年)
Discharge and Treatment of Industrial Waste Water by City(District)(2010)

地　区	Region	工业用水总量(万吨) Total Water Use in Industry (10 000 tons)	工业废水排放总量(万吨) Total Volume of Industrial Waste Water Discharged (10 000 tons)	工业废水排放达标量(万吨) Volume of Industrial Waste Water Meeting Discharge Standards (10 000 tons)	废水治理设施运行费用(万元) Operate Expenditure for Facilities for Treatment of Waste Water (10 000 yuan)
全　省	**Shaanxi**	**616773.55**	**48049.52**	**45969.42**	**89168.60**
西安市	Xi'an	93679.83	13849.52	12262.31	12907.10
铜川市	Tongchuan	18765.27	328.47	325.92	1459.70
宝鸡市	Baoji	151578.12	11520.88	11482.38	6193.00
咸阳市	Xianyang	122683.74	8140.42	8140.42	9245.20
渭南市	Weinan	150576.95	3245.17	3048.79	11360.20
延安市	Yan'an	22395.64	1389.87	1350.42	29317.40
汉中市	Hanzhong	23305.38	2243.56	2184.42	6479.70
榆林市	Yulin	27376.03	4798.75	4748.26	6151.70
安康市	Ankang	1640.24	292.00	287.99	651.50
商洛市	Shangluo	4638.44	2170.04	2068.65	5403.10
杨凌示范区	Yangling	133.90	70.85	69.87	

11-4 各市(区)工业废气排放及处理情况(2010年)
Emission and Treatment of Industrial Waste Gas by City(District)(2010)

地 区	Region	工业废气排放总量(万标立方米) Total Volume of Industrial Waste Gas Emission (10 000 cu.m)	燃料燃烧过程中废气排放量(万标立方米) Volume of Waste Gas in Fuel Burning Process (10 000 cu.m)	生产工艺过程中废气排放量(万标立方米) Volume of Waste Gas in Production Process (10 000 cu.m)	废气治理设施数(套) Number of Facilities for Treatment of Waste Gas (set)	废气治理设施处理能力(万标立方米/时) Treatment Capacity of Facilities for Treatment of Waste Gas (10 000 cu.m/hour)
全 省	**Shaanxi**	**135096937**	**86948557**	**48148380**	**3983**	**1199396**
西安市	Xi'an	7915628	4368727	3546901	816	2743
铜川市	Tongchuan	10524556	2395187	8129369	312	1585
宝鸡市	Baoji	28917921	22981367	5936554	535	6596
咸阳市	Xianyang	12721155	10445781	2275374	663	1906
渭南市	Weinan	36999603	23367643	13631960	576	609915
延安市	Yan'an	1340693	1134617	206076	88	1993
汉中市	Hanzhong	6168716	1542396	4626320	427	1057
榆林市	Yulin	25698327	19084391	6613936	206	572705
安康市	Ankang	2331412	1101916	1229496	224	627
商洛市	Shangluo	2447886	505926	1941960	122	261
杨凌示范区	Yangling	31040	20606	10434	14	9

11-4 续表 continued

地 区	Region	工业二氧化硫排放量(吨) Volume of Industrial Sulphur Dioxide Emission (ton)	烟尘排放量(吨) Volume of Soot Emission (ton)	烟尘去除量(吨) Volume of Soot Removed (ton)	工业粉尘去除量(吨) Volume of Industrial Dust Removed (ton)	废气治理设施运行费用(万元) Operate Expenditure for Facilities for Treatment of Waste Gas (10 000 yuan)
全 省	**Shaanxi**	**706960**	**119091**	**8364627**	**2842239**	**181976**
西安市	Xi'an	81504	16675	1299580	137873	17321
铜川市	Tongchuan	16343	3336	161705	247541	14190
宝鸡市	Baoji	57851	8714	747323	218250	18958
咸阳市	Xianyang	86305	11757	1036462	613971	23343
渭南市	Weinan	287814	19224	3263835	771835	52693
延安市	Yan'an	11196	7018	89273	745	5433
汉中市	Hanzhong	37990	20672	312281	190915	13253
榆林市	Yulin	110499	22168	1101521	54190	27154
安康市	Ankang	5983	3649	319170	558919	3254
商洛市	Shangluo	11234	5829	33114	47689	6276
杨凌示范区	Yangling	241	49	364	311	103

11-5 各市(区)废水处理设施运行情况(2010年)

Operation with Facilities for Waste Water Treatment by City(District)(2010)

地 区	Region	废水治理设施数(套) Number of Facilities for Treatment of Waste Water (set)	废水治理设施处理能力(万吨/日) Treatment Capacity of Facilities for Treatment of Waste Water (10 000 tons/day)	工业用水重复利用率(%) Ratio of Water Use Repeated in Industry (%)	排入污水处理厂的(万吨) Into Waste Water Plants (10 000 tons)	工业废水排放达标率(%) Industrial Waste Water Meeting Discharge Quality Rate (%)
全 省	**Shaanxi**	**4831**	**373.21**	**87.09**	**4748.70**	**95.67**
西安市	Xi'an	346	44.23	78.33	1638.12	88.54
铜川市	Tongchuan	40	3.84	95.14	13.65	99.22
宝鸡市	Baoji	206	73.69	90.13	483.16	99.67
咸阳市	Xianyang	205	66.13	89.44	1870.95	100.00
渭南市	Weinan	177	49.52	91.92	127.85	93.95
延安市	Yan'an	443	13.96	81.33	23.00	97.16
汉中市	Hanzhong	188	73.53	85.19	79.61	97.36
榆林市	Yulin	3024	33.70	72.25	438.95	98.95
安康市	Ankang	69	1.99	70.11		98.63
商洛市	Shangluo	133	12.61	44.88	2.69	95.33
杨凌示范区	Yangling			36.70	70.71	98.62

11-6 城市设施水平(2010年)

Level of Public Facilities in Cities(2010)

城 市	City	人均公园绿地面积(平方米) Per Capita Public Green Area (sq.m)	人均城市道路面积(平方米) Per Capita Area of Paved Roads (sq.m)	人均日生活用水量(升) Per Capita Daily Consumption of Tap Water for Residential Use (liter)	用水普及率(%) Coverage Rate of Population with Access to Tap Water (%)	燃气普及率(%) Coverage Rate of Population with Access to Gas (%)
全 省	**Shaanxi**	**10.67**	**13.38**	**165.70**	**99.39**	**90.39**
西安市	Xi'an	9.50	15.60	198.54	107.15	99.32
铜川市	Tongchuan	9.74	10.98	73.63	95.67	73.38
宝鸡市	Baoji	14.23	15.69	131.75	99.85	98.56
咸阳市	Xianyang	13.43	10.08	198.64	96.00	96.48
兴平市	Xingping	9.73	11.55	99.61	93.73	91.44
渭南市	Weinan	11.88	16.82	125.11	99.38	86.70
韩城市	Hancheng	8.14	10.95	124.17	99.88	56.59
华阴市	Huayin	8.11	7.44	110.13	97.33	55.82
延安市	Yan'an	9.58	5.05	104.76	86.01	93.99
汉中市	Hanzhong	14.09	6.29	134.60	75.70	67.64
榆林市	Yulin	7.11	12.77	82.11	95.14	77.14
安康市	Ankang	10.04	13.91	210.27	84.74	59.56
商洛市	Shangluo	11.36	14.32	155.40	94.94	77.82

11-7 城市市政设施(2010年)

Municipal Infrastructure in Cities(2010)

城 市	City	道路长度 (公里) Length of Paved Roads (km)	道路面积 (万平方米) Area of Paved Roads (10 000 sq.m)	城市桥梁 (座) City Bridges (set)	#立交桥 Flyover	城市道路照明灯盏数 (盏) Number of Street Lights (units)	城市排水管道长度 (公里) Length of City Sewage Pipes (km)
全 省	**Shaanxi**	**4810**	**10537**	**545**	**102**	**517022**	**5666**
西安市	Xi'an	2428	5342	314	71	277968	3388
铜川市	Tongchuan	278	438	57	9	18974	180
宝鸡市	Baoji	462	1233	50		53770	494
咸阳市	Xianyang	217	836	29	11	41620	230
兴平市	Xingping	150	217	12	3	10720	49
渭南市	Weinan	320	673	4	4	20297	289
韩城市	Hancheng	101	183	12	2	3850	93
华阴市	Huayin	62	78	21		3392	72
延安市	Yan'an	105	178	4		25993	89
汉中市	Hanzhong	185	258	3	1	10505	130
榆林市	Yulin	215	447	12		25000	364
安康市	Ankang	181	470	3		18233	110
商洛市	Shangluo	107	184	24	1	6700	178

11-8 城市供水情况(2010年)

Basic Statistics on Tap Water Supply in Cities (2010)

城 市	City	综合生产能力 (万立方米/日) Production Capacity (10 000 cu.m/day)	#地下水 Groundwater	全年供水总量 (万立方米) Annual Volume of Tap Water Supply (10 000 cu.m)	#生产运营用水 Water Consumption of Production and Operations	#公共服务用水 Water Consumption of Public Services	#居民家庭用水 Water Consumption of Household
全 省	**Shaanxi**	**371.1**	**164.9**	**81335**	**21821**	**13498**	**33803**
西安市	Xi'an	185.8	51.2	39097	5810	6604	19952
铜川市	Tongchuan	12.0	3.5	1572	290	82	939
宝鸡市	Baoji	26.4	7.0	7179	2574	641	3132
咸阳市	Xianyang	53.9	53.9	12670	6373	2578	3194
兴平市	xingping	11.5	11.5	3922	2858	26	615
渭南市	Weinan	17.3	13.3	4421	1713	771	1045
韩城市	hancheng	10.0	5.0	1057	171	47	709
华阴市	huayin	8.8	8.8	1141	546	139	271
延安市	Yan'an	5.0		1491	47	514	646
汉中市	Hanzhong	11.0		2221	29	565	946
榆林市	Yulin	9.5	4.5	1359	175	411	587
安康市	Ankang	13.7		4218	1155	955	1240
商洛市	Shangluo	6.2	6.2	988	80	165	527

11-9 城市燃气情况(2010年)
Basic Statistics on Supply of Gas in Cities(2010)

城市	City	天然气 Natural Gas 供气总量(万立方米) Volume of Gas Supply (10 000 cu.m)	销售气量(万立方米) Volume of Gas Sold (10 000 cu.m)	#居民家庭 Consumption for Residential Use	用气人口(万人) Population with Access to Gas (10 000 persons)	液化石油气 Liquefied Petroleum Gas 供气总量(吨) Volume of Gas Supply (ton)	销售气量(吨) Volume of Gas Sold (ton)	#居民家庭 Consumption for Residential Use	用气人口(万人) Population with Access to Gas (10 000 persons)
全　省	**Shaanxi**	**164654**	**158751**	**49302**	**546.6**	**43381**	**42919**	**25479**	**165.5**
西安市	Xi'an	105807	100874	19243	333.1	8110	8100	4430	7.0
铜川市	Tongchuan	4530	4500	1282	15.5	3950	3900	3900	13.8
宝鸡市	Baoji	13049	12924	3312	62.9	715	685	251	14.5
咸阳市	Xianyang	17441	17400	13050	60.0	11100	11100		20.0
兴平市	xingping	1214	1214	490	10.6	950	950	850	6.6
渭南市	Weinan	4600	4428	2148	15.4	4554	4518	3976	19.3
韩城市	hancheng	360	358	150	0.6	450	450	450	8.9
华阴市	huayin					663	663	453	5.9
延安市	Yan'an	6810	6612	3857	15.6	5830	5830	5829	17.6
汉中市	Hanzhong	10	10	10	2.7	3900	3600	3200	25.0
榆林市	Yulin	10565	10165	5738	27.0				
安康市	Ankang					2121	2100	1800	20.1
商洛市	Shangluo	268	267	23	3.2	1037	1023	340	6.8

11-10 城市园林绿化情况(2010年)
Basic Statistics on Parks, Gardens and Green Areas in Cities(2010)

城市	City	园林绿化覆盖面积(公顷) Covered area of Gardening and Greening (hectare)	#建成区 Developed Areas	园林绿地面积(公顷) Areas of Green Land (hectare)	公园绿地面积(公顷) Capita Public Green Area (hectare)	公园个数(个) Number of Parks (unit)	公园面积(公顷) Area of Parks (hectare)
全　省	**Shaanxi**	**33232**	**29042**	**26063**	**8402**	**124**	**2924**
西安市	Xi'an	13823	13202	10959	3253	59	1323
铜川市	Tongchuan	2371	1634	1686	389	7	45
宝鸡市	Baoji	3527	3311	3320	1118	16	795
咸阳市	Xianyang	2669	2607	2344	1114	2	165
兴平市	xingping	647	558	514	183		
渭南市	Weinan	1530	1484	1448	475	3	45
韩城市	hancheng	871	676	625	136	5	19
华阴市	huayin	519	519	377	85	6	14
延安市	Yan'an	1204	942	1166	338	11	258
汉中市	Hanzhong	1400	1250	1053	577	3	78
榆林市	Yulin	2245	1294	1214	249	2	56
安康市	Ankang	1044	1044	882	339	4	23
商洛市	Shangluo	1382	521	475	146	6	103

11-11 城市环境卫生情况(2010年)
Basic Statistics on Urban Sanitation in Cities(2010)

城市	City	道路清扫保洁面积(万平方米) Area of Paved Roads under Cleaning Program (10 000 sq.m)	#机械清扫 Machinery cleaning	生活垃圾清运量(万吨) Consumption Wastes Collected and Transported (10 000 tons)	粪便清运量(万吨) Volume of Disposal of Excrement and Urine (10 000 tons)	公厕数量(座) Number of Public Lavatories (set)	# 三类以上 Third Grade 'and Above	市容环卫专用车辆设备总数(辆) Number of Special Vehicles for Environmental Sanitation (coach)
全　省	**Shaanxi**	**10546**	**3162**	**388.3**	**18.5**	**2466**	**2196**	**1719**
西安市	Xi'an	5891	2050	209.3	3.1	1206	1160	998
铜川市	Tongchuan	290	116	17.1	1.9	203	94	46
宝鸡市	Baoji	1000	387	23.6	1.2	211	211	150
咸阳市	Xianyang	759	110	23.2		202	202	95
兴平市	xingping	223		7.0		10	10	13
渭南市	Weinan	371	74	15.5	0.1	31	30	53
韩城市	hancheng	53		6.5		21	21	18
华阴市	huayin	39		6.0		34	26	7
延安市	Yan'an	465	128	10.2	2.2	136	103	93
汉中市	Hanzhong	306	62	10.2	0.1	81	81	43
榆林市	Yulin	863	230	19.9		210	137	85
安康市	Ankang	180	5	34.0	10.0	81	81	64
商洛市	Shangluo	106		5.8		40	40	54

11-12 国家级风景名胜区(2010年)
State Scenic Spots at National Level (2010)

风景区名称	Name of Scenic Spots	风景区面积(平方公里) Area of Scenic Spots (sq.km)	# 供游览面积 Area of Visiting	游人量(万人次) Number of Visitor (10 000 person-times)	# 境外游人 Number of Oversea Visitor Arrivals
总　计	**Total**	**727**	**320**	**686**	**85**
华　山	Mountain Hua	148	49	138	1
骊山风景区	LishanHill Scenic Spot	87	53	386	81
黄河壶口瀑布	The Yellow River Hu-kou Falls	178	12	55	3
宝鸡天台山	BaojiTiantaishan	134	40	2	
黄帝陵	The Huangdi Tomb	3	1	75	
合阳洽川风景区	Heyangqiachuan Scenic Spot	177	165	30	

主要统计指标解释

水资源总量　指评价区内降水形成的地表和地下产水总量，即地表产流量与降水入渗补给地下水量之和，不包括过境水量。

地表水资源量　指评价区内河流、湖泊、冰川等地表水体中可以逐年更新的动态水量，即当地天然河川径流量。

地下水资源量　指评价区内降水和地表水对饱水岩土层的补给量，包括降水入渗补给量和河道、湖库、渠系、渠灌田间等地表水体的入渗补给量。

地表水与地下水资源重复量　指地表水和地下水相互转化的部分，即天然河川径流量中的地下水排泄量和地下水补给量中来源于地表水的入渗补给量。

用水总量　指分配给各类用户的包括输水损失在内的毛用水量之和，不包括海水直接利用量。

农业用水　指农田灌溉用水、林果地灌溉用水、草地灌溉用水和鱼塘补水。

工业用水　指工矿企业在生产过程中用于制造、加工、冷却、空调、净化、洗涤等方面的用水，按新水取用量计，不包括企业内部的重复利用水量。

生活用水　包括城镇生活用水和农村生活用水。城镇生活用水由居民用水和公共用水（含第三产业及建筑业等用水）组成；农村生活用水除居民生活用水外，还包括牲畜用水在内。

生态补水　仅包括人为措施供给的城镇环境用水和部分河湖、湿地补水，而不包括降水、径流自然满足的水量。

工业废水排放量　指经过企业厂区所有排放口排到企业外部的工业废水量。包括生产废水、外排的直接冷却水、超标排放的矿井地下水和与工业废水混排的厂区生活污水，不包括外排的间接冷却水(清污不分流的间接冷却水应计算在内)。

工业废水排放达标量　指报告期内废水中各项污染物指标都达到国家或地方排放标准的外排工业废水量，包括未经处理外排达标的，经废水处理设施处理后达标排放的，以及经污水处理厂处理后达标排放的。

生活污水排放量　指城镇居民每年排放的生活污水。用人均系数法测算。测算公式为：

$$\frac{\text{生活污水}}{\text{排放量}}=\frac{\text{城镇生活污水}}{\text{排放系数}}\times\frac{\text{市镇非}}{\text{农业人口}}\times 365$$

化学需氧量(COD)　指用化学氧化剂氧化水中有机污染物时所需的氧量。COD 值越高，表示水中有机污染物污染越重。

工业废气排放量　指报告期内企业厂区内燃料燃烧和生产工艺过程中产生的各种排入大气的含有污染物的气体的总量，以标准状态(273K，101325Pa)计算。测算公式为：

$$\frac{\text{工业废气}}{\text{排放量}}=\frac{\text{燃料燃烧过程}}{\text{中废气排放量}}+\frac{\text{生产工艺过程}}{\text{中废气排放量}}$$

生活及其他 SO_2 排放量　以生活及其他煤炭消费量和其含硫量为基础，根据以下公式计算：

$$\frac{\text{生活及其他}}{SO_2\text{排放量}}=\frac{\text{生活及其他}}{\text{煤炭消费量}}\times\text{含硫量}\times 0.8\times 2$$

工业 SO_2 排放量　指报告期内企业在燃料燃烧和生产工艺过程中排入大气的 SO_2 总量，计算公式为：

$$\frac{\text{工业}SO_2}{\text{排放量}}=\frac{\text{燃料燃烧过程}}{\text{中}SO_2\text{排放量}}+\frac{\text{生产工艺过程}}{\text{中}SO_2\text{排放量}}$$

工业烟尘排放量　指企业厂区内燃料燃烧过程中产生的烟气中夹带的颗粒物排放量。

生活及其他烟尘排放量　指除工业生产活动以外的所有社会、经济活动及公共设施的经营活动中燃烧所排放的烟尘纯重量。以生活及其他煤炭消费量为基础进行测算。

工业粉尘排放量　指企业在生产工艺过程中排放的能在空气中悬浮一定时间的固体颗粒物排放量。如钢铁企业的耐火材料粉尘、焦化企业的筛焦系统粉尘、烧结机的粉尘、石灰窑的粉尘、建材企业的水泥粉尘等。不包括电厂排入大气的烟尘。

工业固体废物产生量　指报告期内企业在生产过程中产生的固体状、半固体状和高浓度液体状废弃物的总量，包括危险废物、冶炼废渣、粉煤灰、炉渣、煤矸石、尾矿、放射性废物和其他废物等；不包括矿山开采的剥离废石和掘进废石(煤矸石和呈酸性或碱性的废石除外)。酸性或碱性废石指采掘的废石其流经水、雨淋水的 pH 值小于 4 或 pH 值大于 10.5 者。

危险废物　指列入国家危险废物名录或根据国家规定的危险废物鉴别标准和鉴别方法认定的，具有爆炸性、易燃性、易氧化性、毒性、腐蚀性、易传染疾病等危险特性之一的废物。

工业固体废物综合利用量　指报告期内企业通过回收、加工、循环、交换等方式，从固体废物中提取或者使其转化为可以利用的资源、能源和其他原材料的固体废物量(包括当年利用往年的工业固体废物贮存量)，如用作农业肥料、生产建筑材料、筑路等。综合利用量由原产生固体废物的单位统计。

工业固体废物综合利用率　指工业固体废物综合利用量占工业固体废物产生量(包括综合利用往年贮存量)的百分率。计算公式为：

$$\text{工业固体废物综合利用率}=\frac{\text{工业固体废物综合利用量}}{\text{工业固体废物产生量}+\text{综合利用往年贮存量}}\times 100\%$$

工业固体废物贮存量 指报告期内企业以综合利用或处置为目的，将固体废物暂时贮存或堆存在专设的贮存设施或专设的集中堆存场所内的数量。专设的固体废物贮存场所或贮存设施必须有防扩散、防流失、防渗漏、防止污染大气、水体的措施。

工业固体废物处置量 指报告期内企业将固体废物焚烧或者最终置于符合环境保护规定要求的场所，并不再回取的工业固体废物量(包括当年处置往年的工业固体废物贮存量)。处置方式有填埋(其中危险废物应安全填埋)、焚烧、专业贮存场(库)封场处理、深层灌注、回填矿井及海洋处置(经海洋管理部门同意投海处置)等。

工业固体废物排放量 指报告期内企业将所产生的固体废物排到固体废物污染防治设施、场所以外的数量，不包括矿山开采的剥离废石和掘进废石(煤矸石和呈酸性或碱性的废石除外)。

“三废”综合利用产品产值 指报告期内利用“三废”作为主要原料生产的产品价值(现行价)；已经销售或准备销售的应计算产品价值，留作生产自用的不应计算产品价值。

自然保护区 指为了保护自然环境和自然资源，促进国民经济的持续发展，将一定面积的陆地和水体划分出来，并经各级人民政府批准而进行特殊保护和管理的区域个数。根据保护对象，自然保护区分为自然生态系统类、野生生物类、自然遗迹类。风景名胜区、文物保护区不计在内。

湿地 指天然或人工、长久或暂时性的沼泽地、泥炭地或水域地带，包括静止或流动、淡水、半咸水、咸水体，低潮时水深不超过 6 米的水域以及海岸地带地区的珊瑚滩和海草床、滩涂、红树林、河口、河流、淡水沼泽、沼泽森林、湖泊、盐沼及盐湖。

环境突发事件 指由于违反环境保护法规的经济、社会活动与行为，以及意外因素的影响或不可抗拒的自然灾害等原因，致使环境受到污染，国家重点保护的野生动植物、自然保护区受到破坏，人体健康受到危害，社会经济和人民财产受到损失，造成不良社会影响的突发性事件。

环境污染治理投资 指在污染源治理和城市环境基础设施建设的资金投入中，用于形成固定资产的资金，其中污染源治理投资包括工业污染源治理投资和“三同时”项目环保投资两部分。环境污染治理投资为城市环境基础设施投资、工业污染源治理投资与“三同时”项目环保投资之和。

城市桥梁 指为跨越天然或人工障碍物而修建的构筑物。包括跨河桥、立交桥、人行天桥以及人行地下通道等。按使用年限分为永久性桥和半永久性桥。

城市园林绿地面积 指报告期末用作园林和绿化的各种绿地面积。包括公园绿地、生产绿地、防护绿地、附属绿地和其他绿地的面积。

Explanatory Notes on Main Statistical Indicators

Total Water Resources refers to total volume of water resources measured as run-off for surface water from rainfall and recharge for groundwater in a given area, excluding transit water.

Surface Water Resources refers to total renewable resources which exist in rivers, lakes, glaciers and other collectors from rainfall and are measured as run-off of rivers.

Groundwater Resources refers to replenishment of aquifers with rainfall and surface water.

Duplicated Measurement between Surface Water and Groundwater refers to mutual exchange between surface water and groundwater, i.e. run-off of rivers includes some depletion into groundwater while groundwater includes some replenishment from surface water.

Water Use refers to gross water use distributed to users, including loss during transportation, broken down into use by agriculture, industry, living consumption and ecological protection.

Water Use by Agriculture includes uses of water by irrigation of farming fields and by forestry, animal husbandry and fishing. Water use by forestry, animal husbandry and fishery includes irrigation of forestry and orchards, irrigation of grassland and replenishment of fishing farms.

Water Use by Industry refers to new withdrawals of water, excluding reuse of water within enterprises.

Water Use by Living Consumption includes use of water for living consumption in both urban and rural areas. Urban water use by living consumption is composed of household use and public use (including services, commerce, restaurants, cargo transportation, posts, telecommunications and construction). Rural water use by living consumption includes both households and animals.

Water Use by Ecological Protection includes replenishment of rivers and lakes and use for urban environment.

Waste Water Discharged by Industry refers to the volume of waste water discharged by industrial enterprises through all their outlets, including waste water from production process, directly cooled water, groundwater from mining wells which does not meet discharge standards and sewage from households mixed with waste water produced by industrial activities, but excluding indirectly cooled water discharged (It should be included if the discharge is not separated from waste water).

Industrial Waste Water Meeting Discharge Standards refers to volume of industrial waste water discharge which, with or without treatment, reaches national or local standards with regard to all pollutants.

Urban Non-industrial Waste Water Discharge refers to annual discharge of non-industrial waste water by urban households. It is estimated by per capita coefficient using the formula:

$$\begin{matrix}\text{Urban non-industrial}\\ \text{waste water discharge}\end{matrix} = \begin{matrix}\text{urban non-industrial waste}\\ \text{water discharge coefficient}\end{matrix} \times \begin{matrix}\text{urban non-agricultural}\\ \text{population}\end{matrix} \times 365$$

Chemical Oxygen Demand (COD) refers to the amount of oxygen required when chemical oxidants are used to oxidize organic pollutants in water. A higher value of COD corresponds to more serious pollution by organic pollutants.

Industrial Waste Air Emission refers to the discharge into atmosphere of waste air containing pollutants generated from fuel burning and production processes in enterprises within a given period of time. It is calculated at standard status (273K, 101325Pa) as:

$$\begin{matrix}\text{Industrial waste}\\ \text{air emission}\end{matrix} = \begin{matrix}\text{emission through}\\ \text{fuel burning}\end{matrix} + \begin{matrix}\text{emission through}\\ \text{production process}\end{matrix}$$

SO_2 Emission through Non-industrial and Other Activities is calculated on the basis of consumption of coal by households and other activities and the sulphur content of coal with the following formula:

$$\begin{matrix}SO_2\text{ emission}\\ \text{through non-}\\ \text{industrial and}\\ \text{other activities}\end{matrix} = \begin{matrix}\text{of coal by}\\ \text{households}\\ \text{and other}\\ \text{activities}\end{matrix} \times \begin{matrix}\text{sulphur}\\ \text{content}\end{matrix} \times 0.8 \times 2$$

SO_2 Emission through Industrial Activities refers to volume of sulphur dioxide emission from fuel burning and production process by enterprises during a given period of time. It is calculated as:

$$\begin{matrix}SO_2\text{ emission}\\ \text{through industrial}\\ \text{activities}\end{matrix} = \begin{matrix}SO_2\text{ emission from}\\ \text{fuel burning}\end{matrix} + \begin{matrix}SO_2\text{ emission from}\\ \text{production process}\end{matrix}$$

Industrial Soot Emission refers to the volume of soot in smoke emitted in the process of fuel burning in the premises of enterprises.

Soot Emission by Consumption and Others refers to the net volume of soot emitted by fuel burning from all social and economic activities and operations of public facilities other than industrial activities. It is calculated on the basis of coal consumption by households and others.

Industrial Dust Emission refers to volume of dust emitted by production process of enterprises and suspended in the air for a given period of time, including dust from refractory material of iron and steel works, dust from coke-screening systems and sintering machines of coke plants, dust from lime kilns and dust from cement production in building material enterprises, but excluding soot and dust emitted from power plants.

Industrial Solid Wastes Produced refers to total volume of solid, semi-solid and high concentration liquid residues produced by industrial enterprises from production process in a given period of time, including hazardous wastes, slag, coal ash, gangue, tailings, radioactive residues and other wastes, but excluding stones stripped or dug out in mining - gangue and acid or alkaline stones not included (a stone is acid or alkaline according to the pH value of the water being below 4 or above 10.5 when the stone is in, or soaked by water).

Hazardous Wastes refers to those included in the national hazardous wastes catalogue or specified as any one of the following properties in the national hazardous wastes identification standards: explosive, ignitable, oxidizable, toxic, corrosive or liable to cause infectious diseases or lead to other dangers.

Industrial Solid Wastes Utilized refers to volume of solid wastes from which useful materials can be extracted or which can be converted into usable resources, energy or other materials by means of reclamation, processing, recycling and exchange (including utilizing in the year the stocks of industrial solid wastes of the previous year). Examples of such utilizations include fertilizers, building materials and road materials. The information shall be collected by the producing units of the wastes.

Rate of Utilization of Industrial Solid Wastes refers to the percentage of industrial solid wastes utilized over industrial solid wastes produced (including stocks of the previous years). It is calculated as:

$$\begin{array}{c}\text{Rate of utilization of}\\ \text{industrial solid wastes}\end{array} = \frac{\begin{array}{c}\text{volume of industrial}\\ \text{solid wastes utilized}\end{array}}{\begin{array}{c}\text{industrial solid}\\ \text{wastes produced} + \\ \text{stock of}\\ \text{previous years}\end{array}} \times 100\%$$

Stock of Industrial Solid Wastes refers to the volume of solid wastes placed in special facilities or special sites for purposes of utilization or disposal. The sites or facilities should take measures against dispersion, loss, seepage, and air and water contamination.

Industrial Solid Wastes Disposed refers to the quantity of industrial solid wastes which are burnt or placed ultimately in the sites meeting the requirements for environmental protection and not salvaged or recycled (including disposition in the year of those wastes of previous years). The disposition includes landfill (Safe landfills should be conducted for hazardous wastes), incineration, containment spaces, deep underground disposal, backfill in mining pits and disposal at sea.

Natural Reserves refer to certain areas of land, waters or sea demarked and approved by relevant governments at all levels to put under special protection and management in order to protect the natural environment and natural resources and to promote the sustainable development of the national economy. According to the objects be protected, the natural reserves are classified into classes of natural ecosystem, wild life and natural heritage. Scenic spots and cultural preservation zones are not included.

Wetlands refer to marshland and peat bog, whether natural or man-made, permanent or temporary; water covered areas, whether stagnant or flowing, with fresh or semi-fresh or salty water that is less than 6 meters deep at low tide; as well as coral beach, weed beach, mud beach, mangrove, river outlet, rivers, fresh-water marshland, marshland forests, lakes, salty bog and salt lakes along the coastal areas.

Sudden Accidents Effecting Environment refer to sudden accidents, due to economic or social activities that are contrary to environment protection laws or due to unforeseen factors or natural disasters, that lead to environment pollution, destruction of protected wild animals, plants or nature reserves, damage to human health, economic and property losses, and other negative impacts on the society.

Investment in Environment Pollution Harnessing Projects refers to the proportion of investment in fixed assets in the total investment in harnessing pollution and in the construction of urban environment infrastructure facilities. The investment in harnessing pollution It includes investment in harnessing sources of industrial pollution and investment in environment protection facilities designed concurrently with construction projects. Investment in environment pollution harnessing is the total of investment in harnessing pollution and investment in urban environment infrastructure facilities.

Urban Bridges refer to bridges built to cross over natural or man-made barriers, including bridges over rivers, overpasses for traffic and for pedestrians, underpasses for pedestrians, etc. Both permanent and semi-permanent bridges are included.

Area of Parks and Green Land refers to the total area occupied for green projects at the end of the reference period, including park green land, production green land, protection green land, green land attached to institutions, and other green areas.

十二、农　业

资料整理：孙立志　魏静怡　孔庆惠　郑月霞　姜亦武

12.农 业

2010 年全省				
年末常用耕地面积	2860.53	千公顷	占全省土地面积	13.9%
农林牧渔业总产值	1666.06	亿　元	比上年增长	5.8%
农作物播种面积	4185.58	千公顷		
粮食产量	1164.90	万　吨		
水果产量	1238.50	万　吨		

果园面积和水果产量

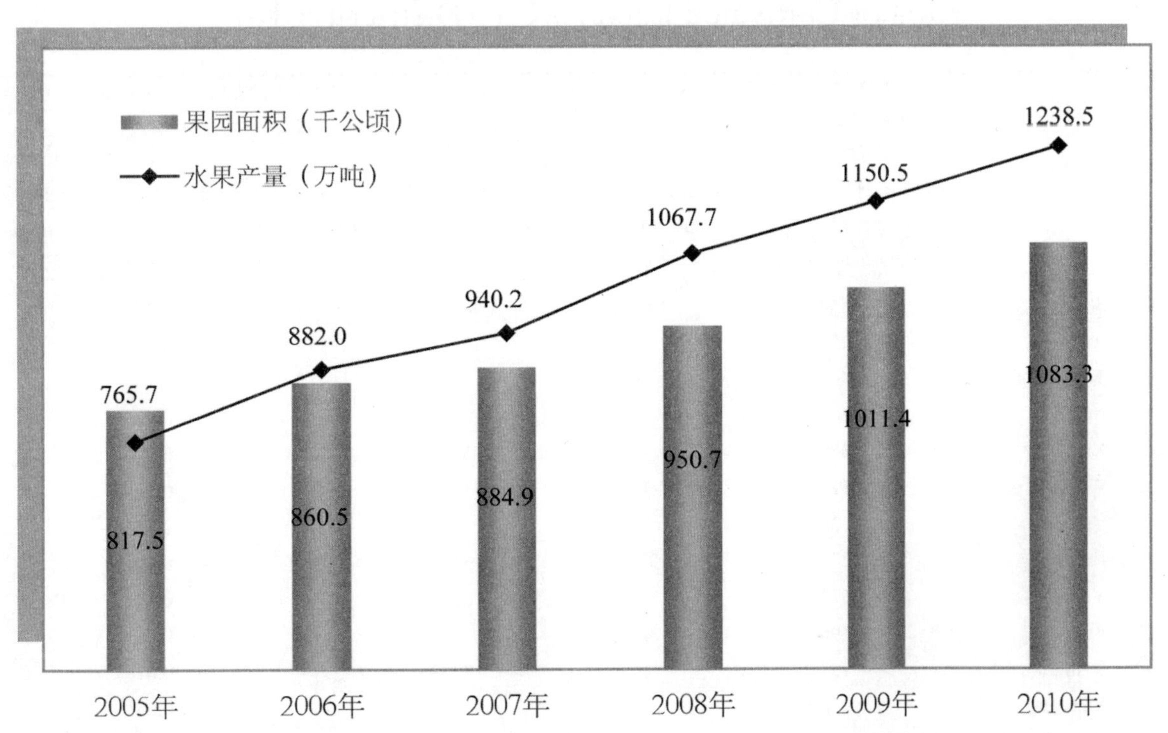

12-1 常用耕地面积
Area of Cultivated Land

年份 Year	年末常用耕地面积(千公顷) Area of Cultivated Land (1 000 hectares)	#水田 Paddy Field	#水浇地 Irrigated Field	每一乡村人口占有耕地(公顷) The Average Area of Cultivated Land per Rural Person (hectare)	#水田、水浇地 Paddy Field and Irrigated Field
1978	3853.60	170.07	1047.93	0.16	0.05
1980	3815.67	169.93	1095.80	0.16	0.05
1985	3627.07	166.13	1003.33	0.15	0.05
1990	3533.00	171.47	998.20	0.13	0.04
1995	3393.44	176.04	995.59	0.12	0.04
1996	3358.98	173.54	996.37	0.12	0.04
1997	3325.01	174.00	976.83	0.12	0.04
1998	3302.47	171.09	992.42	0.12	0.04
1999	3238.28	170.88	1007.75	0.12	0.04
2000	3113.96	172.53	997.22	0.11	0.04
2001	2965.83	163.95	968.66	0.11	0.04
2002	2854.81	159.27	974.22	0.10	0.04
2003	2795.82	154.22	916.21	0.10	0.04
2004	2795.52	156.68	897.56	0.10	0.04
2005	2788.45	155.04	926.44	0.10	0.04
2006	2783.30	153.45	921.44	0.10	0.04
2007	2840.73	152.64	900.97	0.10	0.04
2008	2848.37	151.69	899.50	0.10	0.04
2009	2860.04	148.22	906.41	0.10	0.04
2010	2860.53	146.65	900.43	0.10	0.04

12-2 各市(区)常用耕地面积(2010年)
Area of Cultivated Land by City(District)(2010)

地区	Region	年末常用耕地面积(千公顷) Cultivated Land (1 000 hectares)	#水田 Paddy Field	#水浇地 Irrigated Field	每一乡村人口占有耕地(公顷) The Average Area of Cultivated Land per Rural Person (hectare)	#水田、水浇地 Paddy Field and Irrigated Field
全省	**Shaanxi**	**2860.53**	**146.65**	**900.43**	**0.10**	**0.04**
西安市	Xi'an	255.54	2.68	171.62	0.06	0.04
铜川市	Tongchuan	62.71	0.07	4.66	0.14	0.01
宝鸡市	Baoji	306.78	1.93	104.14	0.11	0.04
咸阳市	Xianyang	359.25	0.17	157.83	0.09	0.04
渭南市	Weinan	521.04	0.33	318.11	0.12	0.07
延安市	Yan'an	234.57	1.31	7.22	0.15	0.01
汉中市	Hanzhong	203.59	97.81	3.94	0.07	0.03
榆林市	Yulin	574.33	5.23	103.54	0.19	0.04
安康市	Ankang	195.54	34.70	0.97	0.08	0.01
商洛市	Shangluo	132.27	2.42	22.00	0.07	0.01
杨凌示范区	Yangling	6.13		6.13	0.05	0.05

12-3　农林牧渔业总产值

Gross Output Value of Agriculture, Forestry, Animal Husbandry and Fishery

单位：万元　　(10 000 yuan)

年份 Year	农林牧渔业总产值 Total	农业 Farming	林业 Forestry	牧业 Animal Husbandry	渔业 Fishery	农林牧渔服务业 Service in Support of Agriculture
1978	362748	309084	11717	41802	145	
1980	418773	349984	16625	51996	168	
1985	795777	611883	50751	131815	1328	
1990	1699568	1243236	90170	357676	8486	
1995	3816465	2578674	168848	1046501	22442	
1996	4484603	3229267	190692	1036321	28323	
1997	4555898	3214059	186349	1124778	30712	
1998	4793422	3408731	192286	1158870	33535	
1999	4524685	3276525	222862	989843	35455	
2000	4648889	3277761	272175	1063900	35053	
2001	4788356	3374163	235930	1140722	37541	
2002	5090762	3532131	266225	1251170	41236	
2003	5112543	3343544	268260	1455952	44787	
2004	6512051	4137371	263525	1794364	51236	265555
2005	7307239	4729047	250070	1989982	54879	283261
2006	8215406	5234189	289488	2141302	34427	516000
2007	10028501	6293403	337745	2740463	42427	614463
2008	12778611	7758512	414721	3852637	60582	692159
2009	13372200	8236000	456300	3879000	65000	735900
2010	16660575	11072354	351824	4349944	82909	803544

注：1.2002年及以前农林牧渔业总产值含农民家庭兼营工业产值，按当年市场价格计算。

2.2003年及以后不含农民家庭兼营工业产值，按生产者价格计算，2004年及以后含农林牧渔服务业产值.

a) Before 2002 Gross Output Value of Agriculture, Forestry, Animal Husbandry and Fishery included commodity industry run by Rural Household, Data in this table are calculated at current prices.

b) Since 2003 it exclude commodity industry run by Rural Household,Data in this table are calculated at producer's price. Since 2004 it include services for Agriculture, Forestry,Animal Husbandry and Fishery.

12-4　各市(区)农林牧渔业总产值(2010年)

Gross Output Value of Agriculture, Forestry, Animal Husbandry and Fishery by City(District)(2010)

单位：万元　　(10 000 yuan)

地区	Region	农林牧渔业总产值 Total	农业 Farming	林业 Forestry	牧业 Animal Husbandry	渔业 Fishery	农林牧渔服务业 Service in Support of Agriculture
全　省	**Shaanxi**	**16660575**	**11072354**	**351824**	**4349944**	**82909**	**803544**
西安市	Xi'an	2270994	1438934	26787	629376	12830	163067
铜川市	Tongchuan	251527	191082	2909	46164	1422	9950
宝鸡市	Baoji	1746482	919418	44448	693804	7782	81030
咸阳市	Xianyang	3361133	2506649	33665	650091	8319	162409
渭南市	Weinan	2276063	1671767	35564	457781	14801	96150
延安市	Yan'an	1251619	990745	28993	194287	3212	34382
汉中市	Hanzhong	1903416	1121558	63641	608022	25692	84503
榆林市	Yulin	1528780	947520	27882	489054	4556	59768
安康市	Ankang	1156867	701049	58174	350516	9367	37761
商洛市	Shangluo	1003544	549759	48590	361269	2310	41616
杨凌示范区	Yangling	59915	40797	1036	14150		3932

注：本表按当年价格计算。

a) Data in this table are calculated at current prices.

12-5 农林牧渔业总产值指数(1978年=100)

Indices of Gross Output Value of Agriculture, Forestry, Animal Husbandry and Fishery (year of 1978=100)

年 份 Year	农林牧渔业 总 产 值 Total	农 业 Farming	林 业 Forestry	牧 业 Animal Husbandry	渔 业 Fishery	农林牧渔服务业 Service in Support of Agriculture
1978	100.0	100.0	100.0	100.0	100.0	
1980	97.0	92.0	123.3	107.7	113.7	
1985	148.2	152.7	189.0	159.6	303.5	
1990	191.7	204.0	176.7	231.9	992.9	
1995	250.8	250.8	251.7	364.6	1834.7	
1996	277.1	294.5	263.1	346.4	2144.8	
1997	281.5	294.8	249.6	373.4	2348.5	
1998	306.6	321.9	274.1	402.6	2463.6	
1999	306.0	324.5	305.3	378.0	2803.6	
2000	320.0	336.8	322.1	403.7	2795.2	
2001	328.0	341.5	328.6	426.3	2937.7	
2002	348.4	361.7	363.4	452.3	3193.3	
2003	366.1	371.8	389.2	503.4	3404.1	
2004	399.8	416.8	383.6	526.1	3482.4	
2005	432.2	448.9	359.7	587.1	3844.6	
2006	463.8	484.4	367.9	627.1	4063.7	
2007	487.0	508.1	409.9	652.1	4336.0	
2008	525.4	547.7	446.8	707.6	4713.2	
2009	551.2	568.5	499.0	755.0	5080.8	
2010	583.1	605.7	512.4	789.1	5540.0	

注：本表按可比价格计算。
a) Data in this table are calculated at constant prices.

12-6 农林牧渔业总产值指数(上年=100)

Indices of Gross Output Value of Agriculture, Forestry, Animal Husbandry and Fishery (preceding year=100)

年 份 Year	农林牧渔业 总 产 值 Total	农 业 Farming	林 业 Forestry	牧 业 Animal Husbandry	渔 业 Fishery	农林牧渔服务业 Service in Support of Agriculture
1978	102.7	101.6	94.4	100.5	94.3	
1980	85.9	81.2	109.2	95.7	100.6	
1985	102.8	100.8	113.7	115.6	148.9	
1990	106.1	107.6	93.8	108.6	115.3	
1995	104.0	104.8	100.0	102.8	113.1	
1996	110.5	117.4	104.5	95.0	116.9	
1997	101.6	100.1	94.9	107.8	109.5	
1998	108.9	109.2	109.8	107.8	104.9	
1999	99.8	100.8	111.4	93.9	113.8	
2000	104.6	103.8	105.5	106.8	99.7	
2001	102.5	101.4	102.0	105.6	105.1	
2002	106.2	105.9	110.6	106.1	108.7	
2003	105.1	102.8	107.1	111.3	106.6	
2004	109.2	112.1	98.6	104.5	102.3	
2005	108.1	107.7	93.8	111.6	110.4	104.2
2006	107.3	107.9	102.3	106.8	105.7	105.8
2007	105.0	104.9	111.4	104.0	106.7	106.1
2008	107.9	107.8	109.0	108.5	108.7	106.2
2009	104.9	103.8	111.7	106.7	107.8	105.5
2010	105.8	106.5	102.7	104.5	109.0	105.2

注：本表按可比价格计算。
a) Data in this table are calculated at constant prices.

12-7 农林牧渔业分项产值

Gross Output Value of Agriculture, Forestry, Animal Husbandry and Fishery by Item

单位：万元 (10 000 yuan)

指 标	Item	2005	2009	2010
农林牧渔业总产值	**Gross Output Value of Agriculture, Forestry, Animal Husbandry and Fishery**	**7307239**	**13372200**	**16660575**
一、农业总产值	Output Value of Farming	4729047	8236000	11072354
# 粮食作物	Grain	1873705	2669196	3103357
(一) 谷物及其他作物	Cereals and Other Crops	2284695	3209452	3859367
1.谷 物	Cereal	1494089	2013306	2342859
2.薯 类	Tubers	242572	462850	548719
3.豆 类	Beans	137044	193040	211779
4.油 料	Oil-bearing	128915	244108	295515
5.棉 花	Cotton	106099	106639	95603
6.麻 类	Fiber Crops	437	494	333
7.糖 料	Sugar Crops	222	164	403
8.烟 草	Tobacco	46379	72855	95736
9.其他农作物	Others	128938	115996	268420
(二)蔬菜、园艺作物	Vegetables Gardening Crops	1124236	2257688	2912902
# 1.蔬 菜	Vegetables	1096525	2210566	2860449
2.花 卉	Flowers	10873	22452	52453
(三)水果、坚果、茶叶和香料作物	Fruits,Nuts Tea and Spices Crops	1169214	2468243	3928041
# 1.水 果	Fruits	1124319	2358690	3536584
# 园林水果	Garden Fruit	1014023	2154229	3203009
# 苹 果	Apples	712864	1399510	2188454
果用瓜类	Melon	108899	204461	333575
2.坚 果	Nuts			137565
3.茶 叶	Tea	44889	109553	153710
4.香料作物	Spices Crops			100182
(四)中药材	Chinese Herbal Medicines	150902	300617	372044
二、林业产值	Output Value of Forestry	250070	456300	351824
(一)林木的培育和种植	Cultivation and Planting of Trees	108150	165155	198270
(二)竹木采运	Logging andTransport of Bamboo	17403	22961	31304
(三)林产品	Forestry Products	124517	268184	122250
三、牧业产值	Output Value of Animal Husbandry	1989982	3879000	4349944
(一)牲畜的饲养	Stock Breeding	625919	1245685	1589937
1.牛的饲养	Cattle	207825	267739	326123
2.羊的饲养	Sheep	160397	389930	423122
3.其他牲畜饲养	Others	9045	17548	23689
4.奶产品	Milk Products	217879	535562	764107
5.毛绒产品	Feather and Cashmere Products	30773	34906	52896
(二)猪的饲养	Pigs Breeding	959852	1973492	1965196
(三)家 禽	Poultry Breeding	355488	571509	645022
# 禽 蛋	Egg	259063	374546	412596
(四)狩猎和捕捉动物	Animal Hunting and Trapping	2041	5133	4138
(五)其它畜牧业	Other Animal Husbandry	46682	83181	145651
四、渔业产值	Output Value of Fishery	54879	65000	82909
五、农林牧渔服务业	Service in Support of Agriculture	283261	735900	803544

注：1.本表按当年生产者价格计算。
2.由于核算制度的变化，2010年林产品不含核桃板栗和花椒等。

a) Data in this table are calculated at producer's price.

b) Because the changes of national accounts, forestry Products exclude walnuts, chestnuts and pepper etc.

12-8 农林牧渔业增加值

Value Added of Agriculture, Forestry, Animal Husbandry and Fishery

单位：万元 (10 000 yuan)

指 标	Item	2009	2010
农林牧渔业增加值	**Total**	**7896400**	**9884525**
农 业	Farming	5094000	6848658
林 业	Forestry	287500	223675
牧 业	Animal Husbandry	2085900	2336965
渔 业	Fishery	37000	47194
农林牧渔服务业	Service in Support of Agriculture	392000	428033

12-9 各市(区)农林牧渔业增加值(2010年)

Value Added of Farming, Forestry, Animal Husbandry Fishery by City(District)(2010)

单位：万元 (10 000 yuan)

地 区	Region	农林牧渔业 Total	农 业 Farming	林 业 Forestry	牧 业 Animal Husbandry	渔 业 Fishery	农林牧渔服务业 Service in Support of Agriculture	农林牧渔业增加值比上年增长% Growth Rate as Last Year (%)
全 省	**Shaanxi**	**9884525**	**6848658**	**223675**	**2336965**	**47194**	**428033**	**5.8**
西安市	Xi'an	1400577	935489	14362	349205	6504	95017	6.9
铜川市	Tongchuan	141804	107657	1676	26250	805	5416	7.7
宝鸡市	Baoji	1041998	555209	26207	407166	3869	49547	6.9
咸阳市	Xianyang	2032921	1557022	20757	352616	4858	97668	7.8
渭南市	Weinan	1289434	940908	21035	261724	8512	57255	7.3
延安市	Yan'an	711861	570878	16747	103591	1838	18807	7.0
汉中市	Hanzhong	1103894	691060	40716	310692	15014	46412	6.6
榆林市	Yulin	921610	595481	17033	272174	2670	34252	7.8
安康市	Ankang	670696	430795	31362	184721	5961	17857	6.4
商洛市	Shangluo	580485	336757	31983	185178	1333	25234	6.5
杨凌示范区	Yangling	37541	28274	338	7435		1494	8.0

注：本表按当年价格计算,增长速度按可比价计算。

a) Data in this table are calculated at current prices. Growth rate are calculated at constant prices.

12-10 主要农作物播种面积

Total Sown Areas of Major Farm Crops

单位：千公顷 (1 000 hectares)

年份 Year	总播种面积 Total Sown Area	粮食作物播种面积 Sown Area of Grain Crops	夏粮 Summer Grain	#小麦 Wheat	秋粮 Autumn Grain	#稻谷 Rice	#玉米 Corn	#大豆 Soja
1978	5254.67	4488.00	1949.33	1604.67	2493.33	160.00	1090.67	206.00
1980	5072.67	4310.37	1906.67	1590.67	2404.00	162.67	1076.67	211.33
1985	4663.33	3965.33	1928.00	1693.33	2037.33	156.67	950.67	202.00
1990	4860.00	4134.67	1925.33	1690.67	2209.33	159.33	1024.67	288.67
1995	4496.85	3807.73	1805.33	1600.23	2002.40	139.35	902.63	240.51
1996	4777.32	4052.85	1813.62	1597.84	2239.23	156.87	1087.38	277.12
1997	4504.04	3811.46	1810.73	1602.80	2000.74	153.86	915.92	255.85
1998	4697.17	4030.12	1820.73	1610.54	2209.39	159.97	1065.18	291.77
1999	4726.34	4026.97	1787.79	1589.45	2239.17	154.59	1123.41	273.24
2000	4555.49	3821.59	1716.62	1537.26	2104.97	144.81	1056.96	246.96
2001	4264.84	3517.63	1590.29	1424.24	1927.34	140.78	1005.06	229.06
2002	4198.37	3397.29	1512.25	1356.75	1885.04	130.52	999.93	224.25
2003	4090.26	3157.28	1402.71	1255.11	1754.57	123.35	940.53	198.19
2004	4303.04	3362.01	1324.90	1152.70	2037.11	135.25	1132.56	237.58
2005	4391.24	3453.33	1389.53	1211.53	2063.77	133.79	1148.37	232.51
2006	3983.48	3081.27	1338.76	1181.61	1742.51	106.50	1041.63	180.77
2007	4044.74	3099.81	1329.43	1167.22	1770.38	109.70	1060.32	171.21
2008	4274.45	3234.70	1317.33	1140.00	1917.37	119.01	1112.90	184.25
2009	4154.10	3133.97	1319.33	1145.97	1814.64	125.33	1164.00	187.33
2010	4185.58	3159.70	1320.67	1148.90	1839.03	121.60	1182.40	178.60

12-10 续表 continued

单位：千公顷 (1 000 hectares)

年份 Year	棉花 Cotton	油料 Oil-bearing	#油菜籽 Rapeseeds	#花生 Peanuts	麻类 Fiber Crops	糖料 Sugar Crops	烤烟 Flue-cured Tobacco	蔬菜 Vegetables	瓜类 Melon
1978	252.67	130.00	73.33	4.7	7.13	2.60	7.60	78.67	14.67
1980	242.00	160.00	89.33	8.7	3.73	3.30	3.33	79.33	20.27
1985	94.67	240.00	114.00	47.67	2.20	4.33	34.67	121.33	30.60
1990	112.67	269.33	132.00	39.56	2.88	3.53	72.13	145.33	22.87
1995	72.75	302.18	169.77	32.87	1.50	2.28	48.33	174.23	27.63
1996	59.55	312.91	168.20	31.26	1.40	2.20	62.36	194.28	26.68
1997	39.86	296.68	160.29	28.17	1.20	3.50	87.04	182.74	25.26
1998	35.22	284.72	136.76	31.56	1.10	2.10	54.03	193.12	34.19
1999	27.74	308.15	153.47	31.78	1.01	1.77	46.73	216.95	31.91
2000	30.09	303.63	163.75	33.45	0.91	1.43	47.08	228.71	33.49
2001	50.38	291.14	167.70	30.86	0.75	1.52	40.60	219.43	37.07
2002	42.81	280.63	166.05	29.63	0.68	1.27	31.26	263.70	37.56
2003	65.06	285.58	165.82	29.51	0.51	0.33	30.95	276.80	43.52
2004	80.09	283.32	173.21	28.04	0.76	0.24	30.40	301.30	44.87
2005	70.23	276.86	178.71	29.55	1.06	0.10	32.58	331.70	51.04
2006	85.30	249.21	160.60	28.87	1.05	0.09	32.93	356.38	59.92
2007	89.13	252.12	163.39	27.57	0.68	0.09	31.18	368.91	61.84
2008	85.15	277.16	178.31	32.56	0.51	0.19	33.42	385.59	58.60
2009	61.84	295.48	194.63	31.14	0.38	0.06	36.81	428.67	64.83
2010	50.88	301.24	201.78	31.15	0.49	0.07	31.35	443.99	70.37

注：2009年及以后粮食播种面积为抽样调查数。

a) Since 2009 sown area of grain crops are sample survey data.

12-11 各市(区)主要农作物播种面积(2010年)

Total Sown Areas of Major Farm Crops by City(District)(2010)

单位：千公顷　　　　(1 000 hectares)

地　区	Region	总播种面积 Total Sown Area	粮食作物播种面积 Sown Area of Grain Crops	夏粮 Summer Grain	#小麦 Wheat	秋粮 Autumn Grain	#稻谷 Rice	#玉米 Corn	#大豆 Soja
全　省	**Shaanxi**	**4185.58**	**3159.70**	**1320.67**	**1148.90**	**1839.03**	**121.60**	**1182.40**	**178.60**
西安市	Xi'an	501.16	414.47	213.25	211.45	201.23	1.08	186.62	7.67
铜川市	Tongchuan	82.95	63.09	31.36	31.33	31.73	0.03	24.13	5.44
宝鸡市	Baoji	444.77	357.54	195.41	192.81	162.13	0.72	138.44	11.17
咸阳市	Xianyang	552.41	430.94	230.92	230.26	200.02		176.56	5.39
渭南市	Weinan	758.77	583.84	314.96	313.41	268.88		243.84	12.25
延安市	Yan'an	252.57	209.56	11.97	6.85	197.59	1.31	71.10	23.28
汉中市	Hanzhong	448.03	285.87	91.58	46.46	194.29	86.85	76.29	16.10
榆林市	Yulin	594.99	498.75	18.29	4.69	480.46	3.00	118.45	60.21
安康市	Ankang	453.80	287.45	120.22	53.25	167.24	30.00	85.80	12.45
商洛市	Shangluo	286.20	221.86	106.55	79.55	115.31	0.75	72.96	28.36
杨凌示范区	Yangling	9.14	7.88	4.16	4.15	3.72		3.69	

12-11 续表 continued

单位：千公顷　　　　(1 000 hectares)

地　区	Region	棉花 Cotton	油料 Oil-bearing	#油菜籽 Rapeseeds	#花生 Peanuts	麻类 Fiber Crops	糖料 Sugar Crops	烤烟 Flue-cured Tobacco	蔬菜 Vegetables
全　省	**Shaanxi**	**50.88**	**301.24**	**201.78**	**31.15**	**0.49**	**0.07**	**31.06**	**443.99**
西安市	Xi'an	4.17	5.99	4.81	0.23				63.81
铜川市	Tongchuan		7.65	7.57				0.75	5.50
宝鸡市	Baoji	0.11	13.27	12.06	0.01	0.21		5.89	47.98
咸阳市	Xianyang	0.55	26.95	25.30	0.21			2.88	82.14
渭南市	Weinan	44.74	31.81	18.97	9.50			0.75	65.75
延安市	Yan'an	0.72	12.36	2.39	2.26	0.01		2.43	19.54
汉中市	Hanzhong		82.09	75.16	4.00	0.01	0.05	2.32	54.86
榆林市	Yulin	0.19	46.19		4.98	0.09			21.69
安康市	Ankang	0.05	64.09	50.95	5.52	0.14	0.02	10.38	62.82
商洛市	Shangluo	0.01	10.46	4.55	4.08	0.03		5.65	18.47
杨凌示范区	Yangling		0.07	0.03	0.04				1.27

注：本表全省粮食面积为抽样调查数。

a) The sown area of grain crops of Shaanxi in this table are sample survey data.

12-12　主要农作物产品产量
Output of Major Farm Products

单位：万吨　　(10 000 tons)

年份 Year	粮食 Grain	夏粮 Summer Grain	# 小麦 Wheat	秋粮 Autumn Grain	# 稻谷 Rice	# 玉米 Corn	# 高粱 Jowar	# 大豆 Soja
1978	800.00	293.50	251.00	542.00	81.50	292.00	21.77	19.95
1980	757.00	264.00	229.90	493.00	75.70	274.70	14.02	17.86
1985	951.90	459.20	423.30	492.70	88.30	291.60	9.35	18.35
1990	1070.70	501.70	463.70	569.00	100.40	333.80	12.21	30.75
1995	913.40	457.80	410.40	455.60	64.20	282.30	4.71	20.46
1996	1217.30	433.90	405.70	783.40	104.70	472.30	11.60	39.80
1997	1044.40	584.90	562.70	459.50	93.40	271.40	3.50	17.30
1998	1303.10	525.90	504.20	777.20	101.30	481.10	7.60	41.10
1999	1081.60	432.70	405.50	648.90	86.10	440.40	5.00	29.30
2000	1089.10	445.50	418.60	643.60	94.70	413.70	4.90	22.20
2001	976.61	432.74	406.63	543.87	92.05	352.81	1.93	19.60
2002	1005.60	440.10	405.30	565.50	80.30	374.50	4.50	21.20
2003	968.40	440.60	395.50	527.80	75.50	373.20	2.00	15.90
2004	1160.36	449.00	407.90	711.40	80.83	475.36	5.28	30.18
2005	1139.50	436.80	401.20	702.70	79.30	470.10	4.78	31.79
2006	1041.90	429.39	392.63	612.51	66.36	448.57	3.36	22.12
2007	1067.91	393.29	356.99	674.62	66.93	498.77	3.18	22.93
2008	1150.90	438.80	391.50	712.10	67.88	504.31	3.60	24.56
2009	1131.40	426.00	383.10	705.40	82.50	526.10	2.91	42.36
2010	1164.90	449.30	403.80	715.60	81.01	532.20	3.04	39.71

12-12　续表　continued

单位：万吨　　(10 000 tons)

年份 Year	棉花 Cotton	油料 Oil-bearing	# 油菜籽 Rapeseeds	# 花生 Peanuts	麻类 Fiber Crops	糖料 Sugar Crops	烤烟 Flue-cured Tobacco	蔬菜 Vegetables
1978	10.54	5.65	4.01	0.51	0.50	1.89	1.38	
1980	8.08	10.97	7.72	1.15	0.27	3.11	0.57	
1985	4.30	29.86	16.40	10.05	0.24	7.85	6.26	297.16
1990	7.78	33.39	19.25	7.03	0.18	5.92	12.32	367.30
1995	3.99	38.15	25.45	6.02	0.11	1.03	6.34	362.86
1996	3.12	37.42	19.05	6.63	0.12	2.75	11.09	430.93
1997	2.06	36.71	25.77	4.66	0.08	3.43	12.17	391.14
1998	2.29	35.48	17.58	6.94	0.10	4.96	8.53	459.58
1999	1.95	31.92	16.75	6.68	0.09	1.81	7.46	500.11
2000	2.74	38.76	22.40	7.33	0.09	1.79	7.36	556.53
2001	4.98	37.54	23.13	7.09	0.07	1.94	6.29	525.46
2002	4.30	41.08	24.58	7.01	0.11	3.10	5.10	660.48
2003	5.27	41.33	27.05	6.90	0.07	0.80	4.88	708.94
2004	8.23	46.06	29.45	7.18	0.11	0.67	5.32	785.34
2005	7.78	45.35	30.33	7.58	0.09	0.30	5.88	869.93
2006	8.83	41.36	27.29	7.55	0.14	0.24	5.99	848.48
2007	8.98	39.15	26.97	6.94	0.08	0.31	5.56	928.10
2008	10.07	49.46	33.35	8.20	0.06	0.30	7.14	1067.12
2009	8.58	54.38	35.63	9.71	0.05	0.17	7.31	1257.59
2010	6.92	56.08	37.27	8.98	0.06	0.20	6.73	1384.02

注：2009年及以后粮食产量为抽样调查数。
a) Since 2009 grain products are sample survey data.

12-13 各市(区)主要农产品产量(2010年)

Output of Major Farm Products by City(District)(2010)

地区	Region	粮食(万吨) Grain (10 000 tons)	夏粮 Summer Grain	#小麦 Wheat	秋粮 Autumn Grain	#稻谷 Rice	#玉米 Corn	#高粱 Jowar	#大豆 Soja
全省	**Shaanxi**	**1164.90**	**449.30**	**403.80**	**715.60**	**81.01**	**532.20**	**3.04**	**39.71**
西安市	Xi'an	221.65	106.60	105.83	115.05	0.84	108.89		1.71
铜川市	Tongchuan	26.63	9.43	9.42	17.20	0.02	15.46		0.89
宝鸡市	Baoji	171.47	94.10	93.03	77.38	0.41	71.13	0.64	1.78
咸阳市	Xianyang	222.52	109.46	109.14	113.06		104.88	0.52	1.10
渭南市	Weinan	264.19	126.27	125.95	137.93		131.04		2.20
延安市	Yan'an	82.04	3.80	2.10	78.24	1.09	48.26	0.69	4.59
汉中市	Hanzhong	114.13	27.28	14.60	86.85	56.92	24.19		1.74
榆林市	Yulin	165.13	4.89	0.43	160.24	2.02	75.85	1.46	9.05
安康市	Ankang	93.09	32.37	14.23	60.71	21.19	27.08	0.02	2.08
商洛市	Shangluo	71.05	28.22	20.08	42.83	0.49	33.00	0.01	5.11
杨凌示范区	Yangling	5.24	2.82	2.82	2.41		2.39		

12-13 续表 continued

地区	Region	棉花(吨) Cotton (ton)	油料(吨) Oil-bearing (ton)	#油菜籽 Rapeseeds	#花生 Peanuts	麻类(吨) Fiber Crops (ton)	糖料(吨) Sugar Crops (ton)	烤烟(吨) Flue-cured Tobacco (ton)	蔬菜(万吨) Vegetables (10 000 tons)
全省	**Shaanxi**	**69240**	**560750**	**372741**	**89844**	**555**	**2017**	**67331**	**1384.02**
西安市	Xi'an	5861	11217	9258	600	6		8	253.10
铜川市	Tongchuan		9706	9655				1861	11.79
宝鸡市	Baoji	151	22552	21161	30	236		11889	107.53
咸阳市	Xianyang	340	51166	48590	395			6596	338.46
渭南市	Weinan	61501	65647	26152	32878			2182	191.82
延安市	Yan'an	484	23042	5184	3585	22		5212	88.14
汉中市	Hanzhong	2	159260	146656	10743	3	1300	5494	174.48
榆林市	Yulin	77	64921		15710	92			56.60
安康市	Ankang	44	108611	84326	13915	187	717	21853	108.31
商洛市	Shangluo	12	18482	5218	10673	9		12149	44.00
杨凌示范区	Yangling		91	91	120				9.09

注：全省粮食产量为抽样调查数。

a) The sown area of grain crops of Shaanxi in this table are sample survey data.

12-14 主要农产品单位面积产量
Output of Major Farm Products Per Hectare

单位：公斤/公顷 (kg/hectare)

年份 Year	粮食 Grain	夏粮 Summer Grain	#小麦 Wheat	秋粮 Autumn Grain	#稻谷 Rice	#玉米 Corn	#高粱 Jowar	#大豆 Soja
1978	1785	1395	1470	2175	5130	2520	2250	970
1980	1755	1380	1440	2055	4650	2550	2048	844
1985	2400	2385	2550	2415	5640	3060	2055	908
1990	2595	2610	2745	2580	6300	3255	3225	1066
1995	2399	2536	2565	2275	4609	3128	1826	851
1996	3003	2392	2539	3498	6674	4343	3946	1436
1997	2740	3230	3511	2297	6070	2963	1277	676
1998	3233	2888	3131	3518	6332	4517	2980	1408
1999	2686	2420	2551	2898	5570	3920	2241	1072
2000	2850	2595	2723	3057	6540	3914	2578	899
2001	2776	2721	2855	2822	6539	3510	1257	856
2002	2960	2910	2987	3000	6153	3745	2711	945
2003	3067	3141	3151	3008	6121	3968	1278	802
2004	3452	3389	3539	3492	5977	4197	3410	1270
2005	3300	3144	3312	3405	5927	4094	3337	1367
2006	3381	3207	3323	3515	6231	4307	2754	1224
2007	3445	2958	3059	3811	6203	4704	2796	1339
2008	3558	3331	3434	3714	5704	4531	2817	1333
2009	3610	3229	3343	3887	6582	4520	3186	2261
2010	3687	3402	3515	3891	6662	4501	3200	2223

12-14 续表 continued

单位：公斤/公顷 (kg/hectare)

年份 Year	棉花 Cotton	油料 Oil-bearing	#油菜籽 Rapeseeds	#花生 Peanuts	麻类 Fiber Crops	糖料 Sugar Crops	烤烟 Flue-cured Tobacco	蔬菜 Vegetables
1978	420	435	555	1080	1065	7260	1815	
1980	330	690	855	1320	735	9600	1830	
1985	450	1245	1440	2155	1095	18210	1815	24450
1990	690	1245	1455	1770	615	16755	1710	25245
1995	548	1263	1499	1830	726	4531	1312	20827
1996	524	1196	1133	2120	841	12399	1777	22180
1997	516	1237	1608	1654	712	9805	1398	21404
1998	650	1246	1285	2199	927	23370	1579	23798
1999	704	1036	1092	2103	899	10211	1596	23052
2000	911	1277	1368	2192	985	12578	1564	24334
2001	989	1290	1379	2297	960	12724	1550	23946
2002	1004	1464	1480	2367	1573	24389	1628	25047
2003	811	1447	1631	2340	1283	24147	1576	25612
2004	1027	1626	1700	2563	1451	27630	1749	26066
2005	1107	1638	1697	2563	883	29208	1805	26227
2006	1035	1660	1699	2615	1453	28565	1820	23808
2007	1007	1553	1650	2517	1240	33468	1783	25158
2008	1183	1785	1871	2520	1110	15898	2137	27675
2009	1395	1840	1831	3120	1275	28755	2040	29340
2010	1361	1861	1847	2884	1139	28144	2160	31172

注：2009年及以后粮食单产为抽样调查数。
a) Since 2009 grain products per hectare are sample survey data.

12-15 各市(区)主要农作物单位面积产量（2010年）
Output of Major Farm Products Per Hectare by City(District)(2010)

单位：公斤／公顷 (kg/hectare)

地区	Region	粮食 Grain	夏粮 Summer Grain	#小麦 Wheat	秋粮 Autumn Grain	#稻谷 Rice	#玉米 Corn	#高粱 Jowar	#大豆 Soja
全省	**Shaanxi**	**3687**	**3402**	**3515**	**3891**	**6662**	**4501**	**3200**	**2223**
西安市	Xi'an	5348	4999	5005	5717	7722	5835	2040	2223
铜川市	Tongchuan	4220	3006	3006	5421	6077	6408		1643
宝鸡市	Baoji	4796	4815	4825	4773	5691	5138	3579	1591
咸阳市	Xianyang	5164	4740	4740	5653		5940	5700	2034
渭南市	Weinan	4525	4009	4019	5130		5374		1800
延安市	Yan'an	3915	3171	3068	3960	8348	6788	2243	1970
汉中市	Hanzhong	3992	2979	3141	4470	6554	3170	1688	1079
榆林市	Yulin	3311	2676	928	3335	6742	6403	2975	1503
安康市	Ankang	3238	2693	2673	3630	7062	3156	4078	1667
商洛市	Shangluo	3202	2648	2524	3715	6506	4523	2038	1801
杨凌示范区	Yangling	6646	6792	6793	6484		6489		2000

12-15 续表 continued

单位：公斤／公顷 (kg/hectare)

地区	Region	棉花 Cotton	油料 Oil-bearing	#油菜籽 Rapeseeds	#花生 Peanuts	麻类 Fiber Crops	糖料 Sugar Crops	烤烟 Flue-cured Tobacco	蔬菜 Vegetables
全省	**Shaanxi**	**1361**	**1861**	**1847**	**2884**	**1139**	**28144**	**2175**	**31172**
西安市	Xi'an	1405	1955	1969	2638	1500		2400	39667
铜川市	Tongchuan		1270	1273				2475	21437
宝鸡市	Baoji	1407	1674	1716	3750	1121		2025	22413
咸阳市	Xianyang	617	1787	1813	1897			2295	41208
渭南市	Weinan	1375	2077	1462	3460			2910	29176
延安市	Yan'an	674	1745	1735	1586	1941		2145	45105
汉中市	Hanzhong	750	2072	2070	2686	300	25760	2370	31806
榆林市	Yulin	414	1546		3155	1053			26102
安康市	Ankang	860	1849	1830	2523	1372	33821	2100	17242
商洛市	Shangluo	1385	1904	1388	2615	325		2160	23827
杨凌示范区	Yangling		2700	2250	3000				71454

注：全省粮食单产为抽样调查数。

a) The grain products per hectare of Shaanxi in this table are sample survey data.

12-16 茶、桑、果面积及产量
Areas and Output of Tea Plantation, Cocoon, Orchards

年 份 Year	茶园面积 (千公顷) Area of Tea Plantations (1 000 hectares)	茶叶产量 (吨) Output of Tea (ton)	桑园面积 (千公顷) Area of Mulberry Field (1 000 hectares)	果园面积 (千公顷) Area of Orchards (1 000 hectares)	水果产量 (万吨) Output of Fruits (10 000 tons)	# 苹 果 Apples	# 柑 桔 Citrus
1978	31.07	1408	12.00	98.60	33.41	9.92	0.12
1980	24.00	1428	17.40	104.27	28.00	8.93	0.30
1985	26.16	2822	46.75	109.93	33.53	14.09	0.52
1990	29.19	4548	37.31	304.78	62.03	34.93	0.89
1995	30.64	5252	76.83	685.35	283.96	233.76	1.12
1996	30.96	5831	74.99	702.19	362.15	295.89	1.52
1997	28.06	6316	66.03	691.23	326.55	263.65	2.01
1998	28.49	6288	53.86	663.84	430.77	347.35	2.77
1999	30.33	6215	53.81	649.32	493.49	399.27	2.96
2000	35.28	6126	58.76	664.76	493.79	388.57	3.52
2001	38.23	6273	65.59	680.11	534.19	408.57	5.85
2002	43.28	7003	71.43	703.75	577.35	440.59	6.40
2003	50.86	7952	75.23	750.51	621.14	461.79	9.86
2004	56.34	10239	78.30	788.47	735.61	555.21	11.75
2005	59.47	11382	79.83	817.45	765.74	560.12	16.76
2006	62.94	12827	97.50	860.49	881.95	649.98	16.32
2007	67.33	14400	91.75	884.91	940.23	701.57	22.43
2008	69.06	16025	104.47	950.69	1067.67	745.51	23.73
2009	78.12	20153	105.96	1011.36	1150.45	805.17	30.80
2010	85.38	25052	105.83	1083.33	1238.50	856.01	28.68

12-17 水果生产情况
Production of Fruit

品 种	Item	2005		2009		2010	
		面 积 (公顷) Area of Orchards (hectare)	产 量 (吨) Output (ton)	面 积 (公顷) Area of Orchards (hectare)	产 量 (吨) Output (ton)	面 积 (公顷) Area of Orchards (hectare)	产 量 (吨) Output (ton)
水果合计	**Total**	**817450**	**7657393**	**1011361**	**11504464**	**1083326**	**12385021**
1.苹 果	Apples	426274	5601167	564933	8051728	601518	8560132
2.柑 桔	Citrus	19691	167573	28861	308028	33944	286765
3.梨	Pears	59636	621224	51605	629939	48954	799909
4.葡 萄	Grapes	13900	139372	23846	258829	28839	322292
5.桃	Peach	25389	280971	31368	485471	31192	593502
6.红 枣	Jujube	117098	188232	145239	594350	162479	500320
7.杏	Apricot	84136	85194	63619	176650	60672	149347
8.柿 子	Persimmon	27194	173881	31425	299547	31786	320383
9.猕猴桃	Kiwi	16088	240319	38342	500286	47239	629341
10.石 榴	Pomegranate	2719	36226	3203	52633	3083	59409
11.其他水果	Others	25325	123234	28920	147003	33619	163621

注：本表为果业监测结果。

a) Data in this table are the results of fruits monitoring.

12-18 各市(区)茶、桑、果面积及产量(2010年)
Areas and Output of Tea Plantation, Cocoon, Orchards by City(District)(2010)

地区	Region	茶园面积(公顷) Area of Tea Plantations (Hectares)	茶叶产量(吨) Output of Tea (ton)	桑园面积(公顷) Area of Orchards (Hectares)	果园面积(公顷) Area of Orchards (Hectares)	水果产量(吨) Output of Fruits (ton)	# 苹果 Apples
全省	**Shaanxi**	**85379**	**25052**	**105828**	**1083326**	**12385021**	**8560132**
西安市	Xi'an				49969	847822	39130
铜川市	Tongchuan				56752	557781	532015
宝鸡市	Baoji			3349	58654	969353	534139
咸阳市	Xianyang				263257	4965124	4015329
渭南市	Weinan				147587	2542490	1826027
延安市	Yan'an			3887	260773	2332987	2215184
汉中市	Hanzhong	43839	14969	10816	35631	305389	4954
榆林市	Yulin			17285	178877	509604	140053
安康市	Ankang	26169	8480	61324	26329	167647	4526
商洛市	Shangluo	15371	1603	9169	3706	64174	10741
杨凌示范区	Yangling				890	29172	5862

12-18 续表 continued

地区	Region	# 柑桔 Citrus	梨 Pears	葡萄 Grapes	桃 Peach	红枣 Jujube	杏 Apricot	柿子 Persimmon	猕猴桃 Kiwi	石榴 Pomegranate	其它水果 Others
全省	**Shaanxi**	**286765**	**799909**	**322292**	**593502**	**500320**	**149347**	**320383**	**629341**	**59409**	**163621**
西安市	Xi'an		55122	64885	142051	35736	48544	35287	296023	40211	90833
铜川市	Tongchuan		1543	2234	4301	357	898	11415			5018
宝鸡市	Baoji		11314	40115	54170	15	8606	22888	294768		3338
咸阳市	Xianyang		286136	118432	265628	41306	51648	91016	6828	18950	69851
渭南市	Weinan		351897	75736	74116	96605	14920	84835	1647	162	16545
延安市	Yan'an		46885	5316	3341	50859	6123	4263			1016
汉中市	Hanzhong	223842	21681	1846	14397	544	1926	13167	8741		14291
榆林市	Yulin		17284	6759	8595	310787	11892				14234
安康市	Ankang	60852	6096	1392	20679	1491	2910	23194	928	50	45529
商洛市	Shangluo	2071	1628	2062	4130	652	1854	34318	896	36	5786
杨凌示范区	Yangling		15	2500	1683		26		18264		822

注：本表全省水果产量为果业监测数据。

a) Data in this table are the results of fruits monitoring.

12-19　主要林产品产量
Output of Major Forest Products

单位：吨　　(ton)

年　份 Year	生　漆 Lacquer	油桐籽 Tung-oil Seeds	五倍籽 Chinese Gall	棕　片 Palm Sheet	核　桃 Walnuts	板　栗 Chestnut	花　椒 Pepper
1978	668	14800	50		28275	3460	577
1980	930	17685	83		25700	2715	539
1985	635	17718	337	1448	12826	1777	694
1990	685	18672	1589	2265	16833	4770	2501
1995	773	15460	2922	3015	30599	8019	7135
1996	978	15409	2260	3358	30433	10635	8411
1997	1222	14265	2432	3078	26222	8116	
1998	1223	11046	1771	3217	32519	18385	9747
1999	1027	12456	1009	2735	33257	14689	9747
2000	1176	12968	863	2962	34866	20098	16298
2001	893	13003	968	3060	10474	11211	16471
2002	821	9278	934	3183	34779	21352	25112
2003	975	9634	1034	3177	44091	24022	22781
2004	995	12068	1513	3059	54243	26290	28441
2005	1060	12562	1963	3044	55206	27855	28178
2006	1613	11631	2241	3333	43492	29232	31507
2007	1851	11496	2383	3511	46717	35778	34904
2008	1697	14534	2785	4164	74069	40435	44000
2009	2552	17871	3386	3989	88773	46315	48571
2010	1915	17096	3152	3202	60453	52037	44789

注：2010年为林业部门统计数据。
a) Data in this table are from forestry authorities.

12-20　各市(区)主要林产品产量(2010年)
Output of Major Forest Products by City(District)(2010)

单位：吨　　(ton)

地　区	Region	生　漆 Lacquer	油桐籽 Tung-oil Seeds	五倍籽 Chinese Gall	棕　片 Palm Sheet	核　桃 Walnut	板　栗 Chestnut	花　椒 Pepper
全　省	**Shaanxi**	**1915**	**17096**	**3152**	**3202**	**60453**	**52037**	**44789**
西安市	Xi'an	3				6965	7183	1378
铜川市	Tongchuan					2915		1735
宝鸡市	Baoji	5				5031	1992	2823
咸阳市	Xianyang					1789		886
渭南市	Weinan					5580	950	34865
延安市	Yan'an					835	240	843
汉中市	Hanzhong	465	1549	1993	2471	10009	9498	869
榆林市	Yulin					25		16
安康市	Ankang	1266	10770	888	707	5572	15105	813
商洛市	Shangluo	176	4777	271	24	21732	17069	561
杨凌示范区	Yangling							

12-21 各市(区)造林情况(2010年)
Area of Afforestation by City(District)(2010)

地 区	Region	荒山荒(沙)地造林面积(公顷) Afforestation of Barren Hills and Wasteland Area (hectare)	按造林方式分 By Approach		按林种用途分 By Function of Forest		四旁(零星)植 树(万株) Four-side Tree Planting (10 000 trees)
			# 人工造林 Manual Planting	# 飞播造林 Airplane Planting	# 经济林 By-product Forests	# 防护林 Protection Forests	
全 省	**Shaanxi**	**364712**	**199934**	**40000**	**59410**	**301283**	**11088**
西 安 市	Xi'an	10732	7132		2752	7027	351
铜 川 市	Tongchuan	18060	11327		4209	13851	612
宝 鸡 市	Baoji	36277	14581	6667	4446	31831	963
咸 阳 市	Xianyang	28534	12200	2667	1085	27449	1333
渭 南 市	Weinan	31760	17360		2134	29233	1126
延 安 市	Yan'an	57301	28301	6000	5800	51486	1002
汉 中 市	Hanzhong	23983	14101		8125	15391	1476
榆 林 市	Yulin	68953	60287	8000	2687	66266	981
安 康 市	Ankang	41900	20699	8667	21987	17722	992
商 洛 市	Shangluo	27014	11880	8000	6018	20996	2242
杨凌示范区	Yangling	400	400				10

12-21 续表 continued

地 区	Region	幼林抚育作业面积(公顷) Area of Tending Growing Forest (hectares)	育苗面积(公顷) Area of Tending Seedlings (hectares)	当年苗木产 量(万株) Output of Nursery Stock (10 000 trees)	年末核桃面 积(公顷) Walnut Acreage (hectares)	年末板栗面 积(公顷) Chestnut Acreage (hectares)	年末花椒面 积(公顷) Pepper Acreage (hectares)
全 省	**Shaanxi**	**313459**	**19897**	**217008**	**382053**	**296394**	**179660**
西 安 市	Xi'an	5427	5664	16098	19073	3749	2580
铜 川 市	Tongchuan		177	1116	57491		20240
宝 鸡 市	Baoji	867	1124	10652	67887	5367	53107
咸 阳 市	Xianyang	6666	1898	10212	10113		1571
渭 南 市	Weinan	22173	1606	14868	22439	733	82051
延 安 市	Yan'an		2070	39129	19831	1333	14175
汉 中 市	Hanzhong	62906	2586	19264	36513	32885	2119
榆 林 市	Yulin	115033	3272	69324	150		1
安 康 市	Ankang	83629	707	20150	27700	78100	
商 洛 市	Shangluo	16758	462	8201	120855	174227	3815
杨凌示范区	Yangling		313	7930			

注：本表为林业部门统计数据。
a) Data in this table are from forestry authorities.

12-22 畜牧业和渔业生产情况
Production of Animal Husbandry and Fishery

指 标	Item	2005	2009	2010
一、牲畜年末头数	**Number of Large Animals (year-end)**			
(一)大牲畜 (万头)	Large Animals (10 000 heads)	340.53	193.02	186.35
1.牛	Cattle and Buffaloes	308.95	169.00	165.00
# 奶 牛	Muich Cows	46.03	43.50	41.30
2.马	Horses	1.24	0.78	0.71
3.驴	Donkeys	21.84	16.82	15.23
4.骡	Mules	8.49	6.42	5.41
(二)猪存栏数 (万头)	Hogs (10 000 heads)	1161.34	920.30	884.40
# 母 猪	Sow	99.66	88.80	80.00
(三)羊存栏数 (万只)	Sheep and Goats (10 000 heads)	930.87	670.20	635.20
1.山 羊	Goats	709.55	539.92	526.70
# 奶山羊	Muich Goats	175.03	117.40	101.81
2.绵 羊	Sheep	221.32	130.28	108.50
(四)家禽存栏数 (万只)	Poultry (10 000 heads)	7685.46	5592.50	5726.71
(五)养蜂箱数 (万箱)	Bee (10 000 heads)	25.43	30.46	32.16
(六)家兔存栏数 (万只)	Rabbit (10 000 heads)	174.20	254.37	297.02
二、畜产品产量	**Output of Livestock Products**			
肉类总产量 (万吨)	Output of Meat (10 000 tons)	134.11	98.71	102.64
# 猪 肉	Pork	99.70	75.00	79.10
牛 肉	Beef	11.87	7.80	7.30
羊 肉	Mutton	9.34	7.30	7.30
奶类产量 (万吨)	Milk (10 000 tons)	141.73	185.83	177.62
# 牛 奶	Cow Milk	113.34	149.20	137.50
山羊毛产量 (吨)	Goat Wool (ton)	1338	2151	2320
绵羊毛产量 (吨)	Sheep Wool (ton)	5868	5650	6921
羊绒产量 (吨)	Cashmere (ton)	793	1217	1497
禽蛋产量 (万吨)	Poultry Eggs (10 000 tons)	48.73	48.10	47.07
蜂蜜产量 (吨)	Honey (ton)	2882	4065	4272
蚕茧产量 (吨)	Silkworm Cocoon (ton)	22818	25845	25477
三、渔 业	**Fisheries**			
1.水产品产量 (吨)	Output of Aquatic Products (ton)	73593	56000	60373
2.水产养殖面积 (公顷)	Cultivatable area of Aquatic Products (hectare)	26742	35632	39838

注：2009年、2010年主要畜禽存栏和畜产品产量为抽样调查数。

a) The number of main livestock and the output of livestock products are sample survey data in 2009, 2010.

12-23 各市(区)牲畜存栏情况（2010年）
Livestock by City(District)(2010)

地　区	Region	大牲畜年末头数(头) Large Animals (year-end) (head)	牛 Cattle and Buffaloes	#奶牛 Dairy cow	马 Horses	驴 Donkeys	骡 Mules	家禽(万只) Poultry (10 000 heads)
全　省	**Shaanxi**	**1863510**	**1650000**	**413000**	**7088**	**152322**	**54100**	**5726.71**
西安市	Xi'an	216043	215072	118747	456	67	448	1034.20
铜川市	Tongchuan	77571	77559	12816		12		158.27
宝鸡市	Baoji	505443	499786	190340	1623	3230	804	830.61
咸阳市	Xianyang	457573	453342	221750	676	428	3127	958.98
渭南市	Weinan	283822	282236	94700	363	558	665	904.33
延安市	Yan'an	204867	143937	2469	428	45165	15337	324.27
汉中市	Hanzhong	301741	300463	3343	1136	80	62	936.65
榆林市	Yulin	279818	141219	26741	2188	102782	33629	486.45
安康市	Ankang	227329	227111	103	218			827.18
商洛市	Shangluo	114397	114369	383		28		535.51
杨凌示范区	Yangling	11344	11344	7997				34.10

12-23 续表 continued

地　区	Region	猪年末头数(头) Hogs (year-end) (head)	#母猪 Sow	羊(只) Sheep and Goats (head)	#山羊 Goats	#奶山羊 Dairy Goat	蜂(箱) Bee (box)	兔(万只) Rabbit (10 000 heads)
全　省	**Shaanxi**	**8844000**	**800000**	**6352000**	**5267000**	**1018097**	**321561**	**297.02**
西安市	Xi'an	943183	106610	294539	288738	246442	22984	23.53
铜川市	Tongchuan	75668	9357	73272	71406	14726	34	0.65
宝鸡市	Baoji	1085362	107599	521727	519520	347232	39437	14.46
咸阳市	Xianyang	1818499	175617	1068016	948867	604821	6347	158.31
渭南市	Weinan	1820506	224510	791325	581396	457122	18690	14.43
延安市	Yan'an	608474	61742	541051	479163	11055	20211	11.42
汉中市	Hanzhong	2749237	235675	309698	307657	1734	114886	16.41
榆林市	Yulin	965129	108502	5637809	4460794	17970	19535	20.74
安康市	Ankang	2359697	218041	847472	847472		59697	6.26
商洛市	Shangluo	963202	120165	317850	308173	1783	19740	3.66
杨凌示范区	Yangling	30920	10180	2745	1365	1024		0.74

注：本表全省主要畜禽存栏为抽样调查数。

a) The number of main livestock of Shaanxi in this table are sample survey data.

12-24 各市(区)主要畜产品和水产品产量(2010年)
Output of Livestock and Aquatic Products by City(District)(2010)

地 区	Region	肉类总产量(吨) Output of Meat (ton)	#猪肉 Pork	#牛肉 Beef	#羊肉 Mutton	#禽肉 Poultry	奶类产量(吨) Milk (ton)	牛奶 Cow Milk	羊奶 Sheep Milk
全 省	**Shaanxi**	**1026399**	**791000**	**73000**	**73000**	**75951**	**1776240**	**1375000**	**401240**
西安市	Xi'an	136501	102296	10854	3875	18338	633663	509178	124485
铜川市	Tongchuan	14641	6665	4662	1116	2188	26001	23633	2368
宝鸡市	Baoji	150041	98017	29339	7149	14845	597763	522537	75226
咸阳市	Xianyang	174616	134171	12381	9969	14473	687387	608599	78788
渭南市	Weinan	178342	145636	10606	8440	13330	335594	221499	114095
延安市	Yan'an	61937	45502	5537	4721	4736	7098	5277	1821
汉中市	Hanzhong	279910	242728	12895	3888	18228	13097	11693	1404
榆林市	Yulin	154682	88364	4654	51201	6893	82014	79078	2936
安康市	Ankang	236389	194173	10727	13618	17630	330	330	
商洛市	Shangluo	124291	100916	8161	5928	9171	1647	1530	117
杨凌示范区	Yangling	4039	3174	263	25	512	25070	25070	

12-24 续表 continued

地 区	Region	山羊毛(吨) Goat Wool (ton)	绵羊毛(吨) Sheep Wool (ton)	羊绒(公斤) Cashmere (kg)	禽蛋(吨) Poultry Eggs (ton)	蜂蜜(公斤) Honey (kg)	蚕茧(吨) Silkworm Cocoon (ton)	水产品(吨) Aquatic Products (ton)	水产养殖面积(公顷) Water Area for Breeding Aquatics(hactare)
全 省	**Shaanxi**	**2320**	**6921**	**1496940**	**470700**	**4272306**	**25477**	**60373**	**39838**
西安市	Xi'an		1	50	123793	436759		13506	1916
铜川市	Tongchuan	7			13796	161		1135	564
宝鸡市	Baoji	24	4	1380	72358	531282	1316	6870	2936
咸阳市	Xianyang	140	306	22557	95839	100189		8633	2063
渭南市	Weinan	219	515	13454	85662	317606		17375	3606
延安市	Yan'an	147	131	114223	23969	392240	390	2595	1257
汉中市	Hanzhong				62068	1260740	2358	21615	6227
榆林市	Yulin	1760	5954	1344829	41983	389986	38	5027	11551
安康市	Ankang				30440	627316	20311	15197	9156
商洛市	Shangluo	23	8	447	51488	216027	1064	1896	562
杨凌示范区	Yangling		2		2338				

注：本表全省主要畜禽产品产量为抽样调查数。

a) The output of livestock products of Shaanxi in this table are sample survey data.

12-25 粮食生产大县情况
Large County of Food Production

县 区	Region	2008 播种面积(千公顷) Sown Area (1 000 hectares)	2008 产 量(万吨) Output (10 000 tons)	2009 播种面积(千公顷) Sown Area (1 000 hectares)	2009 产 量(万吨) Output (10 000 tons)	2010 播种面积(千公顷) Sown Area (1 000 hectares)	2010 产 量(万吨) Output (10 000 tons)
全 省	**Shaanxi**	**3234.70**	**1150.90**	**3133.97**	**1131.40**	**3159.70**	**1164.90**
生产大县合计	Total of Large Counties	1593.33	756.39	1626.88	784.38	1640.80	819.01
生产大县占全省%	As Percentage of Shaanxi	49.3	65.7	51.9	69.3	51.9	70.3
阎良区	Yanliang	15.56	9.64	15.40	9.60	14.94	9.60
临潼区	Lintong	78.69	37.52	78.96	38.56	79.15	40.10
长安区	Changan	80.79	40.10	81.36	41.57	79.98	41.49
蓝田县	Lantian	69.24	32.48	69.45	33.11	69.44	33.53
周至县	Zhouzhi	60.24	28.16	59.81	28.23	58.49	28.86
户 县	Huxian	62.14	35.03	62.35	35.79	61.87	37.15
高陵县	Gaoling	29.57	20.76	29.69	21.06	29.38	20.90
陈仓区	Chencang	58.80	25.25	60.40	27.19	59.81	29.11
凤翔县	Fengxiang	61.57	28.67	62.29	29.89	62.53	30.88
岐山县	Qishan	50.25	29.65	50.71	29.18	49.40	29.03
扶风县	Fufeng	52.40	29.35	50.36	29.01	50.81	28.99
眉 县	Meixian	30.45	14.59	30.01	15.14	27.22	14.40
千阳县	Qianyang	18.47	6.06	18.94	6.43	19.82	6.95
三原县	Sanyuan	45.78	22.78	42.52	21.74	45.18	23.60
泾阳县	Jingyang	56.95	28.41	54.83	27.74	55.29	28.79
乾 县	Qianxian	63.72	29.76	60.53	29.37	60.57	30.57
武功县	Wugong	44.63	22.46	44.81	22.98	44.62	24.29
兴平市	Xingping	47.39	23.38	46.73	23.69	46.90	25.22
临渭区	Linwei	91.91	38.70	93.86	39.67	95.57	43.00
华 县	Huaxian	29.44	14.67	30.42	15.03	31.02	14.79
大荔县	Dali	63.76	30.82	64.49	31.57	68.20	34.60
合阳县	Heyang	50.35	20.58	57.31	24.75	57.15	27.49
澄城县	Chengcheng	34.94	13.71	47.43	18.25	49.41	21.20
蒲城县	Pucheng	81.08	35.27	90.55	39.26	94.91	40.64
富平县	Fuping	92.51	40.55	91.91	41.39	93.27	44.17
韩城市	Hancheng	26.24	8.61	27.14	7.95	27.19	8.73
汉台区	Hantai	17.24	10.35	18.92	11.43	18.94	11.66
南郑县	Nanzheng	35.12	14.45	36.03	15.94	36.28	16.59
城固县	Chenggu	28.69	14.51	28.72	15.10	28.85	15.70
洋 县	Yangxian	33.80	15.43	34.92	16.75	35.28	17.66
勉 县	Mianxian	31.78	13.41	32.61	14.48	32.74	15.05
汉滨区	Hanbin	49.85	21.29	53.44	22.54	56.59	24.24

注：2009年、2010年全省为抽样调查数。

a) The data of Shaanxi are sample survey data in 2009, 2010.

12-26 商品棉基地县情况
Base County of Marketable Cotton

县 区	Region	2008		2009		2010	
		播种面积(公顷) Sown Area (hectare)	产 量(吨) Output (ton)	播种面积(公顷) Sown Area (hectare)	产 量(吨) Output (ton)	播种面积(公顷) Sown Area (hectare)	产 量(吨) Output (ton)
全 省	**Shaanxi**	**85147**	**100691**	**61840**	**85846**	**50876**	**69240**
基地县合计	Total of Base Counties	63515	75250	50049	65035	39456	52828
基地县占全省%	As Percentage of Shaanxi	74.6	74.7	80.9	75.8	77.6	76.3
阎良区	Yanliang	3152	4675	3079	4555	3092	4344
临潼区	Lintong	791	1147	929	1347	788	1142
临渭区	Linwei	12778	17250	8445	12414	7010	10409
华 县	Huaxian	1458	1750	1453	1852	727	926
大荔县	Dali	25565	26459	20810	22162	15353	16811
蒲城县	Pucheng	18811	23190	14180	21270	11689	18000
富平县	Fuping	960	779	1153	1435	798	1196

12-27 烤烟主产县情况
Base County of Flue-cured Tobacco

县 区	Region	2008		2009		2010	
		播种面积(公顷) Sown Area (hectare)	产 量(吨) Output (ton)	播种面积(公顷) Sown Area (hectare)	产 量(吨) Output (ton)	播种面积(公顷) Sown Area (hectare)	产 量(吨) Output (ton)
全 省	**Shaanxi**	**33424**	**71424**	**35953**	**73083**	**31063**	**67331**
基地县合计	Total of Base Counties	24265	50097	24929	49858	21636	46417
基地县占全省%	As Percentage of Shaanxi	72.6	70.1	69.3	68.2	69.7	68.9
宜君县	Yijun	112	278	112	278	135	312
陇 县	Longxian	4591	9000	4461	8154	3886	7333
乾 县	Qianxian	447	898	367	737	402	814
永寿县	Yongshou	333	650	333	650	333	700
彬 县	Binxian	418	997	435	1045	413	1052
长武县	Changwu	564	1269	536	1286	400	1050
旬邑县	Xunyi	1350	3467	1007	2161	1333	2980
合阳县	Heyang	264	570	69	218	129	405
澄城县	Chengcheng	525	1063	390	859	373	1029
宝塔区	Baota	5	3	10	8	7	6
富 县	Fuxian	1236	3102	1267	2280	1200	2250
洛川县	Luochuan	244	516	100	225		
宜川县	Yichuan	880	2398	767	1918	711	1784
黄龙县	Huanglong	530	884	515	917	509	1172
洋 县	Yangxian	452	912	181	1102	275	1681
西乡县	Xixiang	514	981	620	1225	487	1096
平利县	Pingli	460	982	592	1199	478	1263
旬阳县	Xunyang	7006	13346	8092	14938	6655	13298
洛南县	Luonan	4334	8781	5075	10658	3908	8192

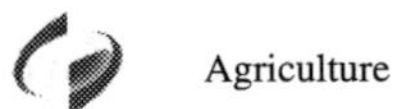

12-28 苹果基地县情况
Base County of Apple

县区	Region	2008		2009		2010	
		苹果园面积 (公顷) Area of Apple Orchards (hectare)	产量 (吨) Output (ton)	苹果园面积 (公顷) Area of Apple Orchards (hectare)	产量 (吨) Output (ton)	苹果园面积 (公顷) Area of Apple Orchards (hectare)	产量 (吨) Output (ton)
全省	**Shaanxi**	**530871**	**7455054**	**564933**	**8051728**	**601518**	**8560132**
基地县合计	Total of Base Counties	449176	6430114	478893	6895258	507135	7451893
基地县占全省%	As Percentage of Shaanxi	84.6	86.3	84.8	85.6	84.3	87.1
印台区	Yintai	14748	135498	17468	154235	20474	179782
耀州区	Yaozhou	10397	103027	12611	124695	15019	152982
宜君县	Yijun	9760	78799	11456	118768	13200	141603
陈仓区	Chencang	5720	83117	5720	87273	5727	88273
凤翔县	Fengxiang	4335	64253	4791	71648	5704	98048
岐山县	Qishan	4589	85256	4320	101671	4962	102980
扶风县	Fufeng	4772	107387	4533	158363	4907	161180
陇县	Longxian	1210	11144	2774	18798	3469	20750
千阳县	Qianyang	1439	9827	1695	11626	1726	10393
乾县	Qianxian	22847	349200	22847	452100	24683	489400
礼泉县	Liquan	30118	749600	30015	950000	30015	1010000
永寿县	Yongshou	21333	310000	24733	352000	24670	363000
彬县	Binxian	19714	241600	19736	297639	19308	321640
长武县	Changwu	14333	180000	14333	220000	16000	240000
旬邑县	Xunyi	33533	425400	33533	468000	33533	505000
淳化县	Chunhua	33333	588783	36667	685800	36667	725000
合阳县	Heyang	16232	169701	16788	251689	16772	284673
澄城县	Chengcheng	15364	193864	17950	286262	19630	292909
蒲城县	Pucheng	8809	132007	9662	164589	10219	168519
白水县	Baishui	20950	455000	21265	512400	21632	486000
富平县	Fuping	8703	116895	8847	175343	9002	189112
韩城市	Hancheng	4020	71359	4702	80040	4702	80230
宝塔区	Baota	24843	181000	26176	217000	27533	241400
延长县	Yanchang	11866	84000	14199	109000	18667	140000
延川县	Yanchuan	6342	24648	6984	33711	7556	40741
安塞县	Ansai	16171	51000	19511	61300	23342	65000
富县	Fuxian	22740	261000	23473	335000	24166	433000
洛川县	Luochuan	33619	600113	33565	685000	33593	676500
宜川县	Yichuan	15171	220063	15704	278279	16761	333949
黄陵县	Huangling	12165	182813	12832	200000	13498	225000

注：本表基地县产量为监测推算结果。

a) The outputs of Base Counties are calculateed results by monitoring.

12-29 梨基地县情况
Base County of Pear

县 区	Region	2008		2009		2010	
		梨园面积 (公顷) Area of Pears Orchards (hectare)	产 量 (吨) Output (ton)	梨园面积 (公顷) Area of Pears Orchards (hectare)	产 量 (吨) Output (ton)	梨园面积 (公顷) Area of Pears Orchards (hectare)	产 量 (吨) Output (ton)
全 省	**Shaanxi**	**52173**	**854119**	**51605**	**629939**	**48954**	**799909**
基地县合计	Total of Base Counties	26521	466801	26350	452611	27010	485283
基地县占全省%	As Percentage of Shaanxi	50.8	54.7	51.1	71.9	55.2	60.7
秦都区	Qindu	1150	35438	1132	36568	800	29900
乾 县	Qianxian	1533	32200	1533	27600	1533	30000
礼泉县	Liquan	4400	100000	4303	120000	4303	160000
彬 县	Binxian	1403	27800	1396	33285	1301	6438
临渭区	Linwei	3682	78713	3176	75725	3163	77419
蒲城县	Pucheng	6238	90083	6856	111390	8030	112645
富平县	Fuping	680	19260	680	17850	683	20665
子长县	Zichang	3773	10576	3806	12176	3800	11926
宜川县	Yichuan	1588	7014	1575	6078	1480	3908
洋 县	Yangxian	2074	11140	1894	10426	1918	12302

注：本表基地县产量为监测推算结果。

a) The outputs of Base Counties are calculateed results by monitoring.

12-30 猕猴桃基地县情况
Base County of Kiwi

县 区	Region	2008		2009		2010	
		猕猴桃园面积 (公顷) Area of Kiwi Orchards (hectare)	产 量 (吨) Output (ton)	猕猴桃园面积 (公顷) Area of Kiwi Orchards (hectare)	产 量 (吨) Output (ton)	猕猴桃园面积 (公顷) Area of Kiwi Orchards (hectare)	产 量 (吨) Output (ton)
全 省	**Shaanxi**	**27656**	**349801**	**38342**	**500286**	**47239**	**629341**
基地县合计	Total of Base Counties	23524	291963	30211	363007	38042	556112
基地县占全省%	As Percentage of Shaanxi	85.1	83.5	78.8	72.6	80.5	88.4
灞桥区	Baqiao	527	18248	549	19405	552	19222
长安区	Chang'an	299	4319	274	4268	261	4951
周至县	Zhouzhi	13913	166906	17467	186081	21400	246519
户 县	Huxian	861	17800	880	20480	914	22771
眉 县	Meixian	7653	113928	10733	170500	14467	250964
城固县	Chenggu	271	4344	308	5441	449	5672

注：本表基地县产量为监测推算结果。

a) The outputs of Base Counties are calculateed results by monitoring.

12-31 各市(区)灾情(2010年)
Conditions in Natural Disaster by City(District)(2010)

地 区	Region	受灾人口(万人次) Disaster Population Covered (10 000 persons-times)	死亡失踪人口(人) Population of Death and Abscondence (persons)	农作物受灾面积(千公顷) Disaster Areas of Farm Crops (1 000 hectares)	农作物绝收面积(千公顷) Disaster Areas of Farm Crops of No Harvest (1 000 hectares)	倒塌民房(万间) Broken Civil Buildings (10 000 units)	直接经济损失(亿元) Direct Economic Losses (100 million yuan)
全 省	**Shaanxi**	**1368.05**	**387**	**1551.44**	**1405.83**	**58.51**	**302.16**
西安市	Xi'an	23.90	2	110.56	19.55	1.42	2.46
铜川市	Tongchuan	39.46		20.72	98.86	2.55	27.36
宝鸡市	Baoji	122.39	8	204.03	98.06	3.02	17.09
咸阳市	Xianyang	133.74	8	208.82	143.06	1.74	20.15
渭南市	Weinan	342.34	19	473.63	428.22	3.92	42.79
延安市	Yan'an	127.30		113.34	153.17	0.57	20.14
汉中市	Hanzhong	124.75	34	36.26	122.80	18.99	50.58
榆林市	Yulin	125.34	29	267.50	152.10	0.34	6.08
安康市	Ankang	176.31	192	57.16	117.36	17.81	73.22
商洛市	Shangluo	151.96	94	59.10	72.62	7.99	42.22
杨凌示范区	Yangling	0.52	1	0.32	0.03	0.16	0.07

12-32 各市(区)水利水保(2010年)
Water Conservancy Facilities and Soil Conservation by City(District)(2010)

地 区	Region	水库座数(座) Number of Reservoirs (unit)	水库库容(万立方米) Capacity of Reservoirs (10 000 cu.m)	有效灌溉面积(千公顷) Area of Irrigated (1 000 hectares)	旱涝保收面积(千公顷) Farmland Area of Stable Yields Despite Drought or Excessive Rain (1 000 hectares)	当年完成水保治理面积(千公顷) Area of Soil Conservation in the Year (1 000 hectares)	#水土保持林面积 Area of Forest for Soil Water and Conservation	#封山育林面积 Area of Close Hillsides to Facilitate Afforestation
全 省	**Shaanxi**	**1019**	**495538**	**1284.87**	**809.18**	**661.10**	**295.90**	**217.00**
西安市	Xi'an	92	38344	187.57	156.10	26.70	10.50	10.30
铜川市	Tongchuan	29	4016	14.30	4.80	16.20	7.90	4.70
宝鸡市	Baoji	104	58633	159.32	114.64	32.00	13.20	11.40
咸阳市	Xianyang	58	31006	232.64	144.43	41.90	17.60	15.70
渭南市	Weinan	108	31124	313.94	159.82	35.50	14.80	15.60
延安市	Yan'an	25	53379	31.67	19.73	110.00	42.70	24.60
汉中市	Hanzhong	333	44876	123.22	84.91	95.50	46.80	41.90
榆林市	Yulin	87	117317	111.32	65.52	121.90	52.70	11.50
安康市	Ankang	113	7233	60.26	31.04	98.90	45.60	47.40
商洛市	Shangluo	52	14267	38.65	20.80	82.00	43.90	33.90
杨凌示范区	Yangling			5.49	4.43	0.50	0.20	

12-33 农业现代化情况
Agriculture Modernization

指 标	Item	2005	2009	2010
农业机械总动力合计 (万千瓦)	**Total Agricultural Machinery Power (10 000 kw)**	**1406.27**	**1778.50**	**1889.27**
大中型拖拉机 (台)	Number of Large and Medium Tractors (unit)	38191	68957	78261
(万千瓦)	Capacity of Large and Medium Tractors (10 000 kw)	125.10	224.00	251.00
小型拖拉机 (万台)	Number of Small Tractors (10 000 units)	18.00	17.58	17.47
(万千瓦)	Capacity of Small Tractors (10 000 kw)	204.64	192.10	188.85
大中型拖拉机配套农具 (万部)	Large and Medium Tractors Towing Farm Machinery (10 000 units)	5.76	11.50	12.99
小型拖拉机配套农具 (万部)	Small Tractors Towing Farm Machinery (10 000 kw)	24.99	24.80	25.27
农用柴油机 (万台)	Number of Diesel Engines (10 000 units)	3.30	4.12	4.68
(万千瓦)	Capacity of Diesel Engines (10 000 kw)	28.98	37.00	39.79
农用电动机 (万台)	Number of Agricultural Motor (10 000 units)	25.47	25.30	28.19
(万千瓦)	Capacity of Agricultural Motor (10 000 kw)	146.66	148.70	156.73
农用水泵 (万台)	Number of Agricultural Pumps (10 000 units)	29.50	30.88	29.14
节水灌溉类机械 (套)	Watersaving Irrigation Machinery (unit)	6448	10580	9972
联合收割机 (台)	Number of Combine Harvesters (unit)	15432	20624	23357
(万千瓦)	Capacity of Combine Harvesters (10 000 kw)	54.31	92.50	103.84
机动脱粒机 (万台)	Number of Mobile Thresher (10 000 units)	13.89	19.84	24.65
农用运输车 (辆)	Number of Farm Vehicles (unit)	432071	618499	501505
(万千瓦)	Capacity of Farm vehicles (10 000 kw)	570.75	720.50	689.35
# 机动三轮车 (辆)	Number of Motor Tricycle (unit)	376870	434360	394369
当年机耕地面积 (千公顷)	Area Cultivated by Mechanical (1 000 hectares)	1579.8	2039.2	2078.6
当年机械播种面积 (千公顷)	Area Sown by Mechanical (1 001 hectares)	1474.3	1738.7	1740.6
当年机械收获面积 (千公顷)	Mechanical harvest Area (1 000 hectares)	896.4	1136.4	1243.5
农用化肥施用量(折纯量) (万吨)	Consumption of Chemical Fertilizers (10 000 tons)	147.30	181.32	196.79
氮 肥 (万吨)	Nitrogenous Fertilizer	76.69	87.24	87.67
磷 肥 (万吨)	Phosphate Fertilizer	16.85	19.73	17.98
钾 肥 (万吨)	Potash Fertilizer	10.81	15.84	19.99
复合肥 (万吨)	Compound Fertilizer	35.37	43.52	56.43
农用塑料薄膜使用量 (万吨)	Plastic Film Consumption (10 000 tons)	23644	34971	36811
# 地膜使用量 (万吨)	Film Consumption	16289	21445	19547
地膜覆盖面积 (万吨)	Film Coverage Area (10 000 tons)	376.4	462.8	427.1
农用柴油使用量 (万吨)	Diesel Consumption (10 000 tons)	48.74	77.59	70.36
农药使用量 (万吨)	Pesticides Consumption (10 000 tons)	9888	13149	12408
年末沼气池个数 (万吨)	Digesters (unit)	19.78	72.66	98.54

12-34 各市(区)农业现代化情况 (2010)
Agriculture Modernization by City(District) (2010)

地区	Region	农用机械总动力合计(万千瓦) Total Agricultural Machinery Power (10 000 kw)	大中型拖拉机(台) Large and Medium Tractors (unit)	小型拖拉机(台) Small Tractors (unit)	大中型机配农具(部) Large and Medium Tractors Towing Farm Machinery (unit)	小型机配农具(部) Small Tractors Towing Farm Machinery (unit)	农用柴油机(台) Diesel Engines (unit)	农用电动机(台) Agricultural Motor (unit)	农用水泵(台) Pumps (unit)
全省	**Shaanxi**	**1889.27**	**78261**	**174734**	**129895**	**252723**	**46776**	**281858**	**291369**
西安市	Xi'an	267.73	14675	14194	29215	24393	3309	79462	77367
铜川市	Tongchuan	39.17	1628	5020	2762	7624	177	897	966
宝鸡市	Baoji	181.23	12311	30317	23567	47077	1940	20575	20945
咸阳市	Xianyang	249.12	10324	9974	18509	17966	4931	35922	35739
渭南市	Weinan	402.35	17105	52958	38387	90285	11216	56254	33443
延安市	Yan'an	164.40	3441	28902	4870	38644	3951	7517	13945
汉中市	Hanzhong	135.15	7059	4591	2691	3613	4905	27441	30384
榆林市	Yulin	253.50	9979	22965	8038	15974	6192	28438	44607
安康市	Ankang	113.04	674	1927	490	2458	9151	13284	17201
商洛市	Shangluo	71.48	556	3088	442	3116	965	11541	15625
杨凌示范区	Yangling	9.70	400	668	707	1327			

12-34 续表 continued

地区	Region	节水灌溉类机械(套) Watersaving Irrigation Machinery (unit)	联合收割机(台) Combine Harvesters (unit)	机动脱粒机(台) Mobile Thresher (unit)	农用运输车(辆) Farm Vehicles (unit)	#机动三轮车 Motor Tricycle (unit)	化肥施用折纯量(吨) Consumption of Chemical Fertilizers (ton)	农用塑料薄膜使用量(吨) Plastic Film Consumption (ton)	年末沼气池(个) Digesters (unit)
全省	**Shaanxi**	**9972**	**23357**	**246483**	**501505**	**394369**	**1967938**	**36811**	**985359**
西安市	Xi'an	1710	6718	13231	51665	42749	235532	2450	50710
铜川市	Tongchuan	1667	135	1355	18082	16680	48880	622	30807
宝鸡市	Baoji	202	3810	18139	30776	28413	214706	1983	77888
咸阳市	Xianyang	1864	4750	13769	85243	79270	414353	5425	96579
渭南市	Weinan	682	7065	11005	132300	80482	488538	10607	171619
延安市	Yan'an	2662	43	1714	52573	47148	114321	5294	162469
汉中市	Hanzhong	244	328	65145	18918	9312	145507	2043	110383
榆林市	Yulin	299	152	13759	74451	66800	128764	4037	107356
安康市	Ankang	100	86	51197	15796	4238	84878	2760	104880
商洛市	Shangluo	527	12	57056	20997	18711	60594	1256	65752
杨凌示范区	Yangling		203	93	573	481	2618	207	6916

12-35　各市、县(市、区)农村经济主要指标(2010年)

Main Indicators of Rural Economy by City and County (City and District) (2010)

地　区	Region	农林牧渔业总产值(万元) Gross Output Value of Farming, Forestry, Animal Husbandry and Fishery (10 000 yuan)	农林牧渔业增加值(万元) Value Added of Farming, Forestry, Animal Husbandry and Fishery (10 000 yuan)	年末常用耕地面积(公顷) Area of Cultivated Land (hectares)	农用机械总动力(千瓦) Total Agricultural Machinery Power (kw)	农用化肥施用折纯量(吨) Consumption of Chemical Fertilizers (ton)	农用塑料薄膜使用量(吨) Plastic Film Consumption (ton)
全　省	**Shaanxi**	**16660575**	**9884525**	**2860529**	**18892682**	**1967938**	**36811**
西安市	**Xi'an**	**2270994**	**1400577**	**255543**	**2677334**	**235532**	**2450**
新城区	Xincheng						
碑林区	Beilin						
莲湖区	Lianhu						
灞桥区	Baqiao	178275	115005	11374	171810	9425	167
未央区	Weiyang	40781	24767	3473	76023	1603	16
雁塔区	Yanta	30143	21277	1347	83960	516	0
阎良区	Yanliang	214232	142573	15843	152667	18517	824
临潼区	Lintong	411121	255841	49330	511906	38815	196
长安区	Chang'an	382196	244961	46265	442931	31140	189
蓝田县	Lantian	286829	166373	40667	285112	36292	176
周至县	Zhouzhi	262734	152737	33526	352487	43039	93
户　县	Huxian	260295	155856	38313	371667	30850	597
高陵县	Gaoling	204388	121187	15406	228771	25335	193
铜川市	**Tongchuan**	**251527**	**141804**	**62710**	**391684**	**48880**	**622**
王益区	Wangyi	13149	7467	3887	60693	1666	20
印台区	Yintai	53595	30630	8604	77752	7938	100
耀州区	Yaozhou	102325	56766	31681	136735	24310	207
宜君县	Yijun	67088	38265	17105	81964	11493	290
新　区	Xinqu	15370	8676	1433	34540	3473	4
宝鸡市	**Baoji**	**1746482**	**1041998**	**306782**	**1812334**	**214706**	**1983**
渭滨区	Weibin	46992	26760	6626	64494	4330	21
金台区	Jintai	28418	17710	10499	117244	5478	7
陈仓区	Chencang	270653	154223	44996	284644	27075	181
凤翔县	Fengxiang	256997	154034	46796	335955	30091	190
岐山县	Qishan	240030	143723	35266	215938	21450	166
扶风县	Fufeng	217542	130311	34490	296641	51407	38
眉　县	Meixian	196060	116668	23985	167325	36331	57
陇　县	Longxian	195405	117190	35577	95892	11470	708
千阳县	Qianyang	101960	64786	17817	100997	10256	158
麟游县	Linyou	71016	45065	34631	33540	8131	214
凤　县	Fengxian	66472	38395	9467	78249	4608	149
太白县	Taibai	54937	33133	6631	21415	4079	94
咸阳市	**Xianyang**	**3361133**	**2032921**	**359246**	**2491242**	**414353**	**5425**
秦都区	Qindu	190045	111778	11513	174465	12538	391
渭城区	Weicheng	131730	85683	14328	175121	9388	39
三原县	Sanyuan	371211	212025	33177	211412	28419	408
泾阳县	Jingyang	522869	302618	44626	373188	52833	1518
乾　县	Qianxian	279697	170541	50940	282121	77507	176
礼泉县	Liquan	408686	265695	30817	269471	64130	612

注：全省粮食和猪牛羊禽相关数据为抽样调查数据。

a) The Shaanxi data of grain, pig, cattle, sheep are sample survey data.

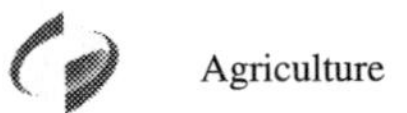

12-35 续表 1 continued

地 区	Region	农林牧渔业总产值(万元) Gross Output Value of Farming, Forestry, Animal Husbandry and Fishery (10 000 yuan)	农林牧渔业增加值(万元) Value Added of Farming, Forestry, Animal Husbandry and Fishery (10 000 yuan)	年末常用耕地面积(公顷) Area of Cultivated Land (hectares)	农用机械总动力(千瓦) Total Agricultural Machinery Power (kw)	农用化肥施用折纯量(吨) Consumption of Chemical Fertilizers (ton)	农用塑料薄膜使用量(吨) Plastic Film Consumption (ton)
永寿县	Yongshou	148026	97487	19403	116146	30505	105
彬 县	Binxian	170612	97817	29768	69100	21909	400
长武县	Changwu	90094	54942	10808	104632	26065	660
旬邑县	Xunyi	232592	142075	27646	83813	10520	550
淳化县	Chunhua	296990	176525	24101	158049	43207	373
武功县	Wugong	249821	150986	26502	216274	20933	62
兴平市	Xingping	268760	164749	35616	257450	16381	132
渭南市	**Weinan**	**2276063**	**1289434**	**521044**	**4023532**	**488538**	**10607**
临渭区	Linwei	383463	214099	67866	656690	55736	701
华 县	Huaxian	101497	58388	24039	216000	26394	371
潼关县	Tongguan	35871	19146	10417	84673	8826	44
大荔县	Dali	350657	182713	74173	879585	76694	1370
合阳县	Heyang	176347	94504	58311	250467	44991	905
澄城县	Chengcheng	206979	120257	45548	256141	26804	619
蒲城县	Pucheng	284873	167435	100731	603081	63441	4955
白水县	Baishui	227528	131936	28355	258580	30051	426
富平县	Fuping	3635	2015	71554	489317	129790	800
韩城市	Hancheng	158898	93712	26107	258319	17874	212
华阴市	Huayin	60345	35676	12728	46779	5461	204
延安市	**Yan'an**	**1251619**	**711861**	**234568**	**1643989**	**114321**	**5294**
宝塔区	Baota	134951	80842	32221	147419	7499	268
延长县	Yanchang	85331	47881	16510	73095	4407	86
延川县	Yanchuan	62222	35408	24712	73351	3882	163
子长县	Zichang	93722	54901	29618	102450	5162	837
安塞县	Ansai	77578	42801	27200	65637	3782	312
志丹县	Zhidan	59115	38300	21248	121961	2374	253
吴起县	Wuqi	60037	35566	20262	145669	4241	2400
甘泉县	Ganquan	45387	25761	9533	73747	3390	278
富 县	Fuxian	141870	71659	10069	136849	13775	320
洛川县	Luochuan	255664	142971	11535	218566	36703	88
宜川县	Yichuan	111822	65292	11759	182632	9997	93
黄龙县	Huanglong	45806	27602	10885	60247	10824	102
黄陵县	Huangling	78114	42877	9016	242366	8285	94
汉中市	**Hanzhong**	**1903416**	**1103894**	**203593**	**1351526**	**145507**	**2043**
汉台区	Hantai	172984	100493	15583	104940	9189	180
南郑县	Nanzheng	228253	128093	30264	151970	21640	392
城固县	Chenggu	426444	250973	24332	163936	37571	197
洋 县	Yangxian	224183	132101	27896	152181	19074	434
西乡县	Xixiang	182510	105380	21797	222546	13562	145
勉 县	Mianxian	210786	116628	25089	105093	20031	124
宁强县	Ningqiang	176280	105338	21136	129661	10892	159

12-35 续表 2 continued

地 区	Region	农林牧渔业总产值(万元) Gross Output Value of Farming, Forestry, Animal Husbandry and Fishery (10 000 yuan)	农林牧渔业增加值(万元) Value Added of Farming, Forestry, Animal Husbandry and Fishery (10 000 yuan)	年末常用耕地面积(公顷) Area of Cultivated Land (hectares)	农用机械总动力(千瓦) Total Agricultural Machinery Power (kw)	农用化肥施用折纯量(吨) Consumption of Chemical Fertilizers (ton)	农用塑料薄膜使用量(吨) Plastic Film Consumption (ton)
略阳县	Lueyang	91202	51766	9831	174441	3473	109
镇巴县	Zhenba	148550	89101	22893	88536	8649	238
留坝县	Liuba	29443	17193	2970	19873	878	50
佛坪县	Foping	12781	6828	1801	38349	548	15
榆林市	**Yulin**	**1528780**	**921610**	**574327**	**2535045**	**128764**	**4037**
榆阳区	Yuyang	232872	138199	51597	321462	20337	241
神木县	Shenmu	136925	81000	45107	275113	6686	201
府谷县	Fugu	61760	37492	43149	279427	7736	76
横山县	Hengshan	157063	93340	59457	215047	14630	400
靖边县	Jingbian	199310	116752	77867	415063	6922	965
定边县	Dingbian	220498	126611	132533	424197	28303	769
绥德县	Suide	99970	61895	41469	119966	13216	146
米脂县	Mizhi	64919	40164	27762	116231	5369	172
佳 县	Jiaxian	115940	73730	31333	92000	7697	350
吴堡县	Wubu	22574	14245	8102	62042	735	17
清涧县	Qingjian	118619	75017	26217	128069	3919	259
子洲县	Zizhou	98330	63165	29733	86428	13214	441
安康市	**Ankang**	**1156867**	**670696**	**195541**	**1130378**	**84878**	**2760**
汉滨区	Hanbin	257321	152862	43137	326016	30625	482
汉阴县	Hanyin	141242	83534	22941	159196	9996	197
石泉县	Shiquan	79063	45929	13036	89476	5282	206
宁陕县	Ningshan	47152	26731	3316	42280	343	59
紫阳县	Ziyang	153838	89050	24224	115468	5272	304
岚皋县	Langao	75573	43578	16141	58497	4645	414
平利县	Pingli	122193	67646	18302	93838	4561	418
镇坪县	Zhenping	35716	19328	4931	35900	1362	51
旬阳县	Xunyang	159372	91857	35709	117377	18122	418
白河县	Baihe	85398	50181	13806	92330	4667	210
商洛市	**Shangluo**	**1003544**	**580485**	**132273**	**714820**	**60594**	**1256**
商州区	Shangzhou	156501	93688	21714	134491	11759	148
洛南县	Luonan	221357	125661	31202	137787	17202	362
丹凤县	Danfeng	130436	74019	12307	48230	5964	106
商南县	Shangnan	148408	81734	14084	63251	4823	130
山阳县	Shanyang	138249	84349	23943	159103	8876	156
镇安县	Zhen'an	137811	78800	20723	117377	6778	178
柞水县	Zhashui	70782	42234	8301	54581	5192	176
杨凌示范区	**Yangling**	**59915**	**37541**	**6133**	**97016**	**2618**	**207**

12-35 续表 3 continued

地　区	Region	粮食播种面积(公顷) Sown Area of Grain (hectares)	粮食产量(吨) Output of Grain (ton)	油料产量(吨) Output of Oil-bearing (ton)	棉花产量(吨) Output of Cotton (ton)	蔬菜产量(吨) Output of Vegetables (ton)	水果产量(吨) Output of Fruits (ton)	#苹果 Output of Apples
全　省	**Shaanxi**	**3159700**	**11649000**	**560750**	**69240**	**13840226**	**12385021**	**8560132**
西安市	**Xi'an**	**414475**	**2216517**	**11703**	**5861**	**2530974**	**847822**	**39130**
新城区	Xincheng							
碑林区	Beilin							
莲湖区	Lianhu							
灞桥区	Baqiao	16154	72827	716	88	278195	85565	3
未央区	Weiyang	4938	26776	97		55480	15770	475
雁塔区	Yanta	128	565			42156	11907	450
阎良区	Yanliang	14940	96027	126	4344	525339	53143	4921
临潼区	Lintong	79151	400971	2398	1142	368273	64090	5960
长安区	Chang'an	79982	414922	2611	21	512466	65277	2634
蓝田县	Lantian	69440	335325	2973	262	148565	118046	14406
周至县	Zhouzhi	58488	288582	1895		156843	298363	2657
户　县	Huxian	61873	371523	887	4	258800	85650	5780
高陵县	Gaoling	29381	208999			184857	50010	1844
铜川市	**Tongchuan**	**63090**	**266268**	**9717**		**117911**	**557781**	**532015**
王益区	Wangyi	3889	11175	200		11782	32792	29547
印台区	Yintai	11029	48191	724		14025	184798	179782
耀州区	Yaozhou	29967	102214	4425		65422	161782	152982
宜君县	Yijun	16176	96960	3554		15543	143080	141603
新　区	Xinqu	2028	7728	814		11139	35329	28101
宝鸡市	**Baoji**	**357541**	**1714739**	**22206**	**151**	**1075344**	**969353**	**534139**
渭滨区	Weibin	8568	34097	1077		28302	21265	1011
金台区	Jintai	12054	46774	967	7	2811	3318	1167
陈仓区	Chencang	59815	291127	2557	9	105520	119649	88273
凤翔县	Fengxiang	62528	308786	5398		142417	107552	98048
岐山县	Qishan	49401	290251	3689	14	141080	149664	102980
扶风县	Fufeng	50813	289871	1772	104	32135	180954	161180
眉　县	Meixian	27220	144034	1400	17	27143	294862	10174
陇　县	Longxian	36460	116542	2261		90436	36056	20750
千阳县	Qianyang	19820	69514	1018		46018	12268	10393
麟游县	Linyou	21282	77951	1192		11021	633	510
凤　县	Fengxian	7457	35591	607		74949	39962	39240
太白县	Taibai	2122	10201	268		373512	3170	413
咸阳市	**Xianyang**	**430940**	**2225172**	**48156**	**340**	**3384620**	**4965124**	**4015329**
秦都区	Qindu	15350	82125	847	1	253782	96203	60128
渭城区	Weicheng	24051	126080	2203	41	109138	56591	22600
三原县	Sanyuan	45180	235988	6053		816998	184914	94341
泾阳县	Jingyang	55286	287937	3209	288	1522570	150000	35000
乾　县	Qianxian	60567	305733	9029	1	31421	560360	489400
礼泉县	Liquan	29733	153013	2560		58388	1360000	1010000

12-35 续表 4 continued

地 区	Region	粮食播种面积(公顷) Sown Area of Grain (hectares)	粮食产量(吨) Output of Grain (ton)	油料产量(吨) Output of Oil-bearing (ton)	棉花产量(吨) Output of Cotton (ton)	蔬菜产量(吨) Output of Vegetables (ton)	水果产量(吨) Output of Fruits (ton)	#苹果 Output of Apples
永寿县	Yongshou	20493	96932	3203		13435	400087	363000
彬 县	Binxian	28910	139739	7991		34480	353830	321640
长武县	Changwu	13108	63718	1426		11823	258110	240000
旬邑县	Xunyi	21627	116742	1392		60120	523000	505000
淳化县	Chunhua	25117	121995	5462		22112	810001	725000
武功县	Wugong	44620	242925	3629	9	160857	75073	63720
兴平市	Xingping	46897	252245	1152		289496	136956	118600
渭南市	**Weinan**	**583841**	**2641947**	**66087**	**61501**	**1918245**	**2542490**	**1826027**
临渭区	Linwei	95565	429995	6098	10409	444460	227705	78989
华 县	Huaxian	31016	147912	1958	926	525300	22472	1534
潼关县	Tongguan	14563	52853	5295	858	15410	10648	8916
大荔县	Dali	68201	346030	28970	16811	329280	472717	234172
合阳县	Heyang	57153	274941	4554	6118	156999	313845	284673
澄城县	Chengcheng	49413	212046	6256	5511	35809	362819	292909
蒲城县	Pucheng	94911	406414	4201	18000	64543	287348	168519
白水县	Baishui	30988	137284	3475	42	51549	488290	486000
富平县	Fuping	93268	441654	2734	1196	171193	263683	189112
韩城市	Hancheng	27193	87302	909	80	86356	85201	80230
华阴市	Huayin	20067	97623	1534	1549	37186	6778	945
延安市	**Yan'an**	**209564**	**820376**	**21560**	**484**	**881386**	**2332987**	**2215184**
宝塔区	Baota	30009	96850	1037		94000	245439	241400
延长县	Yanchang	9710	38742	2335	382	75000	160095	140000
延川县	Yanchuan	18983	45917	1437	85	21779	95385	40741
子长县	Zichang	27886	82239	5041		95624	21300	7912
安塞县	Ansai	28712	71319	2301		174131	70067	65000
志丹县	Zhidan	18126	56027	2895		45050	11379	6500
吴起县	Wuqi	16595	58877	1500		66000	7964	7115
甘泉县	Ganquan	9857	45474	154		115030	4480	4030
富 县	Fuxian	6915	45256	603		87600	434085	433000
洛川县	Luochuan	13964	108610	1159		30666	678768	676500
宜川县	Yichuan	7977	41030	855	17	42500	341656	333949
黄龙县	Huanglong	10329	79483	126		3378	34409	34037
黄陵县	Huangling	10501	50552	2117		30628	227960	225000
汉中市	**Hanzhong**	**285871**	**1141290**	**170121**	**2**	**1744760**	**305389**	**4954**
汉台区	Hantai	18941	116620	15639		164244	22958	8
南郑县	Nanzheng	36276	165901	32326		129402	9187	235
城固县	Chenggu	28846	157017	23551		551252	179257	249
洋 县	Yangxian	35279	176625	25014		549696	62922	1233
西乡县	Xixiang	31965	110108	22069	2	70163	4188	98
勉 县	Mianxian	32743	150511	25548		91713	6592	32
宁强县	Ningqiang	32792	92005	10566		35041	3555	375

12-35 续表 5 continued

地 区	Region	粮食播种面积(公顷) Sown Area of Grain (hectares)	粮食产量(吨) Output of Grain (ton)	油料产量(吨) Output of Oil-bearing (ton)	棉花产量(吨) Output of Cotton (ton)	蔬菜产量(吨) Output of Vegetables (ton)	水果产量(吨) Output of Fruits (ton)	# 苹果 Output of Apples
略阳县	Lueyang	21643	52462	4034		42700	7716	1714
镇巴县	Zhenba	41019	97583	10173		79572	7725	706
留坝县	Liuba	3393	13439	834		19714	685	206
佛坪县	Foping	2974	9019	367		11263	604	98
榆林市	**Yulin**	**498749**	**1651300**	**71415**	**77**	**566039**	**509604**	**140053**
榆阳区	Yuyang	46529	258608	1524		54785	8627	4079
神木县	Shenmu	33139	130010	3061		12634	20185	110
府谷县	Fugu	32391	73456	3279	23	33573	9530	850
横山县	Hengshan	65507	164047	2963		23650	18105	6665
靖边县	Jingbian	54354	245275	6171		155735	6099	4248
定边县	Dingbian	116868	304368	11315		150399	3358	1404
绥德县	Suide	26973	93733	17322		44827	114982	72880
米脂县	Mizhi	27882	88168	3525		17917	28803	17025
佳 县	Jiaxian	26012	80600	810		9483	123203	1469
吴堡县	Wubu	5798	19004	1110	6	9411	14253	630
清涧县	Qingjian	29711	76410	8153	48	34180	144187	16953
子洲县	Zizhou	33584	117621	12182		19445	18272	13740
安康市	**Ankang**	**287452**	**930867**	**118504**	**44**	**1083087**	**167647**	**4526**
汉滨区	Hanbin	56592	242364	33007	31	286385	40643	525
汉阴县	Hanyin	28272	110219	24481	13	156394	29328	81
石泉县	Shiquan	21039	72011	11478		48670	4371	358
宁陕县	Ningshan	4767	21869	626		36277	1869	205
紫阳县	Ziyang	45228	117128	9034		155775	4701	134
岚皋县	Langao	27326	69171	4893		108860	2478	124
平利县	Pingli	26644	79868	9969		80405	7832	380
镇坪县	Zhenping	9838	30393	1165		27984	1273	278
旬阳县	Xunyang	48304	127488	18380		112941	43008	1939
白河县	Baihe	19444	60356	5471		69396	32144	502
商洛市	**Shangluo**	**221865**	**710494**	**19906**	**12**	**440049**	**64174**	**10741**
商州区	Shangzhou	38986	118523	397		40370	11326	858
洛南县	Luonan	52527	178364	804	10	194617	8419	1477
丹凤县	Danfeng	23234	72820	1249		19068	8955	1526
商南县	Shangnan	20151	68399	10012		61650	4936	454
山阳县	Shanyang	38754	121278	1882		56897	10114	1148
镇安县	Zhen'an	35289	104223	5256	2	54300	13115	4028
柞水县	Zhashui	12924	46887	306		13147	7309	1250
杨凌示范区	**Yangling**	**7878**	**52358**	**180**		**90889**	**29172**	**5862**

12-35 续表 6 continued

地 区	Region	肉类产量 (吨) Output of Meat (ton)	禽蛋产量 (吨) Output of Poultry Eggs (ton)	奶类产量 (吨) Output of Milk (ton)	牛存栏 (万头) Stocked Cattle (10 000 heads)	#奶牛 Dairy cow	猪存栏 (万头) Stocked Hogs (10 000 heads)	羊存栏 (万只) Stocked (10 000 heads)	家禽存栏 (万只) Stocked (10 000 heads)
全 省	**Shaanxi**	**1026399**	**470700**	**1776240**	**165.00**	**41.30**	**884.40**	**635.20**	**5726.71**
西安市	**Xi'an**	**136501**	**123793**	**633663**	**21.51**	**11.87**	**94.32**	**29.45**	**1034.20**
新城区	Xincheng								
碑林区	Beilin								
莲湖区	Lianhu								
灞桥区	Baqiao	6850	5330	63613	1.42	1.28	5.01	1.23	44.42
未央区	Weiyang	3617	541	24481	0.64	0.61	4.00	0.10	7.35
雁塔区	Yanta	3124	300	1250	0.03	0.03		0.02	2.40
阎良区	Yanliang	4980	5922	75329	1.58	1.34	3.45	4.52	49.35
临潼区	Lintong	36768	31201	339102	7.34	6.56	24.82	12.03	265.00
长安区	Chang'an	17807	34532	20206	0.70	0.37	9.51	1.45	276.20
蓝田县	Lantian	15647	9345	36100	4.48	0.22	8.42	7.15	80.00
周至县	Zhouzhi	24710	9412	12926	3.39	0.29	20.01	1.16	84.34
户 县	Huxian	16875	15594	33726	1.20	0.66	14.62	0.65	131.14
高陵县	Gaoling	6123	11616	26930	0.73	0.52	4.48	1.16	94.00
铜川市	**Tongchuan**	**14641**	**13796**	**26001**	**7.76**	**1.28**	**7.57**	**7.33**	**158.27**
王益区	Wangyi	1212	755	2355	0.42	0.11	1.01	0.44	21.30
印台区	Yintai	4847	8962	2824	1.13	0.13	2.54	1.28	85.43
耀州区	Yaozhou	3901	2723	16361	3.50	0.82	2.37	3.15	22.00
宜君县	Yijun	4100	382	61	2.35	0.00	0.96	2.26	19.24
新 区	Xinqu	581	974	4400	0.37	0.23	0.68	0.20	10.30
宝鸡市	**Baoji**	**150041**	**72358**	**597763**	**49.98**	**19.03**	**108.54**	**52.17**	**830.61**
渭滨区	Weibin	2553	1804	3685	0.43	0.17	1.31	0.50	24.66
金台区	Jintai	3035	937	7276	1.02	0.23	2.35	1.41	14.12
陈仓区	Chencang	42148	21147	69196	7.00	1.54	28.57	3.88	180.00
凤翔县	Fengxiang	19155	9895	78626	8.61	2.28	9.25	7.41	102.88
岐山县	Qishan	19069	8215	66734	5.82	2.61	20.02	3.79	115.00
扶风县	Fufeng	17380	18857	53252	3.49	1.40	18.89	2.82	215.11
眉 县	Meixian	15675	5788	32116	1.94	1.06	14.26	3.09	68.10
陇 县	Longxian	8105	1802	165187	8.44	6.04	2.55	6.74	19.00
千阳县	Qianyang	6569	1366	121575	5.47	3.69	1.88	6.78	20.43
麟游县	Linyou	5778	1237	18	4.90	0.00	1.02	12.68	16.21
凤 县	Fengxian	8120	790		1.66		7.08	1.20	48.10
太白县	Taibai	2454	520	98	1.20	0.00	1.35	1.87	7.00
咸阳市	**Xianyang**	**174616**	**95839**	**687387**	**45.33**	**22.18**	**181.85**	**106.80**	**958.98**
秦都区	Qindu	8300	3230	18000	0.79	0.69	7.04	0.86	39.20
渭城区	Weicheng	7085	11650	53873	1.74	1.46	6.44	1.13	87.50
三原县	Sanyuan	12640	17667	38774	4.74	0.65	12.11	14.20	150.00
泾阳县	Jingyang	21169	14522	200853	6.67	6.62	18.55	18.63	169.00
乾 县	Qianxian	14965	3654	111499	5.18	4.51	16.35	4.90	39.50
礼泉县	Liquan	7670	2100	29500	1.93	1.12	7.50	9.50	25.20

12-35 续表 7 continued

地区	Region	肉类产量(吨) Output of Meat (ton)	禽蛋产量(吨) Output of Poultry Eggs (ton)	奶类产量(吨) Output of Milk (ton)	牛存栏(万头) Stocked Cattle (10 000 heads)	# 奶牛 Dairy Cow	猪存栏(万头) Stocked Hogs (10 000 heads)	羊存栏(万只) Stocked (10 000 heads)	家禽存栏(万只) Stocked (10 000 heads)
永寿县	Yongshou	8458	2124	10090	5.54	0.21	5.87	15.51	30.46
彬县	Binxian	5284	4100	5400	2.29	0.07	3.45	3.95	25.12
长武县	Changwu	4232	2784	13510	2.67	0.44	2.30	5.86	46.00
旬邑县	Xunyi	16466	5405	7623	4.09	0.14	21.57	9.77	49.00
淳化县	Chunhua	11819	7901	32725	2.80	0.56	8.61	16.51	81.00
武功县	Wugong	20532	8015	143680	4.96	4.75	27.85	2.95	90.00
兴平市	Xingping	35996	12687	21860	1.94	0.95	44.21	3.03	127.00
渭南市	**Weinan**	**178341.54**	**85662**	**335594**	**28.22**	**9.47**	**182.05**	**79.13**	**904.33**
临渭区	Linwei	26343	23458	92836	8.23	3.11	24.11	8.63	234.12
华县	Huaxian	6715	4816	10620	1.02	0.36	6.97	3.06	76.00
潼关县	Tongguan	5060.04	638	33	0.47	0.00	5.56	0.66	11.00
大荔县	Dali	31259	14124	32207	6.44	0.72	32.09	12.43	106.74
合阳县	Heyang	9638.5	3230	39609	2.96	2.49	11.34	4.70	40.77
澄城县	Chengcheng	45644	8427	738	0.93	0.02	45.92	3.39	65.70
蒲城县	Pucheng	11759	5125	33020	1.89	0.80	14.72	6.73	85.42
白水县	Baishui	12031	1098	1708	1.01	0.03	15.57	3.84	26.58
富平县	Fuping	18793	19962	420	0.03	0.01	0.80	0.06	6.00
韩城市	Hancheng	7619	2200	1720	1.26	0.05	7.38	5.24	32.00
华阴市	Huayin	2672	2040	2547	0.64	0.09	2.59	1.09	23.00
延安市	**Yan'an**	**61937**	**23969**	**7098**	**14.39**	**0.25**	**60.85**	**54.11**	**324.27**
宝塔区	Baota	6374	3207	2750	1.82	0.10	4.12	2.52	47.75
延长县	Yanchang	2601	1650	82	1.69	0.01	1.82	6.32	20.50
延川县	Yanchuan	2787	1210	260	1.49	0.01	2.85	3.04	17.04
子长县	Zichang	7319	1937	417	2.72	0.03	6.72	7.00	22.76
安塞县	Ansai	2564	1646	132	0.52	0.01	3.17	4.53	22.93
志丹县	Zhidan	2832	1400	90	0.72	0.01	3.07	11.35	20.32
吴起县	Wuqi	5070	1423	1112	0.47	0.07	3.61	12.07	18.20
甘泉县	Ganquan	3858	4935	140	0.61	0.00	2.11	4.81	73.26
富县	Fuxian	2658	1687	46	1.71	0.00	2.09	0.11	22.05
洛川县	Luochuan	18839	1194	1586	0.46	0.01	24.62	0.69	17.49
宜川县	Yichuan	2285	1319	47	0.56	0.01	2.24	0.74	13.85
黄龙县	Huanglong	2173	805		0.80		1.57	0.50	11.12
黄陵县	Huangling	2577	1556	436	0.83	0.00	2.86	0.42	17.00
汉中市	**Hanzhong**	**279910**	**62068**	**13097**	**30.05**	**0.33**	**274.92**	**30.97**	**936.65**
汉台区	Hantai	15529	8854	6333	0.89	0.16	11.65	0.25	119.32
南郑县	Nanzheng	30182	6135	728	2.96	0.03	32.17	2.10	87.05
城固县	Chenggu	41631	9423	832	3.31	0.04	31.87	1.43	143.80
洋县	Yangxian	39178	7570	1268	7.34	0.03	40.22	5.05	102.36
西乡县	Xixiang	43328	4301	45	2.92	0.00	45.11	5.06	62.78
勉县	Mianxian	35944	10071	3891	2.54	0.07	37.71	0.65	125.89
宁强县	Ningqiang	27581	5522		3.82		31.16	2.02	95.78

12-35 续表 8 continued

地 区	Region	肉类产量(吨) Output of Meat (ton)	禽蛋产量(吨) Output of Poultry Eggs (ton)	奶类产量(吨) Output of Milk (ton)	牛存栏(万头) Stocked Cattle (10 000 heads)	#奶牛 Dairy Cow	猪存栏(万头) Stocked Hogs (10 000 heads)	羊存栏(万只) Stocked (10 000 heads)	家禽存栏(万只) Stocked (10 000 heads)
略阳县	Lueyang	13030	6843		2.15		9.92	2.29	130.30
镇巴县	Zhenba	28322	2508		3.51		30.84	11.78	57.72
留坝县	Liuba	3122	560		0.51		2.92	0.21	6.55
佛坪县	Foping	2063	281		0.10		1.36	0.13	5.10
榆林市	**Yulin**	**154682**	**41983**	**82014**	**14.12**	**2.67**	**96.51**	**563.78**	**486.45**
榆阳区	Yuyang	51450	8017	17134	2.94	0.63	38.62	120.24	103.93
神木县	Shenmu	16251	4185	15817	4.01	0.45	7.53	79.08	36.90
府谷县	Fugu	5394	2535	527	1.11	0.02	3.35	17.61	23.76
横山县	Hengshan	17092	5590	3200	0.63	0.10	6.85	85.85	52.00
靖边县	Jingbian	24892	5152	11047	0.85	0.34	16.10	109.11	68.59
定边县	Dingbian	17213	3229	18613	0.66	0.58	10.00	75.81	38.12
绥德县	Suide	3858	3876	5862	0.68	0.17	1.95	11.66	40.50
米脂县	Mizhi	3684	2943	1222	0.86	0.05	1.79	13.28	45.00
佳 县	Jiaxian	4125	3015	1350	1.01	0.04	2.29	14.30	24.00
吴堡县	Wubu	761	871	275	0.11	0.01	0.52	2.50	7.05
清涧县	Qingjian	4584	1402	1677	0.76	0.06	3.65	10.84	19.10
子洲县	Zizhou	5378	1168	5290	0.51	0.23	3.87	23.50	27.50
安康市	**Ankang**	**236389**	**30440**	**330**	**22.71**	**0.01**	**235.97**	**84.75**	**827.18**
汉滨区	Hanbin	50045	6710	272	4.54	0.01	50.93	12.08	171.86
汉阴县	Hanyin	27951	5395		2.54		28.37	4.23	99.47
石泉县	Shiquan	17886	2049	58	2.93	0.00	18.42	5.00	60.14
宁陕县	Ningshan	3778	490		0.38		4.11	2.32	18.81
紫阳县	Ziyang	27508	3322		0.82		29.03	9.28	75.92
岚皋县	Langao	18737	3695		0.23		19.52	7.10	104.68
平利县	Pingli	25411	2223		0.75		20.81	14.85	72.50
镇坪县	Zhenping	13444	364		0.33		13.61	2.11	31.88
旬阳县	Xunyang	38802	3541		9.19		38.59	19.06	136.00
白河县	Baihe	12827	2651		0.99		12.57	8.73	55.92
商洛市	**Shangluo**	**124291**	**51488**	**1647**	**11.44**	**0.04**	**96.32**	**31.79**	**535.51**
商州区	Shangzhou	18460	5590	1474	1.61	0.03	15.99	1.73	52.40
洛南县	Luonan	29122	8622	59	4.29	0.00	26.16	5.34	86.80
丹凤县	Danfeng	18510	6954	76	1.31	0.00	15.46	2.59	101.10
商南县	Shangnan	16251	11353		1.33		12.00	2.65	96.30
山阳县	Shanyang	19175	9269		0.86		12.17	9.49	98.50
镇安县	Zhen'an	13896	6059	29	1.29		10.13	7.56	53.41
柞水县	Zhashui	8877	3641	9	0.74	0.00	4.41	2.45	47.00
杨凌示范区	**Yangling**	**4039**	**2338**	**25070**	**1.13**	**0.80**	**3.09**	**0.27**	**34.10**

主要统计指标解释

农林牧渔业总产值 指以货币表现的农、林、牧、渔业全部产品和对农林牧渔业生产活动进行的各种支持性服务活动的价值总量，它反映一定时期内农林牧渔业生产总规模和总成果。1957 年以前的农林牧渔业总产值中包括了厩肥和农民自给性手工业(如农民自制衣服、鞋、袜，自己从事粮食初步加工等)。1958 年及以后，林业中增加了村及村以下竹木采伐产值；牧业中取消了厩肥产值；副业中取消了农民自给性手工业产值，增加了村及村以下办的工业产值；渔业中增加了海洋捕捞水产品产值。1980 年及以后，在副业中增加了农民家庭兼营工业商品部分的产值。从 1984 年起村及村以下工业产值划归工业。从 1993 年起取消副业，将野生动物的捕猎划入牧业，野生植物采集和农民家庭兼营商品性工业划归农业。从 2003 年起，执行新的国民经济行业分类标准，农林牧渔业总产值中包括了农林牧渔服务业产值。林业中增加了森林采运业产值。农业中取消了家庭兼营商品性工业产值，将野生林产品的采集划归林业。第一次农业普查以后，由于畜牧业产品年报数据与普查数据之间存在一定的差距，根据农业普查结果对畜牧业年报数据进行了修正，对畜牧业产值进行了相应修正。

农林牧渔业总产值的计算方法通常是按农、林、牧、渔业产品及其副产品的产量分别乘以各自单位产品价格求得；少数生产周期较长，当年没有产品或产品产量不易统计的，则采用间接方法匡算其产值；然后将四业产品产值及农林牧渔服务业产值相加即为农林牧渔业总产值。

粮食产量 指全社会的产量。包括国有经济经营的、集体统一经营的和农民家庭经营的粮食产量，还包括工矿企业办的农场和其他生产单位的产量。粮食除包括稻谷、小麦、玉米、高粱、谷子及其他杂粮外，还包括薯类和豆类。其产量计算方法，豆类按去豆荚后的干豆计算；薯类(包括甘薯和马铃薯，不包括芋头和木薯)1963 年以前按每 4 公斤鲜薯折 1 公斤粮食计算，从 1964 年开始改为按 5 公斤鲜薯折 1 公斤粮食计算。城市郊区作为蔬菜的薯类(如马铃薯等)按鲜品计算，并且不作粮食统计。其他粮食一律按脱粒后的原粮计算。1989 年以前全国粮食产量数据主要靠全面报表取得，1989 年开始使用抽样调查数据。

棉花产量 指全社会的产量。包括春播棉和夏播棉。产量按皮棉计算。不包括木棉。

油料产量 指全部油料作物的生产量。包括花生、油菜籽、芝麻、向日葵籽、胡麻籽（亚麻籽）和其他油料。不包括大豆、木本油料和野生油料。花生以带壳干花生计算。

水产品产量 指人工养殖的水产品和天然生长的水产品的捕捞量。包括海水的鱼类、虾蟹类、贝类和藻类以及内陆水域的鱼类、虾蟹类和贝类，不包括淡水生植物。水产品产量是通过各级水产和统计部门逐级上报取得数据。1995 年及以前，贝类中牡蛎按鲜肉计算；蚶、蛤、蛙按 5 斤鲜品折 1 斤计算。1996 年以后则统一按鲜品计算。

猪、牛、羊肉产量 指当年出栏并已屠宰、除去头蹄下水后带骨肉(即胴体重)的重量。包括全社会范围内的产量。1996 年前为各级逐级上报数据。1996 年第一次农业普查以后，由于畜牧业产品年报数据与普查数据之间存在一定的差距，根据普查结果对畜牧业年报数据进行了修正。1999 年以后，国家统计局在部分地区开展了猪、牛、羊、禽等主要畜禽品种的抽样调查，并用抽样数据作为国家定案数据使用。未开展抽样调查的地区和品种，仍使用各级统计部门逐级上报数据。2007 年，根据第二次农业普查结果，对 2000——2006 年畜牧业年报数据进行了修正。2008 年，建立了主要畜禽监测调查制度，猪、牛、羊、禽等主要畜牧业数据均以抽样调查数为法定数据。

期初(末)畜禽存栏头(只)数 指报告期初(末)农村各种合作经济组织和国营农场、农民个人、机关、团体、学校、工矿企业、部队等单位以及城镇居民饲养的大牲畜、猪、羊、家禽等畜禽的存栏数。数据上报方式及数据调整情况同猪、牛、羊肉产量。

农作物播种面积 指实际播种或移植有农作物的面积。凡是实际种植有农作物的面积，不论种植在耕地上还是种植在非耕地上，均包括在农作物播种面积中。在播种季节基本结束后，因遭灾而重新改种和补种的农作物面积，也包括在内。它是反映我国耕地面积利用情况的一个重要指标。目前，农作物播种面积主要包括粮食、棉花、油料、糖料、麻类、烟叶、蔬菜和瓜类、药材和其他农作物九大类。

有效灌溉面积 指具有一定的水源，地块比较平整，灌溉工程或设备已经配套，在一般年景下，当年能够进行正常灌溉的耕地面积。在一般情况下，有效灌溉面积应等于灌溉工程或设备已经配备，能够进行正常灌溉的水田和水浇地面积之和。它是反映我国耕地抗旱能力的一个重要指标。

农用化肥施用量 指本年内实际用于农业生产的化肥数量，包括氮肥、磷肥、钾肥和复合肥。化肥施用量要求按折纯量计算数量。折纯量是指把氮肥、磷肥、钾肥分别按含氮、含五氧化二磷、含氧化钾的百分之百成份进行折算后的数量。复合肥按其所含主要成分折算。公式为:

折纯量=实物量 × 某种化肥有效成份含量的百分比

农业机械总动力 指主要用于农、林、牧、渔业的各种动力机械的动力总和。包括耕作机械、排灌机械、收获机械、农用运输机械、植物保护机械、牧业机械、林业机械、渔业机械和其他农业机械〔内燃机按引擎马力折成瓦(特)计算、电动机按功率折成瓦(特)计算〕。不包括专门用于乡、镇、村、组办工业、基本建设、非农业运输、科学试验和教学等非农业生产方面用的动力机械与作业机械。这个指标的统计数据主要来源于农机部门。

Explanatory Notes on Main Statistical Indicators

Gross Output Value of Agriculture, Forestry, Animal Husbandry and Fishery refers to the total value of products of agriculture, forestry, animal husbandry and fishery, and total value of services in support of agriculture, forestry, animal husbandry and fishery activities. It reflects the total scale and results of agricultural production during a given period. Prior to 1957, China's gross agricultural output value included barnyard manure and handicraft products for self-consumption (clothes, shoes, stockings, and initial grain processing undertaken by peasants). Since 1958, cutting and felling of bamboo and trees by villages and other cooperative organizations under villages have been included in forestry; value of barnyard manure has been excluded from animal husbandry; self consumed handicrafts have not been included from sideline occupations, while the output value of industries run by villages and cooperative organizations under village has been included in sideline occupations; and the output value of fish catches by motor fishing boats has been added to fishery. Since 1980, the value of handicraft products made for sale by individuals in households has been added to sideline occupations. Since 1984, industries run by villages and under villages have been included in the sector of industry. Since 1993, the subdivision of sideline occupations has been cancelled, and the hunting of wild animals has been classified into animal husbandry, and the gathering of wild plants and commodity industry run by rural household have been included in farming. A new industrial classification of economic activities was introduced in 2003. Under the new classification, value of services to agriculture, forestry, animal husbandry and fishery is included in the gross output value of agriculture, value of wood felling and transport is included in forestry, value of industrial output by rural households is not included in agriculture, and the collection of wild forest products is taken from agriculture and included in forestry. The First Agriculture Census of China revealed some discrepancy between the production of animal products from the annual reports and that from the census. According to the result of the First Agriculture census, efforts were made to adjust the output value of animal husbandry to make the figures from the annual reports consistent with the census data.

Gross output value of agriculture is obtained by multiplying the output of each product or by-product by its price, resulting in the output value of each single item. For a small number of products, annual output of which is not available or difficult to get due to the long production (growing) process involved, the output value is estimated through an indirect approach. The sum of output values of all products of agriculture, forestry, animal husbandry and fishery and services in support to those industries is then equal to the gross output value of agriculture.

Grain Output refers to the total output in the whole country including grains produced by State farms, collective units, rural households, as well as by farms affiliated to industrial and mining enterprises and other production units. Grain includes rice, wheat, corn, sorghum, millet and other miscellaneous grains as well as tubers and beans. Output of beans refers to dry beans without pods. The output of tubers (sweet potatoes and potatoes, not including taros and cassava) are converted into that of grain at the ratio 4:1, i.e. 4 kilograms of fresh tubers were equivalent to 1 kilogram of grain up to 1963. Since 1964 the ratio for conversion has been 5:1. Tubers supplied as vegetables (such as potatoes) in cities and suburbs are calculated as fresh vegetables and their output is not included in the output of grain. Output of all other grains refers to husked grain. Data on grain production before 1989 were obtained through the Comprehensive Statistical Reporting System. Since 1989, data from sample surveys are used.

Cotton Output refers to cotton production in the whole country including cotton planted in spring and in autumn. Output is measured as the weight of ginned cotton. Ceiba is not included.

Output of Oil-bearing Crops refers to the total production of oil-bearing crops of various kinds, including peanuts (dry, in shell), rapeseeds, sesame, sunflower seeds, flax seeds, and other oil-bearing crops. Soybeans, oil-bearing woody plants, and wild oil-bearing crops are not included.

Output of Aquatic Products refers to catches of both artificially cultured and naturally grown aquatic products, including fish, shrimps, crabs and shellfish in sea and inland water as well as seaweed. Freshwater plants are not included. Data on output of aquatic products are reported by aquatic product and statistical agencies level by level. Before 1995, among the shellfish, oyster was counted as fresh meat; 5 kilograms of ark shell, clams and frogs are equivalent to 1 kilogram of fresh aquatic products; they have all been counted as fresh aquatic products since 1996.

Output of Pork, Beef, and Mutton refers to the meat of slaughtered hogs, cattle, sheep and goats with head, feet, and offal taken away. Data refers to the production of the whole country. The First Agricultural Census of China in 1996 revealed some discrepancy between the production of animal products from the annual reports and that from the census. Efforts were made to adjust the output value of animal husbandry to make the figures from the annual reports consistent with the census data. Since 1999, the NBS conducted sample surveys for the major animal husbandry products, such as hogs, cattle, sheep and goats and fowls, and the data from sample surveys are used as national finalized data. Those products, which are not covered by the sample survey, are still reported by statistical agencies level by level. In 2007, the data on animal husbandry from 2000 to 2006 were revised according to the results of the Second Agriculture Census of China. In 2008, A Monitoring and Survey Program was set up on main livestock, the data on the main livestock such as hog, cattle, sheep and poultry became the official data based on the sampling survey.

Number of Livestock or Poultry in Stock at Beginning (or End) of Period refers to the total number of large animals, pigs, sheep, fowls, etc. raised by rural cooperative organizations, State farms, rural individuals, government agencies, schools, industrial and mining enterprises, army, and urban residents at the beginning (or end) of the reference period. Data reporting system and data adjustment are the same as that in the output of pork, beef and mutton.

Sown Area of Crops refers to area of land sown or transplanted with crops regardless of being in cultivated area or non-cultivated area. Area of land re-sown due to natural disasters is also included. This is an important indicator that can reflect the utilization condition of the cultivated land in China. At present, the sown area of crops mainly include the following 9 categories of crops: grain, cotton, oil-bearing crops, sugar crops, flax crops, tobacco, vegetables and melons, medicinal materials and other farm crops.

Irrigated Area refers to area of land that are effectively irrigated, i.e. relatively level land, where there are water sources or complete sets of irrigation facilities to lift and move adequate water for irrigation purpose under normal conditions. Under normal situations, irrigated area is the sum of watered fields and irrigated fields where irrigation systems or equipment have been installed for regular irrigation purpose. This important indicator reflects drought resistance capacity of the cultivated land in China.

Consumption of Chemical Fertilizers in Agriculture refers to the quantity of chemical fertilizers applied in agriculture in the year, including nitrogenous fertilizer, phosphate fertilizer, potash fertilizer, and compound fertilizer. The consumption of chemical fertilizers is calculated in terms of volume of effective components by means of converting the gross weight of the respective fertilizers into weight containing effective component (e.g. nitrogen content in nitrogenous fertilizer, phosphorous pentoxide contents in phosphate fertilizer, and potassium oxide contents in potash fertilizer). Compound fertilizer is converted in regard to its major components. The formula is:

Volume of effective component= physical quantity × effective component of certain chemical fertilizer (%)

Total Power of Agricultural Machinery refers to total mechanical power of machinery used in agriculture, forestry, animal husbandry and fishery, including machinery for ploughing, irrigation and drainage, harvesting, transport, plant protection, animal husbandry, forestry and fishery and other agricultural machineries. (For the power of internal combustion engines, it is converted from its horsepower into watts while for electric motors the output power is converted into watts.) Machinery employed for non-agricultural purposes, such as the machines used in township-run and village-run industry, construction, non-agricultural transport, scientific experiments and teaching, are not included. Data are mainly from agricultural machinery agencies.

十三、工　业

资料整理：张　琳

13.工　业

2010 年全省		
规模以上工业企业单位数	4564	个
# 大中型工业企业	662	个
全部工业总产值	12421.80	亿元
# 规模以上工业	11199.84	亿元

规模以上工业企业利税总额（亿元）

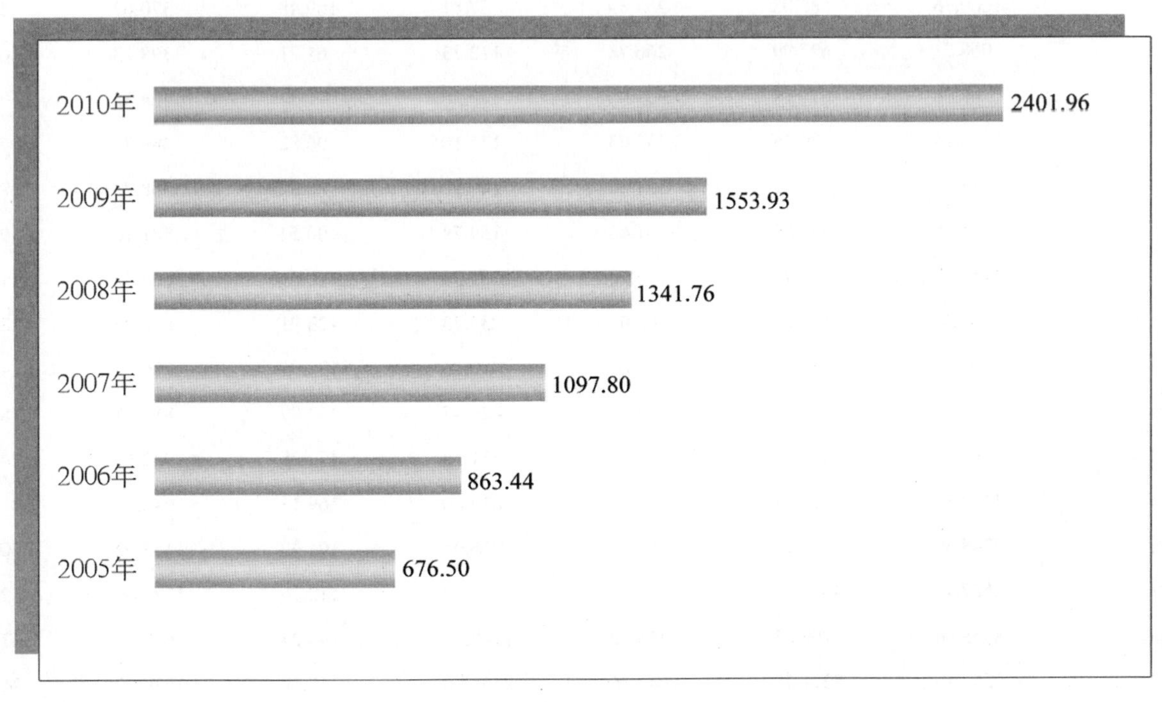

13-1 全部工业总产值

Gross Industrial Output Value

单位：亿元 (100 million yuan)

年份 Year	全部工业总产值 Gross Industrial Output Value	国有工业 State-owned Enterprises	集体工业 Collective-owned Enterprises	其他经济类型工业 Other Enterprises	城乡个体工业 Urban and Rural Individual-owned Enterprises	轻工业 Light Industry	重工业 Heavy Industry
1978	96.48	81.26	15.22			43.06	53.42
1979	105.79	90.19	15.61			47.23	58.56
1980	109.96	92.57	17.37	0.02		55.09	54.86
1981	108.64	91.22	17.32	0.10		59.24	49.39
1982	117.71	98.16	19.41	0.13		58.99	58.72
1983	131.77	110.38	21.24	0.15		61.86	69.90
1984	150.70	119.65	29.14	0.22	1.68	64.55	86.14
1985	192.08	145.69	42.39	0.29	3.72	80.11	111.98
1986	219.26	159.66	51.48	0.53	7.60	92.44	126.82
1987	258.44	185.25	60.79	0.81	11.59	108.09	150.35
1988	331.74	235.54	78.10	1.11	16.99	139.95	191.79
1989	406.71	284.91	94.48	2.36	24.95	168.70	238.01
1990	442.58	304.17	102.86	3.72	31.83	188.02	254.55
1991	508.81	348.64	114.40	8.17	37.59	214.41	294.40
1992	599.54	396.02	137.54	15.07	50.92	239.85	359.69
1993	793.78	483.97	194.74	37.70	77.37	281.03	512.75
1994	1009.76	585.08	257.39	57.81	109.48	370.67	639.08
1995	1068.71	627.99	266.78	112.73	61.21	398.13	670.58
1996	1168.54	671.48	309.90	115.30	71.87	426.52	742.02
1997	1284.14	680.18	335.03	172.10	96.82	489.77	794.37
1998	1318.81	727.42	361.64	140.92	88.82	508.72	810.09
1999	1501.05	839.29	401.43	159.79	100.54	581.16	919.90
2000	1714.18	974.75	446.00	183.38	110.04	602.35	1111.82
2001	1946.94	1106.23	483.07	233.73	123.91	674.97	1271.98
2002	2205.98	1247.29	521.63	299.00	138.05	736.57	1469.42
2003	2708.86	1526.71	603.29	424.87	153.99	816.83	1892.03
2004	3389.88	1878.00	687.52	651.98	172.38	932.13	2457.75
2005	4109.32	2332.47	785.71	822.00	169.15	988.16	3121.16
2006	5248.39	3165.22	954.71	936.98	191.49	1152.02	4096.37
2007	6587.41	4010.54	1136.90	1227.20	212.76	1371.40	5216.01
2008	8358.86	4900.65	1463.22	1748.76	246.24	1639.11	6719.76
2009	9553.70	5221.58	1642.76	2431.86	257.50	1920.50	7633.20
2010	12421.80	6900.46	1955.27	3275.61	290.46	2345.73	10076.07

13-2 规模以上工业企业主要经济指标(1998-2010年)
Main Indicators of Industrial Enterprises above Designated Size (1998-2010)

单位：亿元 (100 million yuan)

年 份 Year	企业单位数(个) Number of Enterprises (unit)	工业总产值 Gross Industrial Output Value	资产总计 Total Assets	主营业务收入 Revenue from Principal Business	利润总额 Total Profits	税金总额 Total Taxes
1998	2685	960.81	2158.36	867.48	-11.40	64.71
1999	2589	1097.45	2514.49	950.36	6.92	81.34
2000	2553	1268.43	2683.07	1133.82	63.80	91.71
2001	2440	1457.62	3071.06	1292.71	62.96	99.09
2002	2461	1667.10	3227.24	1503.30	93.18	119.94
2003	2493	2118.17	3672.72	1843.33	158.62	151.96
2004	3012	2735.22	4432.45	2632.18	253.90	212.45
2005	2997	3397.71	5085.90	3302.50	400.70	275.80
2006	3375	4442.81	6130.02	4380.18	523.95	339.49
2007	3372	5692.33	7494.03	5512.63	691.83	405.97
2008	3526	7480.79	9163.02	6944.88	872.63	469.13
2009	4480	8470.40	12119.26	8188.52	854.11	699.82
2010	4564	11199.84	14688.70	10888.80	1469.57	932.39

13-3 规模以上工业企业主要经济效益指标(1998-2010年)
Main Indicators on Economic Benefit of Industrial Enterprises above Designated Size(1998-2010)

年 份 Year	总资产贡献率(%) Ratio of Total Assets to Industrial Output Value (%)	资产负债率(%) Assets-Liability Ratio (%)	流动资产周转次数(次/年) Number of Times of Annual of Turnover Working Capitals (times/year)	成本费用利润率(%) Ratio of Profits to Industrial Cost (%)	全员劳动生产率(元/人·年) Overall Labor Productivity (yuan/person·year)	产品销售率(%) Proportion of Products Sold (%)
1998	5.0	71.5	1.0	-1.3	20031	95.8
1999	6.1	68.9	1.0	0.7	25479	96.0
2000	7.8	68.2	1.1	6.1	32879	96.7
2001	7.6	66.0	1.2	5.2	39812	97.2
2002	8.4	65.8	1.3	6.7	46866	97.7
2003	10.4	63.9	1.3	9.7	60144	97.6
2004	14.1	65.4	1.6	10.9	74082	97.4
2005	15.4	62.2	1.7	14.5	111094	97.7
2006	16.6	59.8	1.9	14.0	149433	98.2
2007	17.3	57.4	2.0	14.5	192005	97.5
2008	17.3	55.8	1.9	14.8	244655	96.6
2009	13.6	56.0	1.6	12.3	228593	95.9
2010	17.1	56.8	1.7	16.1	279914	96.9

13-4 规模以上工业企业主要经济指标(2010年)

单位：万元

分组	Item	企业单位数(个) Number of Enterprises (unit)	# 亏损企业 Unprofitable Enterprises	工业总产值 Gross Industrial Output Value (at current prices)	工业销售产值 Sales Output Value (at current prices)
总计	**Total**	**4564**	**898**	**111998440**	**108532455**
按登记注册类型分	**By Status of Registration**				
内资企业	Domestic Funded	4309	844	101581778	98279112
国有企业	State-owned Enterprises	327	91	22361955	21711873
中央企业	Central	79	14	14390550	14022746
地方企业	Local	248	77	7971405	7689127
集体企业	Collective-owned Enterprises	199	28	1548756	1515218
股份合作企业	Cooperative Enterprises	67	8	753032	722885
联营企业	Joint Ownership Enterprises	19	4	501125	500613
国有联营企业	State Joint Ownership Enterprises	6	2	452946	454822
集体联营企业	Collective Joint Ownership Enterprises	5	1	18619	17564
国有与集体联营企业	Joint State-collective Enterprises	5		23058	21824
其他联营企业	Other Joint Ownership Enterprises	3	1	6502	6403
有限责任公司	Limited Liability Corporations	1624	376	41655335	40098081
国有独资公司	State Sole Funded Corporations	57	15	13309180	12726042
其他有限责任公司	Other Limited Liability Corporations	1567	361	28346155	27372039
股份有限公司	Share-holding Corporations Limited	272	51	19083235	19013611
私营企业	Private Enterprises	1778	278	15029002	14095644
私营独资企业	Private-funded Enterprises	390	46	2839786	2679451
私营合作企业	Private Partnership Enterprises	156	25	2160463	2007096
私营有限责任公司	Private Limited Liability Corporations	1110	191	8672250	8130342
私营股份有限公司	Private Share-holding Corporations Ltd.	122	16	1356503	1278756
其他企业	Other Enterprises	23	8	649338	621188
港、澳、台商投资企业	Enterprises with Funds from Hong Kong, Macao and Taiwan	67	15	1629307	1573718
合资经营企业(港或澳、台资)	Joint-venture Enterprises	41	10	905376	868414
合作经营企业(港或澳、台资)	Cooperative Enterprises	2	1	202862	202614
港澳台商独资经营企业	Enterprises with Sole Investment	21	3	495188	477122
港澳台商投资股份有限公司	Share-holding Corporations Ltd.	3	1	25881	25568
外商投资企业	Foreign Funded Enterprises	188	39	8787356	8679626
中外合资经营企业	Joint-venture Enterprises	116	22	6764141	6689300
中外合作经营企业	Cooperation Enterprises	7	1	125143	123130
外资企业	Enterprises with Sole Funds	53	13	1553891	1511218
外商投资股份有限公司	Share-holding Corporations Ltd.	12	3	344180	355977
按经济组织类型分	**By Economic Type of Orgnization**				
独资企业	Appropratorship	990	181	28799577	27894882

Main Indicators of Industrial Enterprises above Designated Size(2010)

(10 000 yuan)

资产总计 Total Assets	流动资产合计 Total Working Capitals	# 应收账款 Accounts Receivable	# 存货 Inventories	# 产成品 Finished products	固定资产合计 Total of Fixed Assets	固定资产原价 Original Value of Fixed Assets	累计折旧 Total Depreciation	固定资产净值 Net Value of Fixed Assets
146886951	**65030766**	**11999857**	**14163848**	**5215507**	**52539175**	**72369911**	**27535409**	**44831084**
137879171	60389974	11181586	12939958	4826075	48916402	67112721	25636508	41476213
36098357	16651024	4518279	3061052	967573	16133931	20883498	7398374	13485124
23337344	10420752	3474356	1975133	537272	11396271	14963397	5231448	9731950
12761013	6230272	1043923	1085919	430301	4737660	5920101	2166926	3753175
1041022	739425	144284	89169	58638	241061	322280	105458	216823
990762	443448	39763	71840	23369	361457	359374	79604	279770
993780	244854	92697	91581	21584	736323	986934	273660	713274
946296	209044	76800	86859	19307	726294	973478	269946	703532
16120	14150	2138	1663	611	1092	1675	583	1092
21549	19370	13679	1907	860	2031	3077	1333	1744
9815	2290	81	1152	807	6907	8704	1798	6907
53580522	28280060	4326995	6767666	2488476	16941565	23114560	8339625	14774934
20337171	11374799	1115137	1584966	668462	4947318	6869124	2644565	4224559
33243351	16905261	3211858	5182700	1820014	11994247	16245435	5695060	10550375
32592467	7737033	830564	1261237	456848	9772741	16230143	8024108	8206035
11832132	5960914	1220838	1579944	806175	4326995	4834990	1364105	3470885
1645355	923650	200352	186080	126948	527359	703410	207215	496195
1788408	1069942	191257	80775	56922	332901	373748	71463	302285
7352913	3465955	726331	1147251	547379	3015143	3177291	841515	2335776
1045456	501366	102897	165838	74927	451592	580542	243913	336630
750130	333216	8167	17470	3412	402328	380942	51575	329368
1310018	651782	149098	150961	57101	434438	1207678	784315	419944
649580	335576	95081	68832	27968	189604	328384	146356	178610
209236	140590	19649	11473	143	46931	585197	538629	46568
423793	168115	29990	69844	28982	187723	282241	96857	185383
27409	7501	4378	813	7	10180	11856	2473	9383
7697762	3989011	669173	1072929	332331	3188336	4049512	1114586	2934926
5245024	2870912	400992	712916	157823	2048025	2541111	679865	1861246
136996	37458	19998	5648	462	87666	152234	66817	85417
1692034	727120	176871	160667	59229	813727	1058149	297555	760595
623709	353521	71313	193697	114817	238918	298018	70349	227669
40900560	19209334	5069776	3566812	1241371	17903801	23249578	8105458	15144120

13-4 续表 1

单位：万元

分　组	Item	企业单位数（个）Number of Enterprises (unit)	# 亏损企业 Unprofitable Enterprises	工业总产值 Gross Industrial Output Value (at current prices)	工业销售产值 Sales Output Value (at current prices)
国有企业	State-owned Enterprises	327	91	22361955	21711873
集体企业	Collective-owned Enterprises	199	28	1548756	1515218
私营独资企业	Private-funded Enterprises	390	46	2839786	2679451
港澳台商独资经营企业	Enterprises with Sole Investment	21	3	495188	477122
外资企业	Enterprises with Sole Funds	53	13	1553891	1511218
合作、合伙企业	Partnership	274	47	4391963	4177525
股份合作企业	Cooperative Enterprises	67	8	753032	722885
国有联营企业	State Joint Ownership Enterprises	6	2	452946	454822
集体联营企业	Collective Joint Ownership Enterprises	5	1	18619	17564
国有与集体联营企业	Joint State-collective Enterprises	5		23058	21824
其他联营企业	Other Joint Ownership Enterprises	3	1	6502	6403
私营合伙企业	Private Partnership Enterprises	156	25	2160463	2007096
合作经营企业(港或澳、台资)	Cooperative Enterprises	2	1	202862	202614
中外合作经营企业	Cooperation Enterprises	7	1	125143	123130
其他企业(内资)	Other Enterprises	23	8	649338	621188
股份有限公司	Share-holding Corporations Limited	409	71	20809800	20673912
股份有限公司(内资)	Share-holding Corporations Ltd.	272	51	19083235	19013611
私营股份有限公司	Private Share-holding Corporations Ltd.	122	16	1356503	1278756
港澳台商投资股份有限公司	Share-holding Corporations Ltd.with Funds from Hong Kong, Macao and Taiwan	3	1	25881	25568
外商投资股份有限公司	Share-holding Corporations Ltd.with Foreign Investment	12	3	344180	355977
有限责任公司	Limited Liability Corporations	2891	599	57997101	55786137
国有独资公司	State Sole Funded Corporations	57	15	13309180	12726042
私营有限责任公司	Private Limited Liability Corporations	1110	191	8672250	8130342
合资经营企业(港或澳、台资)	Joint-venture Enterprises	41	10	905376	868414
中外合资经营企业	Joint-venture Enterprises	116	22	6764141	6689300
其他有限责任公司	Other Corporations	1567	361	28346155	27372039
按轻重行业分	**Grouped by Light & Heavy Industries**				
轻工业	Light Industry	1402	253	16620481	16217698
重工业	Heavy Industry	3162	645	95377960	92314758
按企业规模分	**Grouped by Size of Enterprises**				
大型企业	Large Enterprises	86	7	53317191	52026393
中型企业	Medium-sized Enterprises	576	97	29841403	28913982
小型企业	Small Enterprises	3902	794	28839846	27592081

continued

(10 000 yuan)

资产总计 Total Assets	流动资产 合计 Total Working Capitals	# 应收账款 Accounts Receivable	# 存货 Inventories	# 产成品 Finished products	固定资产 合计 Total of Fixed Assets	固定资产 原价 Original Value of Fixed Assets	累计折旧 Total Depreciation	固定资产 净值 Net Value of Fixed Assets
36098357	16651024	4518279	3061052	967573	16133931	20883498	7398374	13485124
1041022	739425	144284	89169	58638	241061	322280	105458	216823
1645355	923650	200352	186080	126948	527359	703410	207215	496195
423793	168115	29990	69844	28982	187723	282241	96857	185383
1692034	727120	176871	160667	59229	813727	1058149	297555	760595
4869311	2269509	371530	278788	105892	1967607	2838429	1081747	1756682
990762	443448	39763	71840	23369	361457	359374	79604	279770
946296	209044	76800	86859	19307	726294	973478	269946	703532
16120	14150	2138	1663	611	1092	1675	583	1092
21549	19370	13679	1907	860	2031	3077	1333	1744
9815	2290	81	1152	807	6907	8704	1798	6907
1788408	1069942	191257	80775	56922	332901	373748	71463	302285
209236	140590	19649	11473	143	46931	585197	538629	46568
136996	37458	19998	5648	462	87666	152234	66817	85417
750130	333216	8167	17470	3412	402328	380942	51575	329368
34289040	8599421	1009153	1621585	646599	10473431	17120559	8340843	8779716
32592467	7737033	830564	1261237	456848	9772741	16230143	8024108	8206035
1045456	501366	102897	165838	74927	451592	580542	243913	336630
27409	7501	4378	813	7	10180	11856	2473	9383
623709	353521	71313	193697	114817	238918	298018	70349	227669
66828040	34952503	5549399	8696664	3221646	22194337	29161346	10007361	19150566
20337171	11374799	1115137	1584966	668462	4947318	6869124	2644565	4224559
7352913	3465955	726331	1147251	547379	3015143	3177291	841515	2335776
649580	335576	95081	68832	27968	189604	328384	146356	178610
5245024	2870912	400992	712916	157823	2048025	2541111	679865	1861246
33243351	16905261	3211858	5182700	1820014	11994247	16245435	5695060	10550375
12533892	6457088	1069837	2521639	892420	4669906	6724431	2520165	4204266
134353059	58573678	10930020	11642210	4323087	47869270	65645480	25015244	40626817
84872371	36741403	6089919	7155657	2275670	26545643	38493611	17016650	21476960
35763552	15563839	2957260	4096762	1585570	16082244	21021255	6785641	14235614
26251028	12725525	2952678	2911429	1354267	9911288	12855046	3733118	9118509

13-4 续表 2

单位：万元

分　组	Item	负债合计 Total Liabilities	# 流动负债 Total Working Liabilities	# 长期负债 Total Long-term Liabilities	所有者权益合计 Owners' Equity
总　计	**Total**	**83487528**	**57111991**	**24129028**	**63111916**
按登记注册类型分	**By Status of Registration**				
内资企业	Domestic Funded	78869776	53350824	23618253	58756619
国有企业	State-owned Enterprises	20843040	14697401	5400577	15237545
中央企业	Central	12836028	9257878	3361850	10499972
地方企业	Local	8007013	5439523	2038727	4737573
集体企业	Collective-owned Enterprises	428332	365581	38048	607951
股份合作企业	Cooperative Enterprises	486389	397740	87060	497122
联营企业	Joint Ownership Enterprises	897462	260714	636400	96235
国有联营企业	State Joint Ownership Enterprises	857619	227726	629546	88677
集体联营企业	Collective Joint Ownership Enterprises	12784	12784		3253
国有与集体联营企业	Joint State-collective Enterprises	18219	17250	969	3330
其他联营企业	Other Joint Ownership Enterprises	8840	2954	5885	974
有限责任公司	Limited Liability Corporations	31491165	22276541	8457615	21996826
国有独资公司	State Sole Funded Corporations	9964733	6603877	3147753	10372438
其他有限责任公司	Other Limited Liability Corporations	21526432	15672664	5309861	11624388
股份有限公司	Share-holding Corporations Limited	18191708	10429753	7618468	14355935
私营企业	Private Enterprises	6105977	4705758	1176776	5640922
私营独资企业	Private-funded Enterprises	753159	580334	65358	881919
私营合作企业	Private Partnership Enterprises	774959	696604	51565	992573
私营有限责任公司	Private Limited Liability Corporations	4119839	3076132	994151	3182670
私营股份有限公司	Private Share-holding Corporations Ltd.	458019	352689	65702	583761
其他企业	Other Enterprises	425703	217337	203309	324084
港、澳、台商投资企业	Enterprises with Funds from Hong Kong, Macao and Taiwan	575681	500865	74135	733584
合资经营企业(港或澳、台资)	Joint-venture Enterprises	320682	270517	50013	328460
合作经营企业(港或澳、台资)	Cooperative Enterprises	56112	54422	1400	152921
港澳台商独资经营企业	Enterprises with Sole Investment	188210	165250	22723	235471
港澳台商投资股份有限公司	Share-holding Corporations Ltd.	10677	10677		16732
外商投资企业	Foreign Funded Enterprises	4042071	3260302	436640	3621713
中外合资经营企业	Joint-venture Enterprises	2674103	2154218	230692	2549430
中外合作经营企业	Cooperation Enterprises	75026	23733	2597	60993
外资企业	Enterprises with Sole Funds	854925	735175	113546	834889
外商投资股份有限公司	Share-holding Corporations Ltd.	438017	347177	89805	176402
按经济组织类型分	**By Economic Type of Orgnization**				
独资企业	Appropratorship	23067666	16543740	5640251	17797775

continued

(10 000 yuan)

主营业务收入 Revenue from Principal Business	主营业务成本 Cost of Principal Business	主营业务税金及附加 Taxes and Other Charges on Principal Business	营业费用 Operating Expenses	管理费用 Manage-ment Expenses	财务费用 Financial Expenses	利润总额 Total Profits	亏损企业亏损额 Losses of Unprofitable Enterprises	利税总额 Total Profits and Taxes	本年应交增值税 Value Added Tax Payable	全部从业人员年平均人数(人) Annual Average Employed Persons (person)
108888021	**79822086**	**3481553**	**2889485**	**7121367**	**1213516**	**14695682**	**550928**	**24019557**	**5842322**	**1510837**
99227155	72290236	3393150	2306846	6736882	1138260	13517217	500274	22337819	5427452	1398433
21878969	16341569	816139	393691	1874189	322359	2883904	101099	5111604	1411561	355922
14026055	10479566	733087	192761	883856	218011	1979916	29631	3604315	891313	168170
7852915	5862003	83052	200931	990333	104348	903988	71468	1507288	520248	187752
1537686	1058959	36974	53988	92237	4183	252428	2204	394243	104840	32883
701130	452196	10511	27711	50765	8062	155132	2598	219215	53572	10382
467746	384863	2657	7116	22021	25586	32351	2602	55569	20561	4036
423955	354309	1886	5843	16269	25467	26937	2410	47119	18297	2965
17226	11957	418	982	2212	94	1691	86	3706	1597	343
21626	14528	190	249	2987	14	3646		4131	296	444
4939	4069	163	42	554	11	79	107	614	373	284
41499428	32453437	1608136	943805	2223326	542050	3861587	239361	7241220	1771497	559332
13052011	9096260	1411445	163496	653797	133048	1823078	12808	4007645	773122	141646
28447416	23357177	196691	780309	1569529	409002	2038509	226552	3233575	998375	417686
18376809	10924424	714824	232453	1778272	89043	4172660	99594	6120240	1232756	191550
14161161	10451206	193522	628009	642133	135502	1871286	52114	2823993	759184	240064
2658806	1720975	52885	148806	137830	19246	484767	3750	753319	215668	40930
1999654	990125	54914	185626	146710	9214	581647	3880	865628	229067	19526
8248021	6749931	76494	252581	320189	94505	686828	42752	1036399	273077	160963
1254680	990175	9229	40995	37404	12537	118045	1731	168646	41373	18645
604228	223582	10387	20074	53940	11475	287869	704	371736	73480	4264
1525381	1174144	3526	50964	65928	6889	274390	5222	329298	51382	22492
824003	610846	2471	21328	26849	5079	189777	3676	208292	16044	12840
201353	167247			6753	-1468	31020	75	43642	12622	2718
474149	372372	1055	29445	31614	3062	52821	1255	75559	21683	6286
25876	23679		190	712	216	773	215	1806	1033	648
8135485	6357706	84877	531675	318556	68368	904075	45432	1352440	363488	89912
6180847	4883778	77795	378986	218129	53188	666085	14950	1033414	289534	63943
123122	77127	88	552	5751	2819	15744	102	22944	7112	1345
1446503	1068765	6492	129362	71832	4364	197333	24836	266817	62992	20199
385013	328036	503	22776	22844	7997	24913	5544	29266	3850	4425
27996114	20562641	913545	755292	2207702	353214	3871252	133145	6601541	1816744	456220

13-4 续表 3

单位：万元

分　组	Item	负债合计 Total Liabilities	# 流动负债 Total Working Liabilities	# 长期负债 Total Long-term Liabilities	所有者权益合计 Owners' Equity
国有企业	State-owned Enterprises	20843040	14697401	5400577	15237545
集体企业	Collective-owned Enterprises	428332	365581	38048	607951
私营独资企业	Private-funded Enterprises	753159	580334	65358	881919
港澳台商独资经营企业	Enterprises with Sole Investment	188210	165250	22723	235471
外资企业	Enterprises with Sole Funds	854925	735175	113546	834889
合作、合伙企业	Partnership	2715651	1650550	982332	2123927
股份合作企业	Cooperative Enterprises	486389	397740	87060	497122
国有联营企业	State Joint Ownership Enterprises	857619	227726	629546	88677
集体联营企业	Collective Joint Ownership Enterprises	12784	12784		3253
国有与集体联营企业	Joint State-collective Enterprises	18219	17250	969	3330
其他联营企业	Other Joint Ownership Enterprises	8840	2954	5885	974
私营合伙企业	Private Partnership Enterprises	774959	696604	51565	992573
合作经营企业(港或澳、台资)	Cooperative Enterprises	56112	54422	1400	152921
中外合作经营企业	Cooperation Enterprises	75026	23733	2597	60993
其他企业(内资)	Other Enterprises	425703	217337	203309	324084
股份有限公司	Share-holding Corporations Limited	19098421	11140295	7773975	15132829
股份有限公司(内资)	Share-holding Corporations Ltd.	18191708	10429753	7618468	14355935
私营股份有限公司	Private Share-holding Corporations Ltd.	458019	352689	65702	583761
港澳台商投资股份有限公司	Share-holding Corporations Ltd.withFunds from Hong Kong, Macao and Taiwan	10677	10677		16732
外商投资股份有限公司	Share-holding Corporations Ltd.with Foreign Investment	438017	347177	89805	176402
有限责任公司	Limited Liability Corporations	38605789	27777407	9732471	28057385
国有独资公司	State Sole Funded Corporations	9964733	6603877	3147753	10372438
私营有限责任公司	Private Limited Liability Corporations	4119839	3076132	994151	3182670
合资经营企业(港或澳、台资)	Joint-venture Enterprises	320682	270517	50013	328460
中外合资经营企业	Joint-venture Enterprises	2674103	2154218	230692	2549430
其他有限责任公司	Other Corporations	21526432	15672664	5309861	11624388
按轻重行业分	**Grouped by Light & Heavy Industries**				
轻工业	Light Industry	6466544	5463090	817671	5978422
重工业	Heavy Industry	77020984	51648901	23311357	57133493
按企业规模分	**Grouped by Size of Enterprises**				
大型企业	Large Enterprises	46901777	32101295	14257142	37960342
中型企业	Medium-sized Enterprises	22096901	14295751	7156610	13569625
小型企业	Small Enterprises	14488849	10714945	2715277	11581949

continued

(10 000 yuan)

主营业务收 入 Revenue from Principal Business	主营业务成 本 Cost of Principal Business	主营业务税金及附加 Taxes and Other Charges on Principal Business	营业费用 Operating Expenses	管理费用 Manage-ment Expenses	财务费用 Financial Expenses	利润总额 Total Profits	亏损企业亏损额 Losses of Unprofitable Enterprises	利税总额 Total Profits and Taxes	本年应交增值税 Value Added Tax Payable	全部从业人员年平均人数(人) Annual Average Employed Persons (person)
21878969	16341569	816139	393691	1874189	322359	2883904	101099	5111604	1411561	355922
1537686	1058959	36974	53988	92237	4183	252428	2204	394243	104840	32883
2658806	1720975	52885	148806	137830	19246	484767	3750	753319	215668	40930
474149	372372	1055	29445	31614	3062	52821	1255	75559	21683	6286
1446503	1068765	6492	129362	71832	4364	197333	24836	266817	62992	20199
4097232	2295140	78556	241078	285941	55688	1103763	9961	1578733	396414	42271
701130	452196	10511	27711	50765	8062	155132	2598	219215	53572	10382
423955	354309	1886	5843	16269	25467	26937	2410	47119	18297	2965
17226	11957	418	982	2212	94	1691	86	3706	1597	343
21626	14528	190	249	2987	14	3646		4131	296	444
4939	4069	163	42	554	11	79	107	614	373	284
1999654	990125	54914	185626	146710	9214	581647	3880	865628	229067	19526
201353	167247			6753	-1468	31020	75	43642	12622	2718
123122	77127	88	552	5751	2819	15744	102	22944	7112	1345
604228	223582	10387	20074	53940	11475	287869	704	371736	73480	4264
20042378	12266313	724556	296415	1839232	109794	4316391	107084	6319958	1279011	215268
18376809	10924424	714824	232453	1778272	89043	4172660	99594	6120240	1232756	191550
1254680	990175	9229	40995	37404	12537	118045	1731	168646	41373	18645
25876	23679		190	712	216	773	215	1806	1033	648
385013	328036	503	22776	22844	7997	24913	5544	29266	3850	4425
56752298	44697991	1764896	1596700	2788493	694821	5404276	300739	9519325	2350152	797078
13052011	9096260	1411445	163496	653797	133048	1823078	12808	4007645	773122	141646
8248021	6749931	76494	252581	320189	94505	686828	42752	1036399	273077	160963
824003	610846	2471	21328	26849	5079	189777	3676	208292	16044	12840
6180847	4883778	77795	378986	218129	53188	666085	14950	1033414	289534	63943
28447416	23357177	196691	780309	1569529	409002	2038509	226552	3233575	998375	417686
15431918	11678889	654547	877600	783845	149035	1281360	63116	2538799	602892	312738
93456103	68143196	2827007	2011885	6337522	1064481	13414322	487812	21480759	5239430	1198099
52158073	36535532	2414685	962588	3961633	420991	8136659	111101	13693973	3142629	640376
29452019	22434872	725771	903450	1784413	471554	3573760	232177	5670717	1371186	428300
27277930	20851681	341098	1023447	1375321	320971	2985263	207651	4654868	1328507	442161

13-5 规模以上工业企业分行业主要经济指标(2010年)

单位：万元

行　　业	Sector	企业单位数(个) Number of Enterprises (unit)	# 亏损企业 Unprofitable Enterprises	工业总产值 Gross Industrial Output Value (at current prices)
总　　计	**Total**	**4564**	**898**	**111998440**
煤炭开采和洗选业	Mining and Washing of Coal	486	39	14085635
石油和天然气开采业	Extraction of Petroleum and Natural Gas	43	3	11891423
黑色金属矿采选业	Mining and Processing of Ferrous Metal Ores	52	13	371229
有色金属矿采选业	Mining and Processing of Non-Ferrous Metal Ores	114	32	1357440
非金属矿采选业	Mining and Processing of Nonmetal Ores	61	7	220113
农副食品加工业	Processing of Food from Agricultural Products	370	55	4095042
食品制造业	Manufacture of Foods	176	23	2033530
饮料制造业	Manufacture of Beverages	133	22	2015341
烟草制品业	Manufacture of Tobacco	3		1211175
纺织业	Manufacture of Textile	138	28	1250944
纺织服装、鞋、帽制造业	Manufacture of Textile Wearing Apparel Footware and Caps	32	2	227735
皮革、毛皮、羽毛(绒)及其制品业	Manufacture of Leather, Fur, Feather and Related Products	5		27083
木材加工及木、竹、藤、棕、草制品业	Processing of Timber, Manufacture of Wood, Bamboo, Rattan, Palm and Straw Products	29	7	208717
家具制造业	Manufacture of Furniture	17	2	77602
造纸及纸制品业	Manufacture of Paper and Paper Products	78	13	669138
印刷业和记录媒介的复制	Printing, Reproduction of Recording Media	58	13	487471
文教体育用品制造业	Manufacture of Articles For Culture, Education and Sport Activities	3		25845
石油加工、炼焦及核燃料加工业	Processing of Petroleum, Coking, Processing of Nuclear Fuel	102	40	12676151
化学原料及化学制品制造业	Manufacture of Raw Chemical Materials and Chemical Products	272	83	3404311
医药制造业	Manufacture of Medicines	194	37	2292173
化学纤维制造业	Manufacture of Chemical Fibers	6	1	109203
橡胶制品业	Manufacture of Rubber	32	1	322799
塑料制品业	Manufacture of Plastics	96	28	998293
非金属矿物制品业	Manufacture of Non-metallic Mineral Products	461	106	4118111
黑色金属冶炼及压延加工业	Smelting and Pressing of Ferrous Metals	89	31	4341952
有色金属冶炼及压延加工业	Smelting and Pressing of Non-ferrous Metals	171	43	6467371
金属制品业	Manufacture of Metal Products	135	19	772979
通用设备制造业	Manufacture of General Purpose Machinery	271	34	3477068
专用设备制造业	Manufacture of Special Purpose Machinery	243	38	3984024
交通运输设备制造业	Manufacture of Transport Equipment	141	14	12800113
电气机械及器材制造业	Manufacture of Electrical Machinery and Equipment	186	43	4054972
通信设备、计算机及其他电子设备制造业	Manufacture of Communication Equipment, Computers and Other Electronic Equipment	90	17	2247387
仪器仪表及文化、办公用机械制造业	Manufacture of Measuring Instruments and Machinery for Cultural Activity and Office Work	53	8	787445
工艺品及其他制造业	Manufacture of Artwork and Other Manufacturing	29	8	188379
废弃资源和废旧材料回收加工业	Recycling and Disposal of Waste	2		13529
电力、热力的生产和供应业	Production and Supply of Electric Power and Heat Power	119	62	8157032
燃气生产和供应业	Production and Supply of Gas	24	4	375667
水的生产和供应业	Production and Supply of Water	50	22	154021

Main Indicators of Industrial Enterprises above Designated Size by Industrial Sector (2010)

(10 000 yuan)

工业销售产值 Sales Output Value (at current prices)	工业增加值 Value Added of Industry	资产总计 Total Assets	流动资产合计 Total Working Capitals	# 应收账款 Accounts Receivable	# 存货 Inventories	# 产成品 Finished products	固定资产合计 Total of Fixed Assets	固定资产原价 Original Value of Fixed Assets	累计折旧 Total Depreciation	固定资产净值 Net Value of Fixed Assets
108532455	**42290429**	**146886951**	**65030766**	**11999857**	**14163848**	**5215507**	**52539175**	**72369911**	**27535409**	**44831084**
13716179	9338561	19159596	10640513	2395027	460629	180837	5527047	7321960	2461668	4860292
11895399	7858371	27241648	5297348	328781	490371	106135	7820526	14118740	7209674	6909066
328473	145088	588263	208103	72103	41043	24130	358731	347386	64969	282416
1226308	696216	1005451	450047	56658	126334	82542	350837	481753	164182	317572
207164	85761	139596	52450	14600	15428	10808	62175	80586	21098	59488
3932701	820714	2006451	1089290	122448	577610	239802	663829	830063	221813	608250
1922478	571538	1004929	456444	104657	141848	66929	395422	540660	165374	375286
2221210	711335	1945874	903250	171669	355218	183925	848748	1090830	321567	769263
1212442	929738	1248270	804709	46692	467018	12224	442922	602816	215371	387444
1208664	387457	991928	487107	52720	256135	103552	373682	601932	268282	333650
225146	68024	150531	101451	18830	35395	14520	37126	45896	14020	31876
36760	6381	49821	18850	1026	7781	6141	30582	9687	2144	7544
188719	61587	280102	81417	10187	29217	8565	135852	161898	30501	131398
73901	27052	37063	19673	7108	5555	2383	11326	16884	6741	10143
625361	189848	418436	144776	36575	55622	31769	251077	327734	90028	237705
475313	215072	596312	269292	42878	80424	27417	211918	361463	179393	182069
25542	7346	5673	1903	377	1235	1091	3770	3813	195	3618
12652534	4942758	12908372	7017054	359962	819161	371352	2901040	3871501	1283499	2588002
3301478	838622	5456573	1807639	292652	394337	196559	2757405	3265284	1116560	2148724
2140076	766191	2043264	1086675	207246	326692	121428	674705	1111436	490334	621102
109877	26936	59417	32813	1365	7463	2249	26480	62310	36062	26248
301611	103979	404859	182857	38591	38986	21941	144240	180442	52066	128376
1021299	303298	1096205	745847	80643	95967	46615	276891	461275	204382	256893
3953460	1263609	3972793	1415646	323440	426987	177542	2157000	2679042	692464	1986578
4098119	851864	3456015	1675048	291434	675948	238661	1195780	1234011	291383	942628
6061818	1300555	7278281	3953892	327993	1295213	541508	1979332	2214954	765547	1449407
740986	247704	1149515	564702	192582	151618	68667	248038	363186	195391	167795
3297201	928796	3938113	2750396	554779	662055	231967	894210	1442558	747746	694812
3506247	996609	5391577	3607309	1159705	1233794	427170	1440760	2126359	909997	1216362
12243797	2917325	14137451	9416507	2027034	3075177	993336	3539928	4258489	1611381	2647107
3923306	972627	5213040	3732330	1219412	916824	431665	1286252	1520636	678822	841815
2177074	695166	3561640	1869335	371008	419607	131396	1127399	1414753	706068	705267
748507	265915	1268528	812093	234157	179617	71734	360007	536687	241999	294688
184001	39824	152319	79122	25449	11244	5499	61688	80600	25657	54943
13617	4893	15926	7578	4609	781	468	7737	9259	1846	7413
8006601	2498727	17444166	2859116	761138	266602	32535	13379616	17773082	5728630	12044452
381854	123820	633193	237754	17694	15887	360	312824	401965	109381	292584
147235	81123	435762	150431	26631	3027	86	242278	417986	209176	208810

13-5 续表

单位：万元

行　　业	Sector	负债合计 Total Liabilities	#流动负债 Total Working Liabilities	#长期负债 Total Long-term Liabilities	所有者权益合计 Owners' Equity
总　　计	**Total**	**83487528**	**57111991**	**24129028**	**63111916**
煤炭开采和洗选业	Mining and Washing of Coal	7989965	5593794	1821268	11105202
石油和天然气开采业	Extraction of Petroleum and Natural Gas	15354089	8256189	7097361	11875138
黑色金属矿采选业	Mining and Processing of Ferrous Metal Ores	308128	186276	114712	279137
有色金属矿采选业	Mining and Processing of Non-Ferrous Metal Ores	520000	448432	70407	482537
非金属矿采选业	Mining and Processing of Nonmetal Ores	67017	56098	10385	72120
农副食品加工业	Processing of Food from Agricultural Products	1082662	908075	116785	905248
食品制造业	Manufacture of Foods	473249	409924	52293	528471
饮料制造业	Manufacture of Beverages	1043302	855021	166792	875859
烟草制品业	Manufacture of Tobacco	527190	519809	400	721077
纺织业	Manufacture of Textile	561467	479319	78569	423739
纺织服装、鞋、帽制造业	Manufacture of Textile Wearing Apparel Footware and Caps	89810	75161	14176	58362
皮革、毛皮、羽毛(绒)及其制品业	Manufacture of Leather, Fur, Feather and Related Products	31723	21708	10014	18098
木材加工及木、竹、藤、棕、草制品业	Processing of Timber, Manufacture of Wood, Bamboo, Rattan, Palm and Straw Products	130639	88197	41765	146323
家具制造业	Manufacture of Furniture	18121	13636	2122	18467
造纸及纸制品业	Manufacture of Paper and Paper Products	188101	138259	36248	216700
印刷业和记录媒介的复制	Printing, Reproduction of Recording Media	197342	166988	30288	397458
文教体育用品制造业	Manufacture of Articles For Culture, Education and Sport Activities	2688	2688		2650
石油加工、炼焦及核燃料加工业	Processing of Petroleum, Coking, Processing of Nuclear Fuel	7225257	5025690	2168711	5660460
化学原料及化学制品制造业	Manufacture of Raw Chemical Materials and Chemical Products	3422234	1906796	1379795	2028762
医药制造业	Manufacture of Medicines	1090597	923794	147481	945459
化学纤维制造业	Manufacture of Chemical Fibers	13646	13031	429	45771
橡胶制品业	Manufacture of Rubber	202938	112943	87460	201916
塑料制品业	Manufacture of Plastics	440835	360279	78184	652191
非金属矿物制品业	Manufacture of Non-metallic Mineral Products	2197303	1741643	422215	1753410
黑色金属冶炼及压延加工业	Smelting and Pressing of Ferrous Metals	2576067	2170849	393465	867288
有色金属冶炼及压延加工业	Smelting and Pressing of Non-ferrous Metals	3241237	2559204	622324	4034317
金属制品业	Manufacture of Metal Products	613322	536841	74442	531569
通用设备制造业	Manufacture of General Purpose Machinery	2213794	1922645	239397	1715973
专用设备制造业	Manufacture of Special Purpose Machinery	3096349	2670268	415227	2282613
交通运输设备制造业	Manufacture of Transport Equipment	8759304	7240435	1324542	5374398
电气机械及器材制造业	Manufacture of Electrical Machinery and Equipment	2613315	2331561	86101	2598362
通信设备、计算机及其他电子设备制造业	Manufacture of Communication Equipment, Computers and Other Electronic Equipment	1952524	1401594	480273	1596615
仪器仪表及文化、办公用机械制造业	Manufacture of Measuring Instruments and Machinery for Cultural Activity and Office Work	626696	522014	49251	638589
工艺品及其他制造业	Manufacture of Artwork and Other Manufacturing	59185	56180	1606	90203
废弃资源和废旧材料回收加工业	Recycling and Disposal of Waste	7835	6385	1451	8090
电力、热力的生产和供应业	Production and Supply of Electric Power and Heat Power	14015019	7021992	6342299	3425772
燃气生产和供应业	Production and Supply of Gas	323583	238677	75775	308806
水的生产和供应业	Production and Supply of Water	210996	129594	75016	224766

continued

(10 000 yuan)

主营业务收入 Revenue from Principal Business	主营业务成本 Cost of Principal Business	主营业务税金及附加 Taxes and Other Charges on Principal Business	营业费用 Operating Expenses	管理费用 Management Expenses	财务费用 Financial Expenses	利润总额 Total Profits	亏损企业亏损额 Losses of Unprofitable Enterprises	利税总额 Total Profits and Taxes	本年应交增值税 Value Added Tax Payable	全部从业人员年平均人数(人) Annual Average Employed Persons (person)
108888021	**79822086**	**3481553**	**2889485**	**7121367**	**1213516**	**14695682**	**550928**	**24019557**	**5842322**	**1510837**
13950256	6679975	366534	588545	1345894	114221	4689316	7001	6783434	1727584	172870
11752543	5919436	237152	11506	1418572	29409	3702023	76937	4943769	1004595	111491
326451	253651	6751	16192	18405	6292	25039	4482	54484	22693	8920
1221616	891938	12236	7846	138064	6142	106620	10297	167064	48207	24016
205910	160394	3394	11695	15449	1936	13811	677	28145	10940	5725
3817572	3325693	13474	77170	95223	34613	211306	7120	275838	51058	45826
1846768	1477356	11244	128652	88764	10378	133215	11840	201682	57224	32706
1992293	1448161	62407	165939	123168	18439	173986	11206	323225	86832	29008
1205892	452446	530683	18171	113814	2770	114229		784142	139231	9576
1145365	988089	5896	20957	44656	14107	77580	5697	110047	26571	67264
234806	183143	3144	9901	11198	2665	20438	151	30552	6970	7333
32414	28744	82	694	948	261	1912		2213	219	1373
182654	147572	2716	6637	10628	888	15303	9494	26679	8660	3913
76966	54113	706	3047	2649	619	8698	253	12076	2672	2665
586369	505105	3296	11502	25278	6016	34651	1920	50219	12273	22115
470270	331006	3497	14900	51382	6305	71274	3928	97675	22903	12756
25515	18244	274	1031	1805	650	3415		4684	995	404
12854079	8782076	1891991	132151	234021	105126	1670230	24741	4249306	687085	36937
3414244	2942971	12422	130414	218171	77866	71795	122483	177089	92872	69473
1957722	1227699	8762	367008	118219	37167	201870	7905	354051	143418	38632
110984	94793	164	684	3133	209	13024	5	17694	4505	863
301619	222890	1787	11027	14064	1717	39157	2094	49699	8754	7368
1010908	875319	9570	24996	63190	7640	71183	1923	115568	34814	14892
3810484	3020409	27387	113110	161337	49668	476780	18012	677108	172941	77202
4658552	4041212	14941	71416	177995	50560	149113	2930	264930	100875	40226
6695228	6048647	42918	83469	426334	51399	246487	18434	481961	192557	61611
889568	758225	4215	22003	47766	5029	48478	1351	77145	24452	19545
3139970	2530140	15966	105042	266796	12790	255691	4731	381740	110083	66451
3507906	2835617	15775	129546	331360	32160	235644	16292	358861	107442	84910
12156692	10504388	89571	319198	657911	65182	722060	2702	1081157	269526	196723
3453134	2727938	26183	162880	258068	46715	269799	11518	450807	154825	62897
2338969	1875778	8149	63294	194974	20385	315364	13132	362479	38965	50917
790146	624507	4818	24912	105756	4457	46729	2146	115240	63694	21491
185280	150217	390	3668	4650	1122	11506	812	13951	2056	2955
12770	10556	94	418	402	143	2442		3387	852	78
8012335	7278898	38271	2839	276382	382506	393491	143494	814210	382448	83763
369256	289093	3074	18865	25636	2493	50225	324	65673	12374	5207
144517	115650	1620	8161	29306	3473	1801	4897	11578	8158	10735

13-6 国有及国有控股工业企业主要经济指标(2010年)

单位：万元

行业	Sector	企业单位数(个) Number of Enterprises (unit)	# 亏损企业 Unprofitable Enterprises	工业总产值 Gross Industrial Output Value (at current prices)
总计	**Total**	**706**	**177**	**69004601**
煤炭开采和洗选业	Mining and Washing of Coal	65	3	7456840
石油和天然气开采业	Extraction of Petroleum and Natural Gas	7	2	11401605
黑色金属矿采选业	Mining and Processing of Ferrous Metal Ores	4	2	30885
有色金属矿采选业	Mining and Processing of Non-Ferrous Metal Ores	17	2	347428
非金属矿采选业	Mining and Processing of Nonmetal Ores	5	2	22807
农副食品加工业	Processing of Food from Agricultural Products	18	6	139930
食品制造业	Manufacture of Foods	5		157773
饮料制造业	Manufacture of Beverages	13	1	490617
烟草制品业	Manufacture of Tobacco	3		1211175
纺织业	Manufacture of Textile	18	6	341881
纺织服装、鞋、帽制造业	Manufacture of Textile Wearing Apparel Footware and Caps	3	2	8874
皮革、毛皮、羽毛(绒)及其制品业	Manufacture of Leather, Fur, Feather and Related Products	1		15018
木材加工及木、竹、藤、棕、草制品业	Processing of Timber, Manufacture of Wood, Bamboo, Rattan, Palm and Straw Products	2	1	3451
家具制造业	Manufacture of Furniture	1		4530
造纸及纸制品业	Manufacture of Paper and Paper Products	1	1	1745
印刷业和记录媒介的复制	Printing, Reproduction of Recording Media	7	1	265781
石油加工、炼焦及核燃料加工业	Processing of Petroleum, Coking, Processing of Nuclear Fuel	7		10732622
化学原料及化学制品制造业	Manufacture of Raw Chemical Materials and Chemical Products	50	23	1501825
医药制造业	Manufacture of Medicines	16	3	125819
化学纤维制造业	Manufacture of Chemical Fibers	1		77971
橡胶制品业	Manufacture of Rubber	7	1	129391
塑料制品业	Manufacture of Plastics	8	2	152475
非金属矿物制品业	Manufacture of Non-metallic Mineral Products	41	11	493590
黑色金属冶炼及压延加工业	Smelting and Pressing of Ferrous Metals	10	2	2570986
有色金属冶炼及压延加工业	Smelting and Pressing of Non-ferrous Metals	35	2	4262789
金属制品业	Manufacture of Metal Products	25	5	312434
通用设备制造业	Manufacture of General Purpose Machinery	33	4	1870160
专用设备制造业	Manufacture of Special Purpose Machinery	54	12	2768853
交通运输设备制造业	Manufacture of Transport Equipment	58	5	9439553
电气机械及器材制造业	Manufacture of Electrical Machinery and Equipment	26	9	2243013
通信设备、计算机及其他电子设备制造业	Manufacture of Communication Equipment, Computers and Other Electronic Equipment	32	8	1708512
仪器仪表及文化、办公用机械制造业	Manufacture of Measuring Instruments and Machinery for Cultural Activity and Office Work	16	4	583855
工艺品及其他制造业	Manufacture of Artwork and Other Manufacturing	1		2967
废弃资源和废旧材料回收加工业	Recycling and Disposal of Waste	1		10002
电力、热力的生产和供应业	Production and Supply of Electric Power and Heat Power	69	38	7729231
燃气生产和供应业	Production and Supply of Gas	6		255141
水的生产和供应业	Production and Supply of Water	40	19	133074

Main Indicators of State-owned and State-holding Industrial Enterprises (2010)

(10 000 yuan)

工业销售产值 Sales Output Value (at current prices)	资产总计 Total Assets	流动资产合计 Total Working Capitals	# 应收账款 Accounts Receivable	# 存货 Inventories	# 产成品 Finished products	固定资产合计 Total of Fixed Assets	固定资产原价 Original Value of Fixed Assets	累计折旧 Total Depreciation	固定资产净值 Net Value of Fixed Assets
67400852	**111182192**	**46452404**	**8275790**	**9424418**	**3135965**	**39870593**	**55802190**	**21803546**	**33995226**
7323553	13683292	6891635	1895259	238333	44614	4548100	6254317	2225678	4028639
11435013	26813950	5103806	207839	482286	106135	7619772	13856170	7145179	6710991
25392	39181	30714	3523	3650	716	6167	10582	6984	3599
337259	333552	157910	30057	26840	16496	153225	223194	88332	134861
21812	35317	8865	2102	2783	1767	14721	21943	7230	14713
135622	121974	63013	5646	27593	8605	53234	72563	22108	50455
154900	32615	17022	9260	5388	1199	13714	26235	12520	13714
650902	509554	301189	74809	32968	4385	176455	235462	82410	153052
1212442	1248270	804709	46692	467018	12224	442922	602816	215371	387444
345855	359079	187301	11960	90600	31536	102882	238452	146434	92018
7873	4840	3648	973	390	144	1192	1840	648	1192
27503	37505	11124	242	5086	4197	26381	5046	1383	3663
3548	59238	9002	331	3058	340	9340	11175	1883	9292
4119	628	306	25	37	32	260	343	83	260
2024	1887	1657	425	433		229	655	426	229
261608	274294	137177	8876	42600	14271	113488	212017	115116	96902
10761456	10535718	6116997	211237	469976	220193	1924722	2833450	1107001	1726450
1455562	3271120	875914	129479	217594	113461	1773009	2423430	777965	1645465
118756	115118	60686	10355	22735	9667	42379	58451	24405	34046
79920	46233	22722		3854	1154	23408	56380	32972	23408
119209	280191	138622	18623	24162	10575	70963	79127	12742	66385
151664	255458	144770	28715	34165	21078	61197	85211	25724	59487
487907	798279	243343	58232	58812	21538	466469	533571	151305	382265
2400648	2377238	1111786	229869	465123	144577	741443	730545	145930	584615
4043281	5514324	3025044	184824	984050	359801	1345239	1501999	573348	928650
303702	390259	215787	66624	97269	45731	147662	139599	65017	74582
1797130	2809065	2129731	359404	465809	154096	495341	643145	274335	368810
2344883	4198552	2842926	897551	989271	334247	1145177	1629747	684093	945655
8933726	12325040	8327798	1845519	2787678	918113	2963002	3688451	1434694	2253756
2231092	3587124	2590372	824965	636238	332844	940837	891143	345284	545859
1678594	2931986	1516678	282159	348408	110110	881098	1082724	596352	482954
556720	1035365	641644	180703	145590	58875	315553	482199	224809	257390
3004	2128	1957	581	506	28	23	40	17	23
10002	9871	5732	4234	192	141	4140	5127	1135	3992
7591462	16353227	2411068	623100	229756	32448	12835615	16535566	5002174	11533392
255492	429584	180226	10074	11457	544	202079	255111	54318	200793
127217	361139	119526	11528	2710	86	209158	374367	198140	176227

13-6 续表

单位：万元

行　　业	Sector	负债合计 Total Liabilities	# 流动负债 Total Working Liabilities	# 长期负债 Total Long-term Liabilities	所有者权益合计 Owners' Equity
总　　计	**Total**	**65092177**	**42283427**	**21159998**	**46016074**
煤炭开采和洗选业	Mining and Washing of Coal	5857327	3922571	1592646	7813123
石油和天然气开采业	Extraction of Petroleum and Natural Gas	15183223	8095392	7087831	11630727
黑色金属矿采选业	Mining and Processing of Ferrous Metal Ores	36525	24294	12231	2656
有色金属矿采选业	Mining and Processing of Non-Ferrous Metal Ores	182847	152275	30040	150706
非金属矿采选业	Mining and Processing of Nonmetal Ores	14707	11613	3094	20610
农副食品加工业	Processing of Food from Agricultural Products	72646	56036	16510	49328
食品制造业	Manufacture of Foods	17442	17118	324	15128
饮料制造业	Manufacture of Beverages	220442	215851	4336	289111
烟草制品业	Manufacture of Tobacco	527190	519809	400	721077
纺织业	Manufacture of Textile	196166	170358	24863	162715
纺织服装、鞋、帽制造业	Manufacture of Textile Wearing Apparel Footware and Caps	2680	2334	346	2160
皮革、毛皮、羽毛(绒)及其制品业	Manufacture of Leather, Fur, Feather and Related Products	23628	16049	7579	13877
木材加工及木、竹、藤、棕、草制品业	Processing of Timber, Manufacture of Wood, Bamboo, Rattan, Palm and Straw Products	18972	11406	7566	39366
家具制造业	Manufacture of Furniture	50			578
造纸及纸制品业	Manufacture of Paper and Paper Products	1129	1129		758
印刷业和记录媒介的复制	Printing, Reproduction of Recording Media	65744	58241	7440	208550
石油加工、炼焦及核燃料加工业	Processing of Petroleum, Coking, Processing of Nuclear Fuel	5714373	3735309	1979064	4806668
化学原料及化学制品制造业	Manufacture of Raw Chemical Materials and Chemical Products	2100108	1140717	875730	1170746
医药制造业	Manufacture of Medicines	64736	56535	2593	46382
化学纤维制造业	Manufacture of Chemical Fibers	7886	7886		38347
橡胶制品业	Manufacture of Rubber	158344	78135	77729	121846
塑料制品业	Manufacture of Plastics	183688	151773	30859	71736
非金属矿物制品业	Manufacture of Non-metallic Mineral Products	495910	388573	90410	299399
黑色金属冶炼及压延加工业	Smelting and Pressing of Ferrous Metals	1794042	1519259	270308	577414
有色金属冶炼及压延加工业	Smelting and Pressing of Non-ferrous Metals	2279279	1722321	541351	3234044
金属制品业	Manufacture of Metal Products	255197	203083	51919	133097
通用设备制造业	Manufacture of General Purpose Machinery	1673624	1496463	139184	1135440
专用设备制造业	Manufacture of Special Purpose Machinery	2511189	2142468	365353	1675489
交通运输设备制造业	Manufacture of Transport Equipment	7826623	6418992	1223716	4496876
电气机械及器材制造业	Manufacture of Electrical Machinery and Equipment	1622359	1400269	38264	1964765
通信设备、计算机及其他电子设备制造业	Manufacture of Communication Equipment, Computers and Other Electronic Equipment	1667414	1181983	420807	1254324
仪器仪表及文化、办公用机械制造业	Manufacture of Measuring Instruments and Machinery for Cultural Activity and Office Work	536674	438131	43241	496036
工艺品及其他制造业	Manufacture of Artwork and Other Manufacturing	571	510		1557
废弃资源和废旧材料回收加工业	Recycling and Disposal of Waste	5662	5662		4209
电力、热力的生产和供应业	Production and Supply of Electric Power and Heat Power	13357506	6642140	6092102	2993472
燃气生产和供应业	Production and Supply of Gas	235973	170167	56821	192923
水的生产和供应业	Production and Supply of Water	180302	108577	65340	180837

continued

(10 000 yuan)

主营业务收　入 Revenue from Principal Business	主营业务成　本 Cost of Principal Business	主营业务税金及附加 Taxes and Other Charges on Principal Business	营业费用 Operating Expenses	管理费用 Manage-ment Expenses	财务费用 Financial Expenses	利润总额 Total Profits	亏损企业亏损额 Losses of Unpro-fitable Enterprises	利税总额 Total Profits and Taxes	本年应交增值税 Value Added Tax Payable	全部从业人员年平均人数(人) Annual Average Employed Persons (person)
68436602	**48736581**	**2995416**	**1140853**	**5136683**	**846741**	**10250444**	**363810**	**17203292**	**3957432**	**847774**
7389848	3304090	146933	153663	859123	91003	2873784	528	3973008	952291	111811
11206302	5558932	221480	6879	1400729	24270	3560724	76626	4766781	984578	103879
20433	17230	355	549	2719	-13	-1290	2376	1276	2211	1156
346074	239665	3950	1469	80571	1662	49708	499	71633	17975	8885
22497	15537	779	3299	1944	541	794	590	3241	1668	767
133626	119150	227	3894	4887	1620	4398	398	6131	1506	2675
139922	110533	155	21542	6176	114	1314		5055	3587	1565
638990	423670	43892	59879	67303	2734	47534	175	125313	33888	7806
1205892	452446	530683	18171	113814	2770	114229		784142	139231	9576
342381	307490	1569	5327	20187	2744	9577	3072	20231	9086	35489
7615	4954	9	183	564	185	1783	151	1851	59	625
24101	22135	33	625	845	232	1113		1147	1	979
8928	7784	88	53	1036	-28	411	95	589	91	721
4119	2399	231	35	26	12	624		1011	156	58
2797	2506	6		192	170	-77	77	-65	6	45
260228	172461	2607	6932	29239	392	51594	103	69581	15381	4700
10919446	7102486	1881937	57647	184907	84979	1597034		4100422	621452	20059
1594010	1408938	5637	59294	146609	55043	-26830	107459	28445	49638	35169
106202	69055	385	13904	7497	1417	7798	825	13037	4855	3747
79920	67791	52	151	1752	81	10057		13476	3367	230
119552	95117	592	4501	8058	324	8501	2094	13542	4448	3709
144962	122510	755	8666	8419	2407	7971	571	13782	5055	3681
456712	346162	2875	15867	33450	7279	85170	1701	112953	24908	12341
2970247	2537218	9538	58449	148341	39236	77241	1135	146118	59339	19780
4678914	4241798	28029	33856	262759	31522	212988	676	375536	134520	33119
285929	233934	1173	9305	24936	1847	18283	600	28481	9025	8340
1676143	1354996	6727	49211	197766	2709	123852	2230	193271	62693	34004
2348616	1934214	10403	81009	262466	19560	134548	12454	216827	71876	58711
9060864	7844027	24763	270075	550428	52733	484178	2456	699848	190907	145995
1867978	1446276	19930	116962	165152	32435	149128	4340	267991	98932	38100
1829096	1459884	6080	46092	162836	17449	258130	7089	290954	26744	36830
588963	482313	3578	12396	83768	3416	21521	593	81530	56431	16663
2633	2352	7	101	101		148		221	66	23
9155	7334	85	285	251	81	2404		3313	824	45
7588518	6926099	36591	2085	255029	363621	332713	130155	723881	354577	73735
230025	191184	1875	11981	17577	-379	29890		40567	8801	3355
124967	101912	1409	6519	25227	2575	-498	4744	8169	7259	9401

13-7 外商及港澳台商投资工业企业主要经济指标(2010年)

单位：万元

行业	Sector	企业单位数(个) Number of Enterprises (unit)	#亏损企业 Unprofitable Enterprises	工业总产值 Gross Industrial Output Value (at current prices)
总计	**Total**	**255**	**54**	**10416663**
煤炭开采和洗选业	Mining and Washing of Coal	2		122607
非金属矿采选业	Mining and Processing of Nonmetal Ores	1		2153
农副食品加工业	Processing of Food from Agricultural Products	15	4	321949
食品制造业	Manufacture of Foods	18	5	1093308
饮料制造业	Manufacture of Beverages	28	7	978876
纺织业	Manufacture of Textile	4	2	83796
纺织服装、鞋、帽制造业	Manufacture of Textile Wearing Apparel Footware and Caps	1		4419
木材加工及木、竹、藤、棕、草制品业	Processing of Timber, Manufacture of Wood, Bamboo, Rattan, Palm and Straw Products	3	3	4350
造纸及纸制品业	Manufacture of Paper and Paper Products	4		56964
印刷业和记录媒介的复制	Printing, Reproduction of Recording Media	3	1	32662
石油加工、炼焦及核燃料加工业	Processing of Petroleum, Coking, Processing of Nuclear Fuel	2	1	74026
化学原料及化学制品制造业	Manufacture of Raw Chemical Materials and Chemical Products	14	3	152626
医药制造业	Manufacture of Medicines	21	5	873193
化学纤维制造业	Manufacture of Chemical Fibers	1		77971
橡胶制品业	Manufacture of Rubber	1		5450
塑料制品业	Manufacture of Plastics	6		394861
非金属矿物制品业	Manufacture of Non-metallic Mineral Products	18		808664
黑色金属冶炼及压延加工业	Smelting and Pressing of Ferrous Metals	2		95061
有色金属冶炼及压延加工业	Smelting and Pressing of Non-ferrous Metals	7	2	132974
金属制品业	Manufacture of Metal Products	7	2	18220
通用设备制造业	Manufacture of General Purpose Machinery	13		258376
专用设备制造业	Manufacture of Special Purpose Machinery	17	3	314054
交通运输设备制造业	Manufacture of Transport Equipment	8		2491649
电气机械及器材制造业	Manufacture of Electrical Machinery and Equipment	20	6	487922
通信设备、计算机及其他电子设备制造业	Manufacture of Communication Equipment, Computers and Other Electronic Equipment	15	2	738038
仪器仪表及文化、办公用机械制造业	Manufacture of Measuring Instruments and Machinery for Cultural Activity and Office Work	8	3	80097
工艺品及其他制造业	Manufacture of Artwork and Other Manufacturing	5	2	64250
电力、热力的生产和供应业	Production and Supply of Electric Power and Heat Power	5	2	389548
燃气生产和供应业	Production and Supply of Gas	3		249579
水的生产和供应业	Production and Supply of Water	3	1	9022

Main Indicators of Industrial Enterprises with Hong Kong, Macao, Taiwan and Foreign Funds (2010)

(10 000 yuan)

工业销售产值 Sales Output Value (at current prices)	资产总计 Total Assets	流动资产合计 Total Working Capitals	# 应收账款 Accounts Receivable	# 存货 Inventories	# 产成品 Finished products	固定资产合计 Total of Fixed Assets	固定资产原价 Original Value of Fixed Assets	累计折旧 Total Depreciation	固定资产净值 Net Value of Fixed Assets
10253343	**9007780**	**4640793**	**818272**	**1223890**	**389432**	**3622774**	**5257190**	**1898901**	**3354870**
115344	125296	65924	7544	2582	2043	43649	57420	14341	43079
2045	11199	1214	219	572	282	8743	10842	2357	8485
316841	172937	107284	9934	51009	9065	49118	73244	28563	44682
1030193	493894	214184	51441	54239	15562	177341	270990	97530	173460
1075748	975321	383672	63799	221107	124519	496397	653857	184755	469101
77116	84227	43060	4487	25332	6879	31220	81997	50914	31083
4273	3885	879	316	303	256	3006	3164	158	3006
4215	28466	5374	220	2335	759	22353	25966	3613	22353
53667	36063	18846	8429	4384	456	13873	17858	4083	13775
30647	72076	34088	13006	7467	3885	13999	24441	10915	13526
74175	19783	12931	4281	5307	522	6319	9239	2920	6319
147609	184448	130836	33771	16264	8410	32655	56595	30382	26213
862101	804666	509147	73671	125138	29621	226760	345961	131487	214474
79920	46233	22722		3854	1154	23408	56380	32972	23408
3713	4090	2535	439	1044	762	1077	1814	737	1077
459272	631632	494062	22336	23147	156	137065	200866	69194	131673
784879	922889	271386	45984	69416	26820	561275	678900	132267	546633
96401	80761	53697	8698	32322	9268	25562	39094	13532	25562
117009	204845	117772	24998	47580	14024	58602	70784	17836	52948
17742	38503	20915	5621	6475	2748	13998	28445	14462	13984
218811	174950	134065	34079	39258	19068	33842	64918	31447	33471
287500	395946	289924	77644	135067	46122	77211	125728	52965	72763
2428137	1146065	649303	38611	175444	25986	421099	385914	107497	278417
453119	387328	286954	113275	77895	26997	70220	126992	57306	69686
723549	427104	258093	67807	45407	9142	148069	202709	70707	128584
78486	105559	81109	21425	15025	3420	17130	21796	8012	13784
63733	63343	33358	12093	1436	800	27787	34663	7711	26952
389411	899587	185055	48267	21575		690035	1346929	670404	676525
248664	434524	195189	11461	12854	708	184826	232393	48680	183713
9022	32162	17218	14417	55		6139	7292	1153	6139

13-7 续表

单位：万元

行　　业	Sector	负债合计 Total Liabilities	# 流动负债 Total Working Liabilities	# 长期负债 Total Long-term Liabilities	所有者权益合计 Owners' Equity
总　　计	**Total**	**4617752**	**3761167**	**510776**	**4355297**
煤炭开采和洗选业	Mining and Washing of Coal	27346	27113	233	97950
非金属矿采选业	Mining and Processing of Nonmetal Ores	3732	3732		7467
农副食品加工业	Processing of Food from Agricultural Products	94129	92716	243	78234
食品制造业	Manufacture of Foods	221477	216966	1137	271850
饮料制造业	Manufacture of Beverages	557838	427873	116613	393193
纺织业	Manufacture of Textile	59829	56529	3300	24398
纺织服装、鞋、帽制造业	Manufacture of Textile Wearing Apparel Footware and Caps	443	419	24	3442
木材加工及木、竹、藤、棕、草制品业	Processing of Timber, Manufacture of Wood, Bamboo, Rattan,Palm and Straw Products	27455	15619	11836	1011
造纸及纸制品业	Manufacture of Paper and Paper Products	13246	13132	114	22818
印刷业和记录媒介的复制	Printing, Reproduction of Recording Media	49679	38809	10870	22397
石油加工、炼焦及核燃料加工业	Processing of Petroleum, Coking, Processing of Nuclear Fuel	4298	4298		15484
化学原料及化学制品制造业	Manufacture of Raw Chemical Materials and Chemical Products	68523	53090	10845	115925
医药制造业	Manufacture of Medicines	460363	421880	38211	344289
化学纤维制造业	Manufacture of Chemical Fibers	7886	7886		38347
橡胶制品业	Manufacture of Rubber	2170	2166	4	1920
塑料制品业	Manufacture of Plastics	158160	122839	35321	472691
非金属矿物制品业	Manufacture of Non-metallic Mineral Products	453647	412160	29499	469242
黑色金属冶炼及压延加工业	Smelting and Pressing of Ferrous Metals	22292	22292		52687
有色金属冶炼及压延加工业	Smelting and Pressing of Non-ferrous Metals	125964	84151	36593	78586
金属制品业	Manufacture of Metal Products	24264	19851	4413	14239
通用设备制造业	Manufacture of General Purpose Machinery	56939	56526	413	118010
专用设备制造业	Manufacture of Special Purpose Machinery	245107	236524	6013	150838
交通运输设备制造业	Manufacture of Transport Equipment	574075	523891	50184	571990
电气机械及器材制造业	Manufacture of Electrical Machinery and Equipment	222785	200355	17608	164542
通信设备、计算机及其他电子设备制造业	Manufacture of Communication Equipment, Computers and Other Electronic Equipment	205658	171404	33936	219194
仪器仪表及文化、办公用机械制造业	Manufacture of Measuring Instruments and Machinery for Cultural Activity and Office Work	37007	33810	3197	68378
工艺品及其他制造业	Manufacture of Artwork and Other Manufacturing	8809	8809		54534
电力、热力的生产和供应业	Production and Supply of Electric Power and Heat Power	652181	308988	45062	247406
燃气生产和供应业	Production and Supply of Gas	216895	163566	53329	217629
水的生产和供应业	Production and Supply of Water	15556	13775	1780	16606

continued

(10 000 yuan)

主营业务收入 Revenue from Principal Business	主营业务成本 Cost of Principal Business	主营业务税金及附加 Taxes and Other Charges on Principal Business	营业费用 Operating Expenses	管理费用 Manage-ment Expenses	财务费用 Financial Expenses	利润总额 Total Profits	亏损企业亏损额 Losses of Unpro-fitable Enterprises	利税总额 Total Profits and Taxes	本年应交增值税 Value Added Tax Payable	全部从业人员年平均人数(人) Annual Average Employed Persons (person)
9660866	**7531850**	**88404**	**582639**	**384485**	**75256**	**1178465**	**50654**	**1681738**	**414870**	**112404**
115345	37956	817	10746	4102	-93	72301		90067	16949	296
1938	1400	3	45	529	-2	53		230	174	93
345085	285754	177	7999	6238	668	22212	1193	30627	8238	2530
987355	787477	2693	94987	42048	618	65213	9330	103708	35802	9732
881453	664509	5376	79828	32923	7636	95517	7407	137887	36994	9395
63507	57641	2	1476	4226	1824	410	440	3771	3358	5069
3847	1698	38	640	501	719	131		290	121	146
3127	4841	1	104	3489	-1232	-9079	9079	-9059	20	237
50557	38811	109	1206	2327	355	6101		8682	2473	836
27054	20689	16	1681	2577	1014	1409	2799	3284	1859	947
70544	63951	314	167	2825	45	3178	61	5439	1947	133
144424	125653	731	6017	7146	655	11854	292	14929	2344	1233
766998	369449	1533	260168	39598	15648	90367	2021	187024	95123	9780
79920	67791	52	151	1752	81	10057		13476	3367	230
2433	1857		141	284	28	8		80	72	157
458774	416576	6618	2990	38857	1321	39765		63455	17072	2279
761417	516072	3431	21138	21678	8603	221420		273257	48406	6135
101731	75287	250	2663	7479	371	10354		14229	3625	400
112969	90492	66	4233	15716	2899	9687	663	11813	2061	1785
17512	13704	55	379	1852	178	1362	293	2460	1042	856
215892	172787	285	8012	8210	212	24905		30836	5646	2420
324755	266726	315	12667	20971	902	24901	1617	33494	8278	4437
2229965	1935398	62356	26780	38618	4021	179526		296433	54552	32212
423187	366295	213	13981	21536	5416	21131	4168	37040	15696	4428
703231	530642	812	8646	17179	3663	193176	4782	202589	8601	7830
79071	52718	51	6704	8841	377	11471	1535	14172	2649	1133
63119	43580	181	483	1120	126	6251	522	6999	568	666
387794	328684	1		11805	20283	28122	4349	57062	28939	3361
229130	187170	1905	8609	18311	-1260	35755		46133	8473	3220
8731	6242	4		1748	181	908	102	1333	421	428

13-8 大中型工业企业主要经济指标(2010年)

单位：万元

行 业	Sector	企业单位数(个) Number of Enterprises (unit)	# 亏损企业 Unprofitable Enterprises	工业总产值 Gross Industrial Output Value (at current prices)
总 计	**Total**	**662**	**104**	**83158595**
煤炭开采和洗选业	Mining and Washing of Coal	70	1	8639021
石油和天然气开采业	Extraction of Petroleum and Natural Gas	7	2	11514206
黑色金属矿采选业	Mining and Processing of Ferrous Metal Ores	7	2	198540
有色金属矿采选业	Mining and Processing of Non-Ferrous Metal Ores	21	1	605867
农副食品加工业	Processing of Food from Agricultural Products	22	2	1103905
食品制造业	Manufacture of Foods	21	3	1237320
饮料制造业	Manufacture of Beverages	17	4	1075582
烟草制品业	Manufacture of Tobacco	2		1207460
纺织业	Manufacture of Textile	36	8	692405
纺织服装、鞋、帽制造业	Manufacture of Textile Wearing Apparel Footware and Caps	2		36913
皮革、毛皮、羽毛(绒)及其制品业	Manufacture of Leather, Fur, Feather and Related Products	1		15018
木材加工及木、竹、藤、棕、草制品业	Processing of Timber, Manufacture of Wood, Bamboo, Rattan,Palm and Straw Products	2		73075
造纸及纸制品业	Manufacture of Paper and Paper Products	11	2	293715
印刷业和记录媒介的复制	Printing, Reproduction of Recording Media	10	2	354830
石油加工、炼焦及核燃料加工业	Processing of Petroleum, Coking, Processing of Nuclear Fuel	17	5	11255855
化学原料及化学制品制造业	Manufacture of Raw Chemical Materials and Chemical Products	46	17	1912960
医药制造业	Manufacture of Medicines	25		1310205
橡胶制品业	Manufacture of Rubber	5	1	147782
塑料制品业	Manufacture of Plastics	6	2	580579
非金属矿物制品业	Manufacture of Non-metallic Mineral Products	41	4	1781734
黑色金属冶炼及压延加工业	Smelting and Pressing of Ferrous Metals	14	2	3548495
有色金属冶炼及压延加工业	Smelting and Pressing of Non-ferrous Metals	40	7	5165519
金属制品业	Manufacture of Metal Products	11		233588
通用设备制造业	Manufacture of General Purpose Machinery	24	2	2182120
专用设备制造业	Manufacture of Special Purpose Machinery	43	5	2956494
交通运输设备制造业	Manufacture of Transport Equipment	55	1	12027450
电气机械及器材制造业	Manufacture of Electrical Machinery and Equipment	21	4	2931986
通信设备、计算机及其他电子设备制造业	Manufacture of Communication Equipment, Computers and Other Electronic Equipment	33	5	1869030
仪器仪表及文化、办公用机械制造业	Manufacture of Measuring Instruments and Machinery for Cultural Activity and Office Work	11	1	622646
电力、热力的生产和供应业	Production and Supply of Electric Power and Heat Power	33	18	7244665
燃气生产和供应业	Production and Supply of Gas	4		258287
水的生产和供应业	Production and Supply of Water	4	3	81344

Main Indicators of Large and Medium-sized Industrial Enterprises(2010)

(10 000 yuan)

工业销售产值 Sales Output Value (at current prices)	资产总计 Total Assets	流动资产合计 Total Working Capitals	# 应收账款 Accounts Receivable	# 存货 Inventories	# 产成品 Finished products	固定资产合计 Total of Fixed Assets	固定资产原价 Original Value of Fixed Assets	累计折旧 Total Depreciation	固定资产净值 Net Value of Fixed Assets
80940375	**120635923**	**52305242**	**9047179**	**11252419**	**3861240**	**42627887**	**59514865**	**23802291**	**35712574**
8474816	14600860	7476005	1999280	306130	75296	4755515	6445049	2270766	4174284
11519755	26890081	5193874	285289	476615	98007	7591499	13649605	6968333	6681272
175644	442113	136728	57062	18124	10597	303871	273137	42213	230924
563344	515633	248150	35611	49764	31363	193076	286060	112061	173998
1080319	720584	456408	36549	270275	122725	192055	244903	68739	176164
1175302	527788	265761	59684	65728	22385	205680	309732	107940	201792
1276079	1179192	598767	119794	208363	103538	474585	633550	191695	441855
1208729	1238571	798067	46047	462977	11649	440332	598058	213204	384854
679937	679772	338726	20352	178868	63500	229126	413595	206707	206889
42409	68877	58838	5906	22943	8350	7957	8039	3313	4727
27503	37505	11124	242	5086	4197	26381	5046	1383	3663
63695	133802	33929	429	7320	3124	52285	64024	14768	49256
273227	215647	58698	12575	22567	12129	146218	177108	39836	137272
349397	481002	214458	24527	64493	20477	165625	292380	152170	140210
11221283	11707477	6489043	279452	623424	264652	2480590	3390176	1190747	2199429
1859026	3951551	1123577	160997	239303	117020	2213793	2612489	939688	1672801
1251228	929774	478780	97490	164690	50024	278960	614288	350313	263975
142047	290676	140174	25001	23230	10382	86633	91718	13407	78311
635918	869604	626205	46486	58048	24896	192629	319345	133611	185734
1708111	2030774	637123	94189	186348	69281	1196754	1578779	424222	1154557
3322300	3058278	1431484	237522	586651	185070	1074814	1091121	262390	828731
4817951	6158219	3317011	166389	1099742	450311	1666483	1811592	655460	1156132
236561	322499	181670	64109	87271	40966	126050	117072	57701	59371
2076605	3034328	2238855	373910	505408	170905	597472	746595	322003	424592
2528277	4352928	2958749	927115	1051138	353391	1143092	1662764	714963	947801
11504318	13481675	8942251	1804738	2994559	962358	3418597	4102106	1552464	2549643
2871063	4309193	3086432	953141	751654	381194	1109463	1131753	452829	678924
1815638	3139868	1556950	297569	352423	102521	1036152	1267490	642032	625457
592631	1057507	668470	185460	147106	58713	313271	485516	229715	255801
7111453	13570206	2272465	610949	208467	31513	10607829	14596431	5258287	9338145
257373	451484	200019	11689	12883	708	194851	244480	52021	192459
78441	188458	66453	7626	823		106252	250867	157314	93553

13-8 续表

单位：万元

行业	Sector	负债合计 Total Liabilities	# 流动负债 Total Working Liabilities	# 长期负债 Total Long-term Liabilities	所有者权益合计 Owners' Equity
总计	**Total**	**68998678**	**46397046**	**21413752**	**51529967**
煤炭开采和洗选业	Mining and Washing of Coal	6236202	4306331	1675354	8333555
石油和天然气开采业	Extraction of Petroleum and Natural Gas	15225761	8153568	7072193	11664305
黑色金属矿采选业	Mining and Processing of Ferrous Metal Ores	224056	122311	101745	218057
有色金属矿采选业	Mining and Processing of Non-Ferrous Metal Ores	290116	235520	54163	225118
农副食品加工业	Processing of Food from Agricultural Products	480546	405006	42427	233009
食品制造业	Manufacture of Foods	239427	219694	16649	288015
饮料制造业	Manufacture of Beverages	656002	552698	103058	513901
烟草制品业	Manufacture of Tobacco	522510	515129	400	716058
纺织业	Manufacture of Textile	423020	360859	61215	252825
纺织服装、鞋、帽制造业	Manufacture of Textile Wearing Apparel Footware and Caps	54374	46874	7500	14503
皮革、毛皮、羽毛(绒)及其制品业	Manufacture of Leather, Fur, Feather and Related Products	23628	16049	7579	13877
木材加工及木、竹、藤、棕、草制品业	Processing of Timber, Manufacture of Wood, Bamboo, Rattan,Palm and Straw Products	55921	34463	21458	76981
造纸及纸制品业	Manufacture of Paper and Paper Products	90252	54859	24971	115220
印刷业和记录媒介的复制	Printing, Reproduction of Recording Media	139619	118813	20744	341329
石油加工、炼焦及核燃料加工业	Processing of Petroleum, Coking, Processing of Nuclear Fuel	6540063	4403792	2136271	5167414
化学原料及化学制品制造业	Manufacture of Raw Chemical Materials and Chemical Products	2560946	1324646	1113559	1389806
医药制造业	Manufacture of Medicines	380876	340001	34431	548886
橡胶制品业	Manufacture of Rubber	166403	81852	82070	124269
塑料制品业	Manufacture of Plastics	335780	273925	60799	533823
非金属矿物制品业	Manufacture of Non-metallic Mineral Products	1073516	867562	187056	950165
黑色金属冶炼及压延加工业	Smelting and Pressing of Ferrous Metals	2307831	1935143	372688	744664
有色金属冶炼及压延加工业	Smelting and Pressing of Non-ferrous Metals	2610216	2011160	580505	3547635
金属制品业	Manufacture of Metal Products	223584	174746	48826	98359
通用设备制造业	Manufacture of General Purpose Machinery	1767444	1519320	207434	1264383
专用设备制造业	Manufacture of Special Purpose Machinery	2535558	2167564	362055	1808537
交通运输设备制造业	Manufacture of Transport Equipment	8384232	6881940	1310282	5095328
电气机械及器材制造业	Manufacture of Electrical Machinery and Equipment	2143276	1901167	61781	2165915
通信设备、计算机及其他电子设备制造业	Manufacture of Communication Equipment, Computers and Other Electronic Equipment	1721737	1198183	464655	1405893
仪器仪表及文化、办公用机械制造业	Manufacture of Measuring Instruments and Machinery for Cultural Activity and Office Work	527263	434309	38125	527590
电力、热力的生产和供应业	Production and Supply of Electric Power and Heat Power	10745540	5517959	5067589	2824276
燃气生产和供应业	Production and Supply of Gas	232452	170139	53329	218344
水的生产和供应业	Production and Supply of Water	80529	51463	22840	107929

continued

(10 000 yuan)

主营业务收入 Revenue from Principal Business	主营业务成本 Cost of Principal Business	主营业务税金及附加 Taxes and Other Charges on Principal Business	营业费用 Operating Expenses	管理费用 Management Expenses	财务费用 Financial Expenses	利润总额 Total Profits	亏损企业亏损额 Losses of Unprofitable Enterprises	利税总额 Total Profits and Taxes	本年应交增值税 Value Added Tax Payable	全部从业人员年平均人数(人) Annual Average Employed Persons (person)
81610091	**58970405**	**3140455**	**1866038**	**5746046**	**892545**	**11710419**	**343278**	**19364689**	**4513815**	**1068676**
8782121	4110960	185128	190623	962412	96419	3140049	1449	4418598	1093421	127123
11370041	5669843	225556	8394	1392800	20456	3617312	76626	4844245	1001378	106908
176479	132138	2978	10512	8887	4033	17860	2299	32773	11936	4235
561941	374197	5495	3599	92460	3072	75093	16	108293	27705	12891
1018070	918912	2103	29441	17558	14939	35536	882	46613	8975	11907
1119232	882847	861	105360	50033	2846	78798	8835	121574	41915	13673
1167014	823372	49114	136754	96088	9006	103754	2546	204198	51330	15978
1202006	449896	530655	17997	112759	2760	114037		783672	138980	9382
646016	567725	2514	7976	29975	9454	37945	3877	57562	17103	51492
51392	39492	1993	3718	3884	530	1711		5297	1593	2016
24101	22135	33	625	845	232	1113		1147	1	979
57648	49253	433	2085	2382	843	7618		11990	3939	1131
238099	208858	1194	5905	8418	3243	13571	533	19034	4269	13420
346827	239914	2941	8734	39306	1416	62551	2901	84430	18938	7535
11436375	7493659	1884792	79644	204722	99086	1641550	3577	4170231	643890	28469
2010385	1751746	5149	78825	152551	61491	11655	105286	69607	52803	45845
1114434	580194	4121	303363	58426	26413	145198		265260	115941	19586
140484	103645	658	7560	9155	825	22332	2094	27061	4071	3866
627365	562997	7566	14590	46129	3592	45865	130	77212	23780	5980
1622765	1193291	7964	61063	73882	26578	316976	4748	415016	90076	29137
3831640	3324324	11437	61654	162416	45042	99037	1021	186066	75591	32489
5479180	4992300	32545	58524	379226	39378	189517	9483	372277	150215	46739
223726	180368	837	9923	21545	1820	11411		19467	7218	7405
1934921	1545445	7970	63144	203782	4261	167836	1297	247562	71756	37834
2550084	2087904	11087	94630	271321	21478	154188	10583	242781	77506	61571
11379922	9891412	86863	290625	610191	59439	658828	718	983152	237461	185246
2461171	1944683	20675	129353	198730	36596	196737	3561	338244	120833	46281
1976580	1582300	6151	51844	168695	17034	277981	10917	310765	26633	43233
634036	507033	3972	16419	88553	3176	31788	5	93136	57376	17038
7112697	6476354	34905	1034	247510	277851	395883	88401	754601	323813	71652
237037	192647	1944	9288	18924	-798	36633		47365	8788	3590
76305	70561	823	2834	12483	37	57	1496	5462	4582	4045

13-9 八大工业支柱产业主要经济指标(2010年)

单位：万元

行业	Sector	企业单位数(个) Number of Enterprises (unit)	# 亏损企业 Unprofitable Enterprises	工业总产值 Gross Industrial Output Value (at current prices)	工业销售产值 Sales Output Value (at current prices)
全省总计	**Provincial Total**	**4564**	**898**	**111998440**	**108532455**
八大工业合计	Total Mainstay Property of 8 Large Industries	4213	822	109577959	106209749
八大工业占全省比重(%)	Mainstay Property of 8 Large Industries Rate in Total (%)	92.3	91.5	97.8	97.9
1.通信设备、计算机及其他电子设备制造业	Manufacture of Communication Equipment, Computer and Other Electronic Equipment	90	17	2247387	2177074
2.能源化工工业	Energy and Chemical Industry	1156	257	51644848	51004977
3.装备制造工业	Equipment Manufacturing Industry	1029	156	25876601	24460043
4.医药制造业	Manufacture of Medicines Industry	194	37	2292173	2140076
5.食品工业	Foods Industry	682	100	9355088	9288831
6.纺织服装工业	Textile Wearing Apparel Industry	175	30	1505761	1470569
7.非金属矿物制品业	Manufacture of Non-metallic Mineral Products	461	106	4118111	3953460
8.有色冶金工业	Non-ferrous Metallurgy Industry	426	119	12537992	11714719

13-9 续表

单位：万元

行业	Sector	负债合计 Total Liabilities	# 流动负债 Total Working Liabilities	# 长期负债 Total Long-term Liabilities	所有者权益合计 Owners' Equity
全省总计	**Provincial Total**	**83487528**	**57111991**	**24129028**	**63111916**
八大工业合计	Total Mainstay Property of 8 Large Industries	82282021	56215288	23854374	61626333
八大工业占全省比重(%)	Mainstay Property of 8 Large Industries Rate in Total (%)	98.6	98.4	98.9	97.6
1.通信设备、计算机及其他电子设备制造业	Manufacture of Communication Equipment, Computer and Other Electronic Equipment	1952524	1401594	480273	1596615
2.能源化工工业	Energy and Chemical Industry	48663983	28290715	18975508	34995212
3.装备制造工业	Equipment Manufacturing Industry	17922780	15223764	2188960	13141504
4.医药制造业	Manufacture of Medicines Industry	1090597	923794	147481	945459
5.食品工业	Foods Industry	3126402	2692829	336270	3030654
6.纺织服装工业	Textile Wearing Apparel Industry	683000	576188	102759	500199
7.非金属矿物制品业	Manufacture of Non-metallic Mineral Products	2197303	1741643	422215	1753410
8.有色冶金工业	Non-ferrous Metallurgy Industry	6645432	5364761	1200908	5663280

Main Indicators of Industrial Enterprises(2010)

(10 000 yuan)

工 业 增加值 Value Added of Industry	资产总计 Total Assets	流动资产合计 Total Working Capitals	# 应收账款 Accounts Receivable	# 存 货 Inventories	# 产成品 Finished products	固定资产合计 Total of Fixed Assets	固定资产原价 Original Value of Fixed Assets	累计折旧 Total Depreciation	固定资产净值 Net Value of Fixed Assets
42290429	**146886951**	**65030766**	**11999857**	**14163848**	**5215507**	**52539175**	**72369911**	**27535409**	**44831084**
41454103	144172569	63986370	11813750	13945429	5127061	51238532	70507725	26861393	43642913
98.0	98.2	98.4	98.4	98.5	98.3	97.5	97.4	97.6	97.3
695166	3561640	1869335	371008	419607	131396	1127399	1414753	706068	705267
25911251	83770837	28583187	4258158	2573516	958223	32833246	47054593	18092540	28962053
6328976	31098224	20883337	5387668	6219085	2224537	7769193	10247915	4385337	5862578
766191	2043264	1086675	207246	326692	121428	674705	1111436	490334	621102
3033325	6205524	3253693	445466	1541694	502879	2350920	3064368	924125	2140243
461862	1192279	607408	72575	299310	124214	441389	657515	284445	373070
1263609	3972793	1415646	323440	426987	177542	2157000	2679042	692464	1986578
2993724	12328009	6287091	748188	2138537	886842	3884679	4278104	1286081	2992022

continued

(10 000 yuan)

主营业务收入 Revenue from Principal Business	主营业务成本 Cost of Principal Business	主营业务税金及附加 Taxes and Other Charges on Principal Business	营业费用 Operating Expenses	管理费用 Management Expenses	财务费用 Financial Expenses	利润总额 Total Profits	亏损企业亏损额 Losses of Unprofitable Enterprises	利税总额 Total Profits and Taxes	本年应交增值税 Value Added Tax Payable	全部从业人员年平均人数(人) Annual Average Employed Persons (person)
108888021	**79822086**	**3481553**	**2889485**	**7121367**	**1213516**	**14695682**	**550928**	**24019557**	**5842322**	**1510837**
106628515	78040136	3462492	2809560	6954182	1189870	14482557	528623	23705491	5760442	1444284
97.9	97.8	99.5	97.2	97.7	98.1	98.5	96.0	98.7	98.6	95.6
2338969	1875778	8149	63294	194974	20385	315364	13132	362479	38965	50917
51406968	32796357	2557890	902160	3573427	718693	10650220	378679	17150768	3942658	497657
23937416	19980815	156528	763581	1667655	166333	1578399	38740	2464949	730022	452017
1957722	1227699	8762	367008	118219	37167	201870	7905	354051	143418	38632
8862525	6703655	617808	389932	420969	66200	632735	30165	1584887	334345	117116
1412585	1199977	9122	31553	56803	17032	99930	5848	142812	33760	75970
3810484	3020409	27387	113110	161337	49668	476780	18012	677108	172941	77202
12901846	11235448	76846	178922	760798	114393	527260	36142	968438	364332	134773

13-10 规模以上工业企业主要经济效益指标(2010年)

Main Indicators on Economic Benefit of Industrial Enterprises above Designated Size (2010)

分组	Item	总资产贡献率(%) Ratio of Total Assets to Industrial Output Value (%)	资产负债率(%) Assets-Liability Ratio (%)	流动资产周转率(次/年) Ratio of Turnover of Working Capitals (times/year)	成本费用利润率(%) Ratio of Profits to Industrial Cost (%)	工业产品销售率(%) Proportion of Products Sold (%)
总计	**Total**	**17.11**	**56.84**	**1.67**	**16.14**	**96.91**
按登记注册类型分	**By Status of Registration**					
内资企业	Domestic Funded	16.97	57.20	1.64	16.39	96.75
国有企业	State-owned Enterprises	15.02	57.74	1.31	15.23	97.09
中央企业	Central	16.36	55.00	1.35	16.82	97.44
地方企业	Local	12.57	62.75	1.26	12.63	96.46
集体企业	Collective-owned Enterprises	38.20	41.15	2.08	20.87	97.83
股份合作企业	Cooperative Enterprises	22.91	49.09	1.58	28.80	96.00
联营企业	Joint Ownership Enterprises	8.68	90.31	1.91	7.36	99.90
国有联营企业	State Joint Ownership Enterprises	8.22	90.63	2.03	6.70	100.41
集体联营企业	Collective Joint Ownership Enterprises	23.15	79.31	1.22	11.09	94.33
国有与集体联营企业	Joint State-collective Enterprises	19.35	84.54	1.12	20.51	94.65
其他联营企业	Other Joint Ownership Enterprises	6.37	90.07	2.16	1.68	98.48
有限责任公司	Limited Liability Corporations	14.46	58.77	1.47	10.68	96.26
国有独资公司	State Sole Funded Corporations	20.44	49.00	1.15	18.15	95.62
其他有限责任公司	Other Limited Liability Corporations	10.80	64.75	1.68	7.81	96.56
股份有限公司	Share-holding Corporations Limited	19.01	55.82	2.38	32.04	99.64
私营企业	Private Enterprises	24.86	51.61	2.38	15.78	93.79
私营独资企业	Private-funded Enterprises	46.82	45.77	2.88	23.92	94.35
私营合作企业	Private Partnership Enterprises	48.77	43.33	1.87	43.68	92.90
私营有限责任公司	Private Limited Liability Corporations	15.24	56.03	2.38	9.26	93.75
私营股份有限公司	Private Share-holding Corporations Ltd.	17.02	43.81	2.50	10.92	94.27
其他企业	Other Enterprises	50.74	56.75	1.81	93.14	95.66
港、澳、台商投资企业	Enterprises with Funds from Hong Kong, Macao and Taiwan	25.66	43.94	2.34	21.14	96.59
合资经营企业(港或澳、台资)	Joint-venture Enterprises	32.80	49.37	2.46	28.58	95.92
合作经营企业(港或澳、台资)	Cooperative Enterprises	20.15	26.82	1.43	17.98	99.88
港澳台商独资经营企业	Enterprises with Sole Investment	18.62	44.41	2.82	12.10	96.35
港澳台商投资股份有限公司	Share-holding Corporations Ltd.	7.49	38.95	3.45	3.12	98.79
外商投资企业	Foreign Funded Enterprises	18.23	52.51	2.04	12.42	98.77
中外合资经营企业	Joint-venture Enterprises	20.37	50.98	2.15	12.04	98.89
中外合作经营企业	Cooperation Enterprises	18.79	54.77	3.29	18.25	98.39
外资企业	Enterprises with Sole Funds	16.13	50.53	1.99	15.49	97.25
外商投资股份有限公司	Share-holding Corporations Ltd.	5.84	70.23	1.09	6.53	103.43
按经济组织类型分	**By Economic Type of Orgnization**					
独资企业	Appropratorship	16.98	56.40	1.46	16.21	96.86

13-10　续表　continued

分　组	Item	总资产贡献率(%) Ratio of Total Assets to Industrial Output Value (%)	资　产负债率(%) Assets-Liability Ratio (%)	流动资产周转率(次/年) Ratio of Turnover of Working Capitals (times/year)	成本费用利润率(%) Ratio of Profits to Industrial Cost (%)	工业产品销售率(%) Proportion of Products Sold (%)
国有企业	State-owned Enterprises	15.02	57.74	1.31	15.23	97.09
集体企业	Collective-owned Enterprises	38.20	41.15	2.08	20.87	97.83
私营独资企业	Private-funded Enterprises	46.82	45.77	2.88	23.92	94.35
港澳台商独资经营企业	Enterprises with Sole Investment	18.62	44.41	2.82	12.10	96.35
外资企业	Enterprises with Sole Funds	16.13	50.53	1.99	15.49	97.25
合作、合伙企业	Partnership	33.56	55.77	1.81	38.35	95.12
股份合作企业	Cooperative Enterprises	22.91	49.09	1.58	28.80	96.00
国有联营企业	State Joint Ownership Enterprises	8.22	90.63	2.03	6.70	100.41
集体联营企业	Collective Joint Ownership Enterprises	23.15	79.31	1.22	11.09	94.33
国有与集体联营企业	Joint State-collective Enterprises	19.35	84.54	1.12	20.51	94.65
其他联营企业	Other Joint Ownership Enterprises	6.37	90.07	2.16	1.68	98.48
私营合伙企业	Private Partnership Enterprises	48.77	43.33	1.87	43.68	92.90
合作经营企业(港或澳、台资)	Cooperative Enterprises	20.15	26.82	1.43	17.98	99.88
中外合作经营企业	Cooperation Enterprises	18.79	54.77	3.29	18.25	98.39
其他企业(内资)	Other Enterprises()	50.74	56.75	1.81	93.14	95.66
股份有限公司	Share-holding Corporations Limited	18.70	55.70	2.33	29.74	99.35
股份有限公司(内资)	Share-holding Corporations Ltd. (Domestic Investment)	19.01	55.82	2.38	32.04	99.64
私营股份有限公司	Private Share-holding Corporations Ltd.	17.02	43.81	2.50	10.92	94.27
港澳台商投资股份有限公司	Share-holding Corporations Ltd. With Funds from Hong Kong, Macao and Taiwan	7.49	38.95	3.45	3.12	98.79
外商投资股份有限公司	Share-holding Corporations Ltd. with Foreign Investment	5.84	70.23	1.09	6.53	103.43
有限责任公司	Limited Liability Corporations	15.19	57.77	1.62	10.86	96.19
国有独资公司	State Sole Funded Corporations	20.44	49.00	1.15	18.15	95.62
私营有限责任公司	Private Limited Liability Corporations	15.24	56.03	2.38	9.26	93.75
合资经营企业(港或澳、台资)	Joint-venture Enterprises	32.80	49.37	2.46	28.58	95.92
中外合资经营企业	Joint-venture Enterprises	20.37	50.98	2.15	12.04	98.89
其他有限责任公司	Other Corporations	10.80	64.75	1.68	7.81	96.56
按轻重行业分	**Grouped by Light & Heavy Industries**					
轻工业	Light Industry	21.26	51.59	2.39	9.50	97.58
重工业	Heavy Industry	16.73	57.33	1.60	17.30	96.79
按企业规模分	**Grouped by Size of Enterprises**					
大型企业	Large Enterprises	16.60	55.26	1.42	19.43	97.58
中型企业	Medium-sized Enterprises	17.10	61.79	1.89	13.96	96.89
小型企业	Small Enterprises	18.80	55.19	2.14	12.66	95.67

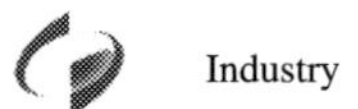

13-11 规模以上工业企业分行业主要经济效益指标(2010年)

Main Indicators on Economic Benefit of Industrial Enterprises above Designated Size by Industrial Sector (2010)

行业	Sector	总资产贡献率(%) Ratio of Total Assets to Industrial Output Value (%)	资产负债率(%) Assets-Liability Ratio (%)	流动资产周转率(次/年) Ratio of Turnover of Working Capitals (times/year)
总计	**Total**	**17.11**	**56.84**	**1.67**
煤炭开采和洗选业	Mining and Washing of Coal	35.93	41.70	1.31
石油和天然气开采业	Extraction of Petroleum and Natural Gas	18.22	56.36	2.22
黑色金属矿采选业	Mining and Processing of Ferrous Metal Ores	10.23	52.38	1.57
有色金属矿采选业	Mining and Processing of Non-Ferrous Metal Ores	17.15	51.72	2.71
非金属矿采选业	Mining and Processing of Nonmetal Ores	21.45	48.01	3.93
农副食品加工业	Processing of Food from Agricultural Products	15.30	53.96	3.50
食品制造业	Manufacture of Foods	21.08	47.09	4.05
饮料制造业	Manufacture of Beverages	17.57	53.62	2.21
烟草制品业	Manufacture of Tobacco	63.07	42.23	1.50
纺织业	Manufacture of Textile	12.46	56.60	2.35
纺织服装、鞋、帽制造业	Manufacture of Textile Wearing Apparel Footware and Caps	21.34	59.66	2.31
皮革、毛皮、羽毛(绒)及其制品业	Manufacture of Leather, Fur, Feather and Related Products	4.47	63.67	1.72
木材加工及木、竹、藤、棕、草制品业	Processing of Timber, Manufacture of Wood, Bamboo, Rattan, Palm and Straw Products	10.20	46.64	2.24
家具制造业	Manufacture of Furniture	33.99	48.89	3.91
造纸及纸制品业	Manufacture of Paper and Paper Products	13.34	44.95	4.05
印刷业和记录媒介的复制	Printing, Reproduction of Recording Media	17.34	33.09	1.75
文教体育用品制造业	Manufacture of Articles For Culture, Education and Sport Activities	93.98	47.39	13.41
石油加工、炼焦及核燃料加工业	Processing of Petroleum, Coking, Processing of Nuclear Fuel	33.72	55.97	1.83
化学原料及化学制品制造业	Manufacture of Raw Chemical Materials and Chemical Products	4.38	62.72	1.89
医药制造业	Manufacture of Medicines	18.38	53.38	1.80
化学纤维制造业	Manufacture of Chemical Fibers	30.19	22.97	3.38
橡胶制品业	Manufacture of Rubber	12.63	50.13	1.65
塑料制品业	Manufacture of Plastics	11.12	40.21	1.36
非金属矿物制品业	Manufacture of Non-metallic Mineral Products	18.23	55.31	2.69
黑色金属冶炼及压延加工业	Smelting and Pressing of Ferrous Metals	8.66	74.54	2.78
有色金属冶炼及压延加工业	Smelting and Pressing of Non-ferrous Metals	7.48	44.53	1.69
金属制品业	Manufacture of Metal Products	7.10	53.35	1.58
通用设备制造业	Manufacture of General Purpose Machinery	9.96	56.21	1.14
专用设备制造业	Manufacture of Special Purpose Machinery	7.16	57.43	0.97
交通运输设备制造业	Manufacture of Transport Equipment	8.12	61.96	1.29
电气机械及器材制造业	Manufacture of Electrical Machinery and Equipment	9.45	50.13	0.93
通信设备、计算机及其他电子设备制造业	Manufacture of Communication Equipment, Computers and Other Electronic Equipment	10.64	54.82	1.25
仪器仪表及文化、办公用机械制造业	Manufacture of Measuring Instruments and Machinery for Cultural Activity and Office Work	9.26	49.40	0.97
工艺品及其他制造业	Manufacture of Artwork and Other Manufacturing	9.84	38.86	2.34
废弃资源和废旧材料回收加工业	Recycling and Disposal of Waste	22.16	49.20	1.69
电力、热力的生产和供应业	Production and Supply of Electric Power and Heat Power	6.84	80.34	2.80
燃气生产和供应业	Production and Supply of Gas	10.79	51.10	1.55
水的生产和供应业	Production and Supply of Water	3.24	48.42	0.96

13-11　续表　continued

行　　业	Sector	成本费用利润率(%) Ratio of Profits to Industrial Cost (%)	工业全员劳动生产率(元/人) Overall Labor Productivity (yuan/person)	工业产品销售率(%) Proportion of Products Sold (%)
总　计	**Total**	**16.14**	**279914**	**96.91**
煤炭开采和洗选业	Mining and Washing of Coal	53.72	540207	97.38
石油和天然气开采业	Extraction of Petroleum and Natural Gas	50.17	704844	100.03
黑色金属矿采选业	Mining and Processing of Ferrous Metal Ores	8.50	162655	88.48
有色金属矿采选业	Mining and Processing of Non-Ferrous Metal Ores	10.21	289897	90.34
非金属矿采选业	Mining and Processing of Nonmetal Ores	7.29	149801	94.12
农副食品加工业	Processing of Food from Agricultural Products	5.98	179093	96.04
食品制造业	Manufacture of Foods	7.81	174750	94.54
饮料制造业	Manufacture of Beverages	9.91	245220	110.22
烟草制品业	Manufacture of Tobacco	19.45	970904	100.10
纺织业	Manufacture of Textile	7.27	57602	96.62
纺织服装、鞋、帽制造业	Manufacture of Textile Wearing Apparel Footware and Caps	9.88	92765	98.86
皮革、毛皮、羽毛(绒)及其制品业	Manufacture of Leather, Fur, Feather and Related Products	6.24	46472	135.73
木材加工及木、竹、藤、棕、草制品业	Processing of Timber, Manufacture of Wood, Bamboo, Rattan, Palm and Straw Products	9.23	157390	90.42
家具制造业	Manufacture of Furniture	14.39	101509	95.23
造纸及纸制品业	Manufacture of Paper and Paper Products	6.32	85846	93.46
印刷业和记录媒介的复制	Printing, Reproduction of Recording Media	17.66	168605	97.51
文教体育用品制造业	Manufacture of Articles For Culture, Education and Sport Activities	15.72	181827	98.83
石油加工、炼焦及核燃料加工业	Processing of Petroleum, Coking, Processing of Nuclear Fuel	18.05	1338159	99.81
化学原料及化学制品制造业	Manufacture of Raw Chemical Materials and Chemical Products	2.13	120712	96.98
医药制造业	Manufacture of Medicines	11.53	198331	93.36
化学纤维制造业	Manufacture of Chemical Fibers	13.18	312124	100.62
橡胶制品业	Manufacture of Rubber	15.68	141122	93.44
塑料制品业	Manufacture of Plastics	7.33	203665	102.30
非金属矿物制品业	Manufacture of Non-metallic Mineral Products	14.26	163676	96.00
黑色金属冶炼及压延加工业	Smelting and Pressing of Ferrous Metals	3.43	211770	94.38
有色金属冶炼及压延加工业	Smelting and Pressing of Non-ferrous Metals	3.73	211091	93.73
金属制品业	Manufacture of Metal Products	5.82	126735	95.86
通用设备制造业	Manufacture of General Purpose Machinery	8.77	139771	94.83
专用设备制造业	Manufacture of Special Purpose Machinery	7.08	117372	88.01
交通运输设备制造业	Manufacture of Transport Equipment	6.25	148296	95.65
电气机械及器材制造业	Manufacture of Electrical Machinery and Equipment	8.44	154638	96.75
通信设备、计算机及其他电子设备制造业	Manufacture of Communication Equipment, Computers and Other Electronic Equipment	14.64	136529	96.87
仪器仪表及文化、办公用机械制造业	Manufacture of Measuring Instruments and Machinery for Cultural Activity and Office Work	6.15	123733	95.06
工艺品及其他制造业	Manufacture of Artwork and Other Manufacturing	7.21	134768	97.68
废弃资源和废旧材料回收加工业	Recycling and Disposal of Waste	21.20	627317	100.65
电力、热力的生产和供应业	Production and Supply of Electric Power and Heat Power	4.96	298309	98.16
燃气生产和供应业	Production and Supply of Gas	14.94	237795	101.65
水的生产和供应业	Production and Supply of Water	1.15	75569	95.59

13-12 国有及国有控股工业企业主要经济效益指标(2010年)
Main Indicators on Economic Benefit of State-owned and State-holding Industrial Enterprises(2010)

行业	Sector	总资产贡献率(%) Ratio of Total Assets to Industrial Output Value (%)	资产负债率(%) Assets-Liability Ratio (%)	流动资产周转率(次/年) Ratio of Turnover of Working Capitals (times/year)	成本费用利润率(%) Ratio of Profits to Industrial Cost (%)	工业产品销售率(%) Proportion of Products Sold (%)
总计	**Total**	**16.21**	**58.55**	**1.47**	**18.35**	**97.68**
煤炭开采和洗选业	Mining and Washing of Coal	29.65	42.81	1.07	65.20	98.21
石油和天然气开采业	Extraction of Petroleum and Natural Gas	17.83	56.62	2.20	50.93	100.29
黑色金属矿采选业	Mining and Processing of Ferrous Metal Ores	3.22	93.22	0.67	-6.30	82.21
有色金属矿采选业	Mining and Processing of Non-Ferrous Metal Ores	21.91	54.82	2.19	15.37	97.07
非金属矿采选业	Mining and Processing of Nonmetal Ores	10.73	41.64	2.54	3.72	95.64
农副食品加工业	Processing of Food from Agricultural Products	6.58	59.56	2.12	3.39	96.92
食品制造业	Manufacture of Foods	15.62	53.48	8.22	0.95	98.18
饮料制造业	Manufacture of Beverages	25.22	43.26	2.12	8.59	132.67
烟草制品业	Manufacture of Tobacco	63.07	42.23	1.50	19.45	100.10
纺织业	Manufacture of Textile	6.51	54.63	1.83	2.85	101.16
纺织服装、鞋、帽制造业	Manufacture of Textile Wearing Apparel Footware and Caps	41.97	55.37	2.09	30.30	88.73
皮革、毛皮、羽毛(绒)及其制品业	Manufacture of Leather, Fur, Feather and Related Products	3.03	63.00	2.17	4.67	183.14
木材加工及木、竹、藤、棕、草制品业	Processing of Timber, Manufacture of Wood,Bamboo, Rattan, Palm and Straw Products	0.95	32.03	0.99	4.64	102.82
家具制造业	Manufacture of Furniture	162.41	7.99	13.46	25.24	90.92
造纸及纸制品业	Manufacture of Paper and Paper Products	-3.43	59.84	1.69	-2.70	115.97
印刷业和记录媒介的复制	Printing, Reproduction of Recording Media	25.60	23.97	1.90	24.68	98.43
石油加工、炼焦及核燃料加工业	Processing of Petroleum, Coking, Processing of Nuclear Fuel	39.75	54.24	1.79	21.49	100.27
化学原料及化学制品制造业	Manufacture of Raw Chemical Materials and Chemical Products	2.19	64.20	1.82	-1.61	96.92
医药制造业	Manufacture of Medicines	12.35	56.23	1.75	8.49	94.39
化学纤维制造业	Manufacture of Chemical Fibers	29.40	17.06	3.52	14.41	102.50
橡胶制品业	Manufacture of Rubber	4.96	56.51	0.86	7.87	92.13
塑料制品业	Manufacture of Plastics	6.14	71.91	1.00	5.61	99.47
非金属矿物制品业	Manufacture of Non-metallic Mineral Products	15.03	62.12	1.88	21.15	98.85
黑色金属冶炼及压延加工业	Smelting and Pressing of Ferrous Metals	7.21	75.47	2.67	2.78	93.37
有色金属冶炼及压延加工业	Smelting and Pressing of Non-ferrous Metals	7.64	41.33	1.55	4.66	94.85
金属制品业	Manufacture of Metal Products	7.72	65.39	1.33	6.77	97.21
通用设备制造业	Manufacture of General Purpose Machinery	6.93	59.58	0.79	7.72	96.10
专用设备制造业	Manufacture of Special Purpose Machinery	5.62	59.81	0.83	5.86	84.69
交通运输设备制造业	Manufacture of Transport Equipment	6.14	63.50	1.09	5.55	94.64
电气机械及器材制造业	Manufacture of Electrical Machinery and Equipment	8.31	45.23	0.72	8.47	99.47
通信设备、计算机及其他电子设备制造业	Manufacture of Communication Equipment, Computers and Other Electronic Equipment	10.41	56.87	1.21	15.31	98.25
仪器仪表及文化、办公用机械制造业	Manufacture of Measuring Instruments and Machinery for Cultural Activity and Office Work	8.07	51.83	0.92	3.70	95.35
工艺品及其他制造业	Manufacture of Artwork and Other Manufacturing	10.40	26.83	1.35	5.79	101.25
废弃资源和废旧材料回收加工业	Recycling and Disposal of Waste	34.38	57.36	1.60	30.24	100.00
电力、热力的生产和供应业	Production and Supply of Electric Power and Heat Power	6.64	81.68	3.15	4.41	98.22
燃气生产和供应业	Production and Supply of Gas	9.93	54.93	1.28	13.56	100.14
水的生产和供应业	Production and Supply of Water	2.79	49.93	1.05	-0.37	95.60

13-13 外商及港澳台商投资工业企业主要经济效益指标(2010年)

Main Indicators on Economic Benefit of Industrial Enterprises with Hong Kong, Macao, Taiwan and Foreign Funds (2010)

行业	Sector	总资产贡献率(%) Ratio of Total Assets to Industrial Output Value (%)	资产负债率(%) Assets-Liability Ratio (%)	流动资产周转率(次/年) Ratio of Turnover of Working Capitals (times/year)	成本费用利润率(%) Ratio of Profits to Industrial Cost (%)	工业产品销售率(%) Proportion of Products Sold (%)
总计	**Total**	**19.31**	**51.26**	**2.08**	**13.74**	**98.43**
煤炭开采和洗选业	Mining and Washing of Coal	71.88	21.83	1.75	137.17	94.08
非金属矿采选业	Mining and Processing of Nonmetal Ores	2.05	33.32	1.60	2.70	94.99
农副食品加工业	Processing of Food from Agricultural Products	18.20	54.43	3.22	7.39	98.41
食品制造业	Manufacture of Foods	21.31	44.84	4.61	7.05	94.23
饮料制造业	Manufacture of Beverages	14.95	57.20	2.30	12.17	109.90
纺织业	Manufacture of Textile	6.59	71.03	1.47	0.63	92.03
纺织服装、鞋、帽制造业	Manufacture of Textile Wearing Apparel Footware and Caps	7.47	11.40	4.38	3.68	96.69
木材加工及木、竹、藤、棕、草制品业	Processing of Timber, Manufacture of Wood, Bamboo, Rattan, Palm and Straw Products	-31.82	96.45	0.58	-126.07	96.90
造纸及纸制品业	Manufacture of Paper and Paper Products	25.22	36.73	2.68	14.29	94.21
印刷业和记录媒介的复制	Printing, Reproduction of Recording Media	6.28	68.93	0.79	5.43	93.83
石油加工、炼焦及核燃料加工业	Processing of Petroleum, Coking, Processing of Nuclear Fuel	28.15	21.73	5.46	4.74	100.20
化学原料及化学制品制造业	Manufacture of Raw Chemical Materials and Chemical Products	8.25	37.15	1.10	8.50	96.71
医药制造业	Manufacture of Medicines	23.46	57.21	1.51	13.19	98.73
化学纤维制造业	Manufacture of Chemical Fibers	29.40	17.06	3.52	14.41	102.50
橡胶制品业	Manufacture of Rubber	2.62	53.05	0.96	0.32	68.13
塑料制品业	Manufacture of Plastics	10.17	25.04	0.93	8.65	116.31
非金属矿物制品业	Manufacture of Non-metallic Mineral Products	30.44	49.16	2.81	39.02	97.06
黑色金属冶炼及压延加工业	Smelting and Pressing of Ferrous Metals	18.06	27.60	1.89	12.07	101.41
有色金属冶炼及压延加工业	Smelting and Pressing of Non-ferrous Metals	6.88	61.49	0.96	8.55	87.99
金属制品业	Manufacture of Metal Products	6.66	63.02	0.84	8.46	97.38
通用设备制造业	Manufacture of General Purpose Machinery	17.79	32.55	1.61	13.16	84.69
专用设备制造业	Manufacture of Special Purpose Machinery	8.59	61.90	1.12	8.27	91.55
交通运输设备制造业	Manufacture of Transport Equipment	26.24	50.09	3.43	8.95	97.45
电气机械及器材制造业	Manufacture of Electrical Machinery and Equipment	10.18	57.52	1.47	5.19	92.87
通信设备、计算机及其他电子设备制造业	Manufacture of Communication Equipment, Computers and Cultural Activity and Office Work	47.69	48.15	2.72	34.49	98.04
仪器仪表及文化、办公用机械制造业	Manufacture of Measuring Instruments and Machinery for Cultural Activity and Office Work	13.28	35.06	0.97	16.71	97.99
工艺品及其他制造业	Manufacture of Artwork and Other Manufacturing	11.25	13.91	1.89	13.80	99.20
电力、热力的生产和供应业	Production and Supply of Electric Power and Heat Power	8.63	72.50	2.10	7.80	99.96
燃气生产和供应业	Production and Supply of Gas	10.89	49.92	1.17	16.80	99.63
水的生产和供应业	Production and Supply of Water	4.70	48.37	0.51	11.12	100.00

13-14 大中型工业企业主要经济效益指标(2010年)
Main Indicators on Economic Benefit of Large and Medium-sized Industrial Enterprises(2010)

行业	Sector	总资产贡献率(%) Ratio of Total Assets to Industrial Output Value (%)	资产负债率(%) Assets-Liability Ratio (%)	流动资产周转率(次/年) Ratio of Turnover of Working Capitals (times/year)	成本费用利润率(%) Ratio of Profits to Industrial Cost (%)	工业产品销售率(%) Proportion of Products Sold (%)
总　计	**Total**	**16.75**	**57.20**	**1.56**	**17.36**	**97.33**
煤炭开采和洗选业	Mining and Washing of Coal	30.86	42.71	1.17	58.58	98.10
石油和天然气开采业	Extraction of Petroleum and Natural Gas	18.05	56.62	2.19	51.01	100.05
黑色金属矿采选业	Mining and Processing of Ferrous Metal Ores	8.24	50.68	1.29	11.48	88.47
有色金属矿采选业	Mining and Processing of Non-Ferrous Metal Ores	21.54	56.26	2.26	15.86	92.98
农副食品加工业	Processing of Food from Agricultural Products	8.39	66.69	2.23	3.62	97.86
食品制造业	Manufacture of Foods	23.66	45.36	4.21	7.57	94.99
饮料制造业	Manufacture of Beverages	18.15	55.63	1.95	9.74	118.64
烟草制品业	Manufacture of Tobacco	63.52	42.19	1.51	19.55	100.11
纺织业	Manufacture of Textile	9.87	62.23	1.91	6.17	98.20
纺织服装、鞋、帽制造业	Manufacture of Textile Wearing Apparel Footware and Caps	8.33	78.94	0.87	3.59	114.89
皮革、毛皮、羽毛(绒)及其制品业	Manufacture of Leather, Fur, Feather and Related Products	3.03	63.00	2.17	4.67	183.14
木材加工及木、竹、藤、棕、草制品业	Processing of Timber, Manufacture of Wood, Bamboo, Rattan, Palm and Straw Products	9.52	41.79	1.70	13.96	87.16
造纸及纸制品业	Manufacture of Paper and Paper Products	10.28	41.85	4.06	5.99	93.02
印刷业和记录媒介的复制	Printing, Reproduction of Recording Media	17.89	29.03	1.62	21.62	98.47
石油加工、炼焦及核燃料加工业	Processing of Petroleum, Coking, Processing of Nuclear Fuel	36.47	55.86	1.76	20.84	99.69
化学原料及化学制品制造业	Manufacture of Raw Chemical Materials and Chemical Products	2.96	64.81	1.79	0.57	97.18
医药制造业	Manufacture of Medicines	29.91	40.96	2.33	14.99	95.50
橡胶制品业	Manufacture of Rubber	9.51	57.25	1.00	18.43	96.12
塑料制品业	Manufacture of Plastics	9.17	38.61	1.00	7.31	109.53
非金属矿物制品业	Manufacture of Non-metallic Mineral Products	21.69	52.86	2.55	23.40	95.87
黑色金属冶炼及压延加工业	Smelting and Pressing of Ferrous Metals	7.06	75.46	2.68	2.76	93.63
有色金属冶炼及压延加工业	Smelting and Pressing of Non-ferrous Metals	6.89	42.39	1.65	3.47	93.27
金属制品业	Manufacture of Metal Products	6.55	69.33	1.23	5.34	101.27
通用设备制造业	Manufacture of General Purpose Machinery	8.25	58.25	0.86	9.24	95.16
专用设备制造业	Manufacture of Special Purpose Machinery	6.02	58.25	0.86	6.23	85.52
交通运输设备制造业	Manufacture of Transport Equipment	7.76	62.19	1.27	6.07	95.65
电气机械及器材制造业	Manufacture of Electrical Machinery and Equipment	8.67	49.74	0.80	8.52	97.92
通信设备、计算机及其他电子设备制造业	Manufacture of Communication Equipment, Computers and Other Electronic Equipment	10.38	54.83	1.27	15.27	97.14
仪器仪表及文化、办公用机械制造业	Manufacture of Measuring Instruments and Machinery for Cultural Activity and Office Work	8.95	49.86	0.95	5.17	95.18
电力、热力的生产和供应业	Production and Supply of Electric Power and Heat Power	7.62	79.18	3.13	5.65	98.16
燃气生产和供应业	Production and Supply of Gas	10.86	51.49	1.19	16.65	99.65
水的生产和供应业	Production and Supply of Water	2.92	42.73	1.15	0.07	96.43

13-15 主要工业产品产量

Output of Major Industrial Products

产品名称		Item		2009	2010
原 煤	(万吨)	Coal	(10 000 tons)	29611.13	36115.50
洗 煤	(万吨)	Coal Washing	(10 000 tons)	924.12	1137.31
天然原油	(万吨)	Crude Petroleum Oil	(10 000 tons)	2695.89	3017.28
天然气	(亿立方米)	Natural Gas	(100 million cu.m)	189.52	223.47
铁矿石原矿	(万吨)	Crude Quantity of Iron Ore	(10 000 tons)	368.20	372.95
锌金属含量	(万吨)	Zinc Metal Content	(10 000 tons)	18.16	20.44
钼精矿折合量	(万吨)	Reduced Quantity of Molybdenum Concentrate	(10 000 tons)	3.66	3.82
发电量	(亿千瓦小时)	Electricity	(100 million kwh)	899.22	1101.91
小麦粉	(万吨)	Wheat Meal	(10 000 tons)	272.70	319.03
精制食用植物油	(万吨)	Refined Edible Vegetable Oil	(10 000 tons)	51.89	67.92
饲 料	(万吨)	Feed	(10 000 tons)	128.90	161.43
乳制品	(万吨)	Dairy Products	(10 000 tons)	117.15	147.97
白 酒	(万千升)	Spirits	(10 000 kiloliter)	7.04	8.33
啤 酒	(万千升)	Beer	(10 000 kiloliter)	89.98	94.26
软饮料	(万吨)	Soft Drinks	(10 000 tons)	217.59	215.79
卷 烟	(亿支)	Cigarettes	(100 million pieces)	805.00	830.00
化学纤维	(吨)	Chemical Fiber	(ton)	24400.00	23070.00
纱	(万吨)	Yarn	(10 000 tons)	24.67	27.12
布	(万米)	Cloth	(10 000 m)	74552.95	75248.40
印染布	(万米)	Dyed Fabric	(10 000 m)	7013.60	8390.82
服 装	(万件)	Garments	(10 000 cases)	1202.42	1933.06
机制纸及纸板	(万吨)	Machine-made Paper and Paperboard	(10 000 tons)	74.37	86.63
纸制品	(万吨)	Paper Products	(10 000 tons)	35.32	34.56
原油加工量	(万吨)	crude runs	(10 000 tons)	1801.87	1979.94
# 汽 油		Gasoline		526.21	572.49
柴 油		Diesel Oil		801.61	854.44
机械化焦炉生产的焦炭	(万吨)	Coke	(10 000 tons)	1323.80	1485.10
硫酸(折100%)	(万吨)	Sulfuric Acid	(10 000 tons)	94.83	132.33
氢氧化钠(烧碱)	(万吨)	Caustic Soda	(10 000 tons)	24.62	22.67
碳化钙(电石)	(万吨)	Soda Ash	(10 000 tons)	91.61	104.91
合成氨	(万吨)	Synthetic Ammonia	(10 000 tons)	119.65	122.28
化肥总计	(万吨)	Chemical Fertilizers	(10 000 tons)	86.82	82.74
氮 肥		Nitrogen Fertilizers		66.76	68.30
磷 肥		Phosphate Fertilizers		20.06	14.45

13-15 续表 continued

产品名称		Item		2009	2010
合成洗涤剂	(吨)	Synthetic Detergents	(ton)	107574.00	111495.00
化学药品原药	(吨)	Chemical Medicines	(ton)	5458.49	7767.16
精甲醇	(万吨)	Extract Methanol	(10 000 tons)	150.16	149.02
中成药	(吨)	Traditional Chinese Medicine	(ton)	57304.19	28558.86
塑料制品	(吨)	Plastic Articles	(ton)	182020.26	728117.40
水　泥	(万吨)	Cement	(10 000 tons)	4464.66	5463.79
平板玻璃	(万重量箱)	Plain Glass	(10 000 weight cases)	1336.54	1291.57
生　铁	(万吨)	Pig Iron	(10 000 tons)	512.48	513.85
粗　钢	(万吨)	Crude Steel	(10 000 tons)	522.50	604.82
钢　材	(万吨)	Rolled Steel	(10 000 tons)	887.34	994.89
铝　材	(吨)	Rolled Aluminum	(ton)	45914.28	84828.94
铁合金	(万吨)	Ferroalloy	(10 000 tons)	22.82	28.87
十种有色金属	(万吨)	Ten Kinds of Nonferrous Metals	(10 000 tons)	89.61	112.71
原铝(电解铝)	(万吨)	Electrolyzed Aluminum	(10 000 tons)	29.55	29.54
锌	(万吨)	Zinc Metal	(10 000 tons)	37.93	54.49
金属切削机床	(台)	Metal-cutting Machine Tools	(unit)	13353	24479
# 数控机床		Computer Numerical Control Machine Tools		6596	13166
金属成型机床(锻压设备)	(台)	Metal Forming Machines(Forging Equipment)	(unit)	531	823
采矿专用设备	(万吨)	Mining Special-purpose Equipments	(10 000 tons)	18.22	20.32
缝纫机	(万架)	Sewing Machines	(10 000 units)	36.09	58.17
汽　车	(辆)	Motor Vehicles	(unit)	506758	652050
# 基本型乘用车(轿车)		Basic Type Passenger Vehicle(Car)		427732	521232
载货汽车		Trucks		77519	123540
家用电冰箱	(万台)	Home Refrigerators	(10 000 sets)	27.05	35.68
交流电动机	(万千瓦)	Alternating Current Motors	(10 000 kw)	624.05	469.14
变压器	(万千伏安)	Transformers	(10 000 KVA)	11513.83	11944.88
光　缆	(芯千米)	Fiber Optic Cable	(Core.km)	2257552	2053881
电子元件	(万只)	Electronic Components	(10 000 units)	141052.76	307790.50
彩色显像管	(万只)	Color CRT	(10 000 units)	763.26	704.08

13-16 各市(区)规模以上工业企业工业总产值(1995-2010年)

Gross Industrial Output Value above Designated Size by City(District)(1995-2010)

单位：万元 (10 000 yuan)

年 份 Year	全 省 Shaanxi	西安市 Xi'an	铜川市 Tongchuan	宝鸡市 Baoji	咸阳市 Xianyang	渭南市 Weinan
1995	7613506	2406323	158020	1158410	1350196	747409
1996	8148193	2815082	219826	1232887	1517800	799893
1997	9007821	3039411	254717	1242612	1730358	874010
1998	9608077	3551471	269653	1256244	1822207	896023
1999	10974536	3767168	292076	1262080	2028925	957938
2000	12684270	4334325	308393	1399813	2087001	1002737
2001	14576246	5050246	301070	1551252	2172445	1129300
2002	16671030	5462372	333759	1837590	2312246	1360425
2003	21181717	6769267	421318	2529488	2861285	1917421
2004	27352159	8925979	599093	3154728	3096500	2577856
2005	33977121	9521805	704878	4099535	3591620	3377111
2006	44428130	11946041	995302	5366691	4585160	3776332
2007	56923313	16238532	1243389	6722000	5656065	4742677
2008	74807894	20307558	1668372	8957707	8602445	6380027
2009	84704021	24905022	1950164	9959908	10388304	7672207
2010	111998440	31301507	2490501	13404531	14019246	10398278

13-16 续表 continued

单位：万元 (10 000 yuan)

年 份 Year	延安市 Yan'an	汉中市 Hanzhong	榆林市 Yulin	安康市 Ankang	商洛市 Shangluo	杨凌示范区 Yangling
1995	333916	533297	167483	124879	56137	16119
1996	569597	566167	181856	161311	64269	19506
1997	753271	629114	201528	190417	69224	23159
1998	698345	637962	224830	159259	79231	12853
1999	839000	625807	246015	163667	94500	12821
2000	1310000	684263	366073	200575	114700	20747
2001	1607800	763090	682012	206260	141900	35841
2002	1885200	891087	1191958	250288	164000	55176
2003	2559324	1100693	1422655	304476	220000	133418
2004	3481031	1427630	2783899	377136	268206	162898
2005	5369961	1654086	3600362	435691	327618	165326
2006	7640697	2043707	5281992	562836	413922	195710
2007	9051965	2411085	7738680	815649	600831	281698
2008	10535085	2606029	12698637	974765	744292	347363
2009	9695023	3107922	13925550	1324745	1045609	402961
2010	12273122	4044127	19176980	1921549	1769929	400939

13-17 各市(区)规模以上工业企业工业增加值(1995-2010年)

Value Added of Industry above Designated Size by City(District)(1995-2010)

单位：万元 (10 000 yuan)

年 份 Year	全 省 Shaanxi	西安市 Xi'an	铜川市 Tongchuan	宝鸡市 Baoji	咸阳市 Xianyang	渭南市 Weinan
1995	1889293	538846	51806	337560	304904	263335
1996	2573746	852285	79130	324360	460351	288355
1997	2807119	854491	81893	423112	486934	295920
1998	3010532	1011990	91456	433061	507131	299000
1999	3753460	1050224	99301	461852	516264	322262
2000	4550721	1311876	102156	511143	570478	340073
2001	5218236	1454987	107091	563729	651887	412753
2002	6198828	1655212	127758	736421	706666	462238
2003	8053516	1960048	153580	956381	918192	631210
2004	10398512	2812851	225377	1130364	990834	878029
2005	13216746	2866086	230237	1462910	949483	1341020
2006	18309964	3715425	391805	1895516	1382363	1407178
2007	23829722	5089806	535518	2420181	1888974	1875501
2008	29629068	6052488	641279	2995129	2760858	1966639
2009	31475844	7003054	781117	3393343	3106077	2227347
2010	42290429	8622805	988268	4461224	4222577	3083126

13-17 续表 continued

单位：万元 (10 000 yuan)

年 份 Year	延安市 Yan'an	汉中市 Hanzhong	榆林市 Yulin	安康市 Ankang	商洛市 Shangluo	杨凌示范区 Yangling
1995	125100	162358	53641	32933	16823	1987
1996	197023	201895	73645	70970	21428	4306
1997	255982	221813	78803	78512	25427	4232
1998	268237	213025	89021	67925	27401	2285
1999	288400	191032	96535	59402	35100	3294
2000	720000	214362	149352	91277	41404	6664
2001	903800	217113	285334	79076	54400	9164
2002	1040000	259355	454374	97741	69700	14698
2003	1402800	328066	822646	121441	90800	36384
2004	1766770	425548	1527538	150327	79699	44417
2005	2726034	499003	2098312	157853	102454	41197
2006	3988184	632774	3326022	234793	117222	59305
2007	4786190	759782	4684179	357052	191830	109323
2008	5621114	782881	7651018	408633	241929	109333
2009	4900000	875141	8255730	507473	286336	133800
2010	6306344	1224088	11565892	751521	496517	147374

13-18 各市(区)规模以上工业企业主要经济指标(2010年)

Main Indicators of Industrial Enterprises above Designated Size by City(District)(2010)

单位：万元 (10 000 yuan)

地 区	Sector	企业单位数(个) Number of Enterprises (unit)	# 亏损企业 Unprofitable Enterprises	资产总计 Total Assets	负债合计 Total Liabilities	所有者权益合计 Owners' Equity	主营业务收入 Revenue from Principal Business	主营业务成本 Cost of Principal Business
全 省	**Shaanxi**	**4564**	**898**	**146886951**	**83487528**	**63111916**	**108888021**	**79822086**
西安市	Xi'an	1126	189	34599202	19897875	14629330	28895057	24218998
铜川市	Tongchuan	130	39	3346456	2164480	1168737	2568679	2119974
宝鸡市	Baoji	501	120	13104850	7545364	5526399	12120224	10014441
咸阳市	Xianyang	671	72	12142246	6792061	5301601	13703023	10344232
渭南市	Weinan	527	134	14662162	9056685	5564302	10545202	9077202
延安市	Yan'an	118	31	21799997	12505260	9293737	12177805	6580665
汉中市	Hanzhong	353	72	5221468	3541636	1672858	3971519	3385025
榆林市	Yulin	651	154	30581249	15629198	14895396	18538842	9740461
安康市	Ankang	282	29	2070163	1335604	724326	1788441	1345196
商洛市	Shangluo	136	34	2100675	1314701	783358	1380231	1162731
杨凌示范区	Yangling	64	23	702325	430841	269537	320076	250006

13-18 续表 continued

单位：万元 (10 000 yuan)

地 区	Sector	主营业务税金及附加 Taxes and Other Charges on Principal Business	营业费用 Operating Expenses	管理费用 Management Expenses	财务费用 Financial Expenses	利润总额 Total Profits	亏损企业亏损额 Losses of Unprofitable Enterprises	本年应交增值税 Value Added Tax Payable	全部从业人员年平均人数(人) Annual Average Employed Persons (person)
全 省	**Shaanxi**	**3481553**	**2889485**	**7121367**	**1213516**	**14695682**	**550928**	**5842322**	**1510837**
西安市	Xi'an	271982	1194877	1656301	256066	1929461	107836	980024	462850
铜川市	Tongchuan	25365	59446	200543	49133	207659	5811	141710	53432
宝鸡市	Baoji	322341	315206	1221102	108420	586108	33995	412763	201422
咸阳市	Xianyang	519558	254621	537116	138691	1406089	49241	519927	200117
渭南市	Weinan	86808	158730	390699	185691	575545	74344	370112	170621
延安市	Yan'an	1236770	101670	1311304	111036	2223219	71793	907961	95342
汉中市	Hanzhong	146331	68709	192025	62530	167509	20260	115165	84668
榆林市	Yulin	610423	627204	1348479	230799	5838569	151907	1847449	154174
安康市	Ankang	54741	47807	88882	44255	226608	10049	121186	34884
商洛市	Shangluo	19241	36920	65332	23859	90143	8910	56673	26829
杨凌示范区	Yangling	919	24145	21245	3279	20380	13341	8348	7839

主要统计指标解释

工业 指从事自然资源的开采，对采掘品和农产品进行加工和再加工的物质生产部门。具体包括：(1)对自然资源的开采，如采矿、晒盐等(但不包括禽兽捕猎和水产捕捞)；(2)对农副产品的加工、再加工，如粮油加工、食品加工、缫丝、纺织、制革等；(3)对采掘品的加工、再加工，如炼铁、炼钢、化工生产、石油加工、机器制造、木材加工等，以及电力、自来水、煤气的生产和供应等；(4)对工业品的修理、翻新，如机器设备的修理、交通运输工具(如汽车)的修理等。

轻工业 指主要提供生活消费品和制作手工工具的工业。按其所使用的原料不同，可分为两大类：(1)以农产品为原料的轻工业，是指直接或间接以农产品为基本原料的轻工业。主要包括食品制造、饮料制造、烟草加工、纺织、缝纫、皮革和毛皮制作、造纸以及印刷等工业；(2)以非农产品为原料的轻工业，是指以工业品为原料的轻工业。主要包括文教体育用品、化学药品制造、合成纤维制造、日用化学制品、日用玻璃制品、日用金属制品、手工工具制造、医疗器械制造、文化和办公用机械制造等工业。

重工业 指为国民经济各部门提供物质技术基础的主要生产资料的工业。按其生产性质和产品用途，可以分为下列三类：(1)采掘(伐)工业，是指对自然资源的开采，包括石油开采、煤炭开采、金属矿开采、非金属矿开采等工业；(2)原材料工业，指向国民经济各部门提供基本材料、动力和燃料的工业。包括金属冶炼及加工、炼焦及焦炭、化学、化工原料、水泥、人造板以及电力、石油和煤炭加工等工业；(3)加工工业，是指对工业原材料进行再加工制造的工业。包括装备国民经济各部门的机械设备制造工业、金属结构、水泥制品等工业，以及为农业提供的生产资料如化肥、农药等工业。

根据上述划分原则，修理业中以重工业产品为修理作业对象的划为重工业，反之划为轻工业。

国有及国有控股企业 指国有企业加上国有控股企业。国有企业(即原全民所有制工业或国营工业)指企业全部资产归国家所有，并按《中华人民共和国企业法人登记管理条例》规定登记注册的非公司制的经济组织。包括国有企业、国有独资公司和国有联营企业。1957 年以前的公私合营和私营工业，后均改造为国营工业，1992 年改为国有工业，这部分工业的资料不单独分列时，均包括在国有企业内。国有控股企业是对混合所有制经济的企业进行的“国有控股”分类。它是指这些企业的全部资产中国有资产(股份)相对其他所有者中的任何一个所有者占资(股)最多的企业。该分组反映了国有经济控股情况。

工业总产值

(1)定义：

工业总产值是以货币形式表现的，工业企业在一定时期内生产的工业最终产品或提供工业性劳务活动的总价值量。它反映一定时间内工业生产的总规模和总水平。

(2)计算原则：

工业生产的原则，即凡是企业在报告期生产的经检验合格的产品，不管是否在报告期销售，均包括在内。

最终产品的原则，即凡是计入工业总产值的产品，必须是本企业生产的经检验合格的，不需要再进行任何加工的最终产品。如果企业有中间产品(半成品)对外销售，则对外销售的中间产品应视为企业的最终产品。

工厂法原则，即工业总产值是以工业企业作为基本计算(核算)单位，即按企业的最终产品计算工业总产值。按这种方法计算的工业总产值，不允许同一产品价值在企业内部重复计算，不能把企业内部各个车间(分厂)生产的成果相加，但允许企业间的重复计算。

(3)内容及计算方法：

1995 年全国工业普查对工业总产值(原规定)的内容及计算原则和方法做了某些修订，修订后的工业总产值(新规定)包括三项内容：即本期生产成品价值、对外加工费收入、在制品半成品期末期初差额价值三部分。

工业增加值 指工业企业在报告期内以货币表现的工业生产活动的最终成果。

工业增加值有两种计算方法：一是生产法，即工业总产出减去工业中间投入加上应交增值税；二是收入法，即从收入的角度出发，根据生产要素在生产过程中应得到的收入份额计算，具体构成项目有固定资产折旧、劳动者报酬、生产税净额、营业盈余，这种方法也称要素分配法。本年鉴中的工业增加值是以生产法计算的。

生产法工业增加值的计算方法为：

工业增加值=工业总产出-工业中间投入+应交增值税

资产总计 指企业拥有或控制的能以货币计量的经济资源，包括各种财产、债权和其他权利。资产按流动性分为流动资产、长期投资、固定资产、无形资产、递延资产和其他资产。该指标根据企业会计“资产负债表”中“资产总计”项目的期末数增列。

流动资产 指企业可以在一年内或者超过一年的一个生产周期内变现或者耗用的资产，包括现金及各种存款、短期投资，应收及预付款项、存货等。

流动资产平均余额 指企业在报告期内全部流动资产的平均余额。

固定资产原价 指企业在建造、购置、安装、改建、扩建、技术改造某项固定资产时所支出的全部货币总额。它一般包括买价、包装费、运杂费和安装费等。

固定资产净值年平均余额　指固定资产净值在报告期内余额的平均数。计算公式为:

$$\text{固定资产净值年平均余额}=\frac{\text{1至12月各月月初、月末固定资产净值之和}}{24}$$

固定资产净值　指固定资产原价减去历年已提折旧额后的净额。计算公式为:

固定资产净值=固定资产原价-累计折旧

负债合计　指企业所承担的能以货币计量,将以资产或劳务偿付的债务,偿还形式包括货币、资产或提供劳务。负债一般按偿还期长短分为流动负债和长期负债。根据会计"资产负债表"中"负债合计"的年末数填列。

所有者权益　指企业投资人对企业净资产的所有权。企业净资产等于企业全部资产减去全部负债后的余额,包括企业投资人对企业的最初投入的实际到位的资产及资本公积金、盈余公积金和未分配利润。所有者权益合计数小于零,表示企业资不抵债。

主营业务收入　指会计"利润表"中对应指标的本年累计数。未执行2001年《企业会计制度》的企业,用"产品销售收入"的本期累计数代替。

主营业务成本　指会计"利润表"中对应指标的本年累计数。未执行2001年《企业会计制度》的企业,用"产品销售成本"的本期累计数代替。

主营业务税金及附加　指会计"利润表"中对应指标的本年累计数。未执行2001年《企业会计制度》的企业,用"产品销售税金及附加"的本期累计数代替。

利润总额　指企业生产经营活动的最终成果,是企业在一定时期内实现的盈亏相抵后的利润总额(亏损以"-"号表示),它等于营业利润加上补贴收入加上投资收益加上营业外净收入再加上以前年度损益调整。

本年应交增值税　指企业在报告期内应交纳的增值税额。它等于本年销项税额加上出口退税加上进项税额转出数减去本年进项税额。小规模纳税企业直接按全年计税销售额乘以征收率计算取得。

从业人员平均人数　是指报告期内每天拥有的从业人员人数。其计算公式为:

$$\text{月平均人数}=\frac{\text{报告月内每天实有人数之和}}{\text{报告月日历日数}}$$

$$\text{季平均人数}=\frac{\text{季内各月平均人数之和}}{3}$$

$$\text{年平均人数}=\frac{\text{年内各月平均人数之和}}{12}$$

总资产贡献率　反映企业全部资产的获利能力,是企业经营业绩和管理水平的集中体现,是评价和考核企业盈利能力的核心指标。计算公式为:

$$\text{总资产贡献率(\%)}=\frac{\text{利润总额}+\text{税金总额}+\text{利息支出}}{\text{平均资金总额}}\times100\%$$

公式中:税金总额为产品销售税金及附加与应交增值税之和;平均资产总额为期初期末资产之和的算术平均值。

资产负债率　该指标既反映企业经营风险的大小,也反映企业利用债权人提供的资金从事经营活动的能力。计算公式为:

$$\text{资产负债率(\%)}=\frac{\text{负债总额}}{\text{资产总额}}\times100\%$$

资产与负债均为报告期期末数。

流动资产周转次数　指一定时期内流动资产完成的周转次数,反映投入工业企业流动资金的周转速度。计算公式为:

$$\text{流动资产周转次数}=\frac{\text{产品销售收入}}{\text{全部流动资产平均余额}}$$

公式中:全部流动资产平均余额为期初和期末的流动资产之和的算术平均值。

成本费用利润率　反映企业投入的生产成本及费用的经济效益,同时也反映企业降低成本所取得的经济效益。计算公式为:

$$\text{成本费用利润率(\%)}=\frac{\text{利润总额}}{\text{成本费用总额}}\times100\%$$

公式中:成本费用总额为产品销售成本、销售费用、管理费用、财务费用之和。

产品销售率　该指标反映工业产品已实现销售的程度,是分析工业产销衔接情况,研究工业产品满足社会需求的指标。计算公式为:

$$\text{产品销售率(\%)}=\frac{\text{工业销售产值}}{\text{工业总产值(现价)}}\times100\%$$

Explanatory Notes on Main Statistical Indicators

Industry refers to the material production sector which is engaged in the extraction of natural resources and processing and reprocessing of minerals and agricultural products, including (1) extraction of natural resources, such as mining, salt production (but not including hunting and fishing); (2) processing and reprocessing of farm and sideline produces, such as rice husking, flour milling, wine making, oil pressing, silk reeling, spinning and weaving, and leather making; (3) manufacture of industrial products, such as steel making, iron smelting, chemicals manufacturing, petroleum processing, machine building, timber processing; water and gas production and electricity generation and supply; (4)repairing of industrial products such as the repairing of machinery and means of transport (including cars).

Light Industry refers to the industry that produces consumer goods and hand tools. It consists of two categories, depending on the materials used:

(1) Industries using farm products as raw materials. These are the branches of light industry which directly or indirectly use farm products as basic raw materials, including the manufacture of food and beverages, tobacco processing, textile, clothing, fur and leather manufacturing, paper making, printing, etc.

(2) Industries using non-farm products as raw materials. These are the branches of light industry which use manufactured goods as raw materials, including the manufacture of cultural, educational articles and sports goods, chemicals, synthetic fibre, chemical products for daily use, glass products for daily use, metal products for daily use, hand tools, medical apparatus and instruments, and the manufacture of cultural and office machinery.

Heavy Industry refers to the industry which produces capital goods, and provides various sectors of the national economy with necessary material and technical basis for production. It consists of the following three branches according to the purpose of production or the use of products:

(1) Mining, quarrying and logging industry, which refers to the industry that extracts natural resources, including extraction of petroleum, coal, metal and non-metal ores.

(2) Raw materials industry refers to the industry that provides various sectors of the national economy with raw materials, fuels and power. It includes smelting and processing of metals, coking and coke chemistry, chemical materials and building materials such as cement, plywood, and power, petroleum refining and coal dressing.

(3) Manufacturing industry which refers to the industry that processes raw materials. It includes machine-building industries which equip sectors of the national economy; industries producing metal structure and cement products; and industries producing means of agricultural production, such as chemical fertilizers and pesticides.

In accordance with the above principles of classification, the repairing trades, which are engaged primarily in repairing products of heavy industry, are classified as heavy industry while those which are engaged in repairing products of light industry are classified as light industry.

State-owned and State-holding Enterprises refer to state-owned enterprises plus State-holding enterprises. State-owned enterprises (originally known as State-run enterprises with ownership by the whole society) are non-corporate economic entities registered in accordance with the *Regulation of the People's Republic of China on the Management of Registration of Legal Enterprises*, where all assets are owned by the State. Included in this category are State-owned enterprises, State-funded corporations and State-owned joint-operation enterprises. Joint State-private industries and private industries, which existed before 1957, were transformed into state-run industries since 1957, and into State-owned industries after 1992. Statistics on those enterprises are included in the State-owned industries instead of being grouped them separately. State-holding enterprises are a sub-classification of enterprises with mixed ownership, referring to enterprises where the percentage of State assets (or shares by the State) is larger than any other single share holder of the same enterprise. This sub-classification illustrates the control of the State over a particular industry.

Gross Industrial Output Value

(1) Definition: Gross industrial output value is the total volume of final industrial products produced and industrial services provided during a given period. It reflects the total achievements and overall scale of industrial production during a given period.

(2) Principles for calculation:

Statistics on industrial production follow the principle that all products produced by the enterprises and accepted through quality check during the reference period are to be included no matter whether they are sold or not during the reference period.

Determination of final products follows the principle that all products that are included in the calculation of gross industrial output value are the final products of the enterprise which have been accepted through quality check and require no further processing. If an enterprise has intermediate (semi-finished) products to sell, these intermediate products are considered as the final products of the enterprise.

Gross industrial output value is calculated following the principle of factory approach, i.e. industrial enterprise is used as the basic accounting unit in calculating the gross industrial output value. By this approach, value of the same product is not to be double-counted, and the output value of different workshops (branch factories) within the enterprise should not be added. However, this approach allows the possibility of double counting between enterprises.

(3) Content and method of calculation: The old definition of gross industrial output value was modified during the 1995 National Industrial Census. The revised (new) definition of gross industrial output value consists of 3 components: value of the finished products during the reference period, income from processing for external parties, and value of change in semi-finished products between the end and the beginning of the reference period.

Value-added of Industry refers to the final results of industrial production of industrial enterprises in money terms during the reference period.

Industrial value-added can be calculated by two approaches: the production approach, i.e. gross industrial output value minus intermediate input plus value-added tax, and the income approach, i.e. income for various factors used in the course of production, including depreciation of fixed assets, remuneration of labourers, net of production tax, and operating surplus. Value-added of industry in the Yearbook is calculated by the production approach as follows:

Value-added of industry = gross industrial output - industrial intermediate input + value-added tax

Total Assets refer to all economic resources, in monetary term, these are owned or controlled by enterprises, including properties, creditor's equity and other economic rights of all forms. Classified by the degree of liquidity, total assets include working capitals, long-term investment, fixed assets, intangible assets, deferred assets and other assets. Data on this indicator can be obtained by the year-end figures of total assets in the *Assets and Liability Table* of accounting records of enterprises.

Working Capital refers to capital that an enterprise can cash or use during one year or one production cycle that may exceed one year, including cash and savings deposits of various forms, short-term investment, money receivable and prepaid money, inventories, etc.

Annual Average Value of Working Capital refers to the average value of all working capital of the enterprise during the reference period.

Original Value of Fixed Assets refers to the total value, in monetary terms, that an enterprise spent on fixed assets, through construction, purchase, installation, transformation, expansion or technical upgrading. Generally, it covers cost of purchase, packing, transportation and installation, etc.

Annual Average of Net Value of Fixed Assets refers to the average of the net value of fixed assets during the reference period, calculated with the following formula:

$$\text{Annual Average of Net Value of Fixed Assets} = \frac{\text{sum of net value of fixed assets at the beginning and at the end of each month from January to December}}{24}$$

Net value of fixed assets refers to the original value of fixed assets minus depreciation over the years, i.e.:

Net value of fixed assets = original value of fixed assets - cumulative depreciation

Total Liabilities refer to payable liabilities of enterprises that have to be repaid in terms of money, assets or labour services. In terms of payment, it can be divided into liquid liabilities and long-term liabilities. Data on this item is obtained from the ending figures on total liabilities from the Assets and Liability Table from the enterprises.

Owner's Equity refers to the ownership of net assets of enterprise by its investors. Net assets equal total assets minus total liabilities of the enterprise, including the actual assets invested into the enterprise by investors, accumulation of capital and operating surplus and non-distributed profits. The enterprise's assets are less than its liabilities if the sum of owner's equity is smaller than zero.

Revenue from Principal Business refers to the annual accumulation of the corresponding item in the "profit table" of the accountant. For enterprises that do not follow the *2001 Enterprise Accounting Standards*, the year-end accumulation of revenue from the sales of products is used as a substitute.

Cost of Principal Business refers to the annual accumulation of the corresponding item in the "profit table" of the accountant. For enterprises that do not follow the *2001 Enterprise Accounting Standards*, the year-end accumulation of cost for the sales of products is used as a substitute.

Tax and Extra Charges from Principal Business refer to the annual accumulation of the corresponding item in the "profit table" of the accountant. For enterprises that do not follow the *2001 Enterprise Accounting Standards*, the year-end accumulation of tax and extra charges from the sales of products is used as a substitute.

Total Profits refer to the final achievement of production and operation activities of the enterprises, represented by total profits after deducting losses (loss is expressed by the negative figure). It is the sum of profits from operation, income from subsidies, investment earnings, net income from activities other than operation, and adjustment of profits and losses of previous years.

Value-added Tax Payable in the Current Year refers to the amount of the value-added tax which should be paid by the enterprises during the reference period. It is the sum of tax on sales, export rebate, and transferred tax on purchases of the current year, minus the tax on purchases of the current year. Value-added tax payable of small-size enterprises is determined by the taxable sales of the year multiplied by the tax rate.

Average Annual Number of Employed Persons Employed persons refer to all those who are employed in enterprises and receive remunerations there from, including currently working employees, retirees who are re-employed, teachers of local-run schools, as well as foreigners, staff from Hong Kong, Macao and Taiwan, part-time employees and persons with second job who are employed by the enterprise, and employees of other units temporarily working in the enterprises, but excluding former employees who left the enterprise with their employment records still being kept by the enterprises.

Average number of employed persons refers to the number of employee everyday during the reference period, calculated with the following formula:

$$\text{Monthly average number} = \frac{\text{sum of actual employees everyday in reference month}}{\text{number of calendar dates in reference month}}$$

$$\text{Quarterly average number} = \frac{\text{sum of monthly average number in reference quarter}}{3}$$

$$\text{Annual average number} = \frac{\text{sum of monthly average number in reference year}}{12}$$

Ratio of Profits, Taxes and Interests to Average Assets reflects the profit-making capability of all assets of the enterprise and is a key indicator manifesting the performance and management and evaluating the profit-making potential of the enterprise. It is calculated as follows:

$$\text{Ratio of Profits, Taxes and Interests to Average Assets (\%)} = \frac{\text{total profits + total taxes + interest payment}}{\text{average assets}} \times 100\%$$

In the above formula, total taxes is the sum of tax and extra charges on the sales of products and value-added tax payable; and average assets is the arithmetic mean of the sum of beginning assets and ending assets.

Ratio of Debts to Assets reflects both the operation risk and the capability of the enterprise in making use of the capital from the creditors. It is calculated as follows:

$$\text{Ratio of Debts to Assets (\%)} = \frac{\text{total debts}}{\text{total assets}} \times 100\%$$

Both assets and debts are figures at the end of the reference period.

Turnover of Working Capital refers to the number of times of turnover of working capital in a given period of time, which reflects the speed of the turnover of working capital of industrial enterprises, and is calculated as follows:

$$\text{Turnover of Working Capital} = \frac{\text{sales revenue of products}}{\text{average balance of total working capital}}$$

In the above formula, average balance of total working capital refers to the arithmetic mean of the sum of working capital at the beginning and at the end of the reference period.

Ratio of Profits to Total Industrial Costs refers to the ratio of profits realized in a given period to the total costs in the same period, which reflects the economic efficiency of input cost and is calculated as follows:

$$\text{Ratio of Profits to Total Industrial Cost (\%)} = \frac{\text{total profits}}{\text{total costs}} \times 100\%$$

Total costs in the above formula are the sum of cost of products sold, marketing cost, management cost and financial cost.

Sales Ratio of Products is an indicator reflecting the actual sale of industrial products, analyzing the production-selling and supply-demand relations. It is calculated as:

$$\text{Sales Ratio of Products (\%)} = \frac{\text{value of industrial sales}}{\text{gross industrial output value (current prices)}} \times 100\%$$

十四、建筑业

资料整理：郭　涛　龚小品

14.建筑业

2010 年全省具有建筑业资质等级的建筑施工企业		
企业个数	1026	个
# 国有及国有控股企业	189	个
总产值	3063.73	亿 元
# 国有及国有控股企业	2202.19	亿 元
房屋建筑竣工面积	3781.25	万平方米
房屋建筑面积竣工率	32.9	%

建筑施工企业总产值(亿元)

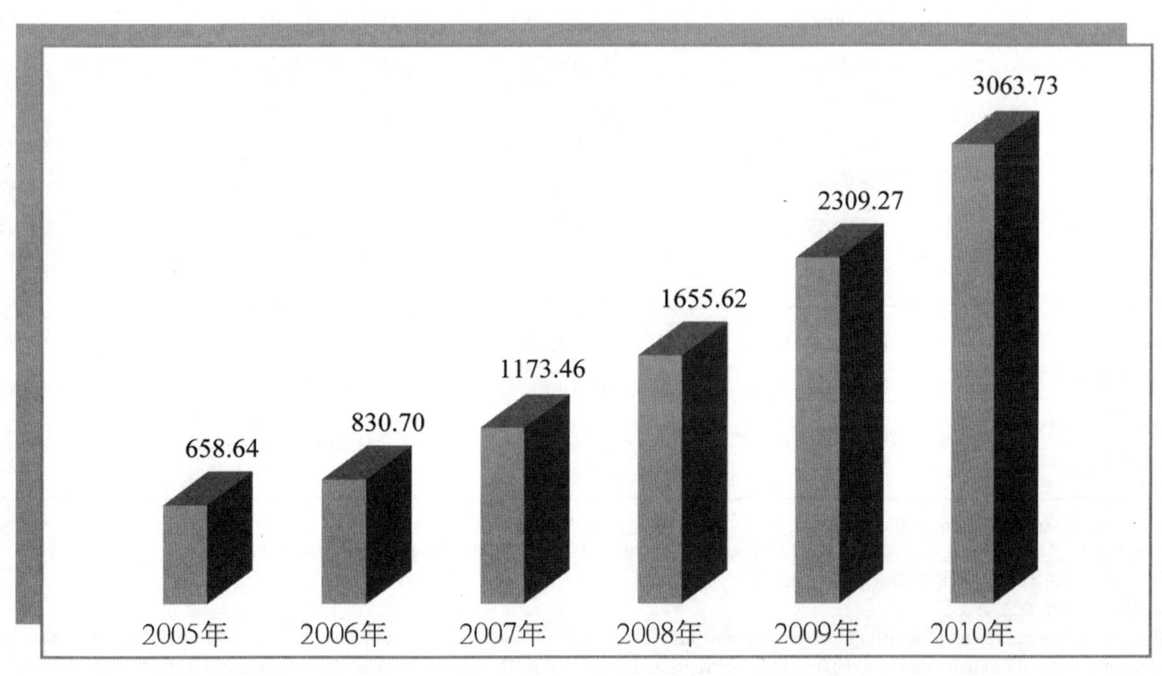

14-1 建筑业总产值
Gross Output Value of Construction

单位：万元 (10 000 yuan)

年 份 Year	建筑业总产值 Gross Output Value of Construction	# 地方属企业 Local-owned	国有企业 State-owned	集体企业 Collective-owned
1978	86642	60131	75082	11560
1979	91932	66057	77854	14078
1980	97607	71142	80505	17102
1981	82528	65171	65789	16739
1982	98176	70799	79749	18427
1983	110401	75874	85828	24573
1984	139234	92633	111271	27963
1985	164405	100322	132119	32286
1986	183081	112965	150795	38357
1987	208180	125264	165971	42209
1988	242409	134927	197920	44489
1989	273554	144417	230069	43485
1990	325034	155840	278358	46676
1991	360774	173400	306098	54676
1992	479806	228929	410445	69361
1993	751613	331449	650865	100649
1994	980260	414949	856685	121941
1995	1065612	501076	914782	143870
1996	1294502	735145	940012	335948
1997	1642493	928341	1158205	461272
1998	1879804	983440	1399161	394712
1999	2183009	1188225	1640515	432628
2000	2423046	1205275	1843456	439089
2001	2797388	1424557	1970842	479810
2002	3473536	1735125	2474524	490351
2003	4409564	2076800	3138878	456851
2004	5231639	2688405	3878423	439996
2005	6586411	3011102	5068215	443869
2006	8306966	3918215	6108524	686188
2007	11734648	5906626	7794313	931517
2008	16556239	8501607	11138979	1036447
2009	23092674	11391659	16741395	1201810
2010	30637317	15426858	22021853	2220240

注：1.1996年以后建筑业年报统计范围由往年的县及县以上(含县级建制镇)各种经济类型的建筑企业，改为具有建筑业资质等级四级及以上的各种经济类型的建筑施工企业；2002年改为具有建筑业资质等级的各种经济类型的建筑施工企业。
2.1998年以后国有经济为国有及国有控股企业。
3.本表资料含劳务分包企业。

a) Since 1996, the statistical range of construction annual report have changed from construction enterprises of all economic types in counties and above counties level (contain county towns) to the construction enterprises of all economic types at fourth or higher quality grades, since 2002 which have changed to the all economic types construction enterprises which possess qualification grades.
b) Since 1998, the state-owned enterprises are the state-owned and the state holding enterprises.
c) Data in the table include the subcontractor of labour services.

14-2 具有资质等级的建筑业企业主要生产指标(2010年)
Main Production Indicators of Construction Enterprises Which Possess Qualification Grades(2010)

指标	Item	企业数 (个) Number of Enterprises (unit)	总产值 (万元) Total Output Value (10 000 yuan)	#建筑工程产值 Output Value of Construction	#安装工程产值 Output Value of Installation	从业人员年平均人数(人) Annual Average of Persons Employed (person)	年末从业人数(人) Number of Engaged Persons (person)
总计	**Total**	**1026**	**30637317**	**27702169**	**2253029**	**1136596**	**1047156**
# 国有及国有控股企业	State-owned and State-holding Enterprises	189	22021853	20105788	1349261	617363	586635
按登记注册类型分	**By Status of Registration**						
内资企业	Domestic Funded	1025	30636663	27701519	2253025	1136538	1047106
国有企业	State-owned Enterprises	132	12356121	11200623	820471	329123	278782
集体企业	Collective-owned Enterprises	156	1436728	1344786	71631	102306	101471
股份合作企业	Cooperative Enterprises	6	22754	22024	600	1504	1177
联营企业	Joint Ownership Enterprises	4	40804	34955	3299	2201	2350
国有联营企业	State Joint Ownership Enterprises	1	4635	4292	343	630	630
集体联营企业	Collective Joint Ownership Enterprises	1	28464	23098	2816	1230	1392
国有与集体联营企业	Joint State-collective Enterprises	1	4205	4065	140	195	182
其他联营企业	Other Joint Ownership Enterprises	1	3500	3500		146	146
有限责任公司	Limited Liability Corporations	374	13291993	11946824	1079675	524444	513840
国有独资公司	State Sole Funded Corporations	3	261620	259748	1272	5521	6678
其他有限责任公司	Other Limited Liability Corporations	371	13030373	11687077	1078403	518923	507162
股份有限公司	Share-holding Corporations Limited	49	961617	873474	41394	33506	32640
私营企业	Private Enterprises	303	2524592	2276777	235956	143304	116696
私营独资企业	Private-funded Enterprises	27	208127	199634	6616	9521	8723
私营合伙企业	Private Partnership Enterprises	3	6840	6188	652	572	594
私营有限责任公司	Private Limited Liability Corporations	249	2054029	1852080	193321	117620	94991
私营股份有限公司	Private Share-holding Corporations Ltd.	24	255595	218876	35366	15591	12388
其他企业	Other Enterprises	1	2054	2054		150	150
港、澳、台商投资企业	Enterprises with Funds from Hong Kong, Macao and Taiwan	1	653	650	3	58	50
合资经营企业(港或澳、台资)	Joint-venture Enterprises	1	653	650	3	58	50
按国民经济行业分	**By Sector**						
房屋和土木工程建筑业	Building and Civil Engineering	863	28060351	26147671	1323734	1029801	955583
房屋工程建筑	Building	669	11445510	10513878	738307	628459	545571
土木工程建筑业	Civil Engineering	194	16614841	15633793	585427	401342	410012
建筑安装业	Construction Installation	87	1333130	587765	708846	49244	45362
建筑装饰业	Construction Decoration	51	172786	62292	57896	10554	5368
其他建筑业	Other Construction	25	1071049	904440	162553	46997	40843
工程准备	Engineering Preparation	17	941162	776953	160153	42961	36794
提供施工设备服务	Construction Equipment Services	1	344	344		55	51
其他未列明的建筑活动	Other Construction Activities Unlisted	7	129543	127143	2400	3981	3998

14-2 续表 continued

指 标	Item	企业数 (个) Number of Enterprises (unit)	总产值 (万元) Total Output Value (10 000 yuan)	#建筑工程产值 Output Value of Construction	#安装工程产值 Output Value of Installation	从业人员年平均人数(人) Annual Average of Persons Employed (person)	年末从业人数(人) Number of Engaged Persons (person)
按隶属关系分	**By Jurisdiction of Management**						
中 央	Central	57	15209249	14209552	586637	334127	338034
地 方	Local	969	15428068	13492617	1666392	802469	709122
省	Provincial	62	3923093	3396036	447844	149339	127579
市	Municipal	163	4243012	3732687	430862	226810	214089
县及县以下	County and County under	249	2337115	2191183	101339	169955	164507
其 他	Others	495	4924848	4172712	686347	256365	202947
按企业资质等级分	**By Qualification Grade**						
施工总承包	The General Contractor	843	29290733	26999150	1682380	1068838	994650
特 级	Special Grade	8	7236556	6729640	150040	127078	164904
一 级	First Grade	111	14480888	13249850	1121394	518885	448908
二 级	Second Grade	425	5537500	5105072	326657	294291	259997
三级及以下	Third Grade and Below	299	2035790	1914588	84289	128584	120841
专业承包	The Specialized Contractor	173	1345374	703018	570649	67535	52307
一 级	First Grade	34	579009	246021	270017	22174	17081
二 级	Second Grade	69	589114	359288	222669	34718	25068
三级及以下	Third Grade and Below	70	177250	97709	77964	10643	10158
劳务分包	The Subcontractor of Labour Services	10	1210			223	199
一 级	First Grade	6	538			98	66
三级及以下	Third Grade and Below	4	672			125	133
按营业状态分	**By Business State**						
营 业	Operating	990	30618551	27693963	2242469	1135254	1045911
停业(歇业)	Suspension	35	18766	8206	10560	1342	1245
当年关闭	Closure in This Year	1					
按控股情况分	**By Holding Situation**						
国有控股	State-holding	189	22021853	20105788	1349261	617363	586635
集体控股	Group Holdings	210	2220240	2066141	125995	165386	161298
私人控股	Private Holdings	599	5980064	5240237	662111	331006	277947
港澳台商控股	Holdings Hong Kong, Macao,Taiwan	2	2697	650	2047	163	162
外商控股	Foreign Holdings	1	53471		52918	3094	3094
其 他	Others	25	358993	289353	60697	19584	18020

14-3 具有资质等级的建筑业企业主要财务指标(2010年)
Main Financial Indicators of Construction Enterprises Which Possess Qualification Grades(2010)

指标	Item	利润总额 (万元) Total Profits (10 000 yuan)	税金 (万元) Tax (10 000 yuan)	按总产值计算劳动生产率 (元/人) Overall Labor Productivity by Gross Output Value (yuan/person)	产值利润率 (%) Ratio of Profit to Gross Output Value (%)	产值利税率 (%) Ratio of Pre-tax Profit to Gross Output Value (%)	固定资产原价 (万元) Original Value of Fixed Assets (10 000 yuan)
总计	**Total**	**582359**	**1088948**	**269553**	**1.9**	**5.5**	**3741491**
# 国有及国有控股企业	State-owned and State-holding Enterprises	317061	816531	356708	1.4	5.1	2336337
按登记注册类型分	**By Status of Registration**						
内资企业	Domestic Funded	582359	1088922	269561	1.9	5.5	3740645
国有企业	State-owned Enterprises	190178	441247	375426	1.5	5.1	1218336
集体企业	Collective-owned Enterprises	52381	54516	140434	3.6	7.4	280668
股份合作企业	Cooperative Enterprises	1163	870	151291	5.1	8.9	5142
联营企业	Joint Ownership Enterprises	4926	934	185389	12.1	14.4	19071
国有联营企业	State Joint Ownership Enterprises	203	110	73571	4.4	6.8	4277
集体联营企业	Collective Joint Ownership Enterprises	4428	635	231415	15.6	17.8	11579
国有与集体联营企业	Joint State-collective Enterprises		79	215641		1.9	1049
其他联营企业	Other Joint Ownership Enterprises	295	111	239726	8.4	11.6	2166
有限责任公司	Limited Liability Corporations	237755	506956	253449	1.8	5.6	1661456
国有独资公司	State Sole Funded Corporations	1512	8453	473864	0.6	3.8	84960
其他有限责任公司	Other Limited Liability Corporations	236242	498503	251104	1.8	5.6	1576496
股份有限公司	Share-holding Corporations Limited	16873	19340	286998	1.8	3.8	107285
私营企业	Private Enterprises	78990	64978	176170	3.1	5.7	448139
私营独资企业	Private-funded Enterprises	10266	7723	218598	4.9	8.6	62634
私营合伙企业	Private Partnership Enterprises	422	203	119577	6.2	9.1	485
私营有限责任公司	Private Limited Liability Corporations	62142	49965	174633	3.0	5.5	351384
私营股份有限公司	Private Share-holding Corporations Ltd.	6160	7087	163938	2.4	5.2	33636
其他企业	Other Enterprises	93	82	136953	4.5	8.5	550
港、澳、台商投资企业	Enterprises with Funds from Hong Kong, Macao and Taiwan		26	112655		3.9	847
合资经营企业(港或澳、台资)	Joint-venture Enterprises		26	112655		3.9	847
按国民经济行业分	**By Sector**						
房屋和土木工程建筑业	Building and Civil Engineering	550579	1024910	272483	2.0	5.6	3558900
房屋工程建筑	Building	287420	388704	182120	2.5	5.9	1292905
土木工程建筑业	Civil Engineering	263159	636206	413982	1.6	5.4	2265995
建筑安装业	Construction Installation	30157	39317	270719	2.3	5.2	123232
建筑装饰业	Construction Decoration	867	3770	163716	0.5	2.7	25838
其他建筑业	Other Construction	755	20950	227897	0.1	2.0	33521
工程准备	Engineering Preparation	430	17322	219074	0.0	1.9	24267
提供施工设备服务	Construction Equipment Services		20	62545		5.8	424
其他未列明的建筑活动	Other Construction Activities Unlisted	325	3609	325404	0.3	3.0	8830

14-3 续表 1 continued

指　标	Item	利润总额 (万元) Total Profits (10 000 yuan)	税 金 (万元) Tax (10 000 yuan)	按总产值计算劳动生产率 (元/人) Overall Labor Productivity by Gross Output Value (yuan/person)	产值利润率 (%) Ratio of Profit to Gross Output Value (%)	产值利税率 (%) Ratio of Pre-tax Profit to Gross Output Value (%)	固定资产原 价 (万元) Original Value of Fixed Assets (10 000 yuan)
按隶属关系分	**By Jurisdiction of Management**						
中　央	Central	214261	581920	455194	1.4	5.2	1819271
地　方	Local	368098	507028	192257	2.4	5.7	1922221
省	Provincial	70542	127991	262697	1.8	5.1	270378
市	Municipal	73033	152546	187073	1.7	5.3	466480
县及县以下	County and County under	106099	91623	137514	4.5	8.5	382135
其　他	Others	118424	134867	192103	2.4	5.1	803228
按企业资质等级分	**By Qualification Grade**						
施工总承包	The General Contractor	562640	1054678	274043	1.9	5.5	3537115
特　级	Special Grade	136458	320911	569458	1.9	6.3	943373
一　级	First Grade	155016	482343	279077	1.1	4.4	1350689
二　级	Second Grade	171585	179019	188164	3.1	6.3	921290
三级及以下	Third Grade and Below	99582	72406	158324	4.9	8.4	321763
专业承包	The Specialized Contractor	19657	34230	199211	1.5	4.0	203553
一　级	First Grade	9703	15049	261121	1.7	4.3	103798
二　级	Second Grade	6168	13196	169685	1.0	3.3	54635
三级及以下	Third Grade and Below	3786	5985	166542	2.1	5.5	45120
劳务分包	The Subcontractor of Labour Services	61	40	54274	5.1	8.3	824
一　级	First Grade	28	24	54929	5.1	9.5	639
三级及以下	Third Grade and Below	34	16	53760	5.0	7.4	185
按营业状态分	**By Business State**						
营　业	Operating	582908	1088406	269707	1.9	5.5	3719179
停业(歇业)	Suspension	-549	541	139835	-2.9	0.0	21582
当年关闭	Closure in This Year						730
按控股情况分	**By Holding Situation**						
国有控股	State-holding	317061	816531	356708	1.4	5.1	2336337
集体控股	Group Holdings	65146	69464	134246	2.9	6.1	350924
私人控股	Private Holdings	180503	173391	180663	3.0	5.9	997966
港澳台商控股	Holdings Hong Kong, Macao,Taiwan	861	99	165460	31.9	35.6	897
外商控股	Foreign Holdings	4186	1835	172821	7.8	11.3	11307
其　他	Others	14602	27629	183309	4.1	11.8	44060

14-3 续表 2 continued

指　　标	Item	本年折旧 (万元) Depreciation of Fixed Assets (10 000 yuan)	资产总计 (万元) Total Assets (10 000 yuan)	负债合计 (万元) Total Liabilities (10 000 yuan)	实收资本 (万元) Paid-in Capitals (10 000 yuan)	资产负债率 (%) Assets-Liability Ratio (%)
总　　计	**Total**	**502396**	**18398296**	**13706686**	**3489317**	**74.5**
# 国有及国有控股企业	State-owned and State-holding Enterprises	365192	13944357	11747585	1592657	84.2
按登记注册类型分	**By Status of Registration**					
内资企业	Domestic Funded	502366	18397084	13706621	3488111	74.5
国有企业	State-owned Enterprises	182009	7528594	6249959	886912	83.0
集体企业	Collective-owned Enterprises	11548	759610	284125	348938	37.4
股份合作企业	Cooperative Enterprises	158	14606	4059	6509	27.8
联营企业	Joint Ownership Enterprises	1097	34888	28607	4035	82.0
国有联营企业	State Joint Ownership Enterprises	311	9678	5816	1747	60.1
集体联营企业	Collective Joint Ownership Enterprises	579	18050	17930	120	99.3
国有与集体联营企业	Joint State-collective Enterprises	101	3288	2531	860	77.0
其他联营企业	Other Joint Ownership Enterprises	106	3872	2330	1308	60.2
有限责任公司	Limited Liability Corporations	277051	7987934	6122662	1427954	76.6
国有独资公司	State Sole Funded Corporations	6040	249117	190903	42788	76.6
其他有限责任公司	Other Limited Liability Corporations	271011	7738818	5931759	1385166	76.6
股份有限公司	Share-holding Corporations Limited	8102	559536	431481	96046	77.1
私营企业	Private Enterprises	22368	1511237	585341	717424	38.7
私营独资企业	Private-funded Enterprises	2078	174675	62394	79079	35.7
私营合伙企业	Private Partnership Enterprises	24	2334	370	1910	15.9
私营有限责任公司	Private Limited Liability Corporations	16763	1210522	469451	578055	38.8
私营股份有限公司	Private Share-holding Corporations Ltd.	3503	123705	53126	58381	42.9
其他企业	Other Enterprises	33	680	387	293	56.9
港、澳、台商投资企业	Enterprises with Funds from Hong Kong, Macao and Taiwan	30	1212	65	1206	5.4
合资经营企业(港或澳、台资)	Joint-venture Enterprises	30	1212	65	1206	5.4
按国民经济行业分	**By Sector**					
房屋和土木工程建筑业	Building and Civil Engineering	486958	17186011	12862056	3196466	74.8
房屋工程建筑	Building	132974	5475321	3240763	1629462	59.2
土木工程建筑业	Civil Engineering	353984	11710691	9621293	1567005	82.2
建筑安装业	Construction Installation	11759	906578	645096	203895	71.2
建筑装饰业	Construction Decoration	2314	148318	97630	56968	65.8
其他建筑业	Other Construction	1365	157390	101904	31988	64.7
工程准备	Engineering Preparation	797	120793	73773	24562	61.1
提供施工设备服务	Construction Equipment Services	24	514	380	200	73.9
其他未列明的建筑活动	Other Construction Activities Unlisted	543	36083	27751	7226	76.9

14-3 续表 3 continued

指 标	Item	本年折旧 (万元) Depreciation of Fixed Assets (10 000 yuan)	资产总计 (万元) Total Assets (10 000 yuan)	负债合计 (万元) Total Liabilities (10 000 yuan)	实收资本 (万元) Paid-in Capitals (10 000 yuan)	资产负债率 (%) Assets-Liability Ratio (%)
按隶属关系分	**By Jurisdiction of Management**					
中 央	Central	291785	10353837	8987471	1011841	86.8
地 方	Local	210611	8044459	4719215	2477476	58.7
省	Provincial	17844	2503321	1890422	420372	75.5
市	Municipal	120997	1672448	1184918	349033	70.8
县及县以下	County and County under	26753	944573	329007	469322	34.8
其 他	Others	45018	2924117	1314868	1238749	45.0
按企业资质等级分	**By Qualification Grade**					
施工总承包	The General Contractor	480712	17624621	13269302	3216241	75.3
特 级	Special Grade	176606	5853530	4976664	615176	85.0
一 级	First Grade	232751	7637531	6315437	966228	82.7
二 级	Second Grade	45655	3210450	1605457	1201159	50.0
三级及以下	Third Grade and Below	25700	923110	371745	433678	40.3
专业承包	The Specialized Contractor	21654	772493	437262	272331	56.6
一 级	First Grade	14162	395126	271848	108668	68.8
二 级	Second Grade	4802	216995	83193	103055	38.3
三级及以下	Third Grade and Below	2690	160373	82221	60608	51.3
劳务分包	The Subcontractor of Labour Services	30	1182	122	745	10.3
一 级	First Grade	12	894	110	633	12.3
三级及以下	Third Grade and Below	18	288	12	112	4.2
按营业状态分	**By Business State**					
营 业	Operating	501836	18326754	13682688	3442813	74.7
停业(歇业)	Suspension	559	70812	23998	45774	33.9
当年关闭	Closure in This Year		730		730	
按控股情况分	**By Holding Situation**					
国有控股	State-holding	365192	13944357	11747585	1592657	84.2
集体控股	Group Holdings	14595	1021397	445808	420655	43.6
私人控股	Private Holdings	118517	3281369	1415358	1432917	43.1
港澳台商控股	Holdings Hong Kong, Macao,Taiwan	38	2998	597	1709	19.9
外商控股	Foreign Holdings	996	5295	4082	1200	77.1
其 他	Others	3059	142880	93256	40179	65.3

14-4 施工总承包和专业承包建筑业企业主要指标(2010年)

Main Indicators of General Contracting and Professional Contracting in Construction Enterprises (2010)

指标	Item	企业数(个) Number of Enter-prises (unit)	从业人员年平均人数(人) Annual Average of Employed Persons (person)	年末从业人数(人) Number of Engaged Persons at Year-end (person)	#管理人员 Manager	#工程技术人员 Engineer	#一级建造师 First Engineer
总计	**Total**	**1016**	**1260467**	**1046957**	**76577**	**124735**	**7620**
# 国有及国有控股企业	State-owned and State-holding Enterprises	189	725737	586635	46073	66229	4845
按登记注册类型分	**By Status of Registration**						
内资企业	Domestic Funded	1015	1260409	1046907	76567	124723	7615
国有企业	State-owned Enterprises	132	367968	278782	27520	36636	2932
集体企业	Collective-owned Enterprises	156	105955	101471	8126	12321	300
股份合作企业	Cooperative Enterprises	6	1493	1177	63	259	12
联营企业	Joint Ownership Enterprises	4	2363	2350	37	221	18
国有联营企业	State Joint Ownership Enterprises	1	630	630		85	
集体联营企业	Collective Joint Ownership Enterprises	1	1392	1392		31	2
国有与集体联营企业	Joint State-collective Enterprises	1	195	182	30	37	14
其他联营企业	Other Joint Ownership Enterprises	1	146	146	7	68	2
有限责任公司	Limited Liability Corporations	370	600725	513706	31799	54434	3359
国有独资公司	State Sole Funded Corporations	3	6709	6678	1128	1482	79
其他有限责任公司	Other Limited Liability Corporations	367	594016	507028	30671	52952	3280
股份有限公司	Share-holding Corporations Limited	48	34996	32638	1422	4971	163
私营企业	Private Enterprises	298	146759	116633	7600	15851	831
私营独资企业	Private-funded Enterprises	26	9719	8719	478	990	89
私营合伙企业	Private Partnership Enterprises	3	586	594	40	52	1
私营有限责任公司	Private Limited Liability Corporations	245	120608	94932	6330	13672	648
私营股份有限公司	Private Share-holding Corporations Ltd.	24	15846	12388	752	1137	93
其他企业	Other Enterprises	1	150	150		30	
港、澳、台商投资企业	Enterprises with Funds from Hong Kong, Macao and Taiwan	1	58	50	10	12	5
合资经营企业(港或澳、台资)	Joint-venture Enterprises	1	58	50	10	12	5
按国民经济行业分	**By Sector**						
房屋和土木工程建筑业	Building and Civil Engineering	858	1147193	955438	70824	111915	6605
房屋工程建筑	Building	665	644560	545428	35742	67929	3574
土木工程建筑业	Civil Engineering	193	502633	410010	35082	43986	3031
建筑安装业	Construction Installation	83	52322	45317	4625	5528	659
建筑装饰业	Construction Decoration	50	13760	5359	644	855	165

14-4 续表 1 continued

指　标	Item	企业数（个）Number of Enterprises (unit)	从业人员年平均人数（人）Annual Average Employed Persons (person)	年末从业人数（人）Number of Engaged Persons at Year-end (person)	#管理人员 Manager	#工程技术人员 Engineer	#一级建造师 First Engineer
其他建筑业	Other Construction	25	47192	40843	484	6437	191
工程准备	Engineering Preparation	17	43031	36794	385	5080	156
提供施工设备服务	Construction Equipment Services	1	57	51	10	3	1
其他未列明的建筑活动	Other Construction Activities Unlisted	7	4104	3998	89	1354	34
按隶属关系分	**By Jurisdiction of Management**						
中　央	Central	57	423346	338034	29522	35574	2530
地　方	Local	959	837121	708923	47055	89161	5090
省	Provincial	62	164971	127579	12406	16439	1530
市	Municipal	162	235435	214079	10512	25389	1565
县及县以下	County and County under	249	173449	164507	9482	18693	299
其　他	Others	486	263266	202758	14655	28640	1696
按企业资质等级分	**By Qualification Grade**						
施工总承包	The General Contractor	843	1190222	994650	72779	118066	6888
特　级	Special Grade	8	174698	164904	12812	13246	1208
一　级	First Grade	111	570665	448908	33638	51303	3744
二　级	Second Grade	425	312119	259997	19287	37855	1381
三级及以下	Third Grade and Below	299	132740	120841	7042	15662	555
专业承包	The Specialized Contractor	173	70245	52307	3798	6669	732
一　级	First Grade	34	23191	17081	1609	2573	331
二　级	Second Grade	69	36060	25068	1331	2524	251
三级及以下	Third Grade and Below	70	10994	10158	858	1572	150
按营业状态分	**By Business State**						
营　业	Operating	982	1258959	1045714	76516	124560	7588
停业(歇业)	Suspension	33	1507	1243	61	175	32
当年关闭	Closure in This Year	1	1				
按控股情况分	**By Holding Situation**						
国有控股	State-holding	189	725737	586635	46073	66229	4845
集体控股	Group Holdings	210	169841	161298	10699	19390	587
私人控股	Private Holdings	589	340985	277748	18119	36230	2096
港澳台商控股	Holdings Hong Kong, Macao,Taiwan	2	163	162	43	63	9
外商控股	Foreign Holdings	1	3094	3094	30	271	20
其　他	Others	25	20647	18020	1613	2552	63

14-4 续表 2 continued

指 标	Item	建筑业总产值（万元）Total Output Value (10 000 yuan)	建筑工程 Construction	安装工程 Installation	其 他 Others	竣工产值（万元）Output Value of Completed Construction (10 000 yuan)
总 计	**Total**	**30636106**	**27702169**	**2253029**	**680909**	**11834261**
# 国有及国有控股企业	State-owned and State-holding Enterprises	22021853	20105788	1349261	566804	7383757
按登记注册类型分	**By Status of Registration**					
内资企业	Domestic Funded	30635453	27701519	2253025	680909	11833608
国有企业	State-owned Enterprises	12356121	11200623	820471	335027	4679508
集体企业	Collective-owned Enterprises	1436728	1344786	71631	20311	844713
股份合作企业	Cooperative Enterprises	22754	22024	600	130	15381
联营企业	Joint Ownership Enterprises	40804	34955	3299	2550	21984
国有联营企业	State Joint Ownership Enterprises	4635	4292	343		884
集体联营企业	Collective Joint Ownership Enterprises	28464	23098	2816	2550	17600
国有与集体联营企业	Joint State-collective Enterprises	4205	4065	140		0
其他联营企业	Other Joint Ownership Enterprises	3500	3500			3500
有限责任公司	Limited Liability Corporations	13291388	11946824	1079675	264888	4838771
国有独资公司	State Sole Funded Corporations	261620	259748	1272	600	63214
其他有限责任公司	Other Limited Liability Corporations	13029768	11687077	1078403	264288	4775557
股份有限公司	Share-holding Corporations Limited	961617	873474	41394	46750	199813
私营企业	Private Enterprises	2523986	2276777	235956	11253	1231541
私营独资企业	Private-funded Enterprises	207987	199634	6616	1737	66936
私营合伙企业	Private Partnership Enterprises	6840	6188	652		6840
私营有限责任公司	Private Limited Liability Corporations	2053564	1852080	193321	8162	1083277
私营股份有限公司	Private Share-holding Corporations Ltd.	255595	218876	35366	1353	74489
其他企业	Other Enterprises	2054	2054			1897
港、澳、台商投资企业	Enterprises with Funds from Hong Kong, Macao and Taiwan	653	650	3		653
合资经营企业(港或澳、台资)	Joint-venture Enterprises	653	650	3		653
按国民经济行业分	**By Sector**					
房屋和土木工程建筑业	Building and Civil Engineering	28059711	26147671	1323734	588307	10623165
房屋工程建筑	Building	11444870	10513878	738307	192685	5753861
土木工程建筑业	Civil Engineering	16614841	15633793	585427	395622	4869305
建筑安装业	Construction Installation	1332642	587765	708846	36031	514066
建筑装饰业	Construction Decoration	172704	62292	57896	52516	123537

14-4 续表 3 continued

指 标	Item	建筑业总产值(万元) Total Output Value (10 000 yuan)	建筑工程 Construction	安装工程 Installation	其 他 Others	竣工产值(万元) Output Value of Completed Construction (10 000 yuan)
其他建筑业	Other Construction	1071049	904440	162553	4056	573493
工程准备	Engineering Preparation	941162	776953	160153	4056	474286
提供施工设备服务	Construction Equipment Services	344	344			344
其他未列明的建筑活动	Other Construction Activities Unlisted	129543	127143	2400		98862
按隶属关系分	**By Jurisdiction of Management**					
中 央	Central	15209249	14209552	586637	413060	4399053
地 方	Local	15426858	13492617	1666392	267849	7435208
省	Provincial	3923093	3396036	447844	79213	1620101
市	Municipal	4242997	3732687	430862	79448	1741643
县及县以下	County and County under	2337115	2191183	101339	44594	1406345
其 他	Others	4923653	4172712	686347	64594	2667120
按企业资质等级分	**By Qualification Grade**					
施工总承包	The General Contractor	29290733	26999150	1682380	609203	11115431
特 级	Special Grade	7236556	6729640	150040	356875	2431914
一 级	First Grade	14480888	13249850	1121394	109644	4951136
二 级	Second Grade	5537500	5105072	326657	105771	2710913
三级及以下	Third Grade and Below	2035790	1914588	84289	36913	1021468
专业承包	The Specialized Contractor	1345374	703018	570649	71706	718830
一 级	First Grade	579009	246021	270017	62972	286234
二 级	Second Grade	589114	359288	222669	7157	308624
三级及以下	Third Grade and Below	177250	97709	77964	1577	123972
按营业状态分	**By Business State**					
营 业	Operating	30617341	27693963	2242469	680909	11823274
停业(歇业)	Suspension	18766	8206	10560		10987
当年关闭	Closure in This Year					
按控股情况分	**By Holding Situation**					
国有控股	State-holding	22021853	20105788	1349261	566804	7383757
集体控股	Group Holdings	2220240	2066141	125995	28104	1245349
私人控股	Private Holdings	5978854	5240237	662111	76506	3069203
港澳台商控股	Holdings Hong Kong, Macao,Taiwan	2697	650	2047		2697
外商控股	Foreign Holdings	53471		52918	553	1950
其 他	Others	358993	289353	60697	8943	131306

14-4 续表 4 continued

指 标	Item	房屋建筑施工面积(万平方米) Floor Space of Buildings under Construction (10 000 sq.m)	#本年新开工面积 New Buildings	#实行投标承包面积 Bidden and Contracted	房屋建筑竣工面积(万平方米) Floor Space of Buildings Completed (10 000 sq.m)	# 住宅 Residential Housing	房屋建筑面积竣工率(%) Rate of Floor Space of Buildings Completed (%)
总 计	**Total**	**11490.67**	**5523.20**	**10213.50**	**3781.25**	**2523.03**	**32.9**
# 国有及国有控股企业	State-owned and State-holding Enterprises	5666.98	2328.61	5400.61	1342.06	825.13	23.7
按登记注册类型分	**By Status of Registration**						
内资企业	Domestic Funded	11490.67	5523.20	10213.50	3781.25	2523.03	32.9
国有企业	State-owned Enterprises	3758.07	1587.38	3575.22	1005.62	623.31	26.8
集体企业	Collective-owned Enterprises	1490.65	829.22	1359.04	648.90	445.93	43.5
股份合作企业	Cooperative Enterprises	21.71	7.61	7.46	10.44	8.35	48.1
联营企业	Joint Ownership Enterprises	27.22	10.55	6.03	10.34	5.30	38.0
国有联营企业	State Joint Ownership Enterprises	5.04			0.21	0.21	4.3
集体联营企业	Collective Joint Ownership Enterprises	19.30	8.96	3.16	10.13	5.08	52.5
国有与集体联营企业	Joint State-collective Enterprises	2.87	1.59	2.87			
其他联营企业	Other Joint Ownership Enterprises						
有限责任公司	Limited Liability Corporations	4466.43	2103.84	3847.35	1413.26	961.48	31.6
国有独资公司	State Sole Funded Corporations	10.25	6.45	10.25			
其他有限责任公司	Other Limited Liability Corporations	4456.18	2097.39	3837.11	1413.26	961.48	31.7
股份有限公司	Share-holding Corporations Limited	316.65	213.02	291.31	130.96	76.36	41.4
私营企业	Private Enterprises	1404.97	768.18	1122.10	559.78	400.36	39.8
私营独资企业	Private-funded Enterprises	134.47	48.75	63.42	34.39	23.95	25.6
私营合伙企业	Private Partnership Enterprises						
私营有限责任公司	Private Limited Liability Corporations	1142.91	663.91	940.39	477.06	335.50	41.7
私营股份有限公司	Private Share-holding Corporations Ltd.	127.59	55.51	118.29	48.33	40.91	37.9
其他企业	Other Enterprises	4.99	3.41	4.99	1.94	1.94	38.8
港、澳、台商投资企业	Enterprises with Funds from Hong Kong, Macao and Taiwan						
合资经营企业(港或澳、台资)	Joint-venture Enterprises						
按国民经济行业分	**By Sector**						
房屋和土木工程建筑业	Building and Civil Engineering	10990.00	5277.50	9770.87	3603.99	2407.13	32.8
房屋工程建筑	Building	10310.93	4930.49	9262.59	3500.32	2336.64	33.9
土木工程建筑业	Civil Engineering	679.07	347.01	508.29	103.67	70.49	15.3
建筑安装业	Construction Installation	120.80	75.80	119.87	35.45	14.70	29.3
建筑装饰业	Construction Decoration	4.72	3.85	4.11	1.90		40.2

14-4 续表 5 continued

指 标	Item	房屋建筑施工面积(万平方米) Floor Space of Buildings under Construction (10 000 sq.m)	#本年新开工面积 New Buildings	#实行投标承包面积 Bidden and Contracted	房屋建筑竣工面积(万平方米) Floor Space of Buildings Completed (10 000 sq.m)	# 住宅 Residential Housing	房屋建筑面积竣工率(%) Rate of Floor Space of Buildings Completed (%)
其他建筑业	Other Construction	375.15	166.04	318.64	139.91	101.20	37.3
工程准备	Engineering Preparation	325.17	125.72	268.66	91.20	62.58	28.0
提供施工设备服务	Construction Equipment Services						
其他未列明的建筑活动	Other Construction Activities Unlisted	49.98	40.32	49.98	48.70	38.61	97.4
按隶属关系分	**By Jurisdiction of Management**						
中 央	Central	932.31	248.52	890.85	228.33	151.55	24.49
地 方	Local	10558.36	5274.67	9322.65	3552.92	2371.47	33.65
省	Provincial	3431.05	1481.29	3367.79	741.75	439.40	21.62
市	Municipal	2589.06	1242.33	2202.20	784.57	582.15	30.30
县及县以下	County and County under	2068.46	1269.91	1842.82	1025.75	692.90	49.60
其 他	Others	2469.78	1281.15	1909.84	1000.86	657.03	40.52
按企业资质等级分	**By Qualification Grade**						
施工总承包	The General Contractor	11200.03	5333.09	10018.50	3712.93	2475.73	33.15
特 级	Special Grade	388.81	133.97	356.78	74.08	33.94	19.05
一 级	First Grade	6188.03	2654.68	5894.67	1681.65	1137.88	27.18
二 级	Second Grade	3391.66	1802.90	2742.21	1402.69	976.23	41.36
三级及以下	Third Grade and Below	1231.53	741.54	1024.84	554.51	327.68	45.03
专业承包	The Specialized Contractor	290.64	190.11	195.00	68.32	47.30	23.51
一 级	First Grade	54.79	32.47	43.81	11.78	6.91	21.50
二 级	Second Grade	195.71	123.68	114.86	35.40	25.72	18.09
三级及以下	Third Grade and Below	40.14	33.96	36.32	21.13	14.68	52.65
按营业状态分	**By Business State**						
营 业	Operating	11484.14	5517.13	10211.30	3781.23	2523.03	32.93
停业(歇业)	Suspension	6.54	6.07	2.20	0.03		0.40
当年关闭	Closure in This Year						
按控股情况分	**By Holding Situation**						
国有控股	State-holding	5666.98	2328.61	5400.61	1342.06	825.13	23.68
集体控股	Group Holdings	2135.03	1142.49	1874.84	930.20	662.10	43.57
私人控股	Private Holdings	3556.69	1982.86	2817.74	1459.27	995.22	41.03
港澳台商控股	Holdings Hong Kong, Macao,Taiwan						
外商控股	Foreign Holdings						
其 他	Others	131.98	69.24	120.31	49.72	40.57	37.7

14-4 续表 6 continued

指 标	Item	自有施工机械设备年末净值(万元) Net Value of Machinery and Equipment Owned (10 000 yuan)	自有施工机械设备年末总台数(台) Number of Machinery and Equipment Owned (set)	自有施工机械设备年末总功率(千瓦) Total Power of Machinery and Equipment Owned (kw)	技术装备率(元/人) Value of Machines per Laborer (yuan/person)	动力装备率(千瓦/人) Power of Machines per Laborer (kw/person)
总 计	**Total**	**1048554**	**210243**	**5985529**	**9227**	**5.3**
# 国有及国有控股企业	State-owned and State-holding Enterprises	674541	75533	3614135	10926	5.9
按登记注册类型分	**By Status of Registration**					
内资企业	Domestic Funded	1048498	210219	5985129	9227	5.3
国有企业	State-owned Enterprises	346327	54246	1588771	10523	4.8
集体企业	Collective-owned Enterprises	62271	36180	511343	6087	5.0
股份合作企业	Cooperative Enterprises	9	7	528	57	0.4
联营企业	Joint Ownership Enterprises	911	260	10890	4141	4.9
国有联营企业	State Joint Ownership Enterprises					
集体联营企业	Collective Joint Ownership Enterprises					
国有与集体联营企业	Joint State-collective Enterprises	341	41	390	17508	2.0
其他联营企业	Other Joint Ownership Enterprises	570	219	10500	39041	71.9
有限责任公司	Limited Liability Corporations	451110	74221	3170290	8604	6.0
国有独资公司	State Sole Funded Corporations	22235	1519	147648	40274	26.7
其他有限责任公司	Other Limited Liability Corporations	428875	72702	3022642	8267	5.8
股份有限公司	Share-holding Corporations Limited	31394	5735	135284	9370	4.0
私营企业	Private Enterprises	156098	39430	566034	10900	4.0
私营独资企业	Private-funded Enterprises	10841	1283	39538	11386	4.2
私营合伙企业	Private Partnership Enterprises	244	131	1273	4259	2.2
私营有限责任公司	Private Limited Liability Corporations	133692	34910	454536	11376	3.9
私营股份有限公司	Private Share-holding Corporations Ltd.	11321	3106	70687	7261	4.5
其他企业	Other Enterprises	379	140	1989	25260	13.3
港、澳、台商投资企业	Enterprises with Funds from Hong Kong, Macao and Taiwan	56	24	400	9621	6.9
合资经营企业(港或澳、台资)	Joint-venture Enterprises	56	24	400	9621	6.9
按国民经济行业分	**By Sector**					
房屋和土木工程建筑业	Building and Civil Engineering	1002393	195995	5250496	9735	5.1
房屋工程建筑	Building	336848	134006	1878008	5361	3.0
土木工程建筑业	Civil Engineering	665546	61989	3372488	16583	8.4
建筑安装业	Construction Installation	32515	10892	333478	6613	6.8
建筑装饰业	Construction Decoration	5983	926	341646	5673	32.4

14-4 续表 7 continued

指　　标	Item	自有施工机械设备年末净值(万元) Net Value of Machinery and Equipment Owned (10 000 yuan)	自有施工机械设备年末总台数(台) Number of Machinery and Equipment Owned (set)	自有施工机械设备年末总功率(千瓦) Total Power of Machinery and Equipment Owned (kw)	技术装备率(元/人) Value of Machines per Laborer (yuan/person)	动力装备率(千瓦/人) Power of Machines per Laborer (kw/person)
其他建筑业	Other Construction	7662	2430	59909	1630	1.3
工程准备	Engineering Preparation	6844	1905	44306	1593	1.0
提供施工设备服务	Construction Equipment Services	107	15	750	19473	13.6
其他未列明的建筑活动	Other Construction Activities Unlisted	711	510	14853	1787	3.7
按隶属关系分	**By Jurisdiction of Management**					
中　央	Central	550547	47334	3002928	16477	9.0
地　方	Local	498007	162909	2982601	6206	3.7
省	Provincial	88547	20355	404490	5929	2.7
市	Municipal	70140	20187	435979	3093	1.9
县及县以下	County and County under	100058	54675	709839	5887	4.2
其　他	Others	239262	67692	1432293	9341	5.6
按企业资质等级分	**By Qualification Grade**					
施工总承包	The General Contractor	1004197	198010	5278388	9395	4.9
特　级	Special Grade	316161	23065	1502475	24879	11.8
一　级	First Grade	344092	57156	2053818	6631	4.0
二　级	Second Grade	263729	88136	1293581	8962	4.4
三级及以下	Third Grade and Below	80215	29653	428514	6238	3.3
专业承包	The Specialized Contractor	44357	12233	707141	6568	10.5
一　级	First Grade	24920	4784	179464	11239	8.1
二　级	Second Grade	12459	5145	385212	3589	11.1
三级及以下	Third Grade and Below	6978	2304	142465	6557	13.4
按营业状态分	**By Business State**					
营　业	Operating	1045074	209921	5981242	9207	5.3
停业(歇业)	Suspension	3480	322	4287	25931	3.2
当年关闭	Closure in This Year					
按控股情况分	**By Holding Situation**					
国有控股	State-holding	674541	75533	3614135	10926	5.9
集体控股	Group Holdings	74659	49325	660851	4514	4.0
私人控股	Private Holdings	281454	80493	1635965	8509	4.9
港澳台商控股	Holdings Hong Kong, Macao,Taiwan	81	38	752	4945	4.6
外商控股	Foreign Holdings	180	307	564	582	0.2
其　他	Others	17639	4547	73262	9007	3.7

14-4 续表 8 continued

指 标	Item	钢材消耗 (吨) Rolled Steel Consumption (ton)	木材消耗 (立方米) Timber Consumption (cu.m)	水泥消耗 (吨) Cement Consumption (ton)	平板玻璃 Plate Glass (重量箱) (weight-box)	(平方米) (sq.m)	铝材消耗 (吨) Aluminum Consumption (ton)
总 计	**Total**	**9884734**	**2326805**	**37709512**	**1489067**	**7954706**	**363765**
# 国有及国有控股企业	State-owned and State-holding Enterprises	7417563	1198316	28377918	695621	3281122	53815
按登记注册类型分	**By Status of Registration**						
内资企业	Domestic Funded	9884734	2326805	37709408	1489067	7954706	363765
国有企业	State-owned Enterprises	3786486	952424	15438005	291541	1628182	39316
集体企业	Collective-owned Enterprises	426209	314929	1748778	169091	963044	39821
股份合作企业	Cooperative Enterprises	1672	2172	24430	117	11720	578
联营企业	Joint Ownership Enterprises	3366	3345	10050	580	8300	1
国有联营企业	State Joint Ownership Enterprises						
集体联营企业	Collective Joint Ownership Enterprises	80	1	650	10	4500	1
国有与集体联营企业	Joint State-collective Enterprises	1786	344	6400	570	3800	
其他联营企业	Other Joint Ownership Enterprises	1500	3000	3000			
有限责任公司	Limited Liability Corporations	4677930	676474	16374142	665024	3072747	188854
国有独资公司	State Sole Funded Corporations	55043	2806	326663			
其他有限责任公司	Other Limited Liability Corporations	4622887	673668	16047479	665024	3072747	188854
股份有限公司	Share-holding Corporations Limited	235076	33821	1136941	197380	863118	18075
私营企业	Private Enterprises	752413	342941	2973212	165174	1405995	77099
私营独资企业	Private-funded Enterprises	37573	10270	133280	21244	161943	1410
私营合伙企业	Private Partnership Enterprises	776	44	12331			
私营有限责任公司	Private Limited Liability Corporations	658211	316975	2567506	138914	1188319	75378
私营股份有限公司	Private Share-holding Corporations Ltd.	55853	15652	260095	5016	55733	311
其他企业	Other Enterprises	1582	699	3850	160	1600	21
港、澳、台商投资企业	Enterprises with Funds from Hong Kong, Macao and Taiwan			104			
合资经营企业(港或澳、台资)	Joint-venture Enterprises			104			
按国民经济行业分	**By Sector**						
房屋和土木工程建筑业	Building and Civil Engineering	9524528	2309486	37017771	1076525	6793091	347330
房屋工程建筑	Building	4640023	2017959	15583406	1025950	6475931	314484
土木工程建筑业	Civil Engineering	4884505	291527	21434365	50575	317160	32846
建筑安装业	Construction Installation	334407	10759	162977	211668	295531	6464
建筑装饰业	Construction Decoration	4398	4776	4428	199679	812569	8360

14-4 续表 9 continued

指　标	Item	钢材消耗 (吨) Rolled Steel Consumption (ton)	木材消耗 (立方米) Timber Consumption (cu.m)	水泥消耗 (吨) Cement Consumption (ton)	平板玻璃 Plate Glass (重量箱) (weight-box)	(平方米) (sq.m)	铝材消耗 (吨) Aluminum Consumption (ton)
其他建筑业	Other Construction	21401	1784	524336	1195	53515	1611
工程准备	Engineering Preparation	9103	630	61720	405	45530	1101
提供施工设备服务	Construction Equipment Services						
其他未列明的建筑活动	Other Construction Activities Unlisted	12298	1154	462616	790	7985	510
按隶属关系分	**By Jurisdiction of Management**						
中　央	Central	4616894	230499	19689276	218360	892329	8035
地　方	Local	5267840	2096306	18020236	1270707	7062377	355730
省	Provincial	1415043	244824	3490286	195322	975665	11053
市	Municipal	1633774	678424	6242727	346003	1715077	137707
县及县以下	County and County under	624931	579434	3350099	294967	1993858	84424
其　他	Others	1594092	593624	4937124	434415	2377777	122546
按企业资质等级分	**By Qualification Grade**						
施工总承包	The General Contractor	9747933	2211915	37263620	1089621	6867153	348334
特　级	Special Grade	2346774	137757	7455709	19000	45568	1780
一　级	First Grade	5127530	804987	17994808	251042	1544856	60357
二　级	Second Grade	1619092	1031706	7887684	479361	3256877	246520
三级及以下	Third Grade and Below	654537	237465	3925419	340218	2019852	39677
专业承包	The Specialized Contractor	136801	114890	445892	399446	1087553	15431
一　级	First Grade	77951	95737	210227	388255	992600	9599
二　级	Second Grade	37810	6902	116625	5408	35765	1525
三级及以下	Third Grade and Below	21040	12251	119040	5783	59188	4307
按营业状态分	**By Business State**						
营　业	Operating	9877153	2326025	37697174	1489067	7954706	363765
停业(歇业)	Suspension	7581	780	12338			
当年关闭	Closure in This Year						
按控股情况分	**By Holding Situation**						
国有控股	State-holding	7417563	1198316	28377918	695621	3281122	53815
集体控股	Group Holdings	665037	374877	3280408	206187	1316404	165022
私人控股	Private Holdings	1741742	701187	5692738	581453	3301952	143288
港澳台商控股	Holdings Hong Kong, Macao,Taiwan	38		152			
外商控股	Foreign Holdings	1025					
其　他	Others	59329	52425	358296	5806	55228	1640

14-5 施工总承包和专业承包建筑业企业主要财务指标(2010年)

Main Financial Indicators of General Contracting and Professional Contracting in Construction Enterprise(2010)

单位：万元 (10 000 yuan)

指 标	Item	资产总计 Total Assets	#流动资产 Circulating Funds	#固定资产 Fixed Assets	固定资产原价 Original Value of Fixed Assets	累计折旧 Total Depreciation	#本年折旧 Depreciation of Fixed Assets
总 计	**Total**	**18397114**	**14061735**	**2681155**	**3740667**	**1502528**	**502366**
# 国有及国有控股企业	State-owned and State-holding Enterprises	13944357	11174817	1390714	2336337	1049651	365192
按登记注册类型分	**By Status of Registration**						
内资企业	Domestic Funded	18395902	14060958	2680773	3739821	1502063	502337
国有企业	State-owned Enterprises	7528594	5761460	737513	1218336	559391	182009
集体企业	Collective-owned Enterprises	759610	411248	305551	280668	74957	11548
股份合作企业	Cooperative Enterprises	14606	8296	4441	5142	701	158
联营企业	Joint Ownership Enterprises	34888	15855	19033	19071	3536	1097
国有联营企业	State Joint Ownership Enterprises	9678	5402	4277	4277	1436	311
集体联营企业	Collective Joint Ownership Enterprises	18050	6471	11579	11579	903	579
国有与集体联营企业	Joint State-collective Enterprises	3288	1788	1500	1049	707	101
其他联营企业	Other Joint Ownership Enterprises	3872	2195	1677	2166	489	106
有限责任公司	Limited Liability Corporations	7987644	6438072	1115117	1661316	726126	277037
国有独资公司	State Sole Funded Corporations	249117	190135	39447	84960	50714	6040
其他有限责任公司	Other Limited Liability Corporations	7738527	6247937	1075670	1576356	675412	270996
股份有限公司	Share-holding Corporations Limited	559536	438621	83448	107285	35195	8102
私营企业	Private Enterprises	1510345	987182	415281	447454	101935	22353
私营独资企业	Private-funded Enterprises	174603	90015	61135	62592	9682	2073
私营合伙企业	Private Partnership Enterprises	2334	1251	383	485	117	24
私营有限责任公司	Private Limited Liability Corporations	1209702	804939	327368	350742	81706	16753
私营股份有限公司	Private Share-holding Corporations Ltd.	123705	90977	26396	33636	10430	3503
其他企业	Other Enterprises	680	225	389	550	222	33
港、澳、台商投资企业	Enterprises with Funds from Hong Kong, Macao and Taiwan	1212	777	382	847	465	30
合资经营企业(港或澳、台资)	Joint-venture Enterprises	1212	777	382	847	465	30
按国民经济行业分	**By Sector**						
房屋和土木工程建筑业	Building and Civil Engineering	17185639	13097089	2494320	3558694	1429719	486944
房屋工程建筑	Building	5474948	3965309	1105524	1292698	422105	132959
土木工程建筑业	Civil Engineering	11710691	9131780	1388796	2265995	1007615	353984
建筑安装业	Construction Installation	905836	753675	100890	122660	53316	11748
建筑装饰业	Construction Decoration	148250	117062	26239	25793	10426	2310

14-5 续表 1 continued

单位：万元 (10 000 yuan)

指标	Item	资产总计 Total Assets	#流动资产 Circulating Funds	#固定资产 Fixed Assets	固定资产原价 Original Value of Fixed Assets	累计折旧 Total Depreciation	#本年折旧 Depreciation of Fixed Assets
其他建筑业	Other Construction	157390	93910	59706	33521	9067	1365
工程准备	Engineering Preparation	120793	64998	52959	24267	6328	797
提供施工设备服务	Construction Equipment Services	514	407	107	424	317	24
其他未列明的建筑活动	Other Construction Activities Unlisted	36083	28505	6640	8830	2422	543
按隶属关系分	**By Jurisdiction of Management**						
中　央	Central	10353837	8211017	1011556	1819271	844559	291785
地　方	Local	8043277	5850719	1669599	1921396	657969	210582
省	Provincial	2503321	2026113	249905	270378	75749	17844
市	Municipal	1672378	1342521	240469	466480	270474	120997
县及县以下	County and County under	944573	476561	406668	382135	97640	26753
其　他	Others	2923005	2005524	772557	802403	214105	44988
按企业资质等级分	**By Qualification Grade**						
施工总承包	The General Contractor	17624621	13518148	2482952	3537115	1420323	480712
特　级	Special Grade	5853530	4687861	519809	943373	431017	176606
一　级	First Grade	7637531	6062541	839345	1350689	632155	232751
二　级	Second Grade	3210450	2225542	788696	921290	277232	45655
三级以下	Third Grade and Below	923110	542204	335103	321763	79919	25700
专业承包	The Specialized Contractor	772493	543587	198203	203553	82205	21654
一　级	First Grade	395126	300822	81668	103798	52914	14162
二　级	Second Grade	216995	132446	72638	54635	16713	4802
三级以下	Third Grade and Below	160373	110320	43897	45120	12578	2690
按营业状态分	**By Business State**						
营　业	Operating	18325592	14021113	2662369	3718355	1498204	501807
停业(歇业)	Suspension	70792	40622	18056	21582	4314	559
当年关闭	Closure in This Year	730		730	730	10	
按控股情况分	**By Holding Situation**						
国有控股	State-holding	13944357	11174817	1390714	2336337	1049651	365192
集体控股	Group Holdings	1021397	583540	365927	350924	93665	14595
私人控股	Private Holdings	3280187	2194629	883213	997141	334169	118487
港澳台商控股	Holdings Hong Kong, Macao,Taiwan	2998	2535	407	897	491	38
外商控股	Foreign Holdings	5295	4712	182	11307	11125	996
其　他	Others	142880	101503	40712	44060	13427	3059

14-5 续表 2 continued

单位：万元 (10 000 yuan)

指 标	Item	负债合计 Total Liabilities	#流动负债 Liquid Liabilities	所有者权益合计 Owners' Equity	#实收资本 Paid-in Capitals	工程结算收入 Revenue of Project Settlement Accounts	工程结算成本 Costs of Project Settlement Accounts
总 计	**Total**	**13706564**	**13247512**	**4689845**	**3488572**	**30856139**	**27857270**
# 国有及国有控股企业	State-owned and State-holding Enterprises	11747585	11426181	2196772	1592657	23324453	21306093
按登记注册类型分	**By Status of Registration**						
内资企业	Domestic Funded	13706499	13247447	4688698	3487366	30855486	27856732
国有企业	State-owned Enterprises	6249959	6121404	1278635	886912	12303875	11144282
集体企业	Collective-owned Enterprises	284125	247757	475484	348938	1298400	1100845
股份合作企业	Cooperative Enterprises	4059	3635	10547	6509	22672	19881
联营企业	Joint Ownership Enterprises	28607	28037	6281	4035	31409	25096
国有联营企业	State Joint Ownership Enterprises	5816	5816	3862	1747	6494	6247
集体联营企业	Collective Joint Ownership Enterprises	17930	17380	120	120	19381	14267
国有与集体联营企业	Joint State-collective Enterprises	2531	2531	757	860	2285	2025
其他联营企业	Other Joint Ownership Enterprises	2330	2310	1542	1308	3249	2557
有限责任公司	Limited Liability Corporations	6122600	5871214	1865044	1427856	14007590	12708044
国有独资公司	State Sole Funded Corporations	190903	187755	58214	42788	308788	278760
其他有限责任公司	Other Limited Liability Corporations	5931697	5683459	1806831	1385068	13698802	12429284
股份有限公司	Share-holding Corporations Limited	431481	416849	128055	96046	995944	931211
私营企业	Private Enterprises	585281	558166	924358	716777	2194049	1926059
私营独资企业	Private funded Enterprises	62368	54337	112235	79046	194628	165849
私营合伙企业	Private Partnership Enterprises	370	370	1964	1910	6682	5895
私营有限责任公司	Private Limited Liability Corporations	469417	452175	739580	577441	1777975	1568387
私营股份有限公司	Private Share-holding Corporations Ltd.	53126	51284	70579	58381	214764	185927
其他企业	Other Enterprises	387	387	293	293	1548	1316
港、澳、台商投资企业	Enterprises with Funds from Hong Kong, Macao and Taiwan	65	65	1147	1206	653	537
合资经营企业(港或澳、台资)	Joint-venture Enterprises	65	65	1147	1206	653	537
按国民经济行业分	**By Sector**						
房屋和土木工程建筑业	Building and Civil Engineering	12861985	12450213	4322949	3196336	28629592	25879342
房屋工程建筑	Building	3240692	3138402	2233551	1629332	10331452	9223657
土木工程建筑业	Civil Engineering	9621293	9311811	2089398	1567005	18298140	16655685
建筑安装业	Construction Installation	645046	603340	260790	203314	1292402	1151851
建筑装饰业	Construction Decoration	97630	92570	50620	56934	168645	144287

14-5 续表 3 continued

单位：万元 (10 000 yuan)

指 标	Item	负债合计 Total Liabilities	#流动负债 Liquid Liabilities	所有者权益合计 Owners' Equity	#实收资本 Paid-in Capitals	工程结算收入 Revenue of Project Settlement Accounts	工程结算成本 Costs of Project Settlement Accounts
其他建筑业	Other Construction	101904	101389	55486	31988	765500	681790
工程准备	Engineering Preparation	73773	73658	47020	24562	692367	648941
提供施工设备服务	Construction Equipment Services	380	380	134	200	344	0
其他未列明的建筑活动	Other Construction Activities Unlisted	27751	27351	8331	7226	72789	32848
按隶属关系分	**By Jurisdiction of Management**						
中 央	Central	8987471	8728098	1366366	1011841	16944517	15517378
地 方	Local	4719093	4519414	3323479	2476731	13911622	12339892
省	Provincial	1890422	1850001	612899	420372	3958512	3606362
市	Municipal	1184868	1138261	487510	349013	3459191	3102901
县及县以下	County and County under	329007	303933	615566	469322	2052914	1717299
其 他	Others	1314796	1227219	1607504	1238024	4441005	3913330
按企业资质等级分	**By Qualification Grade**						
施工总承包	The General Contractor	13269302	12851526	4354613	3216241	29635081	26797139
特 级	Special Grade	4976664	4816758	876867	615176	9042830	8287822
一 级	First Grade	6315437	6161822	1322094	966228	13888000	12722050
二 级	Second Grade	1605457	1533503	1604994	1201159	4945618	4309801
三级以下	Third Grade and Below	371745	339443	550660	433678	1758633	1477466
专业承包	The Specialized Contractor	437262	395987	335231	272331	1221059	1060131
一 级	First Grade	271848	264940	123278	108668	551089	478457
二 级	Second Grade	83193	71930	133802	103055	502736	444105
三级以下	Third Grade and Below	82221	59117	78152	60608	167233	137569
按营业状态分	**By Business State**						
营 业	Operating	13682566	13223858	4642320	3442086	30840737	27844293
停业(歇业)	Suspension	23998	23654	46794	45756	15402	12976
当年关闭	Closure in This Year			730	730		
按控股情况分	**By Holding Situation**						
国有控股	State-holding	11747585	11426181	2196772	1592657	23324453	21306093
集体控股	Group Holdings	445808	400196	575589	420655	1877700	1597587
私人控股	Private Holdings	1415236	1342791	1864246	1432172	5296312	4660903
港澳台商控股	Holdings Hong Kong, Macao,Taiwan	597	597	2402	1709	2452	1606
外商控股	Foreign Holdings	4082	4082	1213	1200	53471	45450
其 他	Others	93256	73665	49624	40179	301752	245631

14-5 续表 4 continued

单位：万元 (10 000 yuan)

指 标	Item	工程结算税金及附加 Taxes and Extra Charges on Project Settle Accounts	管理费用 Management Expenses	#税金 Tax	营业利润 Operating Profit	利润总额 Total Profits	劳动、失业保险费 The Insurance Expenses of Unemployment
总 计	**Total**	**1055366**	**817933**	**33542**	**909244**	**582297**	**109086**
# 国有及国有控股企业	State-owned and State-holding Enterprises	802062	583104	14469	528628	317061	73790
按登记注册类型分	**By Status of Registration**						
内资企业	Domestic Funded	1055345	817823	33537	909258	582297	109086
国有企业	State-owned Enterprises	431322	327160	9925	298525	190178	32246
集体企业	Collective-owned Enterprises	51321	53064	3195	71581	52381	5246
股份合作企业	Cooperative Enterprises	750	537	120	1129	1163	6
联营企业	Joint Ownership Enterprises	892	1506	42	4589	4926	18
国有联营企业	State Joint Ownership Enterprises	99	1080	11	-135	203	
集体联营企业	Collective Joint Ownership Enterprises	609	47	26	4428	4428	18
国有与集体联营企业	Joint State-collective Enterprises	76	193	3	-9		0
其他联营企业	Other Joint Ownership Enterprises	109	187	2	306	295	
有限责任公司	Limited Liability Corporations	494484	366265	12459	402805	237730	49163
国有独资公司	State Sole Funded Corporations	8310	15329	143	7711	1512	284
其他有限责任公司	Other Limited Liability Corporations	486174	350936	12317	395093	236218	48879
股份有限公司	Share-holding Corporations Limited	18261	12933	1079	22328	16873	2197
私营企业	Private Enterprises	58252	56302	6699	108208	78953	20182
私营独资企业	Private-funded Enterprises	7257	5116	460	11531	10245	31
私营合伙企业	Private Partnership Enterprises	199	135	3	418	422	51
私营有限责任公司	Private Limited Liability Corporations	44081	46265	5864	85753	62126	19361
私营股份有限公司	Private Share-holding Corporations Ltd.	6715	4786	372	10507	6160	739
其他企业	Other Enterprises	64	56	18	93	93	29
港、澳、台商投资企业	Enterprises with Funds from Hong Kong, Macao and Taiwan	20	110	6	-14		0
合资经营企业(港或澳、台资)	Joint-venture Enterprises	20	110	6	-14		0
按国民经济行业分	**By Sector**						
房屋和土木工程建筑业	Building and Civil Engineering	995028	763089	29869	825094	550552	101147
房屋工程建筑	Building	371144	294586	17546	371069	287393	61131
土木工程建筑业	Civil Engineering	623884	468503	12323	454025	263159	40016
建筑安装业	Construction Installation	36496	40994	2799	56704	30133	1911
建筑装饰业	Construction Decoration	3359	3877	407	11424	858	681

14-5 续表 5 continued

单位：万元 (10 000 yuan)

指标	Item	工程结算税金及附加 Taxes and Extra Charges on Project Settle Accounts	管理费用 Management Expenses	#税金 Tax	营业利润 Operating Profit	利润总额 Total Profits	劳动、失业保险费 The Insurance Expenses of Unemployment
其他建筑业	Other Construction	20483	9972	468	16022	755	5348
工程准备	Engineering Preparation	17018	6915	303	15452	430	5062
提供施工设备服务	Construction Equipment Services	19	84	1	3		0
其他未列明的建筑活动	Other Construction Activities Unlisted	3446	2973	163	567	325	286
按隶属关系分	**By Jurisdiction of Management**						
中　央	Central	574069	412589	7851	376159	214261	28146
地　方	Local	481297	405344	25691	533085	368037	80941
省	Provincial	124127	106079	3864	108425	70542	42078
市	Municipal	147316	91715	5230	78090	73033	8344
县及县以下	County and County under	85687	79783	5937	136201	106099	6694
其　他	Others	124167	127768	10661	210369	118363	23825
按企业资质等级分	**By Qualification Grade**						
施工总承包	The General Contractor	1024203	777669	30475	832921	562640	105471
特　级	Special Grade	317034	201430	3876	226340	136458	7640
一　级	First Grade	473667	361872	8676	265444	155016	69644
二　级	Second Grade	167604	147137	11415	222043	171585	9334
三级以下	Third Grade and Below	65898	67231	6508	119093	99582	18853
专业承包	The Specialized Contractor	31163	40263	3067	76323	19657	3615
一　级	First Grade	13383	17430	1665	34021	9703	2291
二　级	Second Grade	12114	14816	1082	29652	6168	1074
三级以下	Third Grade and Below	5665	8017	320	12650	3786	251
按营业状态分	**By Business State**						
营　业	Operating	1054835	815976	33532	909696	582847	109069
停业(歇业)	Suspension	531	1957	11	-452	-549	17
当年关闭	Closure in This Year						
按控股情况分	**By Holding Situation**						
国有控股	State-holding	802062	583104	14469	528628	317061	73790
集体控股	Group Holdings	65064	85647	4400	85323	65146	8405
私人控股	Private Holdings	160643	136052	12709	273768	180442	25815
港澳台商控股	Holdings Hong Kong, Macao,Taiwan	78	180	20	846	861	2
外商控股	Foreign Holdings	1604	953	231	4167	4186	587
其　他	Others	25915	11996	1713	16511	14602	488

14-5 续表 6 continued

单位：万元 (10 000 yuan)

指 标	Item	住房公积金及住房补贴 Housing Provident Funds and Housing	应付工资总额 Wages Payable	应付福利费总额 Welfare Expenses Payable	应收工程款 Project Receivable	#竣工工程 Completed Projects
总 计	**Total**	**68871**	**3253985**	**154336**	**6262563**	**1675080**
# 国有及国有控股企业	State-owned and State-holding Enterprises	53227	2258283	72313	4882978	841776
按登记注册类型分	**By Status of Registration**					
内资企业	Domestic Funded	68871	3253840	154334	6262400	1675080
国有企业	State-owned Enterprises	40708	1019688	37885	1785235	568127
集体企业	Collective-owned Enterprises	1531	199611	13017	276322	136029
股份合作企业	Cooperative Enterprises	4	3901	299	7700	3699
联营企业	Joint Ownership Enterprises		4583	633	3582	1584
国有联营企业	State Joint Ownership Enterprises		540	540	1304	1304
集体联营企业	Collective Joint Ownership Enterprises		3571	46		
国有与集体联营企业	Joint State-collective Enterprises		27	0	2028	30
其他联营企业	Other Joint Ownership Enterprises		445	47	250	250
有限责任公司	Limited Liability Corporations	18406	1695775	72103	3686578	651257
国有独资公司	State Sole Funded Corporations	1072	23272	1953	50087	
其他有限责任公司	Other Limited Liability Corporations	17334	1672503	70150	3636491	651257
股份有限公司	Share-holding Corporations Limited	2106	76373	6727	100536	74100
私营企业	Private Enterprises	6116	253547	23671	402446	240284
私营独资企业	Private-funded Enterprises	64	37728	2844	77191	36582
私营合伙企业	Private Partnership Enterprises	99	1139	149	341	340
私营有限责任公司	Private Limited Liability Corporations	4834	182037	17912	278174	174487
私营股份有限公司	Private Share-holding Corporations Ltd.	1119	32643	2766	46740	28875
其他企业	Other Enterprises		363			
港、澳、台商投资企业	Enterprises with Funds from Hong Kong, Macao and Taiwan		145	2	163	
合资经营企业(港或澳、台资)	Joint-venture Enterprises		145	2	163	
按国民经济行业分	**By Sector**					
房屋和土木工程建筑业	Building and Civil Engineering	62274	3021192	134683	5956861	1550305
房屋工程建筑	Building	25231	1528438	89309	2094197	1076282
土木工程建筑业	Civil Engineering	37042	1492754	45374	3862664	474023
建筑安装业	Construction Installation	4903	115036	9875	247786	84468
建筑装饰业	Construction Decoration	305	22410	2925	27658	15175

14-5 续表 7 continued

单位：万元 (10 000 yuan)

指标	Item	住房公积金及住房补贴 Housing Provident Funds and Housing	应付工资总额 Wages Payable	应付福利费总额 Welfare Expenses Payable	应收工程款 Project Receivable	#竣工工程 Completed Projects
其他建筑业	Other Construction	1390	95348	6853	30258	25133
工程准备	Engineering Preparation	1111	89143	6635	24729	19604
提供施工设备服务	Construction Equipment Services		92	1		
其他未列明的建筑活动	Other Construction Activities Unlisted	279	6113	217	5529	5529
按隶属关系分	**By Jurisdiction of Management**					
中央	Central	34215	1312500	34402	3665468	357279
地方	Local	34656	1941486	119935	2597095	1317802
省	Provincial	16002	557842	10307	780956	282692
市	Municipal	6321	500294	33967	512993	225717
县及县以下	County and County under	3741	375904	27409	544613	366333
其他	Others	8592	507446	48252	758534	443060
按企业资质等级分	**By Qualification Grade**					
施工总承包	The General Contractor	63746	3126012	137576	6032382	1539352
特级	Special Grade	10967	653432	13044	2700135	206070
一级	First Grade	37652	1708379	58682	2242582	714459
二级	Second Grade	10219	549441	45109	791545	477638
三级以下	Third Grade and Below	4908	214761	20742	298120	141185
专业承包	The Specialized Contractor	5126	127973	16760	230182	135728
一级	First Grade	2185	57115	5419	124739	73264
二级	Second Grade	2414	49284	7693	55799	35286
三级以下	Third Grade and Below	527	21574	3648	49644	27178
按营业状态分	**By Business State**					
营业	Operating	68871	3250957	154007	6253904	1671182
停业(歇业)	Suspension		3027	329	8659	3898
当年关闭	Closure in This Year		1			
按控股情况分	**By Holding Situation**					
国有控股	State-holding	53227	2258283	72313	4882978	841776
集体控股	Group Holdings	2493	261702	21042	334736	159957
私人控股	Private Holdings	10473	689837	56686	991491	633291
港澳台商控股	Holdings Hong Kong, Macao,Taiwan	3	359	7	163	
外商控股	Foreign Holdings	880	5866	821	1500	1500
其他	Others	1796	37937	3467	51696	38557

14-6 劳务分包建筑业企业主要生产指标(2010年)
Main Production Indicators of Labor Subcontracting in Construction Enterprises (2010)

指标	Item	企业数 (个) Number of Enterprises (unit)	建筑业总产值 (万元) Total Output Value (10 000 yuan)	从业人员年平均人数 (人) Annual Average of Persons Employed (person)	年末从业人数 (人) Number of Engaged Persons (person)	#管理人员 Manager	#工程技术人员 Engineer
总计	**Total**	**10**	**1210**	**225**	**199**	**36**	**16**
按登记注册类型分	**By Status of Registration**						
内资企业	Domestic Funded	10	1210	225	199	36	16
有限责任公司	Limited Liability Corporations	4	605	128	134	17	6
其他有限责任公司	Other Limited Liability Corporations	4	605	128	134	17	6
股份有限公司	Share-holding Corporations Limited	1		2	2	1	
私营企业	Private Enterprises	5	605	95	63	18	10
私营独资企业	Private-funded Enterprises	1	140		4	3	1
私营有限责任公司	Private Limited Liability Corporations	4	465	95	59	15	9
按国民经济行业分	**By Sector**						
房屋和土木工程建筑业	Building and Civil Engineering	5	640	139	145	21	7
房屋工程建筑	Building	4	640	137	143	20	7
土木工程建筑业	Civil Engineering	1		2	2	1	
建筑安装业	Construction Installation	4	488	77	45	13	7
建筑装饰业	Construction Decoration	1	82	9	9	2	2
按隶属关系分	**By Jurisdiction of Management**						
地　方	Local	10	1210	225	199	36	16
市	Municipal	1	15	12	10	3	2
其　他	Others	9	1195	213	189	33	14
按企业资质等级分	**By Qualification Grade**						
一　级	First Grade	6	538	100	66	20	10
三级及以下	Third Grade and Below	4	672	125	133	16	6
按营业状态分	**By Business State**						
营　业	Operating	8	1210	223	197	35	16
停业(歇业)	Suspension	2		2	2	1	
按控股情况分	**By Holding Situation**						
私人控股	Private Holdings	10	1210	225	199	36	16

14-7 劳务分包建筑业企业主要财务指标(2010年)
Main Financial Indicators of Labor Subcontracting in Construction Enterprises(2010)

单位：万元 (10 000 yuan)

指　　标	Item	固定资产原价 Original Value of Fixed Assets	本年折旧 Depreciation of Fixed Assets	资产总计 Total Assets	负债合计 Total Liabilities	实收资本 Paid-in Capitals	主营业务收入 Revenue from Principal Business	主营业务成本 Cost of Principal Business
总　　计	**Total**	**824**	**30**	**1182**	**122**	**745**	**1055**	**870**
按登记注册类型分	**By Status of Registration**							
内资企业	Domestic Funded	824	30	1182	122	745	1055	870
有限责任公司	Limited Liability Corporations	140	14	290	62	98	450	373
其他有限责任公司	Other Limited Liability Corporations	140	14	290	62	98	450	373
股份有限公司	Share-holding Corporations Limited							
私营企业	Private Enterprises	684	15	892	60	647	605	497
私营独资企业	Private-funded Enterprises	42	6	72	26	33	140	109
私营有限责任公司	Private Limited Liability Corporations	642	10	820	34	614	465	388
按国民经济行业分	**By Sector**							
房屋和土木工程建筑业	Building and Civil Engineering	207	14	372	72	130	485	401
房屋工程建筑	Building	207	14	372	72	130	485	401
土木工程建筑业	Civil Engineering							
建筑安装业	Construction Installation	573	12	742	51	581	488	412
建筑装饰业	Construction Decoration	45	4	68		34	82	57
按隶属关系分	**By Jurisdiction of Management**							
地　方	Local	824	30	1182	122	745	1055	870
市	Municipal			70	50	20	15	11.7
其　他	Others	824	30	1112	72	725	1040	858
按企业资质等级分	**By Qualification Grade**							
一　级	First Grade	639	12	894	110	633	538	451
三级及以下	Third Grade and Below	185	18	288	12	112	517	418
按营业状态分	**By Business State**							
营　业	Operating	824	30	1162	122	727	1055	870
停业(歇业)	Suspension			20		18		
按控股情况分	**By Holding Situation**							
私人控股	Private Holdings	824	30	1182	122	745	1055	870

14-7 续表 continued

单位：万元 (10 000 yuan)

指 标	Item	主营业务税金及附加 Taxes and Other Charges on Principal Business	费用合计 Expense Amount	营业利润 Operating Profit	利润总额 Total Profits	从业人员劳动报酬 Earning of Engaged Persons	劳动、失业保险费 The Insurance Expenses of Unemployment
总 计	**Total**	**40**	**90**	**94**	**61**	**377**	**5**
按登记注册类型分	**By Status of Registration**						
内资企业	Domestic Funded	40	90	94	61	377	5
有限责任公司	Limited Liability Corporations	12	47	57	24	63	5
其他有限责任公司	Other Limited Liability Corporations	12	47	57	24	63	5
股份有限公司	Share-holding Corporations Limited					2	
私营企业	Private Enterprises	28	44	37	37	312	
私营独资企业	Private-funded Enterprises	7	3	21	21		
私营有限责任公司	Private Limited Liability Corporations	21	41	16	16	312	
按国民经济行业分	**By Sector**						
房屋和土木工程建筑业	Building and Civil Engineering	14	49	60	27	74	5
房屋工程建筑	Building	14	49	60	27	72	5
土木工程建筑业	Civil Engineering					2	
建筑安装业	Construction Installation	21	31	25	25	303	
建筑装饰业	Construction Decoration	5	11	9	9		
按隶属关系分	**By Jurisdiction of Management**						
地 方	Local	40	90	94	61	377	5
市	Municipal	0.6	8	-6		8	
其 他	Others	39	82	99	61	369	5
按企业资质等级分	**By Qualification Grade**						
一 级	First Grade	24	41	22	28	321	1
三级及以下	Third Grade and Below	16	49	72	34	56	5
按营业状态分	**By Business State**						
营 业	Operating	40	90	94	61	376	5
停业(歇业)	Suspension					2	
按控股情况分	**By Holding Situation**						
私人控股	Private Holdings	40	90	94	61	377	5

14-8 各市(区)建筑业企业个数(2010年)
Number of Construction Enterprises by City(District) (2010)

单位：个 (unit)

地区	Region	企业个数 Number of Enterprises	中央企业 Central	地方企业 Local	施工总承包 General Contracting	专业承包 Professional Contracting	国有及国有控股企业 State-owned and State-holding	集体企业 Collective Owned
全省	**Shaanxi**	**1016**	**57**	**959**	**843**	**173**	**189**	**210**
西安市	Xi'an	322	42	280	208	114	79	67
铜川市	Tongchuan	28		28	25	3	12	10
宝鸡市	Baoji	76	3	73	71	5	15	21
咸阳市	Xianyang	61	4	57	53	8	16	17
渭南市	Weinan	90	4	86	87	3	23	15
延安市	Yan'an	63		63	62	1	14	15
汉中市	Hanzhong	98	1	97	82	16	12	18
榆林市	Yulin	163	1	162	151	12	3	18
安康市	Ankang	54	1	53	44	10	8	13
商洛市	Shangluo	54	1	53	54		6	16
杨凌示范区	Yangling	7		7	6	1	1	

注：本表资料不含劳务分包企业，下表同。
a) Data in the table do not include the subcontractor of labour services. The same applies to the table following.

14-9 各市(区)建筑业企业从业人员(2010年)
Number of Employed Persons at Year-end of Construction Enterprises by City(District)(2010)

单位：人 (person)

地区	Region	年末从业人员 Number of Employed Persons at Year-end	中央企业 Central	地方企业 Local	施工总承包 General Contracting	专业承包 Professional Contracting	国有及国有控股企业 State-owned and State-holding	集体企业 Collective Owned
全省	**Shaanxi**	**1046957**	**338034**	**708923**	**994650**	**52307**	**586635**	**161298**
西安市	Xi'an	539000	276953	262047	512362	26638	396029	62316
铜川市	Tongchuan	12161		12161	11834	327	5834	4753
宝鸡市	Baoji	140376	11960	128416	131657	8719	41345	38163
咸阳市	Xianyang	119825	40664	79161	108343	11482	64809	16533
渭南市	Weinan	78980	6659	72321	77948	1032	49380	9732
延安市	Yan'an	20114		20114	19989	125	3919	2819
汉中市	Hanzhong	42121	540	41581	40504	1617	10896	4232
榆林市	Yulin	34574	302	34272	33444	1130	453	8741
安康市	Ankang	20097	660	19437	18875	1222	2628	6363
商洛市	Shangluo	31009	296	30713	31009		6811	7646
杨凌示范区	Yangling	8700		8700	8685	15	4531	

14-10 各市(区)建筑业企业总产值(2010年)
Gross Output Value of Construction Enterprises by City(District)(2010)

单位：万元 (10 000 yuan)

地区	Region	总产值 Gross Output Value	中央企业 Central	地方企业 Local	施工总承包 General Contracting	专业承包 Professional Contracting	国有及国有控股企业 State-owned and State-holding	集体企业 Collective Owned
全　　省	**Shaanxi**	**30636106**	**15209249**	**15426858**	**29290733**	**1345374**	**22021853**	**2220240**
西安市	Xi'an	18203450	11994079	6209371	17279513	923936	15434593	674510
铜川市	Tongchuan	260989		260989	256776	4212	148636	79404
宝鸡市	Baoji	2641715	340181	2301534	2510911	130804	852477	494144
咸阳市	Xianyang	3898820	1908125	1990696	3703276	195544	2950559	305638
渭南市	Weinan	2211334	904549	1306785	2189360	21974	1828854	110479
延安市	Yan'an	542460		542460	542100	360	128598	60599
汉中市	Hanzhong	522643	6521	516121	503092	19550	164883	35427
榆林市	Yulin	1088575	35050	1053525	1056994	31580	25727	241126
安康市	Ankang	302341	13359	288982	284986	17355	42457	94314
商洛市	Shangluo	593893	7386	586507	593893		123068	124599
杨凌示范区	Yangling	369888		369888	369831	57	322000	

注：本表资料不含劳务分包企业，下表同。

a) Data in the table do not include the subcontractor of labour services. The same applies to the table following.

14-11 各市(区)建筑业企业劳动生产率(2010年)
Labor Productivity of Construction Enterprises by City(District)(2010)

单位：元/人 (yuan/person)

地区	Region	劳动生产率 Overall Labor Productivity	中央企业 Central	地方企业 Local	施工总承包 General Contracting	专业承包 Professional Contracting	国有及国有控股企业 State-owned and State-holding	集体企业 Collective Owned
全　　省	**Shaanxi**	**269596**	**455194**	**192296**	**274043**	**199211**	**356708**	**134246**
西安市	Xi'an	314799	444237	201430	321341	227992	373319	108178
铜川市	Tongchuan	211704		211704	214212	123522	240511	173447
宝鸡市	Baoji	183058	290653	173562	186822	132005	203285	128683
咸阳市	Xianyang	299969	444867	228600	312539	170276	393896	177542
渭南市	Weinan	283366	1371359	182916	283912	237817	373510	121020
延安市	Yan'an	220092		220092	221067	28800	283256	195228
汉中市	Hanzhong	123533	112244	123690	123222	132096	153009	88258
榆林市	Yulin	183716	249999	182110	183255	200638	409672	196021
安康市	Ankang	149674	202408	147893	149662	149874	150878	149539
商洛市	Shangluo	152621	247010	151890	152621		132917	156022
杨凌示范区	Yangling	454129		454129	454897	37933	822058	

14-12 各市(区)建筑业企业竣工产值(2010年)
Output Value of Buildings Completed in Construction Enterprises by City(District)(2010)

单位：万元 (10 000 yuan)

地区	Region	竣工产值 Output Value of Buildings Completed	中央企业 Central	地方企业 Local	施工总承包 General Contracting	专业承包 Professional Contracting	国有及国有控股企业 State-owned and State-holding	集体企业 Collective Owned
全省	**Shaanxi**	**11834261**	**4399053**	**7435208**	**11115431**	**718830**	**7383757**	**1245349**
西安市	Xi'an	7227468	3968825	3258643	6608066	619402	5534996	400384
铜川市	Tongchuan	108329		108329	106223	2106	44855	38928
宝鸡市	Baoji	1070363		1070363	1064363	6000	378043	273986
咸阳市	Xianyang	941616	353907	587710	911588	30029	591065	137794
渭南市	Weinan	717837	50653	667184	707396	10441	511278	53268
延安市	Yan'an	254073		254073	253713	360	66758	43892
汉中市	Hanzhong	351430	1508	349922	339520	11910	105735	19830
榆林市	Yulin	618717	17558	601159	592991	25726	8085	155155
安康市	Ankang	144801		144801	132001	12800	5620	53567
商洛市	Shangluo	335506	6602	328904	335506		111041	68546
杨凌示范区	Yangling	64122		64122	64065	57	26282	

注：本表资料不含劳务分包企业，下表同。
a) Data in the table do not include the subcontractor of labour services. The same applies to the table following.

14-13 各市(区)建筑业企业房屋建筑施工面积(2010年)
Floor Space of Building under Construction in Construction Enterprises by City(District)(2010)

单位：万平方米 (10 000 sq.m)

地区	Region	房屋建筑施工面积 Floor Space of Building under Construction	中央企业 Central	地方企业 Local	施工总承包 General Contracting	专业承包 Professional Contracting	国有及国有控股企业 State-owned and State-holding	集体企业 Collective Owned
全省	**Shaanxi**	**11490.67**	**932.31**	**10558.36**	**11200.03**	**290.64**	**5666.98**	**2135.03**
西安市	Xi'an	4592.57	903.03	3689.54	4397.14	195.43	2791.10	724.45
铜川市	Tongchuan	223.16		223.16	223.16		84.66	104.63
宝鸡市	Baoji	1997.36		1997.36	1992.08	5.28	1101.89	444.31
咸阳市	Xianyang	1442.79	0.40	1442.39	1381.45	61.34	785.94	314.08
渭南市	Weinan	909.23	5.88	903.34	909.05	0.18	524.26	130.77
延安市	Yan'an	342.88		342.88	342.88		91.05	53.16
汉中市	Hanzhong	708.71	5.50	703.21	696.59	12.12	177.30	51.88
榆林市	Yulin	551.37	0.82	550.55	549.19	2.18		118.60
安康市	Ankang	315.23	16.55	298.68	301.11	14.11	24.29	131.99
商洛市	Shangluo	320.97	0.13	320.84	320.97		70.58	61.16
杨凌示范区	Yangling	86.40		86.40	86.40		15.92	

14-14 各市(区)建筑业企业房屋建筑竣工面积(2010年)
Floor Space of Building Completed in Construction Enterprises by City(District)(2010)

单位：万平方米 (10 000 sq.m)

地　区	Region	房屋建筑竣工面积 Floor Space of Building Completed	中央企业 Central	地方企业 Local	施工总承包 General Contracting	专业承包 Professional Contracting	国有及国有控股企业 State-owned and State-holding	集体企业 Collective Owned
全　省	**Shaanxi**	**3781.25**	**228.33**	**3552.92**	**3712.93**	**68.32**	**1342.06**	**930.20**
西安市	Xi'an	1391.91	224.60	1167.31	1351.01	40.91	699.94	291.33
铜川市	Tongchuan	38.84		38.84	38.84			22.91
宝鸡市	Baoji	617.35		617.35	613.55	3.80	158.12	252.50
咸阳市	Xianyang	429.16		429.16	419.81	9.35	152.72	119.16
渭南市	Weinan	323.05	1.94	321.11	322.87	0.18	165.90	41.56
延安市	Yan'an	102.55		102.55	102.55		28.06	35.12
汉中市	Hanzhong	266.97	0.84	266.13	263.71	3.26	62.46	12.72
榆林市	Yulin	263.52	0.82	262.70	262.93	0.59		80.76
安康市	Ankang	115.74		115.74	105.50	10.24	1.51	45.21
商洛市	Shangluo	190.52	0.13	190.39	190.52		57.44	28.94
杨凌示范区	Yangling	41.64		41.64	41.64		15.92	

注：本表资料不含劳务分包企业，下表同。
a) Data in the table do not include the subcontractor of labour services. The same applies to the table following.

14-15 各市(区)建筑业企业竣工房屋价值(2010年)
Valuation of Building Completed in Construction Enterprises by City(District)(2010)

单位：万元 (10 000 yuan)

地　区	Region	竣工房屋价值 Valuation of Building Completed	中央企业 Central	地方企业 Local	施工总承包 General Contracting	专业承包 Professional Contracting	国有及国有控股企业 State-owned and State-holding	集体企业 Collective Owned
全　省	**Shaanxi**	**4750026**	**461646**	**4288380**	**4659387**	**90639**	**1986628**	**1018666**
西安市	Xi'an	2011481	457033	1554448	1948149	63332	1166827	300279
铜川市	Tongchuan	39259		39259	39259			24904
宝鸡市	Baoji	657775		657775	654975	2800	179259	267601
咸阳市	Xianyang	525469		525469	515038	10432	201155	136223
渭南市	Weinan	401218	2756	398462	401069	149	245122	40276
延安市	Yan'an	132438		132438	132438		31878	43332
汉中市	Hanzhong	286801	777	286024	283422	3379	84894	15366
榆林市	Yulin	323684	820	322864	322803	881		106931
安康市	Ankang	129144		129144	119477	9667	1651	52907
商洛市	Shangluo	188010	260	187750	188010		49558	30848
杨凌示范区	Yangling	54748		54748	54748		26282	

14-16 各市(区)建筑业企业自有施工机械设备净值(2010年)
Net Value of Machinery and Equipment Owned in Construction Enterprises by City(District)(2010)

单位：万元 (10 000 yuan)

地 区	Region	自有机械设备年末净值 Net Value of Machinery and Equipment Owned	中央企业 Central	地方企业 Local	施工总承包 General Contracting	专业承包 Professional Contracting	国有及国有控股企业 State-owned and State-holding	集体企业 Collective Owned
全 省	**Shaanxi**	**1048554**	**550547**	**498007**	**1004197**	**44357**	**674541**	**74659**
西安市	Xi'an	563070	399442	163628	529659	33411	465353	22947
铜川市	Tongchuan	5973		5973	5861	113	3267	1729
宝鸡市	Baoji	47606	13936	33670	46426	1180	17246	10061
咸阳市	Xianyang	135271	102270	33001	130443	4828	110765	8579
渭南市	Weinan	72136	33998	38138	70996	1140	42771	4742
延安市	Yan'an	5363		5363	5363		713	2141
汉中市	Hanzhong	43298	125	43173	41474	1824	6461	2030
榆林市	Yulin	103414	78	103336	101707	1707	382	11502
安康市	Ankang	18207	458	17749	18052	155	3500	1710
商洛市	Shangluo	35554	240	35314	35554		7130	9219
杨凌示范区	Yangling	18662		18662	18662		16952	

注：本表资料不含劳务分包企业，下表同。
a) Data in the table do not include the subcontractor of labour services. The same applies to the table following.

14-17 各市(区)建筑业企业自有施工机械设备总台数(2010年)
Total Number of Machinery and Equipment Owned in Construction Enterprises by City(District)(2010)

单位：台 (unit)

地 区	Region	自有施工机械设备年末总台数 Total Number of Machinery and Equipment Owned	中央企业 Central	地方企业 Local	施工总承包 General Contracting	专业承包 Professional Contracting	国有及国有控股企业 State-owned and State-holding	集体企业 Collective Owned
全 省	**Shaanxi**	**210243**	**47334**	**162909**	**198010**	**12233**	**75533**	**49325**
西安市	Xi'an	79983	32618	47365	71291	8692	47239	15683
铜川市	Tongchuan	2852		2852	2764	88	1318	1381
宝鸡市	Baoji	26508	472	26036	26319	189	1954	15041
咸阳市	Xianyang	21439	10990	10449	19812	1627	12709	3294
渭南市	Weinan	17828	2601	15227	17569	259	5742	1924
延安市	Yan'an	1364		1364	1364		428	392
汉中市	Hanzhong	25476	21	25455	24825	651	760	4570
榆林市	Yulin	15377	248	15129	14820	557	63	3773
安康市	Ankang	4336	145	4191	4166	170	305	937
商洛市	Shangluo	11308	239	11069	11308		1353	2330
杨凌示范区	Yangling	3772		3772	3772		3662	

14-18 各市(区)建筑业企业自有施工机械设备总功率(2010年)
Total Power of Machinery and Equipment Owned in Construction Enterprises by City(District)(2010)

单位：千瓦 (kw)

地区	Region	自有施工机械设备年末总功率 Total Power of Machinery and Equipment Owned	中央企业 Central	地方企业 Local	施工总承包 General Contracting	专业承包 Professional Contracting	国有及国有控股企业 State-owned and State-holding	集体企业 Collective Owned
全省	**Shaanxi**	**5985529**	**3002928**	**2982601**	**5278388**	**707141**	**3614135**	**660851**
西安市	Xi'an	3379369	1877916	1501453	2712555	666814	2207796	276872
铜川市	Tongchuan	50424		50424	48314	2110	26499	22050
宝鸡市	Baoji	298413	67819	230594	297815	598	97364	118740
咸阳市	Xianyang	660506	506348	154158	637537	22969	557775	31042
渭南市	Weinan	720753	521914	198839	716980	3773	606457	24285
延安市	Yan'an	28170		28170	28170		8439	11096
汉中市	Hanzhong	172891	175	172716	167758	5133	24980	23772
榆林市	Yulin	377918	24304	353614	373491	4427	9760	69416
安康市	Ankang	76371	890	75481	75054	1317	3389	8575
商洛市	Shangluo	175801	3562	172239	175801		27249	75003
杨凌示范区	Yangling	44913		44913	44913		44427	

注：本表资料不含劳务分包企业，下表同。
a) Data in the table do not include the subcontractor of labour services. The same applies to the table following.

14-19 各市(区)建筑业企业钢材消耗量(2010年)
Rolled Steel Consumption in Construction Enterprises by City(District)(2010)

单位：吨 (ton)

地区	Region	钢材消耗量 Rolled Steel Consumption	中央企业 Central	地方企业 Local	施工总承包 General Contracting	专业承包 Professional Contracting	国有及国有控股企业 State-owned and State-holding	集体企业 Collective Owned
全省	**Shaanxi**	**9884734**	**4616894**	**5267840**	**9747933**	**136801**	**7417563**	**665037**
西安市	Xi'an	6277044	3738211	2538833	6196544	80500	5403318	222925
铜川市	Tongchuan	228766		228766	228356	410	187759	25754
宝鸡市	Baoji	521709	114698	407011	511802	9907	205310	189620
咸阳市	Xianyang	1037612	436954	600658	1010476	27136	789386	53053
渭南市	Weinan	768992	310630	458362	768036	956	644767	20923
延安市	Yan'an	34427		34427	34427		22291	3574
汉中市	Hanzhong	282444	5298	277146	270790	11654	83115	32255
榆林市	Yulin	416295	4656	411639	413249	3046	1720	54654
安康市	Ankang	70495	4985	65510	67303	3192	6423	17436
商洛市	Shangluo	137468	1462	136006	137468		23674	44843
杨凌示范区	Yangling	109482		109482	109482		49800	

14-20 各市(区)建筑业企业木材消耗量(2010年)
Timber Consumption in Construction Enterprises by City(District)(2010)

单位：立方米 (cu.m)

地区	Region	木材消耗量 Timber Consumption	中央企业 Central	地方企业 Local	施工总承包 General Contracting	专业承包 Professional Contracting	国有及国有控股企业 State-owned and State-holding	集体企业 Collective Owned
全省	**Shaanxi**	**2326805**	**230499**	**2096306**	**2211915**	**114890**	**1198316**	**374877**
西安市	Xi'an	938945	196284	742661	841701	97244	562980	203861
铜川市	Tongchuan	39133		39133	39045	88	19905	17665
宝鸡市	Baoji	166735	2500	164235	164165	2570	5401	25280
咸阳市	Xianyang	240090	12254	227836	236556	3534	125272	31497
渭南市	Weinan	427834	11591	416243	427764	70	323549	41464
延安市	Yan'an	11984		11984	11984		5127	1327
汉中市	Hanzhong	220609	2570	218039	219194	1415	127717	19945
榆林市	Yulin	166607	4974	161633	165818	789		17609
安康市	Ankang	44805	320	44485	35625	9180	540	6711
商洛市	Shangluo	56899	6	56893	56899		25525	9518
杨凌示范区	Yangling	13164		13164	13164		2300	

注：本表资料不含劳务分包企业，下表同。
a) Data in the table do not include the subcontractor of labour services. The same applies to the table following.

14-21 各市(区)建筑业企业水泥消耗量(2010年)
Cement Consumption in Construction Enterprises by City(District)(2010)

单位：吨 (ton)

地区	Region	水泥消耗量 Cement Consumption	中央企业 Central	地方企业 Local	施工总承包 General Contracting	专业承包 Professional Contracting	国有及国有控股企业 State-owned and State-holding	集体企业 Collective Owned
全省	**Shaanxi**	**37709512**	**19689276**	**18020236**	**37263620**	**445892**	**28377918**	**3280408**
西安市	Xi'an	22274607	16051133	6223474	21974522	300085	20454381	659345
铜川市	Tongchuan	1767715		1767715	1767673	42	1514463	136708
宝鸡市	Baoji	2370596	466790	1903806	2357049	13547	565771	1429994
咸阳市	Xianyang	3745826	1822716	1923110	3710870	34956	2576928	275759
渭南市	Weinan	3277967	1220248	2057719	3259086	18881	2499734	103423
延安市	Yan'an	137084		137084	137084		60142	24696
汉中市	Hanzhong	1239406	10227	1229179	1214678	24728	390907	66235
榆林市	Yulin	1369479	100166	1269313	1354066	15413	7000	269314
安康市	Ankang	471406	15609	455797	433166	38240	28201	173181
商洛市	Shangluo	873350	2387	870963	873350		263391	141753
杨凌示范区	Yangling	182076		182076	182076		17000	

14-22 各市(区)建筑业企业资产合计(2010年)
Total Assets of Construction Enterprises by City(District)(2010)

单位：万元 (10 000 yuan)

地 区	Region	资 产 合 计 Total Assets	中央企业 Central	地方企业 Local	施 工 总承包 General Contracting	专 业 承 包 Professional Contracting	国有及国有控股企 业 State-owned and State-holding	集 体 企 业 Collective Owned
全 省	**Shaanxi**	**18397114**	**10353837**	**8043277**	**17624621**	**772493**	**13944357**	**1021397**
西安市	Xi'an	12655850	8810918	3844932	12027078	628771	11122067	336876
铜川市	Tongchuan	153848		153848	150388	3460	88872	45111
宝鸡市	Baoji	748075	260479	487596	730278	17797	455804	143435
咸阳市	Xianyang	1387307	859086	528221	1360237	27070	1168999	82519
渭南市	Weinan	749732	388200	361533	742956	6777	570053	32846
延安市	Yan'an	336952		336952	326956	9997	63356	46446
汉中市	Hanzhong	365797	6971	358826	347000	18797	97938	23315
榆林市	Yulin	1207877	14144	1193733	1176775	31102	36369	169951
安康市	Ankang	252324	9038	243286	224024	28300	34942	62486
商洛市	Shangluo	233330	5003	228327	233330		38423	78414
杨凌示范区	Yangling	306023		306023	305600	423	267535	

注：本表资料不含劳务分包企业，下表同。
a) Data in the table do not include the subcontractor of labour services. The same applies to the table following.

14-23 各市(区)建筑业企业负债合计(2010年)
Total Liability of Construction Enterprises by City(District)(2010)

单位：万元 (10 000 yuan)

地 区	Reion	负 债 合 计 Total Liability	中央企业 Central	地方企业 Local	施 工 总承包 General Contracting	专 业 承 包 Professional Contracting	国有及国有控股企 业 State-owned and State-holding	集 体 企 业 Collective Owned
全 省	**Shaanxi**	**13706564**	**8987471**	**4719093**	**13269302**	**437262**	**11747585**	**445808**
西安市	Xi'an	10122014	7566331	2555683	9753186	368827	9325608	164010
铜川市	Tongchuan	108323		108323	106925	1398	68255	33938
宝鸡市	Baoji	561142	252431	308711	554448	6694	420473	85337
咸阳市	Xianyang	1099132	788808	310323	1092885	6246	1041798	20064
渭南市	Weinan	553249	356905	196345	550001	3248	495053	10870
延安市	Yan'an	133828		133828	128928	4900	33000	27180
汉中市	Hanzhong	183288	6260	177029	174306	8982	79026	9957
榆林市	Yulin	495702	7682	488020	477693	18009	31980	29421
安康市	Ankang	143895	8410	135485	125061	18834	29683	40850
商洛市	Shangluo	83573	646	82927	83573		19285	24180
杨凌示范区	Yangling	222418		222418	222295	123	203424	

14-24 各市(区)建筑业企业固定资产(2010年)
Fixed Assets of Construction Enterprises by City(District)(2010)

单位：万元 (10 000 yuan)

地区	Region	固定资产 合计 Total Fixed Assets	中央企业 Central	地方企业 Local	施工总承包 General Contracting	专业承包 Professional Contracting	国有及国有控股企业 State-owned and State-holding	集体企业 Collective Owned
全省	**Shaanxi**	**2681155**	**1011556**	**1669599**	**2482952**	**198203**	**1390714**	**365927**
西安市	Xi'an	1409716	808459	601257	1249510	160206	1047322	101517
铜川市	Tongchuan	22502		22502	20985	1517	6731	8258
宝鸡市	Baoji	130142	35572	94571	126102	4041	49830	29255
咸阳市	Xianyang	226026	123490	102536	217619	8408	140680	45424
渭南市	Weinan	138379	41640	96739	135285	3094	70676	10503
延安市	Yan'an	110432		110432	106858	3574	19940	12431
汉中市	Hanzhong	76671	125	76546	72021	4650	9867	3608
榆林市	Yulin	381830	78	381752	375463	6367	1497	106291
安康市	Ankang	61140	468	60672	54889	6251	4564	22389
商洛市	Shangluo	89356	1726	87630	89356		13214	26254
杨凌示范区	Yangling	34961		34961	34866	96	26394	

注：本表资料不含劳务分包企业，下表同。
a) Data in the table do not include the subcontractor of labour services. The same applies to the table following.

14-25 各市(区)建筑业企业流动资产(2010年)
Circulating Assets of Construction Enterprises by City(District)(2010)

单位：万元 (10 000 yuan)

地区	Region	流动资产 合计 Circulating Assets	中央企业 Central	地方企业 Local	施工总承包 General Contracting	专业承包 Professional Contracting	国有及国有控股企业 State-owned and State-holding	集体企业 Collective Owned
全省	**Shaanxi**	**14061735**	**8211017**	**5850719**	**13518148**	**543587**	**11174817**	**583540**
西安市	Xi'an	9890753	6912137	2978616	9444103	446650	8804408	223986
铜川市	Tongchuan	125068		125068	123141	1928	77814	34947
宝鸡市	Baoji	575694	214209	361485	565006	10687	388714	100071
咸阳市	Xianyang	1122149	717788	404361	1105285	16864	995226	35713
渭南市	Weinan	584648	339900	244748	581061	3587	479967	19631
延安市	Yan'an	191829		191829	185406	6423	37750	31782
汉中市	Hanzhong	269418	6847	262571	255293	14125	79031	14287
榆林市	Yulin	753354	10024	743331	731230	22124	34407	42750
安康市	Ankang	161869	8340	153529	140995	20874	29040	32400
商洛市	Shangluo	134243	1773	132470	134243		24961	47974
杨凌示范区	Yangling	252711		252711	252384	327	223501	

14-26　各市(区)建筑业企业实收资本(2010年)
Contributed Capital of Construction Enterprises by City(District)(2010)

单位：万元　　(10 000 yuan)

地　区	Region	实收资本 Contributed Capital	中央企业 Central	地方企业 Local	施工总承包 General Contracting	专业承包 Professional Contracting	国有及国有控股企业 State-owned and State-holding	集体企业 Collective Owned
全　省	**Shaanxi**	**3488572**	**1011841**	**2476731**	**3216241**	**272331**	**1592657**	**420655**
西安市	Xi'an	1893527	907119	986409	1685187	208340	1290651	123763
铜川市	Tongchuan	33656		33656	32415	1241	12837	9863
宝鸡市	Baoji	134623	5813	128809	126686	7936	29539	34979
咸阳市	Xianyang	215166	53068	162098	194589	20577	90238	53611
渭南市	Weinan	161677	35801	125876	159270	2406	68345	16180
延安市	Yan'an	136962		136962	131866	5097	19692	15799
汉中市	Hanzhong	154651	711	153940	146477	8175	15198	12080
榆林市	Yulin	511848	5000	506848	500715	11133	4049	99454
安康市	Ankang	80458	274	80184	73331	7127	4601	16019
商洛市	Shangluo	105462	4056	101406	105462		12507	38909
杨凌示范区	Yangling	60543		60543	60243	300	45000	

注：本表资料不含劳务分包企业，下表同。
a) Data in the table do not include the subcontractor of labour services. The same applies to the table following.

14-27　各市(区)建筑业企业工程结算收入(2010年)
Revenue of Settlement of Projects of Construction Enterprises by City(District)(2010)

单位：万元　　(10 000 yuan)

地　区	Region	工程结算收入 Revenue of Settlement of Projects	中央企业 Central	地方企业 Local	施工总承包 General Contracting	专业承包 Professional Contracting	国有及国有控股企业 State-owned and State-holding	集体企业 Collective Owned
全　省	**Shaanxi**	**30856139**	**16944517**	**13911622**	**29635081**	**1221059**	**23324453**	**1877700**
西安市	Xi'an	19424443	13779003	5645440	18521334	903109	16914273	612340
铜川市	Tongchuan	208432		208432	204220	4212	134229	40911
宝鸡市	Baoji	2645741	482853	2162888	2603796	41945	1169399	381108
咸阳市	Xianyang	3774086	1864378	1909708	3587457	186629	2859976	304335
渭南市	Weinan	1832786	763488	1069298	1815605	17182	1445540	67610
延安市	Yan'an	428843		428843	426708	2135	114531	71232
汉中市	Hanzhong	463659	6308	457351	447783	15876	143813	30675
榆林市	Yulin	910779	30050	880729	876340	34439	22962	181542
安康市	Ankang	270305	11542	258763	254829	15476	40303	77599
商洛市	Shangluo	503760	6896	496865	503760		122970	110348
杨凌示范区	Yangling	393306		393306	393249	57	356456	

14-28 各市(区)建筑业企业税金总额(2010年)
Total Tax of Construction Enterprises by City(District)(2010)

单位：万元 (10 000 yuan)

地区	Region	税金总额 Total Tax			施工总承包 General Contracting	专业承包 Professional Contracting	国有及国有控股企业 State-owned and State-holding	集体企业 Collective Owned
			中央企业 Central	地方企业 Local				
全 省	**Shaanxi**	**1088908**	**581920**	**506988**	**1054678**	**34230**	**816531**	**69464**
西安市	Xi'an	607787	424106	183681	585417	22370	524214	24759
铜川市	Tongchuan	7468		7468	7325	143	5227	1189
宝鸡市	Baoji	31799	1478	30321	30607	1192	10071	7421
咸阳市	Xianyang	243390	129441	113949	236178	7212	201400	12891
渭南市	Weinan	66488	25213	41275	65880	608	47589	2339
延安市	Yan'an	15836		15836	15764	72	4511	1649
汉中市	Hanzhong	19110	242	18868	18406	704	6452	1286
榆林市	Yulin	34283	986	33297	33422	861	465	7070
安康市	Ankang	10387	73	10314	9351	1035	1110	3204
商洛市	Shangluo	40685	382	40302	40685		5138	7658
杨凌示范区	Yangling	11676		11676	11644	32	10355	

注：本表资料不含劳务分包企业，下表同。

a) Data in the table do not include the subcontractor of labour services. The same applies to the table following.

14-29 各市(区)建筑业企业利润总额(2010年)
Total Profits of Construction Enterprises by City(District)(2010)

单位：万元 (10 000 yuan)

地区	Region	利润总额 Total Profits			施工总承包 General Contracting	专业承包 Professional Contracting	国有及国有控股企业 State-owned and State-holding	集体企业 Collective Owned
			中央企业 Central	地方企业 Local				
全 省	**Shaanxi**	**582297**	**214261**	**368037**	**562640**	**19657**	**317061**	**65146**
西安市	Xi'an	211878	180237	31641	207326	4552	194479	5536
铜川市	Tongchuan	6241		6241	6102	140	4161	533
宝鸡市	Baoji	47477	1540	45937	46303	1173	20198	4069
咸阳市	Xianyang	104211	30137	74074	95547	8664	49381	17249
渭南市	Weinan	47160	1925	45235	46716	445	20548	4008
延安市	Yan'an	17116		17116	17140	-23	2601	1360
汉中市	Hanzhong	9072	-335	9407	7776	1296	505	494
榆林市	Yulin	64704	589	64115	62249	2455	855	18628
安康市	Ankang	18922	69	18853	17826	1097	1852	7611
商洛市	Shangluo	37492	100	37392	37492		6106	5660
杨凌示范区	Yangling	18025		18025	18165	-140	16377	

14-30 各市(区)建筑业企业年末应收工程款(2010年)
Account Receivable of Projects at Year-end of Construction Enterprises by City(District)(2010)

单位：万元 (10 000 yuan)

地 区	Region	年末应收工程款 Account Receivable of Projects at Year-end	中央企业 Central	地方企业 Local	施 工 总承包 General Contracting	专 业 承 包 Professional Contracting	国有及国有控股企业 State-owned and State-holding	集体企业 Collective Owned
全 省	**Shaanxi**	**6262563**	**3665468**	**2597095**	**6032382**	**230182**	**4882978**	**334736**
西安市	Xi'an	4660239	3372443	1287796	4459141	201098	4107680	161084
铜川市	Tongchuan	57352		57352	53518	3834	47553	9084
宝鸡市	Baoji	209068	41902	167166	205777	3291	137919	35601
咸阳市	Xianyang	408356	148844	259512	398714	9642	276360	22872
渭南市	Weinan	260189	92962	167226	259843	345	165161	5696
延安市	Yan'an	224774		224774	220356	4418	43753	29001
汉中市	Hanzhong	86297		86297	85049	1248	21279	2796
榆林市	Yulin	236132	5579	230552	232465	3666	2132	53470
安康市	Ankang	22054	3247	18807	19415	2639	3380	8827
商洛市	Shangluo	13958	490	13468	13958		130	6306
杨凌示范区	Yangling	84146		84146	84146		77632	

注：本表资料不含劳务分包企业，下表同。

a) Data in the table do not include the subcontractor of labour services. The same applies to the table following.

14-31 各市(区)建筑业企业年平均人数(2010年)
Annual Average Persons of Construction Enterprises by City(District)(2010)

单位：人 (person)

地 区	Region	年平均人数 Annual Average Persons	中央企业 Central	地方企业 Local	施 工 总承包 General Contracting	专 业 承 包 Professional Contracting	国有及国有控股企业 State-owned and State-holding	集体企业 Collective Owned
全 省	**Shaanxi**	**1260467**	**423346**	**837121**	**1190222**	**70245**	**725737**	**169841**
西安市	Xi'an	681952	359212	322740	638927	43025	510403	64695
铜川市	Tongchuan	13018		13018	12677	341	6434	5014
宝鸡市	Baoji	155608	11704	143904	145693	9915	51875	38563
咸阳市	Xianyang	132670	42892	89778	121183	11487	75069	17339
渭南市	Weinan	78694	6596	72098	77753	941	49195	9188
延安市	Yan'an	25364		25364	25239	125	4564	3659
汉中市	Hanzhong	43061	581	42480	41578	1483	10849	4080
榆林市	Yulin	61589	1402	60187	59889	1700	660	12521
安康市	Ankang	20439	660	19779	19226	1213	2814	6491
商洛市	Shangluo	39302	299	39003	39302		9343	8291
杨凌示范区	Yangling	8770		8770	8755	15	4531	

14-32 各市(区)建筑业企业主要经济效益指标(2010年)
Main Indicators on Economic Efficiency of Construction Enterprises by City(District)(2010)

地区	Region	人均利润(元/人) Per Capita Profits (yuan/person)	人均利税(元/人) Per Capita Pre-tax Profit (yuan/person)	人均竣工产值(元/人) Per Capita Output Value of Completed Construction (yuan/person)	人均施工面积(平方米/人) Per Capita Floor Space of Buildings under Construction (sq.m/person)	人均竣工面积(平方米/人) Per Capita Floor Space of Buildings Completed (sq.m/person)
全省	**Shaanxi**	**4620**	**13259**	**104141**	**101.1**	**33.3**
西安市	Xi'an	3107	12019	124987	79.4	24.1
铜川市	Tongchuan	4794	10531	87872	181.0	31.5
宝鸡市	Baoji	3051	5095	74171	138.4	42.8
咸阳市	Xianyang	7855	26200	72447	111.0	33.0
渭南市	Weinan	5993	14442	91986	116.5	41.4
延安市	Yan'an	6748	12992	103085	139.1	41.6
汉中市	Hanzhong	2107	6545	83065	167.5	63.1
榆林市	Yulin	10506	16072	104420	93.1	44.5
安康市	Ankang	9258	14340	71684	156.1	57.3
商洛市	Shangluo	9539	19891	86219	82.5	49.0
杨凌示范区	Yangling	20553	33867	78726	106.1	51.1

注：本表资料不含劳务分包企业。
a) Data in the table do not include the subcontractor of labour services. The same applies to the table following.

14-32 续表 continued

地区	Region	产值利润率(%) Ratio of Profits to Output Value (%)	产值利税率(%) Ratio of Pre-tax Profit to Gross Output Value (%)	资本利润率(%) Ratio of Profits to Captitals (%)	资本利税率(%) Ratio of Pre-tax Profits to Captitals (%)	资产负债率(%) Assets-Liability Ratio (%)
全省	**Shaanxi**	**1.9**	**5.5**	**6.0**	**2.1**	**74.5**
西安市	Xi'an	1.2	4.5	8.9	2.3	80.0
铜川市	Tongchuan	2.4	5.3	5.4	2.5	70.4
宝鸡市	Baoji	1.8	3.0	2.8	1.7	75.0
咸阳市	Xianyang	2.7	8.9	2.1	0.6	79.2
渭南市	Weinan	2.1	5.1	3.4	1.4	73.8
延安市	Yan'an	3.2	6.1	8.0	4.2	39.7
汉中市	Hanzhong	1.7	5.4	17.0	5.5	50.1
榆林市	Yulin	5.9	9.1	7.9	5.2	41.0
安康市	Ankang	6.3	9.7	4.3	2.7	57.0
商洛市	Shangluo	6.3	13.2	2.8	1.3	35.8
杨凌示范区	Yangling	4.9	8.0	3.4	2.0	72.7

14-33 勘察设计企业数(2010年)

Number of Prospecting and Designing Enterprises (2010)

单位：个 (unit)

地区	Region	企业数 Number of Enterprises	国有企业 State-owned Enterprises	集体企业 Collective-owned Enterprises	股份合作企业 Cooperative Enterprises	有限责任公司 Limited Liability Corporations
全省	**Shaanxi**	**532**	**196**	**24**	**1**	**157**
西安市	Xi'an	354	81	17		127
铜川市	Tongchuan	11	7	2		
宝鸡市	Baoji	23	16	1		3
咸阳市	Xianyang	20	12			6
渭南市	Weinan	17	14	1		2
延安市	Yan'an	15	8	1		2
汉中市	Hanzhong	26	16	2		6
榆林市	Yulin	25	9		1	6
安康市	Ankang	20	17			3
商洛市	Shangluo	18	15			1
杨凌示范区	Yangling	3	1			1

14-33 续表 continued

单位：个 (unit)

地区	Region	股份有限公司 Share-holding Corporations Limited	私营企业 Private Enterprises	其他企业 Others Enterprises	港、澳、台商投资企业 Enterprises with Funds from HongKong,Macao and Taiwan	外商投资企业 Enterprises with Funds from Foreigner
全省	**Shaanxi**	**33**	**106**	**11**	**3**	**1**
西安市	Xi'an	25	92	8	3	1
铜川市	Tongchuan	1	1			
宝鸡市	Baoji		2	1		
咸阳市	Xianyang	1	1			
渭南市	Weinan					
延安市	Yan'an		3	1		
汉中市	Hanzhong	1	1			
榆林市	Yulin	5	4			
安康市	Ankang					
商洛市	Shangluo		1	1		
杨凌示范区	Yangling		1			

14-34 勘察设计企业资质情况(2010年)
Qualification of Prospecting and Designing Enterprises(2010)

单位：个 (unit)

地 区	Region	企业数 Number of Enterprises	# 工程勘察 Projects Prospecting			# 工程设计 Projects Designing		
			甲级 A Grade	乙级 B Grade	丙级 C Grade	甲级 A Grade	乙级 B Grade	丙级 C Grade
全 省	**Shaanxi**	**532**	**36**	**28**	**5**	**122**	**118**	**105**
西安市	Xi'an	354	30	15	2	86	77	29
铜川市	Tongchuan	11				4	2	5
宝鸡市	Baoji	23	3			4	7	9
咸阳市	Xianyang	20	1	2		4	9	4
渭南市	Weinan	17				6	4	7
延安市	Yan'an	15		5		2	3	5
汉中市	Hanzhong	26	1	1	2	4	4	13
榆林市	Yulin	25	1	3	1	6	5	8
安康市	Ankang	20				3	4	12
商洛市	Shangluo	18		2		2	1	13
杨凌示范区	Yangling	3				1	2	

14-34 续表 continued

单位：个 (unit)

地 区	Region	# 建筑装饰 Architectural Decoration		# 环境工程 Environmental Engineering		# 风景园林 Scenery and Gardening	
		甲级 A Grade	乙级 B Grade	甲级 A Grade	乙级 B Grade	甲级 A Grade	乙级 B Grade
全 省	**Shaanxi**	**22**	**14**	**4**	**13**	**6**	**14**
西安市	Xi'an	22	13	4	12	6	14
铜川市	Tongchuan						
宝鸡市	Baoji						
咸阳市	Xianyang						
渭南市	Weinan						
延安市	Yan'an						
汉中市	Hanzhong		1				
榆林市	Yulin				1		
安康市	Ankang						
商洛市	Shangluo						
杨凌示范区	Yangling						

14-35 勘察设计企业年末从业人员(2010年)
Number of Employed Persons at Year-end of Prospecting and Designing Enterprises(2010)

地区	Region	年末从业人员(人) Number of Employed Persons at the Year-end (person)	# 专业技术人员 Technical Personnel	高级职称 Senior Title	中级职称 Middle Title	初级职称 Junior Title	年末注册执业人数(人) Registered Professionals at Year End(person)
全省	**Shaanxi**	**56504**	**37441**	**11646**	**15105**	**10690**	**8077**
西安市	Xi'an	49824	32295	10234	12744	9317	6989
铜川市	Tongchuan	361	299	83	158	58	31
宝鸡市	Baoji	891	731	206	364	161	166
咸阳市	Xianyang	869	713	264	281	168	114
渭南市	Weinan	488	430	148	196	86	67
延安市	Yan'an	538	352	82	167	103	136
汉中市	Hanzhong	953	739	145	324	270	182
安康市	Yulin	863	585	142	306	137	118
商洛市	Ankang	524	465	105	222	138	115
榆林市	Shangluo	1037	755	184	325	246	149
杨凌示范区	Yangling	156	77	53	18	6	10

14-36 勘察设计企业业务完成情况(2010年)
Statistics on Operation Effected of Prospecting and Designing Enterprises(2010)

单位：万元 (10 000 yuan)

地区	Region	完成合同额 总计 Total Value of Contracts	工程勘察 Project Prospecting	工程设计 Project Designing	工程技术管理服务 Project Tech Management Service	工程承包 Contracted Projects	境外工程 Overseas Projects
全省	**Shaanxi**	**3501209**	**515766**	**1158897**	**214302**	**1536116**	**76127**
西安市	Xi'an	3421136	499813	1101932	210103	1533219	76068
铜川市	Tongchuan	3003	721	2273	10		
宝鸡市	Baoji	8974	2458	6404	112		
咸阳市	Xianyang	10401	1973	7453	206	768	
渭南市	Weinan	5768	566	2305	2897		
延安市	Yan'an	5499	3684	1610		205	
汉中市	Hanzhong	13482	1214	10178	344	1727	19
安康市	Yulin	4968	1170	3728	70		
商洛市	Ankang	6090	772	5097	222		
榆林市	Shangluo	20445	3261	16734	214	196	40
杨凌示范区	Yangling	1442	135	1182	125		

14-37 勘察设计企业营业收入情况(2010年)
Business Revenue of Prospecting and Designing Enterprises(2010)

单位：万元 (10 000 yuan)

地 区	Region	营业收入 Business Revenue	工程勘察收入 Revenue from projects Prospecting	工程设计收入 Revenue from projects Designing	工程技术管理服务收入 Revenue from Project Tech Management Service	工程承包收入 Revenue from Contracted Projects	其他收入 Other Revenue
全 省	**Shaanxi**	**3240390**	**546277**	**995537**	**179932**	**1245542**	**273101**
西 安 市	Xi'an	3170299	524444	954129	178220	1242814	270693
铜 川 市	Tongchuan	2907	806	2069	10		22
宝 鸡 市	Baoji	7630	3257	4156	168		48
咸 阳 市	Xianyang	9828	1450	7248	206	305	619
渭 南 市	Weinan	4846	736	3998	81		31
延 安 市	Yan'an	5209	2369	2840			
汉 中 市	Hanzhong	8961	1629	4869	283	2127	53
安 康 市	Yulin	4458	1165	3152	19		122
商 洛 市	Ankang	5167	991	3229	322	110	515
榆 林 市	Shangluo	19782	9246	8997	448	92	999
杨凌示范区	Yangling	1306	185	851	175	95	

14-38 勘察设计企业科技活动情况(2010年)
Basic Statistics on Scientific and Technological Activities of Prospecting and Designing Enterprises(2010)

地 区	Region	科技活动费用支出(万元) Expenditures on Scientific and Technological Activities (10 000 yuan)	科技成果转让收入(万元) Transfer Income from Scientific and Technological Achievements (10 000 yuan)	累计拥有专 利(项) Accumulative Number of Patent (unit)	累计拥有专有技术(项) Accumulative Number of Proprietary Technology (unit)	获国家级省部级奖(项) National and Provincial Prizes (unit)	# 国家级 National Prizes	参加编制国家、行业、地方技术标准(项) Compiled National, Trade and Local Technological Standards(unit)	# 国家级 National Standards
全 省	**Shaanxi**	**118057**	**15964**	**726**	**276**	**495**	**59**	**167**	**45**
西 安 市	Xi'an	117441	15886	721	263	477	59	160	42
铜 川 市	Tongchuan								
宝 鸡 市	Baoji	64				3			
咸 阳 市	Xianyang	155	35	3	3	8		3	3
渭 南 市	Weinan	50				2			
延 安 市	Yan'an	16							
汉 中 市	Hanzhong	98	6		2	4		1	
安 康 市	Yulin	27						2	
商 洛 市	Ankang	80				1		1	
榆 林 市	Shangluo	68							
杨凌示范区	Yangling	58	37	2	8				

主要统计指标解释

建筑业统计单位 指从事房屋、构筑物建造和设备安装活动的法人企业。建筑业法人企业应具有建筑业资质并能够独立核算，同时其应具备以下条件：①依法成立，有自己的名称、组织机构和场所，能够承担民事责任；②独立拥有和使用资产，承担负债，有权与其他单位签订合同；③独立核算盈亏，能够编制资产负债表。

建筑业总产值 是以货币形式表现的建筑业企业在一定时期内生产的建筑业产品和提供的服务的总和。建筑业总产值包括：

⑴建筑工程产值：指列入建筑工程预算内的各种工程价值。

⑵安装工程产值：指设备安装工程价值，不包括被安装设备本身的价值。

⑶其他产值：建筑业总产值中除建筑工程、安装工程以外的产值。包括房屋构筑物修理产值、非标准设备制造产值、总包企业向分包企业收取的管理费以及不能明确划分的施工活动所完成的产值。

a.房屋构筑物修理产值：指房屋和构筑物修理所完成的产值，但不包括被修理房屋、构筑物本身价值和生产设备的修理价值。

b.非标准设备制造产值：指加工制造没有定型的非标准生产设备的加工费和原材料价值(如化工厂、炼油厂用的各种罐、槽，矿井生产统一使用的各种漏斗、三角槽、阀门等)以及附属加工厂为本企业承建工程制作的非标准设备的价值。

建筑业增加值 指建筑业企业在报告期内以货币形式表现的建筑业生产经营活动的最终成果。

从2004年第一次全国经济普查开始，建筑业现价增加值按生产法和分配法(收入法)两种方法计算，以收入法的计算结果为准，即从收入的角度出发，根据生产要素在生产过程中应得的收入份额计算。具体计算方法：经济普查年度建筑业增加值按照《经济普查年度GDP核算方案》计算，非经济普查年度建筑业增加值按照《非经济普查年度GDP核算方案》计算。

房屋建筑施工面积 指在报告期内施过工的全部房屋建筑面积，包括本期新开工的房屋面积、上期施工跨入本期继续施工的房屋面积、上期停缓建在本期恢复施工的房屋面积、本期竣工的房屋面积及本期施工后又停缓建的房屋面积。

房屋建筑竣工面积 指在报告期内房屋建筑按照设计要求全部完工，达到了使用条件，经验收鉴定合格，正式移交使用单位的房屋建筑面积。

Explanatory Notes on Main Statistical Indicators

Statistical Unit in the Construction Industry refers to a corporate enterprise engaged in the construction of buildings and structures and in the installation of equipment. A corporate construction enterprise should have qualification certificates with independent accounting system, and should meet the following 3 requirements: a) being set up in line with relevant legal basis, having its full name, organization and location, and capable of taking civil liabilities; b) independently possessing and using its assets and assuming its liabilities, and entitled to sign contracts with other institutions; and c) making independent accounts of its profits and losses, and capable of compiling its own balance sheet.

Gross Output Value of Construction refers to total of construction products and services, expressed in money terms, produced or rendered by construction and installation enterprises during a given period of time. It includes:

(1) Output value of construction projects: the value of projects covered by the project budgets;

(2) Output value of installation projects: the value of the installation of equipment, (excluding the value of the equipment to be installed);

(3) Other output values: the output value of construction industry apart from that of construction projects and installation projects. It includes: output value of repair of buildings and structures; output value of non-standard equipment manufacturing; overhead expenses received by contracted enterprises from the sub-contracted enterprises and the completed output value of construction activities for which there is no clear definition.

a. Output value of repair of buildings and structures: the value created through the repairs of buildings or structures. It does not include the value of buildings or structures being repaired and the value of the repair of production equipment;

b. Output value of manufactured non-standard equipment: the value of non-standard production equipment, including raw materials and manufacturing cost, made for the construction project (i.e., chemical plant; kettles or tanks used by refineries; various fillers, triangle tanks, valves used by mines). It also includes the output value of equipment manufactured by subsidiary workshops.

Value-added of Construction refers to the final result of the activities of production and operation of enterprises of the construction industry in monetary terms during the reference period.

Starting from the 2004 economic census, value-added of construction is calculated by both production approach and income approach, with the figures from the income approach as the final figures., Under the income approach,, calculation starts from the perspective of income and is based on the share of income derived from the production process by the relevant factors of production.. Specifically, value-added of construction for the Census years is calculated in accordance with the *Programme of Compilation of GDP and National Accounts for the Year of Economic Census*, and value-added of construction for other years is calculated in accordance with the *Programme of Compilation of GDP and National Accounts for the Non Economic Census Years.*

Floor Space of Buildings Under Construction refers to floor space of buildings under construction during the reference period, including the floor space of buildings for which construction has newly started; buildings for which construction has started earlier and is continuing during the reference period; and buildings for which construction has been suspended earlier but has restarted during the reference period; buildings completed during the reference period; and buildings under construction but construction has subsequently been during the reference period.

Floor Space of Buildings Completed refers to the floor space of buildings that are completed in the reference period in accordance with the requirements of the design, up to the standard for being put into use, and having been checked and accepted by departments concerned as qualified ones.

十五、运输和邮电

资料整理：张西莉

15.运输和邮电

2010 年全省		
客运量	94122	万　　人
旅客周转量	908.13	亿人公里
货运量	97782	万　　吨
货物周转量	2527.23	亿吨公里
邮电业务总量	902.85	亿　　元
每百人拥有固定电话	20.9	部
每百人拥有移动电话	67.4	部

高速公路里程(公里)

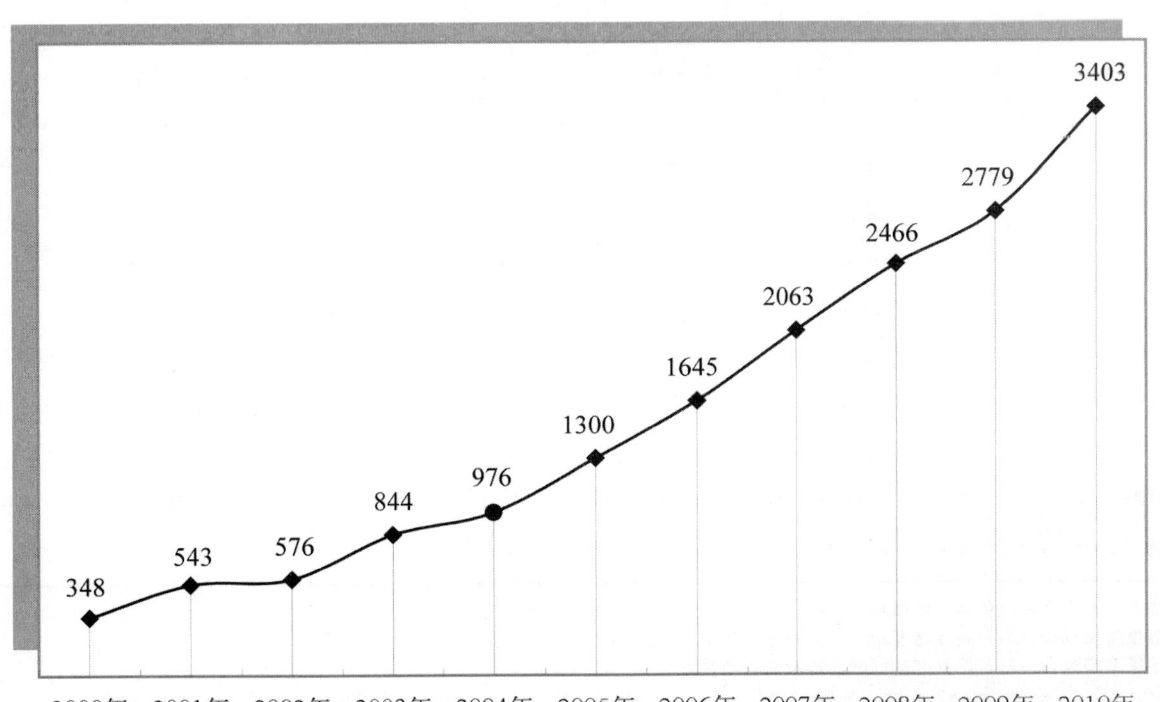

15-1 运输线路里程、质量和运输网密度
Length,Quality and Density of Transportation Routes

指　　标	Item	2005	2009	2010
一、运输线路里程	**Length of Transport Routes**			
铁路正线延展里程　（公里）	Extension Length of the Trunk Lines　(km)	4336	6620	8789
# 营业里程	Railways in Operation	3696	3770	4450
公路通车里程　（公里）	Total Length of Highways　(km)	54492	144109	147461
内河航道里程　（公里）	Navigable Inland Waterways　(km)	1100	1066	1100
# 机动船航道	Motor Vessels	563	558	558
民航通航里程　（公里）	Total Civil Aviation Routes　(km)	485749	587904	742375
# 不重复里程	Unique Mileage	386020	446272	632458
二、运输线路质量	**Quality of Transport Routes**			
铁路营业里程　（公里）	Length of Railways in Operation　(km)	3696	3770	4450
# 复线里程	Double-Tracking Length	838	1344	2157
复线里程比重　(%)	Proportion　(%)	22.7	35.6	48.5
公路线路里程　（公里）	Length of Highways　(km)	54492	144109	147461
# 等级公路	Expressway and Class I to IV Highways	49273	128487	134498
等级公路比重　(%)	Proportion　(%)	90.4	89.2	91.2
内河航道里程　（公里）	Length of Navigable Inland Waterways　(km)	1100	1066	1100
# 水深一米以上	Depth of Water Above 1 m	563	558	558
水深一米以上比重 (%)	Proportion　(%)	51.2	52.3	52.3
三、运输网密度	**Transport Density**			
1.铁　路	Railways			
省内营业里程　（公里）	Length of Province Railways in Operation(km)	3212	3282	3955
密　度　（公里/平方公里）	Density　(km/sq.km)	0.016	0.016	0.019
2.公　路	Highways			
线路长度　（公里）	Length of Routes　(km)	54492	144109	147461
密　度　（公里/平方公里）	Density　(km/sq.km)	0.265	0.700	0.717
3.水　路	Waterways			
通航里程　（公里）	Length of Waterways in Operation　(km)	1100	1066	1100
密　度　（公里/平方公里）	Density　(km/sq.km)	0.005	0.005	0.005
4.民　航	Civil Aviation			
通航里程　（公里）	Length of Civil Aviation in Operation　(km)	386020	587904	742375
密　度　（公里/平方公里）	Density　(km/sq.km)	1.876	2.857	3.607

注：1.铁路线路为中央在陕铁路局管线路；民航通航里程为陕西民航飞机飞行航线里程。
2.铁路线路里程含神华神朔铁路有限责任公司专用铁路线路。
3.公路通车里程和公路线路里程从2006年起按新口径统计。

a) The transport routes are managed by the railway bureau in Shaanxi; Total civil aviation routes is the Shaanxi civil aviation's routes.
b) Length of railways includes dedicated railway line in Shenhuashenshuo Railway Co., Ltd.
c) Length of Highways are compiled under a new system since 2006.

15-2 铁路、公路线路长度及民航航线

Length of Railways, Highways and Civil Aviation

指　　标	Item	2005	2009	2010
一、铁路线路长度	**Railways**			
正线延展里程　(公里)	Extension Length　(km)	4336	6620	8789
# 省境内	In Shaanxi	3757	4163	5894
营业里程　(公里)	Length of Railways in operation　(km)	3696	3770	4450
# 省境内	In Shaanxi	3212	3282	3955
电气化里程(省境内)(公里)	Provincal Electrified Railways　(km)	2013	2080	3061
省内复线里程　(公里)	Provincal Double-Tracking Length　(km)	576	976	1924
二、公路线路长度	**Highways**			
公路线路里程　(公里)	Length of Highways　(km)	54492	144109	147461
# 晴雨通车里程	Sunny and Rainy Days Mileage	41476	138529	143587
# 高级及次高级路面	High Class and Sub-senior Class Pavement	27696	77265	76296
等级公路　(公里)	Expressway and Class Ⅰ to Ⅳ Highways (km)	49273	128487	134498
# 高速公路	Expressway	1300	2779	3403
一级公路	Class Ⅰ Highway	359	781	787
二级公路	Class Ⅱ Highway	5783	6814	7235
三级公路	Class Ⅲ Highway	14658	14796	14791
四级公路	Class Ⅳ Highway	27173	103317	108282
三、民用航空	**Civil Aviation**			
航线里程　(公里)	Length of Civil Aviation Routes　(km)	485749	587904	632458
# 国际航线	International Routes	42741	83058	155032
港澳航线	Regional Routes	3028	16054	16468
航线条数　(条)	Numbers of Routes　(line)	330	348	358
# 国际航线	International Routes	21	41	17
港澳航线	Regional Routes	2	9	9
通航城市　(个)	Number of Cities　(unit)	126	135	120
# 国际航线	International Routes	16	31	13
港澳航线	Regional Routes	1	7	3

注：1.铁路线路长度含神华神朔铁路有限责任公司专用铁路线路。
2.公路线路有路面里程仅指高级路面。

a) Length of railways includes dedicated railway line in Shenhuashenshuo Railway Co., Ltd.
b) Length of highways with pavement only includes high class pavement.

15-3 运 输 工 具
Transportation

指 标		Item		2005	2009	2010
一、铁路运输工具		**Means of Railway Transportations**				
机 车	(台)	Locomotives	(unit)	866	1067	1030
# 蒸 汽		Steam Locomotives				
内 燃		Diesel Locomotives		254	314	275
电 力		Electric Locomotives		612	753	755
客 车	(辆)	Passenger Coaches	(coach)	1587	2187	2424
二、公路运输工具		**Means of Highway Transportations**				
民用汽车	(辆)	Civil Vehicles	(coach)	692886	1752128	2310407
# 新注册		New Registrations		71684	386438	530129
载客汽车	(辆)	Passenger Vehicles	(coach)	428379	1153084	1510407
载货汽车	(辆)	Trucks	(coach)	188200	290209	363184
特种车	(辆)	Special Vehicle	(coach)			
汽车挂车	(辆)	Trailer Trucks	(coach)	6143	22608	29476
拖拉机	(辆)	Tractors	(coach)	217864	246299	263357
三、水运运输工具		**Means of Waterway Transportations**				
机动船	(艘)	Motor Vessels	(unit)	980	1143	1208
客船载客量	(客位)	Passenger Capacity of Passenger Ships	(seat)	13686	17569	15152
货船净载重量	(吨)	Dead Weight Tonnage of Cargo Ships	(ton)	7180	22711	20192
拖轮功率	(千瓦)	Drawing Power	(kw)	356	282	282
驳 船	(艘/吨位)	Barges	(unit/ton)	485/1083	121/1326	118/1147
四、民航运输工具		**Means of Civil Aviation Transportations**				
民航飞机	(架)	Civil Aircraft	(unit)	43	33	45

注：铁路运输工具含神华神朔铁路有限责任公司机车数。
a) Means of railway transportations includes locomotives in Shenhuashenshuo Railway Co., Ltd.

15-4 各市(区)公路里程(2010年末)
Length of Highways by City(District)(2010)

单位：公里 (km)

地 区	Region	公路里程 Length of Highways	# 等级公路 Expressway and Class Ⅰ to Ⅳ Highways	# 高速公路 Expressway	# 一级公路 Class Ⅰ Highway	# 二级公路 Class Ⅱ Highway	# 三级公路 Class Ⅲ Highway
全 省	**Shaanxi**	**147461**	**134498**	**3403**	**787**	**7235**	**14791**
西 安 市	Xi'an	12575	12118	371	269	996	1204
铜 川 市	Tongchuan	3521	3140	96		310	307
宝 鸡 市	Baoji	14255	13861	199	62	792	1545
咸 阳 市	Xianyang	15201	13602	301	200	628	1981
渭 南 市	Weinan	17716	14627	324	36	755	1222
延 安 市	Yan'an	14926	14343	427		1416	2739
汉 中 市	Hanzhong	15051	12993	307	45	682	831
榆 林 市	Yulin	22372	22066	682	167	1089	3000
安 康 市	Ankang	19973	16550	349		283	936
商 洛 市	Shangluo	11871	11198	347	8	284	1026

15-5 客运量、旅客周转量及构成
Passenger Traffic, Passenger-Kilometers and Composition

指　　标	Item	2005	2009	2010
一、客运量　　（万人）	**Passenger Traffic　(10 000 persons)**	**39137**	**85122**	**94122**
铁　路	Railways	3600	5182	5579
中　央	National Railways	3410	4854	5290
地　方	Local Railways	190	328	289
公　路	Highways	34780	79033	87457
水　运	Waterways	344	233	303
民用航空	Civil Aviation	413	674	783
二、旅客周转量（百万人公里）	**Passenger-Kilometers (million passenger-km)**	**57160**	**81605**	**90813**
铁　路	Railways	27908	39564	41928
中　央	National Railways	26868	37724	40174
地　方	Local Railways	1040	1840	1754
公　路	Highways	20654	33766	38399
水　运	Waterways	58	37	43
民用航空	Civil Aviation	8540	8238	10443
三、客运量构成　　（%）	**Composition of Passenger Traffic(%)**	**100.00**	**100.00**	**100.00**
铁　路	Railways	9.20	6.09	5.93
公　路	Highways	88.87	92.85	92.92
水　运	Waterways	0.88	0.27	0.32
民用航空	Civil Aviation	1.05	0.79	0.83
四、旅客周转量构成　　（%）	**Composition of passenger-Kilometers　(%)**	**100.00**	**100.00**	**100.00**
铁　路	Railways	48.83	48.48	46.17
公　路	Highways	36.13	41.38	42.28
水　运	Waterways	0.10	0.05	0.05
民用航空	Civil Aviation	14.94	10.09	11.5

注：本表资料为全社会口径。中央铁路部分为国家返馈陕西省境数。

a) Data in this table refer to those of the whole society system. Data of national railways refer to those responsed to Shaanxi.

15-6 货运量、货物周转量及构成
Freight Traffic, Freight Ton-Kilometers and Composition

指　　标	Item	2005	2009	2010
一、货运量　　　（万吨）	**Freight Traffic　　（10 000 tons）**	**45724**	**86147**	**97782**
铁　路	Railways	12123	18020	20480
中　央	National Railways	5985	8779	10086
地　方	Local Railways	6138	9241	10394
公　路	Highways	33483	67963	77123
水　运	Waterways	114	157	170
民用航空	Civil Aviation	4	7	9
二、货物周转量（百万吨公里）	**Freight Ton-Kilometers (million ton-km)**	**111531**	**234783**	**252723**
铁　路	Railways	90576	131378	132914
中　央	National Railways	76698	109618	110533
地　方	Local Railways	13878	21760	22381
公　路	Highways	20785	103237	119591
水　运	Waterways	29	76	79
民用航空	Civil Aviation	141	92	139
三、货运量构成　　（%）	**Composition of Freight Traffic (%)**	**100.00**	**100.00**	**100**
铁　路	Railways	26.51	20.92	20.94
公　路	Highways	73.23	78.89	78.88
水　运	Waterways	0.25	0.18	0.17
民用航空	Civil Aviation	0.01	0.01	0.01
四、货物周转量构成　（%）	**Composition of Freight Ton-Kilometers　（%）**	**100.00**	**100.00**	**100**
铁　路	Railways	81.21	55.96	52.59
公　路	Highways	18.63	43.97	47.32
水　运	Waterways	0.03	0.03	0.03
民用航空	Civil Aviation	0.13	0.04	0.06

注：1.本表资料为全社会口径。中央铁路部分为国家返馈陕西省境数。
　　2.铁路货运量和货物周转量含神华神朔铁路有限责任公司专用铁路货运量和货物周转量。

a) Data in this table refer to those of the whole society system. Data of national railways refer to those responsed to Shaanxi.
b) Freight traffic and freight ton-Kilometers includes dedicated railway line in Shenhuashenshuo Railway co., ltd .

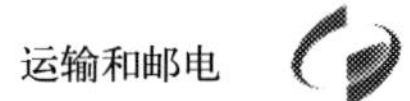

15-7 民用汽车拥有量(2010年末)
Possession of Civil Vehicles(2010)

单位：辆 (unit)

地区	Region	民用汽车总计 total	# 新注册 New Registrations	载客汽车 Passenger Vehicles	载货汽车 Trucks	其他汽车 Others	摩托车 Motorcycles	# 普通 Normal Motorcycles
全　省	**Shaanxi**	**2310407**	**530129**	**1510407**	**363184**	**436816**	**2349146**	**2258416**
西安市	Xi'an	957162	221017	734693	144911	77558	254210	238386
铜川市	Tongchuan	49915	10614	23715	11285	14915	61445	60531
宝鸡市	Baoji	130893	29773	84035	20274	26584	290600	265633
咸阳市	Xianyang	156209	33525	98746	27047	30416	242379	238377
渭南市	Weinan	266699	55655	138593	44208	83898	442396	435775
延安市	Yan'an	179370	45893	91433	27701	60236	121987	118958
汉中市	Hanzhong	101474	18518	58753	13442	29279	304014	285389
榆林市	Yulin	309016	85135	191967	56419	60630	230462	225795
安康市	Ankang	63592	11212	33063	10851	19678	239018	228129
商洛市	Shangluo	49643	8389	21084	4895	23664	149534	148682
杨凌示范区	Yangling	25196	6092	22343	2029	824	13101	12761

15-8 私人车辆拥有量(2010年末)
Possession of Private Vehicles(2010)

单位：辆 (unit)

地区	Region	汽车总计 Total	载客汽车 Passenger Vehicles	载货汽车 Trucks	摩托车 Motorcycles	# 普通 Normal Motorcycles
全　省	**Shaanxi**	**1818097**	**1210138**	**224226**	**2310406**	**2221669**
西安市	Xi'an	778902	606892	107014	249375	233620
铜川市	Tongchuan	36492	16266	5820	60227	59342
宝鸡市	Baoji	93891	57643	12136	289261	265633
咸阳市	Xianyang	116103	78469	12290	241011	237043
渭南市	Weinan	205237	115933	19540	424078	417633
延安市	Yan'an	144707	72074	16062	121035	118008
汉中市	Hanzhong	79634	41780	9813	303016	284492
榆林市	Yulin	255161	167416	29215	227433	222800
安康市	Ankang	47771	20885	8367	233440	222749
商洛市	Shangluo	40301	13957	3325	148516	147670
杨凌示范区	Yangling	19898	18823	644	13014	12679

15-9 公路部门营运汽车拥有量(2010年末)

Possession of Vehicles in Operation for Highway Transportation(2010)

地　区	Region	合计 (辆) Total (unit)	载客汽车 (辆) Passenger Vehicles (unit)	#大型 Heavy	#中型 Medium	载客汽车 (客位) Passenger Vehicles (seat)	#大型 Heavy	#中型 Medium
全　省	**Shaanxi**	**329987**	**72455**	**4234**	**9194**	**1131535**	**136353**	**213966**
西安市	Xi'an	161196	29938	1684	2889	557961	60907	63320
铜川市	Tongchuan	8728	1849	105	51	18184	3868	1212
宝鸡市	Baoji	21670	6377	161	766	98275	4644	19987
咸阳市	Xianyang	23695	5404	223	824	90608	6239	20047
渭南市	Weinan	33982	6404	344	550	76553	12865	14002
延安市	Yan'an	12480	4534	144	1309	75122	4760	30725
汉中市	Hanzhong	15139	3978	640	872	55434	16546	18472
榆林市	Yulin	38090	5717	549	1006	75413	14996	26914
安康市	Ankang	10052	5421	108	301	49455	3921	7388
商洛市	Shangluo	3726	2538	269	596	31771	7334	10814
杨凌示范区	Yangling	1229	295	7	30	2759	273	1085

15-9 续表 continued

地　区	Region	普通载货车辆 Ordinary Trucks		#大型 Heavy		#中型 Medium		专用载货车辆 Dedicated Trucks	
		辆数 (unit)	吨位 (ton)	辆数 (unit)	吨位 (ton)	辆数 (unit)	吨位 (ton)	辆数 (unit)	吨位 (ton)
全　省	**Shaanxi**	**246937**	**1307986**	**79531**	**1064751**	**19180**	**63313**	**10595**	**127964**
西安市	Xi'an	127778	329922	18558	199606	4674	15481	3480	33917
铜川市	Tongchuan	6521	44947	3153	38183	796	2471	358	5357
宝鸡市	Baoji	15058	67786	5127	52747	900	2851	235	1875
咸阳市	Xianyang	17546	151842	10737	138298	2171	6631	745	9123
渭南市	Weinan	26545	254735	15007	232862	2477	8074	1033	13148
延安市	Yan'an	5394	29464	2452	24058	708	2081	2552	37363
汉中市	Hanzhong	10995	42003	3578	28481	1225	2912	166	1042
榆林市	Yulin	30619	364598	19456	337309	4592	17982	1754	24122
安康市	Ankang	4493	14509	875	7900	1258	3345	138	807
商洛市	Shangluo	1054	4947	405	3698	180	689	134	1210
杨凌示范区	Yangling	934	3233	183	1609	199	796		

注：本表数字为在运管部门注册登记的全社会营运汽车数。

a) Data in this table refers to the whole society's for-hire vehicles registered in operation administration departments.

15-10 城市公共汽车情况(2010年)
Basic Statistics on Bus in Cities (2010)

地 区	Region	运营车数(辆) Number of Operations (unit)	汽油车 Gasoline	柴油车 Diesel Cars	天然气车 Natural Gas Vehicles	双燃料车 Dual-fuel Vehicles	标准运营车数(标台) Number of Standard Operations (unit)	运营线路总长度(公里) Network Length (km)	客运量(万人次) Passengers Transported (10 000 person-times)	运营里程(万公里) Operating Distance (10 000 km)
全 省	**Shaanxi**	**10974**	**695**	**1951**	**3098**	**5230**	**12202**	**11638**	**233789**	**77607**
西安市	Xi'an	7107		342	2620	4145	8135	5531	165388	48089
铜川市	Tongchuan	223		53	20	150	205	679	3434	2494
宝鸡市	Baoji	639	164	32	45	398	776	498	17004	5421
咸阳市	Xianyang	612	24	102	21	465	793	575	10338	3739
渭南市	Weinan	472	43	335	94		419	1247	6323	3957
延安市	Yan'an	601	241	229	59	72	634	980	8825	3694
汉中市	Hanzhong	462	43	419			403	858	5025	3726
榆林市	Yulin	606	177	190	239		605	835	12968	4231
安康市	Ankang	124		124			121	171	2131	1031
商洛市	Shangluo	128	3	125			111	264	2353	1225

15-11 城市出租汽车情况(2010年)
Basic Statistics on Taxi in Cities (2010)

地 区	Region	运营车数(辆) Number of Operations (unit)	客运量(万人次) Passengers Transported (10 000 person-times)	运营里程(万公里) Operating Distance (10 000 km)	载客里程(万公里) Passenger Milesdistance (10 000 km)
全 省	**Shaanxi**	**31740**	**105999**	**428341**	**297417**
西安市	Xi'an	12786	40117	181306	117188
铜川市	Tongchuan	989	5586	12928	10203
宝鸡市	Baoji	2867	8973	35057	22188
咸阳市	Xianyang	2890	9918	38259	22520
渭南市	Weinan	3078	11370	45967	31354
延安市	Yan'an	2119	10056	34638	30697
汉中市	Hanzhong	1801	2409	25269	17126
榆林市	Yulin	3078	10310	33256	29019
安康市	Ankang	1197	4048	11743	9702
商洛市	Shangluo	935	3212	9918	7420

15-12 铁路客货运输量
Passenger and Freight Traffic of Railways

指　　标	Item	2005	2009	2010
一、路局范围	**Railways Bureau**			
客运量 (万人)	Passenger Traffic (10 000 persons)	3435	5182	5579
旅客周转量(百万人公里)	passenger-Kilometers(million passenger-km)	30409	39564	41928
货运量 (万吨)	Freight Traffic (10 000 tons)	4699	8779	10086
货物周转量(百万吨公里)	Freight Ton-Kilometers (million ton-km)	85406	122418	119538
二、省境内	**In Shaanxi Province**			
客运量 (万人)	Passenger Traffic (10 000 persons)	3410	5140	5401
旅客周转量(百万人公里)	Passenger-Kilometers(million passenger-km)	26868	34257	36256
货运量 (万吨)	Freight Traffic (10 000 tons)	5985	8779	8833
货物周转量(百万吨公里)	Freight Ton-Kilometers (million ton-km)	76698	120841	109656

注：本表路局范围为西安铁路局数字，省境内为国家反馈数。
a) Bureau means railways bureau of Xi'an. The data in Shaanxi province refer to the number responsed from nation.

15-13 全省公路运输部门客货运输量(2010年末)
Passenger and Freight Traffic of Highway Departments(2010)

地　区	Region	客运量 (万人) Passenger Traffic (10 000 persons)	客运周转量 (万人公里) passenger-Kilometers (10 000 passenger-km)	货运量 (万吨) Freight Traffic (10 000 tons)	货运周转量 (万吨公里) Freight Ton-Kilometers (10 000 ton-km)
全　省	**Shaanxi**	**87457**	**3839909**	**77123**	**11959134**
西安市	Xi'an	26536	1346104	33610	2487692
铜川市	Tongchuan	1477	54653	2604	296131
宝鸡市	Baoji	8119	212862	6578	667703
咸阳市	Xianyang	11109	338441	5102	1284030
渭南市	Weinan	10260	567989	8784	2479647
延安市	Yan'an	6572	242125	4172	511754
汉中市	Hanzhong	7410	275566	3983	517009
榆林市	Yulin	6220	387790	6532	3416559
安康市	Ankang	6837	240638	5322	250227
商洛市	Shangluo	2917	173741	436	48382

15-14 铁路运输主要经济技术指标
Principal Economic and Technical Indicators of Railway Transport

指　　标	Item	2005	2009	2010
日均装车 (车)	Daily Car Loadings (unit)	8989	10782	11221
日均卸车 (车)	Daily Car Unloadings (unit)	1930	2511	2731
货车平均静载重 (吨)	Average Static Load of Freight Cars (ton)	60.3	63.9	64.1
货车周转时间 (天)	Turning Around Time of Freight Cars (day)	1.5	1.7	2
货运机车日产量 (万吨公里)	Average Daily Ton-kilometers of Freight Locomotives (10 000 ton-km)	90.0	87.2	91.9
内燃机车耗油 (公斤/万吨公里)	Oil Consumption of Diesel Locomotives (km/10 000 ton-km)	29.0	38.2	47.1
电力机车耗电 (千瓦小时/万吨公里)	Electricity Consumption of Electric Locomotives (kwh/10 000 ton-km)	162.0	147.5	144.7
货物列车出发正点率 (%)	Punctuality Rate of Freight Trains at Departure (%)	94.6	98.0	98.6
货物列车运行正点率 (%)	Punctuality Rate of Freight Trains in Running (%)	95.8	98.7	98.8
旅客列车出发正点率 (%)	Punctuality Rate of Passenger Trains at Departure(%)	99.9	100.0	99.6
旅客列车运行正点率 (%)	Punctuality Rate of Passenger Trains in Running (%)	99.5	98.6	99.2
客运密度 (万人公里/公里)	Density of Passenger Traffic (10 000 person-km/km)	850.8	1334.9	1004.4
每万名旅客拥有座卧车数 (辆)	Number of Seat Trains and Sleeping Trains Per 10 000 Passengers (unit)	2.6	5.5	5.4
每百万旅客人公里拥有座卧车数 (辆)	Number of Seat Trains and Sleeping Trains Per million Passenger-km (unit)	22.2	17.5	17.3
货物列车旅行速度 (公里/小时)	Running Speed of Freight Trains (km/hr)	36.5	27.1	29.1
货运密度 (万吨公里/公里)	Density of Freight Traffic (10 000 ton-km/km)	2686.1	3561.9	2863.5
一次货物作业时间 (小时)	Handling Time of Freigh (hour)	15.0	14.9	16.3

15-15 铁路主要财务指标及劳动生产率
Principal Financial Indicators and Labor Productivity of Railway Transport

指　　标	Item	2005	2009	2010
运输收入 (万元)	Total Transport Revenue (10 000 yuan)	1363717	2124942	2607102
运输支出 (万元)	Total Transport Expenditure (10 000 yuan)	1281775	2180596	2197633
实现利润 (万元)	Profits (10 000 yuan)	52342	-22246	-20672
运输单位固定资产原值 (万元)	Original Value of Fixed Assets in Transport Units (10 000 yuan)	6898102	9979184	9389622
运输单位职工人数 (万人)	Number of Staff and Workers in Transport Units (10 000 persons)	9.7	9.2	7.3
运输全员劳动生产率(万吨公里/人)	Transport Overall Labor Productivity (10 000 ton-km/person)	135	186	224

注：1.运输收入为清算收入。
　　2.本表含神华神朔铁路有限责任公司。

a) Total transport revenue refers to clearing revenue.
b) Data in this table includes those of Shenhuashenshuo Railway co., ltd.

15-16 铁路分品类货物发送量及装车数

Volume of Freight Dispatched and Loaded Cars of Railways by Category of Cargo

品　种	Item	货物发送量(万吨) Volume of Freight Dispatched (10000 tons)		装　车　数 (车) Car Loadings (unit)	
		2009	2010	2009	2010
合　计	**Total**	**25435.0**	**31196.9**	**3935430**	**4095511**
煤	Coal	22150.5	27804	3333910	3470204
焦　炭	Coke	321.3	377.2	51544	59911
石　油	Petroleum	980.5	1138.0	201015	228382
钢铁及有色金属	Steel and Iron, and Non-Ferrous Metal	345.7	320.1	66796	62771
金属矿石	Metal Ores	103.1	163.1	15869	25104
非金属矿石	Non-metal Ores	118.2	138.3	18995	21973
矿建材料	Mineral Building Materials	357.3	316.0	56829	53259
水　泥	Cement	42.2	17.4	6918	2681
木　材	Timber	16.6	20.8	2767	3442
化肥及农药	Chemical Fertilizers and Pesticides	173.7	162.3	28557	26576
粮　食	Grain	265.5	104.9	43816	17298
棉　花	Cotton	0.2	0.2	35	28
其　他	Others	560.2	634.6	108379	123882

注：本表含神华神朔铁路有限责任公司。

a) Data in this table includes those of Shenhuashenshuo Railway co., ltd.

15-17 公路运输主要技术指标

Principal Technical Indicators of Highway Transport

指　标	Item	2005	2009	2010
一、载客汽车	**Passenger Vehicles**			
载客汽车工作率 (%)	Work Ratio of Passenger Vehicles (%)	87.9	91.5	92.6
载客汽车实载率 (%)	Actual Load Rate of Passenger Vehicles (%)	69.3	73.6	77.6
行程利用率 (%)	operation mileage rate (%)	99.5	90.7	90.7
每百车公里耗汽油 (公升)	Gasoline Consumption per 100 car-km (litre)	20.5	12.0	14.8
每百车公里耗柴油 (公升)	Diesel Oil Consumption per 100 car-km (litre)	20.6	20.6	19.8
每百吨公里耗汽油 (公升)	Gasoline Consumption per 100 ton-km (litre)	11.1	5.4	15.5
每百吨公里耗柴油 (公升)	Diesel Oil Consumption per 100 ton-km (litre)	10.9	4.57	11.8
二、载货汽车	**Trucks**			
载货汽车工作率 (%)	Work Ratio of Trucks (%)	78.1	68.8	68.9
载货汽车实载率 (%)	Actual Load Rate of Trucks (%)	67.3	88.2	85.9
行程利用率 (%)	operation mileage rate (%)	88.1	68.3	68.0
每百车公里耗汽油 (公升)	Gasoline Consumption per 100 car-km (litre)	25.9	15.2	15.5
每百车公里耗柴油 (公升)	Diesel Oil Consumption per 100 car-km (litre)	35.2	24.8	32.5
每百吨公里耗汽油 (公升)	Gasoline Consumption per 100 ton-km (litre)	7.8	6.5	6.7
每百吨公里耗柴油 (公升)	Diesel Oil Consumption per 100 ton-km (litre)	8.2	2.4	2.5
三、通公路的行政村比重 (%)	**Percentage of Administrative Village with Highways (%)**	**93.1**	**92.1**	**95.6**

注：2006年起通公路的行政村比重的统计口径按新标准执行。

a) Percentage of administrative village with highways is compiled under a new system since 2006.

15-18 邮电业务总量

Total Business Volume of Post and Telecommunication Services

年 份 Year	邮电业务总量(万元) Business Volume of Postal and Telecommunication Services (10 000 yuan)	函 件(万件) Number of Letters (10 000 pcs)	报 刊期发数(万份) Number of Newspapers and Magazines Issued (10 000 copies)	快 递(万件) Pieces of Express Mail Services (10 000 pcs)	移动电话(户) Number of Subscribers of Mobile Telephones (subscribers)	城市电话(户) Number of Urban Fixed Telephone Subscribers (subscribers)	乡村电话(户) Number of Rural Fixed Telephone Subscribers (subscribers)	互联网宽带用户(户) Number of Internet Users (subscribers)
1978	5025	9188	319			32356	14100	
1980	5595	10386	494			36521	14668	
1985	7871	13275	869			53828	15978	
1990	16936	15955	506			96573	21184	
1995	145408	24277	1017			601136	78244	
1996	206467	26456	1122			882485	153767	
1997	278942	15787	888			1174607	237720	
1998	395410	14281	1335			1507041	311724	
1999	538640	15678	521		601260	1822476	499096	
2000	850392	17444	454	227	1516687	2528584	923865	198744
2001	945861	18518	386	285	2917135	2905202	1285409	697869
2002	1331745	20323	347	298	4813341	3444609	1798321	1106756
2003	1741428	20307	312	335	6110004	4577207	2147725	1687600
2004	2447665	19915	283	366	7886903	5412164	2507240	1946200
2005	3311322	15119	286	397	9381001	5618420	2974747	2369000
2006	4242336	16072	276	489	11835813	5805703	3339014	1613600
2007	5294031	11677	279	607	16126583	5834313	3422573	1936310
2008	6287289	11219	301	767	19122464	5647062	3165318	2351717
2009	7455960	8690	365	883	23373712	5257253	2892457	2550542
2010	9028500	9734	517	2600	25182317	5195501	2623352	3688265

注：邮电业务总量按不变价格计算。
a) Business volume of postal and telecommunication services are calculated at constant prices.

15-19 邮电通信水平

Level of Post and Telecommunication Services

指 标	Item	2005	2009	2010
邮政通信水平	**Postal Services Available**			
平均每一营业网点服务面积(平方公里)	Average Area Served by Every Postal Office (sq.km)	119.77	134.58	138.38
平均每一营业网点服务人口 (万人)	Average People Served by Every Postal Office (10 000 persons)	2.15	2.51	2.57
平均每人每年发函件数 (件)	Annual Number of Letters Mailed per Capita (piece)	4.11	2.33	2.61
平均每百人订有报刊数 (份)	Number of Newspaper and Magazine Subscribed per 100 Persons(copy)	7.84	9.79	13.85
邮政储蓄市场占有率 (%)	Market Share of Postal Savings (%)	13.50	11.45	11.36
电信通信水平	**Telecommunication Services Available**			
电话普及率(包括移动电话)(部/百人)	Popularization Rate of Telephone (sets/100 persons)	48.71	84.58	88.36
固定电话普及率 (部/百人)	Popularization Rate of Fixed Telephone (sets/100 persons)	23.28	21.87	20.93
城 市	City	40.89	32.43	30.44
乡 村	Rural Area	12.84	13.73	12.94
移动电话数普及率 (部/百人)	Popularization Rate of Mobile Telephone (sets/100 persons)	25.42	62.71	67.42

15-20 各市(区)邮电业务量(2010年)

Total Business Volume of Post and Telecommunication Services by City(District)(2010)

地 区	Region	函 件 (万件) Number of Letters (10 000 pcs)	包 裹 (万件) Package (10 000 pcs)	快 递 (万件) Pieces of Express Mail Services (10 000 pcs)	报 刊 累计数 (万份) Number of Total Newspapers and Magazines (10 000 copies)	移动电话 用 户 (户) Number of Subscribers of Mobile Telephones (subscribers)
全 省	**Shaanxi**	**9734**	**199**	**2600**	**52994**	**25182317**
西安市	Xi'an	6259	97	1546	23120	9865599
铜川市	Tongchuan	93	2	26	1508	480584
宝鸡市	Baoji	905	15	212	3634	1946090
咸阳市	Xianyang	762	27	186	2865	2525419
渭南市	Weinan	491	14	167	6061	2460790
延安市	Yan'an	240	6	67	2370	1737063
汉中市	Hanzhong	354	15	138	3674	1510953
榆林市	Yulin	202	8	114	5434	2604185
安康市	Ankang	190	11	85	1580	1198483
商洛市	Shangluo	238	4	59	2748	853151

15-20 续表 continued

地 区	Region	固定电话 用 户 (户) Number of Subscribers of Fixed Telephones (subscribers)	城市电话 用 户 Number of Urban Fixed Telephone Subscribers	乡村电话 用 户 Number of Rural Fixed Telephone Subscribers	#小灵通 Handphone	互联网宽带 用 户 (户) Number of Subscribers of Internet Services (subscribers)	电话交换机 容 量 (门) Capacity of Telephone Exchanges (line)
全 省	**Shaanxi**	**7818853**	**5195501**	**2623352**	**648921**	**3688265**	**44865577**
西安市	Xi'an	2979880	2534974	444906	360372	1890008	16086626
铜川市	Tongchuan	152128	99593	52535	20204	54376	1105663
宝鸡市	Baoji	772361	469374	302987	54474	285995	3807074
咸阳市	Xianyang	619298	384338	234960	18556	294986	4623857
渭南市	Weinan	900847	390768	510079	24784	314730	4579819
延安市	Yan'an	411212	276290	128443	46103	178459	3396020
汉中市	Hanzhong	626784	287710	339074	26308	215921	2983972
榆林市	Yulin	566497	371112	201864	52585	201646	4559436
安康市	Ankang	433143	235041	198102	29999	157536	2234988
商洛市	Shangluo	356703	146301	210402	15536	94608	1488122

15-21 各市(区)邮电局所及邮递线路(2010年)

Postal and Telecommunication Offices and Postal Routes by City(District)(2010)

地区	Region	邮电局所总计(个) Total Number of Postal and Telecommunication Offices(unit)	邮政自办局(所) Number of Self-postal Offices	邮政代办所 Number of Sub-postal Offices	电信自办局(所) Number of Self-Telecommunication Offices	电信代办所 Number of Sub-Telecommunication Offices	公用电话(个) Public Telephone (subscribers)	邮路长度(公里) Length of Postal Routes (km)	农村投递线路总长度(公里) Total Length of Rural Delivery Routes(km)
全省	**Shaanxi**	**66364**	**1168**	**287**	**1541**	**63368**	**641699**	**67871**	**134262**
西安市	Xi'an	14832	271	26	285	14250	346450	41042	13390
铜川市	Tongchuan	1673	26	14	31	1602	8307	757	3257
宝鸡市	Baoji	4969	108	38	111	4712	39243	3412	10024
咸阳市	Xianyang	8819	136	13	156	8514	44612	2404	13362
渭南市	Weinan	7851	131	15	126	7579	33570	2296	16030
延安市	Yan'an	5220	113	27	93	4987	29647	4154	11247
汉中市	Hanzhong	6645	137	30	235	6243	42978	2832	15641
榆林市	Yulin	9010	77	93	266	8574	42819	4935	27413
安康市	Ankang	3812	98	17	109	3588	32650	3275	12390
商洛市	Shangluo	3533	71	14	129	3319	21423	2764	11508

15-22 邮电通信企业主要财务指标

Principal Financial Indicators of Postal and Telecommunication Services Enterprises

单位：万元 (10 000 yuan)

指标	Item	2005	2009	2010
邮电业务收入总计	Total Revenue from Postal and Telecommunication Services	1399620	2326404	2658269
# 主营业务收入	Revenue from Principal Business	1374183	2313543	2630424
业务支出	Business Expenditure	870054	819061	1578748
营业外损益净额	Net Amount of Non Operating Profit and Loss	931	-2600	1639
税金	Tax	65601	91179	168950
教育附加费	Extra Charges for Education	394	570	875
收支差额	Balance of Revenue and Expenditure	33930	176078	946125
年末固定资产原值	Original Value of Fixed Assets at Year-end	4192457	5570376	6135103

主要统计指标解释

铁路营业里程　又称营业长度(包括正式营业和临时营业里程)，指办理客货运输业务的铁路正线总长度。凡是全线或部分建成双线及以上的线路，以第一线的实际长度计算；复线、站线、段管线、岔线和特殊用途线以及不计算运费的联络线都不计算营业里程。该指标可以反映铁路运输业基础设施的发展水平，也是计算客货周转量、运输密度和机车车辆运用效率等指标的基础资料。

铁路电气化里程　指在全部铁路营业里程中已安装了供电线路及设备，可以供电力机车牵引列车运行的区段的总里程。

公路里程　指在一定时期内实际达到《公路工程[WTBZ]技术标准 JTJ01-88》规定的等级公路，并经公路主管部门正式验收交付使用的公路里程数。包括大中城市的郊区公路以及通过小城镇街道部分的公路里程和桥梁、渡口的长度，不包括大中城市的街道、厂矿、林区生产用道和农业生产用道的里程。两条或多条公路共同经由同一路段，只计算一次，不得重复计算里程长度。该指标可以反映公路建设的发展规模，也是计算运输网密度等指标的基础资料。

内河航道里程　也称内河通航里程，指在一定时期内，能通航运输船舶及排筏的天然河流、湖泊水库、运河及通航渠道的长度。包括全年季节性通航累计三个月以上的航道，不包括仅供零散流放竹、木排的河道。该指标可以反映内河水运网的规模、水平和发展情况。

民用航空航线里程　指统计期间内全部民用航空航线的航线总长度。航线长度指民用航空航线的计费距离。计算航线里程可按重复和不重复两种方法，前者是指各航线长度相加的总和；后者则要扣除各航线之间相同航段重复计算的部分。

货(客)运量　指在一定时期内，各种运输工具实际运送的货物(旅客)数量。该指标是反映运输业为国民经济和人民生活服务的数量指标，也是制定和检查运输生产计划、研究运输发展规模和速度的重要指标。货运按吨计算，客运按人计算。货物不论运输距离长短、货物类别，均按实际重量统计。旅客不论行程远近或票价多少，均按一人一次客运量统计；半价票、小孩票也按一人统计。

货物(旅客)周转量　指在一定时期内，由各种运输工具运送的货物(旅客)数量与其相应运输距离的乘积之总和。该指标可以反映运输业生产的总成果，也是编制和检查运输生产计划，计算运输效率、劳动生产率以及核算运输单位成本的主要基础资料。计算货物周转量通常按发出站与到达站之间的最短距离，也就是计费距离计算。计算公式为：

货物（旅客）周转量=Σ（货物（旅客）运输量×运输距离）

铁路货车平均静载重　指铁路货车在始发站静止状态下平均每车装载的货物重量，用以分析货车完成装车时车辆载重力的利用情况。计算公式为：

$$货车平均静载量=\frac{货物发送吨数}{装车数}$$

静载重的多少取决于运送货物的性质、种类、车辆的类型和装载技术的高低。根据货车的平均标记载重与静载重进行对比，可以反映货车载重能力的利用程度。计算公式为：

$$货车载重力利用率(\%)=\frac{货车平均静载重}{货车平均标记载重}\times 100\%$$

铁路货运机车日产量　指在一定时期内，平均每台货运机车在一昼夜内所完成的总重吨公里数，包括载运货物的重量和车辆本身的自重。该指标从时间和牵引能力两方面反映了机车运用效率。计算公式为：

$$货运机车平均日产量=\frac{货运总重吨公里数}{货运机车台日数}$$

民用汽车拥有量　指报告期末，在公安交通管理部门按照《机动车注册登记工作规范》，已注册登记领有民用车辆牌照的全部汽车数量。汽车拥有量统计的主要分类：根据汽车结构分为载客汽车、载货汽车及其他汽车；根据汽车所有者不同分为个人(私人)汽车、单位汽车；根据汽车的使用性质分为营运汽车、非营运汽车；根据汽车大小规格不同载客汽车分为大型、中型、小型和微型，载货汽车分为重型、中型、轻型和微型。

邮电业务总量　指以货币形式表示的邮电企业为社会提供各类邮电服务的总数量，是用于观察邮电业务发展变化总趋势的综合性总量指标。分别按邮政业务总量和电信业务总量统计。邮电业务总量是以各类业务的实物量分别乘以相应的不变单价，得出各类业务的货币量再加总求得。

移动电话用户　指在电信运营企业营业网点办理开户登记手续，通过移动电话交换机进入移动电话网，占用移动电话号码的各类电话用户。包括 GSM 数字移动电话用户、CDMA 数字移动电话用户和电信运营企业发行的报告期末已激活充值的能异地漫游的各种智能卡用户。

固定电话用户　指在电信运营企业营业网点办理开户登记手续并已接入固定电话网上的全部电话用户。包括普通电话用户、公用电话用户、窄带综合业务数字网（N—ISDN）用户、智能网专用接入终端用户等。按行政区划分为城市电话用户和农村电话用户。

城市电话用户　指直辖市、省辖市、地级市、县级市的市区、市郊区及县城范围内接入局用交换机的电话用户。包括分布在农村地区县团级以上建制的独立工矿区、林区、驻军等电话用户。

农村电话用户　指县城关镇以下的集镇和农村接入局用交换机的电话用户。

Explanatory Notes on Main Statistical Indicators

Length of Railways in Operation refers to the total length of the trunk line for passenger and freight transportation (including both full operation and temporary operation). The calculation is based on the actual length of the first line if this line has a full or partial double (or more). Not included are double tracks, station sidings, tracks under the charge of stations, branch lines, special-purpose lines and non-payable connecting lines. The length of railways in operation is an important indicator to show the development of the infrastructure of railway transport. It is also essential data to calculate volume of passenger freight transport, traffic density and utilization efficiency of locomotives and carriages.

Length of Electrified Railways refers to the length of the section of railways in operation in which the power supply lines and other equipment are installed for the running of electrified locomotives. The proportion of the length of electrified railways to the total length of railways in operation is an important indicator to show the modernization of railways.

Length of Highways refers to the length of highways which are built in conformity with the grades specified by the highway engineering standard [Highways WTBZ-Technical Standard JTJ01-88] formulated by the Ministry of Transport, and have been formally checked and accepted by the departments of highways and put into use. The length of highways includes that of the suburb highways at large and medium-sized cities, highways passing through streets at small cities and towns, and also the length of bridges and ferry piers. It does not include the length of streets in big and medium-sized cities and highways built for the production purpose at factories, mines, forest areas and agricultural areas. If two or more highways go the same section of the way, the length of the section is only calculated for once and no duplication is allowed. The length of highways is an indicator to show the development of the scale of highway construction and to provide essential information to calculate the transport network density.

Length of Navigable Inland Waterways is an indicator reflecting the size and development of inland water network. It refers to the length of the natural rivers, lakes, reservoirs, canals, and ditches open to navigation during a given period, which enables transportation by ships and rafts. It includes the channels open to navigation for over an accumulated period of 3 months in a year, yet this does not include the river courses which are only used to float odd logs and bamboo rafts. This indicator can reflect the scale, level and development situation of the inland waterway network.

Length of Civil Aviation Routes refers to the length of all routes for civil aviation flights, which is used to account the freight, during the period of statistics.. There are usually two ways to calculate the route length: duplicated calculation and non-duplicated calculation, the former is the sum of length of all civil aviation routes, and the latter should deduct the duplication length of same route among all routes.

Freight (Passenger) Traffic refers to the volume of freight (passenger) transported with various means within a specific period of time. This indicator reflects the service of the transport industry towards the national economy and people's living conditions, as well as an important indicator used in formulating and monitoring transport production plans and research into the scale and pace of transport development. Freight transport is calculated in tons and passenger traffic is calculated in terms of number of persons. Freight transport is calculated in terms of the actual weight of the goods and takes no account of the type of freight and distance of travel. Passenger traffic is calculated by the principle that one person can be counted only once in one trip and takes no account of the travelling distance and ticket price. The passengers who travel with a half price ticket or a child's ticket is also calculated as one person.

Freight Ton-kilometres (Passenger-kilometres) refers to the sum of the product of the volume of transported cargo (passengers) multiplied by the transport distance. It is an important indicator to reflect the achievement of the transportation industry. This is an important indicator to show the total results of the transport industry; to prepare and examine the transport plan; and to serve as the main basic data for calculating the efficiency, labour productivity and unit cost of transport. Normally, the shortest distance between the departure station and the destination station (i.e., the payable distance) is the basis in calculating the freight ton-kilometres. The formula is as follows:

$$\begin{matrix}\text{Freight ton - kilometres} \\ \text{(passenger - kilometres)}\end{matrix} = \Sigma \begin{matrix}\text{freight} \\ \text{(passenger) traffic}\end{matrix} \times \begin{matrix}\text{distance of} \\ \text{transportation}\end{matrix}$$

Average Static Load of Freight Cars refers to the average cargo weight as loaded by each freight car under the static condition at the departure station. It is used to show the utilization extent of the loading capacity of the freight cars. The formula is:

$$\begin{matrix}\text{Static load (ton)} \\ \text{of freight car}\end{matrix} = \frac{\text{tonnage of goods dispatched}}{\text{number of freight cars loaded}}$$

The static load of freight cars is determined by the nature and type of goods loaded the type of vehicles, and the technique of loading. Comparison of the average marked load with the static load of freight cars provides indication on the degree of utilization of loading capacity of freight cars. For its calculation the following formula is applied:

$$\begin{matrix}\text{Utilization rate of} \\ \text{capacity of freight cars (\%)}\end{matrix} = \frac{\text{Average static load}}{\text{Average marked load}} \times 100\%$$

Average Daily Haul of Freight Locomotives refers to the average total ton-kilometres accomplished by each freight transport locomotive over one day and night during a given period of time. It includes both the weight of the goods carried and the dead weight of the train itself. It is a comprehensive indicator reflecting the locomotive efficiency in terms of both time and the pulling force.

$$\begin{array}{c}\text{Average daily haul of}\\ \text{freight transport locomotive}\\ \text{(ton - kilometre)}\end{array} = \frac{\begin{array}{c}\text{Total ton - kilometres}\\ \text{of freight}\end{array}}{\begin{array}{c}\text{Daily number of freight}\\ \text{transport locomotive}\end{array}}$$

Possession of Civil Motor Vehicles refer to the total numbers of vehicles that are registered and received vehicles license tags according to the *Work Standard for Motor Vehicles Registration* formulated by the Transport Management Office under the department of public security at the end of the reference period. They are divided into categories. According to the structure of motor vehicles, they are divided into passenger vehicles, trucks and others; according to ownership into private vehicles and vehicles for the unit's use; according to kind of usage into working vehicles and non-working vehicles; and according to size of vehicles into large passenger vehicles, medium-sized passenger vehicles, small passenger vehicles and mini passenger vehicles, heavy trucks, light-heavy trucks, light trucks and mini-trucks.

Business Volume of Post and Telecommunications refers to the total amount of postal and telecommunication services, expressed in value terms, provided by the post and telecommunications departments for society. This indicator reflects the overall results of development of postal and telecommunication services. It can be classificated as postal services and telecommunication services. Business volume of post and telecommunications is the sum of all services in kind multiplying with the unit price (constant price) to get the total business value.

Mobile Telephone Subscribers refer to persons who have gone through registration procedures in the operation points of enterprises engaged in telecommunications and are hence connected with the mobile telephone communication network through the mobile telephone switchboards and occupy mobile phone numbers. Included are GSM digital mobile phone subscribers, CDMA digital mobile phone subscribers and subscribers to intelligent phone cards with roaming facility issued by telecommunications enterprises and which have been subscribed to and activated at the end of the reference period.

Local Telephone Subscribers refer to all subscribers who have gone through registration procedures in the operation points of enterprises engaged in telecommunications and are hence connected to the local telecommunications service provider through fixed line network. Included are general subscribers, public telephones subscribers, N-ISDN subscribers and intelligent network terminal subscribers. They are also classified in terms of administrative districts as urban telephone subscribers and rural telephone subscribers according to location.

Urban Telephone Subscribers refer to the number of telephone subscribers, located at the different administrative districts of municipalities directly under the Central Government, cities under the jurisdiction of province, cities at prefecture level, downtown and suburb of city at county level town and county towns, that are connected to the public line telephone network, including rural mineral area, forest area, military area.

Rural Telephone Subscribers refer to telephone subscribers, located at the towns below the level of county town and villages, that are connected to the public line telephone network.

十六、国内贸易

Domestic Trade

资料整理：张　兵

16.国内贸易

2010 年全省				
批发贸易业网点	6.13	万个		
零售贸易业网点	50.53	万个		
餐饮业网点	11.81	万个		
社会消费品零售总额	3195.67	亿元	比上年增长	18.4%
# 餐饮收入	363.98	亿元	比上年增长	17.2%
商品零售	2831.70	亿元	比上年增长	18.5%

社会消费品零售总额（亿元）

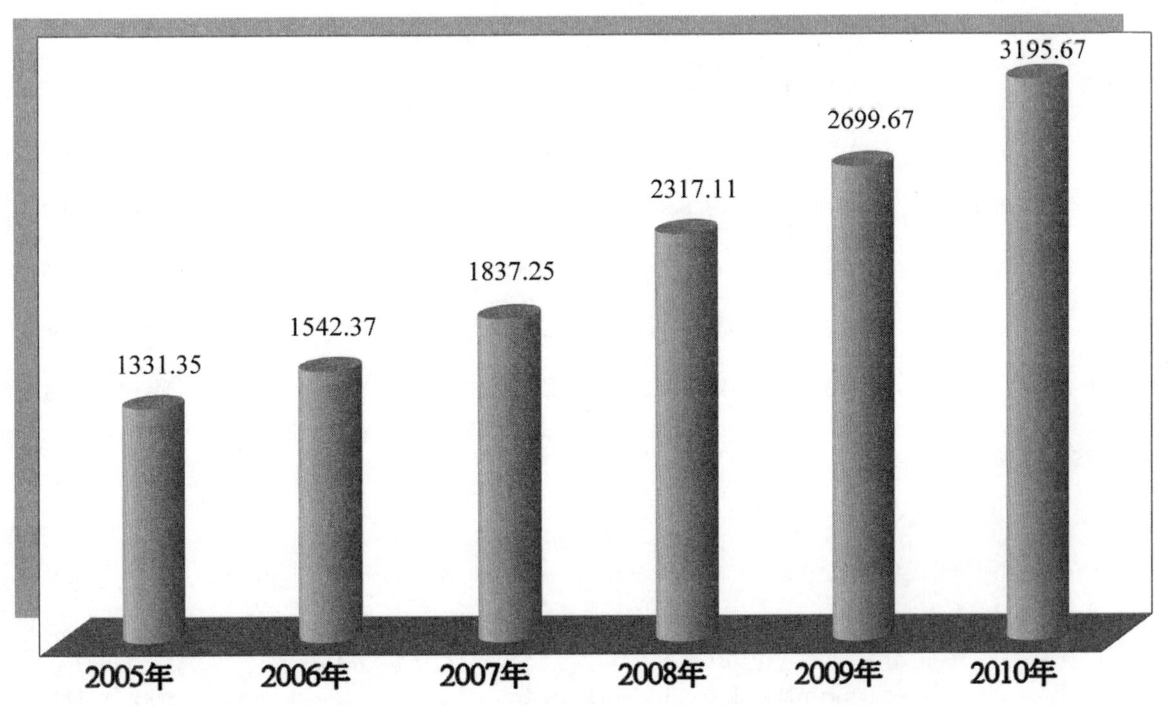

16-1 批发业网点数(2010年)

Number of Networks in Wholesale Trades(2010)

单位：个 (unit)

指　　标	Item	合计 Total	城镇 Urban Areas	#城区 Urban District	乡村 Rural Areas
总　　计	**Total**	**61264**	**51981**	**34745**	**9283**
按登记注册类型分	**By Status of Registration**				
内资企业	Domestic Funded Enterprises	21592	19897	14407	1695
国有企业	State-owned Enterprises	2453	2118	1065	335
集体企业	Collective-owned Enterprises	1840	1504	912	336
股份合作企业	Cooperative Enterprises	249	241	66	8
联营企业	State Joint Ownership Enterprises	123	116	37	7
有限责任公司	Limited Liability Corporations	4159	3976	2865	183
股份有限公司	Share-holding Corporations Ltd.	846	783	565	63
私营企业	Private Enterprises	11040	10360	8205	680
其他企业	Other Enterprises	882	799	692	83
港澳台商投资企业	Enterprises with Funds from Hong Kong, Macao & Taiwan	27	27	23	
外商投资企业	Enterprises with Foreign Investment	116	105	27	11
个体经济	Individual Economy	39529	31952	20288	7577
按国民经济行业分	**By Sector**				
农畜产品批发	Wholesale of Farm Produce and Livestock Products	4547	3086	1442	1461
食品、饮料及烟草制品批发	Wholesale of Food, Beverages and Tobaccos	12338	10339	5912	1999
纺织、服装及日用品批发	Wholesale of Textiles, Garments and Daily Consumer Articles	7913	6961	4269	952
文化、体育用品及器材批发	Wholesale of Culture, Sports Appliances and Equipment	3876	3641	2930	235
医药及医疗器材批发	Wholesale of Medicines and Medical Appliances	3498	3081	2191	417
矿产品、建材及化工产品批发	Wholesale of Mineral Products, Building Materials and Chemical Products	10118	8637	5856	1481
机械设备、五金交电及电子产品批发	Wholesale of Machinery, Hardware and Electronic Equipment	10514	10085	8128	429
贸易经纪与代理	Trade Broker and Agency	519	366	225	153
其他批发	Other Wholesale not Classified Elsewhere	7941	5785	3792	2156

16-2 批发业从业人员(2010年)
Number of Employed Persons in Wholesale Trades(2010)

单位：人 (Person)

指　　标	Item	合计 Total	城镇 Urban Areas	#城区 Urban District	乡村 Rural Areas
总　计	**Total**	**327497**	**294964**	**206532**	**32533**
按登记注册类型分	**By Status of Registration**				
内资企业	Domestic Funded Enterprises	211142	196598	138898	14544
国有企业	State-owned Enterprises	42781	38576	24612	4205
集体企业	Collective-owned Enterprises	15350	12740	6112	2610
股份合作企业	Cooperative Enterprises	3212	3124	1026	88
联营企业	State Joint Ownership Enterprises	1303	1222	684	81
有限责任公司	Limited Liability Corporations	44280	42750	32897	1530
股份有限公司	Share-holding Corporations Ltd.	15103	14532	10425	571
私营企业	Private Enterprises	84314	79319	60116	4995
其他企业	Other Enterprises	4799	4335	3026	464
港澳台商投资企业	Enterprises with Funds from Hong Kong, Macao & Taiwan	1122	1122	971	
外商投资企业	Enterprises with Foreign Investment	1071	1023	534	48
个体经济	Individual Economy	114162	96221	66129	17941
按国民经济行业分	**By Sector**				
农畜产品批发	Wholesale of Farm Produce and Livestock Products	22256	16527	6595	5729
食品、饮料及烟草制品批发	Wholesale of Food, Beverages and Tobaccos	61144	52964	32035	8180
纺织、服装及日用品批发	Wholesale of Textiles, Garments and Daily Consumer Articles	42022	39140	27161	2882
文化、体育用品及器材批发	Wholesale of Culture, Sports Appliances and Equipment	16761	16014	12277	747
医药及医疗器材批发	Wholesale of Medicines and Medical Appliances	22283	20307	14264	1976
矿产品、建材及化工产品批发	Wholesale of Mineral Products, Building Materials and Chemical Products	63019	57849	40993	5170
机械设备、五金交电及电子产品批发	Wholesale of Machinery, Hardware and Electronic Equipment	63808	62670	52458	1138
贸易经纪与代理	Trade Broker and Agency	3343	2871	1181	472
其他批发	Other Wholesale not Classified Elsewhere	32861	26622	19568	6239

16-3 零售业网点数(2010年)
Number of Networks in Retail Trades(2010)

单位：个 (unit)

指标	Item	合计 Total	城镇 Urban Areas	#城区 Urban District	乡村 Rural Areas
总 计	**Total**	**505347**	**356716**	**217070**	**148631**
按登记注册类型分	**By Status of Registration**				
内资企业	Domestic Funded Enterprises	38627	28611	14146	10016
国有企业	State-owned Enterprises	3016	2109	1201	907
集体企业	Collective-owned Enterprises	4292	2816	1049	1476
股份合作企业	Cooperative Enterprises	492	398	326	94
联营企业	State Joint Ownership Enterprises	174	94	81	80
有限责任公司	Limited Liability Corporations	4290	4030	2864	260
股份有限公司	Sharc-holding Corporations Ltd.	1444	849	487	595
私营企业	Private Enterprises	24317	17827	7796	6490
其他企业	Other Enterprises	602	488	342	114
港澳台商投资企业	Enterprises with Funds from Hong Kong, Macao & Taiwan	38	38	36	
外商投资企业	Enterprises with Foreign Investment	4862	2306	53	2556
个体经济	Individual Economy	461820	325761	202835	136059
按国民经济行业分	**By Sector**				
综合零售	Integrated Retail	110764	67331	36305	43433
食品、饮料及烟草制品专门零售	Special Retail of Food, Beverages and Tobaccos	102298	71353	39478	30945
纺织、服装及日用品专门零售	Special Retail of Textiles, Garments and Daily Consumer Articles	102951	76846	44182	26105
文化、体育用品及器材专门零售	Special Retail of Culture, Sports Appliances and Equipments	21984	17385	11908	4599
医药及医疗器材专门零售	Special Retail of Medicines and Medical Appliances	24626	17329	10140	7297
汽车、摩托车、燃料及零配件专门零售	Special Retail of Motor Vehicles, Motorcycles, Fuel and Parts	32465	22458	14336	10007
家用电器及电子产品专门零售	Special Retail of Household Appliances and Electronic Products	29617	22671	15516	6946
五金、家具及室内装修材料专门零售	Special Retail of Hardware, Furniture and Decoration Materials	34861	28213	21237	6648
无店铺及其他零售	Non-shop and Other Retails	45781	33130	23968	12651

16-4 零售业从业人员(2010年)
Number of Employed Persons in Retail Trades(2010)

单位：人 (Person)

指标	Item	合计 Total	城镇 Urban Areas	#城区 Urban District	乡村 Rural Areas
总计	**Total**	**1289939**	**994837**	**670547**	**295102**
按登记注册类型分	**By Status of Registration**				
内资企业	Domestic Funded Enterprises	320610	281815	184568	38795
国有企业	State-owned Enterprises	36475	32405	23453	4070
集体企业	Collective-owned Enterprises	22022	15653	8978	6369
股份合作企业	Cooperative Enterprises	9513	9129	8440	384
联营企业	State Joint Ownership Enterprises	1543	818	695	725
有限责任公司	Limited Liability Corporations	73821	71332	58118	2489
股份有限公司	Share-holding Corporations Ltd.	11622	9432	6842	2190
私营企业	Private Enterprises	157974	136374	74838	21600
其他企业	Other Enterprises	7640	6672	3204	968
港澳台商投资企业	Enterprises with Funds from Hong Kong, Macao & Taiwan	4745	4745	4625	
外商投资企业	Enterprises with Foreign Investment	13800	9333	5955	4467
个体经济	Individual Economy	950784	698944	475399	251840
按国民经济行业分	**By Sector**				
综合零售	Integrated Retail	292731	209894	129560	82837
食品、饮料及烟草制品专门零售	Special Retail of Food, Beverages and Tobaccos	227172	170038	103659	57134
纺织、服装及日用品专门零售	Special Retail of Textiles, Garments and Daily Consumer Articles	265811	217536	147285	48275
文化、体育用品及器材专门零售	Special Retail of Culture, Sports Appliances and Equipments	60464	50438	35919	10026
医药及医疗器材专门零售	Special Retail of Medicines and Medical Appliances	62744	48432	30025	14312
汽车、摩托车、燃料及零配件专门零售	Special Retail of Motor Vehicles, Motorcycles, Fuel and Parts	112766	85940	64187	26826
家用电器及电子产品专门零售	Special Retail of Household Appliances and Electronic Products	82526	64125	45035	18401
五金、家具及室内装修材料专门零售	Special Retail of Hardware, Furniture and Decoration Materials	75288	62507	46786	12781
无店铺及其他零售	Non-shop and Other Retails	110437	85927	68091	24510

16-5 餐饮业网点数(2010年)

Number of Networks in Catering Services(2010)

单位：个 (unit)

指 标	Item	合 计 Total	城 镇 Urban Areas	# 城 区 Urban District	乡 村 Rural Areas
总 计	**Total**	**118111**	**90980**	**55359**	**27131**
按登记注册类型分	**By Status of Registration**				
内资企业	Domestic Funded Enterprises	9402	7628	2945	1774
国有企业	State-owned Enterprises	2028	1479	182	549
集体企业	Collective-owned Enterprises	437	305	96	132
股份合作企业	Cooperative Enterprises	49	41	17	8
联营企业	State Joint Ownership Enterprises	54	43	21	11
有限责任公司	Limited Liability Corporations	754	705	593	49
股份有限公司	Share-holding Corporations Ltd.	295	202	136	93
私营企业	Private Enterprises	5129	4237	1797	892
其他企业	Other Enterprises	656	616	103	40
港澳台商投资企业	Enterprises with Funds from Hong Kong, Macao & Taiwan	92	91	91	1
外商投资企业	Enterprises with Foreign Investment	41	41	41	
个体经济	Individual Economy	108576	83220	52282	25356
按国民经济行业分	**By Sector**				
正餐服务	Restaurant	55241	45182	29962	10059
快餐服务	Fast Food	12133	9498	4474	2635
饮料及冷饮服务	Beverages and Cold Drinks	3469	3290	2358	179
其他餐饮服务	Others	47268	33010	18565	14258

16-6 餐饮业从业人员(2010年)

Number of Employed Persons in Catering Services(2010)

单位：人 (person)

指 标	Item	合 计 Total	城 镇 Urban Areas	# 城 区 urban district	乡 村 Rural Areas
总 计	**Total**	**533947**	**445388**	**298972**	**88559**
按登记注册类型分	**By Status of Registration**				
内资企业	Domestic Funded Enterprises	156787	143371	103267	13416
国有企业	State-owned Enterprises	16250	14381	6739	1869
集体企业	Collective-owned Enterprises	4130	3555	2140	575
股份合作企业	Cooperative Enterprises	1547	1288	528	259
联营企业	State Joint Ownership Enterprises	858	777	659	81
有限责任公司	Limited Liability Corporations	35547	34866	30554	681
股份有限公司	Share-holding Corporations Ltd.	6734	6217	5500	517
私营企业	Private Enterprises	86607	78277	54539	8330
其他企业	Other Enterprises	5114	4010	2608	1104
港澳台商投资企业	Enterprises with Funds from Hong Kong, Macao & Taiwan	5876	5790	5790	86
外商投资企业	Enterprises with Foreign Investment	2214	2214	2214	
个体经济	Individual Economy	369070	294013	187701	75057
按国民经济行业分	**By Sector**				
正餐服务	Restaurant	313398	274436	191753	38962
快餐服务	Fast Food	45465	37969	18671	7496
饮料及冷饮服务	Beverages and Cold Drinks	10282	9447	8043	835
其他餐饮服务	Others	164802	123536	80505	41266

16-7 各市(区)批发和零售业、餐饮业网点数(2010年)
Networks in Wholesale, Retail Trades and Catering Services by City(District)(2010)

单位：个 (unit)

地 区	Region	合 计 Total	城 镇 Urban Areas	#城 区 Urban District	乡 村 Rural Areas
一、批 发 业	**Wholesale Trade**				
全 省	**Shaanxi**	**61264**	**51981**	**34745**	**9283**
西 安 市	Xi'an	27887	26246	24600	1641
铜 川 市	Tongchuan	272	259	146	13
宝 鸡 市	Baoji	5679	5127	2670	552
咸 阳 市	Xianyang	5624	4502	1962	1122
渭 南 市	Weinan	5637	4077	1771	1560
延 安 市	Yan'an	2604	1892	455	712
汉 中 市	Hanzhong	4327	2731	425	1596
榆 林 市	Yulin	4725	4024	2503	701
安 康 市	Ankang	2305	1585	81	720
商 洛 市	Shangluo	1875	1209	132	666
杨凌示范区	Yangling	329	329		
二、零 售 业	**Retail Trade**				
全 省	**Shaanxi**	**505347**	**356716**	**217070**	**148631**
西 安 市	Xi'an	173218	140826	121141	32392
铜 川 市	Tongchuan	7968	3942	1952	4026
宝 鸡 市	Baoji	39057	29120	16879	9937
咸 阳 市	Xianyang	67360	46969	20686	20391
渭 南 市	Weinan	44063	27354	13235	16709
延 安 市	Yan'an	24739	19004	6727	5735
汉 中 市	Hanzhong	47994	24825	3962	23169
榆 林 市	Yulin	49551	38826	28318	10725
安 康 市	Ankang	27340	11921	767	15419
商 洛 市	Shangluo	23361	13293	2767	10068
杨凌示范区	Yangling	696	636	636	60
三、餐 饮 业	**Catering Service**				
全 省	**Shaanxi**	**118111**	**90980**	**55359**	**27131**
西 安 市	Xi'an	41289	36150	31730	5139
铜 川 市	Tongchuan	1738	1325	952	413
宝 鸡 市	Baoji	9633	7211	4029	2422
咸 阳 市	Xianyang	14758	11461	6354	3297
渭 南 市	Weinan	11364	8289	3259	3075
延 安 市	Yan'an	7756	6366	1225	1390
汉 中 市	Hanzhong	8849	4887	745	3962
榆 林 市	Yulin	10621	7626	5731	2995
安 康 市	Ankang	6517	3692	178	2825
商 洛 市	Shangluo	4928	3360	543	1568
杨凌示范区	Yangling	658	613	613	45

16-8 各市(区)批发和零售业、餐饮业从业人员(2010年)
Personnel in Wholesale, Retail Trades and Catering Services by City(District)(2010)

单位：人 (person)

地 区	Region	合 计 Total	城 镇 Urban Areas	#城 区 Urban District	乡 村 Rural Areas
一、批 发 业	**Wholesale Trade**				
全 省	**Shaanxi**	**327497**	**294964**	**206532**	**32533**
西 安 市	Xi'an	166735	160933	155034	5802
铜 川 市	Tongchuan	1799	1767	1156	32
宝 鸡 市	Baoji	26113	24284	11591	1829
咸 阳 市	Xianyang	29083	25620	11958	3463
渭 南 市	Weinan	27287	21003	6358	6284
延 安 市	Yan'an	11934	9715	2256	2219
汉 中 市	Hanzhong	21206	15850	1783	5356
榆 林 市	Yulin	22386	20194	13594	2192
安 康 市	Ankang	10563	7674	869	2889
商 洛 市	Shangluo	9471	7004	1933	2467
杨凌示范区	Yangling	920	920		
二、零 售 业	**Retail Trade**				
全 省	**Shaanxi**	**1289939**	**994837**	**670547**	**295102**
西 安 市	Xi'an	544487	475743	433404	68744
铜 川 市	Tongchuan	15403	10592	6399	4811
宝 鸡 市	Baoji	83880	64854	40372	19026
咸 阳 市	Xianyang	143870	105433	49360	38437
渭 南 市	Weinan	124487	82840	30518	41647
延 安 市	Yan'an	47091	38483	12526	8608
汉 中 市	Hanzhong	99404	53506	7286	45898
榆 林 市	Yulin	132709	105848	77527	26861
安 康 市	Ankang	52864	27819	2532	25045
商 洛 市	Shangluo	42552	26707	7611	15845
杨凌示范区	Yangling	3192	3012	3012	180
三、餐 饮 业	**Catering Service**				
全 省	**Shaanxi**	**533947**	**445388**	**298972**	**88559**
西 安 市	Xi'an	219793	201982	184382	17811
铜 川 市	Tongchuan	5802	4744	2660	1058
宝 鸡 市	Baoji	36078	28533	18393	7545
咸 阳 市	Xianyang	54252	43566	23576	10686
渭 南 市	Weinan	44795	32541	14825	12254
延 安 市	Yan'an	27157	23519	4346	3638
汉 中 市	Hanzhong	32048	19920	3136	12128
榆 林 市	Yulin	76468	63724	41372	12744
安 康 市	Ankang	19584	12609	1210	6975
商 洛 市	Shangluo	15368	11783	2605	3585
杨凌示范区	Yangling	2602	2467	2467	135

16-9 限额以上批发和零售业、住宿和餐饮业法人企业数和从业人员数(2010年)

Number of Corporation Enterprises above Designated Size in Wholesale and Retail Trades, Hotels and Catering Services and Employed Persons(2010)

地区	Region	法人企业数(个) Number of Corporation Enterprises (unit)	批发业 Wholesale Trade	零售业 Retail Trade	住宿业 Hotels	餐饮业 Catering Service
全省	**Shaanxi**	**2751**	**407**	**1162**	**504**	**678**
西安市	Xi'an	894	178	275	177	264
铜川市	Tongchuan	64	5	31	14	14
宝鸡市	Baoji	179	16	69	39	55
咸阳市	Xianyang	303	24	153	38	88
渭南市	Weinan	260	18	136	34	72
延安市	Yan'an	140	15	60	39	26
汉中市	Hanzhong	204	24	100	51	29
榆林市	Yulin	443	84	222	50	87
安康市	Ankang	180	31	84	32	33
商洛市	Shangluo	65	10	24	26	5
杨凌示范区	Yangling	19	2	8	4	5

16-9 续表 continued

地区	Region	从业人员数(人) Number of Employed Persons (person)	批发业 Wholesale Trade	零售业 Retail Trade	住宿业 Hotels	餐饮业 Catering Service
全省	**Shaanxi**	**344297**	**62204**	**132947**	**67854**	**81292**
西安市	Xi'an	177528	33224	66468	34647	43189
铜川市	Tongchuan	4688	591	2003	1493	601
宝鸡市	Baoji	24528	4145	10812	3289	6282
咸阳市	Xianyang	25554	3466	11966	3924	6198
渭南市	Weinan	26243	3400	12732	3773	6338
延安市	Yan'an	13841	2751	4505	4392	2193
汉中市	Hanzhong	17188	2945	6837	5293	2113
榆林市	Yulin	32674	7203	10523	5396	9552
安康市	Ankang	13997	2687	5373	2267	3670
商洛市	Shangluo	6166	1723	1018	2798	627
杨凌示范区	Yangling	1890	69	710	582	529

16-10 社会消费品零售总额

Total Retail Sales of Consumer Goods in the Whole Province

单位：亿元 (100 million yuan)

年 份 Year	社会消费品零售总额 Total Retail Sales of Consumer Goods	按地区分 By Region			按行业分 By Sector	
		市的零售额 City	县的零售额 County	县以下的零售额 Under County Level	# 批发和零售业 Wholesale and Retail TradesTrades	# 住宿和餐饮业 Hotels and Catering Services
1978	33.37	11.93	9.79	11.65	28.29	1.32
1980	43.38	17.47	12.18	13.73	35.86	1.78
1985	80.01	39.83	19.45	20.73	61.23	3.84
1990	159.67	91.21	34.29	34.17	118.55	7.99
1991	176.60	102.21	36.98	37.41	126.83	9.29
1992	227.53	132.25	47.31	47.97	156.17	16.22
1993	259.87	154.35	52.41	53.12	172.50	19.63
1994	318.70	192.44	62.69	63.58	203.73	24.57
1995	398.87	242.85	80.30	75.73	253.42	31.22
1996	474.87	289.83	93.90	91.14	308.35	39.50
1997	552.37	344.26	104.09	104.03	358.21	50.15
1998	601.89	371.47	114.28	116.14	386.19	62.37
1999	657.80	407.97	124.74	125.08	427.36	69.88
2000	725.64	454.84	135.78	135.02	476.18	81.27
2001	809.31	514.23	147.77	147.31	536.74	95.08
2002	907.64	585.01	162.28	160.36	616.17	105.10
2003	1010.95	649.27	183.56	178.12	878.03	113.87
2004	1162.80	756.54	206.49	199.77	1012.57	126.59
2005	1331.35	874.47	232.07	224.81	1162.77	141.93
2006	1542.37	1006.11	275.80	260.46	1344.44	167.76
2007	1837.25	1221.28	311.78	304.20	1598.15	204.31
2008	2317.11	1542.33	401.04	373.74	2013.65	262.94
2009	2699.67	1787.18	467.96	444.52	2353.72	300.38

年 份 Year	社会消费品零售总额 Total Retail Sales of Consumer Goods	按销售单位所在地分By Location of Establishments			按消费形态分By Consumption Patterns	
		城 镇 Urban Areas	# 城 区 Urban District	乡 村 Rural Areas	餐饮收入 Catering income	商品零售 Retail Sales
2009	2699.67	2344.67	1573.00	354.99	310.56	2389.11
2010	3195.67	2777.85	1896.69	417.82	363.98	2831.70

16-11 各市(区)社会消费品零售总额

Total Retail Sales of Consumer Goods by City(District)

单位：亿元 (100 million yuan)

年 份 year	全 省 Shaanxi	西安市 Xi'an	铜川市 Tongchuan	宝鸡市 Baoji	咸阳市 Xianyang	渭南市 Weinan
1992	227.53	100.84	5.89	25.87	24.49	21.36
1993	259.87	116.73	6.43	30.58	25.75	23.61
1994	318.70	148.03	7.44	33.48	31.53	26.18
1995	398.87	186.60	9.06	42.04	40.49	33.87
1996	474.87	222.94	10.53	49.21	48.68	41.41
1997	552.37	264.47	11.90	55.60	55.54	48.04
1998	601.89	291.45	12.31	59.76	58.21	52.79
1999	657.80	323.37	12.95	65.01	63.78	55.15
2000	725.64	360.42	13.79	71.89	70.35	58.53
2001	809.31	406.21	14.64	80.61	79.16	62.37
2002	907.64	459.76	15.96	91.19	88.83	66.68
2003	1010.95	502.65	17.73	105.06	101.56	73.21
2004	1162.80	578.60	19.94	122.91	119.07	81.58
2005	1331.35	670.56	21.76	137.48	133.03	93.02
2006	1542.37	784.95	24.12	155.23	148.88	108.65
2007	1837.25	936.21	27.58	179.81	173.11	131.96
2008	2317.11	1176.58	33.54	220.90	212.67	175.03
2009	2699.67	1381.12	39.48	260.10	250.59	201.58
2010	3195.67	1637.04	46.58	307.52	296.35	237.87

16-11 续表 continued

单位：亿元 (100 million yuan)

年 份 year	延安市 Yan'an	汉中市 Hanzhong	榆林市 Yulin	安康市 Ankang	商洛市 Shangluo	杨凌示范区 Yangling
1992	6.65	17.92	8.68	8.93	6.19	0.72
1993	7.99	20.96	9.63	10.33	7.06	0.80
1994	10.33	27.06	13.03	12.31	8.42	0.89
1995	12.13	31.19	16.17	15.50	10.66	1.15
1996	14.02	34.97	20.59	18.54	12.63	1.37
1997	15.99	36.95	26.25	22.24	13.96	1.43
1998	17.79	38.82	29.18	24.55	15.59	1.42
1999	20.36	40.50	31.85	25.76	17.50	1.55
2000	22.63	42.91	35.77	27.68	19.91	1.77
2001	26.22	45.22	40.40	29.88	22.59	2.01
2002	30.78	48.31	46.02	32.36	25.40	2.35
2003	34.99	52.69	55.55	36.06	28.65	2.79
2004	41.10	57.23	65.08	41.19	32.71	3.38
2005	47.53	65.30	76.33	46.75	35.97	3.62
2006	54.70	76.10	91.98	53.83	40.01	3.92
2007	65.85	91.80	116.02	64.12	46.22	4.57
2008	84.80	116.66	154.11	80.72	56.70	5.40
2009	94.66	133.02	172.48	93.56	66.79	6.29
2010	111.81	157.50	203.51	110.78	79.19	7.51

16-12 各市(区)按销售单位所在地和消费形态分的社会消费品零售总额(2010年)

Total Retail Sales of Consumer Goods by Location of Establishments and Consumption Patterns by City(District)(2010)

单位：万元 (10 000 yuan)

地 区	Region	社会消费品零售总额 Total Retail Sales of Consumer Goods	按销售单位所在地分 By Location of Establishments			按消费形态分 By Consumption Patterns	
			城 镇 Urban Areas	# 城 区 Urban District	乡 村 Rural Areas	餐饮收入 Catering Income	商品零售 Retail Sales
全 省	**Shaanxi**	**31956725**	**27778508**	**18966935**	**4178217**	**3639753**	**28316972**
西 安 市	Xi'an	16370367	15701579	11972988	668788	1766719	14603648
铜 川 市	Tongchuan	465787	350673	231001	115114	67412	398375
宝 鸡 市	Baoji	3075228	2856628	2308000	218600	384664	2690563
咸 阳 市	Xianyang	2963547	2411135	1101250	552412	337937	2625611
渭 南 市	Weinan	2378662	1747228	1135698	631434	265218	2113444
延 安 市	Yan'an	1118144	660838	338567	457306	143095	975049
汉 中 市	Hanzhong	1575028	1254806	522836	320222	210068	1364961
榆 林 市	Yulin	2035080	1238287	681058	796792	235573	1799506
安 康 市	Ankang	1107844	905867	476394	201977	135054	972790
商 洛 市	Shangluo	791907	594090	141765	197817	83357	708550
杨凌示范区	Yangling	75132	57378	57378	17754	10656	64476

16-13 各市、县(市、区)社会消费品零售总额
Total Retail Sales of Consumer Goods by City and County(City and District)

单位：万元 (10 000 yuan)

地　区	Region	2009	2010	2010年比2009年增长% Growth Rate in 2010 over 2009(%)
全　省	**Shaanxi**	**26996676**	**31956725**	**18.37**
西安市	**Xi'an**	**13811242**	**16370367**	**18.53**
新城区	Xincheng	2414060	2850412	18.08
碑林区	Beilin	2413701	2851789	18.15
莲湖区	Lianhu	1979933	2345825	18.48
灞桥区	Baqiao	318689	383023	20.19
未央区	Weiyang	1942690	2321722	19.51
雁塔区	Yanta	2674218	3161698	18.23
阎良区	Yanliang	162470	192845	18.70
临潼区	Lintong	340171	402993	18.47
长安区	Chang'an	764731	910663	19.08
蓝田县	Lantian	249620	296033	18.59
周至县	Zhouzhi	167204	197948	18.39
户　县	Huxian	271919	323399	18.93
高陵县	Gaoling	111836	132017	18.05
铜川市	**Tongchuan**	**394771**	**465787**	**17.99**
王益区	Wangyi	176942	209140	18.20
印台区	Yintai	83416	98317	17.86
耀州区	Yaozhou	110678	130211	17.65
宜君县	Yijun	23736	28119	18.47
宝鸡市	**Baoji**	**2600974**	**3075228**	**18.23**
渭滨区	Weibin	836062	986397	17.98
金台区	Jintai	532423	629856	18.30
陈仓区	Chencang	250025	295529	18.20
凤翔县	Fengxiang	215926	255657	18.40
岐山县	Qishan	234567	277962	18.50
扶风县	Fufeng	136831	161871	18.30
眉　县	Meixian	115317	136420	18.30
陇　县	Longxian	95364	112911	18.40
千阳县	Qianyang	40705	48113	18.20
麟游县	Linyou	38096	45144	18.50
凤　县	Fengxian	80091	95148	18.80
太白县	Taibai	25567	30221	18.20
咸阳市	**Xianyang**	**2505892**	**2963547**	**18.26**
秦都区	Qindu	475488	568671	19.60
渭城区	Weicheng	413121	482884	16.89
三原县	Sanyuan	184945	215240	16.38
泾阳县	Jingyang	185571	217433	17.17
乾　县	Qianxian	261084	305810	17.13

16-13 续表 1 continued

单位: 万元 (10 000 yuan)

地 区	Region	2009	2010	2010年比2009年增长% Growth Rate in 2010 over 2009(%)
礼泉县	Liquan	202024	237349	17.49
永寿县	Yongshou	60882	80737	32.61
彬 县	Binxian	112381	136397	21.37
长武县	Changwu	62561	73855	18.05
旬邑县	Xunyi	82744	96253	16.33
淳化县	Chunhua	61771	75552	22.31
武功县	Wugong	166690	194730	16.82
兴平市	Xingping	236630	278635	17.75
渭南市	**Weinan**	**2015772**	**2378662**	**18.00**
临渭区	Linwei	522055	584493	11.96
华 县	Huaxian	83118	94421	13.60
潼关县	Tongguan	50547	60792	20.27
大荔县	Dali	252393	304104	20.49
合阳县	Heyang	133992	156862	17.07
澄城县	Chengcheng	126083	150824	19.62
蒲城县	Pucheng	248796	298433	19.95
白水县	Baishui	89701	110382	23.06
富平县	Fuping	233543	274081	17.36
韩城市	Hancheng	175185	214638	22.52
华阴市	Huayin	100359	129632	29.17
延安市	**Yan'an**	**946603**	**1118144**	**18.12**
宝塔区	Baota	430075	509042	18.36
延长县	Yanchang	34198	40353	18.00
延川县	Yanchuan	42618	50059	17.46
子长县	Zichang	61585	72669	18.00
安塞县	Ansai	47660	56338	18.21
志丹县	Zhidan	48318	57106	18.19
吴起县	Wuqi	33201	39237	18.18
甘泉县	Ganquan	22980	27169	18.23
富 县	Fuxian	42969	50519	17.57
洛川县	Luochuan	81736	96243	17.75
宜川县	Yichuan	25196	29704	17.89
黄龙县	Huanglong	10831	12722	17.46
黄陵县	Huangling	65235	76983	18.01
汉中市	**Hanzhong**	**1330183**	**1575028**	**18.41**
汉台区	Hantai	530252	626236	18.10
南郑县	Nanzheng	129535	153568	18.55
城固县	Chenggu	149916	177880	18.65
洋 县	Yangxian	72248	85730	18.66
西乡县	Xixiang	70040	83033	18.55

16-13 续表 2 continued

单位：万元 (10 000 yuan)

地 区	Region	2009	2010	2010年比2009年增长% Growth Rate in 2010 over 2009(%)
勉 县	Mianxian	129478	153500	18.55
宁 强 县	Ningqiang	79079	93914	18.76
略 阳 县	Lueyang	75917	89927	18.46
镇 巴 县	Zhenba	68023	80779	18.75
留 坝 县	Liuba	15628	18519	18.50
佛 坪 县	Foping	10069	11942	18.60
榆 林 市	**Yulin**	**1724810**	**2035080**	**17.99**
榆 阳 区	Yuyang	314571	364321	15.82
神 木 县	Shenmu	258170	260686	0.97
府 谷 县	Fugu	187954	220537	17.34
横 山 县	Hengshan	102898	146063	41.95
靖 边 县	Jingbian	235810	287798	22.05
定 边 县	Dingbian	117376	138442	17.95
绥 德 县	Suide	240163	270013	12.43
米 脂 县	Mizhi	76783	102467	33.45
佳 县	Jiaxian	34262	51222	49.50
吴 堡 县	Wubu	38513	49546	28.65
清 涧 县	Qingjian	44268	53806	21.55
子 洲 县	Zizhou	74041	90179	21.80
安 康 市	**Ankang**	**935615**	**1107844**	**18.41**
汉 滨 区	Hanbin	415107	527087	26.98
汉 阴 县	Hanyin	65975	73843	11.93
石 泉 县	Shiquan	49337	53490	8.42
宁 陕 县	Ningshan	22504	25639	13.93
紫 阳 县	Ziyang	85791	96828	12.87
岚 皋 县	Langao	43753	46962	7.33
平 利 县	Pingli	52694	59688	13.27
镇 坪 县	Zhenping	14380	17048	18.55
旬 阳 县	Xunyang	134410	149606	11.31
白 河 县	Baihe	51665	57654	11.59
商 洛 市	**Shangluo**	**667929**	**791907**	**18.56**
商 州 区	Shangzhou	164632	195321	18.64
洛 南 县	Luonan	120747	143106	18.52
丹 凤 县	Danfeng	90775	107577	18.51
商 南 县	Shangnan	59781	70815	18.46
山 阳 县	Shanyang	105423	124900	18.48
镇 安 县	Zhen'an	83052	98534	18.64
柞 水 县	Zhashui	43519	51654	18.69
杨凌示范区	**Yangling**	**62886**	**75132**	**19.47**

16-14 限额以上批发业商品购进、销售、库存总额(2010年)
Total Purchases, Sales and Inventory of Enterprises above Designated Size in Wholesale Trades(2010)

单位：万元 (10 000 yuan)

指标	Item	商品购进总额 Total Purchases Value	#进口 Imports	商品销售总额 Total Sales	#批发 Wholesale Trades	#出口 Exports	年末库存 Stock at Year-end
总计	**Total**	**24764363**	**503174**	**30239659**	**27274800**	**434445**	**1706390**
按批发行业分	**By Wholesale Trade Sector**						
农畜产品批发	Wholesale of Farm Produce and Livestock Products	139325	4725	128885	127178	13690	29811
谷物、豆及薯类批发	Wholesale of Cereals,Beans and Tubers	101139	4725	90608	88900	13690	25926
种子、饲料批发	Wholesale of Seeds and Forages	6001		5725	5725		1114
棉、麻批发	Wholesale of Cotton and Hemp	21036		20630	20630		1860
牲畜批发	Wholesale of Livestock	6030		6030	6030		20
其他农畜产品批发	Others	5119		5893	5893		891
食品、饮料及烟草制品批发	Wholesale of Food, Beverages and Tobaccos	2208163		2740817	2707679		156704
米、面制品及食用油批发	Wholesale of Rice, Flour and Edible Oil	15183		17075	13639		6343
糕点、糖果及糖批发	Wholesale of Cake and Sugar	7083		7279	6029		448
果品、蔬菜批发	Wholesale of Vegetables and Fruits	34068		47445	46807		12527
盐及调味品批发	Wholesale of Salt and Condiments	49687		54441	54441		3441
饮料及茶叶批发	Wholesale of Beverages and Tea	252949		251830	230222		30601
烟草制品批发	Wholesale of Tobaccos	1842878		2356418	2350212		103099
其他食品批发	Others	6315		6329	6329		245
纺织、服装及日用品批发	Wholesale of Textiles, Garments and Daily Consumer Articles	358136	55	379159	287875	10527	32355
纺织品、针织品及原料批发	Wholesale of Textiles,Knitwear and Textile Materials	42764	55	43163	43163	4545	3247
服装批发	Wholesale of Garments	183121		195237	103953	5982	7997
厨房、卫生间用具及日用杂货批发	Wholesale of Kitchen and Washroom Appliance and Various Household Supplies	37754		37754	37754		10000
化妆品及卫生用品批发	Wholesale of Cosmetics and Health Consumer Articles	89016		96790	96790		9511
其他日用品批发	Others	5480		6214	6214		1600
文化、体育用品及器材批发	Wholesale of Culture, Sports Appliances and Equipment	121511		116730	115475	2209	10455
文具用品批发	Wholesale of Stationary	32576		32303	32303		1744
图书批发	Wholesale of Books	87141		82218	80963		8656
首饰、工艺品及收藏品批发	Wholesale of Jewelry,Artwork and Collections	1795		2209	2209	2209	55
医药及医疗器材批发	Wholesale of Medicines and Medical Appliances	703132	102	734349	623163		140186
西药批发	Wholesale of Western Medicine	524797	102	554249	455068		121962
中药材及中成药批发	Wholesale of Traditional Chinese Medicinal Materials and Medicines	174067		175525	163520		18037
医疗用品及器材批发	Wholesale of Medical Treatment and Equipment	4268		4575	4575		188
矿产品、建材及化工产品批发	Wholesale of Mineral Products, Building Materials and Chemical Products	19492749	469212	24258676	21779941	171387	1228455
煤炭及制品批发	Wholesale of Coal and Related Products	4546836		7581322	7436351	93	309504
石油及制品批发	Wholesale of Petroleum and Related Products	10277743		11148603	9105647		311124
非金属矿及制品批发	Wholesale of Metal Materials	27901	1406	37580	37580	30355	52
金属及金属矿批发	Wholesale of Metal Mine and its Manufacture	3834356	467807	4553953	4289689	131956	561597
建材批发	Wholesale of Building Materials	604741		707043	683906	8983	12316
化肥批发	Wholesale of Garments	51871		55308	54606		26731
农药批发	Wholesale of Pesticides	4521		4128	2428		394
其他化工产品批发	Others	144781		170739	169736		6737
机械设备、五金交电及电子产品批发	Wholesale of Machinery, Hardware and Electronic Equipment	1685574	29070	1824738	1577185	208658	103767
农业机械批发	Wholesale of Agricultural Machinery	84531		90601	85860		9254
汽车、摩托车及零配件批发	Wholesale of Motor Vehicles, Motorcycles and Parts	791570		832936	666200	140557	54073

16-14 续表 continued

单位：万元 (10 000 yuan)

指　　标	Item	商品购进总额 Total Purchases Value	#进口 Imports	商品销售总额 Total Sales	#批发 Wholesale Trades	#出口 Exports	年末库存 Stock at Year-end
五金、交电批发	Wholesale of Hardware	67724	11137	70688	70685	40118	1513
家用电器批发	Wholesale of Household Appliances	225647		261183	259259		14815
计算机、软件及辅助设备批发	Wholesale of Computer, Software and Peripherals	358048		372031	297912		826
通讯及广播电视设备批发	Wholesale of Communications and Broadcast and Television Equipments	27271		27213	27187		3562
其他机械设备及电子产品批发	Others	130784	17934	170086	170082	27984	19724
贸易经纪与代理	Trade Broker and Agency	33694		33784	33784	27975	3602
其他批发	Others	22080	9	22521	22521		1055
按登记注册类型分	**By Status of Registration**						
内资企业	Domestic Funded Enterprises	23435077	503174	28870737	25979562	434445	1694311
国有企业	State-owned Enterprises	8624219	100614	12180734	11375395	328515	487587
集体企业	Collective-owned Enterprises	99735		106438	101610		6539
股份合作企业	Cooperative Enterprises	29642		35104	33747		478
联营企业	State Joint Ownership Enterprises	73699		77735	77713		704
国有联营企业	State Joint Ownership Enterprises	68523		71948	71948		456
集体联营企业	Collective Joint Ownership Enterprises	5176		5787	5765		249
有限责任公司	Limited Liability Corporations	6321208	283811	6876253	6386122	91315	446528
国有独资公司	State Sole Funded Corporations	148529		154450	128069		6233
其他有限责任公司	Other Limited Liability Corporations	6172679	283811	6721803	6258053	91315	440296
股份有限公司	Share-holding Corporations Ltd.	6640570	111509	7812707	6283223		651568
私营企业	Private Enterprises	1633392	7240	1768803	1712005	14615	100850
私营独资企业	Private-funded Enterprises	106562		108190	108033		4063
私营合伙企业	Private Partnership Enterprises	6609		7506	7506		84
私营有限责任公司	Private Limited Liability Corporations	1476031	7240	1606125	1549485	14615	96098
私营股份有限公司	Private Share-holding Corporations Ltd.	44189		46982	46982		605
其他企业	Other Enterprises	12613		12961	9747		57
港、澳、台商投资企业	Enterprises with Funds from Hong Kong, Macao & Taiwan	308040		320625	246942		0
合资经营企业(港或澳、台资)	Joint-venture Enterprises	260241		269584	195900		0
港、澳、台商独资经营企业	Enterprises with Sole Investment	47800		51042	51042		0
外商投资企业	Enterprises with Foreign Investment	1021246		1048296	1048296		12079
中外合资经营企业	Joint Venture Enterprises with Foreign Investment	1015274		1040780	1040780		11733
外资企业	Enterprises with Sole(exclusive) Foreign Investment	5972		7517	7517		346
按控股情况分	**By Status of Share Holding**						
国有控股	State-holding	14952797	266110	19247126	17359503	332620	631203
集体控股	Collective-holding	646818		733411	698886	11382	39571
私人控股	Private-holding	3001544	101738	3277382	3121942	49018	252365
港澳台商控股	Hong Kong, Macao & Taiwan-holding	47800		51042	51042		0
外商控股	Foreign-holding	1015274		1040780	1040780		11733
其　　他	Others	5100131	135326	5889919	5002648	41424	771518
按经营形式分	**By Form of Management**						
独立门店	Independent Stores	16648527	479512	21080260	18938891	434022	1452605
连锁总店	General Chain Stores	939185		1213063	1211130		51949
其　　他	Others	7176650	23662	7946336	7124779	422	201836

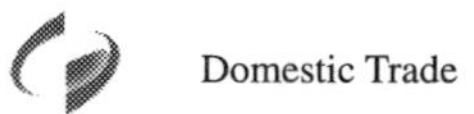

16-15 限额以上零售业商品购进、销售、库存总额(2010年)

Total Purchases, Sales and Inventory of Enterprises above Designated Size in Retail Trades (2010)

单位：万元 (10 000 yuan)

指标	Item	商品购进总额 Total Purchases Value	#进口 Imports	商品销售总额 Total Sales	#批发 Wholesale Trades	#出口 Exports	年末库存 Stock at year-end
总计	**Total**	**10677531**	**248478**	**12001415**	**773953**	**82448**	**1190044**
按零售行业分	**By Retail Trades Sector**						
综合零售	Integrated Retail	3154005	9990	3431163	51567		509945
百货零售	Retail of General Merchandise	1599881	9983	1658334	13015		259908
超级市场零售	Retail of Supermarkets	1481436	7	1704938	37163		230934
其他综合零售	Others	72688		67891	1389		19103
食品、饮料及烟草制品专门零售	Special Retail of Food, Beverages and Tobaccos	84636	781	174803	102686	82448	61572
粮油零售	Retail of Grain and Oil	3122		2643			1062
糕点、面包零售	Retail of Cake and Bread	1619		1876			318
果品、蔬菜零售	Retail of Melons and Fruits,Vegetables	20098		18824			2521
肉、禽、蛋及水产品零售	Retail of Meat, Poultry, Eggs and Aquatic Products	776		853			2
饮料及茶叶零售	Retail of Beverages and Tea	15230		99471	87089	82448	47951
烟草制品零售	Retail of Tobaccos	13908		24029	5075		1834
其他食品零售	Others	29885	781	27107	10522		7884
纺织、服装及日用品专门零售	Special Retail of Textiles, Garments and Daily Consumer Articles	710046		768842	73517		56288
纺织品及针织品零售	Retail of Textiles and Knitwear	4617		4280			337
服装零售	Retail of Garments	601795		620266	68178		26379
鞋帽零售	Retail of Shoes and Hats	39271		66169	4482		18882
钟表、眼镜零售	Retail of Clocks and Watches,Spectacles	19621		24873			8183
化妆品及卫生用品零售	Retail of Cosmetics and Health Consumer Articles	37992		46705	355		1263
其他日用品零售	Others	6751		6550	503		1245
文化、体育用品及器材专门零售	Special Retail of Culture, Sports Appliances and Equipments	270675		335235	17459		73738
体育用品零售	Retail of Sports Goods	61493		67211	16117		21789
图书零售	Retail of Books	181934		189556	1342		45143
珠宝首饰零售	Retail of Jewelry	26571		68821			5844
工艺美术品及收藏品零售	Retail of Artwork and Collections			8618			423
其他文化用品零售	Others	677		1029			540
医药及医疗器材专门零售	Special Retail of Medicines and Medical Appliances	176400		226660	29554		28261
药品零售	Retail of Medicines	176400		226660	29554		28261
汽车、摩托车、燃料及零配件专门零售	Special Retail of Motor Vehicles, Motorcycles, Fuel and Parts	4601888	237490	5026096	381985		347986
汽车零售	Retail of Motor Vehicles	4200714	237490	4596698	365777		316429
汽车零配件零售	Retail of Motor Vehicles and Parts	126460		127230			10899
摩托车及零配件零售	Retail of Motorcycles and Parts	25135		24479	1447		3181
机动车燃料零售	Retail of Fuel of Motor Vehicles	249580		277688	14761		17477

16-15 续表 1 continued

单位：万元 (10 000 yuan)

指标	Item	商品购进总额 Total Purchases Value	#进口 Imports	商品销售总额 Total Sales	#批发 Wholesale Trades	#出口 Exports	年末库存 Stock at Year-end
家用电器及电子产品专门零售	Special Retail of Household Appliances and Electronic Products	1012399		1263245	115334		78977
家用电器零售	Retail of Household Appliances	899998		1122633	95313		68793
计算机、软件及辅助设备零售	Retail of Computer, Software and Peripherals	71237		92056	20022		3851
通信设备零售	Retail of Communication Equipment	39592		47140			6153
其他电子产品零售	Others	1572		1417			180
五金、家具及室内装修材料专门零售	Special Retail of Hardware, Furniture and Decoration Materials	609265	217	720789	1851		21482
五金零售	Retail of Hardware	38445		44222	1205		1395
家具零售	Retail of Furniture	459456		566263	39		10751
其他室内装修材料零售	Others	111364	217	110305	607		9336
无店铺及其他零售	Non-shop and Other Retails	58216		54582			11796
邮购及电子销售	Distribution of Mail Order and E-commerce	33019		33002			4505
生活用燃料零售	Retail of life fuels	3149		3141			210
旧货零售	Retail of second-hand goods	2688		2334			374
其他未列明的零售	Other Retail not Classified Elsewhere	19361		16105			6706
按登记注册类型分	**By Status of Registration**						
内资企业	Domestic Funded Enterprises	9433291	102410	10578125	769472	82448	1049684
国有企业	State-owned Enterprises	484706		483576	18184		61371
集体企业	Collective-owned Enterprises	129734		153048	8620		18476
股份合作企业	Cooperative Enterprises	80302		84710	178		4861
联营企业	Joint Ownership Enterprises	2773		6126			1472
集体联营企业	Collective Joint Ownership Enterprises			3226			272
其他联营企业	Other Joint Ownership Enterprises	2773		2901			1200
有限责任公司	Limited Liability Corporations	5686442	67837	6269722	482004		496204
国有独资公司	State Sole Funded Corporations	58950		73163	37		19610
其他有限责任公司	Other Limited Liability Corporations	5627493	67837	6196559	481968		476594
股份有限公司	Share-holding Corporations Ltd.	635530		788812	169714	82448	254259
私营企业	Private Enterprises	2378240	34567	2749132	90770		208521
私营独资企业	Private-funded Enterprises	152968		181220	3177		17551
私营合伙企业	Private Partnership Enterprises	133711		140736			9795
私营有限责任公司	Private Limited Liability Corporations	1998477	34567	2324831	85761		172896
私营股份有限公司	Private Share-holding Corporations Ltd.	93085		102345	1833		8280
其他企业	Other Enterprises	35565	7	43000			4520
港、澳、台商投资企业	Enterprises with Funds from Hong Kong, Macao & Taiwan	850391	138217	866171	4482		117405
合资经营企业(港或澳、台资)	Joint-venture Enterprises	138217	138217	126066			13747
港、澳、台商独资经营企业	Enterprises with Sole Investment	541927		597993	4482		75524
港、澳、台商投资股份有限公司	Share-holding Corporations Ltd.	170248		142113			28135

16-15 续表 2 continued

单位：万元 (10 000 yuan)

指标	Item	商品购进总额 Total Purchases Value	#进口 Imports	商品销售总额 Total Sales	#批发 Wholesale Trades	#出口 Exports	年末库存 Stock at Year-end
外商投资企业	Enterprises with Foreign Investment	393849	7851	557119			22955
中外合资经营企业	Joint Venture Enterprises with Foreign Investment	162281	6854	263766			8131
外资企业	Enterprises with Sole(exclusive) Foreign Investment	230655	998	249106			13910
外商投资股份有限公司	Share-holding Corporations Ltd. with Foreign Investment	914		44247			914
按控股情况分	**By Status of Share Holding**						
国有控股	State-holding	717589	9972	715103	31176		108563
集体控股	Collective-holding	293584	12	324459	13515		25090
私人控股	Private-holding	5126104	67402	5619244	202150		595637
港澳台商控股	Hong Kong, Macao & Taiwan-holding	832017	138217	833345	4482		108511
外商控股	Foreign-holding	290350	998	462801			23863
其　他	Others	3417887	31879	4046463	522632	82448	328381
按经营形式分	**By Form of Management**						
独立门店	Independent Stores	8675515	216912	9472028	652094	82448	982391
连锁总店	General Chain Stores	692910		717242	24321		40045
连锁门店	Branch Chain Stores	511336		800044	60138		76791
其　他	Others	797770	31566	1012102	37400		90817
按零售业态分	**By Business Categories**						
有店铺零售	Shop Retails	10639696	247697	11962949	773953	82448	1185376
食杂店	Grocery Store	25924		25627	8070		4313
便利店	Convenience Store	17680		18285	1316		2796
超　市	Supermarket	285912		328788	11491		47228
大型超市	Hypermarket	1095152	7	1287883	12440		179656
仓储会员店	Warehouse Club	4298		4056			242
百货店	Department Store	1621211	9983	1722613	85091		104896
专业店	Specialty Store	3043564	54726	3539592	559286	82448	312202
专卖店	Franchised Store	3051875	182765	3312410	57037		480963
家居建材商店	Building Material Store	625639	217	728982	419		24054
购物中心	Shopping Center	752254		867118	38803		16937
厂家直销中心	Factory Outlets Center	116187		127594			12090
无店铺零售	Non-shop Retails	37835	781	38467			4668
电视购物	TV shopping	33019		33002			4505
邮　购	Mail Order	1755		1943			48
自动售货亭	Automated kiosks	2280		2523			28
电话购物	Phone Shopping	781	781	999			88

16-16 各市(区)限额以上批发业商品购进总额(2010年)
Total Purchases of Enterprises above Designated Size in Wholesale Trades by City(District)(2010)

单位：亿元 (100 million yuan)

地 区	Region	合 计 Total	#国有控股 State-holding	内资企业 Domestic Funded Enterprises	国有企业 State-owned Enterprises	集体企业 Collective-owned Enterprises	股份合作企业 Cooperative Enterprises
全 省	**Shaanxi**	**2476.44**	**1495.28**	**2343.51**	**862.42**	**9.97**	**2.96**
西安市	Xi'an	1138.21	591.24	1005.88	373.16	4.13	
铜川市	Tongchuan	16.27	14.91	16.27	14.91		0.12
宝鸡市	Baoji	268.20	6.34	268.20	27.52		
咸阳市	Xianyang	309.44	297.23	309.44	28.27	3.81	
渭南市	Weinan	61.72	54.01	61.72	24.27		
延安市	Yan'an	61.68	58.68	61.68	16.20		
汉中市	Hanzhong	41.43	22.74	41.43	17.08	0.19	
榆林市	Yulin	510.64	392.26	510.05	330.24	1.09	2.43
安康市	Ankang	39.68	32.61	39.68	16.08	0.75	0.12
商洛市	Shangluo	28.06	25.27	28.06	13.86		0.30
杨凌示范区	Yangling	1.09		1.09	0.83		

16-16 续表 continued

单位：亿元 (100 million yuan)

地 区	Region	联营企业 State Joint Ownership Enterprises	有限责任公司 Limited Liability Corporations	股份有限公司 Share-holding Corporations Ltd.	私营企业 Private Enterprises	港、澳、台商投资企业 Enterprises with Funds from Hong Kong, Macao & Taiwan	外商投资企业 Enterprises with Foreign Investment
全 省	**Shaanxi**	**7.37**	**632.12**	**664.06**	**163.34**	**30.80**	**102.12**
西安市	Xi'an	0.52	406.17	84.37	137.34	30.80	101.53
铜川市	Tongchuan		0.41		0.84		
宝鸡市	Baoji		24.94	214.05	1.69		
咸阳市	Xianyang		6.66	269.15	1.04		
渭南市	Weinan		4.38	27.01	5.50		
延安市	Yan'an		3.31	41.82	0.36		
汉中市	Hanzhong		22.29	0.55	1.34		
榆林市	Yulin	6.85	156.16	1.68	11.59		0.60
安康市	Ankang		6.15	14.03	2.55		
商洛市	Shangluo		1.39	11.41	1.10		
杨凌示范区	Yangling		0.26				

16-17 各市(区)限额以上零售业商品购进总额(2010年)
Total Purchases of Enterprises above Designated Size in Retail Trades by City(District)(2010)

单位: 亿元 (100 million yuan)

地区	Region	合计 Total	# 国有控股 State-holding	内资企业 Domestic Funded Enterprises	国有企业 State-owned Enterprises	集体企业 Collective-owned Enterprises	股份合作企业 Cooperative Enterprises
全省	**Shaanxi**	**1067.75**	**71.76**	**943.33**	**48.47**	**12.97**	**8.03**
西安市	Xi'an	790.63	42.18	668.75	29.22	3.39	0.39
铜川市	Tongchuan	3.95	0.45	3.89	0.12	0.51	
宝鸡市	Baoji	38.94	4.04	37.30	1.67	1.60	
咸阳市	Xianyang	42.48	4.49	42.02	4.43	2.39	2.34
渭南市	Weinan	39.39	7.03	39.39	5.66	0.77	0.21
延安市	Yan'an	16.92	2.02	16.92	0.92	1.31	0.06
汉中市	Hanzhong	24.50	6.80	24.27	3.29	2.03	
榆林市	Yulin	91.78	2.19	91.78	1.85	0.70	4.95
安康市	Ankang	16.05	1.57	16.05	1.22	0.24	0.08
商洛市	Shangluo	2.39	0.89	2.24		0.04	
杨凌示范区	Yangling	0.73	0.10	0.73	0.10		

16-17 续表 continued

单位: 亿元 (100 million yuan)

地区	Region	联营企业 State Joint Ownership Enterprises	有限责任公司 Limited Liability Corporations	股份有限公司 Share-holding Corporations Ltd.	私营企业 Private Enterprises	港、澳、台商投资企业 Enterprises with Funds from Hong Kong, Macao & Taiwan	外商投资企业 Enterprises with Foreign Investment
全省	**Shaanxi**	**0.28**	**568.64**	**63.55**	**237.82**	**85.04**	**39.38**
西安市	Xi'an		447.25	23.59	164.91	84.81	37.07
铜川市	Tongchuan		1.84		1.31		0.06
宝鸡市	Baoji		24.57	5.40	4.07		1.64
咸阳市	Xianyang		21.48	3.03	7.82		0.46
渭南市	Weinan	0.13	7.08	10.93	12.26		
延安市	Yan'an	0.14	9.15	2.02	3.26		
汉中市	Hanzhong		12.36		6.50	0.23	
榆林市	Yulin		36.84	18.53	28.64		
安康市	Ankang		6.45	0.07	7.83		
商洛市	Shangluo		1.12		1.07		0.16
杨凌示范区	Yangling		0.48		0.15		

16-18 各市(区)限额以上批发业商品销售总额(2010年)
Total Sales of Enterprises above Designated Size in Wholesale Trades by City(District)(2010)

单位：亿元 (100 million yuan)

地区	Region	合计 Total	# 国有控股 State-holding	内资企业 Domestic Funded Enterprises	国有企业 State-owned Enterprises	集体企业 Collective-owned Enterprises	股份合作企业 Cooperative Enterprises
全省	**Shaanxi**	**3023.97**	**1924.71**	**2887.07**	**1218.07**	**10.64**	**3.51**
西安市	Xi'an	1232.62	649.29	1096.48	406.85	4.09	
铜川市	Tongchuan	15.76	14.47	15.76	14.47		0.16
宝鸡市	Baoji	329.69	5.36	329.69	30.77		
咸阳市	Xianyang	326.81	311.07	326.81	34.44	4.20	
渭南市	Weinan	75.05	66.45	75.05	30.53		
延安市	Yan'an	65.02	61.64	65.02	18.52		
汉中市	Hanzhong	66.39	46.72	66.39	24.67	0.21	
榆林市	Yulin	835.08	704.84	834.33	624.62	1.15	2.81
安康市	Ankang	46.76	38.43	46.76	18.50	0.99	0.20
商洛市	Shangluo	29.45	26.45	29.45	13.59		0.34
杨凌示范区	Yangling	1.35		1.35	1.10		

16-18 续表 continued

单位：亿元 (100 million yuan)

地区	Region	联营企业 State Joint Ownership Enterprises	有限责任公司 Limited Liability Corporations	股份有限公司 Share-holding Corporations Ltd.	私营企业 Private Enterprises	港、澳、台商投资企业 Enterprises with Funds from Hong Kong, Macao & Taiwan	外商投资企业 Enterprises with Foreign Investment
全省	**Shaanxi**	**7.77**	**687.63**	**781.27**	**176.88**	**32.06**	**104.83**
西安市	Xi'an	0.58	433.15	107.75	143.84	32.06	104.08
铜川市	Tongchuan		0.33		0.80		
宝鸡市	Baoji		24.56	272.60	1.74		
咸阳市	Xianyang		9.83	276.82	1.00		
渭南市	Weinan		4.92	32.84	6.20		
延安市	Yan'an		4.08	41.76	0.66		
汉中市	Hanzhong		22.90	17.14	1.47		
榆林市	Yulin	7.19	179.50	1.72	17.33		0.75
安康市	Ankang		6.59	17.78	2.69		
商洛市	Shangluo		1.51	12.86	1.16		
杨凌示范区	Yangling		0.25				

16-19 各市(区)限额以上零售业商品销售总额（2010年）
Total Sales of Enterprises above Designated Size in Retail Trades by City(District)(2010)

单位：亿元 (100 million yuan)

地区	Region	合计 Total		内资企业			
		Total	# 国有控股 State-holding	Domestic Funded Enterprises	国有企业 State-owned Enterprises	集体企业 Collective-owned Enterprises	股份合作企业 Cooperative Enterprises
全　省	**Shaanxi**	**1200.14**	**71.51**	**1057.81**	**48.36**	**15.30**	**8.47**
西安市	Xi'an	911.39	42.58	772.19	28.38	6.12	0.39
铜川市	Tongchuan	3.59	0.42	3.55	0.12	0.37	
宝鸡市	Baoji	49.24	3.77	47.84	1.40	1.63	
咸阳市	Xianyang	45.38	4.27	44.92	4.35	2.31	2.21
渭南市	Weinan	44.08	7.67	44.08	6.76	0.73	0.70
延安市	Yan'an	17.82	1.72	17.82	0.84	1.05	0.06
汉中市	Hanzhong	27.18	6.20	26.19	3.33	2.05	
榆林市	Yulin	79.23	2.28	79.23	1.93	0.73	5.02
安康市	Ankang	18.31	1.58	18.31	1.14	0.27	0.10
商洛市	Shangluo	3.12	0.91	2.89		0.05	
杨凌示范区	Yangling	0.80	0.10	0.80	0.10		

16-19 续表 continued

单位：亿元 (100 million yuan)

地区	Region	联营企业 State Joint Ownership Enterprises	有限责任公司 Limited Liability Corporations	股份有限公司 Share-holding Corporations Ltd.	私营企业 Private Enterprises	港、澳、台商投资企业 Enterprises with Funds from Hong Kong, Macao & Taiwan	外商投资企业 Enterprises with Foreign Investment
全　省	**Shaanxi**	**0.61**	**626.97**	**78.88**	**274.91**	**86.62**	**55.71**
西安市	Xi'an	0.32	485.53	53.53	197.59	85.63	53.58
铜川市	Tongchuan		1.72		1.21		0.05
宝鸡市	Baoji		35.79	5.08	3.94		1.40
咸阳市	Xianyang		23.75	3.42	8.27		0.46
渭南市	Weinan	0.13	8.81	11.90	12.52		
延安市	Yan'an	0.16	9.79	1.98	3.77		
汉中市	Hanzhong		12.54		8.18	0.99	
榆林市	Yulin		38.81	2.92	29.54		
安康市	Ankang		8.52	0.05	8.07		
商洛市	Shangluo		1.15		1.68		0.23
杨凌示范区	Yangling		0.56		0.14		

16-20 各市(区)限额以上批发业商品库存总额(2010年)
Total Inventory of Enterprises above Designated Size in Wholesale Trades by City(District)(2010)

单位：亿元 (100 million yuan)

地区	Region	合计 Total	# 国有控股 State-holding	内资企业 Domestic Funded Enterprises	国有企业 State-owned Enterprises	集体企业 Collective-owned Enterprises	股份合作企业 Cooperative Enterprises
全省	**Shaanxi**	**170.64**	**63.12**	**169.43**	**48.76**	**0.65**	**0.05**
西安市	Xi'an	53.54	18.83	52.37	13.11	0.40	
铜川市	Tongchuan	1.17	0.93	1.17	0.93		0.01
宝鸡市	Baoji	62.15	1.64	62.15	3.71		
咸阳市	Xianyang	5.86	5.52	5.86	1.07	0.13	
渭南市	Weinan	2.82	2.46	2.82	1.17		
延安市	Yan'an	1.96	1.43	1.96	0.75		
汉中市	Hanzhong	2.28	1.07	2.28	0.86	0.01	
榆林市	Yulin	34.77	26.76	34.73	24.36	0.01	0.00
安康市	Ankang	4.09	2.74	4.092	2.24	0.10	0.04
商洛市	Shangluo	1.82	1.73	1.82	0.45		0.00
杨凌示范区	Yangling	0.17		0.17	0.09		

16-20 续表 continued

单位：亿元 (100 million yuan)

地区	Region	联营企业 State Joint Ownership Enterprises	有限责任公司 Limited Liability Corporations	股份有限公司 Share-holding Corporations Ltd.	私营企业 Private Enterprises	港、澳、台商投资企业 Enterprises with Funds from Hong Kong, Macao & Taiwan	外商投资企业 Enterprises with Foreign Investment
全省	**Shaanxi**	**0.07**	**44.65**	**65.16**	**10.08**	**0.00**	**1.21**
西安市	Xi'an	0.02	28.06	2.57	8.20	0.00	1.17
铜川市	Tongchuan		0.19		0.04		
宝鸡市	Baoji		4.00	54.42	0.01		
咸阳市	Xianyang		0.15	4.46	0.05		
渭南市	Weinan		0.16	1.15	0.34		
延安市	Yan'an		0.51	0.62	0.08		
汉中市	Hanzhong		1.19	0.01	0.20		
榆林市	Yulin	0.05	9.74	0.07	0.52		0.03
安康市	Ankang		0.53	0.58	0.61		
商洛市	Shangluo		0.04	1.28	0.05		
杨凌示范区	Yangling		0.07				

16-21 各市(区)限额以上零售业商品库存总额(2010年)
Total Inventory of Enterprises above Designated Size in Retail Trades by City(District)(2010)

单位：亿元 (100 million yuan)

地区	Region	合计 Total	# 国有控股 State-holding	内资企业 Domestic Funded Enterprises	国有企业 State-owned Enterprises	集体企业 Collective-owned Enterprises	股份合作企业 Cooperative Enterprises
全省	**Shaanxi**	**119.00**	**10.86**	**104.97**	**6.14**	**1.85**	**0.49**
西安市	Xi'an	62.00	5.23	48.46	2.80	0.48	0.00
铜川市	Tongchuan	0.58	0.07	0.57	0.01	0.15	
宝鸡市	Baoji	12.21	1.18	11.96	0.59	0.31	
咸阳市	Xianyang	4.61	0.86	4.57	0.50	0.20	0.13
渭南市	Weinan	3.91	0.97	3.91	0.86	0.11	0.03
延安市	Yan'an	2.22	0.41	2.22	0.18	0.26	0.01
汉中市	Hanzhong	3.78	1.33	3.67	0.54	0.26	
榆林市	Yulin	25.89	0.43	25.89	0.44	0.04	0.31
安康市	Ankang	3.18	0.24	3.18	0.21	0.03	0.01
商洛市	Shangluo	0.52	0.14	0.42		0.00	
杨凌示范区	Yangling	0.12	0.00	0.12	0.00		

16-21 续表 continued

单位：亿元 (100 million yuan)

地区	Region	联营企业 State Joint Ownership Enterprises	有限责任公司 Limited Liability Corporations	股份有限公司 Share-holding Corporations Ltd.	私营企业 Private Enterprises	港、澳、台商投资企业 Enterprises with Funds from Hong Kong, Macao & Taiwan	外商投资企业 Enterprises with Foreign Investment
全省	**Shaanxi**	**0.15**	**49.62**	**25.43**	**20.85**	**11.74**	**2.30**
西安市	Xi'an	0.03	26.18	7.92	11.05	11.63	1.90
铜川市	Tongchuan		0.24		0.17		0.01
宝鸡市	Baoji		10.14	0.45	0.48		0.24
咸阳市	Xianyang		2.47	0.28	0.96		0.04
渭南市	Weinan	0.00	1.16	0.67	0.81		
延安市	Yan'an	0.12	0.76	0.16	0.68		
汉中市	Hanzhong		2.05		0.81	0.11	
榆林市	Yulin		5.24	15.94	3.89		
安康市	Ankang		1.16	0.02	1.69		
商洛市	Shangluo		0.17		0.25		0.10
杨凌示范区	Yangling		0.05		0.06		

16-22 限额以上批发和零售业商品销售类值

Total Sales of Enterprises above Designated Size in Wholesale and Retail Trades by Category of Commodities

单位：万元 (10 000 yuan)

类 别	Item	合 计 Total		批 发 Wholesale Trades		零 售 Retail Trades	
		2009	2010	2009	2010	2009	2010
合 计	**Total**	**28784210**	**39603444**	**18269209**	**25783541**	**10515001**	**13819903**
1.食品、饮料、烟酒类	Food, Beverages, Tobacco and Liquor	3277057	3921555	2224515	2596706	1052542	1324849
(1)食品类	Food	985884	1107819	227224	221803	758661	886016
# 粮油类	Grain and Oil	370280	426812	109327	114644	260953	312168
肉禽蛋类	Meat, Poultry and Eggs	165327	207929	68	11625	165259	196304
水产品类	Aquatic Products	34815	36883		74	34815	36809
蔬菜类	Vegetables	39334	92281	75	15622	39259	76659
干鲜果品类	Dried and Fresh Melons and Fruits	78020	103728	33207	33777	44813	69951
(2)饮料类	Beverages	129186	240757	26035	31320	103151	209437
(3)烟酒类	Tobacco and Liquor	2161986	2572979	1971256	2343584	190730	229395
2.服装、鞋帽、针纺织品类	Garments,Shoes and Hats,Knitwear and Textiles	1454126	1967145	133143	171948	1320983	1795197
(1)服装类	Garments	1037143	1429968	80957	106000	956186	1323968
(2)鞋帽类	Shoes and Hats	253484	329998	12174	13632	241310	316366
(3)针、纺织品类	Knitwear and Textiles	163499	207179	40013	52316	123486	154863
3.化妆品类	Cosmetics	235485	263188	39699	31676	195786	231512
4.金银珠宝类	Gold, Silver and Jewellery	221012	325121	11746	14093	209266	311028
5.日用品类	Daily Consumer Articles	413584	537421	64426	71337	349158	466084
# 洗涤用品类	Washing Articles	167985	206097	44444	50399	123541	155698
儿童玩具类	Children Toys	56897	65984	10345	9784	46551	56200
6.五金、电料类	Hardware	124863	215861	52735	90842	72128	125019
7.体育、娱乐用品类	Sports and Recreation Articles	92064	135036	4870	8795	87193	126241
8.书报杂志类	Newspapers and Magazines	259164	293628	77408	88542	181755	205086
9.电子出版物及音像制品类	E-journals and Video Products	23998	7499	1	29	23997	7470
10.家用电器和音像器材类	Household Appliances and Audio/Video Equipments	888224	1177755	231444	309851	656779	867904
11.中西药品类	Traditional Chinese and Western Medicines	797452	1012724	505986	666653	291466	346071
# 西药类	Western Medicine	558630	709576	344715	449644	213915	259932
中草药及中成药类	Traditional Chinese Medicines	81223	112026	48592	69577	32631	42449
12.文化办公用品类	Cultural and Office Appliances	364577	533333	166824	259280	197752	274053
13.家具类	Furniture	324436	437256	5050	107	319386	437149
14.通讯器材类	Communication Appliances	170323	196612	63439	42985	106885	153627
15.煤炭及制品类	Coal and Related Products	4308989	7874111	4276572	7556084	32417	318027
16.木材及制品类	Wood and Wooden Products	217	4	217	4		
17.石油及制品类	Petroleum and Related Products	7772766	10058327	5752400	7922428	2020366	2135899
18.化工材料及制品类	Chemical Materials and Related Products	544894	769739	544894	768739		1000
# 化肥类	Fertilizers	9537	47368	9537	47368		
19.金属材料类	Metal Materials	2668297	3507232	2668297	3507232		
20.建筑及装潢材料类	Building and Decoration Materials	319529	515473	42915	160099	276614	355374
21.机电产品及设备类	Mechanical and Electrical Products	636672	487606	613507	450254	23165	37352
# 农机类	Agricultural Machinery	17938	33871	17938	33871		
22.汽车类	Automobiles	3750993	5167670	741785	1003467	3009208	4164203
23.种子饲料类	Seeds and Feedstuff	2487	2650	2487	2650		
24.棉麻类	Cotton and Hemp	19794	15869	19794	15869		
25.其他类	Others	113211	180630	25056	43870	88155	136760

16-23 限额以上住宿业经营情况(2010年)

Management of Enterprises above Designated Size of Hotels(2010)

指 标	Item	企业数(个) Number of Enterprises (unit)	营业额(万元) Business Value (10 000 yuan)	#客房收入 From Hotel Rooms	#餐费收入 From Meals	#商品销售收入 From Commodities
总 计	**Total**	**504**	**694984**	**315502**	**313545**	**19582**
按住宿行业分	**By Hotels**					
旅游饭店	Tour Restaurant	346	566512	260535	250901	15703
一般旅馆	General Restaurant	141	109500	47797	55479	2858
其他住宿服务	Other Hotel Services	17	18971	7170	7164	1020
按登记注册类型分	**By Status of Registration**					
内资企业	Domestic Funded Enterprises	487	607008	267922	280190	18716
国有企业	State-owned Enterprises	102	160129	69546	75304	5367
集体企业	Collective-owned Enterprises	21	13215	5838	6188	280
股份合作企业	Cooperative Enterprises	6	5690	1761	3192	68
有限责任公司	Limited Liability Corporations	140	218038	105699	89982	4494
其他有限责任公司	Other Limited Liability Corporations	140	218038	105699	89982	4494
股份有限公司	Share-holding Corporations Ltd.	22	16540	8420	5456	418
私营企业	Private Enterprises	179	176197	68575	92291	7689
私营独资企业	Private-funded Enterprises	49	42745	14938	23824	2930
私营合伙企业	Private Partnership Enterprises	11	7350	2696	3691	480
私营有限责任公司	Private Limited Liability Corporations	107	105763	42957	53834	3803
私营股份有限公司	Private Share-holding Corporations Ltd.	12	20339	7985	10943	476
其他企业	Other Enterprises	17	17201	8083	7778	401
港、澳、台商投资企业	Enterprises with Funds from Hong Kong, Macao & Taiwan	9	34280	17426	12288	178
合资经营企业(港或澳、台资)	Joint-venture Enterprises	4	14798	5713	5573	176
合作经营企业(港或澳、台资)	Cooperative Enterprises	2	12786	6862	5309	2
港、澳、台商独资经营企业	Enterprises with Sole Investment	3	6695	4851	1407	
外商投资企业	Enterprises with Foreign Investment	8	53696	30154	21066	688
中外合资经营企业	Joint Venture Enterprises with Foreign Investment	4	18683	10553	7135	259
中外合作经营企业	Cooperative Enterprises with Foreign Investment	2	3950	2057	1829	
外资企业	Enterprises with Sole(exclusive) Foreign Investment	2	31063	17545	12103	429
按控股情况分	**By Status of Share Holding**					
国有控股	State-holding	112	199870	89205	90969	5735
集体控股	Collective-holding	33	27248	12854	11353	456
私人控股	Private-holding	252	262269	108657	126110	8710
港澳台商控股	Hong Kong, Macao & Taiwan-holding	8	30739	15800	10754	88
外商控股	Foreign-holding	3	38292	21610	14896	522
其 他	Others	96	136567	67375	59463	4070
按经营形式分	**By Form of Management**					
独立门店	Independent Stores	485	676832	306679	305544	19214
其 他	Others	19	18152	8823	8001	368
按星级分	**by Star Rating**					
五 星	Five-star Level	11	77536	43296	30254	1005
四 星	Four-star Level	47	140470	63700	65097	4247
三 星	Three-star Level	152	176534	68292	80490	5584
二 星	Two-star Level	65	38220	16641	18936	1742
一 星	One-star Level	1	367	157	191	2
其 他	Others	228	261857	123417	118576	7003

16-23 续表 continued

指　　标	Item	客房间数（间）Number of Hotel Rooms (unit)	床位数（个）Number of Beds (unit)	餐位数（位）Number of Dining-seats (seat)	餐饮营业面积（平方米）Operating Area (sq.m)
总　　计	**Total**	**68177**	**123875**	**178834**	**636870**
按住宿行业分	**By Hotels**				
旅游饭店	Tour Restaurant	54241	98776	136584	485839
一般旅馆	General Restaurant	12494	22416	36811	131571
其他住宿服务	Other Hotel Services	1442	2683	5439	19460
按登记注册类型分	**By Status of Registration**				
内资企业	Domestic Funded Enterprises	63400	115967	167915	598633
国有企业	State-owned Enterprises	15650	29156	45732	133932
集体企业	Collective-owned Enterprises	1848	3685	6708	16906
股份合作企业	Cooperative Enterprises	618	1162	2080	9600
有限责任公司	Limited Liability Corporations	25064	45110	44442	188436
其他有限责任公司	Other Limited Liability Corporations	25064	45110	44442	188436
股份有限公司	Share-holding Corporations Ltd.	2236	4444	6604	21025
私营企业	Private Enterprises	15927	28733	57862	209579
私营独资企业	Private-funded Enterprises	3307	5883	13326	54864
私营合伙企业	Private Partnership Enterprises	871	1668	3670	10160
私营有限责任公司	Private Limited Liability Corporations	10389	18893	36776	119986
私营股份有限公司	Private Share-holding Corporations Ltd.	1360	2289	4090	24569
其他企业	Other Enterprises	2057	3677	4487	19155
港、澳、台商投资企业	Enterprises with Funds from Hong Kong, Macao & Taiwan	2630	4163	4891	14268
合资经营企业(港或澳、台资)	Joint-venture Enterprises	933	1607	2380	5850
合作经营企业(港或澳、台资)	Cooperative Enterprises	887	1446	1502	5395
港、澳、台商独资经营企业	Enterprises with Sole Investment	810	1110	1009	3023
外商投资企业	Enterprises with Foreign Investment	2147	3745	6028	23969
中外合资经营企业	Joint Venture Enterprises with Foreign Investment	969	1780	3827	8711
中外合作经营企业	Cooperative Enterprises with Foreign Investment	461	836	900	3362
外资企业	Enterprises with Sole(exclusive) Foreign Investment	717	1129	1301	11896
按控股情况分	**By Status of Share Holding**				
国有控股	State-holding	18061	33385	49435	161133
集体控股	Collective-holding	3844	7670	10313	34852
私人控股	Private-holding	24699	43866	80913	305845
港澳台商控股	Hong Kong, Macao & Taiwan-holding	2302	3507	3891	11268
外商控股	Foreign-holding	1032	1859	2228	14657
其　　他	Others	18239	33588	32054	109115
按经营形式分	**By Form of Management**				
独立门店	Independent Stores	66449	120796	172590	608803
其　　他	Others	1728	3079	6244	28067
按星级分	**By Star Rating**				
五　星	Five-star Level	4310	6974	11886	24663
四　星	Four-star Level	11479	19745	25093	97252
三　星	Three-star Level	18861	35716	60936	227473
二　星	Two-star Level	5138	9844	21731	62072
一　星	One-star Level	60	126	350	560
其　他	Others	28329	51470	58838	224850

16-24 限额以上餐饮业经营情况(2010年)

Management of Enterprises above Designated Size of Catering Services(2010)

指　标	Item	企业数(个) Number of Enterprises (unit)	营业额(万元) Business Revenue (10 000 yuan)	#客房收入 From Hotel Rooms	#餐费收入 From Meals	#商品销售收入 From Commodities
总　计	**Total**	**678**	**872796**	**78242**	**705792**	**60869**
按餐饮行业分	**By Catering Services**					
正餐服务	Restaurant	647	796184	76725	635927	59727
快餐服务	Fast Food	13	68775	924	63296	466
饮料及冷饮服务	Beverages and Cold Drinks					
其他餐饮服务	Others	18	7838	593	6569	676
按登记注册类型分	**By Status of Registration**					
内资企业	Domestic Funded Enterprises	654	737265	76913	581678	55557
国有企业	State-owned Enterprises	22	17997	3707	10006	2586
集体企业	Collective-owned Enterprises	15	8436	1648	6184	531
股份合作企业	Cooperative Enterprises	11	10563	1781	8394	386
有限责任公司	Limited Liability Corporations	188	273088	27699	213513	24159
国有独资公司	State Sole Funded Corporations	1	3100	838	1997	27
其他有限责任公司	Other Limited Liability Corporations	187	269988	26861	211517	24131
股份有限公司	Share-holding Corporations Ltd.	23	58903	6595	38539	7939
私营企业	Private Enterprises	378	345285	32127	287256	19646
私营独资企业	Private-funded Enterprises	130	90649	9751	69732	9182
私营合伙企业	Private Partnership Enterprises	28	22463	3152	18330	789
私营有限责任公司	Private Limited Liability Corporations	199	218142	17872	187060	9309
私营股份有限公司	Private Share-holding Corporations Ltd.	21	14031	1352	12136	366
其他企业	Other Enterprises	17	22993	3358	17785	310
港、澳、台商投资企业	Enterprises with Funds from Hong Kong, Macao & Taiwan	10	58474	1095	52078	4454
合资经营企业(港或澳、台资)	Joint-venture Enterprises	5	21253	516	15706	4339
港、澳、台商独资经营企业	Enterprises with Sole Investment	5	37221	579	36372	115
外商投资企业	Enterprises with Foreign Investment	14	77058	233	72036	858
中外合资经营企业	Joint Venture Enterprises with Foreign Investment	4	1945	63	1819	62
中外合作经营企业	Cooperative Enterprises with Foreign Investment	1	461		461	
外资企业	Enterprises with Sole(exclusive) Foreign Investment	9	74652	171	69756	795
按控股情况分	**By Status of Share Holding**					
国有控股	State-holding	22	35643	3017	23903	6530
集体控股	Collective-holding	28	24259	5802	15762	2276
私人控股	Private-holding	463	458924	49357	378984	21241
港澳台商控股	Hong Kong, Macao & Taiwan-holding	6	37844	579	36994	115
外商控股	Foreign-holding	11	105410	5064	75113	17884
其　他	Others	148	210717	14422	175037	12824
按经营形式分	**By Form of Management**					
独立门店	Independent Stores	641	726427	76444	566774	59392
连锁总店	General Chain Stores	4	73990		73629	361
连锁门店	Branch Chain Stores	11	56751	573	52032	103
其　他	Others	22	15628	1225	13357	1014

16-24 续表 continued

指 标	Item	客房间数(间) Number of Hotel Rooms (unit)	床位数(个) Number of Beds (unit)	餐位数(位) Number of Dining-seats (seat)	餐饮营业面积(平方米) Operating Area (sq.m)
总 计	**Total**	**18967**	**36244**	**313313**	**1246189**
按餐饮行业分	**By Catering Services**				
正餐服务	Restaurant	18584	35511	292400	1188145
快餐服务	Fast Food	150	280	15119	42556
饮料及冷饮服务	Beverages and Cold Drinks				
其他餐饮服务	Others	233	453	5794	15488
按登记注册类型分	**By Status of Registration**				
内资企业	Domestic Funded Enterprises	18342	34907	290145	1153335
国有企业	State-owned Enterprises	1118	2126	7797	24772
集体企业	Collective-owned Enterprises	578	1094	5780	16246
股份合作企业	Cooperative Enterprises	391	746	3884	17058
有限责任公司	Limited Liability Corporations	5590	10375	86599	387022
国有独资公司	State Sole Funded Corporations	203	307	900	8300
其他有限责任公司	Other Limited Liability Corporations	5387	10068	85699	378722
股份有限公司	Share-holding Corporations Ltd.	1242	2313	18019	97199
私营企业	Private Enterprises	8682	16942	160619	586235
私营独资企业	Private-funded Enterprises	2593	4813	48088	149215
私营合伙企业	Private Partnership Enterprises	573	1114	9555	33077
私营有限责任公司	Private Limited Liability Corporations	5117	10352	94999	369733
私营股份有限公司	Private Share-holding Corporations Ltd.	399	663	7977	34210
其他企业	Other Enterprises	741	1311	7447	24803
港、澳、台商投资企业	Enterprises with Funds from Hong Kong, Macao & Taiwan	415	951	14470	60059
合资经营企业(港或澳、台资)	Joint-venture Enterprises	290	721	5458	30345
港、澳、台商独资经营企业	Enterprises with Sole Investment	125	230	9012	29714
外商投资企业	Enterprises with Foreign Investment	210	386	8698	32795
中外合资经营企业	Joint Venture Enterprises with Foreign Investment	64	94	1510	7288
中外合作经营企业	Cooperative Enterprises with Foreign Investment			260	1000
外资企业	Enterprises with Sole(exclusive) Foreign Investment	146	292	6928	24507
按控股情况分	**By Status of Share Holding**				
国有控股	State-holding	977	1928	10835	48071
集体控股	Collective-holding	1203	2347	13835	48819
私人控股	Private-holding	12212	22745	194804	754657
港澳台商控股	Hong Kong, Macao & Taiwan-holding	125	230	9372	30294
外商控股	Foreign-holding	303	527	8445	35927
其 他	Others	4147	8467	76022	328421
按经营形式分	**By Form of Management**				
独立门店	Independent Stores	18380	35140	281125	1147776
连锁总店	General Chain Stores			10848	31850
连锁门店	Branch Chain Stores	110	200	12047	37305
其 他	Others	477	904	9293	29258

16-25 各市(区)限额以上住宿业和餐饮业经营情况(2010年)

Management of Enterprises above Designated Size in Hotels and Catering Services by City(District)(2010)

地区	Region	企业数(个) Number of Enterprises (unit)	营业额(万元) Business Revenue (10 000 yuan)	#客房收入 From Hotel Rooms	#餐费收入 From Meals	#商品销售收入 From Commodities	客房间数(间) Number of Hotel Rooms (unit)	床位数(个) Number of Beds (unit)	餐位数(位) Number of Dining-seats (seat)	餐饮营业面积(平方米) Operating Area (sq.m)
一、住宿业	**Hotels**									
全省	**Shaanxi**	**504**	**694984**	**315502**	**313545**	**19582**	**68177**	**123875**	**178834**	**636870**
西安市	Xi'an	177	411586	203583	165110	7097	33725	58779	67054	245272
铜川市	Tongchuan	14	11092	4134	6254	590	1121	2034	4372	19936
宝鸡市	Baoji	39	36332	16123	17894	1206	8304	16626	12202	44697
咸阳市	Xianyang	38	34044	12170	19013	1700	3079	5825	13878	45427
渭南市	Weinan	34	49447	12308	32372	3131	3644	6863	15086	49945
延安市	Yan'an	39	32730	15362	15950	395	4041	7712	11388	38113
汉中市	Hanzhong	51	35628	14775	18112	963	4319	7569	20246	71605
榆林市	Yulin	50	44806	20455	19703	2495	4336	7966	15764	49458
安康市	Ankang	32	17237	7616	7833	1116	2419	4445	9378	40225
商洛市	Shangluo	26	17495	7099	9019	837	2583	4897	8076	26442
杨凌示范区	Yangling	4	4588	1877	2284	52	606	1159	1390	5750
二、餐饮业	**Catering Services**									
全省	**Shaanxi**	**678**	**872796**	**78242**	**705792**	**60869**	**18967**	**36244**	**313313**	**1246189**
西安市	Xi'an	264	537609	19722	461309	35770	4416	9090	144723	637063
铜川市	Tongchuan	14	6701	889	5411	398	298	576	3889	17640
宝鸡市	Baoji	55	50136	7345	40495	1346	2368	4392	23607	99558
咸阳市	Xianyang	88	58047	9471	44314	3867	2455	4458	27460	107633
渭南市	Weinan	72	61761	6719	44623	9631	1985	3846	27847	104345
延安市	Yan'an	26	18796	3018	15229	490	664	1271	6658	24008
汉中市	Hanzhong	29	13407	1069	10901	1364	416	833	10254	29931
榆林市	Yulin	87	85418	21256	56902	4469	4298	7908	49465	129338
安康市	Ankang	33	30437	6621	20427	2929	1546	2857	15552	81830
商洛市	Shangluo	5	6701	1382	3265	583	299	573	1628	6200
杨凌示范区	Yangling	5	3784	750	2917	23	222	440	2230	8643

16-26 批发和零售业、餐饮业连锁经营情况(2010年)
Chain Management of Enterprises of Wholesale, Retail Trades and Catering Services(2010)

类 别	Item	合 计 Total	直营店 Regular Chain	加盟店 Franchise Chain
批发业	**Wholesale Trades**			
门店总数(个)	Number of Stores(unit)	65	65	
年末零售营业面积(平方米)	Retail Operating Area at year-end(sq.m)	17120	17120	
年末从业人员数(人)	Number of Employed Persons at year-end(person)	4186	4186	
连锁门店商品购进总额(万元)	Total Purchases Value of General Chain Stores	955015	955015	
# 统一配送商品购进额	Centralized Purchase and Delivery	762889	762889	
# 自有配送商品购进额	Self Centralized Purchase and Delivery	602443	602443	
连锁门店商品销售额	Total Sale of General Chain Stores	1238954	1238954	
# 零售额	Retail Value	1933	1933	
零售业	**Retail Trades**			
门店总数(个)	Number of Stores(unit)	521	432	89
年末零售营业面积(平方米)	Retail Operating Area at year-end(sq.m)	478874	382294	96580
年末从业人员数(人)	Number of Employed Persons at year-end(person)	12738	11724	1014
连锁门店商品购进总额(万元)	Total Purchases Value of General Chain Stores	600289	557075	43214
# 统一配送商品购进额	Centralized Purchase and Delivery	144869	140186	4683
# 自有配送商品购进额	Self Centralized Purchase and Delivery	52062	52062	
非自有配送商品购进额	Non-self Centralized Purchase and Delivery	66292	66296	
连锁门店商品销售额	Total Sale of General Chain Stores	704928	642184	62744
# 零售额	Retail Value	697912	635168	62744
餐饮业	**Catering Services**			
门店总数(个)	Number of Stores(unit)	77	77	
年末从业人员数(人)	Number of Employed Persons at year-end(person)	6814	6814	
连锁门店商品购进总额(万元)	Total Purchases Value of General Chain Stores	39391	39391	
# 统一配送商品购进额	Centralized Purchase and Delivery	34313	34313	
自有配送商品购进额	Self Centralized Purchase and Delivery	10984	10984	
年末餐饮营业面积(平方米)	Retail Operating Area at year-end(sq.m)	31850	31850	
餐位数(位)	Number of Dining-seats(seat)	10848	10848	
连锁门店营业额	Business Revenue of General Chain Stores	75028	75028	
# 餐费收入	Revenue From Meals	74667	74667	

16-27 限额以上批发业主要财务指标(2010年)

单位：万元

指　　标	Item	企业数(个) Number of Enterprises (unit)
总　计	**Total**	**407**
按批发行业小类分	**By Subitem of Wholesale Trade**	
农畜产品批发	Wholesale of Farm Produce and Livestock Products	18
谷物、豆及薯类批发	Wholesale of Cereals,Beans and Tubers	12
种子、饲料批发	Wholesale of Seeds and Forages	2
棉、麻批发	Wholesale of Cotton and Hemp	1
牲畜批发	Wholesale of Livestock	1
其他农畜产品批发	Others	2
食品、饮料及烟草制品批发	Wholesale of Food, Beverages and Tobaccos	45
米、面制品及食用油批发	Wholesale of Rice, Flour and Edible Oil	7
糕点、糖果及糖批发	Wholesale of Cake and Sugar	2
果品、蔬菜批发	Wholesale of Vegetables and Fruits	8
盐及调味品批发	Wholesale of Salt and Condiments	6
饮料及茶叶批发	Wholesale of Beverages and Tea	7
烟草制品批发	Wholesale of Tobaccos	13
其他食品批发	Others	2
纺织、服装及日用品批发	Wholesale of Textiles, Garments and Daily Consumer Articles	14
纺织品、针织品及原料批发	Wholesale of Textiles,Knitwear and Textile Materials	4
服装批发	Wholesale of Garments	3
厨房、卫生间用具及日用杂货批发	Wholesale of Livestock Kitchen,Bathroom Appliances and Groceries	1
化妆品及卫生用品批发	Wholesale of Cosmetics and Health Consumer Articles	5
其他日用品批发	Others	1
文化、体育用品及器材批发	Wholesale of Culture, Sports Appliances and Equipment	5
文具用品批发	Wholesale of Stationary	2
图书批发	Wholesale of Books	2
首饰、工艺品及收藏品批发	Wholesale of Jewelry,Artwork and Collections	1
医药及医疗器材批发	Wholesale of Medicines and Medical Appliances	36
西药批发	Wholesale of Western Medicine	26
中药材及中成药批发	Wholesale of Traditional Chinese Medicinal Materials and Medicines	9
医疗用品及器材批发	Wholesale of Medical Materials and Medical Instruments	1
矿产品、建材及化工产品批发	Wholesale of Mineral Products, Building Materials and Chemical Products	210
煤炭及制品批发	Wholesale of Coal and Related Products	55
石油及制品批发	Wholesale of Petroleum and Related Products	51
非金属矿及制品批发	Wholesale of Metal Materials	1
金属及金属矿批发	Wholesale of Metal Materials	55
建材批发	Wholesale of Building Materials	21
化肥批发	Wholesale of Garments	8
农药批发	Wholesale of Pesticides	1
其他化工产品批发	Others	18
机械设备、五金交电及电子产品批发	Wholesale of Machinery, Hardware and Electronic Equipment	70
农业机械批发	Wholesale of Agricultural Machinery	9
汽车、摩托车及零配件批发	Wholesale of Motor Vehicles, Motorcycles and Parts	22

Main Financial Indicators of Enterprises above Designated Size in Wholesale Trades(2010)

(10 000 yuan)

资产合计 Total Assets	# 流动资产 Working Capital	# 固定资产 Fixed Assets	负债合计 Total Liabilities	主营业务收入 Business Revenue	主营业务成本 Cost of Principal Business	营业费用 Business Expenditure	主营业务利润 Profits from Principal Business	利润总额 Total Profits
8102845	**5929411**	**717191**	**5582499**	**28224140**	**23887410**	**598672**	**4069294**	**3075170**
193871	128003	27730	176954	121689	113429	2831	7349	2199
120041	91387	20482	107169	87857	82032	1951	5274	1564
7219	3741	601	2861	5725	4849	442	876	320
63101	31185	4847	65849	15869	15551	113	296	14
240		230	80	6030	5577	48	151	266
3271	1690	1570	995	6208	5419	278	751	35
838096	585153	184994	239339	2529743	1880676	93909	532408	310467
10613	8535	1608	6899	16493	13659	519	2800	1466
2973	1268	715	1367	6727	6034	220	578	167
42469	17898	20524	19203	47441	33739	1761	12717	8362
47630	27770	7358	24196	53561	41912	3966	11512	4611
61318	46835	7604	37344	248930	223083	16197	25559	569
669398	480027	146566	147940	2150062	1556223	71180	478743	295412
3694	2820	620	2391	6529	6025	66	498	-121
105865	42868	55647	85716	342929	285060	6694	50686	29130
13454	10163	2862	13857	39980	39240	544	728	124
57070	8748	48301	46287	174905	140556	215	29212	15930
1860	580	35	230	37754	34451	240	1416	296
26327	20953	785	21936	84075	65398	5422	18583	12469
7155	2424	3663	3407	6214	5415	273	747	312
101295	50480	4524	45761	106366	98269	3149	8068	582
11771	10654	541	6639	31401	30616	422	783	-137
88798	39130	3952	38434	72756	65834	2338	6896	743
726	695	31	688	2209	1820	390	389	-24
275427	249951	9246	246555	636197	580905	18326	52336	15786
213528	193661	5859	192003	472903	438139	13272	32150	3095
58856	53327	3308	51597	158719	138466	4870	19914	12690
3042	2963	79	2955	4575	4299	183	272	1
5826648	4167672	413209	4086004	22770909	19310515	422006	3322060	2701061
2109923	1391849	87832	1177935	7536790	4923742	163893	2507427	2246037
1375567	844608	231234	1173882	9832636	9400686	194401	413097	177469
19468	19448	20	19567	32119	29313	2743	2803	21
1947430	1652504	27416	1501153	4459271	4116569	41000	334437	246775
272575	179345	59674	148921	684244	643306	13438	36759	17444
54239	48163	1978	44879	52958	52524	1789	211	1029
700	364	218	400	4128	3463		665	648
46747	31392	4837	19266	168763	140911	4742	26662	11639
740200	686470	20278	684251	1659741	1570459	46713	88142	14956
21297	14433	2937	15091	87902	78570	2481	8305	565
389919	366253	10301	363619	768101	726245	21432	41335	8708

16-27 续表

单位：万元

指　　标	Item	企业数(个) Number of Enterprises (unit)
五金、交电批发	Wholesale of Hardware	6
家用电器批发	Wholesale of Household Appliances	6
计算机、软件及辅助设备批发	Wholesale of Computer, Software and Peripherals	6
通讯及广播电视设备批发	Wholesale of Communications and Broadcast and Television Equipments	2
其他机械设备及电子产品批发	Others	19
贸易经纪与代理	Trade Broker and Agency	2
其他批发	Others	7
按登记注册类型分	**By Status of Registration**	
内资企业	Domestic Funded Enterprises	402
国有企业	State-owned Enterprises	87
集体企业	Collective-owned Enterprises	11
股份合作企业	Cooperative Enterprises	4
联营企业	State Joint Ownership Enterprises	2
国有联营企业	State Joint Ownership Enterprises	1
集体联营企业	Collective Joint Ownership Enterprises	1
有限责任公司	Limited Liability Corporations	194
国有独资公司	State Sole Funded Corporations	4
其他有限责任公司	Other Limited Liability Corporations	190
股份有限公司	Share-holding Corporations Ltd.	23
私营企业	Private Enterprises	78
私营独资企业	Private-funded Enterprises	7
私营合伙企业	Private Partnership Enterprises	2
私营有限责任公司	Private Limited Liability Corporations	64
私营股份有限公司	Private Share-holding Corporations Ltd.	5
其他企业	Other Enterprises	3
港、澳、台商投资企业	Enterprises with Funds from Hong Kong, Macao & Taiwan	2
合资经营企业(港或澳、台资)	Joint-venture Enterprises	1
港、澳、台商独资经营企业	Enterprises with Sole Investment	1
外商投资企业	Enterprises with Foreign Investment	3
中外合资经营企业	Joint Venture Enterprises with Foreign Investment	2
外资企业	Enterprises with Sole(exclusive) Foreign Investment	1
按控股情况分	**By Status of Share Holding**	
国有控股	State-holding	115
集体控股	Collective-holding	30
私人控股	Private-holding	183
港澳台商控股	Hong Kong, Macao & Taiwan-holding	1
外商控股	Foreign-holding	2
其　　他	Others	76
按经营形式分	**By Form of Management**	
独立门店	Independent Stores	292
连锁总店	General Chain Stores	5
其　　他	Others	110

continued

(10 000 yuan)

资产合计 Total Assets	# 流动资产 Working Capital	# 固定资产 Fixed Assets	负债合计 Total Liabilities	主营业务收入 Business Revenue	主营业务成本 Cost of Principal Business	营业费用 Business Expenditure	主营业务利润 Profits from Principal Business	利润总额 Total Profits
34998	33485	737	33620	69017	62212	891	6780	1228
153318	151294	1791	153252	224964	217516	7626	8335	-1016
46890	39258	249	45051	325159	312376	9278	12605	2692
6587	4861	57	5770	26130	25076	671	1044	86
87191	76887	4206	67849	158468	148465	4333	9739	2693
13904	13399	163	12937	33464	29961	3218	3501	68
7539	5415	1401	4981	23103	18136	1827	4745	921
7438615	5434031	709658	5095319	26895481	22575418	588714	4052674	3071983
3071108	2114958	312358	1815439	11562357	8492929	188015	2836158	2394543
80505	45861	7448	76999	98447	92515	3028	5781	1021
10061	9599	197	2527	34793	30538	390	4200	2006
81390	44212	886	29526	77735	73332	3524	4151	31433
81097	43984	821	29526	71948	68021	3504	3850	31180
292	227	65		5787	5311	19	300	253
2531854	2005443	223006	1852720	6392398	5791907	229957	575846	229649
23224	20133	1706	15377	143329	134685	4728	8584	2622
2508630	1985311	221300	1837343	6249069	5657222	225228	567261	227027
1025380	690973	105630	815643	7083290	6545710	129058	533258	384656
637353	522701	59866	502021	1630017	1539739	34607	85591	28646
29516	10486	6586	21305	108924	103273	1555	5403	659
800	712	14	638	7006	6074	188	632	236
585845	495294	52408	470543	1467285	1392855	27138	71089	26791
21191	16209	858	9536	46802	37536	5727	8467	961
965	285	268	444	16444	8748	137	7691	28
27264	27039	160	27058	281455	270227	8094	11181	2671
18619	18541	49	18619	230413	222428	5626	7972	2058
8645	8498	111	8440	51042	47800	2468	3209	613
636966	468341	7374	460122	1047204	1041765	1863	5440	516
636324	467731	7343	459531	1040780	1036765	1305	4015	-364
642	610	30	592	6425	5000	558	1425	880
3965372	2633994	411492	2492021	17723043	14401289	315992	3092118	2559106
274689	192964	39361	182401	691545	531179	17102	148297	103010
1350539	1029500	153912	945953	3054575	2769150	123619	272097	85738
8645	8498	111	8440	51042	47800	2468	3209	613
636324	467731	7343	459531	1040780	1036765	1305	4015	-364
1867276	1596725	104973	1494154	5663156	5101227	138186	549559	327068
5517470	3981288	473020	3778305	19910107	16314058	332630	3417428	2825009
387547	291632	81415	86727	1062363	792796	31605	211435	144754
2197829	1656491	162757	1717467	7251671	6780555	234437	440431	105407

16-28 限额以上零售业主要财务指标(2010年)

单位：万元

指 标	Item	企业数(个) Number of Enterprises (unit)
总 计	**Total**	**1162**
按零售行业小类分	**By Retail Trades**	
综合零售	Integrated Retail	323
百货零售	Retail of General Merchandise	144
超级市场零售	Retail of Supermarkets	138
其他综合零售	Others	41
食品、饮料及烟草制品专门零售	Special Retail of Food, Beverages and Tobaccos	41
粮油零售	Retail of Grain and Oil	4
糕点、面包零售	Retail of Cake and Bread	2
果品、蔬菜零售	Retail of Melons and Fruits,Vegetables	6
肉、禽、蛋及水产品零售	Retail of Meat, Poultry, Eggs and Aquatic Products	1
饮料及茶叶零售	Retail of Beverages and Tea	11
烟草制品零售	Retail of Tobaccos	9
其他食品零售	Others	8
纺织、服装及日用品专门零售	Special Retail of Textiles, Garments and Daily Consumer Articles	51
纺织品及针织品零售	Retail of Textiles and Knitwear	1
服装零售	Retail of Garments	36
鞋帽零售	Retail of Shoes and Hats	3
钟表、眼镜零售	Retail of Clocks and Watches,Spectacles	3
化妆品及卫生用品零售	Retail of Cosmetics and Health Consumer Articles	5
其他日用品零售	Others	3
文化、体育用品及器材专门零售	Special Retail of Culture, Sports Appliances and Equipments	90
体育用品零售	Retail of Sports Goods	2
图书零售	Retail of Books	75
珠宝首饰零售	Retail of Jewelry	9
工艺美术品及收藏品零售	Retail of Artwork and Collections	3
其他文化用品零售	Others	1
医药及医疗器材专门零售	Special Retail of Medicines and Medical Appliances	63
药品零售	Retail of Medicines	63
汽车、摩托车、燃料及零配件专门零售	Special Retail of Motor Vehicles, Motorcycles, Fuel and Parts	396
汽车零售	Retail of Motor Vehicles	237
汽车零配件零售	Retail of Motor Vehicles and Parts	11
摩托车及零配件零售	Retail of Motorcycles and Parts	16
机动车燃料零售	Retail of Fuel of Motor Vehicles	132
家用电器及电子产品专门零售	Special Retail of Household Appliances and Electronic Products	119
家用电器零售	Retail of Household Appliances	98
计算机、软件及辅助设备零售	Retail of Computer, Software and Peripherals	12
通信设备零售	Retail of Communication Equipment	7
其他电子产品零售	Others	2
五金、家具及室内装修材料专门零售	Special Retail of Hardware, Furniture and Decoration Materials	64
五金零售	Retail of Hardware	18
家具零售	Retail of Furniture	34
其他室内装修材料零售	Others	12
无店铺及其他零售	Non-shop and Other Retails	15
邮购及电子销售	Distribution of Mail Order and E-commerce	2
生活用燃料零售	Retail of life fuels	5
旧货零售	Retail of second-hand goods	1
其他未列明的零售	Other Retail not Classified Elsewhere	7
按登记注册类型分	**By Status of Registration**	
内资企业	Domestic Funded Enterprises	1132
国有企业	State-owned Enterprises	105
集体企业	Collective-owned Enterprises	69

Main Financial Indicators of Enterprises above Designated Size in Retail Trades(2010)

(10 000 yuan)

资产合计 Total Assets	# 流动资产 Working Capital	# 固定资产 Fixed Assets	负债合计 Total Liabilities	主营业务收入 Business Revenue	主营业务成本 Cost of Principal Business	营业费用 Business Expenditure	主营业务利润 Profits from Principal Business	利润总额 Total Profits
5362125	**3429785**	**1126366**	**3876112**	**11048997**	**9044072**	**608652**	**1819845**	**728294**
2012514	1145678	482626	1426821	3112615	2502561	266049	563223	242843
1251640	662948	362059	840977	1448537	1166646	84765	247869	67667
732607	467582	113349	568050	1598671	1280707	177783	307258	173749
28266	15149	7219	17793	65407	55208	3501	8096	1427
252430	145604	83360	184048	175623	144956	10875	28600	5584
6613	3379	3073	4875	2545	2505	269	25	-139
602	373	219	286	1731	1307	161	395	-15
16359	4838	1849	12682	18746	13518	1050	4437	2835
1439	533	897	1779	853	776	55		3
203034	120389	72943	152120	98887	80117	6961	18001	3638
11264	9251	503	7277	25810	21198	885	4533	734
13120	6841	3877	5030	27051	25535	1495	1209	-1473
630570	265483	232734	561212	711251	486886	50720	215712	101403
3783	2911	131	3531	3658	3233	974	414	-418
585359	228443	227384	533030	578985	391616	35613	178980	84419
23089	19594	3215	11977	57237	35494	7432	21649	11418
11146	8935	827	6292	23876	19781	475	4025	2183
4603	3505	788	3876	40660	30987	5735	9632	3695
2589	2095	389	2506	6836	5774	490	1012	105
229010	167728	45704	131093	308847	238357	19292	66287	14774
47013	43301	303	23949	61861	47654	3112	14188	1653
166453	112658	43427	98481	175357	129941	15062	41876	5004
13939	10424	1957	7880	63022	55724	931	7042	5166
1043	792	8	319	7728	4340	33	3002	2949
562	552	10	464	879	697	154	179	3
128803	100553	11717	107006	210465	172768	16250	36300	4738
128803	100553	11717	107006	210465	172768	16250	36300	4738
1466473	1122738	170706	1096128	4697141	3931232	160202	660680	243473
1271171	1027192	126798	997927	4276408	3553108	142242	621904	233688
31903	28800	2386	27013	115679	107604	3129	7949	3326
17522	11868	1810	9485	24004	20655	962	2574	774
145876	54879	39711	61704	281049	249866	13868	28253	5685
411154	339078	54963	241361	1157265	1015558	65568	135348	57197
371581	304180	52349	217407	1032423	902483	57496	124116	56632
24277	22429	800	16160	76258	70860	2839	5139	-358
13863	11593	1257	7338	47168	40862	5199	6036	915
1432	876	557	456	1417	1353	35	57	8
199900	117703	39709	110091	625535	512309	15145	103411	55196
24732	17796	4764	12680	42452	30439	1215	11750	4993
148727	79398	31760	86952	482969	407624	7699	69106	44951
26442	20510	3185	10460	100115	74246	6231	22556	5251
31272	25221	4848	18354	50256	39445	4551	10285	3086
13119	11613	872	9810	28543	22162	3019	6170	1004
2259	1981	268	434	3003	2492	115	491	295
2002	766	1235	1112	2606	2329	67	277	38
13892	10861	2473	6999	16105	12463	1351	3347	1749
4683268	2988295	1040444	3413156	9727829	7928226	501472	1619134	648646
230916	186112	31837	158768	446513	366670	22523	72753	13073
52404	31406	16603	34751	155184	133814	5109	18976	8754

16-28 续表

单位：万元

指　　标	Item	企业数（个）Number of Enterprises (unit)
股份合作企业	Cooperative Enterprises	15
联营企业	Joint Ownership Enterprises	3
集体联营企业	Collective Joint Ownership Enterprises	1
其他联营企业	Other Joint Ownership Enterprises	2
有限责任公司	Limited Liability Corporations	409
国有独资公司	State Sole Funded Corporations	18
其他有限责任公司	Other Limited Liability Corporations	391
股份有限公司	Share-holding Corporations Ltd.	44
私营企业	Private Enterprises	464
私营独资企业	Private-funded Enterprises	132
私营合伙企业	Private Partnership Enterprises	40
私营有限责任公司	Private Limited Liability Corporations	258
私营股份有限公司	Private Share-holding Corporations Ltd.	34
其他企业	Other Enterprises	23
港、澳、台商投资企业	Enterprises with Funds from Hong Kong, Macao & Taiwan	12
合资经营企业(港或澳、台资)	Joint-venture Enterprises	1
港、澳、台商独资经营企业	Enterprises with Sole Investment	10
港、澳、台商投资股份有限公司	Share-holding Corporations Ltd.	1
外商投资企业	Enterprises with Foreign Investment	18
中外合资经营企业	Joint Venture Enterprises with Foreign Investment	5
外资企业	Enterprises with Sole(exclusive) Foreign Investment	12
外商投资股份有限公司	Share-holding Corporations Ltd. with Foreign Investment	1
按控股情况分	**By Status of Share Holding**	
国有控股	State-holding	142
集体控股	Collective-holding	83
私人控股	Private-holding	712
港澳台商控股	Hong Kong, Macao & Taiwan-holding	11
外商控股	Foreign-holding	14
其　他	Others	200
按经营形式分	**By Form of Management**	
独立门店	Independent Stores	1037
连锁总店	General Chain Stores	21
连锁门店	Branch Chain Stores	17
其　他	Others	87
按零售业态分	**By Business Categories**	
有店铺零售	Shop Retails	1156
食杂店	Grocery Store	6
便利店	Convenience Store	7
超　市	Supermarket	120
大型超市	Hypermarket	63
仓储会员店	Warehouse Club	2
百货店	Department Store	150
专业店	Specialty Store	416
专卖店	Franchised Store	316
家居建材商店	Building Material Store	33
购物中心	Shopping Center	30
厂家直销中心	Factory Outlets Center	13
无店铺零售	Non-shop Retails	6
电视购物	TV shopping	2
邮　购	Mail Order	1
自动售货亭	Automated kiosks	2
电话购物	Phone Shopping	1

continued

(10 000 yuan)

资产合计 Total Assets	# 流动资产 Working Capital	# 固定资产 Fixed Assets	负债合计 Total Liabilities	主营业务收入 Business Revenue	主营业务成本 Cost of Principal Business	营业费用 Business Expenditure	主营业务利润 Profits from Principal Business	利润总额 Total Profits
27096	15277	9359	16188	84286	68873	2577	13036	5735
1394	1059	335	1117	6011	5399	436	585	25
247	153	94	118	3226	2928	228	295	6
1147	906	241	998	2786	2472	208	290	20
2357376	1477725	627899	1694697	5710410	4593859	338752	1019397	394590
68337	40061	23961	42720	65322	50555	6674	14423	656
2289039	1437664	603938	1651978	5645088	4543304	332077	1004974	393934
754298	466346	146369	522654	729583	592051	36474	94025	33070
1242975	800560	204271	976077	2552823	2135955	93986	390475	187527
72175	36728	16971	39974	178291	148747	5599	25634	10425
51232	24685	10274	29961	133454	102409	3189	28728	16637
1057094	695325	163021	861679	2145767	1809555	82184	317611	147089
62475	43822	14006	44464	95311	75244	3015	18503	13377
16809	9811	3771	8903	43019	31603	1615	9887	5871
453123	311126	42200	325096	813527	683447	66451	127275	55167
25859	21496	4363	17271	120892	106991	5538	13902	7037
285658	162187	25364	192233	571171	477491	51185	91666	38701
141607	127443	12473	115591	121464	98966	9728	21708	9430
225734	130364	43722	137861	507641	432400	40729	73436	24481
120053	39088	34914	55065	230793	209311	10112	21025	7183
95359	82352	7411	75202	232601	186813	30617	44725	11662
10322	8923	1397	7594	44247	36276		7686	5636
375654	281010	70373	262493	664919	560940	38863	96006	10183
180242	94124	71171	115432	294665	249999	10653	38797	18469
2306984	1489123	476629	1764565	5284468	4444511	214762	754888	300330
424484	284458	41980	314347	780353	660341	65321	117158	53523
234226	142668	40885	133229	422385	350698	33100	70047	20525
1840535	1138402	425328	1286047	3602208	2777584	245953	742951	325264
4056247	2486767	942680	2939114	8817006	7123011	450734	1519355	634356
514344	304761	87653	371217	593720	494744	39869	94303	22899
343845	316182	17085	249963	692151	597957	67722	91830	32463
447690	322075	78948	315818	946120	828360	50328	114357	38576
5341678	3412959	1123889	3861435	11014990	9017541	605101	1812613	727274
9244	7321	1622	6279	25471	20494	1107	4086	1705
10161	4431	3166	2723	18023	13499	2015	4155	1176
130151	82166	33374	115765	317022	257010	33651	51109	3666
578187	359147	84848	438986	1215878	951118	136900	244236	158428
3918	3136	751	2201	4063	3214	422	835	128
1477258	797681	391367	1171080	1530183	1168434	86465	341976	132829
1360074	924196	264511	910992	3239967	2555197	175765	575082	162660
1133387	939505	108268	874250	3115639	2746237	106342	360483	158923
154943	96034	33038	84225	627137	522870	13597	95277	57609
451492	177143	194914	232188	797991	663622	46037	128941	48306
32864	22199	8032	22746	123616	115847	2800	6434	1842
20447	16826	2477	14678	34007	26532	3552	7232	1020
13119	11613	872	9810	28543	22162	3019	6170	1004
1800	1516	91	1763	1943	1314	332	615	38
4971	3175	1480	3067	2523	2275	201	229	-78
558	523	35	37	999	781		218	55

16-29 限额以上餐饮业主要财务指标(2010年)

单位：万元

指　　标	Item	企业数(个) Number of Enterprises (unit)
总　　计	**Total**	**678**
按餐饮行业小类分	**By Catering Services**	
正餐服务	Restaurant	647
快餐服务	Fast Food	13
饮料及冷饮服务	Beverages and Cold Drinks	
其他餐饮服务	Others	18
按登记注册类型分	**By Status of Registration**	
内资企业	Domestic Funded Enterprises	654
国有企业	State-owned Enterprises	22
集体企业	Collective-owned Enterprises	15
股份合作企业	Cooperative Enterprises	11
有限责任公司	Limited Liability Corporations	188
国有独资公司	State Sole Funded Corporations	1
其他有限责任公司	Other Limited Liability Corporations	187
股份有限公司	Share-holding Corporations Ltd.	23
私营企业	Private Enterprises	378
私营独资企业	Private-funded Enterprises	130
私营合伙企业	Private Partnership Enterprises	28
私营有限责任公司	Private Limited Liability Corporations	199
私营股份有限公司	Private Share-holding Corporations Ltd.	21
其他企业	Other Enterprises	17
港、澳、台商投资企业	Enterprises with Funds from Hong Kong, Macao & Taiwan	10
合资经营企业(港或澳、台资)	Cooperative Enterprises	5
港、澳、台商独资经营企业	Enterprises with Sole Investment	5
外商投资企业	Enterprises with Foreign Investment	14
中外合资经营企业	Joint Venture Enterprises with Foreign Investment	4
中外合作经营企业	Cooperative Enterprises with Foreign Investment	1
外资企业	Enterprises with Sole(exclusive) Foreign Investment	9
按控股情况分	**by Status of Share Holding**	
国有控股	State-holding	22
集体控股	Collective-holding	28
私人控股	Private-holding	463
港澳台商控股	Hong Kong, Macao & Taiwan-holding	6
外商控股	Foreign-holding	11
其　他	Others	148
按经营形式分	**By Form of Management**	
独立门店	Independent Stores	641
连锁总店	General Chain Stores	4
连锁门店	Branch Chain Stores	11
其　他	Others	22

Main Financial Indicators of Enterprises above Designated Size in Catering Services(2010)

(10 000 yuan)

资产合计 Total Assets	# 流动资产 Working Capital	# 固定资产 Fixed Assets	负债合计 Total Liabilities	主营业务收入 Business Revenue	主营业务成本 Cost of Principal Business	营业费用 Business Expenditure	主营业务利润 Profits from Principal Business	利润总额 Total Profits
933811	**374859**	**315228**	**535984**	**864686**	**421029**	**243772**	**391858**	**51547**
863592	346595	297022	510404	792117	389058	216525	355093	44966
59428	25874	11787	22794	64732	27407	26372	34065	5992
10791	2389	6419	2786	7838	4564	875	2700	590
815170	328374	283504	488980	732998	372917	191587	314856	37643
23548	5449	10141	13053	18093	10148	3030	7151	1705
15262	2464	6345	9724	8365	4656	1833	3166	157
11164	3822	6032	4330	11698	6285	1211	5037	539
282371	131497	83696	180065	270307	128774	82925	125857	10397
13049	3970	1702	10521	2862	2339		349	-210
269323	127528	81994	169545	267446	126435	82925	125508	10607
85415	19105	29097	34259	59373	26722	21671	29236	4832
339235	130746	141903	192099	342485	187434	74100	132051	18648
72757	27308	30130	34530	90607	54918	13056	31190	7236
30431	10338	16313	16376	21733	12097	4895	8389	1481
219934	86496	90038	134043	216296	113683	52098	85972	9621
16113	6605	5421	7149	13849	6736	4051	6500	310
58175	35291	6290	55452	22677	8898	6818	12359	1366
60721	27849	14710	23664	58374	23187	22505	32334	4232
21607	11269	9233	13497	21308	9460	7257	10861	963
39114	16580	5476	10167	37066	13727	15248	21473	3269
57920	18636	17014	23340	73314	24925	29680	44668	9672
1706	1529	91	956	1945	943	788	901	-155
158	95	10	116	461	215	68	223	63
56056	17012	16913	22269	70908	23768	28825	43545	9765
34654	12633	16896	19570	35989	19695	8589	14741	2166
45567	14484	22755	27152	25139	12668	5151	11359	1434
521380	215415	193493	329830	456081	241921	106685	185132	19422
41142	17714	5676	10496	37688	14026	15577	21767	3229
89568	39621	18961	40624	101666	31463	38766	64504	16254
201500	74991	57447	108312	208124	101256	69004	94356	9043
832668	336954	293793	491772	722402	364429	190065	314069	37929
31780	9033	6240	14843	73990	28260	28058	41831	7226
54565	22420	11054	20053	52710	19718	22396	30333	6004
14798	6452	4141	9315	15585	8623	3253	5625	388

16-30 限额以上住宿业主要财务指标(2010年)

单位：万元

指　　标	Item	企业数(个) Number of Enterprises (unit)
总　计	**Total**	**504**
按住宿行业小类分	**By Subitem of Hotels**	
旅游饭店	Tour Restaurant	346
一般旅馆	General Restaurant	141
其他住宿服务	Other Hotel Services	17
按登记注册类型分	**By Status of Registration**	
内资企业	Domestic Funded Enterprises	487
国有企业	State-owned Enterprises	102
集体企业	Collective-owned Enterprises	21
股份合作企业	Cooperative Enterprises	6
有限责任公司	Limited Liability Corporations	140
其他有限责任公司	Other Limited Liability Corporations	140
股份有限公司	Share-holding Corporations Ltd.	22
私营企业	Private Enterprises	179
私营独资企业	Private-funded Enterprises	49
私营合伙企业	Private Partnership Enterprises	11
私营有限责任公司	Private Limited Liability Corporations	107
私营股份有限公司	Private Share-holding Corporations Ltd.	12
其他企业	Other Enterprises	17
港、澳、台商投资企业	Enterprises with Funds from Hong Kong, Macao & Taiwan	9
合资经营企业(港或澳、台资)	Cooperative Enterprises	4
合作经营企业(港或澳、台资)	Joint-venture Enterprises	2
港、澳、台商独资经营企业	Enterprises with Sole Investment	3
外商投资企业	Enterprises with Foreign Investment	8
中外合资经营企业	Joint Venture Enterprises with Foreign Investment	4
中外合作经营企业	Cooperative Enterprises with Foreign Investment	2
外资企业	Enterprises with Sole(exclusive) Foreign Investment	2
按控股情况分	**By Status of Share Holding**	
国有控股	State-holding	112
集体控股	Collective-holding	33
私人控股	Private-holding	252
港澳台商控股	Hong Kong, Macao & Taiwan-holding	8
外商控股	Foreign-holding	3
其　他	Others	96
按经营形式分	**By Form of Management**	
独立门店	Independent Stores	485
其　他	Others	19
按星级分	**By Star Rating**	
五　星	Five-star Level	11
四　星	Four-star Level	47
三　星	Three-star Level	152
二　星	Two-star Level	65
一　星	One-star Level	1
其　他	Others	228

Main Financial Indicators in Hotels above Designated Size(2010)

(10 000 yuan)

资产合计 Total Assets	# 流动资产 Working Capital	# 固定资产 Fixed Assets	负债合计 Total Liabilities	主营业务收入 Business Revenue	主营业务成本 Cost of Principal Business	营业费用 Business Expenditure	主营业务利润 Profits from Principal Business	利润总额 Total Profits
1701838	**469645**	**918690**	**1247561**	**688283**	**263698**	**194059**	**386448**	**-3217**
1474741	404977	813197	1125117	562782	210494	160593	321753	-4918
178839	57021	94463	102996	106265	46439	28087	53411	1571
48258	7646	11030	19449	19235	6766	5379	11284	130
1476808	420643	770482	988624	602762	239978	174668	330498	-6733
441635	93596	256783	290781	162007	59377	51512	92941	-8062
39153	12014	22620	34196	13509	5717	3987	7020	206
4639	2383	1962	2814	5171	3187	1211	2259	-64
583500	196514	273645	404463	214267	79396	67773	123363	-242
583500	196514	273645	404463	214267	79396	67773	123363	-242
41259	10467	26263	26241	16119	4595	6271	10521	1398
338158	97487	172474	211556	174687	82566	38914	83376	-224
73864	27814	30298	32444	42835	24359	7925	16560	-334
6280	2179	2880	3239	6762	3992	945	2299	19
230867	55578	128678	155112	104766	43315	25866	56116	-224
27147	11915	10618	20761	20324	10900	4178	8401	315
28465	8182	16735	18573	17003	5141	5000	11019	254
99988	25916	51945	112482	33322	7952	9002	22193	-2678
36661	12370	9222	14491	14798	3356	4771	10731	-677
26360	6525	18610	67913	12348	3473	2477	6722	85
36967	7022	24113	30079	6176	1123	1754	4741	-2086
125042	23086	96263	146455	52198	15769	10389	33757	6194
43806	7229	35196	75880	18658	7339	3738	10360	-406
8846	2913	5931	30371	3759	432	1394	3129	-160
72391	12945	55136	40204	29781	7997	5257	20268	6761
494625	113473	280237	375458	201416	74826	61066	115016	-5942
62314	11799	46503	47697	27046	9975	8202	15550	348
614397	176415	310119	386399	258661	117797	61797	127480	-351
95792	22617	51049	110165	29781	7089	7845	19686	-2301
99753	15180	80112	62436	37011	10961	6618	24170	7123
334958	130162	150669	265406	134367	43050	48531	84546	-2094
1657818	450751	897063	1210459	670609	255348	190506	378019	-3334
44020	18894	21626	37102	17674	8350	3553	8430	118
236112	42940	174397	192466	74990	20688	22373	50214	-702
389915	105313	198473	338944	140808	41273	42289	90361	-9442
441865	148156	218419	355542	175348	80231	53311	85352	-5108
54429	15273	32065	32547	37341	17395	9595	18578	265
1545	127	1418	29	367	157	96	190	1
577972	157835	293919	328034	259430	103954	66395	141754	11769

16-31 重点交易市场情况(2010年)
Focus on Transaction Markets(2010)

分类	Item	市场数(个) Number of Markets (unit)	摊位数(个) Number of Booths (unit)	年末出租摊位数(个) Number of Rented Stall(unit)	营业面积(平方米) Operating Area (sq.m)	成交额(万元) Turnover (10 000 yuan)
总计	**Total**	**44**	**26253**	**25445**	**1094163**	**2007158**
按市场类别分	**By Type of Markets**					
1.综合市场	**Integrated Markets**	7	7386	7201	216270	90026
工业消费品综合市场	Industrial Consumable Comprehensive Markets	1	970	970	63000	10341
农产品综合市场	Farm Produce Comprehensive Markets	3	2396	2226	60800	29967
其他综合市场	Other Comprehensive Markets	3	4020	4005	92470	49718
2.专业市场	**Special Markets**	37	18867	18244	877893	1917132
生产资料市场	Production Markets	2	943	943	56300	44380
建材市场	Building Material Markets	2	943	943	56300	44380
农产品市场	Farm Produce Markets	10	4173	4062	279326	1021218
粮油市场	Grain and Oil Markets	1	230	230	5496	200000
蔬菜市场	Vegetables Markets	7	3308	3197	227574	778678
干鲜果品市场	Dried and Fresh Melons and Fruits Markets	2	635	635	46256	42540
食品、饮料及烟酒市场	Food, Beverages, Tobacco and Liquor Markets	1	986	986	50000	36236
茶叶市场	Tea Markets	1	986	986	50000	36236
纺织、服装、鞋帽市场	Textiles, Clothing, Shoes and Hats Markets	11	8568	8179	229333	423820
布料及纺织品市场	Cloth and Textiles Markets	2	1100	1100	26000	70000
服装市场	Clothing Markets	7	5993	5604	164533	184440
鞋帽市场	Shoes and Hats Markets	1	1068	1068	28800	160000
其他纺织服装鞋帽市场	Others	1	407	407	10000	9380
电器、通讯器材、电子设备市场	Electrical Appliances, Communication Appliances and Electronical Appliances Markets	6	2334	2328	68700	160293
家电市场	Household Appliances Markets	1	156	150	4000	27251
计算机及辅助设备市场	Computer and Auxillary Equipments Markets	5	2178	2178	64700	133042
医药、医疗用品及器材市场	Medicine, Medical Materials and Medical Instruments Markets	2	490	373	14000	30000
中药材市场	Chinese Medicine Markets	2	490	373	14000	30000
家具、五金及装饰材料市场	Furniture, Hardware and Decoration Materials Markets	3	733	733	175304	23135
装饰材料市场	Decoration Materials Markets	3	733	733	175304	23135
汽车、摩托车及零配件市场	Cars, Motorcycles and Spare Parts Markets	2	640	640	4930	178050
汽车市场	Cars Markets	2	640	640	4930	178050
按营业状态分	**By Operating Status**					
常年营业	Perennial Operating	43	26023	25215	1088667	1807158
其他	Others	1	230	230	5496	200000
按经营方式分	**By Mode of Management**					
以批发为主	Wholesale Trade	27	16329	15526	736301	1576315
以零售为主	Retail Trade	17	9924	9919	357862	430843
按经营环境分	**By Environment of Management**					
露天式	Open air	9	6988	6871	272908	436208
封闭式	Closed	29	15791	15270	677053	1469083
其他	Others	6	3474	3304	144202	101867

16-32 重点交易市场商品销售类值(2010年)

Total Sales at Main Trade Markets by Category of Commodities(2010)

类别	Item	摊位数(个) Number of Booths (unit)	成交额(万元) Turnover (10 000 yuan)
总计	**Total**	**25445**	**2007158**
食品、饮料、烟酒类	Food, Beverages, Tobacco and Liquor	8787	1107584
粮油、食品类	Food	7135	1055499
# 粮油类	Grain and Oil	747	219457
肉禽蛋类	Meat, Poultry and Eggs	907	79758
水产品类	Aquatic Products	518	19719
蔬菜类	Vegetables	3901	664333
干鲜果品类	Dried and Fresh Melons and Fruits	991	63055
饮料类	Beverages	1356	47913
烟酒类	Tobacco and Liquor	296	4172
服装、鞋帽、针纺织品类	Garments,Shoes and Hats,Knitwear and Textiles	10179	421393
服装类	Garments	7081	188782
鞋帽类	Shoes and Hats	1448	155961
针纺织品类	Knitwear and Textiles	1650	76650
化妆品类	Cosmetics	171	4102
日用品类	Daily Consumer Articles	382	3922
# 洗涤用品类	Washing Articles	112	1912
儿童玩具类	Children Toys	26	325
五金、电料类	Hardware	358	22611
体育、娱乐用品类	Sports and Recreation Articles	72	2834
书报杂志类	Newspapers and Magazines	8	114
电子出版物及音像制品类	E-journals and Video Products	193	4660
家用电器和音像器材类	Household Appliances and Audio/Video Equipments	260	31273
中西药品类	Traditional Chinese and Western Medicines	378	30006
# 中草药及中成药类	Traditional Chinese Medicines	373	30000
文化办公用品类	Cultural and Office Appliances	2132	132469
家具类	Furniture	70	363
通讯器材类	Communication Appliances	17	158
木材及制品类	Wood and Wooden Products	114	4824
金属材料类	Metal Materials	10	38
建筑及装潢材料类	Building and Decoration Materials	1462	59400
汽车类	Automobiles	648	178470
种子饲料类	Seeds and Feedstuff	5	98
其他类	Others	199	2839

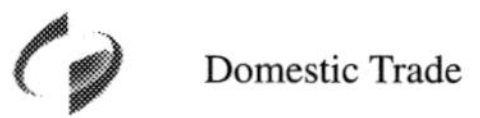

16-33 重点交易市场成交情况(2010年)

Turnover of Main Commodity Transaction Markets(2010)

市场 Market	摊位数(个) Number of Booths (unit)	成交额(万元) Turnover (10 000 yuan)	市场 Market	摊位数(个) Number of Booths (unit)	成交额(万元) Turnover (10 000 yuan)
陕西义乌商城物业管理有限公司	760	24530	西安万寿路中药材批发市场		
西安金康茶文化传播有限公司	986	36236	北二区实业有限公司	200	17000
西安胡家庙蔬菜批发市场	400	50000	西安万寿路中药材批发市场		
西安胡家庙果品批发市场	240	23300	南二区实业有限公司	173	13000
明大企业集团有限公司	1068	160000	西安大明宫建材实业(集团)有限公司	706	33200
西安市和信实业开发有限责任公司	150	27251	西安朱雀农产品市场有限公司	719	234228
西安粮油批发交易市场	230	200000	宝鸡市恒丰园农产品发展有限公司	482	33500
陕西丹尼尔交易广场	800	46100	宝鸡市冠森大世界现代家居建材(城)有限公司	237	11180
西安昌安物业发展有限公司	286	10010	咸阳新阳光农副产品有限公司	600	350000
陕西时丹达服装城管理有限公司	820	22000	咸阳市秦都区嘉惠商业区	800	15000
陕西丹尼尔商贸城有限公司	813	37000	大荔县同州农副产品批发市场	1720	13430
陕西多彩企业集团有限公司	1325	29800	澄城县大市场	3112	10113
西安交大电脑城	152	13000	汉中皇冠过街楼蔬菜批发市场	495	60000
西安铁路局西铁大市场	298	11525	陕西省汉中市汽车运输总公司运达批发市场	970	10341
西安赛博数码广场有限公司	402	15000	城固县蔬菜瓜果批发市场	151	42500
西安赛格企业经营管理有限公司	720	60000	陕西城固经贸市场	685	14500
西安市文艺南路经纬纺织品批发市场	400	20000	绥德县五一商城	208	25105
西安市文艺南路纺织品批发市场	700	50000	安康市满意建材市场有限公司	300	2575
百脑汇(西安)实业有限公司	404	19042	安康市汉滨区兴安副食品批发市场	350	8450
西安东新科技贸易中心	500	26000	安康市安运运输集团汽车运输有限公司		
西安市干鲜果副食公司	395	19240	批发市场	407	9380
西安市玉林汽配批发市场有限公司	420	48050	安康市长兴建筑集团物业管理有限公司		
西安海纳汽车服务公司西安汽配市场	220	130000	长兴建材市场	125	5160
西安盛泰胡家庙海鲜部副食有限公司			陕西省安康市兴华建设集团有限公司		
新土门蔬菜批发市场	208	5012	综合批发市场	308	15400

16-34 成品油批发企业能源购进、销售与库存(2010年)

Total Purchases, Sales and Inventory of Energy of Petroleum Products Enterprises in Wholesale Trades in the Whole Province(2010)

单位：吨 (ton)

能源品种	Type of Energy	年初库存量 Stock at the Beginning of the Year	本年购进量 Purchases (This Year)	# 购自省外 Purchases outside the Province	本年销售量 Sales (This Year)	# 销往省外 Sales outside the Province	# 售予省内批发和零售企业 Sale to Wholesale and Retail Enterprises in the Province	年末库存量 Stock at Year-end
汽油	Gasoline	97278	4435386	446462	4427725	1469794	2434735	81211
# 93"	# 93"	37599	3084544	198030	3070476	1074281	1614081	51216
柴油	Diesel Oil	97321	8970811	1519328	9140525	2515409	5386312	105381
# 0"	# 0"	74114	7897626	1269672	8011394	2248990	4838935	56214
煤油	Kerosene	18587	829738	186691	830266	185071	645193	174800
燃料油	Fuel Oil		62927	58927	62927	53288	9639	
润滑油	Lubricant oil	3187	22181	17408	22354	9309	10957	2124

16-35 成品油零售企业(单位)能源销售与库存(2010年)

Total Sales and Inventory of Energy of Petroleum Products Enterprises (Units) in Retail Trades in the Whole Province(2010)

单位：吨 (ton)

能源品种	Type of Energy	年初库存量 Stock at the Beginning of the Year	本年销售量 Sales (This Year)	年末库存量 Stock at Year-end
汽　油	Gasoline	55146	1518431	67456
# 93"	# 93"	29819	1055968	38610
柴　油	Diesel Oil	72026	3339440	69926
# 0"	# 0"	53548	2716689	45684
煤　油	Kerosene	282	3432	517
燃料油	Fuel Oil		5454	
润滑油	Lubricant oil	277	9365	305

16-36 各市(区)成品油批发企业能源购进量(2010年)

Total Purchases of Energy of Petroleum Products Enterprises in Wholesale Trades by City(District)(2010)

单位：吨 (ton)

地　区	Region	企业数(个) Number of Enterprises (unit)	汽　油 Gasoline	# 93"	柴　油 Diesel Oil	# 0"	煤　油 Kerosene	燃料油 Fuel Oil	润滑油 Lubricant oil
全　省	**Shaanxi**	**85**	**4435386**	**3084544**	**8970811**	**7897626**	**829738**	**62927**	**22181**
西安市	Xi'an	25	2428169	1568395	4046451	3449234	550851	62927	18926
铜川市	Tongchuan	1	26389	18329	105714	96154			447
宝鸡市	Baoji	4	117038	90142	320918	311717			2218
咸阳市	Xianyang	10	1210277	979734	2704644	2632904	278887		1
渭南市	Weinan	14	16042	5448	69972	28691			
延安市	Yan'an	7	285445	183400	903582	849900			
汉中市	Hanzhong	9	56337	25995	79687	60828			
榆林市	Yulin	3	184276	117486	441976	192414			451
安康市	Ankang	10	74125	60911	146709	139428			7
商洛市	Shangluo	2	37288	34704	151158	136356			131
杨凌示范区	Yangling								

16-37 各市(区)成品油批发企业能源销售量(2010年)
Total Sales of Energy of Petroleum Products Enterprises in Wholesale Trades by City(District)(2010)

单位：吨 (ton)

地　区	Region	企业数(个) Number of Enterprises (unit)	汽油 Gasoline	#93"	柴油 Diesel Oil	#0"	煤油 Kerosene	燃料油 Fuel Oil	润滑油 Lubricant oil
全　省	**Shaanxi**	**85**	**4427725**	**3070476**	**9140525**	**8011394**	**830266**	**62927**	**22354**
西安市	Xi'an	25	2432068	1565451	4195186	3537401	551377	62927	19120
铜川市	Tongchuan	1	27574	20298	108609	97116			397
宝鸡市	Baoji	4	94059	69586	316417	305434			2297
咸阳市	Xianyang	10	1210716	981757	2711371	2640285	278887		1
渭南市	Weinan	14	15690	5453	69625	28956			
延安市	Yan'an	7	285445	183400	903582	849900			
汉中市	Hanzhong	9	68517	35576	84939	74371			
榆林市	Yulin	3	184518	117684	444406	194455			420
安康市	Ankang	10	70970	55967	153089	145062	2		4
商洛市	Shangluo	2	38168	35304	153301	138414			115
杨凌示范区	Yangling								

16-38 各市(区)成品油批发企业能源年末库存量(2010年)
Inventory of Energy of Petroleum Products Enterprises in Wholesale Trades by City(District) at Year-end(2010)

单位：吨 (ton)

地　区	Region	企业数(个) Number of Enterprises (unit)	汽油 Gasoline	#93"	柴油 Diesel Oil	#0"	煤油 Kerosene	燃料油 Fuel Oil	润滑油 Lubricant oil
全　省	**Shaanxi**	**85**	**81211**	**51216**	**105381**	**56214**	**174800**		**2124**
西安市	Xi'an	25	45506	26512	60828	29036	174790		1146
铜川市	Tongchuan	1	3289	1517	4479	3374			259
宝鸡市	Baoji	4	11364	9614	13613	9196			376
咸阳市	Xianyang	10	8643	5247	7363	4288			
渭南市	Weinan	14	600	124	1682	76			
延安市	Yan'an	7							
汉中市	Hanzhong	9	2739	770	2170	545			
榆林市	Yulin	3	3024	2035	4509	145			208
安康市	Ankang	10	4415	4172	8641	8248	10		
商洛市	Shangluo	2	1631	1225	2096	1306			135
杨凌示范区	Yangling								

16-39 各市(区)成品油零售企业(单位)能源销售量(2010年)

Total Sales of Energy of Petroleum Products Enterprises (Units) in Retail Trades by City(District)(2010)

单位：吨 (ton)

地区	Region	企业数(单位)(个) Number of Enterprises (unit)	汽油 Gasoline	#93"	柴油 Diesel Oil	#0"	煤油 Kerosene	燃料油 Fuel Oil	润滑油 Lubricant oil
全省	**Shaanxi**	**2448**	**1518431**	**1055968**	**3339440**	**2716689**	**3432**	**5454**	**9365**
西安市	Xi'an	408	499055	361188	581331	524426			1282
铜川市	Tongchuan	64	32899	24826	154568	130838			796
宝鸡市	Baoji	239	99513	77128	301834	293418	2931		172
咸阳市	Xianyang	247	138774	97349	269205	247326	105		98
渭南市	Weinan	414	178669	103329	371934	257285	21		323
延安市	Yan'an	222	121552	75453	250396	162434			5167
汉中市	Hanzhong	234	127875	98277	423853	394351	280	5219	926
榆林市	Yulin	385	186942	119550	652505	417465	93	231	400
安康市	Ankang	125	76841	58886	168201	159641	2		197
商洛市	Shangluo	107	45926	33128	155200	119690		4	4
杨凌示范区	Yangling	3	10385	6854	10413	9815			

16-40 各市(区)成品油零售企业(单位)能源年末库存量(2010年)

Inventory of Energy of Petroleum Products Enterprises (Units) in Retail Trades by City(District) at Year-end(2010)

单位：吨 (ton)

地区	Region	企业数(单位)(个) Number of Enterprises (unit)	汽油 Gasoline	#93"	柴油 Diesel Oil	#0"	煤油 Kerosene	燃料油 Fuel Oil	润滑油 Lubricant oil
全省	**Shaanxi**	**2448**	**67456**	**38610**	**69926**	**45684**	**517**		**305**
西安市	Xi'an	408	13283	7954	11367	7912			60
铜川市	Tongchuan	64	783	469	1685	1306	1		13
宝鸡市	Baoji	239	3873	2713	5286	4751	9		67
咸阳市	Xianyang	247	5162	3335	6582	4690			14
渭南市	Weinan	414	5682	2742	6552	3301	41		2
延安市	Yan'an	222	7564	3170	7272	3188			42
汉中市	Hanzhong	234	12397	10243	11729	11214	466		47
榆林市	Yulin	385	14672	5148	13248	4756			
安康市	Ankang	125	2196	1721	3243	2973			60
商洛市	Shangluo	107	1671	985	2849	1525			
杨凌示范区	Yangling	3	173	130	113	68			

主要统计指标解释

批发业 指批发商向批发、零售单位及其他企事业、机关单位批量销售生活用品和生产资料的活动，以及从事进出口贸易和贸易经纪与代理的活动。批发商可以对所批发的货物拥有所有权，并以本单位、公司的名义进行交易活动；也可以不拥有货物的所有权，而以中介身份做代理销售商。还包括各类商品批发市场中固定摊位的批发活动。

零售业 指百货商店、超级市场、专门零售商店、品牌专卖店、售货摊等主要面向最终消费者（如居民等）的销售活动。包括以互联网、邮政、电话、售货机等方式的销售活动，还包括在同地点，后面加工生产，前面销售的店铺（如前店后厂的面包房）。不包括：谷物、种子、饲料、牲畜、矿产品、生产用原料、化工原料、农用化工产品、机械设备（用车、计算机及通信设备等除外）等生产资料的销售（批发业）；非零售单位附带的零售活动（如汽车修理单位销售汽车零件）；商业零售单位所在商厦的物业管理（物业管理）；商业零售单位所在的商品市场、商业大厦的市场管理活动（市场管理）。

住宿业 指有偿为顾客提供临时住宿的服务活动，不包括提供长期住宿场所的活动（如出租房屋、公寓等）。

餐饮业 指在一定场所，对食物进行现场烹饪、调制，并出售给顾客主要供现场消费的服务活动。

社会消费品零售总额 指批发和零售业、餐饮业、新闻出版业、邮政业和其他服务业等，售予城乡居民用于生活消费的商品和社会集团用于公共消费的商品之总量。社会消费品零售总额包括：

一、批发和零售业企业（单位）售予城乡居民用于生活消费和社会集团用于公共消费的商品。包括：

1.售予城乡居民的各种生活消费品；

2.售予入境旅游的外国人、华侨、港澳台同胞的各类商品；

3.售予行政事业单位、社会团体、军队和武警等机构的商品，以及以零售方式售予各类企业的商品。具体包括：用于非生产和社会交往的办公用品，如通讯设备、计算器具和设备、电讯网络设备、文印设备、音像视听器材和设备、纸张、本册、文具及装订文印材料、家具、日用电器、针纺织品、清洁卫生用品、文体用品、奖品、纪念品、礼品等；供内部人员乘坐的交通工具和燃料；用于办公设施修缮的各类配件、材料、工具等；用于取暖和防暑降温的设备、燃料、材料及食品等；专用于教学的用品和设备；非营利医疗机构的中、西药品、中药材和医疗设备器材；非专用的劳动保护用品；不对外营业的内部食堂用的餐具、炊具、设备、清洁卫生工具和食品、燃料等；军队、武警用于其人员生活的衣着品和个人用品；其他各类非生产性设备和用品。

二、餐饮业出售的主食、菜肴、烟酒饮料和其他商品。

三、新闻出版业、邮政业售予城乡居民、企事业单位、军队和武警等机构的书报杂志、音像制品、邮品等。

四、其他服务业出售的食品、烟酒饮料、服装鞋帽、日常生活用品、医药保健用品、艺术品、工艺美术品、玩具、殡葬用品以及其他消费品。

批发和零售业商品购进、销售、库存总额 指各种登记注册类型的批发和零售业企业(单位)以本企业(单位)为总体的，从国内、国外市场购进的商品总量，销售和出口的商品总量、库存的商品总量等情况。该指标可以反映商品流转过程中商品的购进、销售、库存之间的比例关系和存在的问题。

购进总额 指从本企业(单位)以外的单位和个人购进(包括从境外直接进口)作为转卖或加工后转卖的商品总额。它反映批发和零售业从国内、国外市场上购进商品的总量。商品购进包括：(1)从工农业生产者购进的商品；(2)从出版社、报社的出版发行部门购进的图书、杂志和报纸；(3)从各种登记注册类型的批发和零售业企业(单位)购进的商品；(4)从其他单位购进的商品，如从机关、团体、企业等单位购进的剩余物资，从住宿和餐饮业、其他服务业购进的商品，从海关、市场管理部门购进的缉私和没收的商品，从居民手中收购的废旧商品等；(5)从国(境)外直接进口的商品。不包括企业(单位)为自身经营用和未通过买卖行为而收入的商品以及销售退回、商品升溢等。

销售总额 指对本企业(单位)以外的单位和个人出售(包括对境外直接出口)的商品总额。它反映批发和零售业在国内市场上销售商品以及出口商品的总量。商品销售包括：(1)售给城乡居民和社会集团消费用的商品；(2)售给工业、农业、建筑业、运输邮电业、批发和零售业、住宿和餐饮业、其他服务业等作为生产、经营使用的商品；(3)售给批发和零售业作为转卖或加工后转卖的商品；(4)对国(境)外直接出口的商品。不包括出售本企业(单位)自用的废旧包装用品，未通过买卖行为付出的商品，经本单位介绍、由买卖双方直接结算、本单位只收取手续费的业务，购货退出的商品以及商品损耗和损失等。

库存总额 指报告期末各种登记注册类型的批发和零售业企业(单位)已取得所有权的商品。它反映批发和零售业企业(单位)的商品库存情况和对市场商品供应的保证程度。商品库存包括：(1)存放在批发和零售业经营单位(如门市部、批发站、经营处)仓库、货场、货柜和货架中的商品；(2)挑选、整理、包装中的商品；(3)已记入购进而尚未运到本单位的商品，即发货单或银行承兑凭证已到而货未到的商品；(4)寄放他处的商品，如因购货方拒绝承付而暂时存放在购货方的商品和已办完加工成品收回手续而未提回的商品；(5)委托其他单位代销(未作销售或调出)尚未售出的商品；(6)代其他单位购进尚未交付的商品。不包括所有权不属于本单

位的商品、委托外单位加工生产尚未收回成品的商品、外贸企业代理其他单位从国外进口尚未付给订货单位的商品、代国家物资储备部门保管的商品等。

住宿和餐饮业营业额 指住宿和餐饮业法人企业（单位）在经营活动中因提供服务或销售商品等取得的收入。包括：客房收入、餐费收入、商品销售额和其他收入。客房收入指住宿和餐饮业法人企业（单位）在经营活动中因提供住宿服务取得的收入。餐费收入指住宿和餐饮业法人企业、（单位）因为顾客提供就餐服务取得的收入，包括经烹饪、调制加工后出售的各种食品，如主食、炒菜、凉拌菜等的收入。商品销售额指住宿和餐饮业法人企业（单位）伴随服务而出售商品所取得的收入（含增值税）。其他收入指营业收入中除客房收入、餐费收入、商品销售额以外的其他收入，包括娱乐、健身和商务服务等。

连锁企业（或称连锁店、连锁公司） 指在核心企业或总店的领导下，由分散的、经营同类商品或服务的企业或活动单位，采取共同方针，实行集中采购和分散销售的有机结合，通过规范化经营，实现规模效益的经济联合组织形式。一般连锁店应由若干个分店组成。其经营特征：(1)经营同类商品；(2)使用统一商号；(3)统一采购配送，采购与销售相分离（部分商品可根据物流合理和保质保鲜原则，由供应商直接送货到门店，其余均由总部统一配送）。

连锁门店的形式分为直营连锁和加盟连锁。

直营连锁也叫正规连锁。指连锁门店均由总部独资或控股开设，在总部的直接领导下统一经营。总部采取纵深似的管理方式，直接下令掌管所有的零售门店，零售门店也必须完全接受总部指挥。这是大型垄断商业资本通过吞并、兼并或独资、控股等途径，发展壮大自身实力和规模的一种形式。

加盟连锁包括特许连锁和自由连锁两种形式。

特许连锁指各连锁门店（被特许人）通过合同形式，取得使用总部（特许人）商标、商号、经营技术和销售总部开发的商品的特许权，各加盟连锁门店为独立法人，在总部指导下统一经营。

自由连锁也称自愿连锁。指连锁公司的门店均为独立法人，各自的资产所有权关系不变，在公司总部的指导下共同经营。各成员店使用共同的店名，与总部订阅有关购、销、宣传等方面的合同，并按合同开展经营活动。在合同规定的范围之外，各成员店可以自由活动。根据自愿原则，各成员店可自由加入连锁体系，也可自由退出。

Explanatory Notes on Main Statistical Indicators

Wholesale Trade refers to the activities of wholesaler selling at wholesale commodities for daily use and capital goods to enterprises of wholesale and retail trades and other enterprises, institutions and government offices, including the activities of wholesaler engaged in import and export and acting as a trade agent. The wholesaler may have the right of ownership over the commodities of wholesale and trade in the name of its own or a company, the wholesaler may not have the right of ownership, only acts an agent. The wholesale trade also include the activities of wholesaler at the fixed stalls of the wholesale market of different commodities.

Retail Trade refers to the activities of department store, supermarket, franchised store, brand store, retail stall and on-the-spot-making-selling store selling commodities to the final consumers (citizens) by any means including internet, post, telephone, sales machine. Retail trade excludes the activities of sales of capital goods such a grain, seed, feed, livestock, mineral products, raw material for production, industrial chemicals, chemical products for farm, machine and equipment (vehicle, computer and communication equipment), and the activities of supplementary sales of non-retailer such as the sales of spare parts of car repair business

Hotel Services refer to the activities of enterprises providing paid services of lodging to the customer, excluding the activities of providing long period of services of lodging (such as leased house and apartments).

Catering Services refer to the activities of enterprises providing on-the-spot services of selling food cooked and prepared to the customer in certain sites

Total Retail Sales of Consumer Goods refer to the sum of retail sales of commodities sold by wholesale and retail trades, catering services, publishing, post and telecommunications and other service industries to urban and rural households for household consumption and to social institutions for public consumption. Retail sales of consumer goods include:

1) Sales sold by wholesale and retail trades to urban and rural households for household consumption and to social institutions for public consumption.

a) of commodities to urban and rural households;

b) of commodities to foreigners, overseas Chinese and Chinese compatriots from Hong Kong, Macao and Taiwan visiting China;

c) of commodities to government agencies, institutions, social organizations, military and armed police units, and commodities to enterprises in the form of retail sales. More specifically, they include: office facilities and articles for non-production purposes such as communications equipment, computing equipment and instruments, TV and network equipment, printing and copying equipment, audio-visual equipment and instruments, paper, notebooks, stationeries, furniture, electric appliances, knitwear, sanitation and cleaning articles, cultural and sport articles, articles for prizes, souvenirs, etc.; transport vehicles and fuels for employees; materials, spare parts and tools for the maintenance of office facilities; equipment, fuels, materials and food for winter heating or summer cooling purposes; articles and equipment for teaching purpose; Chinese and western medicines and medical equipment and facilities purchased by non profit-making medical institutes; non-specialized work safety articles; cooking utensils, tableware, equipment, cleaning articles, food and fuels purchased by in-house cafeterias; clothes and personal articles purchased by military or armed police units for their officials and soldiers; and other equipment and articles for non-production purposes.

2) Sales of stable food, cooked dishes, beverages, tobaccos and other articles by catering units.

3) Sales of books, newspapers, magazines, audio-visual products and post products by publishing, post and telecommunications departments to urban and rural households and to enterprises, institutions, military and armed police units.

4) Sales of food, beverages, tobaccos, clothing, hats, footwear, articles for daily use, medicines, medical and health articles, work of art, handicrafts, toys, funeral articles and other articles by other service industries.

Purchase, Sales and Stock of Commodities by Wholesale and Retail Trades refer to the total volume of commodities purchased, total volume of sales and exports, and the stock of commodities by wholesale and retail enterprises (establishments) of different status of registration from domestic and overseas markets. This indicator reflects the relationship among purchase, sales and stock of commodities in the circulation of goods and reveals the existing problems.

Total Purchases of Commodities refer to the total value of purchases of commodities by enterprises (establishments) from other establishments or individuals (including direct import from abroad) for the purpose of re-selling, either with or without further processing of the commodities purchased. The commodities include: (1) commodities purchased from agricultural and industrial producer, wholesaler, retailer, publishing house and other service business; (2) commodities purchased from institutions and government departments; (3) confiscated goods purchased from the customs authorities or market management agencies; (4) second-hand goods and wastes purchased from residents; The commodities exclude 1 commodities purchased by enterprises (establishments) for use in their own business operation, commodities obtained without buying or selling procedures such as materials, consumable goods of low value, office appliances, etc. 2 received goods without trading, such as goods handed over from others, borrowed goods, preserved goods for others, donated goods from others, processed and retrieved goods, etc. 3. goods of direct settlement between buyer and seller with handling fees introduced by others, 4. goods returned or refused to pay by the buyer, 5. excessive goods.

Total Sales of Commodities refer to value of commodities sold by the establishments to other establishments and individuals (including goods sold for self consumption, including the value-added tax). The commodities include: (1) commodities sold to urban and rural residents and social groups for their consumption; (2) commodities sold to establishments in all industries for their production and operation, including agriculture, industry, construction, transportation, post and telecommunications, catering services, and public utility including commodities sold to wholesale and retail establishments for re-selling, with or without further processing; and (3) commodities for direct export to abroad. Excluded are (1) extended commodities without trading, such as goods handed over to other enterprises and institutions because of the change of organizations, lent goods, returned goods preserved for others, extended processing materials and samples donated to others, (2) goods of direct settlement between buyer and seller with handling fees introduced by others, 3. goods returned after purchase, (4) damaged and spoiled goods, (5) waste and used goods of self use,

Total Stock of Commodities refers to total commodities possessed by wholesaler and retailer of various types of registration status at the end of the reference period, reflecting the commodity stock level of various wholesaler and retailer and the potential for market supply. It includes: (1) commodities located in storage, garages, counters, and shelves of operating places (such as sale stores, wholesale centres, and operating offices); (2) commodities in the process of being selected, sorted, and packed; (3) commodities not arrived but recorded as purchase in the account, i.e. commodities not arrived but payment receipts for the commodities from the sellers or the banks arrived; (4) commodities deposited in other places rather than places mentioned above, for instance: commodities in the hold of purchasers temporarily due to the refusal of payment and commodities not taken back after going through the formalities; (5) commodities entrusted to other units to sell but not sold yet; (6) commodities purchased for other units but not delivered yet. Commodities not included as stock are those not owned by the enterprises (units), commodities on commission for processing but not yet delivered, imported commodities of agency of foreign trade enterprise but not yet delivered to ordering units and finally those put in stock on behalf of the state material reserves units.

Business Revenue of Hotels and Catering Services refers to revenue received from providing services or selling commodities by corporate enterprises and establishments engaged in hotels and catering services, including income from hotels, from catering services, from selling of commodities and from other services. Income from hotels refers to income of corporate enterprises and establishments engaged in hotels and catering services by providing lodging services. Income from catering services refers to income of corporate enterprises and establishments engaged in hotels and catering services by providing catering services, including selling of cooked or prepared foods such as staple food, cooked dishes or cold dishes. Income from selling of commodities refers to income of corporate enterprises and establishments engaged in hotels and catering services by selling commodities (including value-added tax) that accompany the services they provide. Income from other activities refers to income received other than income from hotels, catering services or selling of commodities, such as income from providing recreation, fitness or business services.

Chain Head Stores (headquarter) refer to the core leading stores responsible for development, allocation, administration and utilization of resources (name of stores, brand of stores, operation model, service standard, management way, ect.) of chain stores. Chain stores refers to the stores engaged in providing homogeneous commodities or services, with the central leadership of head store and guided by common policies, conduct centralized purchase and distributed selling of commodities, in order to gain better efficiency through standardized operation. The chain stores include regular chain stores, franchise chain stores and voluntary chain stores.

Regular Chain store refers to chain stores that are invested or controlled by the headquarters. They operate under direct and unified management from the headquarters.

Franchise chain store refers to the chain stores (franchisees) which are franchised with operation resources such as trade marks, names, patent and operation know-how by the franchisors in form of contract and pay the operation fees to the franchisors

Voluntary chain store refers the stores operate jointly on the voluntary bases while maintaining their status of independent legal entities with full ownership of their assets. They sell goods of same brand from same channel of resource to the consumers.

十七、对外经济贸易和旅游

资料整理：赵芳莉

17.对外经济贸易和旅游

2010 年全省				
进出口总额	120.83	亿美元	比上年增长	43.8%
#出　口	62.08	亿美元	比上年增长	55.7%
实际利用外商直接投资额	18.20	亿美元	比上年增长	20.5%
国际旅游人数	212	万　人	比上年增长	46.2%
国际旅游收入	10.16	亿美元	比上年增长	31.8%

进出口总额（亿美元）

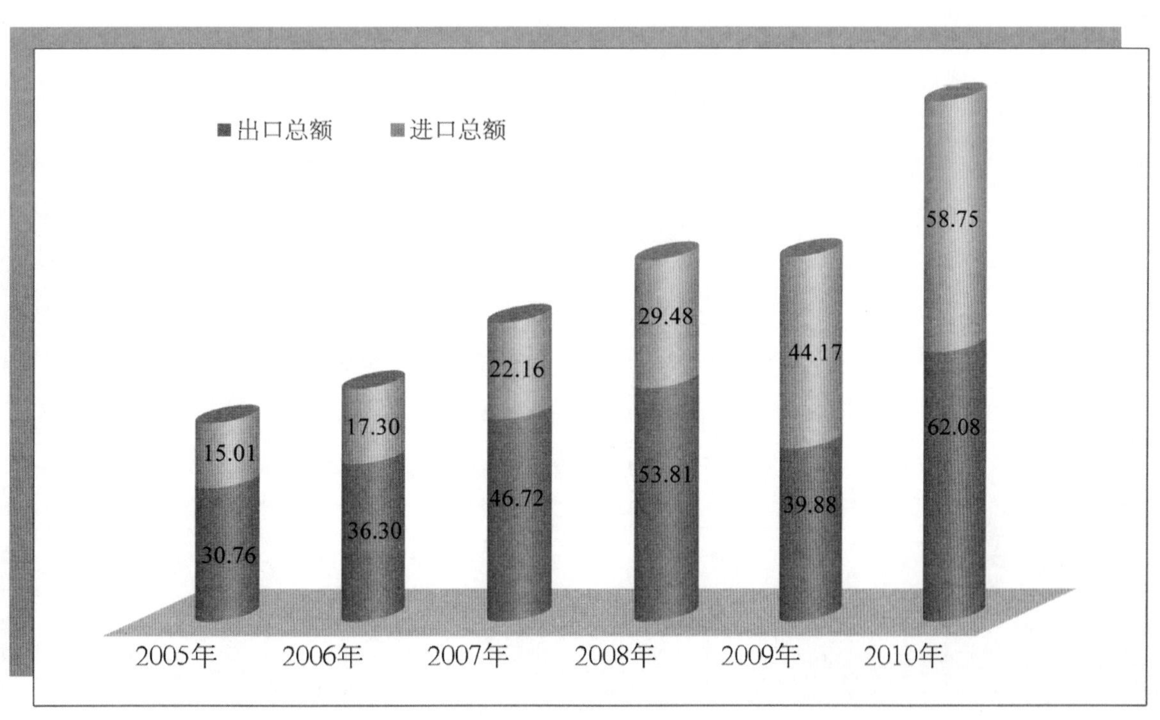

17-1 外贸进出口总值
Total Value of Imports and Exports in Foreign Trade

单位：万美元 (USD 10 000)

年 份 Year	进出口总值 Total Value of Imports and Exports	出 口 Exports	进 口 Imports
1978		1190	
1980		973	
1985	15712	10359	5353
1990	57728	46059	11669
1991	81359	60502	20857
1992	111885	76531	35354
1993	149599	99347	50252
1994	160061	121615	38446
1995	173323	128261	45062
1996	178406	126922	51484
1997	173413	123120	50293
1998	205148	117668	87480
1999	200834	115225	85609
2000	214009	131003	83006
2001	206444	111044	95400
2002	222517	137717	84800
2003	278371	173523	104848
2004	364238	239658	124580
2005	457684	307581	150103
2006	536025	362960	173065
2007	688804	467244	221560
2008	832867	538066	294801
2009	840539	398815	441724
2010	1208283	620773	587510

17-2 按贸易方式分外贸进口总值

Total Value of Imports in Foreign Trade by Type of Trade

单位：万美元 (USD 10 000)

贸易方式类别	Type of Trade	2009	2010	2010年比2009年增长(%) Growth Rate in 2010 over 2009(%)
进 口 总 值	**Total Imports**	**441724**	**587510**	**33.0**
1.一般贸易	General Trade	309932	337704	9.0
2.国家间、国际组织无偿援助和赠送的物资	Between Countries, International Organizations Aid and Donated Materials		15	
3.华侨、港澳台同胞、外籍华人捐赠物资	The overseas Chinese, Hong Kong, Macao, Taiwan,Chinese of foreign Donated Materials	3	7	116.7
4.来料加工装配贸易	Assembly Processing Trade	3877	2835	-26.9
5.进料加工贸易	Processing With Imported Trade	95146	202787	113.1
6.来料加工装配进口的设备	Assembly Processing Trade Equipment	623	599	-3.8
7.外商投资企业作为投资进口的设备、物品	Foreign-invested Enterprises as the Import Investment of Equipment, Goods	3429	8232	140.1
8.出料加工贸易	Material Processing	75	3	-95.6
9.易货贸易	Barter		2	
10.保税监管场所进出境货物(保税仓库进出境货物)	Inward and Outward Goods of Free Trade Storehouse	18208	14331	-21.3
11.海关特殊监管区域物流货物(保税区仓储转口货物)	Re-export Goods of Free Trade Zone Re-exports		7115	
12.海关特殊监管区域进口设备(出口加工区进口设备)	Export Processing Zones Imported Equipment	9454	12981	37.3
13.其 他	Other	977	900	-7.9

17-3 按贸易方式分外贸出口总值

Total Value of Exports in Foreign Trade by Type of Trade

单位：万美元 (USD 10 000)

贸易方式类别	Type of Trade	2009	2010	2010年比2009年增长(%) Growth Rate in 2010 over 2009(%)
出 口 总 值	**Total Exports**	**398815**	**620773**	**55.7**
1.一般贸易	General Trade	249530	344750	38.2
2.国家间、国际组织无偿援助和赠送的物资	Between Countries, International Organizations Aid and Donated Materials	64	297	362.5
3.来料加工装配贸易	Assembly Processing Trade	3333	3491	4.7
4.进料加工贸易	Processing With Imported Trade	132560	218628	64.9
5.对外承包工程出口货物	Exports Contracted Projects	7026	6754	-3.9
6.租赁贸易	Lease Trade	47	418	795.7
7.易货贸易	Barter		1	
8.出料加工贸易	Material Processing	237	2	-99.3
9.保税监管场所进出境货物(保税仓库进出境货物)	Inward and Outward Goods of Free Trade Storehouse	5711	3666	-35.8
10.海关特殊监管区域物流货物	Re-export Goods of Free Trade Zone		42361	
11.其 他	Others	307	406	32.4

17-4 按国别(地区)分外贸进出口总值
Total Value of Imports and Exports in Foreign Trade by Country (Region)

单位：千美元 (USD 1 000)

国别(地区)	Country(Region)	2009			2010		
		进出口 Total	出口 Exports	进口 Imports	进出口 Total	出口 Exports	进口 Imports
总值	**Total**	**8405392**	**3988149**	**4417243**	**12082826**	**6207728**	**5875098**
阿富汗	Afghanistan	2101	2101		238	238	
巴林	Bahrain	4457	1077	3380	4716	4539	177
孟加拉国	Bangladesh	10354	10330	24	20675	20675	
不丹	Bhutan				72	72	
文莱	Brunei	1197	1197		664	664	
缅甸	Myanmar	5076	5076		18512	18462	50
柬埔寨	Cambodia	355	355		3302	3300	2
塞浦路斯	Cyprus	775	775		130189	130189	
朝鲜	Korea DPR	2081	2081		4592	4592	
中国香港	Hong Kong, China	224362	215134	9229	612146	575955	36191
印度	India	150350	111986	38364	201462	157987	43475
印尼	Indonesia	88367	74083	14284	176634	161091	15543
伊朗	Iran	25467	17305	8162	33376	31599	1777
伊拉克	Iraq	4818	4818		7919	7919	1
以色列	Israel	19178	11712	7465	37979	11508	26471
日本	Japan	593418	304905	288514	896400	477424	418977
约旦	Jordan	4111	4111		3936	3936	
科威特	Kuwait	1939	1936	4	3189	3189	
老挝	Laos	23292	23292		16383	16383	
黎巴嫩	Lebanon	1135	1135		1696	1696	
中国澳门	Macao, China	993	993		478	478	
马来西亚	Malaysia	77408	57474	19934	105424	67704	37719
马尔代夫	Maldives	42	42		72	72	
蒙古	Mongolia	10984	9154	1830	13997	13997	
尼泊尔联邦民主共和国	Nepal	404	404		538	493	45
阿曼	Oman	3019	2456	563	3382	3382	
巴基斯坦	Pakistan	15693	15314	379	20976	20516	460
巴勒斯坦	Palestine	23	23		28	28	
菲律宾	Philippines	50642	35437	15205	68934	54142	14792
卡塔尔	Qatar	2376	2376		1808	1808	
沙特阿拉伯	Saudi Arabia	23650	23648	1	26140	25790	350
新加坡	Singapore	274277	77599	196678	1119518	270413	849106
韩国	Korea Rep.	312295	152852	159443	436547	203383	233164
斯里兰卡	Sri Lanka	5753	5529	224	8938	8899	38
叙利亚	Syria	10058	10058		26820	26820	
泰国	Thailand	45586	40781	4805	80460	67100	13360
土耳其	Turkey	44642	18735	25907	49568	37012	12556
阿拉伯联合酋长国	United Arab Emirates	33521	33520	1	54265	54110	155
也门	Republic of Yemen	684	684		1442	1442	
越南	Vietnam	49684	46918	2766	64875	59737	5138
中国	P. R. China	13606		13606	22770		22770
中国台湾	Taiwan, China	284386	30950	253436	607349	77112	530237
东帝汶	Timor Leste				151	151	
哈萨克斯坦	Kazakhstan	13161	8976	4185	18217	15240	2977
吉尔吉斯	Kirghizia	152	152		673	673	
塔吉克斯坦	Tadzhikistan	3302	3302		360	360	
土库曼斯坦	Turkmenistan	34085	34085		21539	21339	200

17-4 续表 1 continued

单位：千美元 (USD 1 000)

国别(地区)	Country(Region)	2009			2010		
		进出口 Total	出 口 Exports	进 口 Imports	进出口 Total	出 口 Exports	进 口 Imports
乌兹别克斯坦	Uzbekistan	7148	7148		25765	25765	
阿尔及利亚	Algeria	322712	321173	1539	163668	163668	
安哥拉	Angola	43523	43523		16773	16773	
贝 宁	Benin	15477	15003	473	9394	7713	1681
博茨瓦纳	Botswana	293	248	44	263	263	
布隆迪	Burundi				12	12	
喀麦隆	Cameroon	6812	1785	5026	4793	3498	1295
佛得角	Cape Verde	152	152		1536	1536	
乍 得	Chad	1877		1877	932		932
刚 果	Congo	3662	3662		2396	2396	
吉布提	Djibouti	1953	1953		1926	1926	
埃 及	Egypt	26123	26117	6	43262	42901	361
赤道几内亚	Eq. Guinea	2801	2801		1443	1443	
埃塞俄比亚	Ethiopia	1411	1411		14823	11668	3155
加 蓬	Gabon	3213	1266	1946	1929	713	1216
冈比亚	Gambia	37	37		12	12	
加 纳	Ghana	3975	3515	460	11250	6705	4545
几内亚	Guinea	1126	1124	1	49	49	
可特迪瓦	Cote d'lvoire	868	484	384	1749	622	1128
肯尼亚	Kenya	2417	2417		2453	2353	101
利比里亚	Liberia	132032	132032		188694	188694	
利比亚	Libya	17544	17544		2186	2186	
马达加斯加	Madagascar	1302	1136	166	794	794	
马 里	Mali	639	639		810	810	
毛里塔尼亚	Mauritania	439	439		51	51	
毛里求斯	Mauritius	327	327		289	289	
摩洛哥	Morocco	7429	7103	325	10750	7119	3631
莫桑比克	Mozambique	10475	256	10219	711	711	
纳米比亚	Namibia	10410	803	9607	48	48	
尼日尔	Niger				438	438	
尼日利亚	Nigeria	31568	31431	137	22623	22578	45
留尼汪	Reunion	6	6		79	79	
卢旺达	Rwanda	723	723		1873	1873	
塞内加尔	Senegal	324	324		657	657	
塞舌尔	Seychelles				39	39	
塞拉利昂	Sierra Leone	1040		1040	797	26	771
南 非	South Africa	76600	63415	13185	78122	62683	15440
苏 丹	Sudan	5254	4189	1065	7520	7520	
坦桑尼亚	Tanzania	1142	974	168	720	720	
多 哥	Togo	16459	16459		15146	15146	
突尼斯	Tunisia	2580	2572	8	3085	3065	20
乌干达	Uganda	703	703		1882	1882	
布基纳法索	Burkina Faso	7	7		9	9	
扎伊尔	Zaire	3331	3331		4059	4059	
赞比亚	Zambia	9925	39	9886	21898	390	21508
津巴布韦	Zimbabwe	366	366		413	413	
莱索托	Lesotho				189	189	
斯威士兰	Swaziland	22	22		8	7	1
厄立特里亚	Eritrea	6856	6856		12521	12521	

17-4 续表 2 continued

单位：千美元 (USD 1 000)

国别(地区)	Country(Region)	2009			2010		
		进出口 Total	出口 Exports	进口 Imports	进出口 Total	出口 Exports	进口 Imports
比利时	Belgium	233362	30360	203002	209137	54763	154374
丹麦	Denmark	34500	4991	29509	36098	3012	33086
英国	United Kingdom	155704	94915	60789	213353	156030	57322
德国	Germany	832115	229478	602637	929129	322220	606908
法国	France	122484	44127	78357	190791	113549	77241
爱尔兰	Ireland	64772	8317	56454	54055	3055	51000
意大利	Italy	135098	46516	88582	209789	107748	102042
卢森堡	Luxembourg	144	73	71	271	271	
荷兰	Netherlands	182827	143316	39511	285390	224268	61123
希腊	Greece	42237	40983	1255	7916	7333	583
葡萄牙	Portugal	4302	4032	270	5139	4647	492
西班牙	Spain	66198	52468	13730	92490	80280	12210
阿尔巴尼亚	Albania	1234	61	1173	336	7	329
奥地利	Austria	22876	2577	20298	16288	3981	12307
保加利亚	Bulgaria	1525	1411	115	1885	1885	
芬兰	Finland	22596	6464	16132	28710	8420	20290
匈牙利	Hungary	16399	918	15481	3124	569	2555
冰岛	Iceland				186	118	68
列支敦士登	Liechtenstein	6		6	12		12
马耳他	Malta	375	375		222425	222425	
挪威	Norway	68145	30330	37815	35003	26250	8753
波兰	Poland	47982	13524	34458	57868	14239	43629
罗马尼亚	Romania	3022	1518	1504	9741	4405	5336
瑞典	Sweden	155028	10618	144409	134321	20221	114100
瑞士	Switzerland	103858	1687	102170	143079	2603	140476
爱沙尼亚	Estonia	1703	1452	252	5822	5822	
拉脱维亚	Latvia	2444	2444		12183	11855	328
立陶宛	Lithuania	2653	2218	435	12814	8736	4078
格鲁吉亚	Georgia	168	168		1256	1256	
亚美尼亚	Armenia	898	412	486	338	338	
阿塞拜疆	Azerbaijan	2710	2710		4727	4727	
白俄罗斯	Byelorussia	1452	1450	2	3699	3684	16
摩尔多瓦	Moldavia	12	12		342	342	
俄罗斯	Russia	80062	54860	25202	127738	112542	15196
乌克兰	Ukraine	15081	5419	9662	29839	6333	23507
斯洛文尼亚共和国	Slovenia	3386	3129	258	7025	6900	125
克罗地亚共和国	Croatia	1106	1102	4	1904	1904	
捷克	Czech	6459	2102	4357	11466	6050	5416
斯洛伐克	Slovak	19123	3936	15187	23253	6687	16566
前南斯拉夫马其顿	Macedonia	2844		2844	2	2	
波斯尼亚-黑塞哥维那	Bosnia & Herzegovina	80	78	1	67	65	2
塞尔维亚	Serbia	1776	332	1443	356	355	1
黑山	Montenegro	45	45		1043	3	1040
阿根廷	Argentina	8445	8438	7	13855	13276	579
阿鲁巴岛	Aruba				10	10	
巴哈马	Bahamas				56497	56497	
巴巴多斯	Barbados	83	83		166	166	
玻利维亚	Bolivia	103	103		359	359	

17-4 续表 3 continued

单位：千美元 (USD 1 000)

国别(地区)	Country(Region)	2009 进出口 Total	2009 出口 Exports	2009 进口 Imports	2010 进出口 Total	2010 出口 Exports	2010 进口 Imports
巴　西	Brazil	180579	12641	167938	131772	48371	83401
智　利	Chile	212292	9231	203060	249201	17705	231496
哥伦比亚	Colombia	5430	5428	1	8483	8483	
多米尼克	Dominica	27	27		43	43	
哥斯达黎加	Costa Rica	924	924		1185	1185	
古　巴	Cuba	510	510		2942	2942	
多米尼加	Dominica Rep.	4469	4464	5	2160	2160	
厄瓜多尔	Ecuador	7632	7632		7003	7003	
瓜德罗普	Guadeloupe	43	43		42	42	
危地马拉	Guatemala	1942	1942		3489	3326	163
圭亚那	Guyana				7	7	
海　地	Haiti	96	96		3868	3868	
洪都拉斯	Honduras	273	273		376	376	
牙买加	Jamaica	174	174		293	293	
墨西哥	Mexico	34640	19621	15018	55195	34830	20365
尼加拉瓜	Nicaragua	177	177		87	87	
巴拿马	Panama	35324	35308	16	34748	34748	
巴拉圭	Paraguay	1470	1470		4128	4128	
秘　鲁	Peru	163644	3051	160592	111526	5347	106179
波多黎各	Puerto Rico	2205	783	1422	2766	1079	1687
圣卢西亚	Saint Lucia	120	120		71	71	
圣文森特和格林纳丁斯	Saint Vincent & Grenadines				6	6	
萨尔瓦多	El Salvador	2456	2456		403	403	
苏里南	Surinam	984	984		607	607	
特立尼达和多巴哥	Trinidad and Tobago	657	657		426	426	
特克斯和凯科斯群岛	Turks & Caicos Is.				17	17	
乌拉圭	Uruguay	1141	1140	1	2386	2386	
委内瑞拉	Venezuela	9694	9260	434	16020	16020	
英属维尔京群岛	Virgin Is. (E)	1217	1217		6	6	
加拿大	Canada	174296	52162	122134	154261	57953	96307
美　国	United States	1334837	621795	713042	2121707	963476	1158230
澳大利亚	Australia	352425	55911	296514	345751	62069	283682
斐　济	Fiji	104	104		3438	3438	
新喀里多尼亚	New Caledonia (Fr)	119	119		97	97	
瓦努阿图	Vanuatu	29	29		308	11	296
新西兰	New Zealand	8670	5429	3241	5488	5050	438
巴布亚新几内亚	Papua New Guinea	706	706		537	534	3
社会群岛	Society Is.	28	28		154	154	
所罗门群岛	Solomon Is.	47	47		26	26	
萨摩亚	Samoa	89	89		18	18	
基里巴斯	Kiribati	13	13		14	14	
图瓦卢	Tuvalu				24	24	
法属波利尼西亚	Polynesia (F)	204	204		54	54	
大洋州其他国家(地区)	Other Countries (Regions) in Oceanic				6	6	
国(地)别不详	Others	2		2	200		200

17-5 进出口商品分类金额
Value of Imports and Exports by HS Section and Division

单位：千美元 (USD 1 000)

商品分类	HS Section and Division	2009 出口 Exports	2009 进口 Imports	2010 出口 Exports	2010 进口 Imports
总　值	**Total**	**3988149**	**4417243**	**6207728**	**5875098**
第一类 活动物；动物产品	**Live Animals; Animal Products**				
第1章 活动物	Live Animals	1809		2146	20695
第2章 肉及食用杂碎	Meat and Edible Meat Offal			1	
第3章 鱼、甲壳动物、软体动物及其他水生无脊椎动物	Fish and Crustaceans Molluscs and Other Aquatic Invertebrates		2197	1	3745
第4章 乳品；蛋品；天然蜂蜜；其他食用动物产品	Dairy Produce; Birds' Eggs; Natural Honey; Edible Products of Animal Origin, not ElsewhereSpecified or Included	2218	654	3439	234
第5章 其他动物产品	Products of Animal Origin, not Elsewhere Specified or Included	339		456	
第二类 植物产品	**Vegetable Products**				
第6章 活树及其他活植物；鳞茎、根及类似品；插花及装饰用簇叶	Live Tree and Other Plants; Bulbs, Roots and the Like; Cut Flowers and Ornamental Foliage	372	144	511	1726
第7章 食用蔬菜、根及块茎	Edible Vegetables and Certain Roots and Tubers	24369	1	47402	5
第8章 食用水果及坚果；甜瓜或柑桔属水果的果皮	Edible Fruit and Nuts; Peel of Citrus Fruit or Melons	26104	8616	32665	6310
第9章 咖啡、茶、马黛茶及调味香料	Coffee, Tea, Mate and Spices	5636	65	6310	7
第10章 谷物	Cereals	1643		2044	
第11章 制粉工业产品；麦芽；淀粉；菊粉；面筋	Products of The Milling Industry; Malt; Starches;Inulin; Wheat Gluten	550	20	1077	48
第12章 含油子仁及果实；杂项子仁及果实；工业用或药用植物；稻草、秸秆及饲料	Oil Seeds and Oleaginous Fruits; Miscellaneous Grains, Seeds and Fruit; Industrial or Medicinal Plants; Straw and Fodder	6276	629	11250	38423
第13章 虫胶；树胶、树脂及其他	Lac; Gums, Resins And Other Vegetable Saps and Extracts	16004	339	9968	611
第14章 编结用植物材料；其他植物产品	Vegetable Plaiting Materials; Vegetable Products Not Elsewhere Specified or Included	22		41	3
第三类 动、植物油、脂及其分解产品；精制的食用油脂	**Animal or Vegetable Fats and Oils and their Cleavage Products；Prepared**				
第15章 动、植物油、脂及其分解产品；精制的食用油脂；动、植物蜡	Animal or Vegetable Fats and Oils and Their Products; Prepared Edible Fats; Animal or Vegetable Waxes	40	377	143	22311
第四类 食品；饮料、酒及醋；烟草、烟草及烟草代用品的制品	**Prepared Foodstuffs; Beverages, Spirits And Vinegar；Tobacco and Manufactured Tobacco Substitutes**				
第16章 肉、鱼、甲壳动物、软体动物及其他水生无脊椎动物的制品	Preparations of Meat, of Fish or of Crustaceans, Molluscs or other Aquatic Invertebrates				12
第17章 糖及糖食	Sugars and Sugar Confectionery	6590		5751	
第18章 可可及可可制品	Cocoa and Cocoa Preparations		1		70
第19章 谷物、粮食粉、淀粉或乳的制品；糕饼点心	Preparations of Cereals, Flour, Starch or Milk; Pastry-Cooks' Products	6	996	7	130
第20章 蔬菜、水果、坚果或植物其他部分的制品	Preparations of Vegetables, Fruit, Nuts or Other Parts of Plants	412104	226	412886	980
第21章 杂项食品	Miscellaneous Edible Preparations	1339	110	4436	307
第22章 饮料、酒及醋	Beverages, Spirits and Vinegar		231		709
第23章 食品工业的残渣及废料；配制的动物饲料	Residues and Waste from The Food Industries; Prepared Animal Fodder	345	2996	131	3602
第24章 烟草、烟草及烟草代用品的制品	Tobacco and Manufactured Tobacco Substitutes	10836		8304	

17-5 续表 1 continued

单位：千美元 (USD 1 000)

商品分类	HS Section and Division	2009 出口 Exports	2009 进口 Imports	2010 出口 Exports	2010 进口 Imports
第五类 矿产品	**Mineral Products**				
第25章 盐；硫磺；泥土及石料；石膏料、石灰及水泥	Salt; Sulphur; Earths and Stone; Plastering Materials, Lime and Cement	15021	3515	16678	93
第26章 矿砂、矿渣及矿灰	Ores, Slag and Ash	61413	633369	52359	558528
第27章 矿物燃料、矿物油及其蒸馏产品；沥青物质；矿物蜡	Mineral Fuels, Mineral Oils and Products of Their Distillation; Bituminous Substances; Mineral Waxes	5037	33079	3248	129758
第六类 化学工业及其相关工业的产品	**Products of The Chemical or Industries Allied**				
第28章 无机化学品；贵金属、稀土金属、放射性元素及其同位素的有机及无机化合物	Inorganic Chemicals; Organic or Inorganic Compounds of Precious Metals, of Rare-Earth Metals, of Radioactive Elements or of Isotopes	105939	52169	165601	75236
第29章 有机化学品	Organic Chemicals	215407	142580	248749	139491
第30章 药品	Pharmaceutical Products	7313	107410	9819	129333
第31章 肥料	Fertilizers	10803		3016	
第32章 鞣料浸膏及染料浸膏；鞣酸及其衍生物；染料、颜料及其他着色料；油漆及清漆；油灰及其他类似胶粘剂；墨水、油墨	Tanning or Dyeing Extracts; Tannins and Their Derivatives; Dyes, Pigments and Other Colouring Matter;Paints and Varnishes; Putty and Other Mastics; Inks	9538	2840	12632	5990
第33章 精油及香膏；芳香料制品及化妆盥洗品	Essential Oils and Retinoid; Perfumery, Cosmetic or Toilet Preparations	4480	311	5758	618
第34章 肥皂、有机表面活性剂、洗涤剂、润滑剂、人造蜡、调制蜡、光洁剂、蜡烛及类似品、塑型用膏、“牙科 用蜡”及牙科用熟石膏制剂	Soap,Organic Surface-Active Agents,Washing Preparations,Lubricating Preparations, Waxes, Polishing or Scouring Preparations, Candles and Similar Articles, Modelling Pastes, "Dental Waxes" And Dental Preparations With a Basis of Plast	758	2311	1622	2365
第35章 蛋白类物质；改性淀粉；胶；酶	Albuminoidal Substances; Modified Starches; Glues; Enzymes	1322	3978	1419	4865
第36章 炸药；烟火制品；火柴；引火合金；易燃材料制品	Explosives; Pyrotechnic Products; Matches; Pyrophoric Alloys; Certain Combustible Preparations	113	2279	96	1477
第37章 照相及电影用品	Photographic or Cinematographic Goods	2727	76	1515	126
第38章 杂项化学产品	Miscellaneous Chemical Products	24549	16345	36493	20236
第七类 塑料及其制品；橡胶及其制品	**Plastics and Articles Thereof Rubber and Articles Thereof**				
第39章 塑料及其制品	Plastics and Articles Thereof	20116	35790	22776	40965
第40章 橡胶及其制品	Rubber and Articles Thereof	2744	6076	3093	6782
第八类 生皮、皮革、毛皮及其制品；鞍具及挽具；旅行用品、手提包及类似品；动物肠线(蚕胶丝除外)制品	**Raw Hides and Skins, Leather, Fur Skins and Thereof; Saddlery and Harness; Travel Goods,Articles Handbags and Similar Containers; Articles of Animal Gut (Other Than Silk- Worm Gut)**				
第41章 生皮(毛皮除外)及皮革	Raw Hides and Skins(Other Than Fur Skins) and Leather		17		7
第42章 皮革制品；鞍具及挽具；旅行用品、手提包及类似容器；动物肠线(蚕胶丝除外)制品	Articles of Leather; Saddlery and Harness; Travel Goods, Handbags and Similar Containers; Articles of Animal Gut(Other Than Silk-Worm Gut)	3205	98	5796	69
第43章 毛皮、人造毛皮及其制品	Fur Skins and Artificial Fur; Manufactures Thereof	14	2	50	19

17-5 续表 2 continued

单位：千美元 (USD 1 000)

商品分类	HS Section and Division	2009 出口 Exports	2009 进口 Imports	2010 出口 Exports	2010 进口 Imports
第九类 木及木制品；木炭；软木及软木制品；稻草、秸秆、针茅或其他编结材料制品；篮筐及柳条编结品	**Wood and Articles of Wood; Wood Charcoal; Cork and Articles of Cork; Manufactures of Straw, of Esparto or of Other Plaiting Materials; Basket Ware and Wickerwork**				
第44章 木及木制品；木炭	Wood and Articles of Wood; Wood Charcoal	10388	756	9241	272
第45章 软木及软木制品	Cork and Articles of Cork	6264	194	4917	490
第46章 稻草、秸秆、针茅或其他编结材料制品；篮筐及柳条编结品	Manufactures of Straw, of Esparto or of Other Plaiting Materials; Basket Ware and Wickerwork	1205		946	
第十类 木浆及其他纤维状纤维素浆；纸及纸板的废碎品；纸、纸板及其制品	**Pulp of Wood or of Other Fibrous Cellulosic Material; Waste and Scrap of Paper or Paperboard; Paper and Paperboard and Articles Thereof**				
第47章 木浆及其他纤维状纤维素浆；回收(废碎)纸或纸板	Pulp of Wood or of Other Fibrous Cellulosic Material; Waste and Scrap of Paper or Paperboard	1861	77	4906	115
第48章 纸及纸板；纸浆、纸或纸板制品	Paper and Paperboard; Articles of Paper Pulp, of Paper or Paperboard	6704	11224	8640	9282
第49章 书籍、报纸、印刷图画及其他印刷品；手稿、打字稿及设计图纸	Printed Books, Newspapers, Pictures and Other Products of The Printing Industry; Manuscripts, Typescripts and Plans	3366	4136	4037	5039
第十一类 纺织原料及纺织制品	**Textiles and Textile Articles**				
第50章 蚕丝	Silk	5365	89	8482	102
第51章 羊毛、动物细毛或粗毛；马毛纱线及其机织物	Wool, Fine or Coarse Animal Hair; Horsehair Yarn and Woven Fabric	6533		11451	
第52章 棉花	Cotton	79043	11293	101333	9966
第53章 其他植物纺织纤维；纸纱线及其机织物	Other Vegetable Textile Fibres; Paper Yarn and Woven Fabrics of Paper Yarn	941		979	28
第54章 化学纤维长丝	Man-Made Filaments	8292	139	9505	2145
第55章 化学纤维短纤	Man-Made Short Fibres	45556	502	56876	716
第56章 絮胎、毡呢及无纺织物；特种纱线；线、绳、索、缆及其制品	Wadding, Felt and Nonwoven; Special Yarns; Twine, Cordage, Ropes and Cables and Articles Thereof	2499	1530	4793	829
第57章 地毯及纺织材料的其他铺地制品	Carpets and Other Textile Floor Coverings	1652	347	1738	289
第58章 特种机织物；簇绒织物；花边；装饰毯；装饰带；刺绣品	Special Woven Fabrics; Tufted Textile Fabrics; Lace; Tapestries; Trimmings; Embroidery	6822	104	2572	73
第59章 浸渍、涂布、包覆或层压的纺织物；工业用纺织制品	Impregnated, Coated, Covered or Laminated Textile Fabrics; Textile Articles of a Kind Suitable for Industrial Use	4466	1315	3657	1161
第60章 针织物及钩编织物	Knitted or Crocheted Fabrics	784	2	5804	2
第61章 针织或钩编的服装及衣着附件	Articles of Apparel and Clothing Accessories, Knitted or Crocheted	36359	154	41119	94
第62章 非针织或非钩编的服装及衣着附件	Articles of Apparel and Clothing Accessories, not Knitted or Crocheted	31558	166	32091	111
第63章 其他纺织制成品；成套物品；旧衣着及旧纺织品；碎织物	Other Made Up Textile Articles; Sets; Worn Clothing And Worn Textile Articles; Rags Articles; Rags	30182	163	33943	52

17-5 续表 3 continued

单位：千美元 (USD 1 000)

商品分类	HS Section and Division	2009 出口 Exports	2009 进口 Imports	2010 出口 Exports	2010 进口 Imports
第十二类 鞋、帽、伞、杖、鞭及其零件；已加工的羽毛及其制品；人造花；人发制品	**Footwear, Headgear, Umbrellas, Sun Umbrellas, Walking-Sticks, Seat-Sticks, Whips, Riding-Crops and Parts Thereof; Prepared Feathers and Articles Made Therewith; Artificial Flowers; Articles of Human Hair**				
第64章 鞋靴、护腿和类似品及其零件	Footwear, Gaiters and The Like; Parts of Such Articles	3670	75	5442	17
第65章 帽类及其零件	Headgear and Parts Thereof	1337	5	1497	15
第66章 雨伞、阳伞、手杖、鞭子、马鞭及其零件	Umbrellas, Sun Umbrellas, Walking-Sticks, Seat-Sticks, Whips, Riding-Crops And Parts Thereof	167	32	153	86
第67章 已加工羽毛、羽绒及其制品；人造花；人发制品	Prepared Feathers and Down and Articles Made of Feathers or of Down; Artificial Flowers; Articles of Human Hair	801	11	284	61
第十三类 石料、石膏、水泥、石棉、云母及类似材料的制品；陶瓷产品；玻璃及其制品	**Articles of Stone, Plaster, Cement, Asbestos, Mica or Similar Materials; Ceramic Products; Glass and Glassware**				
第68章 石料、石膏、水泥、石棉、云母及类似材料的制品	Articles of Stone, Plaster, Cement, Asbestos, Mica or Similar Materials; Ceramic Products; Glass and Glassware	8290	5883	9517	5094
第69章 陶瓷产品	Ceramic Products	2906	3067	4092	5783
第70章 玻璃及其制品	Glass and Glassware	58761	22949	70944	17783
第十四类 天然或养殖珍珠、宝石或半宝石、贵金属、包贵金属及其制品；仿首饰；硬币	**Natural or Cultured Pearls, Precious or Semi-Precious Stones, Precious Metals, Metals Clad With Precious Metal and Stones, Precious Metals, Metals Clad With Precious Metal and Articles Thereof; Imitation Jewellery; Coin**				
第71章 天然或养殖珍珠、宝石或半宝石、 贵金属、包贵金属及其制品；仿首饰；硬币	Natural or Cultured Pearls, Precious or Semi-Precious Stones, Precious Metals, Metals Clad With Precious Metal and Articles Thereof; Imitation Jewellery; Coin	3247	7045	9283	14387
第十五类 贱金属及其制品	**Base Metals and Articles of Base Metal**				
第72章 钢铁	Iron and Steel	51859	48404	101273	109485
第73章 钢铁制品	Articles of Iron or Steel	126319	31433	185487	31555
第74章 铜及其制品	Copper and Articles Thereof	45966	440915	59981	433431
第75章 镍及其制品	Nickel and Articles Thereof	951	35830	707	27896
第76章 铝及其制品	Aluminium and Articles Thereof	12258	79833	14069	31159
第78章 铅及其制品	Lead and Articles Thereof	12	15045	17	23
第79章 锌及其制品	Zinc and Articles Thereof	781	36718	95	30
第80章 锡及其制品	Tin and Articles Thereof		200		140
第81章 其他贱金属、金属陶瓷及其制品	Other Base Metals; Cermets; Articles Thereof	167773	24873	285449	42943
第82章 贱金属工具、器具、利口器、餐匙、餐叉及其零件	Tools, Implements, Cutlery, Spoons and Forks, of Base Metal; Parts Thereof of Base Metal	29165	8051	35556	12831
第83章 贱金属杂项制品	Miscellaneous Articles of Base Metal	23134	6647	28937	4863
第十六类 机器、机械器具、电气设备及其零件； 录音机及放声机、电视图像	**Machinery and Mechanical Appliances; Electrical Equipment; Parts Thereof; Sound Recorders and Reproducers, Television Image and Sound Recorders and Reproducers; and and Accessories of Recorders and Reproducers; and Parts and Accessories of Such Artic**				
第84章 核反应堆、锅炉、机器、机械器具及其零件	Nuclear Reactors, Boilers, Machinery and Mechanical Appliances; Parts Thereof	586852	963946	1094083	1346953

17-5 续表 4 continued

单位：千美元 (USD 1 000)

商 品 分 类	HS Section and Division	2009 出 口 Exports	2009 进 口 Imports	2010 出 口 Exports	2010 进 口 Imports
第85章 电机、电气设备及其零件；录音机及放声机、电视图像、声音的录制和重放设备及其零件、附件	Electrical Machinery and Equipment and Parts Thereof; Sound Recorders and Reproducers, Television Image and Sound Recorders and Reproducers, and Parts and Accessories of Such Articles	580697	1166173	1302959	2080422
第十七类 车辆、航空器、船舶及有关运输设备	**Vehicles, Aircraft, Vessels and Associated Transport Equipment**				
第86章 铁道及电车道机车、车辆及其零件；铁道及电车轨道固定装置及其零件、附件；各种机械(包括电动机械)交通信号设备	Railway or Tramway Locomotives, Rolling-Stock and Parts Thereof; Railway or Tramway Track Fixtures And Fittings and Parts Thereof; Mechanical(Including Electro-Mechanical) Traffic Signalling Equipment of All Kinds	2499	11278	1361	18067
第87章 车辆及其零件、附件，但铁道及电车道车辆除外	Vehicles Other Than Railway or Tramway Rolling-Associated Stock, and Parts and Accessories Thereof	467070	20522	373807	31085
第88章 航空器、航天器及其零件	Aircraft, Spacecraft, and Parts Thereof	27164	130570	149706	36173
第89章 船舶及浮动结构体	Ships, Boats and Floating Structures	335550	155	783291	127
第十八类 光学、照相、电影、计量、检验、医疗或外科用仪器及设备、精密仪器及设备；钟表；乐器；上述物品的零件、附件	**Optical, Photographic, Cinematographic, Measuring, Checking, Precision, Medical or Surgical Instruments and Apparatus; Clocks And Watches; Musical Instruments; Parts and Accessories Thereof**				
第90章 光学、照相、电影、计量、检验、医疗或外科用仪器及设备、精密仪器及设备；上述物品的零件、附件	Optical, Photographic, Cinematographic, Measuring, Checking, Precision Medical or Surgical Instruments and Apparatus; Parts and Accessories Thereof	57625	259734	102819	372986
第91章 钟表及其零件	Clocks and Watches and Parts Thereof	893	305	1960	301
第92章 乐器及其零件、附件	Musical Instruments; Parts and Accessories of Such Articles	418	1193	375	547
第十九类 武器、弹药及其零件、附件	**Arms and Ammunition; Parts and Accessories Thereof**				
第93章 武器、弹药及其零件、附件	Arms and Ammunition; Parts and Accessories Thereof			284	1
第二十类 杂项制品	**Miscellaneous Manufactured Articles**				
第94章 家具；寝具、褥垫、弹簧床垫、软坐垫及类似的填充制品；未列名灯具及照明装置；发光标志、发光名牌及类似品；活动房屋	Furniture; Bedding, Mattresses, Mattress Supports, Cushions and Similar Stuffed Furnishings; Lamps and Lighting Fittings, not Elsewhere Specified or Included; Illuminated Signs, Illuminated	53322	3901	53305	3692
第95章 玩具、游戏品、运动用品及其零件、附件	Toys, Games and Sports Requisites; Parts and Accessories Thereof	6576	147	7639	242
第96章 杂项制品	Miscellaneous Manufactured Articles	7778	251	9440	256
第二十一类 艺术品、收藏品及古物	**Works of Art, Collectors' Pieces and Antiques**				
第97章 艺术品、收藏品及古物	Works of Art, Collectors' Pieces and Antiques	5		434	14
第二十二类 特殊交易品及未分类商品	**Commodities and Transactions not Classified According to Kind**				
第98章 特殊交易品及未分类商品	Commodities and Transactions not Classified According to Kind	27347		26764	1

17-6 主要出口商品数量、金额(2010年)
Main Export Commodities in Volume and Value(2010)

商品名称	Item	数 量 Volume	金 额（千美元） Value (USD 1 000)
水海产品 (千克)	Aquatic and Seawater Products (kg)	180	1
鲜 蛋 (个)	Fresh Eggs (unit)	16500	15
谷物及谷物粉 (千克)	Cereals and Cereals Flour (kg)	4754555	2061
# 稻谷和大米	Rice	32000	22
蔬 菜 (千克)	Vegetable (kg)	5206607	7086
# 鲜或冷冻蔬菜	Fresh Vegetables	3895496	3641
干的食用菌类	Dry Edible Fungus	2177	34
干 豆 (千克)	Dried Beans (kg)	47610811	41035
鲜的、干水果及坚果 (千克)	Fresh, Dried Fruits and Nuts (kg)	39349149	32641
# 橘、橙	Mandarins and Oranges	77715	76
鲜苹果	Apples	26443084	19952
食用油籽 (千克)	Edible Oil Seeds (kg)	2553740	1576
# 大 豆	Soybean	2516140	1534
花生、花生仁	Peanuts	37600	42
食用植物油(包括棕榈油) (千克)	Edible Vegetable Oil (kg)	220	2
天然蜂蜜 (千克)	Natural Honey (kg)	1649032	3068
茶 叶 (千克)	Tea (kg)	5500	11
辣椒干 (千克)	Dried Capsicum (kg)	2661028	5719
植物榨油后的剩余物 (千克)	Canned Pork (kg)	17000	7
猪 鬃 (千克)	Bristles (kg)	20400	241
药 材 (千克)	Medical Materials (kg)	1050481	5808
烤 烟 (千克)	Flue-cured Tobacco (kg)	667200	2922
锯 材 (立方米)	Wood Sawn (cu.m)	389	220
生 丝 (千克)	Raw Silk (kg)	193705	7356
山羊绒 (千克)	Cashmere (kg)	110384	10696
黏土及其他耐火矿物 (千克)	Clay and Other Refractory Minerals (kg)	315760	122
# 天然石墨	Natural Graphite	100000	50
天然碳酸镁；氧化镁	Natural Magnesium Carbonate	7850	37
萤石(氟石) (千克)	Fluorite (kg)	2292800	323
天然硫酸钡(重晶石) (千克)	Barite (kg)	7635000	1419
氧化铝 (千克)	Aluminum Oxide (kg)	30000	32
焦炭、半焦炭 (千克)	Coke and Semi-coke (kg)	4931601	2262
放射性元素、同位素及化合物 (克)	Radioactive Elements, Isotope and Compounds (g)	13	359
糠 醛 (千克)	Furfural (kg)	5909996	10294
合成有机染料 (千克)	Synthetic Organic Dyestuffs (kg)	96100	399
医药品 (千克)	Medical and Pharmaceutical Products (kg)	1280541	43935
# 抗菌素(制剂除外)	Antibiotics (Except Preparations)	542213	16880
中式成药	Medicaments of Chinese Type	23748	408
医用敷料	Pharmaceutical Goods	79221	420
美容化妆品及护肤品 (千克)	Cosmetic and Skin Care Products (kg)	6908	20
口腔及牙齿清洁剂 (千克)	Dental and Teeth Cleanser (kg)	367	2
洗衣粉 (千克)	Detergent (kg)	11334	34

17-6 续表 1 continued

商品名称	Item	数量 Volume	金额（千美元） Value (USD 1 000)
初级形状的聚氯乙烯 (千克)	The Primary PVC (kg)	262921	301
新的充气橡胶轮胎 (条)	Rubber Tyres (unit)	113707	533
家用或装饰用木制品 (千克)	Wood Articles for Household or Decoration Use (kg)	415425	1485
纸及纸板(未切成型的) (千克)	Paper and Paperboard in Rolls (kg)	511371	857
纺织纱线、织物及制品	Textiles		222981
# 棉纱线 (千克)	Cotton Yarn (kg)	249582	838
丝织物 (千克)	Silk (kg)	95455	294
毛纺机织物 (米)	Wool Fabric (m)	4010	19
棉机织物 (米)	Cotton Cloth (m)	114888729	100693
亚麻及苎麻机织物 (米)	Flax or Ramie Woven Fabric (m)	687546	978
合成短纤与棉混纺机织物 (米)	Synthetic Short Fibre and Cotton-fibre Mixture Woven Fabric (m)	78913482	42341
人造纤维短纤机织物 (米)	Man-made Short Fibre Fabric (m)	5145198	4666
地 毯 (米)	Carpets (m)	550268	1738
棉浴巾 (米)	Cotton Towel (m)	1735196	3580
针织或钩编台布、盘垫 (件)	Tablecloth and Plate Pad,Knitted or Crocheted (unit)	367410	153
塑料编织带(周转带除外) (条)	Bags of PP or PE Strip (Except Turnover Bags) (unit)	1908593	529
水 泥 (千克)	Cement (kg)	2051000	120
花岗岩石材及制品 (千克)	Granite Material and Products (kg)	4400120	233
平板玻璃 (平方米)	Plate Glass (sq.m)	1485512	415
玻璃制品	Glass Products		64768
家用陶瓷器皿 (千克)	Porcelain and Pottery Wares for Household Use (kg)	324851	171
装饰用陶瓷制品 (千克)	Porcelain and Pottery Wares for Decoration Use (kg)	70264	112
珍珠、宝石及半宝石 (千克)	Pearls、Gems and Semi-gems (kg)	31162	9062
硅 铁 (千克)	Ferrosilicon (kg)	27900838	38886
钢坯及粗锻件 (千克)	Billet and Crude Forgings (kg)	343	3
钢 材 (千克)	Rolled Steel (kg)	122214129	169892
# 钢铁棒材	Steel Bar	2337945	1715
角钢及型钢	Angle Iron and Steel	731210	757
钢铁板材	Steel Plate	20805038	38681
钢铁线材	Steel Wire	14444920	14551
钢铁管配件	Steel Tube Accessories	26793529	50301
废 钢	Scrap Steel	1700	3
未锻造的铜及铜材 (千克)	Unwrought Copper and its Alloys (kg)	10692303	58193
铜 材	Rolled Copper	10692303	58193
未锻造的铝及铝材 (千克)	Unwrought Aluminum and its Alloys (kg)	1157347	3703
铝 材	Rolled Aluminum	1157347	3703
钢铁或铜制标准紧固件 (千克)	Iron or Copper Nails, Bolts, etc. (kg)	3031904	5039
不锈钢厨具、餐具等家用器具 (千克)	Stainless Steel Kitchenware, Tableware and Other Household Appliances (kg)	52127	246

17-6 续表 2 continued

商品名称	Item	数量 Volume	金额（千美元） Value (USD 1 000)
餐桌、厨房及其他家用搪瓷器 （千克）	Table, Enamel Kitchen and other Household Devices (kg)	649405	1412
手用或机用工具 （千克）	Hand Tools and Tools for Machines (kg)	11031874	32739
锁 （千克）	Lock (kg)	1065469	3328
电　扇 （台）	Fans (unit)	131181	1236
纺织机械及零件	Textile Machinery		3416
普通缝纫机 （台）	Sewing Machines (unit)	4807	219
工业用缝纫机 （台）	Industrial Use Sewing Machines (unit)	242477	81912
金属加工机床 （台）	Machine Tools (unit)	32113	24712
# 车　床	Lathes	1529	10381
铣　床	Milling Machines	126	447
电子计算器(包括具有计算功能) （台）	Electric Calculator (unit)	111569	107
自动数据处理设备及其部件 （台）	Automatic Data Processing Machines and Components (unit)	25113	5685
# 数字式自动数据处理设备	Digital Automatic Processing Equipments	12381	4662
数字式中央处理部件	Digital Central Processing Unit	105	75
输入或输出部件	Input or Output Components	6631	124
键盘、鼠标器	Keyboard, Mouse	4512	11
自动数据处理设备零件	Parts for Auto Data Processing Equipment		470791
轴　承 （套）	Bearings (unit)	50952739	38058
电动机及发电机 （台）	Electric Motors and Generators (unit)	977468	11349
变压器 （个）	Transformers (unit)	1037669	67603
静止式变流气 （个）	Static Converters (unit)	781344	4996
原电池 （个）	Primary Cells and Batteries (unit)	2292599	380
蓄电池 （个）	Electric Accumulators (unit)	807146	8037
手电筒 （个）	Flashlights (unit)	4642046	3194
有线电话机(包括无绳电话机) （台）	Wireless Telephone Sets (unit)	612049	28846
扬声器 （个）	Loudspeakers (unit)	915817	3707
录、放像机 （台）	VCR and videoplayers (unit)	349308	6213
录音机及收录(放)音组合机 （台）	Sound Recording Apparatus (unit)	5298	192
收音机 （台）	Radio Sets (unit)	42082	283
录放音、像机及唱机的零附件 （千克）	Parts of Sound Recorders, Video Tape Recorders and Phonographs (kg)	235174	1049
电视、收音机及无线电讯设备的零件附件 （千克）	Parts of Television, Radio and Wireless Telecommunication Equipment (kg)	1718482	21371
电容器 （千克）	Electrical Capacitors (kg)	1568411	15749
印刷电路 （块）	Printed Circuit (unit)	3036402	1092
通断保护电路装置及零件	Electrical Apparatus for Swithing or Protecting Electrical Circuit		67365
二极管及类似半导体器件 （个）	Diode and Semi Conductors (unit)	342195959	458964
电线和电缆 （千克）	Insulated Wire or Cable (kg)	3248960	18192
汽　车 （辆）	Motor Vehicles (unit)	15223	224366
汽车零件	Parts of Motor Vehicles		77535

17-6 续表 3 continued

商品名称		Item		数 量 Volume	金 额（千美元） Value (USD 1 000)
摩托车	(辆)	motorcycle	(unit)	59	43
摩托车及自行车的零件		Parts of motorcycles and Bicycles			1746
船 舶	(艘)	Ships	(unit)	760	783291
医疗仪器和器械		Medical Instruments and Appliances			14808
手 表	(只)	Wrist Watches	(set)	1930	705
日用钟	(只)	Clocks	(set)	418587	216
家具及其零件		Furniture			14801
床垫、寝具及类似品		Mattresses and Bedding Articles			5068
灯具、照明装置及类似品		Lights and Lighting Apparatus			32156
旅行用品及箱包		Boxes,Bags and Travel Goods			5096
服装及衣着附件		Garments and Clothing Accessories			75511
# 织物制服装		Textile Garments			62047
非针织钩编织物服装		Garments(Excluding Knitwear and Crochet)			27117
针织或钩编的服装		Garments, Knitted or Crocheted			34930
皮革服装	(件)	Leather Garments	(unit)	198	2
皮革手套	(双)	Leather Gloves	(pair)	551592	497
织物制手套	(双)	Textiles Gloves	(pair)	15474054	7588
织物制袜子	(双)	Textiles Socks	(pair)	976408	190
手 帕	(条)	Handkerchieves	(unit)	500568	138
帽 类	(个)	Hats	(unit)	2339336	1372
鞋 类		Footwear			5442
鞋	(双)	Shoes	(pair)	1326217	5078
鞋靴零件；护腿及类似品	(千克)	Shose Accessories, Leg	(kg)	47520	365
塑料制品	(千克)	Plastic Articles	(kg)	5057691	15025
玩 具		Toys			1468
游戏机	(台)	Play Station	(unit)	4250	5
圣诞用品	(千克)	Articles for Christmas	(kg)	161890	402
足球、篮球、排球	(个)	Football,Basketball,Volle;	(unit)	75008	228
铅 笔	(吨)	Penciles	(ton)	1348	4421
艺术品、收藏品及古董		Artwork, Collections and Antiques			434
伞	(把)	Umbrellas	(unit)	72512	135
鬃 刷	(把)	Bristles Brushes	(unit)	2833600	559
人造花	(千克)	Artificial Flowers	(kg)	67713	280
热水瓶	(个)	Thermos	(unit)	19728	59
机电产品		Machanical and Electrical Products			4079188
金属制品		Metal Products			229223
机械设备		Machinery and Equipments			1094083
电器及电子产品		Electric and Electronic Products			1302959
运输工具		Transport Equipments			1308165
仪器仪表		Instruments and Meters			102819
其 他		Others			41939

17-6 续表 4 continued

商品名称		Item		数 量 Volume	金 额（千美元） Value (USD 1 000)
高新技术产品		High and New-tech Products			1866859
生物技术		Biotechnology			13561
生命科学技术		Life Sciences Technology			107821
光电技术		Photoelectric Technology			12614
计算机与通信技术		Computer and Communication Technology			550381
电子技术		Electronic Technology			814016
计算机集成制造技术		Computer Integrated Manufacturing			24371
材料技术		Material Technology			17534
航空航天技术		Aerospace Technology			324251
其他技术		0thers			2311
梨	(千克)	Pears	(kg)	9991172	6788
钼矿砂及其精矿	(千克)	Molybdenum Ore	(kg)	2550100	52351
粮 食	(千克)	Grain	(kg)	55593232	44919
# 淀粉块茎及薯类		Tubers		711726	289
豆 类		Beans		50126951	42569
乳 品	(千克)	Milk and Dairy Products	(kg)	64740	335
果蔬汁	(千克)	Vegetable and Fruit Juice	(kg)	463075889	409356
# 苹果汁		Apple Juice		439742010	388974
番茄酱	(千克)	Ketchup	(kg)	98100	88
稀土及其制品	(千克)	Rare earth	(kg)	85400	246
钨 品	(千克)	Tungsten Products	(kg)	69743	4726
钨及其制品		Tungsten and its Products		69743	4726
维生素C	(千克)	Vitamin C	(kg)	495	27
农 药	(千克)	Pesticide	(kg)	132722	998
初级形状的聚氯乙烯	(千克)	The Primary PVC	(kg)	262921	301
牛皮纸	(千克)	Kraft Papers	(kg)	5000	11
铁合金	(千克)	Ferroalloy	(kg)	30571838	45804
冰 箱	(台)	Refrigerator	(unit)	13	9
洗衣机	(台)	Washing Machine	(unit)	2227	114
微波炉	(个)	Microwave Oven	(unit)	13	2
打印机(包括多功能一体机)	(台)	Printer(Including Multi-function Printer)	(unit)	129	54
节能灯	(只)	Energy-saving Lamps	(unit)	1592926	1052
处理器及控制器	(个)	Processor and controller	(unit)	116046	128
存储器	(个)	Memorizer	(unit)	117457438	342602
装有引擎的汽车底盘	(台)	Chassis with Engines	(unit)	53	3069
照相机	(架)	Cameras	(unit)	51	23
数字式照相机		Electronic Cameras		51	23
箱包及类似容器		Suitcases,Bags and Similar Containers			5096
小轿车(包括整套散件)	(辆)	Cars(including a Complete Set of Spare Parts)	(unit)	10965	69937
货车(包括整套散件)	(辆)	Trucks(including a Complete Set of Spare Parts)	(unit)	3989	138457

17-7 主要进口商品数量、金额(2010年)
Main Import Commodities in Volume and Value(2010)

商品名称	Item	数量 Volume	金额(千美元) Value (USD 1 000)
冻鱼 (千克)	Frozen Chicken (kg)	668450	767
鲜、干水果及坚果 (千克)	Fresh, Dried Fruits and Nuts (kg)	39051	194
大豆 (千克)	Soybean (kg)	63800000	29922
食用植物油 (千克)	Edible Vegetable Oil (kg)	24528499	22156
# 菜子油及芥子油	Seeds and Mustard Oil	24008281	21588
合成橡胶(包括胶乳) (千克)	Synthetic Rubber (including Latex) (kg)	602	14
原木 (立方米)	Logs (cu.m)	28	42
锯材 (立方米)	Wood Sawn (cu.m)	14	16
纸浆 (千克)	Paper Pulp (kg)	64620	115
棉花 (千克)	Cotton (kg)	4155061	9204
纺织用合成纤维 (千克)	Synthetic Fibers Suitable for Spinning (kg)	76674	141
聚酯纤维	Polyester Fibers	68674	93
聚丙烯腈纤维	Polyacryolnitr Fibers	8000	48
铁矿砂及其精矿 (千克)	Iron Ore (kg)	1848166075	228466
锰矿砂及其精矿 (千克)	Manganese Ores (kg)	27993732	4855
铜矿砂及其精矿 (千克)	Copper Ores (kg)	679220	659
铬矿砂及其精矿 (千克)	Chromium Ores (kg)	5721265	1287
氧化铝 (千克)	Aluminum Oxide (kg)	8237	209
成品油 (千克)	Petroleum Products Refined (kg)	1287835	607
碳酸钠(纯碱) (千克)	Sodium carbonate (soda) (kg)	125	1
医药品 (千克)	Pharmaceutical Products (kg)	231295	129383
合成有机染料 (千克)	Synthetic Organic Dyestuffs (kg)	806	4
聚合物油漆及清漆 (千克)	Polymer Paint (kg)	456373	3027
初级形状的塑料 (千克)	Plastic in primary Forms (kg)	2257549	6676
# 初级形状的聚乙烯	Polyethylene in primary Forms	85550	152
初级形状的聚丙烯	Polypropylene in Primary Forms	546771	682
初级形状的聚氯乙烯	The Primary PVC	252250	244
初级形状的聚酯	Polyethylene in primary Forms	800	13
非泡沫塑料的板、片、膜、箔 (千克)	Non-Form-Plastic Plates,Sheets,Films and Foils (kg)	2166389	17661
农药 (千克)	Pesticides (kg)	24	6
胶合板及类似多层板 (立方米)	Plywood and Similiar Boards (cu.m)	36	35
纸及纸板(未切成型的) (千克)	Paper and Paperboard (Unchopped in Shape) (kg)	6597897	8009
# 牛皮纸	Kraft Papers	2545379	2268
无机物涂布纸	Inorganic Coated Papers	3752292	4092
棉纱线 (千克)	Cotton Yarn (kg)	20216	93
合成纤维纱线 (千克)	Fiber Yarns (kg)	35892	1076
# 聚酰胺纤维长丝	Long Polyamide Fiber	15158	416
丝织物 (米)	Silk (m)	290066	102
棉机织物 (米)	Cotton Cloth (m)	204013	670
合成纤维长丝机织物 (米)	Synthetic Fibers Long Silk Woven Fabric (m)	119728	1027
合成短纤与棉混纺机织物 (米)	Synthetic Short Fibre and Cotton-fibre Mixture Woven Fabric (m)	32617	258
涂覆浸渍塑料的织物 (千克)	Fabric with Plastic Soakage (kg)	61617	845
针织或钩编织物 (千克)	Knitwear or Woven (kg)	2013	2

17-7 续表 1 continued

商品名称		Item		数量 Volume	金额（千美元） Value (USD 1 000)
玻璃纤维及其制品	(千克)	Glass Fibers and Relative Products	(kg)	527536	4056
钻 石	(克)	Diamonds	(g)	56809	12360
钢坯及粗锻件	(千克)	Billet and Crude Fougings	(kg)	27668955	77591
钢 材	(千克)	Rolled Steel	(kg)	5175812	37509
# 钢铁棒材		Steel Bar		712238	5524
角钢及型钢		Angle Iron and Steel		22420	215
钢铁板材		Steel Plate		3544942	17897
钢铁管材及空心异型材		Steel Tube Accessories		199199	4048
钢铁制标准坚固件	(千克)	Standard Fastener Made of Steel	(kg)	352886	13187
未锻造的铜及铜材	(千克)	Unforged Copper and Rolled Copper	(kg)	58946049	430178
未锻造的铜(包括铜合金)		Unforged Copper(Including Copper Alloys)		56704384	403353
铜 材		Rolled Copper		2241665	26825
未锻造的铝及铝材	(千克)	Unforged Aluminum	(kg)	3457212	24203
铝 材		Rolled Aluminum		3457212	24203
钢铁或铝制结构体及其部件	(千克)	Structure and Relative Parts Made of Steel or Aluminum	(kg)	268194	4795
钢铁或铝制绞股线及类似品	(千克)	Wires and Relative Products Made of Steel or Aluminum	(kg)	169113	1024
蒸汽锅炉及过热水锅炉	(台)	Steam Boilers and Hot Water Boilers	(unit)	1	136
蒸汽及过热水锅炉的辅助设备	(台)	The Auxiliary Equipment of Steam Boilers and Hot Water Boilers	(unit)	235	26
汽轮机零件	(千克)	Steam-turbine Parts	(kg)	15168	802
活塞式内燃机的零件	(千克)	Parts of Piston Combustion Engines	(kg)	3408605	23127
涡轮喷气发动机	(台)	Turbojet EngineS	(unit)	80	51563
液泵及液体提升机	(台)	Liquid Pumps and Elevators	(unit)	20472	31775
制冷设备用压缩机	(台)	Compressors for Refrigerating Equipment	(unit)	496	714
空气调节器	(台)	Air Conditioning	(unit)	312	9043
冷冻机和制冷设备		Refrigerators and Refrigerating Equipment			4383
非家用型水的过滤、净化机器	(台)	Non-family Machinery for Filtering and Purifing	(unit)	917	1029
饮料及液体食品灌装设备	(台)	Canned Equipment for Beverage and Liquid Food	(unit)	7	17366
机械提升搬运装卸设备及零件		Mechanical Elevators for Transport and Relative Parts			36012
建筑及采矿用机械及零件		Machinery and parts for Construction and Mining			31761
食品加工机械及零件		Machinery and parts for Food Processing			1008
制造纸及纸制品用机械及零件		Machinery for Paper and Paper Products Manufacturing and Relative Parts			1027
印刷、装订机械及零件		Machinery and parts for Printing and Binding			1276
纺织机械及零件		Textile Machinery and Relative Parts			1570
# 纺织纱线生产及预处理机	(台)	Textile Yarn and Pre-production Machine	(unit)	6	823
花边绣品饰带织机，簇绒机	(台)	Lace Embroidery Lace Looms, Tufting Machin	(unit)	22	260
纱线织物等后整理机器	(台)	Yarn, Fabric and other Finishing Machines	(unit)	6	174
工业用缝纫机	(台)	Industrial Use Sewing Machines	(unit)	705	4670
金属加工机床	(台)	Machine Tools	(unit)	306	135143

17-7 续表 2 continued

商品名称	Item	数量 Volume	金额（千美元） Value (USD 1 000)
金属冶炼铸造设备及零件	Metal Smelting and Forging Equipment and Relative Parts		2751
金属轧机及零件	Metal Mills and Relative Parts		26985
玻璃热加工机械及零件	Machinery and parts for Glass Hot Processing		1734
橡胶或塑料加工机械及零件	Machinery and for Rubber or Plastic Processing		16079
型模及金属铸造用型箱	Casting Molds for Metal Forging		4197
阀 门 (套)	Valves (unit)	209954	47876
自动数据处理设备及其部件 (台)	Automatic Data Processing Machines and Components (unit)	4590	5282
# 数字式自动数据处理设备	Automatic Data Processing Equipments	539	2595
数字式中央处理部件	Digital Central Processing Unit	431	927
输入或输出部件	Input and Output Operations	2561	394
自动数据处理设备的零件 (千克)	Parts of Data Processing Machines (kg)	1030	582
电动机及发电机 (台)	Electric Motors and Generators (unit)	13279	11091
发电机组及旋转式变流机 (台)	Dynamo Units and Rotated Converters (unit)	461	12729
旋转式电力设备的零件 (千克)	Parts of Rotated Electric Equipment (kg)	409659	4203
变压、整流、电感器及零件	Transformers, Rectifiers, Inductancers and Relative Parts		111333
电 池 (个)	Batteries (unit)	568	384
焊接机器及零件	Welders and Relative Parts		3004
未录的磁带及类似品	Unrecorded Tapes and The Analogs		15623
无线电导航雷达及遥控设备 (台)	Radar for Radio Navigationequipment and Control Equipment (unit)	563	2274
录放音、像机及唱机的零附件 (千克)	Parts of Sound Recorders, Video Tape Recorders and Phonographs (kg)	5	11
电视、收音机及无线电讯设备的零附件 (千克)	Parts of Television, Radio and Wireless Telecommunication Equipment (kg)	15061	5912
电容器 (千克)	Electrical Capacitors (kg)	83892	12610
电阻器 (千克)	Resistor (kg)	45584	6294
印刷电路 (块)	Printed Circuit (unit)	29617318	38039
断路保护电路装置及零件	Breaking-off and Safety CircuitSets and Parts		75787
彩色数据/图形显示管 (只)	Cathode-ray TV Picture Tube (unit)	1	15
二极管及类似半导体器件 (个)	Diodes Transistors and Semiconductor Devices (unit)	564063978	185475
电线和电缆 (千克)	Insulated Wire or Cable (kg)	533415	11190
汽车和汽车底盘 (辆)	Motor Vehicles and Chassis (unit)	18	6826
小轿车(包括整套散件)	Cars(including a Complete Set of Spare Parts)	3	167
四轮驱动轻型越野车(包括整套散件)	Light Off-road Four-wheel Drive Vehicle (including a Complete Set of Spare Parts)	3	64
四轮驱动轻型越野车(包括整套散件)	Light Off-road Four-wheel Drive Vehicle (including a Complete Set of Spare Parts)	1	81
货车(包括整套散件)	Trucks(including a Complete Set of Spare Parts)	6	738
专用汽车	Special Purpose Motor Vehicles	5	5777

17-7 续表 3 continued

商品名称	Item	数量 Volume	金额（千美元） Value (USD 1 000)
汽车零件	Parts of Motor Vehicles		24234
航空器零件 (千克)	Parts of Air Craft (kg)	129183	34429
船舶 (艘)	Ships (unit)	25	74
照相机零附件 (千克)	Parts of Camera (kg)	335	250
医疗仪器及器械	Medical Instruments and Appliances		34535
计量检测分析自控仪器及器具	Measuring, Checking and Analyzing Auto-controlling Apparatus		307557
计钟表机芯及钟表零件	Design Watch Movement and Watch Parts		94
印刷品 (千克)	Presswork (kg)	59916	5039
塑料制品 (千克)	Plastic Articles (kg)	4307034	12069
玩具	Toys		184
纽扣及其零件 (千克)	Buckles and Relative Parts (kg)	221	11
拉链及其零件 (千克)	Zippers and Relative Parts (kg)	124743	44
机电产品	Machanical and Electrical Products		3954024
# 金属制品	Metal Products		63338
机械设备	Machinery and Equipments		1346953
电器及电子产品	Electric and Electronic Products		2080422
运输工具	Transport Equipments		85452
仪器仪表	Instruments and Meters		372986
高新技术产品	High and New-tech Products		2928176
# 生物技术	Biotechnology		2
生命科学技术	Life Sciences Technology		282524
光电技术	Photoelectric Technology		125012
计算机与通信技术	Computer and Communication Technology		75426
电子技术	Electronic Technology		1689703
计算机集成制造技术	Computer Integrated Manufacturing Technology		572378
材料技术	Material Technology		11759
航空航天技术	Aerospace Technology		166530
其他燃料油 (千克)	Other Fuel Oil (kg)	1265172	528
# 橄榄油	Olive Oil	20218	96
酒类	Liquor		662
# 葡萄酒	Wine		653
美容化妆品及护肤品	Cosmetic and Skin Care Products		14
聚酰胺切片	Polyamide Slice		51
涂布纸	Coated Papers		4198
废金属	Scrap Metals		26
加工中心	Machining Center		35609
数控铣床	NC Milling Machine		44093
制造单晶柱或晶圆用的机器及装置	Boules or Wafers of a Single Plant and Equipment		132709
制造半导体器件或集成电路用的机器及装置	Semiconductor Devices or Integrated Circuits Used in Machinery and Equipment		144207
制造平板显示器用的机器及装置	Flat Panel Display Manufacturing Machines and Equipment		4151
蓄电池	Electric Accumulators		363

17-8 利用外资情况
Utilization of Foreign Capital

单位：万美元 (USD 10 000)

年 份 Year	签订合同项目（个） Number of Signed Projects (unit)	签订外商直接投资合同 Contracts of Direct Foreign Investments		实际利用外商直接投资 Amount of FDI Actually Utilized	
		金 额 Value	比上年增长% Growth Rate as Preceding Year(%)	金 额 Value	比上年增长% Growth Rate as Preceding Year(%)
1983	2	823		25	
1984	7	154	-81.3	129	416.0
1985	50	42848	27723.4	818	534.1
1986	34	34786	-18.8	942	15.2
1987	18	17381	-50.0	2890	206.8
1988	14	2096	-87.9	18007	523.1
1989	22	2650	26.4	9679	-46.2
1990	24	1134	-57.2	4191	-56.7
1991	54	2068	82.4	3159	-24.6
1992	424	52290	2428.5	4583	45.1
1993	790	92204	76.3	23432	411.3
1994	444	41142	-55.4	23809	1.6
1995	272	41518	0.9	32407	36.1
1996	280	60054	44.6	33008	1.9
1997	182	64954	8.2	61016	84.9
1998	196	37582	-42.1	30010	-50.8
1999	157	42693	13.6	24197	-19.4
2000	215	49931	17.0	28842	19.2
2001	223	73009	46.2	36455	26.4
2002	203	84060	15.1	41064	12.6
2003	229	83428	-0.8	46602	13.5
2004	271	104877	25.7	52664	13.0
2005	256	158237	50.9	62839	19.3
2006	255	203530	28.6	92489	47.2
2007	184	197311	-3.1	119516	29.2
2008	156	181781	-7.9	136954	14.6
2009	101	140117	-22.9	151053	10.3
2010	139	221030	57.8	182006	20.5

17-9 外商投资情况
Foreign Investment

单位：万美元 (USD 10 000)

分组	Groups	项目数(个) Number of Projects (unit)		合同外资 Contracted Foreign Investments		实际外资 Actually Utilized Foreign Investments	
		2009	2010	2009	2010	2009	2010
总　计	**Total**	**101**	**139**	**140117**	**221030**	**151053**	**182006**
按投资方式分	**By Investment Form**						
中外合资企业	Equity Joint Venture	26	49	35969	44895	41421	40106
中外合作企业	Contractural Joint Venture	11	6	17193	6092	8197	23122
外资企业	Wholly Foreign-owned Enterprise	64	83	84910	165033	84245	116731
外商投资股份制	FDI Shareholding Inc.		1	2045	5010	17190	2047
按国民经济行业分	**By Sector**						
农、林、牧、渔业	Agriculture, Forestry, Animal Husbandry and Fishery	4	10	6997	8116	3548	1275
# 农　业	Agriculture	1	6	4899	4680	3026	701
采矿业	Mining	2	1	4249	4801	2974	4562
# 石油和天然气开采业	Extraction of Petroleum and Natural Gas	1		3063	2932	2313	3601
制造业	Mining	29	39	52712	113360	57843	87767
# 纺织业	Manufacture of Textile	2		1434			639
化学原料及化学制品制造业	Manufacture of Raw Chemical Materials and Chemical Products	4	2	7546	1859	6337	4945
医药制造业	Manufacture of Medicines	1	2	3177	13720	5189	6280
通用设备制造业	Manufacture of General Purpose Machinery	1	2	145	79	83	25
专用设备制造业	Manufacture of Special Purpose Machinery	4	6	7586	5273	738	3157
通信设备、计算机及其他电子设备制造业	Manufacture of Communication Equipment, Computers and Other Electronic Equipment	1	6	444	8308	7022	8570
电力、燃气及水的生产和供应业	Production and Supply of Electricity, Gas and Water	3	6	7666	4797	1889	15146
建筑业	Construction	1	2	256	4808		
交通运输、仓储和邮政业	Transport, Storage and Post	2		2460	1100	16282	422
信息传输、计算机服务和软件业	Information Transmission, Computer Services and Software	10	9	3276	9346	4577	5730
批发和零售业	Wholesale and Retail Trades	15	34	14515	7503	17086	3318
住宿和餐饮业	Hotels and Catering Services	4	2	3662	927	4341	2550
# 旅游饭店	Tour Restaurant				736	1009	2182
金融业	Financial Intermediation	1		9900	6100	2000	6100
房地产业	Real Estate	7	7	24799	36340	37359	47374
# 房地产开发经营	Real Estate Development	2	6	22799	30666	30796	40062
租赁和商务服务业	Leasing and Business Services	16	12	4987	3283	2613	6092
科学研究、技术服务和地质勘查业	Scientific Research, Technical Service and Geologic Prospecting	4	10	2147	4742	164	1653
水利、环境和公共设施管理业	Management of Water Conservancy,Environment and Public Facilities	1	2	746	8650	375	10

17-9 续表 continued

单位：万美元 (USD 10 000)

分组	Groups	项目数(个) Number of Projects (unit)		合同外资 Contracted Foreign Investments		实际外资 Actually Utilized Foreign Investments	
		2009	2010	2009	2010	2009	2010
居民服务和其他服务业	Services to Households and Other Services						7
教　育	Education						
卫生、社会保障和社会福利业	Health, Social Security and Social Welfare	1	1	1725	1936		
文化、体育和娱乐业	Culture, Sports and Entertainment	1	4	20	62	2	
按国别(地区)分	**By Country(Region)**						
香　港	Hong Kong, China	53	68	81971	136958	72341	93777
日　本	Japan	6	3	5274	1999	630	4976
澳　门	Macao, China			190			30
马来西亚	Malaysia	1	3	1000	353	170	881
巴基斯坦	Pakistan		1		1		
新加坡	Singapore	4	3	2921	6741	10404	13047
韩　国	Korea Rep.	1	4	3949	61	3765	58
台湾省	Taiwan, China	8	11	223	299	111	252
哈萨克斯坦	Kazakhstan		1		5		
突尼斯	Tunisia		1		15		
英　国	United Kingdom		2	-70	7699	104	3465
德　国	Germany	1	4	34	768	362	300
法　国	France	1	2	3300	10	660	1950
意大利	Italy	1	1	-387			31
卢森堡	Luxembourg						600
荷　兰	Netherlands	1		-1423		2310	1080
希　腊	Greece		1		7		
芬　兰	Finland		1		143	5	
匈牙利	Hungary	1		49		11	6
瑞　士	Switzerland		1		300		
巴巴多斯	Barbados					770	1300
开曼群岛	Cayman Islands	2		3719	5723	2346	10908
巴拿马	Panama		1		450		
英属维尔京群岛	Virgin Is. (E)	3	8	8933	18297	18685	16265
加拿大	Canada	1	1	262	6640	29	6220
美　国	United States	10	10	7831	16775	14826	15770
百慕大	Bermuda	1	1	1346	3000	975	2000
澳大利亚	Australia		3	440	-6	31	411
瓦努阿图	Vanuatu	1		171	4978	735	2000
新西兰	New Zealand	1		-48	400	348	160
萨摩亚	Samoa	1	2	4965	166	175	93
投资性公司投资	Investment Companies	3	6	16034	9248	19502	6426

17-10 旅游总收入和总人数
Total Income and Number of Visitors

年 份 Year	总收入 (亿元) Total Income (100 million yuan)	国内旅游收入 (亿元) Domestic Tourism (100 million yuan)	国际旅游收入 (万美元) International Tourism (USD 10 000)	总人数 (万人) Total Number (10 000 persons)	国内游客 Domestic Vistiors	国际游客 International Vistiors
1991	27	23	5482	1532	1500	32
1992	31	25	7505	1594	1550	44
1993	35	28	8900	1746	1700	46
1994	39	30	11279	1794	1750	44
1995	54	42	14090	2144	2100	44
1996	77	61	19820	2350	2300	50
1997	86	67	22464	2554	2500	54
1998	95	74	24717	2604	2550	54
1999	111	88	27189	2663	2600	63
2000	150	127	28000	3131	3060	71
2001	168	142	30871	3436	3360	76
2002	187	158	35097	3818	3733	85
2003	160	144	19800	3347	3300	47
2004	301	271	36136	5312	5232	80
2005	353	316	44625	6081	5988	93
2006	418	378	51000	7056	6950	106
2007	504	458	61200	8138	8015	123
2008	607	561	66011	9182	9056	126
2009	767	715	77107	11555	11410	145
2010	984	916	101596	14566	14354	212

17-11 旅游业发展情况
Development of Tourism

指 标	Item	2005	2009	2010
入境旅游人数 (万人)	Number of Overseas Visitor Arrivals (10 000 person-times)	92.84	145.08	212.17
1.港澳同胞	Chinese Compatriots From Hong Kong and Macao	10.57	18.49	32.90
2.台湾同胞	Chinese Compatriots From Taiwan Province	7.69	12.16	24.04
3.外 国 人	Foreigners	74.57	114.43	155.24
国际旅游外汇收入 (万美元)	Foreign Exchange Earnings from International Tourism (USD 10 000)	44625	77107	101596
1.长途交通	Long Distance Transportation		24983	36879
飞 机	Civil Aviation		18583	29260
火 车	Railway		4626	5588
汽 车	Highway		1773	2032
2.景区游览	Sightseeing		4395	6502
3.住 宿	Accommodation		10487	12496
4.餐 饮	Food and Beverage		6785	9448
5.购 物	Shopping		15884	19405
6.娱 乐	Entertainment		3547	3962
7.邮电通讯	Postal and Communication Services		2236	2438
8.市内交通	Local Transportation		1928	4165
9.其他服务	Other Service		6863	6299
入境游客在陕人均天花费 (美元/人天)	Per Capita Days Spent of Visitors in Shaanxi (USD/per-day)		186	186
国内旅游人数 (万人)	Number of Domestic Visitors (10 000 person-times)	5988	11410	14354
国内旅游收入 (亿元)	Earnings from Domestic Tourism (100 million yuan)	316	715	916
旅行社数 (个)	Number of Travel Agencies (unit)		568	615

17-12 分国别入境旅游人数
Number of Oversea Visitor Arrivals by Country/Region

单位：人 (person)

国别和地区	Country and Region	2005年	2009年	2010
总　计	**Total**	**928351**	**1450751**	**2121721**
港澳同胞	Chinese Compatriots From Hong Kong and Macao	105726	184870	328951
台湾同胞	Chinese Compatriots From Taiwan Province	76920	121634	240414
日　本	Japan	102811	119174	183516
韩　国	Korea Rep.	93589	77207	161262
美　国	United States	125872	199608	211869
英　国	United Kingdom	50162	83499	88275
德　国	Germany	40053	78969	80517
法　国	France	51711	65835	83549
澳大利亚	Australia	31995	53063	55577
加拿大	Canada	19096	42917	72192
马来西亚	Malaysia	15260	12593	31183
泰　国	Thailand	7687	11153	19647
意大利	Italy	18014	28567	32781
新加坡	Singapore	8745	17726	39486
瑞　典	Sweden	10229	13232	13187
印度尼西亚	Indonesia	4478	7489	26020
俄罗斯	Russia		22569	26015
西班牙	Spain	26990	22153	30619
瑞　士	Switzerland	4932	10352	14447
其　他	Others	134063	278141	382214

17-13 各市(区)对外经济和国际旅游情况(2010年)
Foreign Economy Trade and International Tourism by City(District)(2010)

地　区	Region	进出口总值 (万美元) Total Value of Imports and Exports (USD 10 000)	#出口 Exports	外商投资 Foreign Capital 项目数 (个) Number of Projects (unit)	合同外资 (万美元) Contracts of Foreign Investments (USD 10 000)	实际外资 (万美元) Actually Utilized Foreign Investments (USD 10 000)	星级饭店数 (个) Number of Star-rated Hotel (unit)
全　省	**Shaanxi**	**1208283**	**620773**	**139**	**221030**	**182006**	**358**
西安市	Xi'an	1038293	531713	80	159552	156665	116
铜川市	Tongchuan	490	391	1	445	520	12
宝鸡市	Baoji	59925	26444	2	1112	2127	37
咸阳市	Xianyang	34045	23849	5	4861	5188	28
渭南市	Weinan	16927	10110	6	4608	3051	24
延安市	Yan'an	2247	2241		1377	1027	34
汉中市	Hanzhong	4422	3032	4	10736	1595	30
榆林市	Yulin	8003	7386			1950	33
安康市	Ankang	1651	1651	2	2343	564	26
商洛市	Shangluo	30754	5186	1	13945	5867	12
杨凌示范区	Yangling	11527	8770	8	9906	3416	6
其　他	Others			30	12145	36	

17-14 主要星级饭店基本情况(2010年)
Basic Conditions of Main Star-Degree-Hotels(2010)

饭 店 名 称	Name of Hotel	地 址	Address
五星级	**Five Star**		
凯悦(阿房宫)饭店	Hyatt Regency Hotel	西安市东大街158号	No.158 East Street,Xi'an
喜来登大酒店	Sharaton Hotel	西安市沣镐东路262号	No.262 East Fenghao Avenue,Xi'an
西安金花大酒店	Golden Flower Hotel,Xi'an	西安市长乐西路8号	No.8 West Changle Avenue,Xi'an
西安君樂城堡大酒店	Grand Park Hotel,Xi'an	西安市环城南路西段12号	No.12 West Section ,South City Ring Road,Xi'an
索菲特人民大厦	Sofitel,Renmin Square, Xi'an	西安市东新街319号	No.319 East New Street,Xi'an
西安香格里拉大酒店	Shangri-la Hotel,Xi'an	西安市科技路38号乙	No.38 Keji Road,Xi'an
天域凯莱大酒店	Tian-yu Gloria Plaza Hotel	西安市雁塔东路15号	No.15 East Yanta Road,Xi'an
建国饭店	Jianguo Hotel	西安市互助路2号	No.2 Huzhu Road,Xi'an
四星级	**Four Star**		
唐华宾馆	Xi'an Garden Hotel	西安市大雁塔东雁引路40号	No.40 East Yanyin Road,Xi'an
古都新世界大酒店	Grand New World Hotel	西安市莲湖路172号	No.172 Lianhu Road,Xi'an
西安宾馆	Xi'an Hotel	西安市长安北路58号	No.58 North Chang'an Road,Xi'an
西安骊苑大酒店	Le Garden Hotel,xian	西安市劳动南路8号	No.8 South Laodong Road,Xi'an
唐城宾馆	Tangcheng Hotel	西安市含光路229号	No.229 Hanguang Road,Xi'an
好世界大酒店	The Good World Hotel,Xi'an	西安市莲湖路108号	No.108 Lianhu Road,Xi'an
钟楼饭店	Bell Tower Hotel,Xian	西安市南大街110号	No.110 South Street,Xi'an
皇城豪门酒店	Imperial City Haomen Hotel	西安市东大街334号	No.334 East Street,Xi'an
东方大酒店	East Hotel	西安市朱雀大街393号	No.393 Zhuque Street,Xi'an
润天宾馆	Runtian Hotel	西安市阎良区润天大道15号	No.15 Runtian Road,Yanlian District, Xi'an
紫金山凯思特大酒店	Mount Zijin Keith Hotel	西安市环城西路328号	No.328 West City Ring Road,Xi'an
高速神州酒店	Sino Pearl Hotel	西安市环城东路9号	No.9 East City Ring Road,Xi'an
陕西奥罗国际大酒店	Aurum International Hotel	西安市南新街30号	No.30 South New Street,Xi'an
西京国际饭店	West Capital International Hotel	西安市西大街241号	No.241 West Street,Xi'an
西安天翼新商务酒店	Tianyi Commercial Hotel,Xi'an	西安市西二环南段281号	No.281 South Section ,West Second Ring Road ,Xi'an
西安美居人民大厦	Mercure on Renmin Square,Xi'an	西安市东新街319号	No.319 East New Street,Xi'an
西安富凯酒店	Fukai Hotel,Xi'an	西安市南新街27号	No.27 South New Street,Xi'an
西安志诚丽柏酒店	Ziction Liberal Hotel,Xi'an	西安市高新路46号	No.46 Gaoxin Road,Xi'an
万年饭店	Eternity Hotel,Xi'an	西安市长乐中路副11号	No.11 Changle Road,Xi'an
陕西中江之旅时代大酒店	ZhongJiang Journey Time Hotel, Shaanxi	西安市未央区文景路18号	No.18 Weiyang District,Wenjing Road,Xi'an
西安皇后大酒店	Xi'an Empress Hotel	西安市兴庆路45号	No.45 Xingqing Road,Xi'an
西安美华金唐国际酒店	Meihua Jintang International Hotel,Xi'an	西安市西大街79号	No.79 West Street,Xi'an
西安军安王朝大酒店	King Dynasty Hotel,Xi'an	西安市大庆路1号	No.1 Daqing Road,Xi'an
怡和酒店	Jardine Matheson Hotel	宝鸡市火炬路中段	Middle Section ,Huoju Road,Baoji
红螺湾假日酒店	Red screw holiday Hotel	咸阳市渭阳西路中段	Middle Section ,West Weiyang Road, Xianyang
光明大酒店	GuangMing Hotel	渭南市朝阳大街82号	No.82 Zhaoyang Street,Weinan
黄陵桥山滨湖酒店	Huangling Bridge Lake Hotel	黄陵县黄帝陵西侧	West Tomb of Huangdi,Huangling
延安宾馆	Yan'an Hotel	延安市中心街	Central Street,Yanan
延安旅游大厦	Yan'an Tourism Hotel	延安市十字街	Cross Street,Yanan
延安丽森酒店	Lisen Hotel,Yan'an	延安市双拥大道	Double Support Avenue,Yanan
邮政大酒店	Post Hotel	汉中市天汉大道中段	Middle Section,Tianhan Avenue, Hanzhong
红叶大酒店	Red Leaf Hotel	汉中市劳动东路中段33号	Middle Section,East Laodong Road, Hanzhong
亚华商务酒店	Yahua Business Hotel	神木县东新街南端	South Section, East New Street,Shenmu
安康明江国际酒店	MingJiang International Hotel	安康市滨江大道4号	No.4 Binjiang Avenue,AnKang
杨凌国际会展中心	International Exhibition Centers	杨凌区新桥北路1号	No.1 North New Bridge Road,Yang Lin

主要统计指标解释

进出口总额 指实际进出我国国境的货物总金额。包括对外贸易实际进出口货物，来料加工装配进出口货物，国家间、联合国及国际组织无偿援助物资和赠送品，华侨、港澳台同胞和外籍华人捐赠品，租赁期满归承租人所有的租赁货物，进料加工进出口货物，边境地方贸易及边境地区小额贸易进出口货物(边民互市贸易除外)，中外合资企业、中外合作经营企业、外商独资经营企业进出口货物和公用物品，到、离岸价格在规定限额以上的进出口货样和广告品(无商业价值、无使用价值和免费提供出口的除外)，从保税仓库提取在中国境内销售的进口货物，以及其他进出口货物。该指标可以观察一个国家在对外贸易方面的总规模。我国规定出口货物按离岸价格统计，进口货物按到岸价格统计。

商品经营单位所在地进、出口额 指在所在地海关注册登记的有进出口经营权的企业实际进、出口额。

商品目的地进口额和商品货源地出口额 目的地进口额指进口货物的消费、使用或最终抵运地的实际进口额；货源地出口额指出口货物的产地或原始发货地的实际出口额。

利用外资 指我国各级政府、部门、企业和其他经济组织通过对外借款、吸收外商直接投资以及用其他方式筹措的境外现汇、设备、技术等。

外商直接投资 指外国企业和经济组织或个人(包括华侨、港澳台胞以及我国在境外注册的企业)按我国有关政策、法规，用现汇、实物、技术等在我国境内开办外商独资企业、与我国境内的企业或经济组织共同举办中外合资经营企业、合作经营企业或合作开发资源的投资(包括外商投资收益的再投资)，以及经政府有关部门批准的项目投资总额内企业从境外借入的资金。

旅游人数

(1)入境旅游人数：指报告期内来我国观光、度假、探亲访友、就医疗养、购物、参加会议或从事经济、文化、体育、宗教活动的外国人、港澳台同胞等入境游客。统计时，外国人、港澳台同胞每入境一次统计1人次。

(2)出境人数：指中国（大陆）居民因公或因私出境前往其他国家、中国香港特别行政区、澳门特别行政区和台湾省观光、度假、探亲访友、就医疗养、购物、参加会议或从事经济、文化、体育、宗教活动的人数，即出境游客。统计时，按每出境一次统计1人次。

(3)国内旅游人数：指在报告期内在中国（大陆）观光游览、度假、探亲访友、就医疗养、购物、参加会议或从事经济、文化、体育、宗教活动的中国（大陆）居民人数，其出游的目的不是通过所从事的活动谋取报酬。统计时，国内游客按每出游一次统计1人次。

国际旅游(外汇)收入 指入境游客在中国（大陆）境内旅行、游览过程中用于交通、参观游览、住宿、餐饮、购物、娱乐等全部花费。

国内旅游收入 又称旅游总花费指国内游客在国内旅行、游览过程中用于交通、参观游览、住宿、餐饮、购物、娱乐等全部花费。

国际旅行社 指经营业务范围包括入境旅游业务、出境旅游业务和国内旅游业务的旅行社。

国内旅行社 指经营范围仅限于国内旅游业务的旅行社。

星级饭店 指设备、设施、服务符合《旅游饭店星级的划分与评定》(GB/T14308-2003)，通过相关旅游管理部门评定，并取得星级饭店称号的饭店（含预备星级饭店）。

Explanatory Notes on Main Statistical Indicators

Total Imports and Exports at Customs refer to the real value of commodities imported and exported across the border of China. They include the actual imports and exports through foreign trade, imported and exported goods under the processing and assembling trades and materials, supplies and gifts as aid given gratis between governments and by the United Nations and other international organizations, and contributions donated by overseas Chinese, compatriots in Hong Kong and Macao and Chinese with foreign citizenship, leasing commodities owned by tenant at the expiration of leasing period, the imported and exported commodities processed with imported materials, commodities trading in border areas (excluding mutual exchange goods), the imported and exported commodities and articles for public use of the Sino-foreign joint ventures, cooperative enterprises and ventures with sole foreign investment. Also included is import or export of samples and advertising goods for which CIF or FOB value are beyond the permitted ceiling (excluding goods of no trading or use value and free commodities for export), imported goods sold in China from bonded warehouses and other imported or exported goods. The indicator of the total imports and exports at customs can be used to observe the total size of external trade in a country. In accordance with the stipulation of the Chinese government, imports are calculated at CIF, while exports are calculated at FOB.

Import Export Value by Location of China's Foreign Trade Managing Units refers to actual value of imports and exports carried out by corporations which have been registered by the local Customs house and are vested with right to run import export business.

Import Value of Commodities by Place of Destination and Export Value of Commodities by Place of Origin in China The former indicator refers to the value of import commodities of the places of their consumption, utilization or the places of their final destination. The latter indicator refers to the value of export commodities of the places of their origin or the places of the commodities dispatched.

Utilization of Foreign Capitals refers to remittance, equipment and technology financed from abroad, by loans, foreign direct investment and other forms undertaken by the Chinese governments at all levels, by various departments, enterprises and other economic units.

Foreign Borrowings refer to funds borrowed from abroad through formal signing of borrowing agreements with foreign institutions, including loans of foreign governments, loans of international financial institutions, commercial loans of foreign banks, export credit, and funds raised by Chinese bonds (and shares before 1996) issued abroad. It is an important part of China's utilization of foreign capitals.

Foreign Direct Investment refers to the investments inside China by foreign enterprises and economic organizations or individuals (including overseas Chinese, compatriots from Hong Kong, Macao and Taiwan, and Chinese enterprises registered abroad), following the relevant policies and laws of China, for the establishment of ventures exclusively with foreign own investment, Sino-foreign joint ventures and cooperative enterprises or for co-operative exploration of resources with enterprises or economic organizations in China.

Number of Tourists

(1) Visitor arrivals refer to the number of foreigners, Chinese compatriots from Hong Kong, Macao and Taiwan Chinese (mainland) who come to China (mainland) for sight-seeing, vacation, visiting relatives, medical treatment, shopping, attending conference, or to engage in economic, cultural, sports and religious activities. In compiling statistics, each time of entering China is counted as one person-time.

(2) Number of Chinese residents going abroad refer to the number of Chinese (mainland) residents going to other countries, Hong Kong Special Administrative region, Macao Special Administrative region and Taiwan for on official or private purposes, for sight-seeing, vacation, visiting relatives, medical treatment, shopping, attending conference, or to engage in economic, cultural, sports and religious activities. In compiling statistics, each time of leaving is counted as one person-time.

(3) Number of domestic tourists refers to the number of Chinese (mainland) residents who travel within China (mainland) for sight-seeing, vacation, visiting relatives, medical treatment, shopping, attending conference, or to engage in economic, cultural, sports and religious activities. In compiling statistics, each time of travelling is counted as one person-time.

Foreign Exchange Earnings from International Tourism refer to the total expenditure of foreigners, overseas Chinese, Chinese compatriots from Hong Kong, Macao and Taiwan during their stay in the mainland of China on transportation, sighting, accommodation, food, shopping and entertainment.

Income from Domestic Tourism refer to expenditure of domestic tourists on transportation, sighting, accommodation, food, shopping and entertainment while they travel.

International Travel Agencies refer to travel agencies engaged in tourism entering China, Chinese residents going abroad and domestic tourism.

Domestic Travel Agencies refer to travel agencies only engaged in domestic tourism.

Star-rated Hotels refer to hotels rated with stars as assessed by the relevant tourism authorities according to GB/T14308-2003 standard with reference to their infrastructure, facilities and service levels.

十八、金融和保险

资料整理：郭秦川

18.金融和保险

2010 年末全省		
金融机构年末存款余额	16386.18	亿元
#城乡居民储蓄存款	7941.81	亿元
金融机构年末贷款余额	9971.56	亿元
保险业保费收入	333.81	亿元
财　　险	87.17	亿元
人 身 险	246.64	亿元

城乡居民年末储蓄存款余额

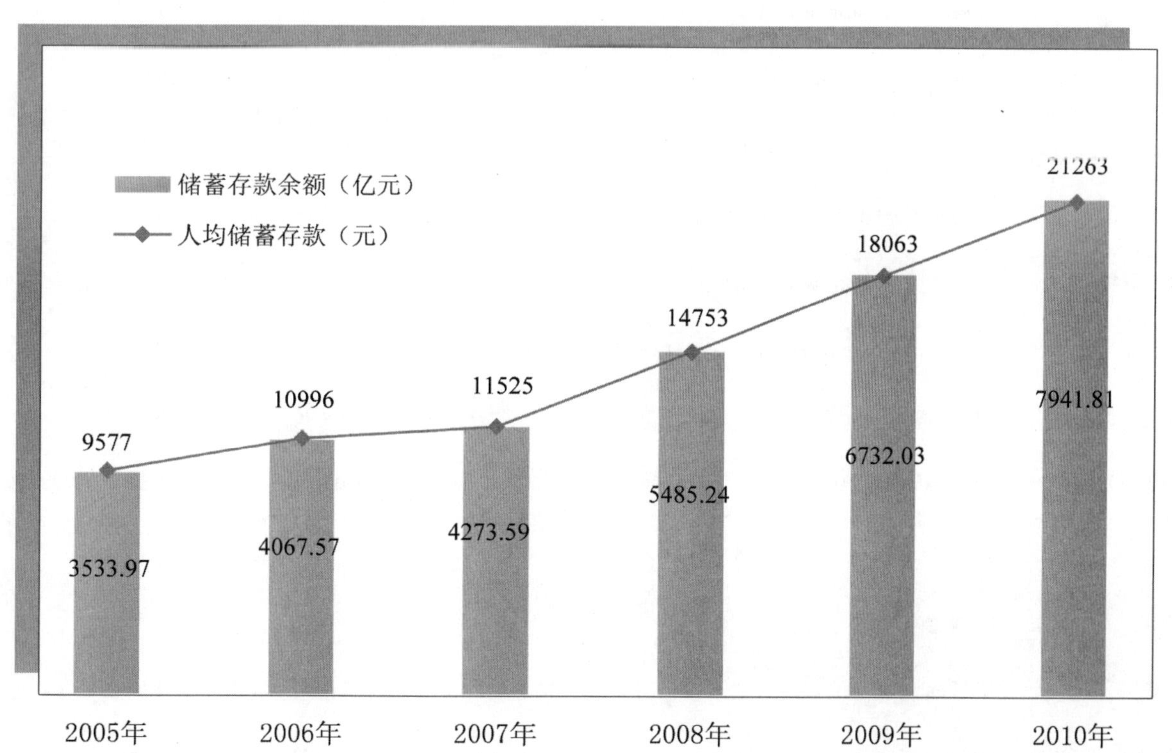

18-1 金融机构年末存、贷款总额

Total Volume of Savings and Loans at Year-end

单位：亿元　　(100 million yuan)

项　　目	Item	2005	2009	2010
各项存款合计	**Total Deposits**	**6446.48**	**13860.43**	**16386.18**
企业存款	Deposits by Enterprises	1848.77	4635.23	5286.66
财政存款	Fiscal Deposits	195.18	298.74	290.26
机关团体存款	Deposits of Government Departments & Organizations	328.48	876.55	1572.36
储蓄存款	Urban and Rural Household Savings Deposits	3533.97	6732.03	7941.81
农业存款	Agricultural Deposits	132.64	445.92	597.22
信托存款	Trusted Deposits	17.50		
委托存款	Entrusted Deposits	98.39	280.93	
其他类存款	Other Deposits	291.55	591.05	697.87
各项贷款合计	**Total Loans**	**3983.19**	**8276.64**	**9971.56**
短期贷款	Short-term Loans	1678.44	2622.91	2468.19
工业贷款	Loans to Industrial Sector	397.33	638.55	
商业贷款	Loans to Commercial Sector	303.08	369.69	
建筑业贷款	Loans to Construction Sector	38.81	58.61	
农业贷款	Loans to Agricultural Sector	352.45	595.10	
乡镇企业贷款	Loans to Township Enterprises	124.19	118.77	
三资企业贷款	Loans to Enterprises with Foreign Funds	5.39	4.91	
私营企业及个体贷款	Loans to Private Enterprises and Self-employed Individuals	22.42	49.22	
其他短期贷款	Other Short-term Loans	434.76	788.07	
中长期贷款	Medium & Long-term Loans	1914.81	5121.64	7115.32
信托贷款	Trusted Loans	7.50		
委托贷款	Entrusted Loans	84.01	64.99	
票据融资	Bill Financing	294.42	461.63	
其它类贷款	Other Loans	4.02	5.47	

18-2 证券业主要情况
General Statistics on Securities Markets

指标	Item	2008	2009	2010
上市公司情况	**Statistics on Listed Companies**			
上市公司 (户)	Number of Listed Companies (accounts)	29	30	30
# A 股 (只)	A Shares (number)	29	30	37
上市公司总股本 (亿股)	Total Issued Capital of Listed Companies (100 million shares)	116.33	143.17	215.60
# 流通股本	Negotiable Shares	57.37	84.87	111.48
上市公司股票市价总值(亿元)	Total Market Capitalization of Listed Companies(100 million yuan)	839.34	2059.44	3100.26
# 股票流通市值	Negotiable Market Capitalization	335.38	1027.10	1369.60
证券公司及交易情况	**Statistics on Securities Companies and Trading**			
证券公司 (个)	Number of Securities Companies (number)	3	3	3
证券营业部 (个)	Security Exchange (number)	65	73	88
(含外地公司在陕营业部)	(include Nonlocal Exchange in Shaanxi)			
证券交易开户数 (万户)	Total Stock Investors (10 000 accounts)	172	190	202
证券交易量	Trading Volume			
股 票 (亿元)	Stocks (100 million yuan)	7846.89	16097.42	14704.67
基 金 (亿元)	Funds (100 million yuan)	90.70	85.26	58.96
国 债 (亿元)	Government and Public Bonds (100 million yuan)	15.64	15.57	11.14
期货代理交易额 (亿元)	Agent's Turnover of Futures (100 million yuan)	5105.55	7775.46	46350.23

18-3 保险业保费收入(2010年)
Premium of Insurance Transactions(2010)

单位：万元 (10 000 yuan)

地区	Region	保费收入 Premium	财险 Property Insurance	人身险 Life Insurance
全 省	**Shaanxi**	**3338080**	**871677**	**2466403**
本 级	The Same Level	42584	42584	
西安市	Xi'an	1580079	346979	1233100
铜川市	Tongchuan	50777	17859	32918
宝鸡市	Baoji	304445	56629	247815
咸阳市	Xianyang	358043	68080	289963
渭南市	Weinan	328102	76091	252012
延安市	Yan'an	116027	57066	58961
汉中市	Hanzhong	186656	34559	152097
榆林市	Yulin	205881	131908	73972
安康市	Ankang	88173	24326	63848
商洛市	Shangluo	77313	15596	61717

18-4 财险分险种保费收入(2010年)
Premium of Property Insurance Transactions by Type (2010)

单位：万元 (10 000 yuan)

地 区	Region	保证保险 Guarantee Insurance	船舶保险 Ship Insurance	工程保险 Engineering Insurance	货运险 Freight Transport Insurance	机动车辆保险 Motor Vehicle Insurance	家庭财产保险 Family Property Insurance	健康险 Health Insurance
全 省	**Shaanxi**	**3162**	**121**	**20162**	**8020**	**742984**	**1605**	**5223**
本 级	The Same Level	-179		656	229	40155	-25	18
西安市	Xi'an	2454	118	13177	3751	278322	209	1981
铜川市	Tongchuan	6		88	574	15529	21	155
宝鸡市	Baoji	92		1371	725	48682	72	368
咸阳市	Xianyang	191		1233	921	57135	212	479
渭南市	Weinan	99		443	509	69402	121	382
延安市	Yan'an	211		1266	426	47194	91	275
汉中市	Hanzhong	62		1486	290	28112	292	602
榆林市	Yulin	65		239	517	124432	350	442
安康市	Ankang	152	2	115	42	20534	228	291
商洛市	Shangluo	9		89	36	13488	34	231

18-4 续表 continued

单位：万元 (10 000 yuan)

地 区	Region	农业保险 Agriculture Insurance	企业财产 Enterprise Property Insurance	特殊风险保险 Special Risks Insurance	信用保险 Export Credit Insurance	责任保险 Liability Insurance	意外伤害险 Accident Insurance	其 他 Other Insurance
全 省	**Shaanxi**	**6022**	**46852**	**928**	**3528**	**20198**	**12217**	**656**
本 级	The Same Level		845	524		67	296	
西安市	Xi'an	552	28685	184	3528	6984	6404	631
铜川市	Tongchuan	111	586			571	219	
宝鸡市	Baoji	909	2321			1501	587	
咸阳市	Xianyang	2519	3008			1710	671	1
渭南市	Weinan	400	2537			1521	661	17
延安市	Yan'an	824	4362	55		1395	960	7
汉中市	Hanzhong	129	1331	165	0	1410	683	
榆林市	Yulin	2	2371			2577	914	
安康市	Ankang	358	601			1483	519	
商洛市	Shangluo	218	206			980	305	

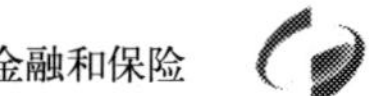

18-5 财险赔款与给付支出(2010年)
Expenditure of Property Insurance Payments(2010)

单位：万元 (10 000 yuan)

地区	Region	合计 Total	# 企业财产保险 Enterprise Property Insurance	# 家庭财产保险 Family Property Insurance	# 机动车辆保险 Motor Vehicle Insurance	# 工程保险 Engineering Insurance	# 责任保险 Liability Insurance
全　省	**Shaanxi**	**392670**	**21803**	**416**	**330340**	**7804**	**6146**
本　级	The Same Level	12294	242	12	11583	49	25
西安市	Xi'an	146471	14915	109	115095	4318	2314
铜川市	Tongchuan	9020	72	7	8336	29	242
宝鸡市	Baoji	28604	1081	20	22996	1588	460
咸阳市	Xianyang	30541	1915	28	24472	501	374
渭南市	Weinan	36631	1186	22	31872	210	503
延安市	Yan'an	29475	1191	52	25441	263	387
汉中市	Hanzhong	16482	289	72	13097	733	503
榆林市	Yulin	62318	281	29	59678	3	667
安康市	Ankang	12044	441	30	10363	80	437
商洛市	Shangluo	8790	192	35	7407	29	233

18-5 续表 continued

单位：万元 (10 000 yuan)

地区	Region	# 信用保险 ExportCredit Insurance	# 保证保险 Guarantee Insurance	# 船舶保险 Ship Insurance	# 货运险 Freight Transport Insurance	# 特殊风险保险 Special Risks Insurance	# 农业保险 Agriculture Insurance
全　省	**Shaanxi**	**1160**	**604**	**6**	**1628**	**213**	**12216**
本　级	The Same Level	-1	89		14	159	15
西安市	Xi'an	1161	108	6	974	24	1975
铜川市	Tongchuan				59		172
宝鸡市	Baoji		4		82		1606
咸阳市	Xianyang		360		123		2203
渭南市	Weinan		39		35		2142
延安市	Yan'an		3		127	30	1382
汉中市	Hanzhong				36	0	1138
榆林市	Yulin		0		151		708
安康市	Ankang		1		26		283
商洛市	Shangluo		0		1		591

18-6 人身险分险种保费收入(2010年)
Premium of Life Insurance Transactions by Type (2010)

单位：万元 (10 000 yuan)

地区	Region	普通寿险 Ordinary life Insurance	分红寿险 Dividends Life Insurance	投资连结保险 Investment Links Insurance	万能保险 Universal Life Insurance	健康险 Health Insurance	意外伤害险 Accident Insurance
全 省	**Shaanxi**	**278252**	**1743078**	**6792**	**258377**	**131155**	**48749**
西安市	Xi'an	89818	829050	6408	202728	82532	22564
铜川市	Tongchuan	9009	18147		1952	2813	997
宝鸡市	Baoji	28290	198586	123	7146	9853	3817
咸阳市	Xianyang	36871	227614	205	12806	9481	2987
渭南市	Weinan	37167	191688	3	10549	8731	3873
延安市	Yan'an	12942	36947	31	4231	2863	1948
汉中市	Hanzhong	18468	113390	5	12498	4500	3235
榆林市	Yulin	15508	46258	14	2476	3323	6393
安康市	Ankang	13150	43164	3	2826	2927	1778
商洛市	Shangluo	17029	38234		1166	4132	1157

18-7 人身险赔款与给付支出(2010年)
Expenditure of Life Insurance Payments(2010)

单位：万元 (10 000 yuan)

地区	Region	合计 Total	普通寿险 Ordinary life Insurance	分红寿险 Dividends Life Insurance	投资连结保险 Investment Links Insurance	万能保险 Universal Life Insurance	健康险 Health Insurance	意外险 Accident Insurance
全 省	**Shaanxi**	**299684**	**81721**	**168331**	**356**	**3241**	**16771**	**29263**
本 级	The Same Level	116					91	25
西安市	Xi'an	124183	34054	65941	346	1697	7479	14666
铜川市	Tongchuan	5583	2588	1597		47	261	1089
宝鸡市	Baoji	46671	7237	35600	1	153	1298	2383
咸阳市	Xianyang	42534	9324	29643	4	384	861	2318
渭南市	Weinan	30346	9183	17944	5	373	1230	1611
延安市	Yan'an	7889	3080	2562		96	772	1379
汉中市	Hanzhong	16386	5145	8210		269	1094	1668
榆林市	Yulin	10554	3831	3274		61	2346	1042
安康市	Ankang	5955	2880	1334		123	789	829
商洛市	Shangluo	9467	4399	2226		39	549	2253

主要统计指标解释

信贷资金 指金融机构以信用方式积聚和分配的货币资金。金融机构信贷资金的来源有各项存款、金融债券、对国际金融机构负债、流通中现金、其他项目等；信贷资金的运用有各项贷款、有价证券及投资、金银占款、外汇占款、财政借款及在国际金融机构中的资产等。

存款 指企业、机关、团体或居民根据资金必须收回的原则，把货币资金存入银行或其他信贷机构保管并取得一定利息的一种信用活动形式。根据存款对象或性质的不同可划分为企业存款、财政存款、机关团体存款、城乡储蓄存款、农业存款、信托及委托类存款、其他存款等科目。它是银行信贷资金的主要来源。

贷款 指银行或其他信贷机构根据资金必须归还的原则，按一定利率，为企业、个人等提供资金的一种信用活动形式。我国银行贷款分为短期贷款、委托及信托类贷款、其他类贷款等。

保险公司 在中国境内的、经过保险监督管理部门批准设立，并依法登记注册的各类商业保险公司。

保险金额 指保险人承担赔偿或者给付保险金责任的最高限额。

保费 指投保人为取得保险人在约定范围内所承担赔偿责任而支付给保险人的费用。

赔款 指保险人根据保险合同的规定，向被保险人支付的赔偿保险责任损失的金额。

给付 包括死伤医疗给付和满期给付。死伤医疗给付是指保险人根据人寿保险及长期健康保险合同的规定，因被保险人在保险期内发生保险责任范围内的保险事故支付给被保险人(或受益人)的金额。满期给付是指被保险人生存期满，保险人按人寿保险合同规定支付给被保险人的满期保险金额。

Explanatory Notes on Main Statistical Indicators

Credit Funds refer to the monetary funds accumulated and distributed in the means of credit by the financial institutions. The sources of credit funds include various deposits, financial bonds, liabilities to international financial institutions, currency in circulation, other items. The uses of credit funds include loans, securities and investment, position for bullion and silver purchase, position for foreign exchange purchase, advances to treasury, and assets with international financial institutions..

Deposit is a form of credit by which enterprises, institutions, organizations or households can put money into banks and other credit institutions for safekeeping and interest earning under the principle of free withdrawal. According to different depositors, deposits are divided into enterprise deposits, fiscal deposits, deposits of government agencies and organizations, savings deposits of rural and urban households, agricultural savings deposits, entrusted deposits and other deposits. Deposits are major sources of the credit funds of banks.

Loan is a form of credit by which banks and other credit institutions provide funds at certain interest rate to enterprises and individuals in the light of the principle of unconditional repayment. Loans from Chinese banks include short-term loan, medium- term and long-term loans, entrusted loans, and other loans.

Insurance Companies refer to commercial insurance companies of various forms registered by law and established in China with the approval of insurance regulatory agencies.

Amount Insured refers to the maximum that the insurant will get for the claim of the case insured.

Premium is the fee paid by the insurant to the insurer to obtain the obligation of compensation from the insurance within the agreed terms.

Settled Claim is the compensation paid by the insurer to the insurant in accordance with the insurance contract.

Payment includes payment for death, injury or medical treatment and payment at maturity. Payment for death, injury or medical treatment refers to the money paid to the insurant (or the beneficiary) in accordance with the life or health insurance contract when the insurant encounters accidents within the insured period covered in the contract. Payment at maturity refers to the payment to the insurant in accordance with the life insurance contract at the end of the insured period.

十九、教育、科技和文化

资料整理：杨小侠　杨　毅　宋　鑫

19.教育、科技和文化

2010 年全省		
普通高等学校在校学生	92.78	万人
图书出版量	19830	万册
杂志出版量	7522	万册
报纸出版量	62239	万份

高等学校毕业生数(万人)

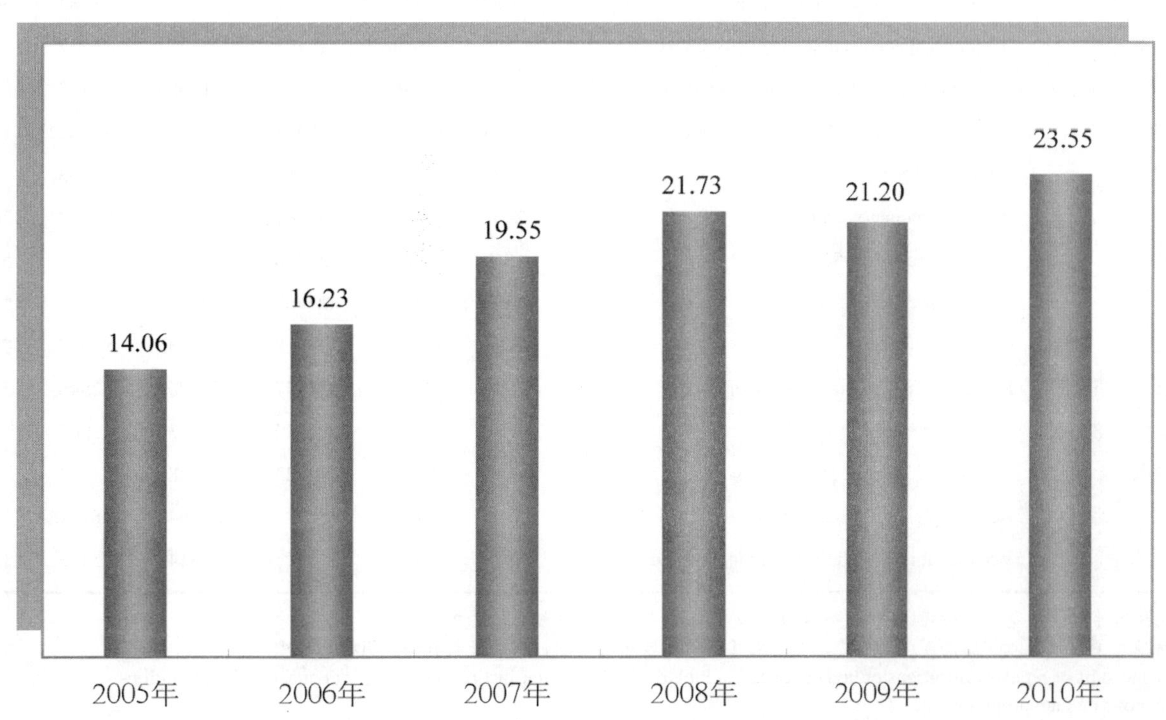

19-1 各级各类教育基本情况(2010年)

Basic Statistics on Schools by Level and Type of School(2010)

指标	Item	学校数(所) Number of Schools (unit)	毕业生数(人) Graduates (person)	招生数(人) New Enrollment (person)	在校学生数(人) Total Enrollment (person)	教职工数(人) Teachers and Staff (person)	# 专任教师 Full-time Teachers
一、高等教育	Higher Education	133	340069	431007	1329828	103174	61616
1.研究生(含科研机构)	Institutions Providing Postgraduate Programs (Include Research Institutions)	50	21709	28806	85328		690
# 普通高校	Regular Institutions of Higher Education		21312	28312	83818		
2.普通高等教育	Regular Higher Education	78	235507	274371	927769	98536	58288
# 地方院校	Local Universities	72	209581	245943	813524	75806	47167
(1)本　科	Enrolled in Full Undergraduate Courses		113140	154904	545712		
# 地方院校	Local Universities		87655	126476	431945		
(2)专　科	Enrolled in Specialized Courses		122367	119467	382057		
# 地方院校	Local Universities		121926	119467	381579		
3.成人高等教育	Higher Education for Adult	19	51249	73614	197136	3813	2262
# 成人高等学校	Institutions of Higher Education for Adult		8644	9277	24222		
4.网络本专科	Students Enrolled in Internet-based Courses		26449	48478	100338		
# 本　科	Enrolled in Full Undergraduate Courses		16589	23853	53085		
5.自考助学班	Students Taking Unified Exams after Completing Self-learning Programs		5155	5738	19257		
# 民办的其它高等教育机构	Other Private Institutions of Higher Education	10	2243	2904	11511	825	313
二、中等职业教育学校	Vocational Secondary Education	663	273496	351958	899331	51534	34619
普通中等专业学校	Regular Specialized Secondary Schools	49	50448	47491	144797	6747	3958
成人中等专业学校	Adult Specialized Secondary Schools	9	3960	8022	15956	1722	962
职业高中学校	Vocational Senior Secondary Schools	324	143900	196307	467508	22962	15847
技工学校	Technical Schools	281	75188	100138	271070	20103	13852
三、普通中学	Regular Secondary Schools	2436	937618	831841	2599086	198543	170482
高　中	Senior Secondary Schools	569	310262	338378	955861		53950
初　中	Junior Secondary Schools	1867	627356	493463	1643225		116532
四、小　学	Primary Schools	9710	505889	408618	2610355	190545	175184
五、幼儿园(含学前班)	Kindergartens(include Pre-schools)	3928	224013	438577	704761	52548	32088
六、特殊教育学校	Special Education	40	1199	1419	7837	967	748
七、工读学校	Schools for Juvenile Delinquents	1	25	23	86	44	7
八、成人中、小学	Adult High and Primary Schools	5096	277153		290642	8171	4080
九、职业技术培训机构	Vocational and Technical Training Institution	9629	1428454		1528149	25438	12734

注：1.研究生培养机构中所含24所普通高等学校的教职工数已计入高等学校教职工总数中。
　　2.12所独立学院未计入普通高等学校数中，其学生及教职工数等已分别计入高等教育相应指标总数中。

a) Teachers and staff of regular institutions of higher education include the 24 regular institutions of higher education in institutions providing postgraduate programs.

b) 12 non-university tertiary don't count the number of regular institutions of higher education schools. But its students and teachers count corresponding item of regular institutions of higher education respectively.

19-2 普通高等学校基本情况
Basic Statistics on Regular Institutions of Higher Education

年份 Year	学校数(所) Number of Schools (unit)	招生数(万人) New Enrollment (10 000 persons)	在校学生数(万人) Total Enrollment (10 000 persons)	毕业生数(万人) Graduates (10 000 persons)	教职工数(人) Teachers and Staff (person)	#专任教师 Full-time Teachers
1978	30	1.37	3.44	0.82	27210	10699
1980	34	1.44	5.39	0.38	31694	12066
1985	45	2.86	8.21	1.47	43210	16516
1990	47	2.62	9.54	2.81	51130	19558
1991	47	2.72	9.43	2.69	51284	19434
1992	45	3.29	10.07	2.61	50948	19384
1993	45	4.16	11.73	2.49	51084	19373
1994	47	3.87	12.69	2.82	52218	20148
1995	46	4.07	12.83	3.75	52440	20200
1996	43	4.28	13.56	3.71	50981	19730
1997	43	4.30	14.10	3.52	50400	19302
1998	42	4.53	15.09	3.44	49279	19250
1999	43	6.90	18.19	3.68	50819	19750
2000	39	9.52	24.17	3.51	52220	20723
2001	47	11.55	31.74	4.35	58846	23613
2002	52	14.70	41.16	5.16	63412	27637
2003	57	16.84	49.97	7.98	67405	35716
2004	62	19.98	58.39	11.10	74607	37145
2005	72	20.89	66.69	14.06	82317	42864
2006	76	21.91	72.62	16.23	87981	47549
2007	76	24.36	77.65	19.55	90306	50741
2008	76	27.64	83.97	21.73	94196	53740
2009	77	27.30	89.37	21.20	96485	56171
2010	78	27.44	92.78	23.55	98536	58288

19-3 中等职业学校基本情况
Basic Statistics on Vocational Secondary Schools

年份 Year	学校数(所) Number of Schools (unit)	招生数(万人) New Enrollment (10 000 persons)	在校学生数(万人) Total Enrollment (10 000 persons)	毕业生数(万人) Graduates (10 000 persons)	教职工数(人) Teachers and Staff (person)	#专任教师 Full-time Teachers
1978	89	1.77	2.93	0.45	10401	3297
1980	162	2.54	6.55	0.92	15246	5699
1985	382	5.54	11.92	3.14	29279	11893
1990	499	7.48	17.99	5.89	39880	17960
1991	520	8.28	19.49	6.53	40804	18524
1992	524	9.18	21.20	6.43	40731	18500
1993	519	9.16	21.91	6.46	41620	18883
1994	521	9.22	23.08	7.11	41111	19067
1995	569	11.64	27.01	8.39	41736	20926
1996	591	13.08	29.56	8.76	43031	21689
1997	588	13.96	32.54	9.02	40318	21095
1998	652	14.23	34.70	10.24	42719	22628
1999	658	14.90	37.37	10.72	41037	21606
2000	648	13.66	36.37	11.38	40692	21693
2001	535	13.07	34.43	11.49	38050	20746
2002	533	17.26	38.54	10.80	37540	22760
2003	607	20.12	45.57	12.14	41265	25043
2004	588	22.61	50.88	13.33	41817	23868
2005	563	25.43	55.84	15.92	40698	28525
2006	573	28.78	63.55	18.12	40347	25902
2007	691	37.18	76.44	23.09	31986	20916
2008	676	37.19	84.99	25.41	49713	35742
2009	680	35.23	89.91	25.98	52727	36834
2010	663	35.20	89.93	27.35	51534	34619

19-4 普通中学基本情况
Basic Statistics on Regular Secondary Schools

年 份 Year	学校数 (所) Number of Schools (unit)	招生数 (万人) New Enrollment (10 000 persons)	在校学生数 (万人) Total Enrollment (10 000 persons)	毕业生数 (万人) Graduates (10 000 persons)	教职工数 (人) Teachers and Staff (person)	# 专任教师 Full-time Teachers
1978	7558	90.52	193.47	73.47	116097	91701
1980	5838	52.56	180.85	31.21	127056	97643
1985	3103	56.24	170.33	41.32	122187	93102
1990	3041	47.18	132.64	45.95	127861	98272
1991	2974	48.79	135.07	41.64	128134	98641
1992	2900	47.66	137.33	36.31	130290	99841
1993	2843	47.02	129.62	39.64	128103	98672
1994	2829	51.23	134.24	37.75	128118	99166
1995	2788	55.71	145.07	37.48	129046	100084
1996	2697	56.16	157.21	39.74	131298	102723
1997	2645	65.12	169.01	44.03	134072	105457
1998	2614	70.11	183.60	47.78	137332	109569
1999	2586	78.84	204.41	51.28	142131	115007
2000	2599	88.94	230.52	56.25	149267	122279
2001	2680	97.02	254.75	63.42	160109	131183
2002	2699	103.01	278.26	72.35	169628	140192
2003	2714	104.15	295.41	80.51	178330	148437
2004	2719	103.73	302.56	90.27	185508	154242
2005	2727	102.44	304.56	97.20	191041	159138
2006	2688	102.32	307.93	97.72	193560	162876
2007	2637	96.95	300.09	101.67	195705	166340
2008	2583	93.73	288.87	101.84	198259	169126
2009	2509	88.08	274.68	98.86	198656	170177
2010	2436	83.18	259.91	93.76	198543	170482

19-5 普通小学基本情况
Basic Statistics on Regular Primary Schools

年 份 Year	学校数 (所) Number of Schools (unit)	招生数 (万人) New Enrollment (10 000 persons)	在校学生数 (万人) Total Enrollment (10 000 persons)	毕业生数 (万人) Graduates (10 000 persons)	教职工数 (人) Teachers and Staff (person)	# 专任教师 Full-time Teachers
1978	39747	117.01	450.51	67.91	180682	173003
1980	40800	87.10	452.14	58.76	198082	187394
1985	38815	59.93	367.87	61.41	186208	169225
1990	37155	58.42	353.75	42.74	193292	176756
1991	36963	66.03	363.99	44.84	194719	177956
1992	36693	71.85	379.08	45.04	195881	178648
1993	36578	76.15	397.78	44.82	198194	180592
1994	36456	82.89	425.00	46.64	201217	184164
1995	36471	86.30	451.58	50.12	200359	183152
1996	36201	85.97	474.27	53.79	198460	181326
1997	36025	83.05	489.93	59.33	199093	180704
1998	34634	77.31	496.58	66.00	193177	175173
1999	34336	71.57	492.18	71.73	196011	178655
2000	33336	68.22	480.93	77.00	199395	182297
2001	29359	66.87	461.57	81.32	200185	183464
2002	26989	59.51	433.22	83.04	203733	188394
2003	24922	53.01	401.48	80.62	206447	190964
2004	22988	48.16	370.97	76.57	204007	188062
2005	20711	43.59	340.09	72.46	203262	186644
2006	18590	48.52	325.11	67.98	200256	184573
2007	16316	45.43	305.53	65.26	198058	182940
2008	14185	43.18	286.48	61.79	196323	180898
2009	11583	40.99	271.44	55.56	193530	178320
2010	9710	40.86	261.04	50.59	190545	175184

19-6　技工学校基本情况(2010年)

Basic Statistics on Technical Schools(2010)

指　　标	Item	学校数 (所) Number of Schools (unit)	招生数 (人) New Enrollment (person)	在校学生数 (人) Total Enrollment (person)	毕业生数 (人) Graduates (person)	教职工数 (人) Teachers and Staff (person)	# 专任教师 Full-time Teachers
总　　计	**Total**	**281**	**100138**	**271070**	**75188**	**20103**	**13852**
一、劳动部门办校	Run by Labour Department	18	4603	12273	7360	1434	904
二、国有经济单位办校	Run by State-owned Unit	87	29046	84798	30640	6252	4639
行业办校	Run by Sector	34	11191	34709	14276	2623	1824
企业办校	Run by Enterprise	53	17855	50089	16364	3629	2815
三、国家各部委办校	Run by National Various Ministries and Commissions	2	2135	7441	4266	808	487
四、民　办	Run by Private	174	64354	166558	32922	11609	7822

19-7　全省科技活动情况

Scientific and Technological Activities in the Whole Province

指　　标	Item	2009	2010
一、从事科技活动人员　(人)	Personnel Engaged in S&T Activities　(person)	192068	206929
中　央	Central	101509	
地　方	Local	90559	
二、机构数　(个)	Number of Institutions　(unit)		
1.科研院所	Research Institutions	120	116
2.高等院校	Regular Institutions of Higher Education	241	293
3.大中型工业企业	Large and Medium-sized Industrial Enterprises	329	299
4.其　他	Others	195	192
三、R&D经费内部支出　(万元)	Internal Expenditure on R&D　(10 000 yuan)	1895063	2175042
1.按来源构成分	By Composition of Source		
政府资金	Government Funds	1152301	1309954
企业资金	Self-raised Funds by Enterprises	667717	767315
金融机构贷款	Loans from Finance Institutions	5030	
境外资金	Foreign capital		1257
其他资金	Others	70015	96516
2.按隶属关系分	By Jurisdiction of Management		
中　央	Central	1551898	1775143
地　方	Local	343165	399899
四、科技成果与著作情况	Achievements and Books in S&T		
1.科技论文　(篇)	Technical and Scientific Papers　(piece)	57457	60690
2.出版科技著作　(种)	Kinds of Published Scientific Books　(unit)	1352	1417

19-8 全省地方登记的科技成果
Achievements in Science and Technology in the Whole Province

单位：项 (unit)

行 业	Sector	2005	2009	2010
总 计	**Total**	**405**	**644**	**688**
农、林、牧、渔业	Agriculture, Forestry, Animal Husbandry and Fishery	62	92	79
采矿业	Mining	16	38	51
制造业	Manufacturing	75	127	151
电力、燃气及水的生产和供应业	Production and Distribution of Electricity,Gas and Water	42	83	61
建筑业	Construction	22	13	18
交通运输、仓储及邮电通讯业	Traffic, Transport, Storage and Post	47	57	50
信息传输、计算机服务和软件业	Information Transmission, Computer Services and Software		35	26
科学研究、技术服务业和地质勘探业	Scientific Research, Technical Service and Geologic Prospecting	39	57	37
水利.环境和公共设施管理业	Management of Water Conservancy, Environment and Public Facilities	15	18	12
教 育	Education	8	3	1
卫生、社会保障和社会福利业	Health, Social Security and Social Welfare	44	85	65
公共管理和社会组织	Public Management and Social Organization			
国际组织	International Organizations			
其 他	Others		36	137

19-9 地方国有企事业单位各类专业技术人员(2010年)
Number of Professional and Technical Personnel in Provincial State-owned Enterprises and Institutions(2010)

单位：人 (person)

行 业	Sector	企业单位						事业单位
		专业技术人员 Enterprises Total	#工程技术人员 Engineering	#农业技术人员 Agriculture	#科学研究人员 Scientific Research	#卫生技术人员 Health Care	#教学人员 Teaching	专业技术人员 Institutions Total
总 计	**Total**	**127654**	**65785**	**1007**	**392**	**7767**	**2894**	**605240**
农、林、牧、渔业	Agriculture, Forestry, Animal Husbandry and Fishery	2600	686	608	40	243	77	34217
采矿业	Mining	27962	13381	247	144	2978	1251	255
制造业	Manufacturing	47114	25626	39	84	2585	1188	917
电力、燃气及水的生产和供应业	Production and Distribution of Electricity, Gas and Water	7790	5080	8		23	70	1149
建筑业	Construction	17880	13113	10	5	229	37	4312
交通运输、仓储及邮电通讯业	Traffic, Transport, Storage and Post	5756	2430	11		136	73	6687
信息传输、计算机服务和软件业	Information Transmission, Computer Services and Software	58	20	1			2	857
批发和零售业	Wholesale and Retail Trades	5812	315	26	3	957	19	230
住宿和餐饮业	Hotels and Catering Services	727	113			14	12	203
金融业	Financial Intermediation	873	101	5	2	2	1	2403
房地产业	Real Estate	896	419	15		16	11	1167
租赁和商务服务业	Leasing and Business Services	592	71	1		1		234
科学研究、技术服务业和地质勘探业	Scientific Research, Technical Service and Geologic Prospecting	3967	3347	1	112	39	11	9638
水利.环境和公共设施管理业	Management of Water Conservancy, Environment and Public Facilities	950	513		2	5	1	23292
居民服务和其他服务业	Services to Households and Other Services	1799	365	20		127	23	10016
教 育	Education	119	4				99	378833
卫生、社会保障和社会福利业	Health, Social Security and Social Welfare	481	17			373		106026
文化、体育和娱乐业	Culture, Sports and Entertainment	2050	103	14		26	16	15441
公共管理和社会组织	Public Management and Social Organization	228	81	1		13	3	9363

19-10　各类技术合同签定情况

Statistics on Technical Contracts Signed by Type

指　标	Item	合同数(项) Number of Contracts (unit)		成交金额(亿元) Turnover Fulfilled (100 million yuan)	
		2009	2010	2009	2010
合　计	**Total**	**6252**	**9471**	**71.61**	**102.59**
技术开发合同	Technical Development Contracts	3196	4742	46.6	60.61
技术转让合同	Technology Transfer Contracts	345	603	8.07	13.79
技术咨询合同	Technical Consultation Contracts	254	367	2.21	2.66
技术服务合同	Technical Service Contracts	2457	3759	14.74	25.54

19-11　专　利　项　目

Patent Items

单位:件　(piece)

指　标	Item	2005	2006	2007	2008	2009	2010
一、申请量总计	**Patents Application Accepted**	**4166**	**5717**	**8499**	**11898**	**15570**	**22949**
发明专利	Inventions	1693	1815	2412	3775	5858	8138
实用新型专利	Utility Models	1817	2166	2779	3961	5798	7939
外观设计专利	Designs	656	1736	3308	4162	3914	6872
二、授权量总计	**Patents Application Granted**	**1894**	**2473**	**3451**	**4392**	**6087**	**10034**
发明专利	Inventions	445	602	755	962	1342	1887
实用新型专利	Utility Models	1131	**1443**	2034	2774	3446	6093
外观设计专利	Designs	318	428	662	656	1299	2054

19-12 文化事业
Development of Culture Industry

指标	Item	2005	2009	2010
艺术表演团体演出场次(万场次)	Number of Performance of Art Troupes (10 000 shows)	2.2	2.1	1.8
观众人次 (万人次)	Number of Spectators (10 000 person-times)	1916	2391	3093
图书馆藏书数 (万册)	Total Collections in Public Libraries (10 000 volumes)	887	1059	1127
书刊文献外借人次 (万人次)	Number of Books Borrowed by the Readers (10 000 person-times)	136	190	196
书刊文献外借册数 (万册次)	Number of Books and Magazines Lent to Readers (10 000 volume-times)	242	258	305

19-13 文化事业机构和人员
Number of Institution and Personnel in Cultural Industry

指标	Item	2005		2009		2010	
		机构数 (个) Number of Institutions (unit)	人数 (人) Number of Persons (person)	机构数 (个) Number of Institutions (unit)	人数 (人) Number of Persons (person)	机构数 (个) Number of Institutions (unit)	人数 (人) Number of Persons (person)
总计	**Total**	**2325**	**20672**	**2286**	**18662**	**2306**	**18454**
一、艺术事业	Arts	220	8402	206	8185	196	7566
# 表演团体	Arts Performance Troupes	113	7056	111	7086	107	6515
表演场所	Arts Performance Places	107	1346	95	1099	89	1051
二、图书馆事业	Public Libraries	111	1767	112	1944	112	1988
三、群众文化事业	Mass Culture	1611	2929	1801	5830	1827	5807
四、艺术教育事业	Culture and Education	10	480	7	359	7	383
五、其他文化产业	Other Cultural Units	26	578	144	2169	151	2559

19-14 群众艺术馆、文化馆(站)活动情况

Activities Statistics on Mass Art Centers and Cultural Centers(Stations)

指标		Item		2005	2009	2010
机构数	(个)	Number of Institutions	(unit)	1732	1801	1827
举办展览次数	(次)	Number of Exhibitions	(unit)	3728	4388	4583
组织文艺活动次数	(次)	Art Performances and Story-telling Sessions	(time)	8282	13592	13306
举办训练班班次	(次)	Number of Training Courses	(time)	5305	8327	9665
举办训练班结业人数	(万人次)	Number of Training Course Completers	(10 000 person-times)	13	55	53
藏书	(万册)	Books Collected	(10 000 volumes)	126	192	213
总收入	(万元)	Total Income	(10 000 yuan)	5735	22995	24822
总支出	(万元)	Total Expenditure	(10 000 yuan)	5774	22740	26052

注：本表含乡镇文化站的活动情况。
a) Data in this table include those of township cultural stations.

19-15 文 物 事 业

Development of Cultural Relics

指标		Item		2005	2009	2010
一、文物机构		**Cultural Relics Institutions**				
机构数	(个)	Number of Institutions	(unit)	223	205	216
人员数	(人)	Number of Persons	(person)	2324	2430	2899
藏品件数	(万件)	Number of Collections	(10 000 pieces)	8.77	8.32	12.95
# 一级品		Grade One		0.02	0.03	0.05
参观人次	(万人次)	Number of Spectators	(10 000 person-times)	347.9	816.0	674.3
二、博物馆		**Museums**				
机构数	(个)	Number of Institutions	(unit)	82	101	106
人员数	(人)	Number of Persons	(person)	3151	4196	4373
藏品件数	(万件)	Number of Collections	(10 000 pieces)	58.50	76.10	76.70
# 一级品		Grade One		0.35	0.63	0.64
参观人次	(万人次)	Number of Spectators	(10 000 person-times)	830.4	959.3	1498

19-16 图书出版

Number of Books Published

类别	Category	图书种数(种) Number of Publications (kind) 2009	2010	总印数(万册) Printed Copies (10 000 copies) 2009	2010
图书总计	**Total**	**5870**	**6379**	**19801**	**19830**
一、使用“中国标准书号”部分合计	Publications with "China International Standard Book Number"	5733	6370	19602	19705
A.马列主义、毛泽东思想	Marxism-Leninism, Mao Zedong Thought	16	19	162	19
B.哲　学	Philosophy	101	126	149	160
C.社会科学总论	General Social Sciences	50	59	40	40
D.政治、法律	Politics and Law	118	130	140	161
E.军　事	Military Affairs	32	24	15	19
F.经　济	Economics	200	211	85	77
G.文化、科学、教育、体育	Culture, Science, Education and Sports	2630	2871	17089	13877
H.语言、文字	Languages	318	491	391	516
I.文　学	Literature	380	380	404	1413
J.艺　术	Arts	177	223	70	609
K.历史、地理	History and Geography	287	305	356	2044
N.自然科学总论	General Natural Sciences	9	5	3	2
O.数理科学、化学	Mathematics and Chemistry	129	167	59	93
P.天文学、地球科学	Astronomy and Geology	26	32	39	15
Q.生物科学	Biology	29	66	12	28
R.医药、卫生	Medicine and Health Care	291	322	155	162
S.农业科学	Agricultural Science	108	120	87	82
T.工业技术	Industrial Technology	738	710	305	291
U.交通运输	Transportation	13	20	6	7
Y.航空、航天	Aeronautics and Aerospace	14	18	2	7
X.环境科学	Environmental Science	11	15	6	4
Z.综合性图书	General Books	56	56	27	79
二、不使用“中国标准书号”部分合计	Publications without "China International Standard Book Number"	40	9	199	125

19-17 杂志、报纸出版

Number of Magazines and Newspapers Published

类别	Category	种数(种) Number of Publications (kind) 2009	2010	总印数(万份) Printed Copies (10 000 copies) 2009	2010	总印张(千印张) Printed Sheets (1 000 sheets) 2009	2010
一、杂　志	**Magazines**	**265**	**365**	**6192**	**7522**	**316876**	**516477**
1.综　合	Synthesis	6	6	53	132	2530	12968
2.哲学、社会科学	Philosophy and Social Science	50	50	2665	2014	165965	148353
3.自然科学技术	Natural Science and Technology	160	156	745	1410	23172	83245
4.文化教育	Culture and Education	33	34	1551	1696	58537	188569
5.文学、艺术	Literature and Arts	12	15	417	512	20947	23216
6.少年儿童	Children's Books	3	4	755	1750	45023	59679
7.画　刊	Pictorials	1	1	6	8	702	447
二、报　纸	**Newspapers**	**44**	**44**	**65556**	**62239**	**3243325**	**3924361**
1.省　级	Provincial-level Newspapers	29	29	39642	37570	2283410	2749882
2.市　级	City-level Newspapers	15	15	25914	24669	959915	1174479

19-18 广播电视基本情况

Basic Statistics on Radio and Television

指　标	Item	2008	2009	2010
一、无线广播宣传基本情况	**Radio**			
广播电台 (座)	Number of Broadcasting Stations (set)	11	11	11
调频广播发射台 (座)	Relaying Stations of Frequency Modulation Broadcasting (unit)	151	159	165
调频广播发射机部数和功率 (部／千瓦)	Stations and Power of Frequency Modulation Broadcasting (unit/kw)	220/236	229/245	244/277
节目套数 (套)	Number of Radio Programs (set)	100	102	101
全年播出时间(时:分)	Length of Public Radio Programs Broadcasted(hour:minute)	371661：52	393830：44	405854:32
广播人口覆盖率 (%)	Radio Coverage of Population (%)	94.89	96.32	96.71
全年制作广播节目(时)	Length of Radio Programs Produced (hour)	197525	200144	197299
新闻节目	News Programs	30546	34215	39349
专题节目	Special Subject Programs	52073	61314	53143
文艺节目	General Entertainment Programs	65600	62503	55637
其他类	Others	49306	42112	49170
二、电视宣传基本情况	**Television**			
电视台 (座)	Number of TV Stations (set)	11	11	11
发射台及转播台 (座)	TV Transmission and Relaying Stations (unit)	125	129	123
发射机功率(部／千瓦)	Power of Transmision (unit/kw)	206/414.17	223/431.47	251/526.33
节目套数 (套)	Number of TV Programs (set)	123	123	123
全年播出时间(时:分)	Length of Public TV Programs Broadcasted (hour:minute)	546678：00	557044：26	577862:01
电视人口覆盖率 (%)	TV Coverage of Population (%)	96.24	97.51	97.70
制作电视节目 (时)	Length of TV Programs Produced (hour)	73746	79415	83275
新闻节目	News Programs	19260	21712	24251
专题节目	Special Subject Programs	22046	21279	20054
文艺节目	General Entertainment Programs	12007	12256	11520
影视剧节目	TV Play Programs	403	1628	1729
其他节目	Others	20030	22540	25721
三、县广播电视台 (个)	Number of Broadcasting Stations (unit)	88	88	88

注：调频广播发射台和发射机从2007年起不再统计1-3W的小功率发射机。

a) Since 2007, data of frequency modulation broadcasting stations and transmitter don't count the 1-3w low-power transmitter.

19-19 各市(区)文化事业情况(2010年)

Basic Statistics on Cultural Industry by City(District)(2010)

地　区	Region	公共图书馆 (个) Public Libraries (unit)	公共图书馆藏书量 (千册) Total Collections (1000 volumes)	群众艺术馆文化馆 (个) Art Centers Cultural Centers (unit)	文化站 (个) Cultural Stations (unit)	广播人口覆盖率 (%) Radio Coverage of Population (%)	电视人口覆盖率 (%) TV Coverage of Population (%)
全　省	**Shaanxi**	**112**	**11271**	**120**	**1707**	**96.71**	**97.70**
西安市	Xi'an	14	998	14	182	99.40	98.57
铜川市	Tongchuan	5	439	5	42	98.72	99.75
宝鸡市	Baoji	13	1128	14	145	99.45	99.44
咸阳市	Xianyang	12	1067	14	181	99.24	99.58
渭南市	Weinan	11	792	12	182	93.78	96.07
延安市	Yan'an	13	613	15	176	99.30	99.60
汉中市	Hanzhong	11	587	12	217	98.00	98.40
榆林市	Yulin	12	1047	13	217	94.97	95.30
安康市	Ankang	11	504	11	199	88.14	92.46
商洛市	Shangluo	8	508	8	161	93.01	98.34
杨凌示范区	Yangling	1	4	1	5	100.00	100.00
省直单位	Others	1	3484	1			

主要统计指标解释

普通高等学校 指按国家规定的设置标准和审批程序批准举办的，通过全国普通高等学校统一招生考试，招收高中毕业生为主要培养对象，实施高等学历教育的全日制大学、独立设置的学院和高等专科学校、高等职业学校及其他机构（独立学院和分校、大专班）。

大学、独立设置的学院主要实施本科层次以上教育。高等专科学校、高等职业学校实施专科层次教育。其他机构是承担国家普通招生计划任务不计校数的机构，包括独立学院、普通高等学校分校、大专班和批准筹建的普通高等学校等。独立学院指由普通本科高校按新机制、新模式举办的本科层次的二级学院，一些普通本科高校按公办机制和模式建立的二级学院，“分校”或其他类似的二级办学机构不属此范畴。

成人高等学校 指按照国家规定的设置标准和审批程序批准举办的，通过全国成人高等教育统一招生考试，招收具有高中毕业或同等学历的人员为主要培养对象，利用函授、业余、脱产等多种形式对其实施高等学历教育的学校。包括职工高等学校、农民高等学校、管理干部学院、教育学院、独立函授学院、广播电视大学、其他机构等。其他机构是承担国家成人招生计划任务不计校数的机构。

小学学龄儿童净入学率 指调查范围内已入小学学习的学龄儿童占校内外学龄儿童总数(包括弱智儿童，不包括盲聋哑儿童)的比重。计算公式为:

$$\text{小学学龄儿童净入学率}=\frac{\text{已入学的小学学龄儿童数}}{\text{校内外小学学龄儿童总数}}\times 100\%$$

专业技术人员 指从事专业技术工作和专业技术管理工作的人员，即企事业单位中已经聘任专业技术职务从事专业技术工作和专业技术管理工作的人员，以及未聘任专业技术职务，现在专业技术岗位上工作的人员。包括工程技术人员，农业技术人员，科学研究人员，卫生技术人员，教学人员，经济人员，会计人员，统计人员，翻译人员，图书资料、档案、文博人员，新闻出版人员，律师、公证人员，广播电视播音人员，工艺美术人员，体育人员，艺术人员及企业政治思想工作人员，共十七个专业技术职务类别。用来反映科技人力资源情况。

专利 是专利权的简称，是对发明人的发明创造经审查合格后，由专利局依据专利法授予发明人和设计人对该项发明创造享有的专有权。包括发明、实用新型和外观设计。反映拥有自主知识产权的科技和设计成果情况。

发明（专利） 指对产品、方法或者其改进所提出的新的技术方案。是国际通行的反映拥有自主知识产权技术的核心指标。

实用新型（专利） 指对产品的形状、构造或者其结合所提出的适于实用的新的技术方案。反映具有一定技术含量的技术成果情况。

外观设计（专利） 指对产品的形状、图案、色彩或者其结合所作出的富有美感并适于工业上应用的新设计。反映拥有自主知识产权的外观设计成果情况。

艺术表演团体 指由文化部门主办或实行行业管理（经文化市场行政部门审批或已申报登记并领取相关许可证），专门从事表演艺术等活动的各类专业艺术表演团体，含民间职业剧团。如话剧团、方言话剧团、滑稽剧团、儿童剧团、歌剧团、木偶团、皮影团等以及由若干剧种组成的综合性专业艺术表演团体。不包括群众业余文艺表演团体。

艺术表演场馆 指由文化部门主办或实行行业管理（经文化市场行政部门审批或已申报登记并领取相关许可证），有观众席、舞台、灯光设备，公开售票、专供文艺团体演出的文化活动场所。附属于文化部门机构内非独立核算的剧场、排演场，公开营业的也应单独统计。

广播节目综合人口覆盖率 指根据国家广电总局制定的《广播电视人口覆盖率统计技术标准和方法》进行统计调查的，在对象区内采用无线、有线、卫星等技术手段能够收听到包括中央、省、地市、县广播节目其中任意一套的人口数占总人口数的百分比。

电视节目综合人口覆盖率 指根据国家广电总局制定的《广播电视人口覆盖率统计技术标准和方法》进行统计调查的，在对象区内采用无线、有线、卫星等技术手段能够收看到包括中央、省、地市、县级电视节目中任意一套的人口数占总人口数的百分比。

有线电视入户率 通过广播电视有线传输网收看电视节目的用户数占总户数的百分比。

Explanatory Notes on Main Statistical Indicators

Regular Institutions of Higher Education refer to educational establishments set up according to the government evaluation and approval procedures, recruiting graduates from senior secondary schools as the main target by National Matriculation TEST. They include full-time universities, colleges, institutions of higher professional education, institutions of higher vocational education, institutions of higher vocational education and others (non-university tertiary, branch schools and undergraduate classes).

Universities and colleges primarily provide undergraduate courses; institutions of higher professional education and institutions of higher vocational education primarily provide professional trainings; and others refer to educational establishments, which are responsible for enrolling higher education students under the State Plan but not enumerated in the total number of schools, including: branch schools of universities and colleges, and universities and colleges that have been approved and under plan for construction. Non-university tertiary refers to the regular undergraduate branch college which is running in new mechanism and mode, excluding the branch schools and other similar branches of educational institutions.

Institutions of Higher Education for Adults refer to educational establishments, set up in line with relevant rules approved by the government, enrolling staff and workers with senior secondary school or equivalent education, and providing higher education courses in many forms of correspondence, spare time, or full time for adults. Professionals thus trained receive a qualification equivalent to graduates studying regular courses at regular universities, colleges and professional colleges. Institutions of higher learning for adults include schools of higher education for staff and workers, schools of higher education for peasants, colleges for management cadres, pedagogical colleges, independent correspondence colleges, Radio and TV universities and other educational establishments. Other educational establishments have undertakings to enrol adult students but not enumerated in the schools under the State Plan.

Net Enrolment Ratio of Primary Schools refers to the proportion of school age children enrolled at schools to the total number of school age children both in and outside schools (including retarded children, but excluding blind, deaf and mute children). The formula is:

$$\text{Net Enrolment Ratio of Primary Schools} = \frac{\text{Total Primary School - age Children at Schools}}{\text{Total Primary School - age Children Whether or Not Attending School}} \times 100\%$$

Professional and Technical Personnel refer to persons engaged in professional and technical work or in the management of professional and technical activities, i.e., people with professional or technical positions who are engaged in professional and technical work or in the management of professional and technical activities, and people without professional or technical positions but are working on professional or technical posts. They include professionals and technicians working in 17 categories of technical occupations including engineering, agriculture, scientific researches, medical service, teaching, economic research and application, accounting, statistics, translation, libraries, archives, cultural and museum service, journalism and publication, lawyers, notarization service, radio and television broadcasting, handicraft and fine arts, sports, performing art, and political workers in enterprises. This indicator reflects the condition of human resources in S&T.

Patent is an abbreviation for the patent right and refers to the exclusive right of ownership by the inventors or designers for the creation or inventions, given from the patent offices after due process of assessment and approval in accordance with the Patent Law. Patents are granted for inventions, utility models and designs. This indicator reflects the achievements of S&T and design with independent intellectual property.

Patented Inventions refer to new technical proposals to the products or methods or their modifications. This is universal core indicator reflecting the technologies with independent intellectual property.

Patented Utility Models refer to the practical and new technical proposals on the shape and structure of the product or the combination of both. This indicator reflects the condition of technological results with certain technical content.

Designs refer to the aesthetics and industrially applicable new designs for the shape, pattern and colour of the product, or their combinations. This indicator reflects the appearance design achievements with independent intellectual property.

Arts Performance Troupes refer to the various professional performing arts groups, which sponsored by the cultural sectors or guided by the cultural society (approved by the cultural market administration, or registered and permitted with the relative certificate), including non-governmental troupes, such as drama troupes, dialect troupes, comedy troupes, children troupes, Opera troupes, puppetry troupes, Shadowgraph troupes, etc., comprehensive professional arts performance troupes. The mass sparetime arts performance troupes are not included.

Arts Performance Places refer to the various sites for cultural activities, which sponsored by the cultural sectors or guided by the cultural society (approved by the cultural market administration, or registered and permitted with the relative certificate), with the facility of auditorium, stage, and lighting, and selling tickets in public, including the opera halls and rehearse sites, etc. which are affiliated to the culture sectors without independent financial accounts and open to the public.

Radio Coverage of Population refers to the percentage of population, which can listen to one of central, provincial, city, prefecture, and county radio programs by wireless, cable, satellite and other technical means, in the surveying area, to total population, according to Statistical Standard and Method on Television and Radio Coverage of Population established by the State Administration of Broadcasting, Film and Television.

Television Coverage of Population refers to the percentage of population, which can watch one of central, provincial, city, prefecture, and county television programs by wireless, cable, satellite and other technical means, in the surveying area, to total population, according to Statistical Standard and Method on Television and Radio Coverage of Population established by the State Administration of Broadcasting, Film and Television.

Cable Television Coverage of Household refers to the percentage of household, which can watch television by cable of radio and television network, to total household.

二十、体育、卫生和其他

资料整理：杨小侠

20.体育、卫生和其他

2010 年全省		
等级运动员发展人数	756	人
等级裁判员发展人数	1110	人
卫生机构数	4638	个
# 医　院	2639	个
卫生技术人员	17.77	万人
# 执业(助理)医师	6.28	万人

卫生技术人员和医生数(万人)

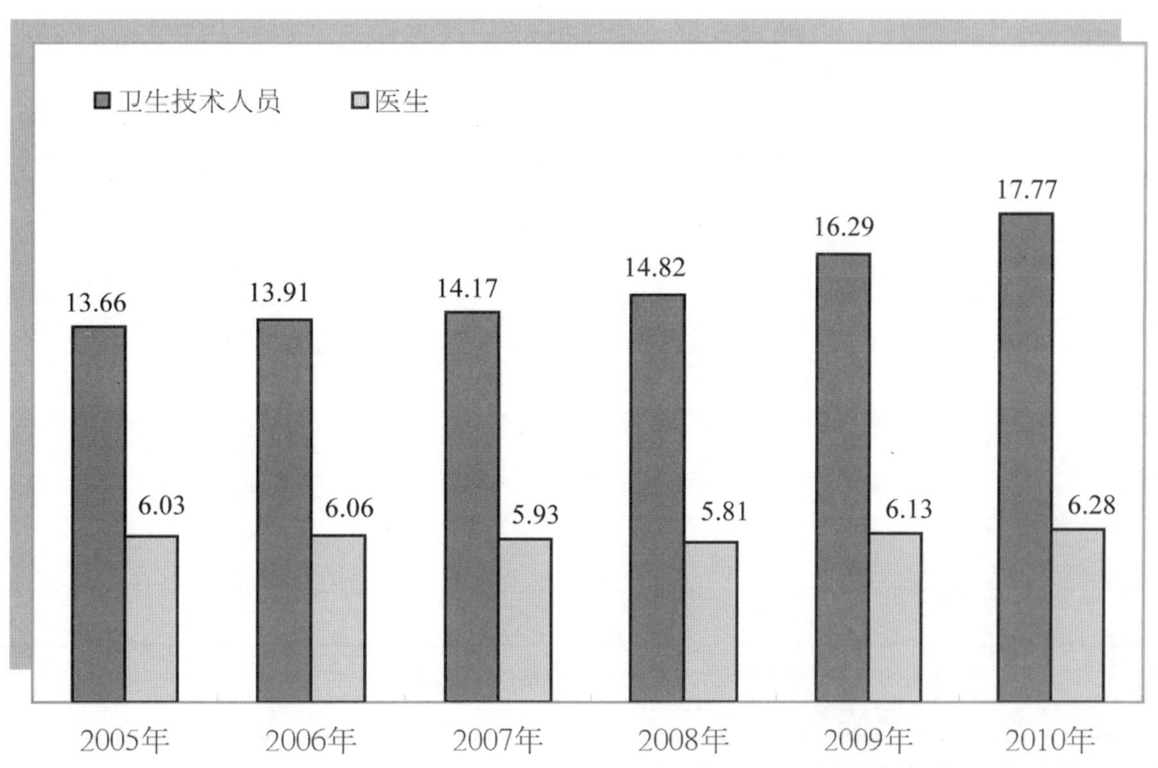

20-1 体 育 事 业
Statistics on Sports Industry

指　　标	Item	2005	2006	2007	2008	2009	2010
一、体育系统职工人数(人)	Employees Sports System(person)	4254	4354	4531	4853	5016	5572
二、等级运动员发展人数(人)	Number of Class Athlete Development (person)	691	718	576	859	727	756
# 女运动员	Female Athletes	218	238	215	242	261	374
# 国际健将	International Masters Sports	7	4	3	5	4	3
运动健将	Masters of Sports	33	26	30	19	39	14
三、等级裁判员发展人数(人)	Number of Graded Referees (person)	1509	696	934	1010	840	1110
# 女裁判员	Female Referees	259	262	348	382	282	278
# 国家级	National Referees	13	12	7	7	29	
四、少年儿童业余体校(所)	Spare-time Sports School (unit)	91	66	66	66	66	66
# 重点体校	Key Sports School	63	26	26	26	26	26
在校学生(人)	Number of Students in School (person)	9569	10248	12819	9382	7815	7626
五、各级各系统举办县级以上运动会次数(次)	Number of Games Held at All Levels of the System above the County Level (time)	181	175	182	163	161	157
六、取得冠军次数(次)	Number of Champions (time)	15	28	30	24	36	33
世界冠军	International Champion	2	6	8	7	15	10
亚洲冠军	Asian Champions	3	8	9	2	4	7
全国冠军	National Champion	10	14	13	15	17	16

注：1.2005、2006年等级运动员发展人数只统计健将级和一、二级人数。等级裁判员发展人数只统计国家级和一、二级人数。
2.2005、2006年少年儿童业余体校只统计体育系统政府办的。

a) In 2005 and 2006, the number of level athletes develop only counted the master class and secondary number; Judges in the development of the number. only counted the national level and the two numbers.

b) In 2005 and 2006, statistics on juvenile amateur sports schools only counted to government-run sports system.

20-2 等级运动员发展人数(2010年)

Number of Athletes in Grades by Type of Sports (2010)

单位：人 (person)

地 区	Region	等级运动员 Number of Athletesin Grades	# 女 Women	# 国际级健将 International Masters Sports	# 运动健将 Masters of Sports	# 一级 First Grade	# 二级 Second Grade
全 省	**Shaanxi**	**756**	**374**	**3**	**14**	**154**	**585**
省级直属	Directly under the Provincial	177	68	3	14	154	6
西安市	Xi'an	164	123				164
铜川市	Tongchuan	6	3				6
宝鸡市	Baoji	122	68				122
咸阳市	Xianyang	43	12				43
渭南市	Weinan	76	30				76
延安市	Yan'an						
汉中市	Hanzhong	83	27				83
榆林市	Yulin	19	13				19
安康市	Ankang	51	25				51
商洛市	Shangluo	15	5				15

20-3 体育活动情况(2010年)

Basic Statistics on Sports (2010)

地 区	Region	举办运动会或比赛 Games or Competitions Held		举办全民健身活动情况 Activities That the Whole Nation in Health Conducted		国际体育活动情况 International Sports Activities		电脑体育彩票销售量(万元) Computer Sports Lottery Sales (10 000 yuan)	电脑体育彩票应分配公益金(万元) Computer Sports Lottery Should Be Allocated for the Community Chest (10 000 yuan)
		举办综合运动会(次) General Games Held (time)	举办单项比赛(次) Games Held in Individual (time)	举办全民健身活动(次) Times of Activities That the Whole Nation in Health Conducted (time)	参加活动人数(万人) Number of People Participate in Activities (10 000 persons)	出访起数(起) The Number of Visits (time)	出访人次(人次) The Number of Visits (person/time)		
全 省	**Shaanxi**	**121**	**561**	**461**	**191**	**4**	**28**	**133454**	**8332**
省级直属	Directly under the Provincial					4	28		
西安市	Xi'an	19	117	76	20			48110	2901
铜川市	Tongchuan	2	3	27	3			2430	149
宝鸡市	Baoji	15	75	45	13			9076	575
咸阳市	Xianyang	15	53	37	17			10762	680
渭南市	Weinan	12	63	39	26			11493	736
延安市	Yan'an	18	59	87	43			13082	829
汉中市	Hanzhong	17	62	38	25			7402	482
榆林市	Yulin	11	65	32	12			19764	1236
安康市	Ankang	6	41	34	10			7979	522
商洛市	Shangluo	6	23	46	22			3127	207
杨凌示范区	Yangling							229	15

20-4 卫生机构、床位及人员数
Number of Health Units, Beds and Staff

年份 Year	卫生机构(个) Health Institutions (unit)	#医院 Hospitals	卫生机构床位(万张) Number of Hospital Beds (10 000 beds)	#医院 Hospitals	卫生技术人员(万人) Medical Technical Personnel (10 000 persons)	#医生 Doctors	#护士(师) Nurses
1978	5598	3064	5.39	4.99	7.12	3.43	1.11
1979	5780	3078	5.78	5.32	7.58	3.60	1.17
1980	5845	3095	6.08	5.52	8.05	3.72	1.19
1981	6158	3109	6.37	5.72	8.84	4.07	1.40
1982	6369	3113	6.51	5.92	9.23	4.20	1.57
1983	6280	3106	6.66	6.06	9.57	4.38	1.73
1984	6251	3119	6.87	6.23	10.01	4.63	1.81
1985	6346	2218	7.20	6.46	10.61	4.97	1.88
1986	6309	2439	7.45	6.70	10.89	5.12	1.93
1987	6293	2559	7.68	6.95	11.22	5.29	2.04
1988	6248	2502	8.03	7.22	11.48	5.70	2.41
1989	6312	2515	8.29	7.47	11.63	5.84	2.64
1990	6416	2521	8.55	7.80	11.82	5.91	2.72
1991	6433	2577	9.02	8.22	11.99	5.87	2.81
1992	6404	2604	9.29	8.51	12.33	5.97	2.87
1993	6215	2389	9.56	8.81	12.28	5.89	2.91
1994	6227	3040	9.84	9.07	12.60	6.20	3.03
1995	6215	3313	9.88	9.05	12.80	6.28	3.10
1996	6033	3315	9.59	9.05	12.82	6.30	3.10
1997	5947	3217	9.48	9.04	12.99	6.23	3.25
1998	5639	2779	9.48	9.09	13.03	6.17	3.37
1999	5493	2753	9.68	9.22	13.28	6.37	3.48
2000	5572	2779	9.69	9.26	13.34	6.43	3.56
2001	5563	2780	9.91	9.43	13.53	6.60	3.62
2002	5240	2748	10.00	9.53	13.53	5.95	3.65
2003	5039	2740	10.27	9.89	13.47	6.03	3.72
2004	5138	2710	10.31	9.97	13.46	5.97	3.75
2005	5366	2674	10.67	10.34	13.66	6.03	3.85
2006	5385	2672	11.12	10.90	13.91	6.06	4.07
2007	4753	2645	11.78	11.42	14.17	5.93	4.25
2008	4429	2629	12.52	12.31	14.82	5.81	4.69
2009	4421	2660	13.45	13.05	16.29	6.13	5.44
2010	4638	2639	14.24	13.72	17.77	6.28	6.13

注：1.本表卫生机构不含个体诊所，医院、医院床位数含卫生院、妇幼保健院和专科疾病防治院。
2.2002年起医生为执业医师和执业助理医师，护士(师)为注册护师。

a) The health institutions in the table does not include private clinics.Hospitals and hospital beds include health center, women and children care agencies and specialized disease prevention &treatment institutes.

b) Since 2002, doctors refer to practicing physicians, practicing physician assistants, nurses (division) refer to registered nurses.

20-5 各类卫生机构、床位及人员数(2010年)

Number of Various Health Units, Beds and Staff (2010)

指 标	Item	机构数(个) Health Institutions (unit)	床位数(张) Beds (bed)	人员合计(人) Persons Engaged (person)	卫生技术人员 Medical Technical Personnel	其他技术人员 Other Technical Personnel	管理人员 Management	工勤人员 Support Staff
总 计	**Total**	**9008**	**142371**	**217461**	**177684**	**5224**	**17466**	**17087**
一、医院	Hospitals	829	104856	138081	111989	2530	11706	11856
综合医院	Comprehensive Hospitals	598	81229	110007	89678	1769	9174	9386
中医医院	Hospitals of Traditional Chinese Medicine	139	15132	18700	15218	562	1464	1456
中西医结合医院	Hospitals Combined by Medium Doctors	4	816	1117	947	18	86	66
民族医院	National Hospitals							
专科医院	Specialized Hospitals	88	7679	8257	6146	181	982	948
口腔医院	Stomatological Hospitals	6	115	609	473	4	100	32
眼科医院	Ophthalmology Hospitals	7	292	352	271	4	51	26
耳鼻喉科医院	Ear, Nose and Throat Hospitals							
肿瘤医院	Malignant Tumour Hospitals	4	856	911	678	20	109	104
胸科医院	Chest Hospital	1	70	33	32		1	
血液病医院	Blood Disease Hospital							
妇产(科)医院	Gynecology Hospitals	5	204	261	222	10	20	9
儿童医院	Children's Hospitals	3	825	1307	1050	4	157	96
精神病医院	Mental Hospitals	21	2403	1675	1208	24	177	266
传染病医院	Infection Hospitals	2	435	707	466	8	100	133
皮肤病医院	Dermatological Hospitals	1		17	13		2	2
结核病医院	Tubercle Hospitals	1	600	421	303	3	74	41
麻风病医院	Leprosy Hospitals	1		30	20		7	3
骨科医院	Orthopedic Hospitals	11	540	646	510	78	21	37
康复医院	Rehabilitation Hospitals	12	667	637	426	11	78	122
美容医院	Plastic Surgery Hospital	1	12	16	13	1	1	1
其他专科医院	Other Specialized Hospitals	12	660	635	461	14	84	76
二、疗养院	Sanatoriums	6	1748	477	340	17	62	58
三、社区卫生服务中心(站)	Community Health Service Center (station)	466	3162	6963	5798	159	573	433
四、卫生院	Commune Hospitals	1729	27064	35083	29462	1247	2344	2030
街道卫生院	Hospitals in the Streets	29	530	603	500	9	35	59
乡镇卫生院	Township Hospitals	1700	26534	34480	28962	1238	2309	1971
中心卫生院	Center Hospital	663	15801	19968	17033	641	1082	1212
乡卫生院	Rural Hospitals	1037	10733	14512	11929	597	1227	759
五、门诊部	Outpatient Departments	206	97	2495	2153	51	165	126
六、诊所、卫生所、医务室	Clinics, Health Institute, Medical Office	5299		12446	12072			374
#诊 所	Clinics	4370		9805	9567			238
七、急救中心(站)	First-aid Center (station)	3		122	47	12	33	30
八、采供血机构	Blood Collecting and Supply Organizations	10		710	463	40	103	104
九、妇幼保健院(所、站)	Maternity and Child Care Centers (stations)	117	4944	9238	7480	190	767	801
妇幼保健院	Maternity and Child Care Centers	79	4774	8328	6764	168	674	722
妇幼保健所	Maternity and Child Care stations	9	87	294	239	3	26	26
妇幼保健站	Maternity and Child Care stations	29	83	616	477	19	67	53
十、专科疾病防治院(所、站)	Specialized Disease Prevention and Treatment Centers (stations)	5	500	425	311	8	41	65
十一、疾病预防控制中心	Disease Prevention and Controlling Center	122		5868	4191	340	714	623
十二、卫生监督所(中心)	Health Supervision Centers	110		3093	2150	152	498	293
十三、医学科学研究机构	Research Institutes of Medical Science	12		320	185	41	47	47
十四、医学在职培训机构	Medical On-the-job Training Organizations	49		1399	627	348	257	167
十五、健康教育所(站、中心)	Health Education Offices (stations or centers)	4		92	28	17	37	10
十六、其他卫生机构	Other Health Institutions	41		649	388	72	119	70

注：卫生机构数含个体诊所。

a) The number of health institutions in the table include the individual clinics.

20-6　传染病发病率和死亡率(2010年)
The Incidence and Death of Infectious Diseases(2010)

病　名	Diseases	发病率(1/10万) Incidence (1/100 000)	死亡率(1/10万) Death Rate (1/100 000)	病死率(%) Mortality Rate (%)
合　计	**Total**	**212.07**	**0.45**	**0.21**
鼠　疫	The Plague			
霍　乱	Cholera			
肝　炎	Hepatitis	88.11	0.05	0.05
痢　疾	Dysentery	25.90	0.01	0.02
伤寒+副伤寒	Typhoid and Paratyphoid Fever			
艾 滋 病	AIDS	0.34	0.16	45.74
淋　病	Gonorrhea	4.80		
梅　毒	Syphilis	12.24	0.01	0.07
脊　灰	Poliomyelitis			
麻　疹	Measles	2.20	0.01	0.24
百 日 咳	Pertussis	0.15		
白　喉	Diphtheria			
流　脑	Epidemic Encephalitis	0.01		
猩 红 热	Scarlet Fever	1.68		
出 血 热	Hemorrhagic Fever	6.38	0.08	1.20
狂 犬 病	Hydrophobia	0.06	0.06	100.00
血吸虫病	Schistosomiasis	0.01		
布　病	Brucellosis	1.39		
炭　疽	Anthrax			
斑疹伤寒	Typhus	0.03		
乙　脑	JE	0.28	0.01	4.67
黑 热 病	Black Fever	0.01		
疟　疾	Malaria	0.11	0.01	5.00
新生儿破伤风	Newborn Tetanus	0.01		
登 革 热	Dengue Fever			
肺 结 核	Pulmonary Tuberculosis	67.91	0.08	0.12
非　典	SARS			

20-7 出院病人前十位疾病构成(2010年)
Discharged Patients Diseases of the Top Ten(2010)

序号 NO.	城市 Urban		
	疾病	Disease	构成(%) Constitute
1	循环系统疾病小计	Circulatory System Diseases	16.55
2	妊娠、分娩和产褥期小计	Pregnancy, Childbirth and the Puerperium	13.17
3	呼吸系统疾病小计	Respiratory System Diseases	12.13
4	损伤、中毒和外因的某些其他后果小计	Injury, Poisoning and Certain Consequences Caused by the External	9.79
5	消化系统疾病小计	Digestive Disease	9.70
6	肿瘤小计	Cancer	7.85
7	影响健康状态和与保健机构接触因素小计	Influencing Health Status and Factors Access to Health Care Institution	5.19
8	泌尿生殖系统疾病小计	Genitourinary System Diseases	4.26
9	传染病和寄生虫病小计	Infectious and Parasitic Diseases	3.88
10	眼和附器疾病小计	Diseases of the Eye and Adnexa	3.34
	构成合计	Total of the Constitute	89.31

20-7 续表 continued

序号 NO.	农村 Rural		
	疾病	Disease	构成(%) Constitute
1	肿瘤小计	Cancer	3.40
2	症状、体征和临床与实验异常所见小计	Symptoms, Signs and Abnormal Clinical and Experimental	0.73
3	影响健康状态和与保健机构接触因素小计	Influencing Health Status and Factors Access to Health Care Institutions	2.47
4	眼和附器疾病小计	Diseases of the Eye and Adnexa	1.33
5	循环系统疾病小计	Circulatory System Diseases	16.03
6	血液、造血器官及免疫疾病小计	Blood, Blood-Forming Organs and Immune Diseases	0.86
7	消化系统疾病小计	Digestive Disease	10.91
8	先天性畸形、变形和染色体异常小计	Congenital Malformations, Deformations and Chromosomal Abnormalities	0.21
9	损伤、中毒和外因的某些其他后果小计	Injury, Poisoning and Certain Consequences Caused by the External	13.21
10	神经系统疾病小计	Nervous System Diseases	1.73
	构成合计	Total of the Constitute	50.89

20-8 各市(区)卫生机构、床位及人员数(2010年)

Number of Health Institutions, Beds and Persons Engaged by City(District) (2010)

地区	Region	机构合计(个) Health Institutions (unit)	#医院 Hospital	个体诊所(个) Individual Clinic (unit)	床位合计(张) Beds Total (bed)	#医院 Hospital	人员合计(人) Total Staff (person)	卫生技术人员(人) Medical Technical Personnel (person)	#执业(助理)医师 Lecensed (Assistant) Doctors	#注册护师 Registered Nurses
全省	**Shaanxi**	**4638**	**2639**	**4370**	**142371**	**137194**	**217461**	**177684**	**62774**	**61319**
西安市	Xi'an	1117	422	1268	39407	37998	71230	56579	20913	22640
铜川市	Tongchuan	146	70	191	4658	4562	6010	5161	1747	1971
宝鸡市	Baoji	571	270	367	15913	14565	19328	16159	5766	5248
咸阳市	Xianyang	571	331	597	18082	17528	30530	26271	7478	8853
渭南市	Weinan	358	277	268	13950	13702	20797	15943	5955	4690
延安市	Yan'an	333	220	130	8519	8406	12794	10252	4017	3175
汉中市	Hanzhong	412	295	630	13309	12412	18660	15833	5231	4903
榆林市	Yulin	467	310	252	13106	12983	17004	13561	4853	4627
安康市	Ankang	386	247	382	8059	8019	10598	9142	3605	2715
商洛市	Shangluo	261	186	247	6701	6352	9512	7933	2909	2177
杨凌示范区	Yangling	16	11	38	667	667	998	850	300	320

注：本表医院、医院病床数中含卫生院、妇幼保健院和专科疾病防治院。

a) The number of hospital, beds in hospital include health centers, women and children care centers and specialized disease prevention & treatment institutions.

20-9 农村村级卫生组织情况(2010年)

Situations of Health Institutions in Rural Village(2010)

地区	Region	村卫生室(个) Village Health Room (unit)	乡村医生和卫生员(人) Rural Doctors and Health Workers (person)	乡村医生 Rural Doctors	卫生员 Health Workers
全省	**Shaanxi**	**26724**	**38872**	**35976**	**2896**
西安市	Xi'an	3247	4576	4084	492
铜川市	Tongchuan	652	696	651	45
宝鸡市	Baoji	1917	3682	3401	281
咸阳市	Xianyang	3425	4472	4220	252
渭南市	Weinan	3220	7228	6678	550
延安市	Yan'an	2580	2740	2571	169
汉中市	Hanzhong	2956	4461	4235	226
榆林市	Yulin	4425	4856	4442	414
安康市	Ankang	2206	2345	2158	187
商洛市	Shangluo	1984	3617	3363	254
杨凌示范区	Yangling	112	199	173	26

20-10 社区卫生服务中心(站)情况(2010年)
Statistics on Community Health Service Centers (Stations)(2010)

地区	Region	社区卫生服务中心(站)(个) Community Health Service Center(station) (unit)	床位数(张) Beds (bed)	人员数(人) Persons Engaged (person)	卫生技术人员(人) Medical Technical Personnel (person)	#执业(助理)医师 Lecensed (Assistant) Doctors	#注册护士 Registered Nurses
全省	**Shaanxi**	**466**	**3162**	**6963**	**5798**	**2401**	**1920**
西安市	Xi'an	148	914	3447	2855	1169	959
铜川市	Tongchuan	29	96	213	165	65	58
宝鸡市	Baoji	76	1126	1153	975	417	334
咸阳市	Xianyang	95	508	969	847	324	295
渭南市	Weinan	34	228	171	124	76	31
延安市	Yan'an	16	105	154	123	71	30
汉中市	Hanzhong	14	24	209	162	67	49
榆林市	Yulin	36	111	360	284	90	90
安康市	Ankang	14	19	203	186	87	56
商洛市	Shangluo	4	31	84	77	35	18
杨凌示范区	Yangling						

20-11 新型农村合作医疗情况
Statistics on New Cooperative Medical System

年份 Years	实行新型农村合作医疗县(区)(个) Number of Counties Implementing NCMS (unit)	参加新农合人数(万人) Number of Enrollees (10 000 persons)	参合率(%) Rate of Enrollees (%)
2007	104	2434.95	90.05
2008	104	2495.47	91.58
2009	104	2566.11	92.97
2010	104	2581.38	95.00

20-12 社会福利事业、企业单位机构和人员
Social Welfare, Business Unit Organizations and Personnel

指　　标	Item	机　构（个） Institutions (unit)		工作人员(人) Staff (person)	
		2009	2010	2009	2010
总　　计	**Total**	**1430**	**1410**	**23547**	**41082**
一、收养性社会福利事业单位	Adopting Social Welfare Institutions	893	895	4790	5411
二、社会福利企业单位	Social Welfare Enterprises	308	290	15505	16063
（工商部门登记）	(the business sector registered)				
福利工厂	Welfare Factories	249	230	13124	13638
假肢厂	Artificial Limb Factory	1	1	110	106
安置农场	Placement Farms	1	1	34	34
其他福利企业	Other Welfare Enterprises	57	58	2237	2285
三、烈士纪念建筑物管理单位	Martyrs Memorial Building Management Unit	40	37	324	331
四、救助站	Relief Stations	89	89	845	858
五、殡葬事业单位	Funeral Institutions	100	99	2083	2356

20-13 社会福利事业单位基本情况(2010年)
Basic Statistics on Social Welfare Institutions (2010)

指　　标	Item	院　数（个） Number of Homes (unit)	工作人员（人） Number of Staff and Workers (person)	床　位（张） Number of Beds (bed)	年在院总人数（万人） Number of Persons Housed (10 000 persons)
一、民政部门办收养性社会福利事业单位	Adopting Social Welfare Institutions Established by the Home Department	535	2961	34032	764.8
# 优抚休、疗养院	Convalescent Homes Founded by the Home Department	27	757	1827	24.9
城市福利院	Urban Welfare	46	1253	9256	219.0
二、老年收养性机构	Adoption of the Old Institutions	822	3401	49861	1013.1

注：1.优抚休、疗养院包括荣誉军人康复医院、复退军人慢性疗养院、复退军人精神病院和国家办光荣院。
2.城市福利院包括社会福利院、社会儿童福利院、社会精神病人福利院。
3.老年收养性机构包括城镇、农村的敬老院、养老院、老年性公寓。

a) Convalescent Homes include the honor military rehabilitation hospital, Futuijunren chronic nursing homes, psychiatric hospitals and the state office of honor Futuijunren hospital.

b) Urban welfare include social welfare, social welfare homes, social welfare of mental patients.

c) Old adoption of institutions include urban and rural areas of the nursing home, nursing homes, senile apartment.

20-14 社会福利企业基本情况(2010年)
Basic Statistics on Social Welfare Enterprises(2010)

地区	Region	单位数(个) Number of Homes (unit)	年末职工人数(人) Number of Workers (person)	# 残疾职工 Disabled Employees	# 女性 Female
全省	**Shaanxi**	**290**	**16063**	**6291**	**2099**
西安市	Xi'an	115	6769	3238	1028
铜川市	Tongchuan	3	94	65	19
宝鸡市	Baoji	71	2946	837	240
咸阳市	Xianyang	23	1968	742	260
渭南市	Weinan	21	1914	699	288
延安市	Yan'an	10	665	159	69
汉中市	Hanzhong	20	612	256	82
榆林市	Yulin	15	798	220	83
安康市	Ankang	3	55	14	11
商洛市	Shangluo	7	119	49	15
杨凌示范区	Yangling				
厅级小计	Others	2	123	12	4

20-15 城镇社区服务设施(2010年)
Urban Welfare Facilities (2010)

地区	Region	城镇社区服务设施数(个) Urban Welfare Facilities (unit)	从业人员(人) Number of Workers (person)	便民利民服务网点(个) Convenience Services (unit)
全省	**Shaanxi**	**2277**	**7387**	**4217**
西安市	Xi'an	802	648	1127
铜川市	Tongchuan	93	411	530
宝鸡市	Baoji	174	3378	1458
咸阳市	Xianyang	266	964	275
渭南市	Weinan	261	483	212
延安市	Yan'an	125	233	64
汉中市	Hanzhong	140	693	149
榆林市	Yulin	145	393	60
安康市	Ankang	212	60	225
商洛市	Shangluo	50		109
杨凌示范区	Yangling	9	124	8

20-16 工会工作(2010年)
Basic Statistics on Trade Unions(2010)

项　目	Item	实有数 Number
一、全省工会组织概况	Trade Union Situation in the Province	
基层工会	Basic Trade Unions	
1.基层工会组织(个)	Basic Trade Unions (unit)	63104
2.工会会员(万人)	Union Members (10 000 persons)	580
# 女　性	Women	203
3.专职工会工作人员(人)	Full-time Union Staff (person)	19044
# 女　性	Women	6253
4.工会女职工组织(个)	Women Workers Organization (unit)	54529
5.工会经费审查组织(个)	Review Organization of Trade Union Funds (unit)	38024
基层以上工会	More Basic Trade Union	
1.工会组织(个)	Trade Unions (unit)	3038
专职工会干部(人)	Full-time Trade Union Cadres (person)	4520
2.工会女职工组织(个)	Women Workers Organization (unit)	2386
专职女职工干部(人)	Full-time Female Workers and Cadres (unit)	556
3.工会经费审查组织(个)	Review Organization of Trade Union Funds (unit)	1262
4.工会资产管理机构(个)	Union Asset Managers (unit)	398
二、工会民主管理工作	Management of Trade Union Democracy	
基层工会	Basic Trade Unions	
1.建立职代会制度的工会(个)	Union System Workers'Congress(unit)	35926
职代会职工代表(人)	Employee Congress, Representatives of the Employees (person)	372188
# 女　性	Women	95237
2.本年召开职代会的工会(个)	Union Employee Congress Held this Year(unit)	28122
3.实行厂务公开的工会(个)	The Union Of factory Affairs(unit)	34666
实行厂务公开工会覆盖职工(万人)	The Implementation of Workers Covered by Union Factory Affairs (10 000 persons)	405
4.建立董事会的工会(个)	Establishment of the Union Board of Directors(unit)	2481
董事会中的职工董事(人)	The Staff Director of the Board of Directors (person)	1656
5.建立监事会的工会(个)	The Trade Union Which Established Board of Supervisors(unit)	1956
监事会中的职工监事(人)	Worker Supervisors in Board of Supervisors (person)	1376
基层以上工会	More Basic Trade Union	
1.半年与同级政府召开联席会的工会(个)	Six Months and the Government Held a Joint Meeting at the Same Level of Trade Unions (unit)	87
2.建立三方协调机制的工会数(个)	The Trade Union which Establishment a Tripartite Coordination Mechanism (unit)	395

20-16 续表 continued

项 目	Item	实有数 Number
三、工会保障工作	Union Security Work	
基层工会	Basic Trade Unions	
1.参加联系困难职工活动的领导干部(人)	The Leading Cadres Contact to Union Hard Workers Activities (person)	39957
联系的困难职工家庭(户)	Difficult Family Workers Contacted (household)	48750
2.建立送温暖基(资)金的工会(个)	Create Warmth Base (capital) Payments Union (unit)	2395
基层以上工会	More Basic Trade Union	
1.建立困难职工档案的工会(个)	Union Create Difficulties Workers File (unit)	1145
2.参加联系困难职工活动的领导干部(人)	The Leading Cadres Contact to Union Hard Workers Activities (person)	23333
联系的困难职工家庭(户)	Difficult Family Workers Contacted (household)	39108
3.建立送温暖基(资)金的工会(个)	Create Warmth Base (capital) Payments Union (unit)	234
四、工会经济技术工作	Economic and Technical Workers of Union	
1.职工提出合理化建议(件)	Employees to Make Reasonable Suggestions (unit)	165484
# 已实施合理化建议(件)	Rationalization Proposals have Been Implemented(unit)	54499
2.开展劳动竞赛的工会(个)	Union Labor Competition(unit)	10101
# 参加劳动竞赛的职工(万人次)	Workers Participate in Labor Competition(10 000person-times)	199
3.荣获国家专利项目(件)	Won the National Patents(unit)	1561
五、工会劳动保护工作	Union Labor Protection	
基层工会	Basic Trade Unions	
1.劳动保护监督检查组织(个)	Labor Protection Supervision and Inspection Organizations(unit)	9378
2.参加安全生产检查(次)	Participate in Safety Checks(time)	94156
基层以上工会	More Basic Trade Union	
1.建立劳动保护监督检查组织(个)	Established Labor Protection Supervision and Inspection Organizations(unit)	775
2. 参加安全生产检查(次)	Participate in Safety Checks(time)	7662
六、工会法律工作	Union Legal Work	
基层工会	Basic Trade Unions	
1.工会劳动法律监督组织(个)	Supervision Organizations of Trade Union Labor Law(unit)	7450
2.劳动争议调解委员会(个)	Labor Dispute Mediation Committee(unit)	13696
受理的劳动争议件数(件)	Number of Labor Disputes Accepted(unit)	3650
调解成功的劳动争议件数(件)	The Success of the Labor Dispute Mediation Number(unit)	676
基层以上工会	More Basic Trade Union	
1.工会劳动法律监督组织(个)	Unions Labor Law Watchdog(unit)	307
2.工会法律援助机构(个)	Unions Legal Aid Agencies(unit)	147

20-17 妇 女 工 作（2010年）
Women's Work (2010)

项　　目	Item	合　计 Total	省　级 Provincial	地、市级 Municipal	县、区级 County, District	乡、镇级 Township Level
一、组织状况	Organization					
妇女联合会(个)	Women's Associations (unit)	1683	1	10	105	1567
基层妇代会(个)	Basic Women's Representatives Will (unit)	26328			26328	
妇委会(个)	Women's Committee (unit)	3495	118	539	2938	
二、妇联干部(人)	Women Cadres (person)	2883	53	153	763	1914
三、妇联杂志	Women's Magazine					
内部发行(份)	Internal Distribution (unit)	4	1	2	1	
期发行量(万份)	Circulation (10 000 units)	0.76	0.30	0.40	0.06	
四、维护妇女合法权益工作	Safeguard the Legitimate Rights of Women					
律师资格人数(人)	Bar Staff (person)	52	2	13	37	
来信件数(件)	Number of Letters (unit)	2519	563	527	1429	
五、实施春蕾计划	Implementation of the " Spring Bud" Program					
资助女童入学或返校(人)	Girls in School or Return to School Funding (person)	760	760			
社会捐资总数(万元)	Total Donations (10 000 yuan)	52	52			
六、其他工作情况	Other work					
妇女、儿童活动中心(个)	Number of Activity Centers for Women and Children (unit)	88	1	9	78	
三八红旗手(人)	March 8th Red Banner Winners (person)	925	38	204	721	
三八红旗集体(个)	March 8th Red Banner Groups (unit)	313	1	91	222	
五好文明家庭(户)	"Five Good" Civilized Families (household)	12027	120	813	11094	

20-18 律师、公证及人民调解工作(2010年)
Lawyers, Notarization and Mediation of Civil Disputes(2010)

项　　目	Item	实有数 Number
一、律师工作	**Lawyers**	
律师人员(人)	Number of Lawyers(person)	4229
# 专　职	Full-time Lawyers	3875
兼　职	Part-time Lawyers	354
刑事诉讼辩护及代理(件)	Agent of Criminal Defense(case)	15947
民事诉讼代理(件)	Agent of Civil Case(case)	30806
行政诉讼代理(件)	Agent of Administrative Action (case)	894
担任法律顾问(家)	As Legal Advisers(unit)	5147
代写法律文书(件)	Legal Document Written on Behalf of Clients(case)	29453
律师事务所(个)	Number of Law Offices(unit)	385
二、公证工作	**Notarial Personnel**	
公证处(个)	Number of Notary Offices(unit)	117
# 涉外公证处	Foreign-related Notary Offices	23
公证人员(人)	Notarial Personnel(person)	929
办理公证文书(件)	Notarized Documents (case)	211167
三、人民调解工作	**Number of People's Mediation**	
专职司法助理员(人)	Number of Full-time Judicial Assistants(person)	3582
人民调解委员会(个)	Number of People's Mediation Committees(unit)	32383
调解委员(万人)	Member of a Mediation Committee(10 000 persons)	13.18
调解民间纠纷(万件)	Number of Civil Disputes Mediated(10 000 cases)	19.69

20-19 国内公证文书分类(2010年)
Domestic Notarized Documents by Type (2010)

分 类	Type	办证件数(件) Number of Notarial Documents Issued (case)	比 重(%) Proportion (%)
一、民事公证事项	**Notarized Documents On Civil Legal Relations**		
合 计	**Total**	**60250**	**100.0**
收 养	Child Adoption	119	0.2
解除收养	Adoption Renouncements	12	0.0
继 承 权	Rights of Inheritance	5236	8.7
遗 嘱	Testaments	1224	2.0
产 权	Property Rights	684	1.1
亲属关系	Kinship Confirmation	1184	2.0
死 亡	Death Certificates	76	0.1
房屋买卖	Purchases and Sale of Houses	3020	5.0
房屋租赁	Houses Leases	235	0.4
留学协议	Foreign Study Contracts	530	0.9
遗赠扶养协议	Donations and Family Fostering	312	0.5
委 托 书	Trust Deeds	16009	26.6
赠 与 书	Presentation Documents	2125	3.5
声 明 书	Declarations	7562	12.6
现场监督	Field Supervision	1395	2.3
签名印鉴属实	Confirmation of Signatures and Seals	4471	7.4
文本相符	Confirmation of Copies and Photo offset Copies to Originals	1543	2.6
宅基地使用权	Rights to Housing Site	1349	2.2
证据保全	Evidence Preservation	2628	4.4
拆迁协议	Housing Demolition	138	0.2
计划生育	Agreements Family Planning	4	0.0
赡养协议	Agreements on Supporting Parents	43	0.1
合伙协议	Partnership Agreements	92	0.2
夫妻财产协议	Property Agreements between Spouses	639	1.1
其他民事协议	Other Civil Agreements	4147	6.9
更改姓名	Change Name		
其 他	Others	5473	9.1
二、经济公证事项	**Notarized Documents on Economic Affairs**		
合 计	**Total**	**93542**	**100**
购销合同	Contracts of Purchases and Sales of Products	261	0.3
联营合同	Joint Business Contracts	319	0.3
拍 卖	Auctions	407	0.4
贷款合同	Loans Contracts	61351	65.6
担 保 书	Guarantees	5076	5.4
招标、投标	Bidding	3469	3.7
科技协作	Scientific and Technological Contracts		
供用电合同	Supply and Use of Electric Power Contracts	10	0.0
劳务合同	Labor Contracts	320	0.3
建筑工程承包	Construction Project Contracts	209	0.2
工商服务业承包	Industrial and Commercial Service Contracts	14	0.0
农林牧渔业承包	Farming, Forestry, Animal Husbandry and Fishery Contracts Production and Fishery Contracts	1378	1.5
乡镇企业承包	Township Enterprise Contracts	49	0.1
财产租赁	Property Leases	308	0.3
企业租赁	Leases of Enterprise	15	0.0
资产经营责任制	Asset Business Contracts	74	0.1
还款协议	Payment Contracts	2160	2.3
土地使用权出让转让	Selling or Transfer of Right of Land Utilization	403	0.4
其他经济合同	Other Business Contracts	5488	5.9
法人资格	Legal Person Identification	499	0.5
法人委托书	Legal Person Trust Deeds	5527	5.9
公司章程	Corporation Constitution	127	0.1
执行许可证明	Operating Permits	443	0.5
提 存	Consignation	321	0.3
抵押登记	Mortgage Registration	2262	2.4
公司会议记录	Minutes of Corporation Meetings	20	0.0
其 他	Others	3108	3.3

20-20 婚姻登记情况
Registered Marriages

指标	Item	2005	2009	2010
一、登记结婚数(对)	**Number of Registered Marriages(couples)**	**208421**	**319406**	**346645**
1.内地居民登记结婚数(对)	Registered Marriages in the Mainland(couples)	207966	318905	346218
初婚数(人)	Number of First Marriages(person)	381418	587516	618251
再婚数(人)	Number of Re-marriages(person)	35424	51296	75039
# 恢复结婚数	Restoration of Marriages	2705	1535	808
2.涉外婚姻数(对)	Number of Marriages with Foreigner(couples)	455	501	427
二、登记离婚数(对)	**Number of Registered Divorces (couples)**	**23447**	**34519**	**44402**
1.内地居民登记离婚数(对)	Registered Divorces in the Mainland(couples)	23348	34434	44356
2.涉外婚姻数(对)	Number of Divorces with Foreigner(couples)	99	85	46

20-21 各市(区)婚姻登记情况(2010年)
Registered Marriages by City(District) (2010)

地区	Region	准予登记结婚数(对) Number of Marriages Registered (couples)	初婚数(人) Number of First Marriages (person)	再婚数(人) Number of Re-marriages (person)	# 恢复结婚数 Restoration of Marriages	登记离婚数(对) Number of Divorces Registered (couples)	# 港澳台华侨离婚数 Number of Divorces with Overseas Chinese
全省	**Shaanxi**	**346645**	**618251**	**75039**	**808**	**44402**	**46**
西安市	Xi'an	83645	144493	22797	356	15391	
铜川市	Tongchuan	6044	10586	1502	2	1055	
宝鸡市	Baoji	27208	47664	6752	84	3018	
咸阳市	Xianyang	48861	88051	9671	188	4720	
渭南市	Weinan	44859	80256	9462	40	6197	
延安市	Yan'an	23686	44113	3259	8	2165	
汉中市	Hanzhong	29545	50023	9067	127	4466	
榆林市	Yulin	35627	67272	3982		2461	
安康市	Ankang	22455	40780	4130		2971	
商洛市	Shangluo	22063	40412	3714	3	1710	
杨凌示范区	Yangling	2225	3992	458		202	
厅级小计	Others	427	609	245		46	46

20-22 交通事故情况
Basic Statistics on Traffic Accidents

地 区	Region	事故次数(起) Number of Accidents (case)		死亡人数(人) Number of Deaths (person)		受伤人数(人) Number of Injuries (person)		损失折款(万元) Converted into Cash Losses (10 000 yuan)	
		2009	2010	2009	2010	2009	2010	2009	2010
全 省	**Shaanxi**	**5501**	**6004**	**2034**	**1944**	**5404**	**6097**	**2899**	**3311**
西 安 市	Xi'an	1713	2323	531	531	1787	2520	559	737
铜 川 市	Tongchuan	283	263	60	56	345	358	193	277
宝 鸡 市	Baoji	817	867	174	171	650	755	368	372
咸 阳 市	Xianyang	308	257	132	132	280	270	151	153
渭 南 市	Weinan	362	22	212	4	380	28	109	9
延 安 市	Yan'an	284	366	198	184	220	441	225	128
汉 中 市	Hanzhong	547	575	167	166	588	603	170	233
榆 林 市	Yulin	361	390	105	104	404	304	152	239
安 康 市	Ankang	217	165	129	108	212	132	71	63
商 洛 市	Shangluo	453	294	245	195	357	241	631	223
杨凌示范区	Yangling	12	391	5	234	15	348	3	712
高 交 路	Others	144	91	76	59	166	97	267	165

20-23 火灾事故情况
Basic Statistics on Fires

地 区	Region	事故次数(起) Number of Accidents (case)		死亡人数(人) Number of Deaths (person)		受伤人数(人) Number of Injuries (person)		损失折款(万元) Losses Converted into Cash (10 000 yuan)	
		2009	2010	2009	2010	2009	2010	2009	2010
全 省	**Shaanxi**	**4696**	**4620**	**31**	**23**	**5**	**11**	**6808**	**8354**
西 安 市	Xi'an	1509	1825	19	13	3	7	1869	2224
铜 川 市	Tongchuan	165	161	1				181	127
宝 鸡 市	Baoji	729	349					340	661
咸 阳 市	Xianyang	422	282					234	274
渭 南 市	Weinan	731	594	3	4	1		525	758
延 安 市	Yan'an	168	136	2	1	1	2	807	293
汉 中 市	Hanzhong	336	397	2	4		1	310	787
榆 林 市	Yulin	376	550		1		1	2286	2789
安 康 市	Ankang	31	51	2				44	172
商 洛 市	Shangluo	110	128	1				147	122
杨凌示范区	Yangling	119	147	1				65	147

20-24 各类伤亡事故情况（2010年）

Statistics on Various Fatal Accident（2010）

类 别	Type	总 计 Total		一次死亡3-9人 Number of Deaths each Time(3-9 people)		一次死亡10-29人 Number of Deaths each Time(10-29 people)	
		起数(起) Times (time)	死亡(人) Deaths (person)	起数(起) Times (time)	死亡(人) Deaths (person)	起数(起) Times (time)	死亡(人) Deaths (person)
全 省	**Shaanxi**	**10941**	**2288**	**30**	**144**	**1**	**28**
# 工矿商贸	Industry, Mining, Commerce	162	262	12	69	1	28
1.煤 矿	coal mine	40	93	3	23	1	28
2.金属与非金属矿	Metallic and Nonmetallic Mine	34	51	2	15		
3.建筑施工业	Construction Industry	42	58	4	15		
4.危险化学品	Hazardous Chemicals						
5.烟花爆竹	Fireworks	1	9	1	9		
6.工商贸其它	Others	45	51	2	7		
铁路交通	Rail Transport	72	57				
农业机械	Agricultural Machinery	104	2				
水上交通	Waterborne Traffic						

20-25 社会捐赠和收养登记情况(2010年)

Statistics on Social Donation and Adopting Registration (2010)

地 区	Region	捐赠款数额(万元) Donated Fund (10 000yuan)	捐赠其他物资价值(万元) Value of Other Donated Materials (10 000yuan)	接收捐赠衣被件数(万件) Donated Clothes and Quilts (10 000unit)	# 棉衣被 Cotton Clothes and Quilts	收养登记合计(人) Number of Registered Adoption (person)	中国公民 Adoption by Chinese	外国人 Adoption by Foreigners
全 省	**Shaanxi**	**52008.9**	**389.0**	**11.6**	**2.5**	**352**	**166**	**186**
西 安 市	Xi'an	4312.4				49	49	
铜 川 市	Tongchuan	373.7		0.5				
宝 鸡 市	Baoji	636.7	1.0	0.5	0.2	7	7	
咸 阳 市	Xianyang	560.4		0.1		3	3	
渭 南 市	Weinan	2251.5				7	7	
延 安 市	Yan'an	83.4				4	4	
汉 中 市	Hanzhong	1616.0		0.2	0.2	28	28	
榆 林 市	Yulin	1692.8				8	8	
安 康 市	Ankang	2589.6		2.8	0.7	36	36	
商 洛 市	Shangluo	1892.4	278.0	1.4	0.7	19	19	
杨凌示范区	Yangling					5	5	
厅级小计	Others	36000.0	110.0	6.1	0.7	186		186

主要统计指标解释

卫生机构 指从卫生行政部门取得《医疗机构执业许可证》，或从民政、工商行政、机构编制管理部门取得法人单位登记证书，为社会提供医疗保健、疾病控制、卫生监督服务或从事医学科研和教育等工作的单位。卫生机构包括医院、疗养院、社区卫生服务中心(站)、卫生院、门诊部、诊所(卫生所、医务室)、急救中心(站)、采供血机构、妇幼保健院(所、站)、专科疾病防治院(所、站)、疾病预防控制中心(防疫站)、卫生监督所、卫生监督检验(监测、检测)机构、医学科研机构、医学在职培训机构、健康教育所(站)等其他卫生机构。

卫生技术人员 包括执业(助理)医师、注册护士、药剂人员、检验和影像人员等卫生专业人员。不包括从事管理工作的卫生技术人员(一律计入管理人员)。

执业医师 指具有《医师执业证》及其“级别”为“执业医师”且实际从事医疗、预防保健工作的人员，不包括实际从事管理工作的执业医师。执业医师类别分为临床、中医、口腔和公共卫生。

执业助理医师 指具有《医师执业证》及其“级别”为“执业助理医师”且实际从事医疗、预防保健工作的人员，不包括实际从事管理工作的执业助理医师。执业助理医师类别同样分为临床、中医、口腔和公共卫生四类。

社区卫生服务中心(站) 指为本社区居民提供预防、医疗、保健、康复、健康教育、计划生育技术服务等的基层卫生机构。包括社区卫生服务中心和社区卫生服务站。

社会福利企业 指以集中安置有一定劳动能力的残疾人员就业为目（残疾职工占生产人员10%以上）、带有社会福利性质的企业总称。主要包括福利工厂、假肢厂和其他福利企业。

城镇社区服务设施数 指报告期末城镇（街道办事处、居委会）设立的以非盈利为目的，为本社区居民服务，特别是为老年人、残疾人、儿童服务的社区服务中心、活动站、服务站、养老院、老年公寓（托老所），残疾人工疗站、残疾儿童日托所、家务服务站、婚姻介绍所等福利性设施以及职工社会保险管理服务的机构数。几种不同类型的社区服务单位，共用一个场所的，只能统计为一个社区服务设施。成为社区服务设施的条件：（1）是独立核算单位；（2）有固定的从业人员；（3）有一定的服务项目；（4）有一定的场所。

公证人员 指在公证处工作的人员总称，包括公证处主任、副主任、公证员、公证员助理(助理公证员)和其他从事辅助性工作的人员。

公证文书 指公证处根据当事人申请，依照事实和法律，按照法定程序制作的，具有法律效力的司法证明文书。

受理劳动争议案件数 指劳动争议仲裁委员会根据国家有关规定，对劳动争议当事人的申请予以审查，符合受理条件而正式立案、准备处理的劳动争议案件数。

Explanatory Notes on Main Statistical Indicators

Health Care Institutions refer to the units which have been qualified the Certification of Health Care Institution by the administration of public health, or qualified the Certification of Corporate Unit by the civil affairs, administration for industry and commerce, commission office for public sector reform, and engaging in medical care, disease prevention and control, health supervision and inspection, medicine research and health education, etc., including: hospitals, sanatoriums, community health service centers (stations), health centers, clinics (health stations and infirmaries), first-aid centres (stations), blood gathering and supplying institutions, women and children care agencies (centres and stations), special disease prevention and curing agencies (centres and stations), disease prevention and control centres (epidemic prevention stations), health supervision and inspection agencies, sanitary inspection institutions, medicinal scientific research and on-job training institutions, health education centres and so on.

Medical Technical Personnel refer to the professional staff engaged in health care, including licensed (assistant) doctors, registered nurse, pharmacists, laboratory technician, and imaging staff, excluding the medical technical personnel engaged in management job (included as the management staff).

Licensed Doctors refer to the medical workers who have obtained the licenses of qualified doctors and are employed in medical treatment, disease prevention or healthcare institutions, excluding the licensed doctors engaged in management job. The classification of licensed doctors is clinician, Chinese medicine, dentist and public health.

Licensed Assistant Doctors refer to the medical workers who have obtained the licenses of qualified assistant doctors and are employed in medical treatment, disease prevention or healthcare institutions, excluding the licensed assistant doctors engaged in management job. The classification of licensed assistant doctors is clinician, Chinese medicine, dentist and public health.

Community Health Service Centres (stations) refer to the primary units that provide the health care for community residents, such as disease prevention and control, medical treatment, health care, rehabilitation, health education, family planning technical services, including community health service centres and community health service stations.

Social Welfare Enterprises refers to those welfare-oriented enterprises employing a significant number of handicapped people with certain labour ability (handicapped employees shall exceed 10% of the production staff), including welfare factories, artificial limb plants as well as other welfare enterprises.

Number of Service Facilities in Urban Communities refers to the number non-profit welfare facilities set up by urban communities (community offices and residents' committees) to serve the community residents, including, among others, community-based centers that serve senior citizens, the handicapped or children, recreational centers, service centers, nursing homes, apartments for the elderly (nursery for the aged), work and treatment stations for the handicapped, day-care centers for handicapped children, domestic help agencies and dating services, as well as social insurance management agencies for the employees. Different types of community service providers that share the same premise are regarded as one community service facility. The requirements for a social service facility of communities include: (1) independent accounting; (2) fixed employees; (3) provision of services; and (4) premises.

Notary Personnel refers to people working for notary offices including: directors, deputy directors, notaries, assistant notaries and other people providing assistance.

Notary Documents refer to the judicial notary documents drawn up at the request of the interested party and are in accordance with facts and the law and following certain legal proceedings.

Number of Labour Disputes Cases Accepted refers to the number of cases of labour disputes submitted that, after being reviewed by the labour dispute arbitration committees in line with the relevant national regulations, are accepted and registered for treatment.

二十一、水 利

资料整理：王小莉　郭力涛

21.水 利

2010 年全省

有效灌溉面积	1284.87	千 公 顷
解决农村饮水安全人口	318	万　　人
治理水土流失面积	6610	平方公里
水利工程供水量	83.40	亿立方米

水利建设投资（亿元）

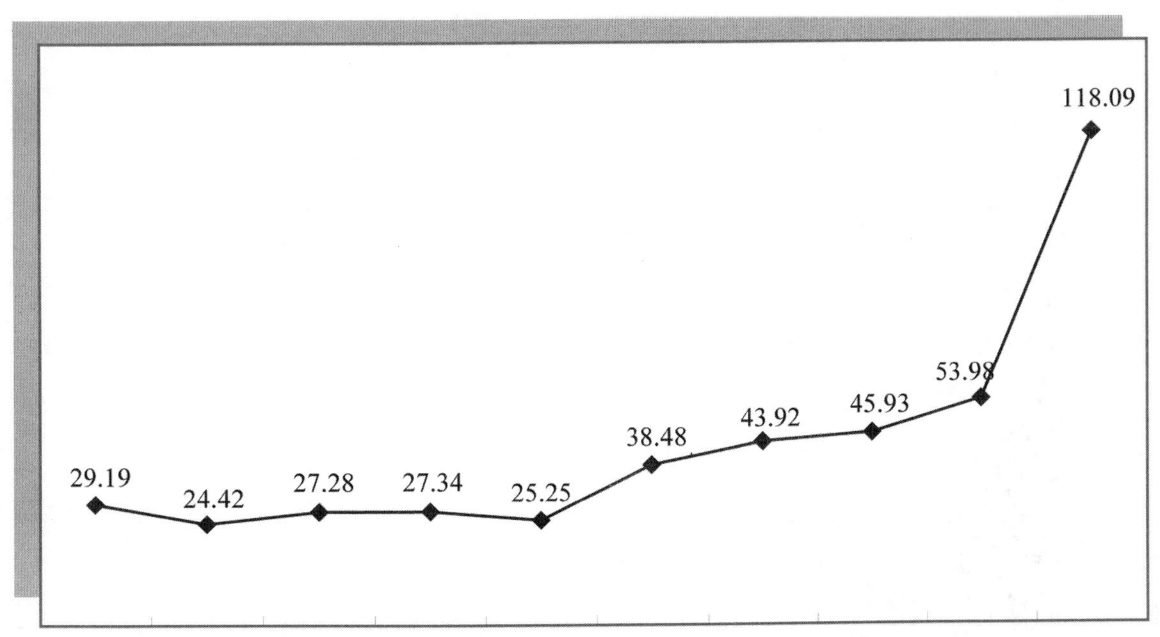

21-1 水利建设投资情况(2010年)
Construction Investment Situation of Hydroproject(2010)

单位：万元 (10 000 yuan)

地 区	Region	水利建设投资总计 Total	中 央 Central Level	省 级 Provincial Level	市 级 City Level	县及县以下 at and below County Level	民间投资 Nongovernment Investment
全 省	**Shaanxi**	**1180943**	**448037**	**267138**	**306129**	**21011**	**138627**
省 属	Provincial	141502	47793	93709			
西安市	Xi'an	215719	28331	18106	158782	8500	2000
铜川市	Tongchuan	25302	9148	5291	2369	894	7600
宝鸡市	Baoji	107346	47897	22457	21372	4199	11421
咸阳市	Xianyang	74774	34699	17460	1030		21584
渭南市	Weinan	122718	87776	32866	2076		
延安市	Yan'an	75384	25937	16441	7065	4228	21713
汉中市	Hanzhong	113090	43893	15552	755	1195	51695
榆林市	Yulin	169783	37938	20100	111744		
安康市	Ankang	81423	47121	14754	401	190	18957
商洛市	Shangluo	50842	35787	9059	534	1806	3657
杨凌示范区	Yangling	3059	1716	1343			

注：水利建设投资主要包括：防洪、险库、重点水源及枢纽、灌排、饮水、水土保持、农村小水电、渔业等。

a)Construction investment of hydroproject mainly includes flood protection ,dangerous reservoir,key water source and key position,irrigation and drainage ,potable water,water and soil conservation ,rual small hydropower ,fishery industry etc.

21-2　灌溉面积(2010年)

Irrigated Areas(2010)

单位：千公顷　　(1 000 hectares)

地　区	Region	设施灌溉面积 Irrigated Areas by Facilities	本年灌溉面积 Irrigated Areas This Year	有效灌溉 Effective Irrigated Areas	林地灌溉 Irrigated Wooded-land Areas	园地灌溉 Garden Plot Irrigated Areas	牧草地灌溉 Irrigated Pasture	其他灌溉 Others
全　省	**Shaanxi**	**1624.70**	**1423.62**	**1284.87**	**7.89**	**113.84**	**3.38**	**13.64**
西安市	Xi'an	245.46	208.73	187.57	2.20	17.75		1.21
铜川市	Tongchuan	18.08	17.96	14.30		3.16		0.50
宝鸡市	Baoji	213.20	181.54	159.32	0.49	21.66	0.01	0.06
咸阳市	Xianyang	301.15	256.46	232.64	0.45	21.40	0.68	1.29
渭南市	Weinan	396.80	350.58	313.94	1.42	32.16		3.06
延安市	Yan'an	46.76	37.78	31.67	0.09	6.02		
汉中市	Hanzhong	146.87	129.64	123.22	0.08	5.06		1.28
榆林市	Yulin	129.79	122.03	111.32	1.07	5.27	2.63	1.74
安康市	Ankang	73.23	67.43	60.26	2.05	0.62		4.50
商洛市	Shangluo	42.33	38.78	38.65		0.13		
杨凌示范区	Yangling	6.09	5.78	5.49	0.03	0.26		
省监管局	Shaanxi Administration	0.56	0.56	0.56				
省农垦处	Shaanxi Agricultural Reclamation Office	4.38	6.35	5.93	0.01	0.35	0.06	

21-2　续表　Continued

单位：千公顷　　(1 000 hectares)

地　区	Region	节水灌溉面积 Water Saving Irrigation Areas	喷灌 Spray Irrigation	微灌 Micro Irrigation	低压管灌 Low Pressure Pipe Irrigation	渠道防渗 Canal Seepage Control	其他工程 Others	有效实灌面积 Effectively Irrigated Areas	旱涝保收面积 Stable-harvest Farming Areas
全　省	**Shaanxi**	**852.82**	**36.66**	**17.16**	**218.37**	**501.06**	**79.57**	**1083.66**	**809.18**
西安市	Xi'an	179.41	10.41	1.04	86.92	81.04		156.91	156.10
铜川市	Tongchuan	15.05	0.59	1.28	5.07	5.73	2.38	6.86	4.80
宝鸡市	Baoji	127.16	7.50	1.44	31.60	84.83	1.79	128.93	114.64
咸阳市	Xianyang	142.30	2.81	2.37	43.20	87.13	6.79	198.57	144.43
渭南市	Weinan	201.96	3.44	4.49	29.96	142.14	21.93	275.83	159.82
延安市	Yan'an	29.69	7.33	4.10	6.97	4.20	7.09	27.49	19.73
汉中市	Hanzhong	56.09	1.52	0.21	0.30	49.96	4.10	106.86	84.91
榆林市	Yulin	39.70	0.84	0.32	8.42	21.09	9.03	97.81	65.52
安康市	Ankang	41.05	0.09	1.10	2.00	13.63	24.23	44.06	31.04
商洛市	Shangluo	13.86	2.07	0.05	2.92	6.59	2.23	29.12	20.80
杨凌示范区	Yangling	3.26	0.03	0.69	0.97	1.57		5.36	4.43
省监管局	Shaanxi Administration							0.36	0.43
省农垦处	Shaanxi Agricultural Reclamation Office	3.29	0.03	0.07	0.04	3.15		5.50	2.53

21-3 机电灌溉面积(2010年)
Machine-irrigated Areas(2010)

单位：千公顷 (1 000 hectares)

地区	Region	机电排灌面积 Mechanical Pumping Drainage and Irrigation Areas	机电提灌面积 Mechanical Pump Irrigation Areas	机电井灌溉 Electrical and Mechanical Well Irrigation	固定站灌溉 Fixed Stations Irrigation	流动机灌溉 Mobile Stations Irrigation	喷滴灌灌溉 Sprinkling and Drip Irrigation	纯排面积 Draining Areas
全省	**Shaanxi**	**839.27**	**835.66**	**464.33**	**348.83**	**9.88**	**12.62**	**3.61**
西安市	Xi'an	149.71	149.71	126.03	20.42		3.26	3.61
铜川市	Tongchuan	8.58	8.58	5.43	3.15			
宝鸡市	Baoji	114.43	114.43	56.86	48.50	7.06	2.01	
咸阳市	Xianyang	174.45	174.45	104.63	68.32	1.04	0.46	
渭南市	Weinan	248.50	245.15	81.91	159.45		3.79	
延安市	Yan'an	24.82	24.82	14.25	8.03	1.57	0.97	
汉中市	Hanzhong	27.91	27.91	14.43	12.61		0.87	
榆林市	Yulin	66.16	65.96	43.99	21.96		0.01	
安康市	Ankang	5.01	5.01	2.34	2.42	0.21	0.04	
商洛市	Shangluo	8.81	8.75	6.29	2.00		0.46	
杨凌示范区	Yangling	5.06	5.06	4.07	0.27		0.72	
省监管局	Shaanxi Administration	0.30	0.30	0.30				
省农垦处	Shaanxi Agricultural Reclamation Office	5.53	5.53	3.80	1.70		0.03	

21-4 易涝耕地面积治理情况(2010年)
Management Situation of Areas of Floating Plowland (2010)

单位：千公顷 (1 000 hectares)

地区	Region	易涝耕地面积 Areas of Floating Plowland	除涝面积 Area of Waterlogging Control	# 本年新增 New-added in This Year	# 本年减少 Decrease in This Year
全省	**Shaanxi**	**153.68**	**130.8**	**0.11**	**0.12**
西安市	Xi'an	50.81	45.22		
铜川市	Tongchuan				
宝鸡市	Baoji	3.91	2.94		
咸阳市	Xianyang	28.09	24.23	0.02	0.02
渭南市	Weinan	34.85	27.51		
延安市	Yan'an	0.02	0.02		
汉中市	Hanzhong	11.24	9.57		
榆林市	Yulin	22.8	19.37	0.03	0.1
安康市	Ankang				
商洛市	Shangluo	1.73	1.71	0.06	
杨凌示范区	Yangling	0.23	0.23		

21-5　水利工程供水总量(2010年)

Water Supply by Water Projects(2010)

单位：万立方米　　(10 000 cu.m)

地　区	Region	供水总量 Water Supply	地表水源 供水量 Surface Water Supply	蓄　水 Reserve Water	引　水 Channel Water	提　水 Draw Water	人工载运 Artificial Ferried
全　省	**Shaanxi**	**833977**	**495132**	**184270**	**212893**	**97108**	**861**
西 安 市	Xi'an	155978	59947	38180	19217	2550	
铜 川 市	Tongchuan	8575	4483	2002	1374	1096	11
宝 鸡 市	Baoji	62997	28998	18018	9722	1256	2
咸 阳 市	Xianyang	114645	49857	6090	32885	10871	11
渭 南 市	Weinan	145308	78479	16815	12019	49568	77
延 安 市	Yan'an	24228	14853	4160	5900	4724	69
汉 中 市	Hanzhong	159456	138763	64248	60785	13651	79
榆 林 市	Yulin	69209	41161	7836	25293	7970	62
安 康 市	Ankang	63041	58811	19717	34119	4520	455
商 洛 市	Shangluo	27202	19290	7204	11228	763	95
杨凌示范区	Yangling	3338	490		351	139	

21-5　续表　continued

单位：万立方米　　(10 000 cu.m)

地　区	Region	地下水源 供水量 Groundwater Supply	深层水 Deep Water	浅层水 Shallow Water	微咸水 A Little Salty Water	其他水源 供水量 Other Walter Supply	污水处理回用 Waste Water reuse	雨水利用 Rain Use
全　省	**Shaanxi**	**333418**	**56975**	**272830**	**3613**	**5427**	**3608**	**1819**
西 安 市	Xi'an	94782	24634	68449	1699	1249	1229	20
铜 川 市	Tongchuan	3805	141	3664		287	1	286
宝 鸡 市	Baoji	33606	1786	31805	15	393	207	186
咸 阳 市	Xianyang	63281	4754	58525	2	1507	1457	50
渭 南 市	Weinan	66271	13449	51785	1037	558	360	198
延 安 市	Yan'an	8953	3037	5916		422	317	105
汉 中 市	Hanzhong	20389		20389		304	17	287
榆 林 市	Yulin	27944	9174	17910	860	104		104
安 康 市	Ankang	3700		3700		530		530
商 洛 市	Shangluo	7839		7839		73	20	53
杨凌示范区	Yangling	2848		2848				

21-6 用水总量
Water Use

单位：万立方米 (10 000 cu.m)

地区	Region	用水总量 Water Use	# 地下水 Groundwater	农田灌溉用水量 Farmland Irrigation Water	# 地下水 Groundwater	林牧渔畜用水量 Water Consumption of Forestry, Animal Husbandry, Fishery and Livestock	# 地下水 Groundwater
全省	**Shaanxi**	**833977**	**333418**	**496020**	**138352**	**78192**	**36597**
西安市	Xi'an	155978	94782	57832	38819	10224	8099
铜川市	Tongchuan	8575	3805	2006	492	1087	254
宝鸡市	Baoji	62997	33606	37008	18061	7262	3939
咸阳市	Xianyang	114645	63281	67040	26824	12516	6027
渭南市	Weinan	145308	66271	97670	30326	16181	11155
延安市	Yan'an	24228	8953	5997	2123	4521	1712
汉中市	Hanzhong	159456	20389	128415	2177	9078	2725
榆林市	Yulin	69209	27944	44787	14904	4412	1310
安康市	Ankang	63041	3700	40340	961	9079	328
商洛市	Shangluo	27202	7839	12909	2139	3563	779
杨凌示范区	Yangling	3338	2848	2016	1526	269	269

21-6 续表 continued

单位：万立方米 (10 000 cu.m)

地区	Region	工业用水量 Consumption of Industry Water	# 地下水 Groundwater	城镇公共用水 Consumption of Town Public Water	# 地下水 Groundwater	居民生活用水量 Residents Living Water	# 地下水 Groundwater	生态环境用水量 Ecological Environment Water	# 地下水 Groundwater
全省	**Shaanxi**	**117602**	**76983**	**21623**	**17483**	**110194**	**59170**	**10346**	**4833**
西安市	Xi'an	34757	22837	10760	9753	37583	13377	4822	1897
铜川市	Tongchuan	2877	1618	238	144	2169	1189	198	108
宝鸡市	Baoji	7590	5046	1115	528	9311	5779	711	253
咸阳市	Xianyang	18406	16685	2876	2667	12403	10622	1404	456
渭南市	Weinan	16196	12560	1939	1844	12232	9489	1090	897
延安市	Yan'an	7536	2978	1058	265	4688	1818	428	57
汉中市	Hanzhong	9229	6040	1248	952	10774	7914	712	581
榆林市	Yulin	12966	5805	808	750	5892	4857	344	318
安康市	Ankang	3116	1247	971	75	9308	1073	227	16
商洛市	Shangluo	4849	2087	507	402	5089	2307	285	125
杨凌示范区	Yangling	80	80	103	103	745	745	125	125

21-7　堤防情况(2010年)

Dikes Situation(2010)

地　区	Region	堤防总长度(公里) Dikes Total Length (km)	1级堤防 Level 1 Dikes	2级堤防 Level 2 Dikes	3级堤防 Level 3 Dikes	其它等级堤防 Other Grades Dikes	达标堤防长度(公里) Length of Standard Dikes (km)	1级堤防 Level 1 Dikes	2级堤防 Level 2 Dikes
全　省	**Shaanxi**	**6250.87**	**125.70**	**300.11**	**470.97**	**5353.91**	**1649.47**	**133.30**	**210.56**
西安市	Xi'an	878.50	68.00	31.00	20.00	759.50	173.00	68.00	23.00
铜川市	Tongchuan	71.00		2.00	34.00	35.00	56.00		2.00
宝鸡市	Baoji	459.11	42.20	14.60	99.00	303.31	222.20	43.80	15.10
咸阳市	Xianyang	194.37	10.00	28.59		155.78	130.60	16.00	22.00
渭南市	Weinan	444.77		109.47		335.30	181.03		109.47
延安市	Yan'an	175.82			175.82		175.82		
汉中市	Hanzhong	862.67	5.50	32.05	16.60	808.52	211.58	5.50	8.96
榆林市	Yulin	434.45		68.40	82.55	283.50	193.00		16.40
安康市	Ankang	1392.00		2.00	30.00	1360.00	214.24		1.63
商洛市	Shangluo	1325.00			12.00	1313.00	80.00		
杨凌示范区	Yangling	13.00		12.00	1.00		12.00		12.00

21-7　续表　continued

地　区	Region	3级堤防 Level 3 Dikes	其它等级堤防 Other Grades Dikes	本年新增堤防达标长度(公里) Newly Increased Standard Dikes Length This Year(km)	本年减少达标堤防长度(公里) Newly Reduced This Year Standard Dikes Length	全部堤防保护人口(万人) All the Dikes Protected the Population (10 000 persons)	# 本年新增 Newly Increased This Year	全部堤防保护耕地(千公顷) All the Dikes Protected the Farmland (1 000 hectares)	# 本年新增 Newly Increased This Year
全　省	**Shaanxi**	**353.61**	**951.90**	**144.28**	**57.64**	**847.73**	**45.84**	**516.31**	**25.52**
西安市	Xi'an	20.00	62.00			187.05	0.10	80.36	
铜川市	Tongchuan	33.10	21.00	1.00		34.05		0.60	
宝鸡市	Baoji	37.29	125.62	5.10	12.00	105.08	1.76	36.65	1.17
咸阳市	Xianyang		93.00	2.00	2.00	71.60	5.20	27.51	2.20
渭南市	Weinan		71.56	0.30		63.97		75.15	
延安市	Yan'an	175.82		36.16		73.65		146.00	
汉中市	Hanzhong	14.40	182.72	18.72	4.64	124.93	2.08	61.34	0.45
榆林市	Yulin	40.00	137.00	52.00	1.00	86.50	29.70	39.70	17.90
安康市	Ankang	21.00	191.00	23.00	21.00	33.70	4.10	23.40	2.50
商洛市	Shangluo	12.00	68.00		17.00	62.20	2.90	23.30	1.30
杨凌示范区	Yangling			6.00		5.00		2.30	

21-8 水库情况(2010年)
Situation of Reservoir (2010)

地 区	Region	水库数量(座) Reservoir Volume (block)	水库库容(万立方米) Reservoir Storage Capacity (10 000cu.m)	# 兴利库容 Hennessy Capacity	# 死库容 Dead Storage	已淤积库容(万立方米) Storage Capacity Sedimented (10 000cu.m)	灌溉面积(万亩) Irrigated Area (10 000acres) 设 计 Design	本年实灌 Actual Irrigation This Year
全 省	**Shaanxi**	**1019**	**495538**	**243911**	**81288**	**136984**	**1557**	**554**
省 属	Directly under the provincial	18	95343	50662	14971	22256	725	289
西 安 市	Xi'an	92	38344	23637	2542	4723	122	21
铜 川 市	Tongchuan	29	4016	1668	727	1252	13	2
宝 鸡 市	Baoji	104	58633	37603	11297	12782	202	27
咸 阳 市	Xianyang	58	31006	12067	4993	7140	101	36
渭 南 市	Weinan	108	31124	18859	3378	4407	140	42
延 安 市	Yan'an	25	53379	11594	10846	26191	24	3
汉 中 市	Hanzhong	333	44876	28933	6155	10117	160	109
榆 林 市	Yulin	87	117317	44173	23362	43413	26	7
安 康 市	Ankang	113	7233	5012	504	2352	20	6
商 洛 市	Shangluo	52	14267	9703	2513	2351	24	12

21-8 续表 continued

地 区	Region	水力发电 Hydropower 实际装机(千瓦) Actual Installed Capacity (kw)	本年发电量(万度) Generating Capacity This Year (10 000 kwh)	入库水量(万立方米) Storage of Water (10 000cu.m)	出库水量(万立方米) A Library of Water (10 000cu.m)	年末蓄水量(万立方米) Water Storage Capacity at Year-end (10 000cu.m)
全 省	**Shaanxi**	**342865**	**105724**	**1986986**	**1879913**	**142996**
省 属	Directly under the provincial	247700	84598	1221209	1211575	49111
西 安 市	Xi'an	22505	6469	358299	268071	13523
铜 川 市	Tongchuan			4099	3266	1084
宝 鸡 市	Baoji	15155	2052	55345	57558	28693
咸 阳 市	Xianyang			11015	7556	8573
渭 南 市	Weinan			29477	27784	7233
延 安 市	Yan'an	1		8969	6573	4027
汉 中 市	Hanzhong	48893	11567	190207	204138	17780
榆 林 市	Yulin	800	135	45456	37279	8568
安 康 市	Ankang	700	228	20101	16340	1891
商 洛 市	Shangluo	7111	675	42809	39773	2513

21-9 万亩以上灌区基本情况(2010年)

Basic Irrigated Area above 10 000 Acres (2010)

地区	Region	灌区数(处) Irrigated Areas (unit)	设施灌溉面积(千公顷) Facilities Irrigation (1 000 hectares)	农田灌溉面积(千公顷) Farmland Irrigation Facilities (1 000 hectares)	渠道长度(公里) Channel Length (km) 干渠 Trunk	支渠 Branch Canal	斗渠 Douqu	实际灌溉面积(千公顷) Actual Irrigated Area (1 000 hectares)	节水灌溉面积(千公顷) Water-saving Irrigation Area (1 000 hectares)
全省	**Shaanxi**	**188**	**1199**	**998**	**5031**	**7988**	**21834**	**557**	**286**
省属	Directly under the provincial	5	427	391	749	1579	5523	241	155
西安市	Xi'an	35	89	57	467	717	1407	17	4
铜川市	Tongchuan	2	3	2	33	48	65	1	0
宝鸡市	Baoji	19	131	112	525	943	2498	23	21
咸阳市	Xianyang	21	71	53	242	503	1557	31	14
渭南市	Weinan	54	336	269	1209	2154	6169	149	66
延安市	Yan'an	8	13	6	241	192	258	5	1
汉中市	Hanzhong	18	93	81	639	637	2488	69	20
榆林市	Yulin	11	14	12	390	161	588	11	3
安康市	Ankang	4	9	4	186	293	517	5	1
商洛市	Shangluo	11	13	10	349	762	766	6	2

21-10 30万亩以上灌区基本情况(2010年)

Basic Statistics on Irrigation Area above 300 Thousand Acres (2010)

灌区名称 Irrigation District Name	设施灌溉面积(千公顷) Facilities Irrigation (1 000 hectares)	农田灌溉面积(千公顷) Farmland Irrigation Facilities (1 000 hectares)	渠道长度(公里) Channel Length (km) 干渠 Trunk	支渠 Branch Canal	斗渠 Douqu	实际灌溉面积(千公顷) Actual Irrigated Area (1 000 hectares)	节水灌溉面积(千公顷) Water-saving Irrigation Area (1 000 hectares)	灌区灌溉水利用系数(%) Irrigation Water Use Factor (%)
合计	**801.0**	**716.7**	**1541.4**	**3335.6**	**11293.6**	**406.9**	**255.1**	**52**
陕西省宝鸡峡灌区	194.1	188.6	412.6	699.9	2235.6	104.0	68.5	55
陕西省泾惠渠灌区	96.9	87.9	89.3	327.2	1481.0	57.4	34.7	54
陕西省交口抽渭灌区	84.1	75.3	93.5	250.5	935.0	56.7	36.7	55
陕西省桃曲坡灌区	26.7	19.6	91.5	171.8	455.9	10.4	6.4	48
陕西省石头河灌区	24.7	19.3	61.6	129.7	415.0	12.9	8.8	50
宝鸡市冯家山灌区	90.9	83.1	120.0	543	1443.0	8.2	21.0	52
咸阳市羊毛湾灌区	21.8	16	52.8	106.3	338.0	14.5	9.9	50
渭南市东雷一期抽黄灌区	64.7	44.0	162.0	225.0	662.0	39.5	0.7	49
渭南市洛惠渠灌区	51.8	49.5	105.0	130.0	1105.0	33.9	13.4	51
渭南市石堡川灌区	26.7	20.7	38.7	180.6	486.5	8.0	8.0	50
渭南市东雷二期抽黄灌区	84.3	84.3	227.0	422.0	1061.4	37.2	33.5	48
汉中市石门灌区	34.3	28.4	87.4	149.6	675.2	24.3	13.5	56

21-11 农村饮水安全达标情况(2010年)
Basic Statistics on Rural Drinking Water Safety Standards(2010)

单位：万人 (10 000 persons)

地 区 Region	饮水安全达标人口 Population by Drinking Water Safety Standards	#新增人口 Newly Increased Population	集中式供水 Centralized Water Supply	联户供水 Joint Household Water Supply	单户供水 Single-family Water Supply	#减少人口 Reduce Population	"十一五"初期饮水安全未达标人口 Population by Drinking Water Safety Below Standards at the early stage of the 11th Five-year Plan Period	"十一五"累计饮水安全达标人口 Population by Drinking Water Safety Standards in the 11th Five-year Plan
全 省 Shaanxi	**2326.36**	**317.97**	**313.10**	**0.30**	**4.56**	**96.42**	**1306.71**	**1120.41**
西 安 市 Xi'an	350.91	47.60	47.60				198.98	165.27
铜 川 市 Tongchuan	39.80	4.00	4.00			1.20	25.07	21.63
宝 鸡 市 Baoji	212.88	37.40	37.40			18.82	116.90	107.71
咸 阳 市 Xianyang	329.27	41.50	41.50			11.23	167.05	144.98
渭 南 市 Weinan	368.04	42.97	41.10		1.90	7.23	210.64	148.92
延 安 市 Yan'an	154.90						74.30	82.16
汉 中 市 Hanzhong	243.96	31.50	31.40		0.10	7.24	137.00	113.00
榆 林 市 Yulin	269.96	47.30	45.20		2.06	17.94	144.90	153.62
安 康 市 Ankang	183.22	40.60	39.90	0.30	0.40	24.48	129.95	103.10
商 洛 市 Shangluo	162.73	22.80	22.70		0.10	8.27	99.75	74.12
杨凌示范区 Yangling	10.70	2.30	2.30				2.17	5.90

21-12 水土保持情况(2010年)
Basic Statistics on Soil and Water Conservation(2010)

单位：千公顷 (1 000 hectares)

地 区 Region	水土流失面积 Area of Soil Erosion	累计水土流失治理面积 Total Area of Soil Erosion under Control	#小流域治理面积 Area of Small Watershed under Control	本年新增治理面积 Area of Newly Increased Soil Erosion under Control This Year	#小流域治理面积 Area of Small Watershed under Control	本年减少水土流失面积 Area of Decreased Soil Erosion This Year	因植被死亡或破坏 For Death or Destruction of Vegetation	因开发建设或开荒、过牧 For Development and Construction or Land Clearing and Overgrazing
全 省 Shaanxi	**13756.3**	**9308.1**	**3230.2**	**661.0**	**176.9**	**496.8**	**294.2**	**202.6**
西 安 市 Xi'an	385.1	267.4	70.1	26.7	4.5	15.9	9.7	6.2
铜 川 市 Tongchuan	338.6	202.8	49.3	16.2	3.8	9.2	6.5	2.7
宝 鸡 市 Baoji	1207.5	792.9	187.9	32.0	3.7	21.4	13.1	8.4
咸 阳 市 Xianyang	799.3	523.6	159.1	41.8	5.3	38.5	26.9	11.6
渭 南 市 Weinan	861.2	584.9	173.7	35.4	12.4	19.0	7.2	11.8
延 安 市 Yan'an	2877.3	1958.3	578.0	110.0	1.6	82.1	60.7	21.4
汉 中 市 Hanzhong	1297.6	932.3	294.6	95.5	24.5	58.5	29.7	28.9
榆 林 市 Yulin	3690.0	2181.4	1159.2	121.9	35.9	100.9	67.9	33.0
安 康 市 Ankang	1040.0	800.1	274.1	98.9	42.8	95.9	35.0	60.9
商 洛 市 Shangluo	1252.0	1057.4	277.5	82.0	42.0	55.1	37.6	17.5
杨凌示范区 Yangling	7.7	7.1	6.7	0.5	0.5	0.4		0.4

21-13 农村水电装机情况(2010年)
Basic Statistics on Rural Hydropower Installed Capacity(2010)

地 区	Region	处数 (处) Number (unit)	容量 (千瓦) Capacity (kw)	1(含)~5万千瓦(含) 10 000 kw (inclusive) - 50 000 kw (inclusive) 处数 (处) Number (unit)	容量 (千瓦) Capacity (kw)	0.1(含)~1万千瓦 1 000 kw (inclusive) - 10 000 kw 处数 (处) Number (unit)	容量 (千瓦) Capacity (kw)
全 省	**Shaanxi**	**585**	**925618**	**17**	**310500**	**159**	**501610**
省 属	Directly under the Provincial Government	10	66710	2	37400	6	27950
西安市	Xi'an	43	75868	1	20000	15	47180
铜川市	Tongchuan	1	4200			1	4200
宝鸡市	Baoji	107	115015	1	26000	24	55740
咸阳市	Xianyang	8	53500	1	16000	7	37500
渭南市	Weinan	7	29100			6	28850
延安市	Yan'an	9	4305			1	1000
汉中市	Hanzhong	181	282603	8	144000	40	107620
榆林市	Yulin	4	12800			3	12000
安康市	Ankang	134	240555	4	67100	43	153300
商洛市	Shangluo	81	40962			13	26270

21-13 续表 continued

地 区	Region	0.1万千瓦以下 Under 1 000 kw 处数 (处) Number (unit)	容量 (千瓦) Capacity (kw)	本年新增装机 Newly Increased Hydropower Installed Capacity This Year 处数 (处) Number (unit)	容量 (千瓦) Capacity (kw)	全年发电量 (万千瓦时) Annual Electricity Generation (10 000 kwh)	年利用小时 (小时) Annual Use Hours (hour)
全 省	**Shaanxi**	**409**	**113508**	**33**	**101270**	**295353**	**3191**
省 属	Directly under the Provincial Government	2	1360			22676	3399
西安市	Xi'an	27	8688	3	5330	24025	3167
铜川市	Tongchuan					320	762
宝鸡市	Baoji	82	33275	3	28370	29969	2606
咸阳市	Xianyang			1	16000	17992	3363
渭南市	Weinan	1	250			9890	3399
延安市	Yan'an	8	3305		250	1253	2911
汉中市	Hanzhong	133	30983	9	27945	89692	3174
榆林市	Yulin	1	800			6198	3218
安康市	Ankang	87	20155	16	23175	78883	3279
商洛市	Shangluo	68	14692	1	200	14455	3529

主要统计指标解释

灌溉面积 指一个地区当年农、林、牧等灌溉面积的总和。总灌溉面积=有效灌溉面积（耕地）+林地灌溉面积+园地灌溉面积+牧草灌溉面积+其他灌溉面积。

有效灌溉面积（农田或耕地灌溉面积） 指灌溉工程或设备已基本配套，有一定水源，土地比较平整，在一般年景可以进行正常灌溉的农田或耕地灌溉面积。

有效实灌面积 指利用灌溉工程和设施，在有效灌溉面积中当年实际已进行正常（灌水一次以上）灌溉的耕地面积。在同一亩耕地上，报告期内无论灌水几次，都应按一亩计算，而不应按灌溉亩次计算。凡是肩挑、人抬、马拉抗旱点种的面积，一律不算实灌面积。

旱涝保收面积 指有效灌溉面积中，遇旱能灌，遇涝能排的面积。灌溉设施的抗旱能力，按各地不同情况，应达到三十天到五十天，适宜发展双季稻的地方，应达到五十到七十天，除涝达到五年一遇以上标准，防洪一般达到二十年一遇标准的有效灌溉面积。

机电排灌面积 是指由固定站、流动站、机电井、喷灌机械等所有机械、电动力设备进行排水、灌溉的耕地面积。其中，只要有固定的机械排灌的设施，能够进行正常排灌，不论当年是否进行排灌，都应统计为机电排灌面积（含灌排结合面积）。

纯排面积 指在机电排灌面积中，机电设备只单纯用于排水（不需灌溉）的耕地面积。一般地，这部分面积的灌溉往往通过自流方式灌溉，不需要机电灌溉设备来完成。

节水灌溉面积 是指在给农作物进行灌溉时采用先进的设备和手段，在满足农作物需要用水的同时减少了用水。一般要有水源保证，利用渠道防渗、管灌、喷滴灌等工程节水措施，当年已进行正常灌溉的农田、果园、林地、牧草等面积，不包括农作物种植方式、种植品种改变等非工程节水措施的灌溉面积。节水灌溉面积包括渠道防渗面积、低压管道输水灌溉面积、喷灌面积、微灌面积和其他工程节水灌溉面积。在同一灌溉面积上，采用多种节水灌溉工程措施时，只能依主要工程或措施统计一种，不得重复计算。

易涝面积 一些地区由于地势低洼，降雨径流不能及时排走，田间积水超过农作物的耐淹能力，造成农业损失，即为涝。形成的受淹农田面积称为易涝面积，易涝耕地面积是指抗涝能力标准低的低洼涝耕地面积。

除涝面积 通过水利工程如围埝、抽水等对易涝面积进行治理，使易涝耕地免除淹涝称除涝面积。按除涝的标准分为3－5年、5－10年和10年以上。易涝面积虽经过治理，但标准尚未达到三年一遇标准的，不作为除涝面积统计。

水土流失 是由于水力、重力、风力等外力引起的水土资源和土地生产力遭到破坏和损失的现象。造成水土流失的原因可分为自然原因和人类活动原因两类。遭到水土流失侵害和损失的土地面积称水土流失面积。

水土流失治理面积（又称水土保持面积） 是指在水土流失面积上，按照综合治理的原则，采取各种治理措施如：坡改梯、淤地坝、谷坊、造林、种草、封山育林育草（指有种林、种草补植任务的）等，以及按小流域综合治理措施所治理的水土流失面积总和。

农村饮水安全标准 农村饮用水安全卫生评价指标体系分安全和基本安全两个档次，由水质、水量、方便程度和保证率四项指标组成。四项指标中只要有一项低于安全或基本安全最低值，就不能定为饮用水安全或基本安全。水质：符合国家《生活饮用水卫生标准》要求的为安全；符合《农村实施〈生活饮用水卫生标准〉准则》要求的为基本安全。水量：每人每天可获得的水量不低于40～60升为安全；不低于20～40升为基本安全。方便程度：人力取水往返时间不超过10分钟为安全；取水往返时间不超过20分钟为基本安全。保证率：供水保证率不低于95%为安全；不低于90%为基本安全。

农村饮水安全达标人口 是指满足农村饮水基本安全标准的农村地区（即城市及县城关镇以外地区）年末常住人口。农村饮水包括农村居民餐饮、洗涤以及散养畜禽等日常生活用水。

灌区 是指在蓄水灌溉工程、引水灌溉工程、提水灌溉工程等灌溉工程中，灌溉设备齐全、渠系配套完整，自成灌溉体系，有统一管理，设计灌溉面积为万亩及以上和有效灌溉面积达到万亩及以上的灌溉区域。灌区由各省水利厅审定、备案。

堤防 是指修筑在江、河、湖、海岸适用于防止洪水的工程。堤防工程按防洪标准分为五个级别：防洪标准[重现期(年)]>=100为1级，100－50为2级，50－30为3级，30－20为4级，20－10为5级。

供水量 指各种水利供水工程为农业灌溉、工业生产、城镇生活、乡村生活、生态环境等方面的实际供水量，它包括输水损失的毛水量，按供水对象所在区域进行统计。供水量来源包括地表水供水量（蓄水、引水、提水、调水）、地下水供水量和其他水源供水量。

农业灌溉供水量 是指水利工程为农田、林地、果园、牧草灌溉实际毛供水量的总和。

工业生产供水量 是指水利工程为城市及县以下乡镇工业的供水。1991年以前乡镇工业供水统计在农业供水中，从1992年开始统计在工业供水中。乡镇企业供水指水利工程为乡镇工业及农副产品加工实际毛供水量。

城镇生活供水量 是指水利工程对城镇居民生活供水，

还包括用于餐饮、服务以及市政环卫等公共服务方面的供水。生活供水主要统计各类水利工程向自来水厂或城镇居民供应的原水量，即未经任何处理的水量。

乡村生活供水量　除居民生活用水外，还包括牲畜用水。

生态环境供水　主要指通过水利工程设施向城镇、乡村生态脆弱地区或恶化地区以及其他地区补水，以维持、控制、恢复、改善原有的生态环境状态，如为了避免湿地萎缩、维持地下水位、防止海水入侵、维持河川基流、恢复原有湖泊、保护植被等目的，以及为了维持人类居住地的生态环境需要所进行的补水。

水利发电供水量　指水利工程为水电站的供水，全国水电供水量 2400 亿立方米/年，但它基本不消耗水量，如果和工业、农业供水等并列计入供水总量，将影响水资源的平衡核算研究。现行水利统计报表制度规定、水电供水量单独进行统计，不计入供水量总计。

水库　在江河上筑坝（闸）所形成的拦洪蓄水和调节水流的水利工程建筑物，可以用来灌溉、发电、防洪和养鱼。总库容在 1 亿立方米及以上为大型水库，1000（含 1000）万立方米至 1 亿立方米为中型水库，10 万立方米至 1000 万立方米为小型水库。

水库库容　校核洪水位以下的水库容积，包括死库容、兴利库容、调洪库容（减掉和兴利库容重复部分）之总和，称为总库容。它是一项表示水库工程规模的代表性指标，是划分水库等级、确定工程安全标准的重要依据。

兴利库容　水库在正常运用情况下，为满足兴利要求在开始供水时应蓄到的水位，称正常蓄水位，又称正常高水位、兴利水位，或设计蓄水位。正常蓄水位至死水位之间的水库容就是兴利库容，即调节库容。它主要用以调节径流，提供水库的供水量。

死库容　水库死水位以下的水库容积。除特殊情况外，死库容不参与径流调节，即不动用这部分库容内的水量。

Explanatory Notes on Main Statistical Indicators

Irrigated Area The sum of irrigated areas for agricultural, forest, pasture and grazing areas in a particular region. The total irrigation area is equal to the sum of effective irrigated areas (arable land), forest irrigated areas, orchard irrigated areas, grazing irrigated areas and other irrigated areas.

Effective Irrigated Areas (irrigated areas of farmland or cultivated land) The effective irrigated area refers to farmland or cultivated land with irrigation in normal years, equipped with installed irrigation facilities, water source and relatively leveled land.

Actual Effective Irrigated Area The area of effective irrigated land has been applied irrigation (once or more than once) in the current year, taking the advantage of irrigation works or facilities. No matter how many times irrigation is made in the same area of land within report period, it is all counted as one mu, but not be counted according to the irrigation times. All non-mechanized irrigated areas such as irrigated area with drought-relief measures of people or animal carrying water for irrigation are not included.

Farmlands with Stable Yields Despite of Drought or Waterlogging Farmlands, within effective irrigation areas, can irrigate in drought season and drain in flood season. According to drought-resistant capacity of irrigation facilities under varied conditions of different regions, irrigation may last for 30 days to 50 days, and may last for 50 days to 70 days in the regions suitable for double cropping rice. Waterlogging control in the effective irrigated areas should reach the standard of once in five years return period and flood control should reach the standard of once in twenty years return period.

Electromechanical Irrigation and Drainage Areas The areas are drainage or irrigated by electromechanical facilities, such as fixed and movable irrigation and drainage facilities, electromechanical wells and sprinklers. No matter whether farmlands were irrigated in the current year, whenever fixed irrigation facilities are placed, the area is included in electromechanical irrigation and drainage areas.

Pure Drainage Areas It refers to the area of cultivated land that the electromechanical equipment is used only for drainage in Electromechanical irrigation and drainage areas. Generally speaking, the irrigation of this part is self irrigation, with no need of electromechanical equipment.

Water-saving Irrigated Areas It refers to reducing water consumption by advanced equipment and measures when irrigating, which also meeting the need of plants. Generally, there are actual water resources, and taking measures of leakage free channel, pipe irrigation, jetting and dropping irrigation to save water. The normal irrigation area of arable land, forest areas, orchard areas, grazing areas etc., which do not take water saving measures, such as non engineering measures of planting manner and planting variety in the current year are not included in this indicator. It includes leakage free channel, jetting and dropping irrigation, tiny irrigation, and others. In the same area, with more than two water saving measures taken, only one main project can be counted.

Prone-waterlogging Farmland In some area, for low lying, rain can not be drained in time, plants submerged into water are over endurance, leading to agricultural losses. Farmland of waterlogging are called prone- waterlogging farmland, which refers to low lying farmland with low standard of preventing waterlogging.

Waterlogging Control Areas The controlled area of prone-waterlogging farmland by waterworks such as cofferdams and water pump. The standard of waterlogging control can be divided into 3-5 years, 5-10 years and above 10 years. The area of waterlogging farmland with control measures but has not reached to the standard of once in three years return period, are excluded from waterlogging control areas.

Soil Erosion Damage or losses of water resources and land productivity caused by external forces, such as water power, gravity and wind etc. Soil erosion is usually caused by two reasons of nature or human activities. The damaged or lost farmland areas caused by soil erosion are termed as soil erosion areas.

Improved Eroded Area (also named soil and water conservation area) The sum of improved eroded areas in Mountinous or hilly areas, has implemented comprehensive control measures, including terraced fields, silt retention dam, check dam, reforestation, grass plantation, enclosed reforestation and grass planting (refers to the area with tasks of planting forest and grass) and small watershed comprehensive management, in line with the principle of integrated management.

Standard of Safe Drinking Water in Rural Areas The evaluation index system of drinking water safety in rural areas divides the water into two levels of safe and generally safe, which is formed by four elements of water quality, water quantity, convenience of access to water and guarantee rate. If the value of one of the four indices is lower than the minimum level of safety or generally safety, the drinking water can not be deemed as safe or generally safe. Water quality: water quality that meets the "National Sanitary Standards for Drinking Water" is deemed as safe; water quality that meets the "Implementing Rules of National Sanitary Standards for Drinking Water in Rural Areas" is deemed as generally safe. Water quantity: each person can get 40-60 L water per day or above is deemed as safe; each person get no less than 20-40 L water per day is deemed as generally safe. Convenience of access to water: manpower getting water with no more than 10 minutes is deemed as safe and no more than 20 minutes as generally safe. Guarantee rate: 95% of water supply or more than 95% of water supply is guaranteed is deemed as safe; the guarantee rate is not lower than 90% is deemed as generally safe.

Rural Population with Safe Drinking Water Permanent residential population in the rural areas (outside of urban areas and counties) where drinking water safety standard has been met at the end of the year. Rural drinking water includes daily water use of rural residents for cooking, washing and raising livestock etc.

Irrigation District Irrigation area has above 10,000 mu of designed and effective irrigated area, with complete irrigation facilities, sub-canal system, self-established irrigation system and unified management system, under water storage irrigation project, water diversion irrigation project or pumping irrigation projects. Irrigation districts are approved and recorded by provincial departments of water resources.

Embankment Embankment project is constructed along the banks of river, lake or coast to prevent flood disasters. Embankment project can divided into five classes according to the standard of preventing flood disasters. Class 1: with reappear year over 100 years, class 2: 100-50, class 3: 50-30; class 4: 30-20, class 5: 20-10.

Quantity of Water Supply Actual quantity of water supply provided by all kinds of water supply projects for irrigation, industrial, domestic water use in urban and rural areas and ecological environment etc, including gross water loss in water transportation and data are sorted according to water consumption region for statistics. The quantity of water supply consists of quantity of surface water (water storage, water diversion, pumping and water transfer), groundwater and quantity of water supply of other water sources.

Quantity of Water Supply for Irrigation The sum of actual gross water provided by water projects for farmlands, forests, orchards and grazing irrigation.

Quantity of Water Supply for Industries Water supply provided by water projects for industrial water use in urban and rural areas. Before 1991, the quantity of water supply for township industries is included in agricultural water supply, but from 1992 it began to be counted in industrial water supply. Water supply for township enterprise means actual gross quantity of water supply provided by water projects for township industries and processing of agricultural products and by-products.

Quantity of Urban Water Supply Water supply for urban residents, including restaurants, service industry, municipal environment, sanitation and other public utilities. The quantity of urban water supply is the original quantity of water provided by all kinds of water projects to water plants or urban residents, i.e. quantity of untreated water.

Quantity of Rural Water Supply Quantity of water supply for both rural residents and livestock or big animals.

Water Supply for Ecological Environment. Refers to water recharged to ecological frailty area or ecological deterioration area through water projects, in order to sustain, control, restore and improve the original ecosystem and environment, such as prevent wetlands shrinking, sustain groundwater level, prevent seawater intrusion, keep base-flow of rivers, restore original lake and vegetations, and consider the needs of sustaining ecological environment of living places of human being.

Water Supply for Hydropower Generation Water supply provided by water projects for hydropower generation. In China, the annual water supply for hydropower generation is 2.4×10^{11} m^3, but power generation does not consume water resources. If it is included in the total quantity of water supply as industrial and agricultural water supply, it shall exert impact on water balance calculation. According to the current statistic regulation of water resources, water supply for hydropower generation is calculated independently and excluded from the total quantity of water supply.

Reservoir Storage area that is formed by constructing dams (gates) to detain and store water resources and regulate water flow. Large reservoir: the total storage capacity is over 100 million m^3.Medium reservoir: the total storage capacity is between 10 million m^3 (including 10 million m^3) to 100 million m^3.Small reservoir: the total storage capacity is between 0.1 million m^3 to 10 million m^3.

Storage Capacity of Reservoir It is also called total storage capacity. It refers to storage capacity above the check water level, including dead storage capacity, usable storage capacity, and flood control storage capacity (deducting the repeating part of usable storage). It is a key index for the total scale of a reservoir, and is a key index for dividing the class of reservoir and deciding standard of project safety.

Usable Storage Capacity of Reservoir refers to the water level which called normal water level, that should be reached for providing water in normal conditions. Storage capacity of reservoir between normal water level and dead storage capacity level are called usable storage capacity, which also called adjusting capacity. It is used for adjusting runoff, providing quantity of reservoir.

Dead Storage Capacity of Reservoir It refers to storage below the dead storage water level. It does not take part in adjusting of runoff, it can't be moved.

二十二、全国各省、市、自治区主要指标

Main Indicators of National Economy by Countrywide, Province, Municipality and Autonomous Region

资料整理：孙士梅

22-1 生 产 总 值(2010年)
Gross Domestic Product(2010)

地区	Region	生产总值(亿元) Gross Domestic Product (100 million yuan)	第一产业 Primary Industry	第二产业 Secondary Industry	#工业 Industry	第三产业 Tertiary Industry	生产总值比上年增长% GDP Growth over the Previous Year (%)
全国	**National Total**	**397983.3**	**40497.0**	**186480.9**	**160029.6**	**171005.4**	**10.3**
北京	Beijing	13777.9	124.4	3323.1	2701.6	10330.5	10.2
天津	Tianjin	9108.8	149.5	4837.6	4410.7	4121.8	17.4
河北	Hebei	20197.1	2562.8	10705.7	9554.0	6928.6	12.2
山西	Shanxi	9088.1	563.5	5161.2	4586.4	3363.4	13.9
内蒙古	Inner Mongolia	11655.0	1101.4	6365.8	5618.4	4187.8	14.9
辽宁	Liaoning	18278.3	1631.1	9872.3	8684.7	6774.9	14.1
吉林	Jilin	8577.1	1050.2	4417.4	3833.5	3109.5	13.7
黑龙江	Heilongjiang	10235.0	1302.3	5100.1	4505.0	3832.6	12.6
上海	Shanghai	16872.4	114.2	7140.0	6456.8	9618.3	9.9
江苏	Jiangsu	40903.3	2539.6	21753.9	19266.9	16609.8	12.6
浙江	Zhejiang	27226.8	1360.7	14121.3	12488.6	11744.8	11.8
安徽	Anhui	12263.4	1729.0	6391.0	5364.5	4143.3	14.5
福建	Fujian	14357.1	1363.7	7365.5	6242.3	5628.0	13.8
江西	Jiangxi	9435.0	1205.9	5194.7	4359.2	3034.4	14.0
山东	Shandong	39416.2	3588.3	21398.9	19026.1	14429.0	12.5
河南	Henan	22942.7	3263.2	13226.8	11950.8	6452.6	12.2
湖北	Hubei	15806.1	2147.0	7764.7	6726.5	5894.4	14.8
湖南	Hunan	15902.1	2339.4	7313.6	6275.1	6249.1	14.5
广东	Guangdong	45472.8	2286.9	22918.1	21374.8	20267.9	12.2
广西	Guangxi	9502.4	1670.4	4510.8	3860.5	3321.2	14.2
海南	Hainan	2052.1	539.3	566.6	380.8	946.3	15.8
重庆	Chongqing	7894.2	685.4	4356.4	3697.8	2852.4	17.1
四川	Sichuan	16898.6	2483.0	8565.2	7326.4	5850.4	15.1
贵州	Guizhou	4594.0	630.3	1800.1	1516.9	2163.6	12.8
云南	Yunnan	7220.1	1105.8	3223.9	2606.0	2890.4	12.3
西藏	Tibet	507.5	68.1	163.9	39.7	275.4	12.3
陕西	**Shaanxi**	**10123.5**	**988.5**	**5446.1**	**4559.0**	**3688.9**	**14.6**
甘肃	Gansu	4119.5	599.0	1985.0	1602.9	1535.5	11.7
青海	Qinghai	1350.4	134.9	744.6	613.7	470.9	15.3
宁夏	Ningxia	1643.4	160.3	833.2	648.5	650.0	13.4
新疆	Xinjiang	5418.8	1078.6	2533.7	2105.0	1806.5	10.6

注：本表绝对数按当年价格计算，增长速度按可比价格计算。

a) Level data in this table are calculated at current prices, while the growth rate are at constant prices.

22-2 固定资产投资
Investment in Fixed Assets

单位：亿元 (100 million yuan)

地 区	Region	全社会固定资产投资 Total Investment in Fixed Assets in the Whole Province		城镇固定资产投资 Investment in Fixed Assets in Urban Area		农村固定资产投资 Investment in Fixed Assets in Rural Area	
		2009	2010	2009	2010	2009	2010
全 国	**National Total**	**224598.8**	**278139.8**	**193920.4**	**241414.9**	**30678.4**	**36724.9**
北 京	Beijing	4616.9	5403.0	4149.6	4916.5	467.3	486.4
天 津	Tianjin	4738.2	6278.6	4446.6	5896.5	291.6	382.1
河 北	Hebei	12269.8	15082.5	10476.5	12921.8	1793.3	2160.7
山 西	Shanxi	4943.2	6063.2	4509.6	5526.6	433.6	536.6
内蒙古	Inner Mongolia	7336.8	8929.9	7143.8	8699.2	193.0	230.7
辽 宁	Liaoning	12292.5	16043.0	11605.1	15106.3	687.4	936.7
吉 林	Jilin	6411.6	7870.4	5958.9	7395.2	452.6	475.2
黑龙江	Heilongjiang	5028.8	6812.6	4695.7	6292.7	333.1	519.9
上 海	Shanghai	5043.8	5108.9	4618.9	4630.5	424.8	478.4
江 苏	Jiangsu	18949.9	23186.8	14266.8	17418.9	4683.1	5767.8
浙 江	Zhejiang	10742.3	12488.1	7454.3	8525.4	3288.0	3962.6
安 徽	Anhui	8990.7	11543.4	7945.5	10281.8	1045.2	1261.7
福 建	Fujian	6231.2	8198.5	5548.6	7385.2	682.6	813.3
江 西	Jiangxi	6643.1	8775.5	6008.1	7856.7	635.0	918.8
山 东	Shandong	19034.5	23282.9	15439.1	18846.8	3595.4	4436.1
河 南	Henan	13704.5	16585.9	11454.9	13934.8	2249.6	2651.0
湖 北	Hubei	7866.9	10262.7	7183.7	9405.6	683.2	857.1
湖 南	Hunan	7703.4	9663.8	6880.0	8618.2	823.4	1045.6
广 东	Guangdong	12933.1	15624.0	10230.1	12599.7	2703.1	3024.4
广 西	Guangxi	5237.2	7057.6	4689.9	6383.3	547.4	674.3
海 南	Hainan	988.3	1317.0	942.7	1257.5	45.6	59.5
重 庆	Chongqing	5214.3	6692.4	4855.1	6170.6	359.2	521.8
四 川	Sichuan	11371.9	13119.5	9090.1	11062.2	2281.8	2057.3
贵 州	Guizhou	2412.0	3104.9	2049.8	2609.4	362.2	495.6
云 南	Yunnan	4526.4	5528.7	4117.5	5052.6	408.9	476.1
西 藏	Tibet	378.3	463.3	327.6	405.4	50.6	57.8
		(6553.4)	**(8561.2)**	**(6194.9)**	**(8167.5)**		
陕 西	**Shaanxi**	**6246.9**	**7964.4**	**5888.4**	**7570.7**	**358.5**	**393.8**
甘 肃	Gansu	2363.0	3158.3	2076.4	2808.6	286.6	349.8
青 海	Qinghai	798.2	1018.7	689.1	840.0	109.1	178.7
宁 夏	Ningxia	1075.9	1444.2	964.2	1292.8	111.7	151.4
新 疆	Xinjiang	2725.5	3392.7	2434.1	3028.9	291.3	363.8

注：本表各地区全社会和城镇固定资产投资不含跨省项目，括号内数据为陕西含跨省项目投资额。

a) This table, total fixed asset investment by region and fixed asset investment in urban area do not include inter-provincial projects, data in the brackets are investment of Shaanxi that include inter-provincial projects.

22-3 房地产开发企业(单位)投资和商品房销售额
Total Investment in Real Estate Development and Total Sale of Commercialized Buildings

单位：亿元 (100 million yuan)

地区	Region	房地产开发投资额 Total Investment in Real Estate Development		商品房销售额 Total Sale of Commercialized Buildings		# 住宅 Residential Buildings	
		2009	2010	2009	2010	2009	2010
全国	**National Total**	**36241.8**	**48267.1**	**44355.2**	**52478.7**	**38432.9**	**43953.3**
北京	Beijing	2337.7	2901.1	3259.7	2915.4	2486.8	2060.5
天津	Tianjin	735.2	866.6	1094.8	1282.4	965.4	1070.3
河北	Hebei	1520.0	2264.8	968.0	1605.8	905.1	1453.6
山西	Shanxi	477.3	592.2	280.0	404.6	246.0	351.6
内蒙古	Inner Mongolia	815.5	1120.0	767.2	1065.0	597.0	755.7
辽宁	Liaoning	2640.6	3465.8	2168.6	3059.9	1883.5	2585.1
吉林	Jilin	756.7	921.0	567.2	836.6	490.2	711.9
黑龙江	Heilongjiang	563.9	843.1	653.7	1010.1	537.0	830.4
上海	Shanghai	1462.1	1980.7	4330.2	2959.9	3620.2	2395.3
江苏	Jiangsu	3338.5	4301.9	5106.4	5430.7	4341.0	4462.0
浙江	Zhejiang	2254.3	3030.0	4334.0	4448.7	3755.5	3573.1
安徽	Anhui	1669.8	2251.8	1378.4	1732.7	1179.7	1408.4
福建	Fujian	1136.3	1818.9	1477.8	1611.0	1299.1	1299.8
江西	Jiangxi	634.5	706.8	602.8	776.4	530.6	670.3
山东	Shandong	2428.7	3251.8	2459.1	3666.4	2195.8	3223.4
河南	Henan	1553.8	2114.1	1155.9	1658.8	1004.9	1454.6
湖北	Hubei	1200.4	1618.2	960.0	1313.1	879.2	1134.6
湖南	Hunan	1084.6	1469.3	941.6	1406.5	826.1	1247.9
广东	Guangdong	2961.3	3659.7	4598.5	5476.5	4176.7	4591.5
广西	Guangxi	813.7	1206.2	777.2	995.2	704.8	881.7
海南	Hainan	288.0	467.9	351.5	746.6	343.4	734.1
重庆	Chongqing	1238.9	1620.3	1377.8	1846.9	1231.7	1610.6
四川	Sichuan	1588.4	2194.6	2094.1	2647.3	1906.9	2330.8
贵州	Guizhou	371.3	556.7	475.1	581.0	407.3	501.6
云南	Yunnan	737.5	900.4	653.5	934.6	555.6	769.3
西藏	Tibet	15.7	9.0	15.5	5.6	14.7	5.1
陕西	**Shaanxi**	**943.7**	**1159.5**	**672.7**	**973.7**	**621.3**	**906.7**
甘肃	Gansu	204.1	266.4	173.5	227.8	158.0	201.5
青海	Qinghai	72.8	108.2	54.6	84.4	50.8	77.1
宁夏	Ningxia	162.7	254.4	239.5	309.2	191.5	253.8
新疆	Xinjiang	235.9	344.9	366.3	466.0	327.2	401.6

22-4 居民消费价格分类指数(2010年)
Consumer Price Index by Category(2010)

(上年=100) (preceding year=100)

地区	Region	居民消费价格指数 Consumer Price Index	食品 Food	烟酒及用品 Tobacco and Liquor	衣着 Clothes	家庭设备用品及服务 Household Facilities and Services	医疗保健和个人用品 Health Care and Personal Products	交通和通信 Transportation and Communication	娱乐教育文化 Recreational, Education, Culture	居住 Living
全国	**National Total**	**103.3**	**107.2**	**101.6**	**99.0**	**100.0**	**103.2**	**99.6**	**100.6**	**104.5**
北京	Beijing	102.4	105.5	101.1	98.4	99.4	101.5	100.8	99.4	105.0
天津	Tianjin	103.5	108.0	104.3	102.8	99.5	103.7	98.1	98.8	102.3
河北	Hebei	103.1	107.8	101.5	97.5	99.8	102.5	99.1	100.1	104.1
山西	Shanxi	103.0	108.5	102.8	96.8	98.5	102.3	98.5	100.5	103.8
内蒙古	Inner Mongolia	103.2	109.5	101.9	99.4	98.8	101.8	99.7	99.6	102.2
辽宁	Liaoning	103.0	107.9	100.7	96.2	99.8	102.4	99.9	99.9	103.4
吉林	Jilin	103.7	109.2	100.7	100.7	99.6	101.8	99.1	100.5	102.4
黑龙江	Heilongjiang	103.9	108.1	101.2	98.0	100.0	106.5	99.8	98.8	105.6
上海	Shanghai	103.1	107.7	101.1	98.6	101.1	103.7	97.4	100.9	103.5
江苏	Jiangsu	103.8	107.4	102.4	100.7	100.1	102.9	99.8	101.6	105.0
浙江	Zhejiang	103.8	107.3	100.7	99.3	100.4	105.4	100.3	101.6	106.0
安徽	Anhui	103.1	106.6	102.0	98.1	98.9	103.3	99.6	100.5	105.5
福建	Fujian	103.2	107.8	101.4	95.7	99.2	103.1	99.5	100.2	105.4
江西	Jiangxi	103.0	105.6	100.3	98.8	99.3	102.7	99.0	100.4	106.9
山东	Shandong	102.9	108.3	102.5	97.6	99.6	101.9	99.3	99.7	103.6
河南	Henan	103.5	107.9	101.2	101.1	99.6	103.2	99.4	100.6	104.3
湖北	Hubei	102.9	105.8	101.5	100.9	101.4	103.2	100.2	100.2	103.4
湖南	Hunan	103.1	105.4	100.7	100.7	100.5	101.8	100.5	101.7	105.1
广东	Guangdong	103.1	105.9	102.3	99.6	100.0	103.8	99.6	100.4	104.8
广西	Guangxi	103.0	107.1	101.6	99.8	98.8	101.5	100.4	98.4	105.7
海南	Hainan	104.8	107.6	100.6	101.2	104.6	102.0	100.6	99.4	109.7
重庆	Chongqing	103.2	106.5	104.3	98.4	100.2	102.5	99.5	102.7	105.4
四川	Sichuan	103.2	106.1	101.8	99.1	100.8	104.3	100.7	100.6	103.1
贵州	Guizhou	102.9	107.7	102.0	97.4	99.3	101.3	100.8	100.4	102.4
云南	Yunnan	103.7	108.4	101.0	96.8	99.6	104.0	100.0	101.0	104.6
西藏	Tibet	102.2	104.5	101.1	102.1	100.6	101.2	99.8	99.7	102.8
陕西	**Shaanxi**	**104.0**	**108.5**	**101.0**	**99.1**	**100.0**	**105.8**	**99.8**	**101.0**	**104.0**
甘肃	Gansu	104.1	109.4	102.8	100.0	100.6	103.5	99.3	100.4	104.1
青海	Qinghai	105.4	108.3	101.1	106.7	101.5	104.9	103.0	104.7	102.8
宁夏	Ningxia	104.1	108.3	101.4	101.3	100.9	101.8	100.1	103.9	103.4
新疆	Xinjiang	104.3	110.7	102.0	99.2	101.2	102.0	100.0	101.2	102.7

22-5 城乡居民人均收入
Per Capita Income of Urban and Rural Residents

单位：元 (yuan)

地区	Region	城镇居民人均可支配收入 Per Capita Disposable Income of Urban Residents		农村居民人均纯收入 Per Capita Net Income of Rural Residents	
		2009	2010	2009	2010
全国	**National Total**	**17175**	**19109**	**5153**	**5919**
北京	Beijing	26738	29073	11669	13262
天津	Tianjin	21402	24293	8688	10075
河北	Hebei	14718	16263	5150	5958
山西	Shanxi	13997	15648	4244	4736
内蒙古	Inner Mongolia	15849	17698	4938	5530
辽宁	Liaoning	15761	17713	5958	6908
吉林	Jilin	14006	15411	5266	6237
黑龙江	Heilongjiang	12566	13857	5207	6211
上海	Shanghai	28838	31838	12483	13978
江苏	Jiangsu	20552	22944	8004	9118
浙江	Zhejiang	24611	27359	10007	11303
安徽	Anhui	14086	15788	4504	5285
福建	Fujian	19577	21781	6680	7427
江西	Jiangxi	14022	15481	5075	5789
山东	Shandong	17811	19946	6119	6990
河南	Henan	14372	15930	4807	5524
湖北	Hubei	14367	16058	5035	5832
湖南	Hunan	15084	16566	4909	5622
广东	Guangdong	21575	23898	6907	7890
广西	Guangxi	15451	17064	3980	4543
海南	Hainan	13751	15581	4744	5275
重庆	Chongqing	15749	17532	4478	5277
四川	Sichuan	13839	15461	4462	5087
贵州	Guizhou	12863	14143	3005	3472
云南	Yunnan	14424	16065	3369	3952
西藏	Tibet	13544	14980	3532	4139
陕西	**Shaanxi**	**14129**	**15695**	**3438**	**4105**
甘肃	Gansu	11930	13189	2980	3425
青海	Qinghai	12692	13855	3346	3863
宁夏	Ningxia	14025	15344	4048	4675
新疆	Xinjiang	12258	13644	3883	4643

22-6 城乡居民人均消费支出
Per Capita Consumption Expenditure of Urban and Rural Residents

地　区	Region	城镇居民人均消费性支出(元) Capita Consumption Expendi of Urban Residents(yuan)		城镇居民家庭恩格尔系数(%) Engel Coefficient of Urban Households(%)		农村居民人均生活消费支出(元) Capita Consumption Expendi of Rural Residents(yuan)		农村居民家庭恩格尔系数(%) Engel Coefficient of Rural Households(%)	
		2009	2010	2009	2010	2009	2010	2009	2010
全　国	**National Total**	**12265**	**13471**	**36.5**	**35.7**	**3994**	**4382**	**41.0**	**41.1**
北　京	Beijing	17893	19934	33.2	32.1	8898	9255	31.6	32.4
天　津	Tianjin	14801	16562	36.5	35.9	4273	4937	43.2	41.7
河　北	Hebei	9679	10318	33.6	32.3	3350	3845	35.7	35.1
山　西	Shanxi	9355	9793	32.8	31.2	3305	3664	37.1	37.5
内蒙古	Inner Mongolia	12370	13995	30.5	30.1	3968	4461	39.8	37.5
辽　宁	Liaoning	12325	13280	38.0	35.1	4254	4490	36.7	38.2
吉　林	Jilin	10914	11679	33.3	32.3	3903	4147	35.1	36.7
黑龙江	Heilongjiang	9630	10684	35.3	35.4	4241	4391	31.4	33.8
上　海	Shanghai	20992	23200	35.0	33.5	9804	10210	37.1	37.3
江　苏	Jiangsu	13153	14357	36.3	36.5	5805	6543	39.2	38.1
浙　江	Zhejiang	16683	17858	33.6	34.3	7732	8929	36.4	34.2
安　徽	Anhui	10234	11513	39.6	38.0	3655	4013	40.9	40.7
福　建	Fujian	13451	14750	39.7	39.3	5016	5498	45.9	46.1
江　西	Jiangxi	9740	10619	39.9	39.5	3533	3912	45.6	46.3
山　东	Shandong	12013	13118	32.9	32.1	4417	4807	36.6	37.5
河　南	Henan	9567	10838	34.2	33.0	3389	3682	36.0	37.2
湖　北	Hubei	10294	11451	40.4	38.7	3725	4091	44.8	43.1
湖　南	Hunan	10828	11825	38.6	36.5	4021	4310	48.9	48.4
广　东	Guangdong	16858	18490	36.9	36.5	5020	5516	48.3	47.7
广　西	Guangxi	10352	11490	39.9	38.1	3231	3455	48.7	48.5
海　南	Hainan	10087	10927	44.7	44.8	3089	3446	53.1	50.0
重　庆	Chongqing	12144	13335	37.7	37.6	3142	3625	49.1	48.3
四　川	Sichuan	10860	12105	40.4	39.5	4141	3898	42.0	48.3
贵　州	Guizhou	9048	10058	41.5	39.9	2422	2852	45.2	46.3
云　南	Yunnan	10202	11074	43.7	41.5	2925	3398	48.2	47.2
西　藏	Tibet	9034	9686	50.7	50.0	2400	2667	49.6	49.7
陕　西	**Shaanxi**	**10706**	**11822**	**37.3**	**37.1**	**3349**	**3794**	**35.1**	**34.2**
甘　肃	Gansu	8891	9895	37.8	37.4	2767	2942	41.3	44.7
青　海	Qinghai	8787	9614	40.4	39.4	3209	3775	36.3	38.2
宁　夏	Ningxia	10280	11334	33.4	33.2	3348	4013	41.7	38.4
新　疆	Xinjiang	9328	10197	36.3	36.2	2951	3458	41.5	40.3

22-7 农林牧渔业总产值(2010年)
Gross Output Value of Farming, Forestry, Animal Husbandry and Fishery (2010)

地区	Region	农林牧渔业总产值(亿元) Total Gross Output Value (100 million yuan)	#农业 Farming	#林业 Forestry	#牧业 Animal Husbandry	#渔业 Fishery	农林牧渔业总产值比上年增长(%) Total Gross Output Value Over the Previous Year (%)
全国	**National Total**	**69319.8**	**36941.1**	**2595.5**	**20825.7**	**6422.4**	**4.4**
北京	Beijing	328.0	154.2	16.8	139.6	11.5	-1.7
天津	Tianjin	317.3	168.3	2.4	87.5	50.3	3.5
河北	Hebei	4309.4	2470.1	51.3	1443.8	142.5	3.5
山西	Shanxi	1047.8	669.0	65.0	250.8	6.1	6.2
内蒙古	Inner Mongolia	1843.6	900.4	76.6	822.4	15.9	6.2
辽宁	Liaoning	3106.5	1140.3	82.5	1270.6	491.0	5.8
吉林	Jilin	1850.3	866.9	68.3	831.5	25.3	3.6
黑龙江	Heilongjiang	2536.3	1369.2	95.5	965.8	53.7	5.8
上海	Shanghai	287.0	155.3	7.5	62.9	52.6	-5.1
江苏	Jiangsu	4297.1	2269.6	78.1	923.3	805.2	4.4
浙江	Zhejiang	2172.9	1041.3	119.4	448.4	522.2	2.9
安徽	Anhui	2955.4	1544.4	135.3	865.0	294.8	4.5
福建	Fujian	2307.1	976.6	189.4	380.3	674.2	3.5
江西	Jiangxi	1900.6	801.4	186.8	584.1	255.6	4.0
山东	Shandong	6650.9	3670.1	86.5	1774.5	847.4	3.6
河南	Henan	5734.2	3540.8	115.3	1805.9	71.2	4.6
湖北	Hubei	3502.0	1921.7	65.4	925.0	458.6	4.5
湖南	Hunan	3787.5	2059.6	207.4	1118.2	232.7	4.3
广东	Guangdong	3754.9	1760.2	176.3	947.2	741.4	4.3
广西	Guangxi	2721.0	1339.6	173.5	870.7	247.2	4.7
海南	Hainan	821.3	341.7	123.8	158.6	173.5	6.1
重庆	Chongqing	1021.1	623.3	30.4	326.6	27.2	5.9
四川	Sichuan	4081.8	2069.3	112.9	1705.2	129.8	4.5
贵州	Guizhou	997.8	587.3	41.0	304.2	13.8	5.2
云南	Yunnan	1810.5	925.6	184.2	588.8	48.1	4.7
西藏	Tibet	100.8	46.1	2.5	48.9	0.2	3.5
陕西	**Shaanxi**	**1666.1**	**1107.2**	**35.2**	**435.0**	**8.3**	**5.8**
甘肃	Gansu	1057.0	757.6	18.5	181.8	1.2	5.7
青海	Qinghai	201.3	92.1	3.8	101.5	0.1	6.7
宁夏	Ningxia	305.9	195.1	8.7	82.1	8.0	7.8
新疆	Xinjiang	1846.2	1376.9	35.3	375.8	12.7	4.9

注：本表绝对数按当年价格计算，增长速度按可比价格计算。
a) Level data in this table are calculated at current prices, while the growth rate are at constant prices.

22-8 主要农产品产量(2010年)
Output of Major Farm Crops (2010)

单位：万吨 (10 000 tons)

地区	Region	粮食 Grain	油料 Oil-bearing Crops	棉花 Cotton	蔬菜 Vegetables	水果 Fruit	肉类 Meat	奶类 Milk
全国	**National Total**	**54647.7**	**3230.1**	**596.1**	**65099.4**	**21401.4**	**7925.8**	**3748.0**
北京	Beijing	115.7	1.6	0.0	303.0	115.2	46.3	64.1
天津	Tianjin	159.7	0.6	6.3	419.3	60.0	42.6	69.3
河北	Hebei	2975.9	140.3	57.0	7073.6	1612.4	416.7	449.1
山西	Shanxi	1085.1	17.6	6.9	909.1	474.9	72.4	74.9
内蒙古	Inner Mongolia	2158.2	128.1	0.1	1350.9	278.2	238.7	945.7
辽宁	Liaoning	1765.4	99.6	0.1	2668.2	733.1	406.7	126.7
吉林	Jilin	2842.5	70.4	0.5	1078.7	218.0	238.9	44.6
黑龙江	Heilongjiang	5012.8	27.5		723.8	279.6	197.9	558.8
上海	Shanghai	118.4	2.3	0.4	398.1	101.9	26.2	24.7
江苏	Jiangsu	3235.1	152.0	26.1	4234.0	738.6	365.8	57.3
浙江	Zhejiang	770.7	39.5	2.9	1788.8	701.3	175.1	20.3
安徽	Anhui	3080.5	227.6	31.6	2137.4	805.3	376.9	20.5
福建	Fujian	661.9	26.6	0.0	1563.3	642.8	180.2	15.7
江西	Jiangxi	1954.7	107.6	13.1	1115.3	468.4	289.9	11.9
山东	Shandong	4335.7	342.2	72.4	9030.7	2793.8	704.4	271.6
河南	Henan	5437.1	540.7	44.7	6624.3	2394.0	638.4	307.9
湖北	Hubei	2315.8	311.8	47.2	3131.5	778.5	379.3	30.4
湖南	Hunan	2847.5	195.3	22.7	3122.9	788.4	494.8	7.8
广东	Guangdong	1316.5	88.2		2718.6	1235.9	441.1	14.5
广西	Guangxi	1412.3	45.8	0.2	2129.4	1094.4	387.8	8.2
海南	Hainan	180.4	9.5		442.4	375.1	68.5	0.2
重庆	Chongqing	1156.1	44.4	0.0	1309.5	238.5	192.5	8.0
四川	Sichuan	3222.9	268.5	1.4	3408.3	722.9	656.6	70.3
贵州	Guizhou	1112.3	60.3	0.1	1202.0	123.5	179.1	4.6
云南	Yunnan	1531.0	34.2	0.0	1255.0	397.9	321.4	54.1
西藏	Tibet	91.2	5.9		58.1	2.2	25.0	29.4
陕西	**Shaanxi**	**1164.9**	**56.1**	**6.9**	**1384.0**	**1476.5**	**102.6**	**177.6**
甘肃	Gansu	958.3	64.1	7.6	1235.5	488.5	84.4	36.3
青海	Qinghai	102.0	34.4		141.6	3.8	28.3	26.3
宁夏	Ningxia	356.5	20.8		407.4	228.9	25.7	84.5
新疆	Xinjiang	1170.7	66.6	247.9	1734.4	1028.8	121.7	132.8

注：水果产量含果用瓜。

a) The fruit production includes melons for fruits use.

22-9 主要工业产品产量(2010年)
Output of Major Industrial Products(2010)

地 区	Region	原 油 (万吨) Crude oil (10 000 tons)	天然气 (亿立方米) Natural Gas (100 million sq.m)	发电量 (亿千瓦小时) Electricity (100 million kwh)	生 铁 (万吨) Pig Iron (10 000 tons)	粗 钢 (万吨) Crude Steel (10 000 tons)	钢 材 (万吨) Steel Products (10 000 tons)	水 泥 (万吨) Cement (10 000 tons)	汽 车 (万辆) Automotive (10 000 units)
全 国	**National Total**	**20301.4**	**967.6**	**42065.4**	**59021.8**	**62695.9**	**79775.5**	**188000.0**	**1827.0**
北 京	Beijing			269.0	411.9	427.5	794.0	1049.0	150.3
天 津	Tianjin	3332.7	17.2	589.1	1926.4	2162.1	4483.7	809.7	73.8
河 北	Hebei	599.0	12.7	1993.2	13705.4	14458.8	16757.2	12594.3	71.0
山 西	Shanxi			2151.0	3355.4	3048.7	2862.0	3297.7	0.3
内蒙古	Inner Mongolia			2483.9	1357.0	1232.8	1341.4	5370.3	5.2
辽 宁	Liaoning	950.0	8.0	1295.1	5470.6	5202.4	5661.8	4777.1	70.8
吉 林	Jilin	702.3	13.7	604.6	691.7	827.2	875.8	3974.6	164.2
黑龙江	Heilongjiang	4004.9	30.0	776.7	555.7	652.7	566.0	3507.2	24.8
上 海	Shanghai	8.3	3.3	876.2	1901.4	2214.3	2475.9	670.8	169.9
江 苏	Jiangsu	186.0	0.6	3359.2	5211.3	6242.8	9123.0	15647.5	74.4
浙 江	Zhejiang			2567.8	915.6	1228.5	2832.6	11275.3	31.9
安 徽	Anhui			1443.9	1844.9	1853.8	2446.4	7873.7	118.9
福 建	Fujian			1356.3	558.8	1086.9	1340.6	5793.2	19.5
江 西	Jiangxi			664.4	1673.9	1834.0	1951.6	6220.5	37.3
山 东	Shandong	2786.0	5.3	3042.7	5515.6	5256.1	6672.2	14749.2	81.9
河 南	Henan	497.9	6.7	2191.9	2073.9	2327.4	3196.4	11479.7	23.5
湖 北	Hubei	86.5	2.0	2043.0	2311.0	2498.7	2894.7	8982.9	157.8
湖 南	Hunan			1226.2	1700.6	1766.5	1811.7	8701.2	16.6
广 东	Guangdong	1287.1	78.4	3237.0	806.7	1239.3	2918.9	11536.7	134.8
广 西	Guangxi	2.7		1031.8	1109.7	1201.2	1554.2	7455.5	136.6
海 南	Hainan	20.0	1.8	152.6			14.5	1264.1	13.6
重 庆	Chongqing		1.2	504.3	417.4	456.1	718.2	4598.0	161.4
四 川	Sichuan	15.1	234.2	1799.4	1593.8	1581.0	1976.6	13227.6	10.2
贵 州	Guizhou			1385.6	366.6	360.5	391.0	3694.8	0.8
云 南	Yunnan			1364.8	1329.0	1293.8	1213.1	5605.4	10.2
西 藏	Tibet			21.0				219.1	
陕 西	**Shaanxi**	**3017.3**	**223.5**	**1101.9**	**513.8**	**604.8**	**994.9**	**5463.8**	**65.2**
甘 肃	Gansu	58.2	0.2	791.5	625.5	662.3	699.2	2414.1	2.1
青 海	Qinghai	186.1	56.1	468.2	111.7	137.3	137.9	811.1	
宁 夏	Ningxia	3.1		587.1	39.1		33.0	1357.5	
新 疆	Xinjiang	2558.2	249.9	675.7	927.4	807.9	888.9	2374.1	0.2

22-10 社会消费品零售总额和进出口总额
Total Retail Sales of Consumer Goods and Total Import and Export

地　区	Region	社会消费品零售总额(亿元) Total Retail Sales of Consumer Goods(100 million yuan)		进出口总额(亿美元) Total Import and Export (100 million USD)		出口总额(亿美元) Total Exports (100 million USD)	
		2009	2010	2009	2010	2009	2010
全　国	**National Total**	**132678.4**	**156998.4**	**22075.4**	**29727.6**	**12016.6**	**15779.3**
北　京	Beijing	5309.9	6229.3	2147.3	3014.8	483.8	554.6
天　津	Tianjin	2430.8	2902.6	638.3	822.0	298.9	375.2
河　北	Hebei	5764.9	6821.8	296.3	419.3	156.9	225.7
山　西	Shanxi	2809.0	3318.2	85.7	125.8	28.4	47.1
内蒙古	Inner Mongolia	2855.3	3384.0	67.7	87.2	23.2	33.3
辽　宁	Liaoning	5812.6	6887.6	629.3	806.7	334.4	431.2
吉　林	Jilin	2957.3	3504.9	117.4	168.5	31.3	44.8
黑龙江	Heilongjiang	3401.8	4039.2	162.3	255.0	100.8	162.8
上　海	Shanghai	5173.2	6070.5	2777.1	3688.9	1418.8	1807.2
江　苏	Jiangsu	11484.1	13606.8	3387.4	4657.9	1992.4	2705.5
浙　江	Zhejiang	8622.3	10245.4	1877.3	2534.7	1330.2	1804.8
安　徽	Anhui	3527.8	4197.7	156.8	242.8	88.9	124.2
福　建	Fujian	4481.0	5310.0	796.5	1087.8	533.3	715.0
江　西	Jiangxi	2484.4	2956.2	127.8	214.7	73.6	134.2
山　东	Shandong	12363.0	14620.3	1390.5	1889.5	795.0	1042.5
河　南	Henan	6746.4	8004.2	134.8	177.9	73.5	105.3
湖　北	Hubei	5928.4	7013.9	172.5	259.1	99.8	144.4
湖　南	Hunan	4913.7	5839.5	101.5	146.7	54.9	79.6
广　东	Guangdong	14891.8	17458.4	6110.9	7846.6	3589.6	4532.0
广　西	Guangxi	2790.7	3312.0	142.5	177.0	83.8	96.0
海　南	Hainan	537.5	639.3	48.8	86.3	13.1	23.2
重　庆	Chongqing	2479.0	2938.6	77.1	124.3	42.8	74.9
四　川	Sichuan	5758.7	6810.1	241.7	327.8	141.5	188.5
贵　州	Guizhou	1247.3	1482.7	23.0	31.4	13.6	19.2
云　南	Yunnan	2051.1	2500.1	80.5	133.7	45.1	76.1
西　藏	Tibet	156.6	185.3	4.0	8.4	3.8	7.7
陕　西	**Shaanxi**	**2699.7**	**3195.7**	**84.1**	**120.8**	**39.9**	**62.1**
甘　肃	Gansu	1183.0	1394.5	38.7	73.3	7.4	16.4
青　海	Qinghai	300.5	350.8	5.9	7.9	2.5	4.7
宁　夏	Ningxia	339.3	403.6	12.0	19.6	7.4	11.7
新　疆	Xinjiang	1177.5	1375.1	139.5	171.3	108.2	129.7

22-11 国际旅游情况
International Tourism

地 区	Region	2009			2010		
		旅游人数（万人次）Tourists (10 000 person-times)	#外国人 Foreigners	旅游外汇收入（亿美元）Foreign Exchange Earnings from International Tourism (100 million USD)	旅游人数（万人次）Tourists (10 000 person-times)	#外国人 Foreigners	旅游外汇收入（亿美元）Foreign Exchange Earnings from International Tourism (100 million USD)
全 国	**National Total**	**12647.59**	**2193.75**	**396.75**	**13376.22**	**2612.69**	**458.14**
北 京	Beijing	412.51	342.92	43.57	490.07	421.63	50.45
天 津	Tianjin	141.02	130.58	11.83	166.07	153.05	14.20
河 北	Hebei	84.22	74.69	3.08	97.74	85.31	3.51
山 西	Shanxi	106.78	66.63	3.78	130.29	82.09	4.65
内蒙古	Inner Mongolia	128.96	126.61	5.58	142.80	140.02	6.02
辽 宁	Liaoning	293.20	250.74	18.56	361.80	307.01	22.59
吉 林	Jilin	68.05	58.29	2.43	82.01	72.16	3.05
黑龙江	Heilongjiang	142.51	135.03	6.39	172.42	164.83	7.63
上 海	Shanghai	533.39	439.05	47.44	733.72	593.12	63.41
江 苏	Jiangsu	556.83	396.07	40.16	653.55	473.50	47.83
浙 江	Zhejiang	570.64	377.60	32.24	684.71	447.41	39.30
安 徽	Anhui	156.16	97.75	5.66	198.42	117.40	7.09
福 建	Fujian	312.03	97.84	25.99	368.14	115.27	29.78
江 西	Jiangxi	96.43	38.76	2.90	113.97	39.92	3.46
山 东	Shandong	310.04	241.19	17.65	366.79	277.87	21.55
河 南	Henan	125.85	82.76	4.33	146.84	96.09	4.99
湖 北	Hubei	133.46	101.76	5.10	181.74	138.55	7.51
湖 南	Hunan	130.87	64.08	6.73	189.87	103.30	9.06
广 东	Guangdong	2747.80	617.94	100.28	3140.93	733.28	123.83
广 西	Guangxi	209.85	117.38	6.43	250.24	141.39	8.06
海 南	Hainan	55.15	37.21	2.77	66.33	47.40	3.22
重 庆	Chongqing	104.81	84.80	5.37	137.02	103.96	7.03
四 川	Sichuan	84.99	61.49	2.89	104.93	74.97	3.54
贵 州	Guizhou	39.95	16.28	1.10	50.01	18.61	1.30
云 南	Yunnan	284.49	191.79	11.72	329.15	231.23	13.24
西 藏	Tibet	17.49	16.25	0.79	22.83	21.41	1.04
陕 西	**Shaanxi**	**145.08**	**114.43**	**7.71**	**212.17**	**155.24**	**10.16**
甘 肃	Gansu	6.07	4.51	0.13	7.02	4.99	0.15
青 海	Qinghai	3.61	2.47	0.15	4.67	3.39	0.20
宁 夏	Ningxia	1.45	1.16	0.04	1.80	1.29	0.06
新 疆	Xinjiang	35.49	31.84	1.37	50.94	45.44	1.85

2010年陕西统计大事记

1月21日，陕西省人民政府新闻办公室举行2009年全省国民经济运行情况新闻发布会，发布2009年全省国民经济运行情况。

1月23-29日，省统计局开展了“两会”咨询服务活动。共发送各类资料近5000册，接待多媒体查询200多人次。赵正永常务副省长亲临“两会”服务现场，慰问“两会”服务人员。

1月27日，省统计局发出《关于2009年度市级统计工作综合考核评比结果的通知》（陕统发〔2010〕14号），授予西安市统计局、汉中市统计局、安康市统计局为2009年度全省市级统计工作综合考评先进单位。

2月2－3日，省统计局组织召开2010年全省统计工作会议。会议的主要任务是：总结2009年全省统计工作，研究部署2010年全省统计工作任务；表彰第二次经济普查先进集体、先进个人和市级统计工作综合考核评比先进单位；安排部署下一阶段全省人口普查工作；赵正永常务副省长代表省政府人口普查领导小组与各市政府人口普查领导小组及省公安厅签订人口普查责任书。会议由省政府副秘书长周玉明主持，省委常委、常务副省长赵正永出席会议并做重要讲话。省统计局王莉霞局长做了《推进改革创新 提升统计能力 为陕西“促转变、保增长”提供统计保障》的工作报告。会议确定2010年全省统计工作的总体思路是：以邓小平理论和“三个代表”重要思想为指导，深入贯彻落实科学发展观，全面贯彻中央和省委省政府的系列决策部署，创新体制机制，规范统计管理，提高数据质量，提升统计能力，为陕西“促转变、保增长”提供统计保障。会议部署了2010年全省统计工作任务：一要着力提高数据质量，切实树立统计权威；二要加快统计改革创新，推动统计科学发展；三要推进统计基础建设，全面提升统计能力；四要全力做好大型普查，真实反映国情国力；五要强化统计监测预警，服务“促转变、保增长”。各市区政府主管统计工作的领导、省级有关工作部门负责同志，各市（区）统计局局长、省局各社会经济调查队队长，省统计局全体成员参加了会议。

2月9日，省统计局印发《关于2009年度目标责任考核优秀单位和个人的通报》（陕统办发〔2010〕14号），对2009年度全局目标管理先进集体和先进个人进行了表彰。综合处、工交处、核算处、普查中心、农业处、计算中心、办公室、人事处、财务处被评为2009年目标考核优秀单位；26名工作人员被评为目标考核优秀个人。

2月26日，省委、省政府印发《关于表彰2009年度目标责任考核优秀单位的决定》（陕字〔2010〕11号），省统计局被评为2009年度全省目标责任考核优秀单位。这是继2007年省统计局被省委省政府评为年度目标责任考核优秀单位后，连续第三年获此殊荣。

3月12日，国家统计局办公室发出《关于表彰全国基层统计工作先进集体和先进个人的通知》（国统办字〔2010〕33号），对全国基层统计工作先进集体和先进个人进行表彰。我省统计系统5个单位、10名统计员分别被评为全国基层统计工作先进集体、先进个人。

3月15日，省统计局印发《陕西省统计违法行为罚款规定》（试行）（陕统发〔2010〕24号），以此规范县级以上人民政府统计机构实施行政处罚罚款行为。2010年，为切实提高统计数据质量，树立统计权威，全省各级统计部门普遍加大了统计执法力度，执法检查、立案、查处统计违法案件明显增加。全年共检查各类统计单位7048个，发现统计违法行为1432件，立案查处统计违法行为1240件，结案1108件。通过执法维护了统计工作秩序，普及了统计法规知识，确保了统计数据的真实性。

3月23日，省直机关工委发出《关于命名表彰2008—2009年度省直文明机关和省直机关文明处(室)文明单位的决定》（陕直工发〔2010〕18号），省统计局国民经济核算处被省直机关创建文明机关活动领导小组授予“省直机关文明处（室）”荣誉称号。

4 月 9 日，国务院第一次全国污染源普查领导小组办公室发出《关于表彰第一次全国污染源普查先进集体和先进个人的决定》（国污普办〔2010〕4 号），国务院第一次全国污染源普查领导小组办公室、环境保护部、国家统计局、农业部四部门联合发文，通报表彰第一次全国污染源普查先进集体。陕西省统计局被授予“第一次全国污染源普查先进集体”荣誉称号。

4 月 10 日，陕西省人民政府在西安召开全省县域经济社会发展表彰大会，会议由省统计局主办。大会表彰了 2009 年度全省经济社会发展“十强县”、“争先进位前十县”、“五强区”、“争先进位前八区”和“工业增长速度前十名”。省委、省政府有关部门负责同志，各设区市长和主管领导、各县、区、市主要领导及获奖县统计局长参加了会议。

4 月 12 日，省统计局印发《陕西省季度生产总值核算方案（试行）》（陕统发〔2010〕33 号）的通知，重新修订我省季度核算方案，统一和规范全省季度 GDP 核算方法，提高季度 GDP 数据质量。

5 月 5 日，省统计局召开制度研讨会，集中讨论 19 项重要的全局性工作制度。此次制度修定活动历时两个多月，由局办公室牵头，针对机关部分工作制度使用时间较长，已不能很好适应当前机关运作要求的现状，多次征求意见，反复修改完善，最终讨论定稿。通过这次大规模制度研讨活动，使全局各项工作制度更加完善、科学，机关运作更加规范、有序。

5 月 17－21 日，省统计局在清华大学举办了第四届“陕西省统计局处长及市局局长研究班”，各市统计局局长、省统计局各部门正副处长共 60 人参加了培训。这是省统计局第四次与高校联合举办的统计领导干部培训班。

6 月 18 日，陕西和甘肃两省统计局在西安召开首届“陕甘两省关中天水经济区统计局长联席会议”，正式启动关中—天水经济区统计联动机制。

6 月 30 日，省统计局召开纪念建党 89 周年暨先进党支部优秀党员表彰大会，庆祝中国共产党成立 89 周年。大会对评选出的 3 个先进党支部、3 名优秀党务工作者、17 名优秀共产党员、进行了表彰并颁奖，并举行了新党员宣誓、老党员重温入党誓词活动。

7 月 9 日，省委常委、省政法委书记宋洪武到省统计局社情民意调查中心了解 2010 年上半年度“公众安全感”调查工作开展情况，并对省统计局 “公众安全感”调查工作给予充分肯定。2010 年，省统计局不断提升统计能力和统计服务质量，充分发挥好窗口作用，全年圆满完成了“2010 陕西省公众安全感调查”、省考核办“11 个市区工作满意度调查”、“2010 年陕西省组织工作满意度调查”、省纪委“2010 年陕西省直属机关作风建设民意调查”、省国税局“2010 陕西省国家税务局纳税人满意度调查”等项目，并策划开展了“2010 年陕西万户居民新年新愿望”大型社情民意调查，努力为社会各界提供优质统计服务，为省委、省政府决策提供优质参考。

7 月 12-14 日，省统计局召开全省文化产业数据会审会议，审核和评估 2009 年各市（区）文化产业数据。2010 年，省统计局深入推进文化产业统计监测工作，制定了《陕西省非普查年份文化产业主要统计指标数据测算办法》和《陕西省文化产业统计年快报实施办法》。修订和完善了《陕西省文化产业统计报表制度》，圆满完成了文化产业统计工作。

7 月 13-22 日，省第二次 R&D 资源清查数据质量抽查组先后对西安、铜川和渭南 3 市第二次 R&D 资源清查统计系统数据质量进行了抽查。2010 年，R&D 资源清查工作在去年充分准备的基础上，进入了登记、录入、汇总、上报、查询和数据质量抽查等实质性关键阶段，按时足额完成了清查表的上报任务，摸清了我省 R&D 资源的家底，掌握了我省 R&D 人员、经费和产出等的结构分布情况，取得了重要的阶段性成果。

8 月 12 日，省统计局办公室印发《关于成立全省统计行风建设领导小组及其办公室的通知》（陕统办发〔2010〕48 号）。11 月，召开了全省统计系统行风建设座谈会，并印发了《进一步加强统计行风建设实施意见》（陕统发〔2010〕91 号）。2010 年，省统计局认真落实党风廉政建设责任制，坚持实行目标责任公示制和述职述廉制度；开展了反腐倡廉宣传教育月等经常性的作风建设活动；加大统计巡查和执法检查力度，对部分统计违法案件公开进行了曝光；以强化职业道德规范教育，推动统计文化建设，统计行风建设取得明显成效。

8 月 18 日，省统计局办公室印发《关于调整局基本单位名录库维护更新工作领导小组成员的通知》（陕统办发〔2010〕46 号），对省统计局基本单位名录库维护更新工作领导小组及其办公室做出调整。2010 年，省统计局根据国家局的统一部署，大力加强名录库建设，召开了全省基本单位名录库建设工作视频会议，赴咸阳、渭南等市检查名录库建设情况，并印发了《基本单位名录库维护使用工作考核评比暂行办法》,全省名录库建设按照“全省一库，全局使用，适时更新，部门共享”的名录库建设的总体目标有序推进。

9 月 20 日，陕西省统计局以“走向公开透明的陕西统计”为主题，举办了庆祝首个“中国统计开放日”活动，召开了新闻媒体见面会、开通了“12340”陕西省统计局社情民意调查专线电话，并在开放日发放统计宣传资料、接受统计咨询和宣传人口普查。通过这些活动，进一步增强了政府统计工作的公开和透明，提高了陕西统计公信力。

10 月 19 日，代省长赵正永签发《陕西省人民政府关于开展第六次人口普查的通告》（陕政发［2010］40 号），动员和号召各级政府各工作部门及广大被调查对象，积极行动起来，支持、配合、参与人口普查工作。国务院决定以 2010 年 11 月 1 日零时为标准时点，开展第六次全国人口普查。为此，省政府下发了《关于做好我省第六次人口普查的通知》，成立了以省委副书记、代省长赵正永为组长，26 个部门为成员单位的人口普查领导小组及办公室，办公室设在省统计局。省统计局全力以赴认真组织，努力工作，完成了摸底、入户登记、快速汇总工作、数据处理和数据编审等阶段性工作任务。

11 月 18 日，省政府召开专题会议，赵正永代省长和娄勤俭常务副省长听取省统计局工作汇报，并现场研究有关统计工作问题。

11 月 19 日，省统计局机关第四次党员代表大会召开。会议审议通过了第七届机关委员会工作报告，采取差额选举的办法选举产生了中共陕西省统计局第八届机关委员会。随后，召开了第八届机关委员会第一次全体会议，产生了新一届机关党委书记、副书记。

12 月 24-25 日，省统计局组织召开全省统计基层基础建设工作座谈会，总结交流 2010 年度全省统计基层基础建设工作。2010 年，省统计局大力加强统计基层基础建设，努力推动“八有”（有机构、有编制、有人员、有资格、有台帐、有经费、有场地、有设备）、“八化”（统计管理制度化、统计人员专业化、统计报表标准化、统计资料档案化、统计手段现代化、统计工作法制化、统计宣传经常化、统计服务优质化）管理目标。截止年底，全省 85%以上的乡镇实现了“八有”、“八化”目标。

（苏　明）

中国统计出版社最新图书简目

（仅供参考，以最后出书为准）

统计资料

中国统计年鉴-2011
中国统计摘要-2011
国际统计年鉴-2011
2011中国发展报告
中国第三产业统计年鉴-2011
中国区域经济统计年鉴-2011
中国劳动统计年鉴-2011
中国社会统计年鉴-2011
中国城市统计年鉴-2009
中国建筑业统计年鉴-2011
中国人口和就业统计年鉴-2011
中国工业经济统计年鉴-2011
中国商品交易市场统计年鉴-2011
中国房地产统计年鉴-2011
中国能源统计年鉴-2011
中国民政统计年鉴-2011
中国贸易外经统计年鉴-2011
2011中国地区经济监测报告
中国科技统计年鉴-2011
中国农村统计年鉴-2011
中国农产品价格调查年鉴-2011
中国高技术产业统计年鉴-2011
中国教育经费统计年鉴-2010
中国农村贫困监测报告-2011
全国农产品成本收益资料汇编-2011
中国科学技术协会统计年鉴-2011
工业企业科技活动资料-2011
大中型批发零售和住宿餐饮企业统计年鉴-2011
中国城市(镇)生活与价格年鉴-2011
中国县（市）社会经济统计年鉴-2011
中国农村住户调查年鉴-2011（中、英文）
中国农村全面建设小康监测报告-2011
第二次全国R&D资源清查资料汇编一综合卷
第二次全国R&D资源清查资料汇编一工业企业卷
中国零售和餐饮连锁企业统计年鉴-2011
2010年中国第六次人口普查公报

2011年省级综合统计年鉴系列

北京 天津 河北 山西 内蒙古
辽宁 吉林 黑龙江 上海 江苏
浙江 安徽 福建 江西 山东
河南 湖北 湖南 广东 广西
海南 重庆 四川 贵州 云南
西藏 陕西 甘肃 青海 宁夏
新疆 新疆生产建设兵团

2011年市(县)级综合统计年鉴系列

天津滨海新区
石家庄 唐山 邯郸 太原 大同
长治 阳泉 晋城 朔州 晋中
运城 忻州 临汾 呼和浩特
包头 沈阳 大连 长春 吉林市
四平 哈尔滨 黑龙江垦区
上海浦东新区
苏州 无锡 常州 徐州 南通
盐城 镇江 江阴 丹阳
杭州 宁波 绍兴 台州 温州
金华 嘉兴 衢州
福州 福州经济技术开发区
厦门经济特区 南昌 上饶
济南 青岛 潍坊 郑州
洛阳 三门峡 南阳 武汉 宜昌
十堰 荆州 咸宁 长沙 广州
东莞 惠州 深圳 桂林 南宁
柳州 来宾 河池 海口 成都 绵阳
贵阳 昆明 庆阳 西安
兰州 银川 乌鲁木齐

“十一五”规划教材

非参数统计 医学统计学
概率论与数理统计 统计学
现代金融投资统计分析
多元统计分析 经济计量学教程
应用时间序列分析
统计指数理论及应用
统计数据处理概论
质量管理统计方法 社会统计学
多元统计分析实验
企业经营管理统计
市场调查与预测
统计学原理（非统计专业使用）
统计学:从数据到结论
国民经济核算教程(国民经济统计学)
概率论与数理统计(经济、管理类专业使用）

重点图书

挑大学选专业2011—高考志愿填报指南
挑大学选专业2011—考研择校指南

欲购以上图书请与中国统计出版社发行部联系
电话：（010）63376907，63376908　同楫行书店电话：68783171，68783172
通讯地址：北京市西城区三里河月坛南街57号　邮政编码：100826